ICH ESSE, ALSO BIN ICH

BUD SPENCER

ICH ESSE, ALSO BIN ICH

Mangio ergo sum – meine Philosophie des Essens

Mit Lorenzo De Luca
Aus dem Italienischen von Marion Oechsler

SCHWARZKOPF & SCHWARZKOPF

INHALT

VORWORT
Die Nacht, in der Carlo Bud eine Lüge auftischte
7

1. DESCARTES ALLA MURGIANA
Das erste Gastmahl oder Mit vollem Magen philosophiert's sich besser
15

2. BABÀ ALLA GALILEI
Ein Sonnensystem aus Orangen und Nüssen
33

3. DER TINTENFISCH HEILIGT DIE MITTEL
Ein fürstliches Mahl mit machiavellistischem Ausmaß
55

4. PIZZA ALLA KANT
Keine Königsberger Klopse, aber ein Weltkulturerbe!
73

5. SFOGLIATELLE ALLA SOKRATES
Puderzucker statt Schierlingsgift
91

6. PLATONISCHES CASATIELLO
Sich nur kein Ei aus der Krone brechen
105

7. LASAGNE ALLA VOLTAIRE
Das Kolosseum und Käsekruste
123

8. FRESELLA ALLA SCHOPENHAUER
Ein Schmied, Askese und trocken Brot
145

9. PASTIERA ALLA SIGMUND
Der Traum vom Traum einer Hochzeitstorte
165

10. FISCHSUPPE ALLA ROUSSEAU
Kindererziehung und Neptuns Schätze
183

11. AUBERGINENAUFLAUF ALLA EPIKUR
Lirum, Larum, Simulakrum
203

12. DIEBESGRÜSSE AUS SHANGHAI
Konfuzius und der Ursprung der Nudel
225

NACHWORT
Meine Philosophen, meine Träume
251

In italienischer Manier sind die Mengenangaben
in diesem Buch eher ganz nach Gusto als streng nach Maß.
Denn wie Carlo sagen würde: *Futteténne!*

VORWORT

DIE NACHT, IN DER CARLO BUD EINE LÜGE AUFTISCHTE

Ein Himmel aus Granit hüllte Rom in eine dunkle und feuchte Umarmung, wie eine Geliebte, die dich im Dunkeln an sich drückt und mit Tränen überschüttet ...

Was für ein Bild! Als Anfang für einen Kriminalroman gar nicht schlecht, oder? Das Problem ist nur: Ich bin nicht Edgar Allan Poe und auch nicht Stephen King. Düstere, stürmische Nächte wecken keine gruseligen Vorstellungen in mir. Das höchste der Gefühle ist ein wütendes Brummen, wenn ein wirklich lauter Donnerschlag es mal schafft, mich aus dem Schlaf zu reißen. Aber selbst dann grunze ich nur irgendwas, drehe mich auf die andere Seite und setze mein Rendezvous mit Morpheus genau da fort, wo es unterbrochen wurde. Nächtliche Monster und Geister überlasse ich denen, die den Genuss eines weichen Kopfkissens nicht zu schätzen wissen. So ist es, seit ich denken kann, auch als Kind konnten mir Dunkelheit oder Gruselgeschichten keine Angst einjagen. Ich bin eben von Natur aus eher der gelassene Typ oder auch einfach gestrickt, wenn ihr so wollt.

Aber von Schlaf konnte in jener Nacht keine Rede sein. Hellwach wie ich war, saß ich auf dem Wohnzimmersofa vor dem Fernseher. Doch trotz seiner beträchtlichen Ausmaße (die meiner noch beträchtlicheren Kurzsichtigkeit geschuldet sind) ignorierte ich ihn und schenkte meine ganze Aufmerksamkeit den Rinnsalen der Regentropfen an der Fensterscheibe. Im Licht des Balkons konnte ich zusehen, wie sie sich unterschiedlich schnell in schnörkeligen Bahnen hinabbewegten. Ich machte mir einen

Spaß daraus, gegen mich selbst zu wetten, welches von zwei Rinnsalen als erstes unten ankommen würde.

Die nassen, unregelmäßigen Bahnen der Wassertropfen sahen aus, als hätten Geisterhände lustig ihre krummen Linien von oben nach unten gezeichnet. Ab und zu bogen die Rinnsale nach rechts oder links ab, je nachdem, in welche Richtung der Wind sie trieb. Aber im Grunde hatten sie alle das gleiche Ziel: sich ganz unten angekommen zu verflüchtigen, im Ganzen aufzulösen. Dort, wo sich Wasser mit Wasser vermischte, das schon bald getrocknet sein und von dem nichts übrig bleiben würde. Was mich wiederum zu vagen existenzialistischen, ja philosophischen Reflexionen inspirierte. Denn ist dies nicht auch das menschliche Schicksal, unser aller Bestimmung, in unserem eigenen Tempo und in unseren eigenen Bahnen dieselbe Einbahnstraße hinunterzulaufen?

Aus dem Leben kommt man nicht lebend raus, hat mal einer gesagt. Ich versuchte krampfhaft, mich zu erinnern, wer, aber der Name entzog sich mir ebenso wie der Schlaf. Andererseits war es immer noch besser, mir müßige Fragen zu stellen, als den wahren Grund für meine Schlaflosigkeit zuzugeben: Ich hatte Hunger!

Ein trauriges, von unbegabten Musikern veranstaltetes Konzert spielte sich in meinem hohlen Bauch ab. Ihr kennt das vielleicht: Der Magen meldet sich selten, wenn ohnehin klar ist, dass nichts zu essen im Haus ist. Doch er tobt vor allem dann, wenn man direkt neben einem Kühlschrank sitzt, der so riesig ist, dass er in einem Werbespot für überdimensionale Kühlschränke auftreten könnte. Die Geräusche aus jenem dunklen Loch – meinem Magen – waren jener Zwangsdiät geschuldet, der ich mich seit einiger Zeit unterziehen musste. Und diese bildete ganz klar eine Gegenanzeige zum kulinarischen Stil der 85 Jahre, die ich inzwischen auf dem Buckel hatte.

Wer mich kennt, weiß, dass die Angst vor dem Tod in Bud Spencers riesigem Körper und auch in dem seines bescheideneren Gastgebers Carlo Pedersoli keinen Platz hat. Wenn überhaupt, ist da Neugier: eine Lust darauf, hinter die Kulissen zu schauen. So wie ein kleiner Junge sein Spielzeug zerlegt, um herauszufinden, wie es funktioniert.

Natürlich habe ich nicht die geringste Eile, diese Neugier zu stillen, aber ich lebe auch nicht in ängstlicher Erwartung. Nein, nach einem Leben wie meinem ist Angst ein Luxus, den ich mir nicht erlauben kann. Im Krieg habe ich Angst erlebt, als ich auf der Suche nach Arbeit in ferne Länder ausgewandert bin, jeden Fall und Aufstieg in meinem Leben hat sie begleitet – und das waren, wie die Leser meiner beiden Autobiografien vielleicht wissen, nicht gerade wenige. Es schiene mir einfach pathetisch, jetzt, da mein letzter Lebensabschnitt ganz natürlich zu Ende geht, in Angst und Schrecken zu verfallen (Aber was sage ich – mein vorletzter natürlich! Auf geht's!).

Der Tod jagt mir also keinen Schrecken ein, Geister schon gar nicht, aber mit dem Hunger ist es so eine Sache … Körperliche Schmerzen können mir kaum etwas anhaben, ich bin außergewöhnlich resistent gegen Müdigkeit und Alkohol hat abgesehen von dem ein oder anderen homerischen Umtrunk auf dem Oktoberfest nie eine Rolle in meinem Leben gespielt. Migränen und Alltagssorgen, auch Diskussionen mit meiner Frau Maria kann ich wegstecken, ja, selbst die erdrückende Tatsache, dass sie meistens recht hat (besonders, wenn sie Verstärkung von meinen beiden Töchtern bekommt). Und auch mit meinem Sohn Giuseppe vertrage ich mich bestens, obwohl der in Sachen Gewissenhaftigkeit und Pünktlichkeit das genaue Gegenteil von mir ist (und es mir auch bei jeder Gelegenheit auf die Nase bindet!). Mit Hunger dagegen …

Der Arzt hatte mir eine knallharte Diät verordnet, die genau vorschrieb, was und wie viel ich morgens, mittags und abends zu mir nehmen durfte. Maria, die ihn freiwillig bei uns zu Hause vertrat, befolgte skrupellos alle Regeln und zwang mich, mein Versprechen zu halten. »Zu meinem eigenen Wohl« natürlich. Maria schien längst jene Zeit vergessen zu haben, als wir gemeinsam zu einer noch härteren Diät in einer Privatklinik in weiß der Kuckuck wo, verdonnert wurden. Dort ging es zu wie in einer

Strafkaserne, und wir wussten uns damals nicht anders zu helfen, als im wahrsten Sinne des Wortes aus dem Fenster zu springen. Doch diese Lösung kam nun in meinem Haus nicht infrage. Ich wohne im obersten Stockwerk. Und auf Marias Solidarität konnte ich nicht zählen, sie war schließlich »zum Feind« übergelaufen und bürgte für meine Abstinenz von lukullischen Gelagen.

Also versuchte ich vergeblich, mich mit Fernsehen abzulenken, und zappte mich durch das gesamte Programm. Doch je hungriger ich wurde, desto kürzer war meine Konzentrationsspanne. Ich stolperte über die milliardste Wiederholung von *Psycho*, dem alten Klassiker von Sir Alfred Hitchcock. Auch wenn ich kein großer Fan von Gruselfilmen bin, einfach weil sie mich mehr langweilen als gruseln, hatte dieser Film es doch geschafft, mich zu verblüffen. Anfangs denkt man, die Geschichte würde sich um die Figur der aufreizenden Janet Leigh drehen, die Geld unterschlägt und anschließend flieht. Doch dann wird sie nach einer halben Stunde in ihrem Motel unter der Dusche erstochen und der Geschäftsführer, Anthony Perkins, entpuppt sich als Psychopath. Es ist ein Film, der mit dem Publikum spielt, indem sich mittendrin einfach die Handlung und die Protagonisten ändern.

Ein bisschen wie in meinem Leben, schoss es mir durch den Kopf. Auch ich hielt lange einen anderen, nämlich Carlo Pedersoli, für die Hauptfigur, bis mit einem Schlag Bud Spencer die Bühne betrat. Aber so ähnlich ergeht es wahrscheinlich allen, im Guten wie im Schlechten. Wann haben wir schon mal wirklich die Fäden in der Hand und werden nicht nur gelenkt? Da war er wieder, der Existenzialismus, schon zum zweiten Mal schaute er in dieser Nacht vorbei. Schuld daran ist mein »KSS«, Akronym für das »Kühlschrankbedingte Schlaflosigkeits-Syndrom« (ihr könnt die Medizin-Lexika wieder zuklappen: ich habe es erfunden, während ich diese Zeilen schrieb).

Doch plötzlich nahm ich in meinem nebligen Gehirn, das nur philosophierte, um nicht an Essen zu denken, ein dumpfes Echo wahr. Wie der Gesang einer Sirene lullte mich der unwiderstehliche Klang eines einzigen Wortes ein: Jemand redete von Abendessen ... Hatte ich richtig gehört? Ja, tatsächlich: ABENDESSEN! Ich konzentrierte mich wieder ganz auf den Fernseher: Es war der Killer aus *Psycho*, der die Blondine zum Essen einlud.

Sie nimmt die Einladung an – und was macht er? Sie in ein schönes Restaurant führen? Ihr bei sich zu Hause ein Festmahl zaubern? Sollte man meinen! (Sicher, zu Hause hat er natürlich die mumifizierte Leiche seiner Frau Mama versteckt ...) Doch stattdessen speist er sie mit zwei armseligen Sandwiches und einem Glas Milch ab. Wie einfallslos!

Genauso plötzlich, wie ich aufgefahren war, sank ich wieder ins Sofa zurück und dachte: *Mein lieber Hitchcock, du und ich, wir haben doch beide eine schöne Wampe und eine Leidenschaft für gutes Essen. Wie kann es da sein, dass dir nichts Appetitlicheres einfällt als das?* Mein Magen stimmte mit einem lauten Brummen in meinen Protest ein und ich betätigte die Fernbedienung ... Da wollte mich doch einer in die Pfanne hauen: In der nächsten Sendung veranstalteten ein paar Amateure ein Kochduell! Das Essen war schlecht zubereitet, mit Kochkunst hatte es sicherlich nichts zu tun, aber nach meinem dürftigen Abendessen regte selbst das meinen Appetit an.

Ich schaltete wieder um – und was hatten wir da? Eine Dokumentation über das letzte Abendmahl (unter diesen Umständen – Jesus, Leonardo und Papst Franziskus mögen mir verzeihen – hörte ich nur »Abendmahl«, »letztes« hin oder her). Ich zappte weiter: Auf dem nächsten Sender begann genau in diesem Moment ein Film und der Titel lautete ... *Fame*, Englisch für Ruhm, aber Italienisch für das dringende Bedürfnis nach Essen. Und mir als Italiener entging diese Doppeldeutigkeit natürlich nicht. Mein Finger drückte schnell wieder auf die nächste Taste: eine Dokumentation über Descartes, den Typen, der sich *cogito ergo sum* (»Ich denke, also bin ich«) ausgedacht hatte. Was für ein elegant formulierter Stuss! »Wer nicht isst, der ist nicht, so sieht es aus, mein lieber Descartes«, ich redete mit mir selbst wie ein Verrückter.

Automatisch zappte ich weiter. Irgendwo musste doch eine Sendung laufen – die Spätnachrichten meinetwegen oder ein Interview mit einem Politiker–, zu der ich gut einschlafen konnte. Ich versuchte es mit Schäfchenzählen. Aber kaum waren sie über den Zaun gesprungen, hatten sie sich in meinem Kopf auch schon in herrlich duftende Koteletts verwandelt. Um dem Schlaf ein wenig nachzuhelfen, begann ich schließlich, an meine Filme zu denken. Normalerweise schlafe ich dabei sofort ein. Es ist nämlich so, dass ich so ziemlich alles am Film spannend finde (von den Regisseuren bis zu den Stuntmen), außer mir selbst – doch alles, was mir in den Sinn kam, war das Catering am Set. Ich überlegte schon, ob ich Terence Hill anrufen sollte, um mir die Zeit zu vertreiben. Dank des Zeitunterschieds zwischen hier und den USA wäre er sicherlich noch wach. Aber da stieß ich endlich auf einen Film, der bereits begonnen hatte und Gutes verhieß: Was könnte weniger mit Essen zu tun haben als ein Haufen Menschen, die sich in einem Haus verschanzen und Türen und Fenster verbarrikadieren? Das sah doch nach einer schönen Belagerungsszene aus und Essen war bestimmt das Letzte, woran diese Menschen dachten. Wer auch immer sich vor dem Haus herumtreiben mochte und die Leute drinnen bedrohte – Anhänger des Ku-Klux-Klans vielleicht, jedenfalls sprach einer der Insassen, ein Farbiger, von einer Horde gefährlicher Typen –, mir war alles recht, solange sie kein Essen ins Spiel brachten. Ich drückte die Info-Taste, um den Titel zu erfahren, und las: »*Die Nacht der lebenden Toten*, 1968 ... Handlung: Sieben Personen verbarrikadieren sich in einer Fabrik, die von einer Horde hungriger Zombies und Kannibalen belagert wird ...«

Jetzt reicht's, dachte ich, *die haben sich doch alle gegen mich verschworen!* Schon wieder ging es um Essen, auch wenn diese Art Gelüste vielleicht nicht jedermanns Sache waren.

Ich schaltete den Fernseher aus, brummte etwas in meinen Bart und machte mich auf den Weg ins Bett – ganz langsam, um Morpheus Zeit zu geben, sich auf dem kurzen Weg doch noch zu mir zu gesellen. Ich wartete noch immer auf ihn, auf jenen traumlosen

Schlaf, den sich auch Shakespeares Hamlet herbeisehnt. Wenn ich übrigens Hamlet gespielt hätte, hätte ich statt eines Schädels ein ordentliches Brathähnchen in der Hand gehalten, darauf könnt ihr wetten (»Essen oder Nichtessen ...«).

Doch meine Füße schienen ihren eigenen Willen zu haben und liefen in die entgegengesetzte Richtung. Während mein bewusstes *Ich* damit rechnete, im Schlafzimmer zu landen, führte mich mein *Es* (oder mein Magen, um das Kind beim Namen zu nennen) geradewegs in die Küche. Ich lehnte die Tür an, schaltete das Licht ein und rieb mir die Hände, während ich zielsicher auf den Kühlschrank zusteuerte, so als ... als ... Na ja, also, sagen wir so: Wenn der Kühlschrank Tokio war, war ich Godzilla, falls ihr wisst, was ich meine. Es war nicht einmal ein Vorhängeschloss dran – so weit war meine liebe Familie tatsächlich schon einmal gegangen. Mich trennte also nur noch eine Armlänge vom Inhalt des Kühlschranks.

Es ist schon erstaunlich, wie schnell sich gute Vorsätze in Luft auflösen, sobald einen das Fressfieber packt. Aber es war ja mehr als das: Dieser riesige Körper, den ich mir nun wirklich nicht ausgesucht hatte, wollte versorgt werden. Ansonsten würde ich nie einschlafen, so viel stand fest. Ich hatte auch nicht vor, den Kühlschrank komplett auszuräumen – nur ein klitzekleines bisschen naschen, wie Bud Carlo immer wieder versicherte. Was natürlich eine handfeste Lüge war.

Ich weiß nicht mehr wer, aber irgendein Philosoph hat mal gesagt, dass die Taten, nach denen es uns gut geht, moralisch sind und die, die wir bereuen, unmoralisch. Wie auch immer, eins wusste ich ganz genau: Wenn ich gegessen haben würde, würde es mir gut gehen, und zwar so richtig, und wenn ...

Leer ... LEER! – Ich verlor den Faden, als ich entsetzt in die gähnende Leere des Kühlschranks starrte. Nur ein Zettel mit Marias Handschrift hing dort: »KOMM SCHLAFEN!« Kein Wunder waren mir keine Vorhängeschlösser begegnet. Ich war zwar eigentlich berühmt für meine Unberechenbarkeit (wie damals, als ich unser Haus in Rom verließ, um Zigaretten zu holen, und zwei Tage später aus New York anrief), weshalb mich meine Familie liebevoll *marziano*, den Marsmenschen, nannte. Aber mein Hunger war und blieb meine Achillesferse, mein Kryptonit. Es brauchte keinen Sherlock Holmes, um herauszufinden, was ich im Schilde führte, Inspektor Zenigata aus *Das Schloss des Cagliostro* hätte es auch getan.

Ich knallte die Tür wieder zu und schrie mit den Worten »ICH ESSE, ALSO BIN ICH!« meinen Protest in die Welt hinaus. Die Dokumentation über Descartes spukte offenbar noch in meinem Kopf herum. Ich hatte den Satz nur ein wenig abgeändert und ihm meinen ganz eigenen Anstrich verpasst.

»Nein, das ist ungenau: Ich *denke*, also bin ich!«, korrigierte mich jemand. Erschrocken fuhr ich herum – weniger, weil ich sozusagen in flagranti erwischt worden war, sondern weil mir der strenge Tonfall durch Mark und Bein ging.

Vor mir stand ein vornehmer Herr, der aussah wie einem Gemälde aus dem 17. Jahrhundert entsprungen. Er setzte seinen großen Hut mit dem Federbusch ab und machte eine Vorbeugung. Zwischen den Strähnen seiner Lockenperücke entdeckte ich seine leuchtenden Augen. »Ihr erlaubt«, sagte er, »René Descartes. Aber für Euch, *l'Italien*, einfach nur Cartesio, *mon ami*.«

KAPITEL 1

DESCARTES ALLA MURGIANA

*Das erste Gastmahl oder Mit vollem Magen
philosophiert's sich besser*

1596 geboren, erhält René Descartes zunächst eine klassische und mathematische Ausbildung am Jesuitenkolleg von La Flèche und legt später ein juristisches Examen an der Universität Poitiers ab. Doch sein Studium lässt ihn unbefriedigt: Er hat das Bedürfnis, zu den Ursprüngen der Dinge, die ihn gelehrt werden, vorzudringen, um ihr genaues Wesen zu bestimmen. Ein Renitenter sozusagen.

Aber noch ist der Moment für ihn nicht gekommen: Zunächst liebäugelt er mit einer Militärlaufbahn und verlässt seine Heimat Frankreich, um sich in Holland dem Heer von Moritz von Nassau anzuschließen. Die Frage, ob er zukünftig lieber mit dem Säbel oder mit dem Verstand austeilen will, beantwortet er 1619 schließlich – dank dreier visionärer Träume – zugunsten der Forschung. Und ist drei nicht auch eine heilige Zahl?

1629 zieht er nach Holland und wird 20 Jahre später von der Königin Christine von Schweden nach Stockholm an ihren Hof berufen. Ein Jahr darauf, mit nur 54 Jahren, stirbt er. In der Zwischenzeit aber ist es ihm gelungen, das gesamte zeitgenössische und spätere europäische Denken zu beeinflussen, nicht ohne seinen neidischen Kollegen und hoffnungsvollen Nachfolgern mächtig Kopfzerbrechen zu bereiten. Er war besessen von der Suche nach unbezweifelbaren Methoden, mit denen sich die Welt und ihre Dinge definieren ließen. Dabei strebte er nach unfehlbaren, ja besseren Mitteln als jene von den Studenten eher passiv absorbierte akademische Lehre, der es an Rigorosität fehlte. Ich wette, in den Augen seiner Dozenten war er eine gewaltige Nervensäge – wie jedes respektierte Genie.

Und so gelangte er zu dem Schluss, dass man alles, wirklich alles anzweifeln könne, nur eines nicht: dass man in dem Moment, in dem man denkt, existiert. Daher sein unvergängliches *cogito ergo sum* und der berühmte kartesianische Dualismus zwischen *Res cogitans*, dem denkenden Subjekt, und *Res extensa*, der Welt der materiellen Dinge, der Objekte.

Descartes kämpfte im Wesentlichen gegen die Erstarrung des Denkens, die durch stumpfes Lernen bewirkt wird. Er war der Meinung, dass man das Warum und Weshalb der wahrgenommenen und objektiven Welt begreifen müsse. Die Traditionen müssten überwunden, wenn nötig revolutioniert, in jedem Fall aber aufpoliert werden. Wollte man ins Zeitalter der Moderne eintreten, müsste man sich jeglicher veralteter und erworbener Schemata ehrfurchtslos entledigen. Und dies ist der modernste Beitrag des Franzosen zur Geschichte des Denkens.

Ihr haltet mich jetzt vielleicht für verrückt (eine Eigenschaft, von der ich wohl auch nicht gänzlich frei bin), aber einen toten Philosophen in meiner Küche zu haben, fand ich viel weniger bizarr als seinen komischen französischen Akzent. Er sprach wie Inspektor Clouseau in *Der rosarote Panther*.

Descartes lief ein wenig herum und betrachtete die technologischen Errungenschaften, die jemandem aus seiner Epoche natürlich neu waren. Ganz besonders interessierte er sich für das heiß geliebte Objekt meiner Begierde: den Kühlschrank. Ich wollte ihm erklären, was es damit auf sich hatte, aber genial, wie er war (wir haben es hier immerhin mit Descartes zu tun und nicht mit dem Kleinen, dem Bruder vom müden Joe[1]), hatte er es schon erfasst. Er drehte Runde um Runde in meiner Küche und nahm alles genauestens unter die Lupe, wobei er auf seine gekünstelte Art versuchte, sein Staunen zu verbergen. Da fiel mir plötzlich ein, dass ich mich im Gegensatz zu ihm noch gar nicht vorgestellt hatte. Aber sollte ich französisch oder italienisch mit ihm reden? Ein paar Wörter Französisch konnte ich, also sagte ich vorsichtig: »*Je suis Monsieur* Bud Spencer.«

Descartes lachte sich in den Bart – im wahrsten Sinne des Wortes, denn er trug wirklich einen – und antwortete zu meiner Erleichterung: »Sprecht ruhig italienisch, es wurde übrigens mit Dante zur Sprache des europäischen Humanismus. Ich selbst beherrsche sie einigermaßen, wie Ihr vielleicht festgestellt haben werdet.« Ich erinnerte mich vage, dass ich als Jugendlicher tatsächlich irgendwo darüber gelesen hatte: Italien galt vor ein paar Jahrhunderten in der zivilisierten Welt als kultureller Stern am Himmel und in den international angesehensten Salons war es üblich, italienisch zu sprechen. Oder, wie man heute sagen würde, »trendy«! Ein ausländischer Gelehrter, der zur internationalen intellektuellen Elite gehören wollte, ließ keine Italienreise aus, um die Kultur der Renaissance zu studieren und sich ein paar Brocken Italienisch anzueignen. Kurz und gut, Italienisch war damals eine Weltsprache, und insofern war es nicht verwunderlich, dass ein Philosoph wie Descartes beweisen wollte, dass er sie beherrsche.

»Okay, wie du willst ... ich meine, wie Ihr wollt!«, gab ich höflich zurück.

»Okäi? Was hat dieser Ausdruck denn zu bedeuten?«

---

[1] »*Vier Fäuste für ein Halleluja*« oder »*Der Kleine und der müde Joe*« (Orig. »*... continuavano a chiamarlo Trinità*«), 1971

Er war eindeutig aus dem 17. Jahrhundert. Ich erklärte ihm, dass es die typisch amerikanische Art war, »in Ordnung« zu sagen, aber damit verwirrte ich ihn nur noch mehr. Amerika wurde zwar lange vor seiner Geburt entdeckt, war aber noch kein unabhängiges Land mit einer eigenen Sprache, dessen Gesetze, Sitten und Gebräuche den Rest der Welt beeinflussten.

Doch ich beschloss, das Thema nicht weiter zu vertiefen, denn ich wollte ihn nicht noch mehr verwirren. Außerdem hatte ich ganz andere Probleme.

»Ich möchte nicht unhöflich erscheinen, aber wenn ich mir vorstelle, dass ich gerade dem Gründer der neuzeitlichen Philosophie gegenüberstehe, wird mir schwindelig. Ich meine ... Herr Professor ... Ihr müsst verstehen ...« Aber wie sollte er bei dem Gestammel durchblicken, wenn ich selbst nicht mehr verstand, was ich da redete?

Descartes blieb direkt vor meiner Nase stehen und fixierte mich mit einem stechenden Blick, als hätte er eine Schießbudenfigur im Visier. Er schien die Situation um einiges besser zu begreifen als ich, denn er setzte meiner Verlegenheit ein Ende, indem er sagte: »Oui, ich verstehe Eure Frage sehr gut, *Monsieur*: Was habe ich hier zu dieser späten Stunde ohne Einladung in Eurem Haus verloren?«

Ich frage mich in der Tat, was Ihr hier verloren habt, zumal Ihr vor fast vier Jahrhunderten abgeschmiert seid, dachte ich, behielt es aber für mich. Ich wollte ihn nicht beleidigen, und abgesehen davon wusste ein Teil meines Gehirns ganz genau, dass er eine Halluzination war, die mir der Hunger beschert hatte. Und ich konnte jetzt nicht auch noch anfangen, eine Halluzination zu beleidigen!

Der Knirps hängte seinen Hut über die Stuhllehne und sah mich erwartungsvoll an. Über den Hunger und die Müdigkeit hatte ich wohl versäumt, ihm einen Stuhl anzubieten. Wir wissen ja, wie viel Wert die Franzosen auf ihre Etikette legen, wahrscheinlich ungefähr so viel wie ich auf einen vollen Kühlschrank. Also rückte ich den Stuhl ein wenig zurück und bot ihm an, sein philosophisches Hinterteil darauf zu platzieren. Er streifte langsam seine Lederhandschuhe ab und legte sie über den silbernen Griff seines Spazierstocks. Als er sich gesetzt hatte, stieß er einen Seufzer aus und kam endlich zur Sache: »Nun denn, kurioserweise habt Ihr selbst mich gerufen, als Ihr vor wenigen Minuten mein *cogito ergo sum* entstelltet … Und niemand darf über die Summe meiner Gedanken spotten, ohne bei mir Rechenschaft abzulegen. Ob Ihr ein bemerkenswerter Philosoph oder einfach nur ein bemerkenswerter Dickwanst seid, spielt keine Rolle. So oder so befinde ich mich nun in Eurer geschätzten Gegenwart und erwarte freundlichst eine Klärung Eurerseits … Nun denn, ich höre?«

»Was? Außer ›nun denn‹ hab ich nur Bahnhof verstanden«, gab ich zurück. Dabei war mein Gesicht ohnehin für jeden ein offenes Buch, für ein Genie also sowieso. Er seufzte wie ein geduldiger Lehrer, der es mit einem dummen Schüler zu tun hat. Dann redete er auf seine geschwollene, pseudo-bescheidene Art weiter und forderte eine Erklärung oder Entschuldigung von mir. Es hatte ganze zehn Minuten gedauert, bis ich begriff, was er von mir wollte.

»Herr Professor, es ist so: Ich wollte Euch wirklich nicht vergackeiern, aber ein Mensch, der nicht gegessen hat, kann auch nicht denken. Denken ist ein Zeitvertreib für Menschen mit vollen Bäuchen. Ich meine, wenn das Auto vollgetankt ist, kannst du jederzeit starten, aber wenn nicht …«

»Das Auto?«, unterbrach er mich verwirrt.

Schon wieder ein Fettnäpfchen! Im 17. Jahrhundert gab es natürlich noch keine Autos, ich musste also einen Gang zurückschalten: »Wenn du keine Pferde vor die Kutsche spannst, bewegt sie sich keinen Millimeter. Ihr müsst mich entschuldigen, falls ich Euch aus Versehen beleidigt habe. Ich würd den Teufel tun … also ich meine, es käme mir nie in den Sinn, Euch zu beleidigen, das fehlte gerade noch … Ihr seid schließlich ein Philosoph, dessen Denken auf der ganzen Welt gelehrt wird!«

»Auf der ganzen Welt, ist das wahr? Nun ja, das nenne ich durchaus zweckdienlich!«

Dann erklärte er mir lang und breit, dass es ihn nicht sonderlich erstaune, seit Jahrhunderten Thema in Schulen und Universitäten zu sein. Das sei nun mal die Bestimmung eines großen Genies. Ich konnte förmlich sehen, wie er sich aufplusterte, freute mich aber darüber, dass er nun wieder bei guter Laune war. Doch dann machte ich den Fehler, ihm gefallen zu wollen, indem ich scheinbar nonchalant erwiderte: »Es ist doch mehr als offensichtlich, *Maestro*: Durch das Denken unterscheidet sich der Mensch vom Tier, es macht ihn zum höchsten ... na ja, zum Höchsten eben.« Ich besiegelte meine Antwort mit einem Lächeln, das sich zu einem dümmlichen Grinsen verzog, als ich sah, dass Descartes kein bisschen lächelte. Irgendwas musste er in den falschen Hals gekriegt haben.

»Darf ich Euch ganz frei heraus fragen, welchen Beruf Ihr ausübt, *Monsieur*? Ihr scheint mir wie jemand, der arbeiten muss, um zu leben«, sagte er hochmütig.

»Ich bin Schauspieler, wobei ich mich eher als Charakterdarsteller bezeichnen würde, eine Figur eben.« Ich sah den Dolchstoß schon kommen und hoffte, mit meiner bescheidenen Antwort das Schlimmste zu verhindern. Auch wenn ich noch immer keinen Schimmer hatte, weshalb er so sauer war.

»Aha! Schauspieler, *mon Dieu* ... Ein Schauspieler, der Descartes kennt! Das ist wie ein Frosch, der von seinem kleinen Teich in die endlose Weite des Himmels starrt: Er sieht ihn zwar, doch kann er ihn auch verstehen? Nichts für ungut, aber seid Ihr sicher, dass Ihr den richtigen Descartes zitiert habt und nicht einen seiner schlechten Nachahmer? Wenn ich richtig verstanden habe, seid Ihr ein Schmierenkomödiant, ein Scharlatan, ein Narr der untersten Klasse. Zu meiner Zeit wurden Menschen wie Ihr nach ihrem Tod nicht einmal in der Stadt begraben, sondern jenseits der Mauern. Auf den geweihten Friedhöfen war kein Platz für sie ... Dabei hattet Ihr so gut begonnen, dass ich damit wirklich nicht gerechnet hätte. Es versteht sich von selbst, dass sich der Mensch durch die Fähigkeit des Denkens vom Tier unterscheidet. Aber das war nicht die wesentliche Aussage meines *cogito ergo sum*. Ihr habt mich missverstanden.«

Ich trommelte mit den Fingern auf der Tischplatte, verdrehte die Augen und brummte: »Das war ja klar.«

Descartes begann, mir die Grundpfeiler seines Denkens zu erläutern: Der »methodische Zweifel« beinhalte, alles anzuzweifeln, was wir üblicherweise für gegeben halten. Der »hyperbolische Zweifel« stelle darüber hinaus auch allgemeingültige Dinge wie zum Beispiel die Grundsätze der Mathematik infrage (es könne schließlich einen »täuschenden Gott« geben, der Spaß daran hat, uns in die Irre zu führen). Außerdem nannte er die Unterscheidung zwischen *Res cogitans* – der denkenden Substanz – und *Res extensa* – den physischen und messbaren Dingen wie dem menschlichen Körper (der aber auch von jenem täuschenden Gott vorgegaukelt sein kann). Und während er sprach, warf er mir fein säuberlich in Argumenten verpackt die buntesten und elegantesten Beleidigungen an den Kopf.

Wieder fragte ich mich, warum er eigentlich so stinkig war. Lag es daran, dass ich ihn missverstanden hatte, oder dass ein Schmierenkomödiant es gewagt hatte, sich einem Genie zu nähern? Wie auch immer, wenigstens musste ich nicht mehr an den leeren Kühlschrank denken. Dieses nächtliche Delirium hatte also immerhin den Effekt, dass ich meinen Hunger vergaß: Jetzt hatte ich nur noch Lust, diesen Klugscheißer mit einem ordentlichen Faustschlag zum Schweigen zu bringen – doch ich war vollkommen von den Satzgebilden dieses faszinierenden fabulierenden Dickkopfs eingelullt, denn in seiner Auseinandersetzung mit dem methodischen und dem hyperbolischen Zweifel fand ich meine Art zu denken wieder.

»Im Wesentlichen, mein großer Hofnarr, bedeutet dies: Wenn es möglich ist, jeden Grundsatz infrage zu stellen, lässt sich eines mit Sicherheit nicht bezweifeln: dass der Mensch genau in dem Moment, in dem er denkt, existiert ... *compris?*«

»Ja und? Sag ich doch! Jemand denkt nach und deswegen existiert er!«, platzte es aus mir heraus.

»Nein, nein, nein und noch mal nein! Die Erkenntnis der eigenen Existenz beruht nicht auf einer Schlussfolgerung. Sie ist vielmehr eine unmittelbare Intuition. Durch sie erfassen wir unsere Existenz als unbezweifelbar ... Hat das jenes haarige Exemplar einer lahmen Ente nun begriffen?«

»Aaah, ach so«, rief ich aus, kurz davor, mit meiner Rechten auszuholen. Denn ich erfasste intuitiv, dass das »haarige Exemplar« doch nur wieder eine seiner Beleidigungen sein konnte. Und so gab ich ihm zu verstehen: »Angenommen, *Maestro*, ich würde Euch einen ordentlichen Faustschlag verpassen ... Der Faustschlag denkt nicht, also ist er nicht, aber er tut ordentlich weh und das blaue Auge wäre ein messbarer Beweis, oder nicht?«

Ohne auf meine Drohung einzugehen, verwandelte er sie in eine philosophische Überlegung: »Eure Faust ist etwas Physisches und gehört somit ins Reich der *Res extensa* und nicht der *Res cogitans*, aber die beiden Welten sind miteinander verbunden.«

Es war Marias Stimme, die mich davon abhielt, meine Drohung in die Tat umzusetzen: »Carlo, mit wem redest du da?«, rief sie aus dem Schlafzimmer.

»Mit niemandem, es ist nur der Fernseher. Ich stelle ihn leiser!«

»Was ist ein Fernseher?«, wollte ein sehr neugieriger Res Dingsda plötzlich wissen.

»Ein Kasten, der nicht denkt und folglich auch nicht ist. Aber wem sag ich das!«, antwortete ich mit einem fiesen Unterton. Doch er grinste nur ungerührt und rief: »Bravo! Ich sehe, Ihr kommt langsam in Schwung.«

Während ich den Wunsch unterdrückte, meine Faust »langsam in Schwung kommen« und auf seinem spitzen Kinn landen zu lassen, zeigte ich mit dem Finger auf den Kühlschrank und sagte, jegliche Etikette vergessend: »Also, mein Lieber, deiner Meinung nach existiert dieses Ding hier also auch nicht, weil es nicht denkt, ja? Aber ich sage dir, dass es existiert, wenn auch nicht mehr lange. Es ist nämlich so was von verflucht leer, dass ich es gleich kurz und klein schlagen werde!« Ich wurde immer wütender.

Descartes schwieg perplex. Einen Augenblick lang dachte ich, ich hätte ihm mit meinen dialektischen Fähigkeiten die Sprache verschlagen, aber es war etwas anderes: Er betrachtete aufmerksam die Kühlschrankmagneten, auf denen die unterschiedlichsten Städte der Welt abgebildet waren, Souvenirs von diversen Reisen mit meiner Familie. Dann packte er seinen sogenannten hyperbolischen Zweifel aus und urteilte auf seine unglaublich blasierte Art: Der Kühlschrank sei ja messbar und existiere daher als *Res extensa*, was aber alles überhaupt nichts beweise. Die Gesetze der Geometrie konnten schließlich auch eine Täuschung jenes verspielten Gottes sein, den Descartes sich selbst ausgedacht hatte.

»Die Frage nach Gott finde ich sehr fesselnd, Descartes. Aber wie kann es dann sein, dass Gott vollkommen ist, wenn es auf dieser Welt nicht eine einzige Gewissheit gibt?«, fragte ich wütend und schlug mit der Faust auf den Tisch ... Hut, Handschuhe und Spazierstock fielen zu Boden, doch zu meiner Überraschung antwortete der große Denker mit theatralischem Beifall:

»Es besteht Hoffnung für dich, mein übergewichtiger Schmierenkomödiant, du bist von ganz allein darauf gekommen: Du fragst dich, wie du wissen kannst, dass es Vollkommenheit gibt, wenn wir von Natur aus unvollkommen sind. Du weißt, dass dieses Ding namens Kühlschrank genau jetzt unvollkommen ist, weil seine Funktion darin besteht, mit kühlen Lebensmitteln gefüllt zu sein, richtig? Das impliziert, dass du ihn bereits im Zustand der Vollkommenheit, also voll, gesehen hast ... Gut, aber wie können wir um die Vollkommenheit Gottes wissen, wenn wir weder ihn noch die absolute Vollkommenheit je gesehen haben? Was ist unser Vergleichsmaßstab? Unser Paradigma?«

Ich bekam es mit der Angst zu tun, weil ich so langsam begriff ... Carlo, *Res cogitans* in Sachen Köpfchen, war weniger dumm als Bud, *Res extensa* in Sachen Fäuste.

»Ja, mein neapolitanischer Falstaff, deine winzigen Äuglein in deinem riesigen Gesicht verraten mir, dass du es erfasst hast, *mon ami*: Die Vorstellung der absoluten Vollkommenheit ist uns angeboren, rabiat ausgedrückt: Gott selbst hat sie uns eingepflanzt! Das ist der Grund, weshalb wir wissen, dass die Vollkommenheit existiert, obwohl wir sie weder selbst erschaffen noch jemals gesehen haben.«

Ich sagte nichts. Aber wer mich für einen schlechten Schauspieler hält, hätte mal sehen sollen, wie gekonnt ich vorgab, über diese Sachen nachzudenken, während ich in Wirklichkeit nur meine vollständige Verwirrung vor ihm zu verbergen suchte.

Nach einer gelungenen Kunstpause, die jeden Zweifel ausräumte, dass er von uns beiden der wahre Schauspieler war, fügte er hinzu: »Wir wissen, dass wir unvollkommen sind, aber um dies zu wissen, müssen wir auch wissen, dass es eine absolute Vollkommenheit, einen Zustand der Gnade, gibt … Und da es dies unter den Menschen nicht gibt, kann es nur in Gott existieren. Und er hat sie uns auf der intuitiven Ebene geschenkt … ergo: Wenn wir unvollkommen sind, können wir uns nicht selbst erschaffen haben, andernfalls wären wir mit derselben Vollkommenheit gesegnet wie Gott, meinst du nicht? Ergo …«

»… ergo«, unterbrach ich ihn, das Gespräch an mich reißend, »existiert Gott notwendigerweise. Denn wäre er bloß eine Vorstellung, wäre auch er unvollkommen, was ein Widerspruch in sich wäre … Kurz: Er hätte uns die Vorstellung der Vollkommenheit nicht einpflanzen können, wenn er selbst nicht vollkommen wäre!«

»Hurra! Die komödiantische lahme Ente ist aus ihrer Lethargie erwacht!«, rief Descartes und sprang auf, um mich zu umarmen. Vor lauter Stolz brach ich in ein irres Gelächter aus. Doch dann erfasste ich intuitiv jene viel zu leicht messbare *Res extensa*: Der Kühlschrank war nach wie vor leer. Ein dumpfes Brummen aus meiner Magengegend ließ Descartes vor mir zurückweichen.

Er hatte sich erschreckt! »Hyperbolischer und unermesslicher Hunger, dank einer vollkommenen Diät«, sagte ich zur Entschuldigung.

Dann fuhr ich fort: »Du siehst, hungrige Menschen haben nicht die Muße, sich in philosophischen Gedanken zu verlieren. Ein Bauer, dessen Felder ausgetrocknet sind, oder ein Arbeitsloser, der kein Geld für Essen hat, hat weiß Gott anderes im Kopf … kannst du mir folgen, mein Guter?« Nun, da ich mir seine Bewunderung verdient hatte, konnte ich ruhig so reden, wie mir der Schnabel gewachsen war. Ich erinnerte mich inzwischen auch wieder an einige Details aus seiner Biografie, die ich damals in der Schule gelernt hatte.

»Musstest du jemals tagelang ohne Essen auskommen, mein lieber Cartesio? Wie lange hast du überlegt, ob du die militärische oder die akademische Laufbahn einschlägst? Ich erinnere mich, in der Schule gelernt zu haben, dass du einmal mit dem Gedanken gespielt hast, als Soldat nach Holland zu gehen. Doch das war bevor du jene inspirierenden Träume hattest, nach denen du dich für das Denken und gegen den Krieg entschieden hast. Aber was mich wirklich interessiert: Wer hat dich in der ganzen Zeit durchgefüttert?«

»Du irrst, mein lieber intuitiver Schauspieler: Philosophische Schulen sind auch in Zeiten und Ländern entstanden, in denen ein leerer Magen an der Tagesordnung war. Der Mensch kann nicht nicht denken: Er ist dazu geboren.«

»Da hast du recht, Prof ... aber es hängt vielleicht auch ein bisschen vom Charakter, von der Einstellung ab. Und meine gründet auf einem fundamentalen Prinzip: *Futteténne* – scheiß drauf!«

»Und was soll das heißen?«, fragte er stirnrunzelnd.

Wie sollte ich das erklären? Wer kein Neapolitaner ist und nicht der Klasse der *marziani* angehört, kommt da nie drauf. Ich versuchte dennoch, ihm das Konzept näherzubringen: »Es heißt, sagen wir, mit einer ... ja, warum nicht, mit einer bestimmten Philosophie an die Sachen ranzugehen – wo wir schon beim Thema sind ... sich keine allzu großen Sorgen zu machen, die Dinge mit Humor, mit einer Prise Ironie zu nehmen. Nicht, dass einem alles scheißegal sein soll. Es gibt Schlamassel, die einem nicht scheißegal sein können. Im Grunde geht es darum, die Dinge positiv zu sehen ... Ich kann mich nicht so gut ausdrücken wie Ihr, aber es ist eher ein Gemütszustand als eine Art, zu denken. Vielleicht wird man damit geboren. Ich habe beispielsweise nie Panik bekommen oder den Appetit verloren, selbst als mir einmal gesagt wurde, dass ich unheilbar krank sei. Vielleicht bin ich auch deswegen noch hier. Aus irgendwelchen unerklärlichen Gründen ist mir nichts passiert. Aber ich habe auch keine Tragödie aus der Geschichte gemacht. Kann sein, dass Lachen auch im größten Schlamassel die beste Medizin ist.«

»Der Tod ist nicht messbar. Wenn er da ist, sind wir nicht mehr, und solange wir da sind, ist er noch nicht da.« Er hatte immer eine Antwort parat, aber ich würde nicht darauf schwören, dass er selbst davon überzeugt war.

»Ja, ist ja gut, aber trotzdem: Wer isst, ist, wer nicht isst, ist nicht. Und wenn Ihr besser essen würdet, würdet Ihr nicht so viel Zeit damit verlieren, Euch den Kopf über existenzialistische Fragen zu zerbrechen! Verflucht noch mal, ist das denn so schwer zu kapieren? Und du willst ein Genie sein?« Ich wusste einfach nicht mehr, wie ich es ihm eintrichtern sollte, aber dann hatte ich eine Intuition – sie kam zwar von einer komödiantischen lahmen Ente, aber sie gefiel mir. Und so bat ich Descartes, brav in der Küche zu bleiben, und machte mich ans Werk. Er hatte nichts dagegen und begann, am Wasserhahn oder dem »Zauberbrunnen«, wie er ihn nannte, herumzuspielen. Es schien ihn zu faszinieren, wie das Wasser auf Kommando aus einem unsichtbaren Brunnen heraussprudelte. Ich stahl mich auf leisen Sohlen wie ein außer Form geratener James Bond in die Bediensteten-Küche. Nur weil ich auf Diät war, war es mein Assistent und Faktotum noch lange nicht. Und sein Kühlschrank konnte sich wirklich sehen lassen!

ZUTATEN

- CARDONCELLI
- SALSICCIA MIT FENCHEL UND PAPRIKA
- KIRSCHTOMATEN
- RUCOLA
- EINE PACKUNG CAVATELLI
- NATIVES OLIVENÖL
- SALZ & PFEFFER

Zwei Minuten später kam ich triumphierend mit meiner Beute in die Küche zurück: Kräuterseitlinge, Salsiccia – eine italienische Wurst mit Fenchel- und Paprika-Aroma –, Kirschtomaten, Rucola und eine Packung Cavatelli – eine muschelförmige, kurze Pastasorte.

Ich erwischte Descartes dabei, wie er sich beschämt den Finger vor die Lippen hielt und pustete: Er hatte sich am heißen Wasser verbrannt. Vor dieser Funktion des »Zauberbrunnens« hatte ich ihn nicht gewarnt.

Um seine Haltung wiederzuerlangen, debattierte er weiter, was das Zeug hielt. »Die Unterscheidung zwischen *Res cogitans* und *Res extensa* ist ein Dualismus, der auf Galileo Galileis Unterscheidung zwischen primären und sekundären Eigenschaften zurückgeht. Ursprünglich wurzelt der Dualismus aber bereits bei Plotin.«

»Genau das sage ich auch immer.« Ich hatte keinen Schimmer, worauf er hinauswollte. Außerdem lenkte mich die Tatsache, dass ich im Begriff war, zu essen und gegen meine Diät zu verstoßen, von unserem Diskurs ab. Also stimmte ich ihm einfach zu und schüttete die Nudeln ins kochende Wasser. Sein Blick folgte mir neugierig, während ich die Pilze und Wurststückchen in einer Pfanne mit Öl anbriet. Ein herrlicher Duft breitete sich in der Küche aus!

»Eine Erkenntnis nenne ich anschaulich, wenn sie für einen wachen Geist offenkundig und ersichtlich ist, *mon ami* …«

Und mit den berauschenden Dämpfen schien sich seine Klarheit langsam, aber sicher zu verflüchtigen. Während die Pasta köchelte, gab ich die zerkleinerten Tomaten in die Pfanne zu den brutzelnden Pilzen und den Wurststückchen.

»… und jene klare Erkenntnis unterscheidet sich von den anderen, unverständlichen genau darin, dass sie als solche eindeutig ersichtlich ist …«

Ich rührte mit einem Kochlöffel in der duftenden Soße, wobei das Genie an meiner Seite immer wieder verstohlen zur Pfanne hinüberschielte.

»… und doch, als ich im Jahr 1649 an den Hof der schwedischen Königin bestellt wurde …«

»Hier, probier mal bitte«, warf ich ein und hielt ihm zwei Cavatelli vor die Nase. Er pustete, kaute und hob anerkennend eine Augenbraue: »Mmh, *pasta*!«

»Was für eine Intuition! Aber ist sie durch oder nicht?«

Er schaute mich verwirrt an. Nicht eine simple Antwort war aus ihm herauszukriegen, nicht einmal im Reich der messbaren Dinge. Ich mochte meine Nudeln al dente, und so goss ich sie nach etwa acht Minuten Kochen ab, gab sie zur Soße in die Pfanne und ließ das Ganze ein paar Minuten vor sich hin blubbern. Ich schmeckte es mit Salz und Pfeffer ab und Descartes, der mitten in der Duftwolke stand, wurde immer stiller. Ein paar Sekunden lang schwieg er entrückt, als hätte er eine himmlische Vision.

»… W-wo war ich stehen geblieben, *mon ami*? Ach ja … auf der Suche nach einem unbezweifelbaren Wissen. Ich habe in meiner *Abhandlung über die Methode* vier Regeln aufgestellt, die sowohl für wissenschaftliche als auch für philosophische Untersuchungen gelten: die der Evidenz, der Aufgliederung, der Anordnung und der Vollständigkeit.«

Ich bereitete indessen alles für mich allein vor: Bud war das *mangio*, Descartes das *cogito*, allerdings ein *cogito*, das angesichts der köstlichen Speise nicht mehr klar denken konnte.

Seine Stimme klang zunehmend heiser und in seinen Mundwinkeln bildeten sich kleine Bläschen – bei uns nennt man das Sabbern. In einem Anfall von Sadismus stellte ich die ganze Portion vor mich hin und tauchte meine Gabel, Interesse am Gespräch heuchelnd, in die Pasta: »… und so stellte ich die Regeln der provisorischen Moral auf. Die traditionelle Moral lehnte ich ab, doch gab es zu meiner Zeit noch keine klar definierte Morallehre. Die provisorische Moral ist wie ein vorübergehendes Zuhause, in dem du, nachdem dein früheres Haus abgerissen wurde, Zuflucht findest, bis du ein neues bekommst. Ich entwarf einige Grundsätze: den Gesetzen meines Landes zu gehorchen; eine getroffene Entscheidung nicht im Nachhinein infrage zu stellen;

selbst zu siegen, anstatt das Schicksal siegen zu lassen; nichts steht in unserer Macht als unser Denken und … und … krieg ich keine *pasta*?«

Er zeigte mit dem Finger auf meine Gabel voller Cavatelli. Er konnte nicht mehr!

Da stieß Bud einen geduldigen Seufzer aus und reichte ihm die voll beladene Gabel, woran er sich fast verschluckt hätte, so sehr war er mit seinem Flehen beschäftigt. Dann schob ich ihm die ganze Schüssel Pasta hin, ohne ihm einen eigenen Teller zu geben. Er setzte sich mir gegenüber, wie an einem Tisch in einer Osteria, und ließ sich die ganze Portion schmecken. Und während sich sein Mund bewegte, machte meiner automatisch die gleiche Bewegung, ohne dass ich auch nur einen Bissen tatsächlich gegessen hätte. Jetzt war ich derjenige, der ihn mit leerem Magen flehend anstarrte.

»Nur eine kleine Kostprobe, als Anerkennung Eurer Gastfreundschaft. Nie in meinem ganzen Leben habe ich einen Gastgeber beleidigt, der mich so zuvorkommend in seinem Haus empfing. Aber«, er leckte sich genüsslich über die Lippen, nachdem er gekostet hatte, »dürfte ich mich nach dem Namen dieses Gerichts erkundigen, *Monsieur*?«

»Ja klar, es heißt ›Cavatelli alla Murgiana‹. Siehst du diese Pilze hier? Das sind Cardoncelli – Kräuterseitlinge, sie wachsen in der Murgia, einem Gebiet im süditalienischen Apulien. Aber das Gericht ist so köstlich und beliebt, dass es heute eigentlich überall gekocht wird … *compris*? Die Zutaten sind einfach, das Gericht wird mit kurzer Pasta zubereitet, wie dieser hier … Man nennt sie ›Vier-Finger-Cavatelli‹, weil man vier Fingerspitzen benutzt, um sie zu formen. Schau, so.«

Ich krümmte die vier Finger meiner rechten Hand zu einer Art Haken, drückte mit den Fingerkuppen imaginäre Teigwürfelchen ein und rollte sie zu kleinen Muscheln zusammen. Er nickte und tat so, als habe er verstanden, während er auf einem riesigen Batzen Nudeln mit Soße herumkaute. Seine Backen waren so voll, dass sie wie zwei symmetrische Abszesse in seinem Gesicht abstanden.

»Trink einen Schluck Wasser, *Maestro*. Wein kann ich dir leider keinen anbieten, ich bin abstinent ... Mir reicht ein Glas und ich rede wie du. ... Na, was sagst du zu meinem Essen? Das kanntest du doch nicht, oder? Gib's zu!«

Er schüttelte langsam den Kopf und flüsterte mit geschlossenen Augen wie in Ekstase: »Meine Güte, was habe ich verpasst!«

Eine Viertelstunde später wischte sich Descartes zufrieden über den Mund und gab einen kleinen Rülpser von sich – »*Pardon*!« Der Typ wurde mir immer sympathischer.

Und da Rülpser anstecken sind, gab ich ebenfalls einen zum Besten, allerdings einige Dezibel stärker: Die Scheiben klirrten bedenklich und Maria, die davon aufgewacht war, rief: »Carlo, was ist passiert?«

»Nichts, draußen geht das Gewitter los. Schlaf nur, ich bin gleich da!«

Sichtlich beeindruckt musterte Descartes mich von oben bis unten und sagte schließlich: »Ich muss zugeben, Eure einfachen und doch ausgezeichneten Kochkünste haben mich überzeugt. Nun gut, alles in allem kann Euer ›Ich esse, also bin ich‹ neben meinem ›Ich denke, also bin ich‹ als Beweis der Existenz stehen bleiben ... Jedenfalls als Produkt eines unterentwickelten Gehirns, wie es eben nur ein Schauspieler, eine Figur, ein Schmierenkomödiant haben kann. Es ist schließlich bekannt, dass sich die einfachen Geister von einfachen Wahrheiten nähren. Uns Philosophen und Suchenden dagegen ist die Aufgabe beschieden, die offenkundige und unsichtbare Realität der Welt und ihrer Gesetze zu erforschen. Eine schwierige Aufgabe, durch die wir uns vom Durchschnittsmenschen, vom gewöhnlichen Volk unterscheiden.«

Nun, da er satt war, gebärdete er sich wieder wie ein aufgeblasener Ballon. Aber damit sollte er nicht durchkommen.

»Das ist gut möglich, lieber Descartes. Aber ich möchte dir in aller Bescheidenheit sagen, dass die Beliebtheit, der sich Schauspieler, oder ›Schmierenkomödianten‹, wie du sie nennst, heutzutage erfreuen, den Ruhm der Philosophen bei Weitem übertrifft. Dazu gehören auch jene, die du abschätzig als einfache Geister bezeichnest. Ob das nun gut oder schlecht ist, liegt nicht an mir zu beurteilen. Doch ich will dir entgegenkommen und gebe sogar zu, dass dieses Bedürfnis seitens der Gesellschaft, sich in Verhaltensmustern widerzuspiegeln, ein Symptom der Unsicherheit ist. Doch wenn ein Schauspieler positive Werte wie Herzensgüte, Lachen und die Verteidigung des Schwächeren vermittelt … was bei mir, aber natürlich auch bei anderen der Fall ist, ›mon ami‹ … Wenn also all das dazu beiträgt, dass man die Welt positiver betrachtet und sich seinem Nächsten gegenüber solidarischer verhält, dann sehe ich darin eine *Res cogitans*, das zu einer *Res extensa* wird: eine Subjektivität, die real und messbar wird. So, und jetzt hab ich keine Lust mehr, ich hab nämlich keinen Bissen gegessen und meine Zunge ist ausgetrocknet.«

Er schwieg, blickte mich streng an und reichte mir ein Glas Wasser, um die Cavatelli runterzuspülen, die ich nicht gegessen hatte. Dann stand er auf und fing an zu reden wie jemand, der einem aus purer Höflichkeit recht gibt. Er musste eben das letzte Wort haben.

»Aber natürlich, mein großer Schmierenkomödiant. Kein Grund, feindselig zu werden. Ich muss Euch allerdings warnen, *mon ami*, es gibt noch einen weiteren, etwas schwierigeren Kandidaten, den Ihr von Eurer Argumentation überzeugen müsst.«

»Und der wäre?«

Er stand auf, streifte sich die Handschuhe über, nahm seinen Hut und seinen Stock und bewegte sich in Richtung Tür. Im Gehen zwinkerte er mir zu und sagte: »Das werdet Ihr selbst herausfinden«, was er mit einem sibyllinischen Grinsen quittierte. Das roch gewaltig nach Ärger. Ich wollte ihm hinterhereilen, doch kaum war er aus der Küche, war Descartes auch schon verschwunden, als hätte er sich in Luft aufgelöst. Paff! Einfach so. Aber was hätte ich von einer Halluzination auch anderes erwarten können?

Ein bisschen tat es mir leid. Ich hatte angefangen, ihn zu mögen. Allerdings sollte man sich vor Freundschaften mit Halluzinationen generell in Acht nehmen. Sonst kann es leicht passieren, dass man zu Weihnachten eine nagelneue Zwangsjacke geschenkt bekommt. Ich zuckte mit den Schultern und ging zurück in die

Küche, um abzuwaschen und alle Beweise meines Vergehens zu beseitigen. Maria hätte sie hundertprozentig gegen mich verwendet, da war sie unerbittlicher als Perry Mason. Am Geschirr klebte noch so viel Tomatensoße, dass ich zu zweifeln begann, ob es sich wirklich nur um einen Traum handelte. Da kam mir ein tröstlicher Gedanke: Bevor ich das Geschirr spülte, konnte ich die Soßenreste mit Brot auftunken – besser als nichts. Beschwingt, mit einem breiten Grinsen, das von einem Ohr zum anderen ging, eilte ich los. Doch der Anblick, der sich mir dann bot, war so ernüchternd, dass ich wie gelähmt auf der Türschwelle stehen blieb.

»Und sie bewegt sich doch!«, sagte ein Typ im schwarzen Gehrock, der über den Tisch gebeugt dastand und mit einem Stück Brot sachgerecht die restliche Soße auftunkte. Er war mir zuvorgekommen!

Er redete mit sich selbst, als würde er etwas ausklamüsern, was ihn aber nicht davon abhielt, mir auch noch das letzte köstliche Fünkchen Hoffnung in der Pasta-Schüssel zu rauben. Als er mich endlich bemerkte, hob er sein nicht mehr ganz junges, von einem schneeweißen Bart eingerahmtes Gesicht und lüpfte zum Gruß sein schwarzes Käppchen, unter dem eine Glatze mit ein paar vereinzelten weißen Haaren zum Vorschein kam.

»Erlaubt, dass ich mich vorstelle: Galileo Galilei. Der Herr, ich beliebe, mit Euch zu diskutieren.«

Es versprach, eine lange Nacht zu werden ...

KAPITEL 2

BABÀ ALLA GALILEI

Ein Sonnensystem aus Orangen und Nüssen

Der Rebell Galilei, 1564 in der Toskana geboren, hatte einen Pfahl im Fleische: seinen Vater, dem zu Gefallen er zunächst an der Universität Pisa Medizin studierte. Letzten Endes verließ er Pisa für Florenz, wo er sich der (seiner Meinung nach) attraktiveren Mathematik zuwandte und sich unter anderem dem Studium der Pendelbewegung hingab.

1589, mit nur 25 Jahren, bekam er dank der Gunst des toskanischen Großherzogs den Lehrstuhl für Mathematik an der Universität Pisa. Aber auch damit gab er sich noch nicht zufrieden, und so wechselte er drei Jahre später an die Universität Padua, wo er ein Fernrohr konstruierte, um die Bewegungen der Himmelskörper zu erforschen. Seine Ergebnisse hielt er in der Schrift *Sidereus Nuncius (Nachricht von neuen Sternen)* fest, in der er das ptolemäische Weltbild angriff und die ihm ganz schön Ärger bereitet hätte, wenn er nicht Unterstützung von Kepler und dem römischen Jesuitenorden bekommen hätte. Unterdessen brachte ihm seine Anstellung als Philosoph beim Großherzog der Toskana und als Chefmathematiker an der Universität Pisa ein kleines Sümmchen ein. Leider herrschte in

Pisa jedoch ein weniger tolerantes Klima als in Padua – im Jahr 1612 wurde er von dem Dominikanermönch Niccolò Lorini als Ketzer denunziert.

Die Streiterei basierte auf dem Passus aus der Bibel, in dem Josua ausruft: »Sonne halt still über Gibeon!« Dieser Gotteslästerer von Galilei beharrte nämlich darauf, dass die Sonne immer schon stillgehalten und die Erde Ringelreigen gespielt hätte. Also beschloss die Kirche, der die Gegenreformation schon ziemlich zugesetzt hatte, zu reagieren, auch um alle übrigen Andersdenkenden einzuschüchtern.

Zwischen 1613 und 1615 verfasste Galilei dann seinen berühmten *Brief an Benedetto Castelli*, in dem er den Vorrang der Religion in moralischen Fragen lobpries, zugleich aber das wissenschaftliche Vorgehen auf dem Gebiet der Naturforschung verteidigte. Doch es war nichts zu machen, er wurde vom Papst, der auf diesem Ohr taub war, dazu verdonnert, die Verbreitung seiner Theorien einzustellen. Einige Jahre später, 1623, veröffentlichte Galilei das Büchlein *Il Saggiatore (Prüfer mit der Goldwaage)* über die Natur der Kometen und nahm die Erforschung der zweifachen Drehbewegung der Erde, nämlich sowohl um die Sonne als auch um sich selbst, wieder auf. Aus seinen Ergebnissen entstand der *Dialog über die beiden hauptsächlichen Weltsysteme*: eine schöne Apologie des Kopernikus, die sich über das von der Kirche veranlasste Verbot hinwegsetzte. Das Ergebnis: Suspendierung, Prozess in Rom und Verurteilung zu Gefängnishaft, die in einen Hausarrest zunächst in Siena und schließlich in seinem Haus Villa il Gioiello in Arcetri umgewandelt wurde, wo er wieder seinen Forschungen nachging. Nach weiteren Veröffentlichungen und einer Krankheit, die ihn erblinden ließ, starb er 1642 im stolzen Alter von 78 Jahren im Beisein seiner Tochter – für damalige Verhältnisse gar nicht wenig.

Dieser eine historische Satz genügte mir, um zu wissen, mit wem ich es zu tun hatte. Die Worte »Und sie bewegt sich doch« soll der bedeutende Wissenschaftler beim Verlassen des Gerichts gemurmelt haben, welches ihn gezwungen hatte, seine Überzeugung, dass die Erde sich um die Sonne drehe, vor der Kirche zu verleugnen. Es ist einer dieser skatologischen Sätze, die, wie man so schön sagt, ein ganzes Universum enthalten, die man nicht mehr aus dem Kopf bekommt und die schließlich in den normalen Sprachgebrauch eingehen. Sätze, an die man sich noch lange erinnert, nachdem man die Schulbücher zugeklappt hat. Auch wenn er sich mir nicht gleich mit seinem typisch florentinischen Genuschel vorgestellt hätte, wäre mir sofort klar gewesen, dass der Mann, den ich vor mir hatte, kein Geringerer war als Galileo Galilei.

Ich erinnerte mich, dass ich sein Leben und sein unglückliches Schicksal in groben Zügen studiert hatte, aber dass ihm der Arrest derart zusetzte und er so sehr abmagerte, hätte ich nicht gedacht. Mein Mund sprach schneller, als mein Gehirn denken konnte, und mit der gewohnten Grazie eines Elefanten, die mich von allen anderen unterscheidet, sagte ich: »Ach du Scheiße! So dünn, wie du bist, brauchst du dich nur gegen die Fensterscheibe zu lehnen und wir haben ein Röntgenbild von dir!«

Zum Glück gab es im 17. Jahrhundert noch keine Röntgenaufnahmen, sodass er meinen Scherz nicht verstand und ich noch einmal davor bewahrt wurde, einen schlechten Eindruck zu machen. Mein neapolitanischer Dialekt dagegen entging ihm nicht. Nach all der Zeit in Rom schläft er zwar meist wie Glut unter der Asche, hin und wieder aber kommt er, wenn die Umstände ihn anfachen, durch.

»Soso, du bist Neapolitaner, pfui Teufel! Aber du hast nicht ganz unrecht: Ich war zwar schon immer dünn, doch die Strapazen meiner Verurteilung haben es nicht gerade besser gemacht. Ich hätte dich gern mal an meiner Stelle gesehen, vor Gericht gestellt, verhöhnt und zu Brot und Wasser verdammt – hartes Brot und schmutziges Wasser, das mir jene gewissen Koliken bescherte. Vermaledeite Latrinen!«

Er redete ohne Punkt und Komma, aber immerhin war er nicht beleidigt, wenn auch ein wenig traurig. Was mich angeht, war trotz des viel zu spärlichen Gelages von vorhin jegliche schlechte Laune, die mir dieser aufgeblasene Heißluftballon von Descartes beschert hatte, verflogen. Ich hatte das Bedürfnis, dieser armen dahingeschiedenen Seele, deren Anblick kaum zu ertragen war, etwas Gutes zu tun. Dass sich ein weiterer historischer Philosoph (und Wissenschaftler – ja, vor allem Wissenschaftler!) in meiner Küche befand, fand ich in diesem Moment nicht weniger bizarr als die Tatsache, dass Maria noch nicht aufgestanden war, um nachzusehen, ob ich nicht heimlich naschte.

So müde war sie, die Arme.

Zwei Dinge gefielen mir an Galilei auf Anhieb: Er hatte kein bisschen von dem übertriebenen Aufzug Descartes' mitsamt Puder, Perücke und künstlichem Schönheitsfleck. Vielmehr wirkte er wie jemand, der seinen Kittel nicht einmal zum Schlafen ablegte. Er war ungepflegt und litt immer noch darunter, dass seine Entdeckungen zu Lebzeiten nicht als wahr anerkannt worden waren und sie ihn zu Unrecht verurteilt hatten.

Wie er wohl darüber gedacht hätte, dass heutzutage massenweise Angeber, selbst ernannte Erfinder, Pseudophilosophen oder auch tatsächliche Denker, die allerdings niemals an seine Entdeckungen herankamen, reich und berühmt wurden, indem sie sich einfach nur in diesem magischen Kasten namens »Fernseher« sehen ließen?

Das Zweite, was mir an ihm gefiel, war, dass er sich überhaupt nicht um die moderne Umgebung scherte: Den Wasserhahn, oder auch »Zauberbrunnen«, den Kühlschrank, die ganze Einrichtung aus dem 20. Jahrhundert schien er nicht einmal wahrzunehmen. Doch die Diskussion zwischen mir und Descartes kurz vorher hatte er offenbar mitgeschnitten, denn er knüpfte daran an.

»Deiner Meinung nach« – dass er mich duzte, war ein gutes Zeichen, offenbar war er nicht so ein Snob wie sein Kollege – »ist es also folgendermaßen: Wenn einer isst, existiert er, wenn nicht, dann nicht! Aber eines musst du mir erklären: Isst der Mond?

Hast du ihn jemals essen sehen? Und doch ist er, existiert er dort oben, ja oder nein?«

»Ja, allerdings denkt er auch nicht.«

Jetzt hatte ich es ihm gezeigt.

Er verschränkte die Arme vor der Brust und tippte nachdenklich mit seinem kleinen Fuß auf den Boden, aber ein teuflisches Grinsen auf seinen blutleeren Lippen sagte mir, dass er mich auf den Arm nahm. Was hätte ein großer Geist wie er mit einem wie mir auch anderes tun sollen, als sich über ihn lustig zu machen? Ich muss dazusagen, dass ich ganz benommen war vor Aufregung (was übrigens immer noch besser war, als ganz benommen vor Hunger zu sein). Schließlich hatte ich jenen Wissenschaftler vor mir, der vom Gericht gezwungen worden war, seine These, dass die Erde nicht das Zentrum des Universums sei, zurückzunehmen.

Ich machte mich auf einen dialektischen Zweikampf mit Galilei gefasst. Doch stattdessen stieß er einen langen Seufzer aus und sein Ton wurde auf einmal traurig: »Nein, gräme dich nicht. Was es bedeutet, eine Ansicht, ob naiv oder nicht, trotz aller Widrigkeiten um der Wahrheit willen zu verteidigen, habe ich am eigenen Leib erfahren. Die Inquisition hat mir damals ganz schön den A… also den Hintern aufgerissen! Da war ich 69, das kann man doch nicht machen. Abschwören musste ich. Ihnen recht geben und so tun, als wäre die ptolemäische Theorie die richtige. Immerhin bekam ich Hausarrest und konnte mich so weiter meinen Studien widmen. Und ich habe alles brav mitgemacht … aber wenn ich daran zurückdenke, überkommt mich eine Riesenwut. Das geht mir einfach nicht rein, bei der vermaledeiten Sonne!«

Sein Gesicht lief vor Zorn rot an. *Gleich kommt der Infarkt*, dachte ich.

Dann aber wurde mir klar, dass kein koronares Risiko bestand, denn schlimmstenfalls wäre er gestorben, tot war er ja aber schon …

»Apropos Mond, *Maestro* Galilei, vielleicht wird es Sie interessieren, dass wir dort gewesen sind.«

»Wo?«, fragte er verwirrt.

»Auf dem Mond, dem Erdtrabanten, wie auch immer Sie es nennen mögen ... aber nun setzen Sie sich doch, damit ich Ihnen alles der Reihe nach erzählen kann.«

Er setzte sich und ich sah, wie die Verwirrung in seinem Blick immer größer wurde. Der Schlagabtausch, der dann folgte, trug sich, ich schwöre es, wörtlich so zu, auch wenn er eher einer Slapstickkomödie glich.

»Wo sollen wir gewesen sein?«, fragte er.

»Na, da oben, auf dem Mond!«

»Auf dem Mond? Wir beide? Du und ich? Wer's glaubt, wird selig!«

»Nicht wir beide, sondern die Menschheit.«

»Die ganze Menschheit? Auf dem kleinen Mond? Hat etwa Da Vinci, dieser Teufel, es schließlich fertiggebracht, eine seiner sagenhaften fliegenden Maschinen zu konstruieren? Aber es müssen ja mehrere gewesen sein! Oder hat er nur eine gebaut, so groß wie die Arche Noah?«

»Nein, nein, nicht Da Vinci, sondern Wissenschaftler aus dem 20. Jahrhundert. Sie haben eine Maschine erfunden, die fliegen konnte, immer höher, weit weg von der Erde ... bis zum Mond ist sie gereist.«

»Beim vermaledeiten Mond! Die ganze Menschheit ist in dieser Maschine mitgeflogen? Und wer ist dort oben geblieben?«

»Nicht schon wieder! *Maestro*, ein bisschen recht hat sie ja schon, die Inquisition. Nichts für ungut, aber Sie sind wirklich ein Starrkopf! Nicht die ganze Menschheit, sondern ein paar Astronauten, Weltraumpiloten, die dort oben als Vertreter der Erde ein Fähnchen aufgestellt haben!«

»Ah, jetzt verstehe ich: Vertreter! Ach ja, klar, ich hatte einen Cousin, der Weinvertreter war. Einmal haben sie ihn nach Rom geschickt und er fluchte ununterbrochen über die lange Reise, was für ein Spaß! Aber was die Armen, die sie bis zum Mond geflogen haben, erst geschimpft haben müssen! Sind sie auch wieder zurückgekommen?«

»Aber sicher, in den Jahren darauf sind sogar andere Astronauten immer wieder dorthin zurückgekehrt.«
»Um neue Städte zu gründen?«
»Na ja, also ... nein.«
»Warum nicht? Gibt es schon Städte auf dem Mond?«
»Nein!«
»Und wozu sind sie dann dorthin zurückgekehrt? Um noch ein Fähnchen aufzustellen? Ist das nicht eine ganz schöne Zeit- und Geldverschwendung? Da entdeckt jemand eine ganze Welt, nur um ein Fähnchen aufzustellen und schöne Grüße zu bestellen. Also wirklich, das ist doch verrückt! Wozu fliegen sie denn auf den Mond?«

Ja, wozu eigentlich? Selbst ich stellte mir diese Frage zum ersten Mal. Galilei, dieser alte Streithahn, hatte es geschafft, dass ich nun auch anfing zu zweifeln. Ich versuchte, mich (und den Rest der Menschheit) zu rechtfertigen: »Wie ›Wozu?‹? Um Proben vom Mondgestein zu nehmen und sie zu untersuchen und ... und um außerdem zu beweisen, dass der Mensch gewaltige Entfernungen überwinden kann. ›Das ist ein kleiner Schritt für den Menschen, aber ein riesiger Schritt für die Menschheit‹ – so der erste Astronaut, der auf dem Mond den Boden berührte ... Und dann ist es eben so, dass uns der Mond einfach immer schon fasziniert hat, oder nicht? Sie selbst, *Maestro*, haben sich doch damals ein Fernrohr gebaut, um ihn zu beobachten, und sagten, dass jene Sprenkel aussähen wie Krater. Nun ja, Sie hatten recht, der Mond ist übersät von Kratern.«

»Ja, aber das wusste ich auch, ohne jemals dort gewesen zu sein! Ihr seid wohl ein bisschen von gestern, mein Freund! Ein Fähnchen auf dem Mond, ich lach mich tot! Je länger ich darüber nachdenke, desto witziger finde ich es. Diese ganze weite Reise, nur um ein Fähnchen hinzupflanzen und Steine zu sammeln.«

Darauf wusste Bud nichts Kluges zu antworten, worüber er sich so sehr aufregte, dass er die Diskussion mit seinem Gast am liebsten mit einem Faustschlag beendet hätte. Carlo aber wusste nur zu gut, dass ein solcher Faustschlag die Zweifel, die schon immer tief in ihm geschlummert hatten, nicht zum Schweigen gebracht hätte. Galilei war nur die Sturmflut, die sie wieder zu Tage förderte wie ein Wrack, das nach langer Vergessenheit wieder aus den Tiefen des Meeres auftaucht.

Und nun stand ich vor ihm wie der letzte Dummkopf! Dass es Leute gab, die die Mondlandung von 1969 für eine Täuschung im Wettlauf ins All zwischen den Russen und Amerikanern während des Kalten Krieges hielten, verschwieg ich. (Diese Meinung äußerte übrigens auch mein Vater, als er das Ereignis in jener Nacht von 1969 in Echtzeit vor dem Fernseher verfolgte.) Ebenso verschwieg ich, dass wieder andere meinten, wir seien zwar tatsächlich auf dem Mond gelandet, jedoch nur um festzustellen, dass wir nicht die Ersten waren: Außerirdische sollen sich dort mitsamt ihren Raumschiffen im Dunkel der Krater versteckt haben. Diese Entdeckung soll die NASA dann laut den Verfechtern der Verschwörungstheorie verschlüsselt an die Erdcrew weitergegeben haben. Genau aus diesem Grund sei dort oben auch weder eine Kolonie angesiedelt noch eine Militärbasis errichtet worden. Dabei fand Kolumbus doch, als er in Amerika anlegte, auch Ureinwohner vor. Nur sind die Weißen damals dorthin zurückgekehrt, um sich anzusiedeln – zum Schaden der Menschen, die wir heute noch »Indianer« nennen, weil Christoph fälschlicherweise annahm, er sei in Indien gelandet. Aber auch das war ein Fass, das ich lieber nicht aufmachte.

Alles, was mir in dem Moment in den Sinn kam, erforderte ausschweifende Erklärungen, die meine Fähigkeiten überstiegen. Auch schien mir der magere pisanische Wissenschaftler nicht sonderlich an den Geschehnissen des 21. Jahrhunderts interessiert zu sein: Er hatte angefangen, auf der Anrichte mit Obst herumzuspielen und anhand von Orangen und Nüssen die Bewegung der Sonne darzustellen. Das brachte mich auf eine Idee, wie ich einen guten Eindruck machen und ihn gleichzeitig moralisch wieder etwas aufpäppeln konnte: Ich bemerkte, dass er im Grunde mit allem recht behalten hätte und wir heute wüssten, dass sich die Erde um die Sonne drehte und nicht umgekehrt.

»Mag sein, aber was nützt mir das? Dennoch habe ich mir damals diese Verurteilung eingebrockt. Diese verfluchte Milchstraße aber auch! Das geht mir einfach nicht rein, das kannst du mir glauben!« Er wiederholte sich wie eine Platte, die einen Sprung hatte. Dann fügte er hinzu: »Dass die Erde ein zu unbedeutendes Tüpfelchen ist, um der Mittelpunkt der göttlichen Schöpfung zu sein, habe ja nicht nur ich behauptet, sondern schon Kopernikus vor mir. Ich habe lediglich ergänzt, dass die Milchstraße aus einem Haufen Sterne besteht, dass es Sonnenflecken gibt und noch ein paar andere Dinge, die jeder Mensch mit einem ordentlich gebauten Fernrohr wie meinem hätte sehen können. Im Ernst. Und meinst du nicht auch, dass die Kirche, mächtig, wie sie war, Fernrohre hätte haben können, so viele sie wollte? Aber es hilft alles nichts, über manche Dinge musste ich nun mal schweigen. Denn anzuzweifeln, dass die Erde und die Menschheit das Zentrum des Universums sind, war, als würde man die Kirche mit einem provinziellen Boccia-Verein gleichsetzen. Vermaledeite Sterne aber auch! Also haben sie mich verurteilt … und weißt du, was? Ganz ehrlich?«

»Lassen Sie mich raten: Es geht Ihnen einfach nicht rein.«

»Richtig, es geht mir einfach nicht rein, wirklich nicht.«

Dieses Mal wurde er ein bisschen zu laut und schon hörte ich Marias Stimme aus dem Schlafzimmer: »Carlo, was redest du da mit dir selbst?«

»Es ist nur der Fernseher! Neapel hat den Titel geholt«, beeilte ich mich zu antworten, während ich dem Alten den Mund zuhielt. Meine riesige Pranke verdeckte sein ganzes Gesicht. Ich muss schon sagen, für einen Geist macht er mir einen ziemlich leibhaftigen Eindruck!

Nachdem die Gefahr gebannt war, überkam mich ein starkes Mitgefühl, als ich in diese blassblauen, wässrigen Augen blickte, die mit Sicherheit bessere Zeiten gesehen hatten. Da wurde mir etwas klar: Pioniere wie Galilei, die so schlimme Kränkungen, Beleidigungen und auch Gewalt erlitten hatten, können sich, auch wenn sich schließlich herausstellt, dass sie recht hatten, über nichts mehr freuen. Sie sind zu sehr damit beschäftigt, sich die Wunden zu lecken und zum Opfer zu machen. Er war eben jener Typ Mensch, der, auch wenn es gut läuft, nicht vergessen kann, wie schlecht es vorher lief. Es waren ganz ähnliche Fälle, die dieses Tier von Bud Spencer begreifen ließen, was für ein Glück der *marziano* Carlo Pedersoli hatte, vom Typ »*Futteténne*« zu sein. Einer, der seinen Karren wieder aus dem Dreck zieht, die Beleidigungen abschüttelt und vergisst.

Achtet mal darauf: Die wirklichen Intelligenzbolzen, die dazu beigetragen haben, die Welt voranzubringen, waren letzten Endes allesamt unglücklich, der eine mehr, der andere weniger. Einige arme Seelen litten auch körperlich, andere wiederum waren seelischen oder geistigen Qualen ausgesetzt, die es ihnen unmöglich machten, die elementaren Freuden des Lebens zu genießen. Als hätte das Fieber sie fest im Griff, das Fieber, voranzukommen, neue Wege zu beschreiten und Grenzen zu überwinden. Hin- und hergerissen zwischen innerem Krieg und innerem Frieden waren sie unfähig, sich an Erfolgen zu erfreuen, weil sie schon mit der nächsten Untersuchung, der nächsten Herausforderung beschäftigt waren. Wären diese Menschen nicht gewesen, würden wir heute möglicherweise noch immer mit Tierfellen bekleidet ums Reisigfeuer sitzen, wer weiß. Einer leidet mehr Leiden als die anderen und zahlt einen hohen Preis dafür, dass die Menge voranschreiten kann. Und nicht selten werden die Errungenschaften dieser Vorreiter erst posthum anerkannt.

Das ist gewissermaßen das Brandzeichen des Genies. Doch das einzige Brandzeichen, an das ich mich erinnern kann, ist das des Viehs, das ich zusammen mit dem müden Joe geklaut habe. Im Wilden Westen, für den die italienische Landschaft damals als Kulisse herhielt.

»Sagen Sie mal, waren Sie eigentlich schon immer so dünn, *Maestro*? Oder kam das durch die Verurteilung?«

»Na ja, dick war ich nie, was einerseits an meiner Konstitution, andererseits an meinen Studien lag: Es ist nicht so, dass ich Diät gehalten hätte, aber im *Buch der Natur* vertieft vergaß ich häufig, dass die Natur auch gute essbare Früchte hervorbringt. Doch was hätte ich tun sollen? Wenn ich sagte, dass die Wissenschaft die einzige Antwort auf alles sei, riss mir die Inquisition den … na ja, das habe ich ja vorhin schon erklärt. Jedenfalls bin ich so zu dem Schluss gekommen, dass zwei Wege zur Wahrheit führten, zwei gute Wege sogar: einerseits die Bibel, das vom Menschen aufgeschriebene Wort Gottes, die am Glauben, an der Moral festhält. Andererseits das *Buch der Natur*, welches Gottes direktes Werk ist. Alle beide führten zu einer einzigen Wahrheit, der zweite jedoch musste mithilfe der Wissenschaft interpretiert werden, das heißt durch Beobachtung der Phänomene. Darüber ließen sich wissenschaftliche Hypothesen aufstellen, welche wiederum durch Experimente verifiziert werden mussten.«

»Ah, jetzt verstehe ich! Sie haben der Inquisition also ein bisschen Honig um den Mund geschmiert, sie insgeheim aber beschissen!«

»Die wollte man lieber nicht bescheißen. Sie waren so viele, ich dagegen war nur einer, der in Ruhe forschen wollte. Als Methode der Interpretation verwendete ich die Mathematik. Es hat ja keinen Sinn, sich auf die Autorität eines einzigen Wissenschaftlers zu verlassen, um zu sagen, dass bestimmte Dinge so sind und nicht anders, es müssen Experimente durchgeführt werden. Aristoteles hat ja auch nicht recht gehabt, nur weil er so heißt. Auch nicht, weil er eine widerspenstige, barbarische, despotische Intelligenzbestie war und sich gegen alles und jeden auflehnte. Nein, vielmehr, weil das Experiment Ergebnisse liefert. Die Autorität hat er von seinen Anhängern erhalten, auf keinen Fall hat er sie sich selbst gegeben.«

Da hatte ich einen Geistesblitz, ja eine Erleuchtung: »Ich erinnere mich, dass ich darüber gelesen habe, und zwar im *Dialog über die beiden hauptsächlichsten Weltsysteme* von … von … keine Ahnung!« Weg war er, der Geistesblitz.

»Von mir«, vollendete ein enttäuschter Galilei den Satz. Ich versuchte es wiedergutzumachen, indem ich etwas einwarf, was ich vorher von Descartes aufgeschnappt hatte: »Aber der andere da, Descartes, der gerade gegangen ist, hat gesagt, dass auch die Mathematik von einem täuschenden Gott erfunden worden sein kann, um den Menschen in die Irre zu führen. Wie konnten Sie sich also sicher sein, dass die Mathematik ein verlässliches Mittel für wissenschaftliche Beobachtungen war? Haha, nun sagen Sie schon, woher wussten Sie das? Na? Woher?«

»Ja klar! Jetzt fängt Gott also auch noch an, mit uns zu spielen wie mit Kindern auf dem Schulhof, als hätte er nichts Besseres zu tun! Und was soll dann das Universum sein? Nichts als Kinkerlitzchen, die man nicht weiter beachten muss? Da erschafft einer das Universum, erschafft die Erde, nur um dann zu sagen: ›So, und jetzt mache ich mir einen Spaß daraus, euch alle schön auf den Arm zu nehmen!‹«

»Na na, mein Lieber, nun lass aber nicht alles an mir aus. Descartes hat das behauptet, nicht ich!«

»Ich weiß, Descartes kenne ich besser als du. Er war jünger als ich, wir sind aber aus derselben Zeit, vergiss das nicht. Als er geboren wurde, hatte ich bereits das Fernrohr erfunden, mit dem man den Himmel beobachten konnte, auch wenn ich die Idee von den Holländern kopiert hatte … Außerdem war Descartes ein Denker, ich arbeitete wissenschaftlicher als er. Ja, und da du ihn nun mal ins Spiel gebracht hast, sage ich dir noch was.«

»Dass es Ihnen nicht reingeht?«

»Nein. Aber wenn er behauptet, du hättest recht mit deinem ›Ich esse, also bin ich‹, dann behaupte ich das Gegenteil. Und zwar weil der Mond nicht denkt und nicht isst, aber dennoch existiert. Ha, jetzt hab ich dich!«

Ich hatte ihn eifersüchtig gemacht, weil ich Descartes zitiert habe. Wie peinlich!

»*Maestro*, nun regen Sie sich nicht so auf. Sie sind so ein scharf…«

»Was soll ich sein, ein Schaf? Das Schaf bist ja wohl du!«

Er war jetzt richtig in Fahrt und zweifellos wäre er wutentbrannt davongezogen, wäre er nicht beim Aufstehen vor Schwäche wieder zurück in den Stuhl gesunken. Was war ich nur für ein

Idiot! Ich hatte vergessen, dass Bud Spencers Fäuste im Gegensatz zu den Prügeln, die Galilei im Namen der römisch-katholischen Kirche bekam, Streicheleinheiten waren. (Wobei die Kirche von heute mit der damaligen nichts mehr zu tun hat, nicht umsonst hat sie sich für ihre früheren Fehler entschuldigt.) Und als wäre seine Verurteilung nicht schon genug gewesen, fing ich nun auch noch an, das Genie zu verärgern. Das musste ich wieder ausbügeln, schon aus Gastfreundschaft, immerhin hatte er es auf sich genommen, wieder aufzuerstehen, um mir einen Besuch abzustatten.

Aus dem Augenwinkel entdeckte ich ein paar Zutaten, die vom vorherigen Gelage übrig geblieben waren, sowie noch einige andere, die ich nicht verwendet hatte.

ZUTATEN

- MEHL
- FRISCHE HEFE
- 4 EIER
- 80 GRAMM BUTTER
- ZUCKER & SALZ
- RUM

Viel war es nicht, aber genug, um dem verbitterten, gebeutelten, griesgrämigen Alten den Aufenthalt ein wenig zu versüßen. Er hatte das Gesicht eines Menschen, der nie gegessen hat, oder gerade so viel, um am Leben zu bleiben. Und da er schon 1642 gestorben war, beschlossen Bud und Carlo einstimmig, dass es nun höchste Zeit war, ihn mit einem jener seichten Genüsse zu verwöhnen, die bei uns normalen Hornochsen an der Tagesordnung sind, während die großen Geister sie häufig ignorieren: etwas Süßem!

Um ihn zu beschäftigen, fragte ich ihn, was er von seinem Vorgänger Kopernikus hielt. Währenddessen begann ich, in ungeahnter Geschwindigkeit ein wenig Mehl zu einem Teig zu verarbeiten: Ich machte zwei Häufchen und löste in zwei bis drei Esslöffeln lauwarmem Wasser etwas Bierhefe auf.

Ich legte mich ordentlich ins Zeug, bearbeitete den Teig, bis er glatt war, und ließ ihn dann für ein halbes Stündchen auf einem mit Mehl bestäubten Teller gehen. Die Zeit verging wie im Flug, weil der leicht gereizte Alte redete wie ein Wasserfall. Ich hatte schwer den Eindruck, dass er Kopernikus, bei allem Respekt, den er ihm entgegenbrachte, darum beneidete, dass die Kirche ihn verschont hatte.

Und tatsächlich offenbarte Galilei am Ende seiner Rede: »Um Kopernikus hat sich die Inquisition einen Dreck geschert! Aber er und die ganzen anderen aus dem 17. Jahrhundert, die mit der Tradition gebrochen und behauptet haben, das Universum sei offen und unendlich, hatten recht. Sie wandten sich damit gegen die aristotelische Philosophie, nach der das Universum geozentrisch und endlich, von Gott um die Erde herum angelegt war. Aber wir lassen uns doch keinen Bären auf die Nase binden! Ein Planet wie die Erde, der zwar wunderschön und doch unglaublich winzig ist, soll das Zentrum der göttlichen Schöpfung sein? Schau sie dir doch nur mal an, die Erde und die Sonne, hier, schau!«

Und damit widmete er sich wieder seinem Spiel auf der Anrichte, wobei er mit der kleinen Nuss die Erde simulierte, die er kreisförmig um die größere Orange, die Sonne, bewegte. Ich ließ ihn machen und gab mich unterdessen meinen kulinarischen Erinnerungen hin, die in einem wahren Neapolitaner niemals erlöschen, auch wenn er sich sein Leben lang mit anderen Dingen beschäftigt (einmal Neapolitaner, immer Neapolitaner). Sobald er sich in der Küche zu schaffen macht, stellt er fest, dass er nichts vergessen hat.

Ich gab den Teig in eine Schüssel, schmiss vier Eier hinein (nachdem ich sie aufgeschlagen hatte, natürlich!), außerdem 80 Gramm Butter und vermischte alles mit den Händen. Was für ein astronomisches Erlebnis, meine Finger in diese Substanz zu graben!

Ich gab Zucker und Salz dazu, schlug den Teig mehrmals, indem ich ihn mit den Händen anhob und in die Schüssel zurückfallen ließ, bis er Blasen warf. Anschließend ließ ich ihn 40 Minuten in der Schüssel gehen.

In all der Zeit riss sich Galilei ein Bein aus, um mich davon zu überzeugen – was gar nicht nötig gewesen wäre –, dass ohne ihn und die wissenschaftliche Revolution im 17. Jahrhundert, welche wiederum aus der Blüte der Kunst und des Humanismus der Renaissance hervorgegangen war, die moderne Wissenschaft nicht existiert hätte. Sie bildete die Basis der Epistemologie, der philosophischen Reflexion wissenschaftlicher Methoden als einzigem Instrument zur Erforschung der Natur.

»… und auch deine Freunde von heute, mein lieber neapolitanischer Gastgeber, wären nie im Leben zum Mond geflogen«, erklärte er.

»Wer behauptet denn das Gegenteil? Ich sage nur, das habe ich Descartes schon gesagt, und wiederhole es nun noch einmal, dass man mit vollem Bauch besser forscht. Was interessiert es einen, der vor Hunger stirbt, ob sich die Erde um die Sonne dreht oder nicht? Alles, was ihn interessiert, ist das hier, schau …« Mit diesen Worten nahm ich ihm die verfluchte Orange aus der Hand, schälte sie, stopfte mir das ganze Ding in den Mund und kaute genüsslich darauf herum.

»Das nennt man ungezogen!«, rief er.

»Nein, das nennt man Hunger! Aber sagen Sie mal: Während Sie damals die Himmelskörper studierten, wer hat da eigentlich für Ihr Mittag- und Abendessen und das Dach über Ihrem Kopf bezahlt?«

»Oh, du Dummkopf, was hast du dir nun schon wieder in den Kopf gesetzt? Am Anfang hat mein Vater mich durchgefüttert, er wollte, dass ich Doktor der Medizin werde, aber sie sagte mir nicht zu. Die Mathematik gefiel mir besser, und gut, wie ich darin war, machte ich bedeutende Entdeckungen zur Pendelbewegung!«

»Aha, erst studieren Sie Medizin, dann gehen Sie zu Ihrem Herrn Papa und sagen: ›Papa, hör mal, ich hab die Nase voll von Medizin, ich will was anderes studieren.‹ Und Papa zahlt.«

»Nein, nein, nein: Dass ich den Lehrstuhl an der Universität Padua erhalten habe, geschah auf Wunsch des Großherzogs von Padua, und zwar aufgrund meiner Fortschritte und Verdienste.«

»Ohne Zweifel! Das haben Sie alles mehr als verdient. Aber wenn Sie für die Kartoffeln in Ihrer Suppe die Erde hätten zerhacken müssen, hätten Sie meiner Meinung nach niemals die Zeit, die Kraft oder die Lust gehabt, ein Fernrohr zu erfinden und ein wenig in Gottes Wohnzimmer herumzuspionieren.«

»Ich gebe dir nur deswegen keins hinter die Ohren, weil ich fürchte, dass ich es zurückkriege, aber fühl dich geohrfeigt.«

»Eine Ohrfeige von Ihnen wäre eine unverdiente Auszeichnung, *Maestro*. Aber lassen Sie sich eins gesagt sein: Sie haben den Charakter eines Stinktiers!«

»Wenn ich ein Stinktier sein soll, dann hast du wohl noch nie diesen Streithahn von Machiavelli kennengelernt!«

»Was hat denn Machiavelli jetzt damit zu tun? Sie haben mir übrigens meine Frage noch nicht beantwortet: Wie soll das Gehirn funktionieren, wenn der Magen leer ist? Ist Ihnen aufgefallen, dass Sie noch nie einem großen, berühmten und Ihnen ebenbürtigen Wissenschaftler aus Subsahara-Afrika begegnet sind?«

»Euch ward bestimmt, nicht wie das Vieh zu leben! Man kann nicht alles auf etwas so Banales wie das Gemampfe reduzieren.«

»Dann hören Sie mal auf, Manzonis Sätze zu klauen!«

»Dante Alighieris, wenn überhaupt, du Banause«, korrigierte er mich.

Ich lief rot an vor Scham. Einmal war mir der Name einer dieser Intelligenzbolzen eingefallen, und dann war es ausgerechnet der falsche.

»Nun ja, ich hatte wohl einen kleinen Aussetzer, *Maestro*. Sie haben sich doch bestimmt auch schon mal geirrt, oder nicht? Ich finde nichts Banales am Mampfen und schon gar nicht, wenn es um etwas wie das hier geht ...« Ich stand auf, um den Teig in Backformen zu geben, die ich mit Butter eingefettet hatte, während er munter weitergequatscht hatte. Dann schmiss ich alles bei 180 Grad für 15 Minuten in den Ofen, genau so lange, wie

Galilei brauchte, um zuzugeben, dass er privilegiert war, da er sich der Unterstützung des Großherzogs erfreuen konnte. Wer immer behauptet hat, die Großen seien bescheiden, hat dieses epistemologische Stinktier nicht gekannt. Nachdem die Viertelstunde verstrichen war – anders als Descartes ließ der sich ausbreitende Duft in der Küche Galilei kalt, wohingegen ich in Erinnerungen an den Duft der Zitronenhänge des Vesuvs im Frühling schwelgte –, nahm ich die Babà heraus und ließ sie abkühlen. In der Zwischenzeit kochte ich einen Sirup aus Wasser und Zucker und er fuhr fort.

»Und dann fasste ich meine Theorien im *Sidereus Nuncius* zusammen, wobei ich nur zu gut wusste, dass ich mit der Kirche aneinandergeraten wäre, hätten sich Kepler und die Jesuiten nicht für mich eingesetzt.«

»Soso! Erst der Herr Papa, dann der Großherzog und jetzt auch noch die Jesuiten. Sie haben schon immer gern Ihre Beziehungen spielen lassen, was?«

Er regte sich gewaltig auf und rief mit seiner lauten Piepsstimme, wahre Meteore von Speichel ausspuckend: »Einen ordentlichen Hieb mit dem Fernrohr verdienst du, aber wirklich! Von wegen Beziehungen! Kepler war selbst ein Gelehrter, nicht so ein riesiges Arschgesicht wie dieser scheinheilige Mönch Lorini, der mich 1612 als Ketzer bei der Inquisition anzeigte! Das war kein Spaß, das geht mir wirklich nicht rein! Du hast ja keinen Schimmer, was so ein Tribunal bedeutet.«

»Wenn Sie es mal mit meiner Frau und meinen Kindern zu tun bekommen hätten, würden Sie nicht so reden, *Maestro*.« Mitten in diesem Schlagabtausch stieg ich aus, ließ ihn reden und legte die einigermaßen abgekühlten Babà auf ein Tablett. Dann goss ich Sirup und Rum darüber und schob Galilei zu seiner Überraschung eines der kleinen Küchlein in den Mund. Schlagartig war die Flut des Selbstmitleids vorüber, denn das Einzige, was Galilei tun konnte, war kauen. Und ich könnte schwören, dass er in dem Moment das Gleiche wahrnahm wie die Erde, wenn sie um die Sonne kreist: Wärme.

Ich fütterte ihn wie ein Kind und er genoss es, und wie er es genoss! »Ich wette, das geht Ihnen rein, hab ich recht, *Maestro*? Das geht Ihnen so was von rein!«

Seine Antwort ist mir bis heute ein Rätsel, denn er vergaß zu schlucken, bevor er redete, sodass nur undefinierbare Laute herauskamen. Ich nutzte die Chance, um ihm etwas darüber zu erzählen: »Man nennt es ›Babà Napoletano‹, obwohl es eigentlich nicht aus meiner Region stammt. Es wurde eher zufällig in Polen geboren, als ein stinkreicher Adliger auf die Idee kam, Rum über sein Gebäck zu kippen ... Doch wir haben es perfektioniert.«

»Mmh ... das nenn ich Mampfen ohne Reue ... Aber ich bestehe darauf, dass man auch mit leerem Magen große Entdeckungen machen kann, und zwar keineswegs durch Zufall, sondern durch Pflichtgefühl und Tugend«, erläuterte er.

»Aus Pflichtgefühl meinetwegen, aber auf leeren Magen niemals, *Maestro*, und ich habe kein Problem damit, das vor zehn anderen wie Ihnen zu bekräftigen!«

»Bist du wirklich sicher, dass du das möchtest?«

»So sicher, wie Sie mir jeden Moment zwei Finger abhacken würden, um in dieses Babà zu beißen.«

»Wie spät ist es?«

»Wen interessiert es denn, wie spät es jetzt ist?«

»Wie spät?«, beharrte er.

Ich wandte meinen Kopf zur Küchenuhr, doch als ich mich wieder zu Galilei umdrehte, um ihm zu antworten, saß er plötzlich nicht mehr vor mir. Er machte sich in Richtung Tür davon und zusammen mit ihm verschwand auch das zweite Babà! Ich hatte extra zwei gemacht, eines davon für mich, doch das Tablett war leer. Als ich begriff, dass der alte Toskaner es gemopst hatte, während ich auf die Uhr schaute, war es zu spät.

So nicht!

Ich hätte es ihm doch mit Vergnügen geschenkt, hätte er gefragt. Ich hätte ihm außerdem gesagt, dass sich Papst Johannes Paul II. bei ihm wegen der Sache mit der Abschwörung entschuldigt hatte. Aber dass diese Wissenschaftler-Leiche mich mit dem gleichen Trick reinlegte, den ich normalerweise benutzte, war selbst für Bud Spencer zu viel. Oder, um es mit den Worten des Pisaners auszudrücken: »Das ging mir einfach nicht rein!« Und so lief ich ihm im dunklen Flur nach. Beim Gedanken daran, dass mir jetzt schon der zweite angesehene Philosoph in ein und derselben Nacht meine gesamten Leckereien abgestaubt hatte, setzten sich meine Beine ordentlich in Bewegung.

Ich war wild entschlossen, mir ihn und das Babà zu schnappen.

Er hatte zwar schon einen großen Vorsprung, ich aber hatte den Fahrstuhl, eine Erfindung, die Galilei unbekannt war.

Und tatsächlich hörte ich das Echo seines Gelächters im Treppenhaus. Während er Stockwerk für Stockwerk hinabstieg, lachte er schelmisch wie ein Kind, das jemandem einen Streich gespielt hat. Ich hatte allerdings seine Flinkheit unterschätzt – sei es, weil es ein Traum war, sei es, weil die Schlemmerei ihn gestärkt hatte. Der Babà-Dieb huschte genau in dem Moment, in dem ich im Erdgeschoss aus dem Fahrstuhl stieg, durch den Ausgang, der auf den Hof führte.

Mit Mühe und Not gelang es mir, einen Zipfel seines Gewandes zu erwischen und ihn daran wieder hereinzuziehen. Schwieriger war es, ihm das Babà aus der Hand zu reißen, weil er auf einmal mit krächzender Stimme wie eine Krähe anfing zu schreien: »HALTET DEN DIEB! HALTET DEN DIEB! SCHNELL! EIN ARMER ALTER MANN WIRD ÜBERFALLEN!«

Mir blieb nichts anderes übrig, als ihm den Mund zuzuhalten und ihn in den Aufzug zu stoßen, bevor er alle anderen aufweckte und die Geschichte am nächsten Tag in den Zeitungen zu lesen sein würde. Ich konnte schon die Schlagzeilen vor mir sehen:

Bud Spencer greift älteren Mann an, um Babà zu klauen.
Geistige Verwirrung infolge strikter Diät.
Näheres im Nachrichtenteil.

Diese Sorte Publicity konnte mir nun wirklich gestohlen bleiben – im Gegensatz zu dem gestohlenen Babà.

Kaum waren wir im Fahrstuhl, gewann der Wissenschaftler Gott sei Dank wieder die Oberhand über seinen Anfall von Alters-Infantilität. Voller Entzücken und Staunen, wenngleich ein wenig verängstigt vom Rucken der Kabine, starrte er auf die Knöpfe, die einer nach dem anderen aufleuchteten, während wir hinauffuhren.

»Bewegen wir uns etwa?«

Ich antwortete mit einem schlecht gelaunten Grunzen.

»Fährt diese Kabine immer weiter nach oben – bis zum Mond?«, fragte er ängstlich weiter.

»Nein, sie hält an meiner Wohnung im obersten Stockwerk, aber wenn du das noch einmal probierst, dann befördere ich dich, wie es sich gehört, mit einem Fausthieb auf den Mond. Mach mir bloß keine solchen Sperenzchen mehr, sonst wirst du erleben, was der Hunger aus mir macht! Und jetzt rück schon das Babà raus.«

»Phänomenalistisch unmöglich: Ich hab's aufgegessen.«

Ich bedeckte mein Gesicht mit den Händen und zählte bis zehn – andernfalls hätte ich ihn dem Erdboden gleichgemacht. Während ich zählte, waren wir auf meiner Etage angekommen, doch da fuhren wir auch schon wieder hinunter. Mein Gast hatte doch tatsächlich einen neuen Weg entdeckt, mich auf die Palme zu bringen. Mit der Begeisterung eines großen Kindes, das ein neues Spielzeug entdeckt, drückte er auf sämtlichen Knöpfen herum.

Zwischen entzücktem Lachen seinerseits und entnervtem Schnauben meinerseits fuhr der Aufzug rauf und runter. Ich hatte keine Wahl. Mit einer gewaltigen Ohrfeige machte ich der Sache ein Ende – er hatte nämlich auch die Stopptaste gedrückt und den Alarm ausgelöst, der jetzt mitten in der Nacht im ganzen Treppenhaus widerhallte. Schon sah ich die nächsten Schlagzeilen vor mir:

Schauspieler Bud Spencer beim Rauf-und-runter-Fahren mit einem Freund im Fahrstuhl stecken geblieben.

Ganzes Wohnhaus mitten in der Nacht aus dem Schlaf gerissen.
Feuerwehr musste eingreifen, um sie zu befreien.
Strikte Diät verantwortlich für seine geistige Verwirrung.

Irgendwie gelang es uns, herauszukommen, der Alarm hörte auf und wir kehrten in die Wohnung zurück. Galilei schlief nach der Ohrfeige tief und fest in meinen Armen, doch ich wusste nicht wohin mit ihm. Flehend rief ich: »Womit habe ich das verdient?! Hört auf damit, dieser Traum soll aufhören!«

»Sie sind selber schuld!«

Eine sanfte Stimme mit einem leichten Singsang unterbrach meine Gedanken, sie kam vom Sofa im Wohnzimmer.

»Galilei hat lediglich ein Ablenkungsmanöver durchgeführt, um seinen Zweck zu erreichen … und der Zweck heiligt schließlich die Mittel«, führte die Stimme aus.

Wieder ein historischer Satz, wieder eine Intuition: Ich wusste genau, wer der neue Besucher war, doch da hatte er sich auch schon erhoben, um sich vorzustellen. Er hielt sich brav an die Etikette, ein charakteristisches Merkmal seiner Zeit, ich jedoch kam ihm ganz unverschämt zuvor: »Lassen Sie mich raten: Messèr Niccolò Machiavelli.«

»Zu Euren Diensten«, antwortete er und verneigte sich mit einem wohlgefälligen Lächeln, das ganz offensichtlich Programm war. Dann fuhr er fort: »Ich habe gehört, dass man mich als alten Streithahn bezeichnet hat und nun bin ich hier, um dies zu dementieren.«

KAPITEL 3

DER TINTENFISCH HEILIGT DIE MITTEL

Ein fürstliches Mahl mit machiavellistischem Ausmaß

Niccolò Machiavelli (nicht »Ma**cc**hiavelli«, wie er gern fälschlicherweise geschrieben wird) erblickte das Licht der Welt im Jahr 1469 in Italien und wurde mit 29 Jahren nach Beendigung seines Studiums zum Sekretär der zweiten Staatskanzlei von Florenz ernannt. Als 1512 die Republik gestürzt wurde und die Medici wieder zurückkehrten, wurde er fristlos entlassen, woraufhin er sich nach San Casciano zurückzog. Dort schrieb er sein bekanntestes Werk, *Il Principe (Der Fürst)*, in dem er sich einen aufgeklärten Herrscher herbeiwünscht, der die italienische Politik vor dem Untergang rettet.

Mit »aufgeklärt« meint Machiavelli weniger einen ehrlichen und weisen Herrscher als vielmehr einen Realisten, der das Zeug zum Halunken hat und die menschlichen Schwächen kennt. Seine Herrschaft soll sich nicht nur durch Waffengewalt, sondern gleichermaßen durch gerechte Gesetze und Besonnenheit auszeichnen. Despotismus ist kein intelligenter Ansatz und früher oder später wird das Volk stinksauer und lässt den Despoten aus dem Fenster segeln. Was Machiavelli sich also wünscht, sind ein bisschen Zuckerbrot, ein bisschen Peitsche und jede Menge Gewieftheit.

Seine methodologische Revolution umfasst sowohl die Geschichtsschreibung als auch die Politik und die Geschichtsphilosophie. Wichtig ist ihm dabei, dass das Handeln von einer Vision der Dinge bestimmt sein muss, wie sie sind, und nicht wie wir sie gern hätten. Von diesem Standpunkt ausgehend bezeichnet Machiavelli die *Tugend* als freies Handeln, das *Schicksal* dagegen als sämtliche unvorhersehbaren Ereignisse, die auf raffinierte Weise zugunsten des Herrschenden bezwungen werden. Das Problem der Legitimation der Befehlsgewalt stellt sich nicht: Sie ist allein dadurch legitimiert, dass der Regierende sie innehat, und kein Mittel ist zu skrupellos, wenn der Zweck darin besteht, sie aufrechtzuerhalten.

Auch wenn es Machiavelli unter der Herrschaft der Medici nicht mehr gelang, Florenz zu dienen, engagierte er sich aber bis zu seinem Tod im Jahr 1527 weiterhin in der Militärpolitik. Sein letztes Werk, *Abhandlungen über die ersten zehn Bücher des Titus Livius,* wurde wie *Der Fürst* auch posthum veröffentlicht. Über die moralische Seite lässt sich streiten, aber der Machiavellismus ist wahrscheinlich die Philosophie, die sich in der italienischen und internationalen Politik der letzten 40 Jahre am stärksten wiederfinden lässt. Eine Reihe von gerissenen Nachahmern des Fürsten, auf die Machiavelli stolz gewesen wäre.

Und das Witzige an der Sache ist, dass die meisten von ihnen das Buch niemals gelesen haben. Sie haben es gewissermaßen im Blut, besitzen einen Instinkt – das Ergebnis jener politischen Anthropologie, die er die »Unveränderlichkeit der menschlichen Natur« nennt.

Ich hätte meinem Staunen gern länger nachgegeben, als ich es tat, aber ich war zu sehr damit beschäftigt, nach einer Stelle zu suchen, an der ich Galilei abladen konnte. Jener wurde mir nämlich allmählich zu schwer, was sicherlich an meinem Alter, vor allem aber an der riesigen Menge Babà in seinem kleinen Bäuchlein lag.

»Eine hübsche Terrasse habt Ihr da«, sagte Machiavelli und drehte an dem Griff der großen Glastür, die auf den Balkon hinausführte. »An Eurer Stelle würde ich sie ein wenig mit dieser Blüte der Wissenschaft hier dekorieren.«

Gute Idee!

Mein dritter Gast öffnete die Tür und trat zur Seite, woraufhin ich den Pisaner irgendwo draußen im Dunkeln ablegte. Keine Ahnung, wo genau ich ihn hingepflanzt habe, aber ein lautes »Tok«, mit dem er sich die Birne anhaute, verriet mir, dass ich nicht die beste Stelle ausgesucht hatte. Na ja, eine Vase weniger, um die wir uns kümmern mussten, und ein Grund mehr für Maria, mir die Hölle heiß zu machen.

Etwas kurzatmig kehrte ich ins Wohnzimmer zurück, Machiavelli aber hatte seinen Posten neben der Tür verlassen. Mein überdimensionaler Plasmafernseher hatte es ihm angetan, offenbar mehr als ich.

»Ein hübsches, wenn auch kurioses Gemälde in einem kalten Rahmen auf einer äußerst soliden Leinwand, aber so eintönig in diesem tristen Schwarz. Was genau soll in dieser künstlerischen Darstellung gezeigt werden? Die Nacht? Der Nebel? Schwarzer Humor?«

»Nichts, er ist nur ausgeschaltet.«

»Ausgeschaltet?«

Um ihm das Konzept näherzubringen, betätigte ich die Fernbedienung. Eine Sekunde später ging der Fernseher an. Zwei Sekunden später flüchtete sich Machiavelli mit einem lauten Schrei in die Küche! So zuverlässig wie ein leerer Magen meldete sich die bekannte Stimme aus dem Schlafzimmer: »Was ist das für ein Krach?«

»Was für ein Krach? Du hast bestimmt geträumt. Schlaf nur, ich komm gleich.«

Ich muss überzeugend gewesen sein, denn Maria schwieg.

Klar, dass Machiavelli Zuflucht in der Küche gesucht hatte, dem einzigen erleuchteten Raum in der Wohnung. Womit ich allerdings nicht gerechnet hatte, war die Situation, in der ich ihn ertappte – er leckte sich die Finger, mit denen er kurz vorher das Tablett ausgewischt hatte. Und das bedeutete zweierlei: dass der machiavellistische Machiavelli einen Schock ohne Weiteres überwindet, und dass dem weniger machiavellistischen, dafür aber hungrigeren Bud nicht einmal die Krümel der Babà geblieben waren.

Da mir nun endlich vollkommen bewusst war, dass alles ein Traum war, erlaubte ich mir die Freiheit, meinen x-ten Gast von oben bis zu unten zu mustern, um ihn mir sorgfältig einzuprägen. Rein physisch war er nicht gerade ein Herkules – was auf so ziemlich jedes Genie zutrifft. Bei ihnen ist die Stärke im Gegensatz zu mir im Köpfchen angesiedelt und nicht im Körper. Meine Stärke war rein physisch, in meinem Köpfchen dagegen streunten irgendwelche Neuronen herum, die von zu Hause weggelaufen waren.

Er war nicht groß, weder dick noch dünn, aber richtig jugendlich. Mir fiel ein, dass er tatsächlich relativ jung gestorben war, mit 58 Jahren, und er hatte sich gut gehalten. Er trug einen Morgenmantel aus dem 16. Jahrhundert, Pantoffeln aus dem 16. Jahrhundert, eine Wollmütze aus dem 16. Jahrhundert und einen Pagenschnitt aus dem 16. Jahrhundert. Richtig, er hat im 16. Jahrhundert gelebt.

Was mich irritierte, war, dass das Auftauchen der beiden vorherigen Philosophen einer gewissen Logik folgte – Descartes hatte ich selbst gerufen, Galileos Besuch war ein Ergebnis der diskursiven Logik –, ihn aber hatte niemand zitiert oder gerufen. Ich empfand ihn als Eindringling. Gut, vielleicht war es ein Geniestreich, aber es war trotzdem immer noch meine Wohnung und kein Zirkus für tote Philosophen, denen der Sinn nach einem Revival steht.

»Nichts für ungut, Nicc ... äh, Eure Exzellenz Machiavelli, aber wer hat Euch gerufen?«

Er wischte sich die fettigen Hände an seinem Morgenmantel ab. Eine Geste, aus der ich schloss, dass er zwar gebildet und kultiviert, bei Bedarf und je nach Situation aber auch flexibel war, eine unkonventionelle Lösung zu finden. Das passte voll und ganz auf das Bild, das in den Büchern vermittelt wird: einer, der sich den Umständen anpasst, genau wie es die Gewieftesten unter den Politikern tun.

»Kann ich so reden, wie es zu meiner Zeit üblich war, oder soll ich so reden wie in deiner, mein vergesslicher Riese?«

»Du kannst reden, wie du willst, es ist eh alles nur ein Traum ... aber warum jetzt ›vergesslich‹?«

»Weil du doch selbst vor Kurzem zu dem anderen gesagt hast, dass du kein Problem damit hättest, deine Überzeugungen vor ihm und zehn von Seinesgleichen zu verteidigen, oder irre ich mich? Du hast die Zahl genannt, aber weder ihre Namen noch das Zeitalter, aus dem sie stammen. Du brauchst dich also nicht zu wundern, wenn du jetzt einen Besucher nach dem anderen bekommst. Geister sind lästig wie die Fliegen, das weiß jeder, und Herausforderungen wie diese machen ihnen einen Heidenspaß.«

Ich konnte es nicht fassen!

Ich verstehe ja, dass der Hunger seinen Tribut fordert, aber alles hat seine Grenzen, auch im Delirium. Von einer Horde Intelligenzbolzen heimgesucht zu werden, die einem das ohnehin schon komplizierte Leben noch komplizierter machen, war einfach zu viel. Wäre ich selbst ein begabter Denker, ein Philosoph, hätte ich darin eine schöne Herausforderung gesehen oder hätte das Ganze immerhin mit philosophischer Gelassenheit über mich ergehen lassen können.

Aber Bud ist nun mal ein Einfaltspinsel, der lebt und leben lässt, ohne sich den Kopf über universelle Dilemmata, über Probleme des Raumes und der Zeit oder der Existenz zu zerbrechen. Und als solcher war ich nun schon mit Descartes zusammengestoßen, dem ich eine ganze Fuhre Cavatelli überließ, und gleich danach mit Galilei, der mir meine beiden Babà wegfutterte. Als wäre das nicht schon genug, durfte ich mich nun auch noch vor Machiavelli zum Affen machen, der mir zu allem Überfluss erklärte, ich könne mich noch auf eine Menge anderer wie ihn gefasst machen. Ich beschloss, eine mir – jedenfalls aus Sicht meiner Frau – fremde Taktik anzuwenden: zu denken, bevor ich den Mund aufmachte.

Also fuhr ich mir durch den Bart und berief mich, anstatt zu protestieren, auf mein existenzialistisches Prinzip: *Futeténne* – scheiß drauf. Ich konzentrierte mich auf die Details seiner Garderobe, sein Äußeres, anstatt eigenhändig sein Inneres auseinanderzunehmen.

»Also, Messere Machiavelli, Ihr hättet Euch wenigstens etwas Ordentliches anziehen können, so wie Eure beiden Vorgänger auch.«

Er blickte an sich hinab und erwiderte, wobei er sich ziemlich aufplusterte: »Das hier ist aller Wahrscheinlichkeit nach mehr wert als Eure gesamte Garderobe. Das ist die Kleidung, die ich trug, als ich mich nach San Casciano zurückziehen musste, es ist meine Lieblingskleidung und außerdem die einzige, die mir in jener Zeit der Armut geblieben war. Feinste chinesische Seide. Ich trug es Tag und Nacht, außer natürlich wenn ich zum Würfeln oder Kartenspielen mit Freunden in die Osteria ging. Dann kleidete ich mich in weniger kostbares Tuch, so wie deines, denn unsere Spiele endeten häufig in Auseinandersetzungen, die allesamt Bacchus geschuldet waren, und nicht selten hagelte es Ohrfeigen. Diesen Schlafrock aber trug ich sogar, während ich *Der Fürst* schrieb.«

Unfassbar!

Dass jemand wie er in der Osteria spielte wie der letzte Trunkenbold ... Also hatte Galilei recht gehabt! Aber man weiß ja: Je genialer ein Mensch, desto ausschweifender sein Leben. Vielleicht habe ich mich deswegen immer für einen normalen Menschen gehalten, weil ich mich keinen Ausschweifungen hingegeben habe. Auch wenn ich zu Hause der *marziano* bin.

Er begann, um mich herumzulaufen, was für jemanden von seiner Größe kein Spaziergang war, musterte mich mit seinen klugen Augen und sagte schließlich: »Wenn ich Euren Gedanken also richtig gefolgt bin, seid Ihr der Auffassung, dass die Philosophie – oder allgemeiner gesagt: der Gebrauch des Intellekts –

nichts als ein Zeitvertreib für Müßiggänger mit vollen Bäuchen ist. Bin ich im Recht?

»Nein, Ihr seid in der Küche«, brummte ich.

»Aha! Ich nehme an, das soll ein geistreicher Scherz gewesen sein. Soso, da habe ich es wohl mit einem kleinen Scherzbold zu tun. Das heißt, in Eurem Fall müssen wir dann doch eher von einem großen Scherzbold sprechen.«

»Wenn Ihr das groß nennt, hättet Ihr mich mal vor 30 Kilo sehen sollen. Mit dem Alter fängt der kulinarische Genuss an, sich zu rächen.«

»Es ist zwecklos, um meine Frage zu kreisen, Messere.«

»Gut, dann machen wir es so: Ich höre auf, um Eure Frage zu kreisen, wenn Ihr aufhört, um mich zu kreisen, da wird einem ja schwindelig. Außerdem bin ich schon ganz schwach vor Hunger.«

»Hunger?! Dem Tisch und dem Geruch nach zu urteilen, haben hier erst kürzlich so einige Gelage stattgefunden.«

»Schon klar, aber Ihr wisst doch, wie das mit den Albträumen ist: Man träumt, man trinkt Wasser, und wenn man aufwacht, ist man immer noch durstig. Ich habe von einem Festmahl mit Pasta und süßem Gebäck geträumt, in meinem Magen aber ist nichts davon gelandet. Die Pasta hat sich Descartes einverleibt und das Gebäck hat Euer Kollege da draußen auf dem Balkon verdrückt. Und da das alles ein Traum ist, bin ich in Wirklichkeit immer noch auf Diät. Also, was wollen wir uns Schönes machen?«

»Die Wahl überlasse ich Euch, dies ist Euer Heim, da erlaube ich mir keine Forderungen. Aber Ihr sollt wissen, dass ich kulinarischen Verlockungen durchaus zu widerstehen vermag. Enthaltsamkeit wurde zu meinem Lebensstil, als man mich nach dem Fall der Republik und der Rückkehr der Medici meines Amtes als Staatssekretär von Florenz enthob. Zu dem Zeitpunkt trat die Suche nach einer ethischen Staatsphilosophie für einen neuen italienischen Staat an die Stelle der weltlichen Vergnügungen. Nachdem sich meine Hoffnung, unter den Medici zu dienen, zerschlagen hatte, widmete ich mich ganz der Frage, wie der politische und militärische Untergang sowie der Verfall unserer

Institutionen verhindert werden konnten. Denn Italien drohte damals zu sinken.«

»Das ist heute noch genauso.«

Ich hatte es mit jenem Typ zu tun, der vorgibt, mit einem zu reden, nur um sich selbst reden zu hören. Dieses Mal ergriff ich die Initiative und bot ihm einen Stuhl an. Das Kommen und Gehen jener denkenden Geister wurde langsam zu einem Problem – es waren kaum noch Zutaten übrig. Höchste Zeit für eine weitere Plünderung! Ich versprach dem Gast, gleich wieder da zu sein, und startete die nächste Blitzaktion in Stalins Kühlschrank. – Das ist übrigens sein richtiger Name, ich schwöre es! Allerdings ist er kein Russe, sondern Ecuadorianer, die haben eine Vorliebe für historische Namen. Sein jüngerer Bruder, ebenfalls mein Assistent und Freund, heißt Juan Carlos und alle beide schienen mir an diesem Abend mehr als üblich wohlgesinnt: Sie waren zusammen aus, und das bedeutete, dass ich gleich zwei Kühlschränke plündern konnte.

ZUTATEN

- 1 FRISCHER TINTENFISCH
- 3 KNOBLAUCHZEHEN
- 1/2 TASSE NATIVES OLIVENÖL
- 1 DOSE GESCHÄLTE TOMATEN
- 1 CHILISCHOTE
- PETERSILIE
- SALZ

Am nächsten Tag würde mir schon irgendeine Ausrede einfallen. Und außerdem, was kümmerte es mich? Ich träumte doch ohnehin nur.

Die einzige Unbekannte war Maria. Als ich den Flur durchquerte, hörte ich, wie sie sich im Bett wälzte. Gleich würde sie aufstehen und nach dem Rechten sehen. Da hatte ich einen genialen, machiavellistischen Einfall (was in dem Fall natürlich passte wie die Faust aufs Auge): Schnell ging ich ins Schlafzimmer und legte mich neben sie ins Bett. So dunkel, wie es war, bemerkte sie nicht einmal, dass ich angezogen war.

Ich kam gerade rechtzeitig, denn schon fühlte ich ihre Hand nach meiner Brust tasten, um sich zu vergewissern, dass ich da war: »Bist du endlich in die Heia gekommen … aber du wirst doch nicht etwa noch gegessen haben?«

Ihre Stimme war schläfrig, aber schon anklagend.

»Wer, ich? Um diese Zeit? Also wirklich, Marì, schlaf lieber«, antwortete ich und meine Stimme klang noch schläfriger als ihre. Dem ließ ich ein Elefanten-Gähnen folgen und täuschte ein lautes Schnarchen vor. Sobald ich mich davon überzeugt hatte, dass sie wieder eingeschlafen war, stand ich auf, um meinen kulinarischen Beutezug zu Ende zu bringen. Im Dunkel des Schlafzimmers stieß ich mir – in dieser Reihenfolge – den großen Zeh am Bett, knallte mit dem Kopf gegen eine Zwischenwand, von der ich hätte schwören können, dass sie tagsüber nie dort gestanden hatte, und warf mit einem unfreiwilligen Schulterstoß eine Pflanze um, die ich gerade noch im Flug auffing, bevor sie auf dem Boden landen konnte. Ein Dutzend Kopfstöße und angehauene Gliedmaßen später war ich schließlich zurück in der Küche.

Niccolò in seinem Bademantel war damit beschäftigt, irgendetwas auf eine Papierserviette zu kritzeln. Er hatte eine der Errungenschaften der Moderne für sich entdeckt: den Kugelschreiber. Ich warf einen kurzen Blick auf das Geschriebene, doch die Mühe hätte ich mir getrost sparen können. Denn auch mit dem Kugelschreiber aus dem Jahr 2014 schrieb er, als hielte er eine Gänsefeder aus dem 16. Jahrhundert in der Hand, jeder Buchstabe wurde verschnörkelt und zudem war seine Handschrift eine Katastrophe.

Solche Dinge wurden in den Schulbüchern nicht gelehrt, was Machiavelli geahnt haben muss, denn er wurde rot und ließ flinker als ein Dieb die Serviette verschwinden.

»Meine Frau sagt immer, ich hätte eine Sauklaue, aber da hat sie offensichtlich deine noch nicht gesehen, nichts für ungut, Nicò! Wie um alles in der Welt hast du es geschafft, etwas so Wunderbares wie *Der Fürst* zu schreiben?«

»Nun ja ... zu meiner Zeit gab es angestellte und bezahlte Schreiber, die all das ins Reine schrieben, was wir in genialen Ergüssen eilig zu Papier brachten.«

»Ist ja gut, du brauchst dich nicht zu schämen, heute ist es noch schlimmer. Kaum jemand schreibt noch per Hand, stattdessen benutzen wir Maschinen wie den Computer, aber das ist jetzt eine zu lange Geschichte und ich hab zu tun. Erzähl du nur, ich hör dir zu.«

Meine Taktik, weniger fiese Sachen zu sagen und so zu tun, als wäre ich abgelenkt, ging auf: Machiavelli begann, seine Verdienste herunterzubeten wie einen Rosenkranz – was meine Vermutung bestätigte, dass er lieber noch ein bisschen quatschen wollte, bevor er mit dem eigentlichen Grund für seinen Besuch herausrückte. Dabei lobte er die theoretischen Überlegungen, die die Geburt des modernen Staates begleiteten, natürlich in den Himmel. »Modern« nach seinem Standard, versteht sich.

»Ich war derjenige, der die Staatsräson zum ersten Mal zu einem politischen Bravourstück machte; ein Ausdruck, der in der Vermittlung zwischen den souveränen Staaten zum obersten Prinzip wurde, sei es in Zeiten des Friedens oder des Krieges. Denn was zählt, sind nicht die politischen Taten, die wir gerne hätten, sondern nur die, die real geschehen. Man muss sich daran anpassen und jeglichen kindischen Idealismus über Bord werfen. Eine günstige Gelegenheit beim Schopf ergreifen, und zwar allen dämlichen Tugenden zum Trotz, die eben nicht unveränderlich, sondern je nach Notwendigkeit austauschbar sind ...«

»Alles in allem also ein schöner Opportunismus, was, Niccolò?«

»Wie?«

»Ich weiß nicht, wie es zu deiner Zeit war, aber in meiner ist der politische Transformismus eine Mode, die alle in den Wahnsinn treibt! Den politischen Realismus, von dem du geredet hast, praktizieren heute alle.«

»Ach ja? Arme Toskana!«

»Armes Italien wohl eher. Aber im Ausland sieht es auch nicht viel besser aus. Die Demokratie ist heute zweifellos weiter in der Welt verbreitet und die Welt selbst ist inzwischen auch um einiges größer als die, die du kanntest. Doch aufgrund der menschlichen Natur wird dort, wo mehr Demokratie herrscht, mehr gestohlen und dort, wo autoritäre politische oder religiöse Regime herrschen, herrscht weniger Freiheit. Egal wohin du schaust, überall fliegen die Knüppel! Wer wenig hat, will mehr, und wer viel hat, will noch mehr. Aber letzten Endes ist es immer noch besser, in dieser Demokratie zu leben, auch wenn sich die Politiker selbst eher als Gebieter statt als Diener des Volkes sehen als in einer Diktatur.«

Er erhob sich, stellte sich neben mich und sah mir dabei zu, wie ich den Tintenfisch, den Stalin eigentlich mit seinem Bruder kochen wollte, in Würfel schnitt und ihn zusammen mit den Gewürzen in eine Pfanne mit einem hohen Rand gab. Dann breitete ich etwas Backpapier als eine Art Deckel über die Pfanne und machte die Gasplatte an.

»Folgen die Herrscher in Italien heute wirklich alle meiner Methode?«

»Italien? Auf der ganzen Welt, das habe ich dir doch schon gesagt. Alle passen sie sich den Umständen an, verbünden sich mit diesem oder jenem, ändern ihre Ansichten und, wenn es sein muss, auch ihre politischen Überzeugungen. Tritte werden von jeder Seite verteilt, aber sie landen allesamt auf demselben Hinterteil, nämlich dem des normalen Bürgers.«

»Und welche sind die Früchte?«

Verlegen blickte ich auf den Obstkorb. »Tut mir leid, die habe ich alle aufgegessen. Aber wenn du willst, klau ich welche aus dem anderen Kühlschrank!«

»Nein, ich meinte, ob diese so weit verbreitete und außer Kontrolle geratene Methode Früchte trägt, zahlt sie sich aus?«

»Für die Politiker und Banker zahlt sie sich auf jeden Fall aus. Für das Volk weniger. Und hier in Italien … Darüber wollen wir gar nicht reden! Einer nach dem anderen geben sie ihre Ämter auf, ohne jemals die Mandatszeit zu beenden.«

»Und welche Familie herrscht in der heutigen Zeit? Immer noch die Medici?«

»Nee. Die sind längst abgekratzt, genau wie du ... ähm, Entschuldigung ... was ich meinte, war: Es herrscht nicht mehr nur eine Familie. Theoretisch herrscht die Demokratie – das heißt, wir gehen wählen und bestimmen selbst, wer an die Macht kommt. Meistens jedenfalls. Manchmal wiederum sind sie auch einfach plötzlich da oben und so ist es dann, ganz ohne Wahlen. Aber es hat keinen Sinn, sich darüber aufzuregen, es dauert nicht lange und sie sind sowieso weg vom Fenster.«

Ich versuchte, ihm das Konzept der demokratischen Wahlen näherzubringen, soweit ich selbst es verstand. Doch während ich erzählte, sah ich, wie sich auf seinem Gesicht immer größeres Erstaunen ausbreitete ... bis er schließlich in Gelächter ausbrach!

»Bei euch gehen ALLE wählen? Ihr, das Volk, bestimmt über die Herrscher? Ich kann es nicht glauben! Und am Ende ... am Ende lasst ihr auch noch Frauen und Kinder wählen!«

»Frauen natürlich! Die Kinder müssen warten, bis sie das 18. Lebensjahr vollendet haben, doch danach ist es ein unverletzliches Recht für jeden. Das heißt, du kannst natürlich auch nicht wählen gehen. Das nennt sich dann Enthaltung. Oder du gehst hin und machst den Stimmzettel ungültig, indem du irgendwas draufkritzelst. Das ist besser, als sich zu enthalten, denn ansonsten bleibt immer noch die Möglichkeit, dass irgendein Wahlbetrüger den leeren Stimmzettel zugunsten dieses oder jenes Politikers ausfüllen könnte.«

Sein Lachen verstummte und er ließ sich wie gelähmt in den Stuhl fallen, er sah erstaunt aus, verwirrt. Ein bedauernswerter Anblick!

Er fing an zu stammeln, dass das politische Leben einerseits von *fortuna*, dem *Schicksal*, reguliert wurde – ein Begriff, mit dem er die Ereignisse bezeichnete, die wir nicht beherrschen können –, andererseits von der *virtù*, der *Tugend*, unseren aktiven und freien

Entscheidungen. Zur Hälfte stößt uns das Leben also zu und zur anderen Hälfte suchen wir es uns selbst aus. Ich stimmte ihm zu und tätschelte ihm dabei den Kopf, um den armen Mann wieder zu beruhigen. Aus dem Augenwinkel behielt ich die Pfanne im Blick. Das Gericht brauchte über zwei Stunden, aber im Traum ist die Zeit relativ und lässt sich nicht an der realen Zeit messen.

»Mutter Notwendigkeit wird herausgefordert und Mutter Fortuna gezähmt, indem wir günstige Gelegenheiten ergreifen und sie zu unseren Gunsten zurechtbiegen. Der tugendhafte Herrscher ist also der, der je nach Umständen jederzeit den Kurs ändern kann. Derjenige aber, der *Tugend* als Selbstzweck versteht und unentschlossen ist, ist ein ... ein ...«

»... ein Knallkopf. Ja, ich habe das Konzept verstanden. Nur Mut, Niccolò, rede weiter!«

»Und die *Tugend* besteht darin, die für die Erlangung des Zwecks nützlichen Mittel zu ergreifen. Je besser jemand diese Kunst beherrscht, umso tugendhafter und weltlicher ist er. Die Belohnung erhält er nämlich im Diesseits, nicht in jener anderen Welt. Die Belohnung des Jenseits ist für den Untertan, nicht aber für den Herrscher. Habe ich mich zur Genüge erklärt?«

»Und ob! Keine Sorge, um diese andere Welt kümmert sich unter den italienischen Politikern niemand; die Herrscher hier denken nur an ihre Belohnung im Diesseits. Es gibt genügend Dumme wie uns, die nicht nur die eigenen, sondern auch deren Rechnungen bezahlen. Aber hören wir auf damit, sonst werde ich nur noch hungriger. Wie wär's, wir spielen eine Runde Karten? Der Tintenfisch braucht noch ein bisschen.«

Im Grunde hatte er mir die Vorlage zu diesem Vorschlag geliefert, als er mir erzählte, dass er gern in der Osteria Karten spiele. Ich holte einen Stapel neapolitanische Spielkarten aus der Schublade, stellte eine halbe Flasche Wein auf den Tisch, den Maria zum Kochen benutzte, wir setzten uns und fingen an zu spielen. Oder besser gesagt, wir versuchten es – er kannte kein einziges Spiel, das ich spielte, und ich hatte keinen blassen Schimmer von den Spielen, die in seiner Zeit üblich waren.

Die fünf oder sechs Jahrhunderte, die zwischen uns lagen, wurden im Spiel viel deutlicher spürbar als in politischen Dingen. Also entschied ich mich für das einfachste, das Spiel mit drei Karten: Gimelblättchen. Er hätte einen Heidenspaß gehabt, hätte er aufgehört, herumzuquengeln und den Spielstand anzuzweifeln. »Ich gebe mich nicht geschlagen und überzeugt. Wenn ich von günstigen Gelegenheiten spreche, denkst du offenbar nur an Gewieftheit. Die politische Tugend aber, wie ich sie in *Der Fürst* beschrieben habe, besteht darin, die Macht durch gute Waffen, aber ebenso durch ausgezeichnete Gesetze zu erhalten. Natürlich muss der Fürst gefürchtet werden und in erster Linie gilt seine Sorge dem Machterhalt, nicht der Gerechtigkeit. Aber Gewalt und Tugend müssen sich gegenseitig ausgleichen, das eine kann ohne das andere nicht bestehen.«

»Nimm's mir nicht übel – aber da wir ja schon per du sind: Ich sehe das anders. Meiner Meinung nach muss ein Regierender vor allem gerecht und kompetent sein und darf nicht darum bemüht sein, seine Macht zu erhalten. Die Macht hat das Volk, auch wenn es sie notgedrungen an einen von ihm Gewählten abgibt, der sich zumeist als Schwindler entpuppt.«

Er lachte mir ins Gesicht – »Wer soll die Macht besitzen? Schweig lieber, du gigantischer Utopist!«

»He, keine Schimpfwörter, ja?«

»Aber was soll denn daran obszön gewesen sein? Das Buch *Utopia* hat Thomas Morus aus Oxford geschrieben, nicht ich! Der Begriff der Utopie stammt aus dem Griechischen und bedeutet so viel wie ›nicht vorhandener Ort‹. Morus ging davon aus, dass überall, wo Privateigentum und Geld herrschen, Gerechtigkeit und Wohlstand des Staates unmöglich sind. Doch ein solcher Ort, an dem Geld nicht existiert, kann selbst nicht existieren. Das liegt an der Unveränderlichkeit der menschlichen Natur. Daher der Begriff der Utopie. Nichtsdestotrotz behaupte ich, dass der Wohlstand des Staates sehr wohl erreicht werden kann, wenn auch keine Gerechtigkeit.«

»Was weiß ich! Auch wenn Utopia nicht existiert, bin ich weiterhin nicht deiner Meinung. Wenn du mich fragst, sollte es

Waffen nur im Kino geben. In der Realität dagegen nur Spielzeugwaffen, mit denen man die Zeit totschlagen kann.«

Er hob eine Augenbraue und fragte: »Was ist das, das ›Kino‹?«

Ich versuchte es mit einem Beispiel, das er sicherlich kannte: »Eine Art Theater, ich meinte, dass Waffen nur im Theater benutzt werden sollten.«

»Du bringst mich zum Lachen, du machst deinem Zeitalter, in dem das Volk die Macht hat, wirklich alle Ehre. Und hier das Ergebnis: Das, was euch geschieht, habt ihr euch verdient.«

»Ich bringe mein Leben lang Menschen zum Lachen und das lobe ich mir. Ich bringe mein Publikum zum Lachen, das wiederum so gütig ist, mich dafür zu lieben. Du dagegen bringst niemanden zum Lachen und bist so unbedarft, dass du nun schon zum vierten Mal in Folge verloren hast. Dabei hast du noch Glück gehabt, das ist wirklich ein einfaches Spiel. Ätsch, bätsch«, sagte ich und hängte noch ein schadenfrohes »Pfffff!« dran.

Doch ich hatte die Zeitlosigkeit jenes Furzlautes unterschätzt, den kannten sie schon im 16. Jahrhundert, was mir schlagartig bewusst wurde, als Machiavelli wutentbrannt nach der Flasche griff und sie mir über den Kopf zog. »Ich bin Niccolò Machiavelli, und keiner hat das Recht, meine Person mit vulgären Geräuschen zu beleidigen.«

Kurz darauf war »seine Person« um einen halben Meter kleiner, denn ich verpasste ihm einen Dampfhammer, dass er sich wieder hinsetzte, seine Pagenfrisur war allerdings ruiniert.

Von der Flasche hatte ich überhaupt nichts mitbekommen, wohl aber Maria. »Was hast du kaputt gemacht?«, rief sie aus dem Schlafzimmer.

»Nichts, du träumst nur – ich bin nicht in der Küche, sondern bei dir im Bett. Schlaf nur weiter.«

Ich holte Besen und Schaufel und kehrte die Scherben auf, dann tunkte ich einen Finger in die Weinlache und rieb mir den Wein hinter die Ohren – und da ich schon dabei war, tat ich das Gleiche bei Machiavelli. Ich erklärte ihm noch, dass es Glück brachte, doch er hörte es nicht. In sich zusammengesunken saß er auf dem Stuhl und starrte auf die drei Karten, ohne sie zu sehen. Vielleicht hatte ich überreagiert, aber was hätte ich tun sollen? Wenn einer mit einer Flasche auf mich losgeht, tendiere ich dazu, wütend zu werden, da ist ganz klar eine Grenze erreicht. Wie auch immer, es war nicht mehr zu ändern. Doch der Weinfleck musste beseitigt werden und der Wischlappen war im Bad, was bedeutete, dass ich noch einmal durch den Flur und an Marias Schlafzimmer hätte vorbei müssen.

Da kam mir eine Idee: Ich zog meinem jähzornigen Gast den Morgenmantel aus, breitete ihn auf dem Boden aus, sodass er mehr schlecht als recht den Weinfleck bedeckte, und brummelte vor mich hin: »Hast du ein Glück, dass du ein Gelehrter bist. Schau dir nur mal diese *signori* der Renaissance an, die prügeln drauflos wie die Verrückten!«

Als Machiavelli wieder einigermaßen zu sich kam, saß er vor einem dampfenden Teller mit warmem Tintenfisch in köstlicher Soße.

»Was ... was ist passiert? Und was ist das hier?«

»›Tintenfisch alla Napoletana‹!«

Der Fausthieb schien ihm gutgetan zu haben, jedenfalls gebärdete sich der wiedergeborene Machiavelli um einiges zahmer und schien sich sogar auf das Essen, das vor ihm stand, zu freuen. Seine politisch-sozial-utopisch-fürstliche Polemik war wie weggeblasen. Und wie er aß, Donnerwetter! Er spachtelte alles innerhalb weniger Minuten in sich rein!

Als er fertig war, leckte er glucksend den Teller ab, wobei er sich das ganze Gesicht vollschmierte. Mein Faustschlag hatte einen glücklichen Trottel aus ihm gemacht. Ich wünschte mir, dass dieser Zustand vorüberging und er bald wieder ganz der Unsympath von vorhin wäre.

»Wahrhaft vorzüglich, fürstlich ... Wie spät es ist?«

»Nein, nicht du auch noch, damit kriegt ihr mich nicht mehr!«, antwortete ich und schirmte meinen Teller mit den Händen ab.

»Wollte Streich spielen ich ... Der Tintenfisch heiligt Mittel ... Du sympathisch ...« Jetzt sprach er schon wie die Indianer in den Westernfilmen, der Ärmste. Wozu hat mir die Natur wohl diese riesigen Pranken geschenkt? Keine Ahnung, aber wenn ich es mir recht überlegte, passten sie haargenau auf Machiavellis politische Philosophie: In diesem Fall hatte der Zweck das Mittel geheiligt, oder nicht? Seinem Zustand nach zu urteilen, konnte ich seinen Besuch nun als beendet betrachten, wobei es weder einen Sieger noch einen Verlierer gab, sondern vielmehr ein Unentschieden: Es war unmöglich zu sagen, ob der Machiavelli, der kam, sich genauso zahm von meinem Essen hätte überzeugen lassen wie jener, der ging ... Wäre er nur gegangen!

Mit dem Schlag hatte ich ihn offenbar in meinem Traum festgenagelt.

Im Gegensatz zu seinen beiden Vorgängern stand er nicht auf, um im Flur zu verschwinden, besser noch, er war gar nicht in der Lage, aufzustehen. Er saß nur weiter in sich zusammengesunken mit fettigem Gesicht da und grinste mich schwachsinnig an, als warte er auf etwas.

Auf diesen letzten Happen zu verzichten, fiel mir nicht leicht – der Tintenfisch war ohnehin nicht sehr groß gewesen, und indem ich ihn mit Niccolò geteilt hatte, war er noch weiter geschrumpft –, doch ich gab mir einen Ruck und schob ihm auch noch meinen Teller hin.

Dann hielt ich mir eine Serviette vors Gesicht, um ihm nicht zusehen zu müssen, und steckte mir die Finger in die Ohren, um das wenig fürstliche, gierige und wollüstige Grunzen nicht mit anhören zu müssen, mit dem er die letzten köstlichen Bissen Tintenfisch verspeiste. Als ich die Nase voll hatte, schnaubte ich schließlich ungeduldig und erklärte ihm ein für alle Mal: »So, Niccolò, es war kurz und intensiv, aber jetzt musst du wirklich gehen!«

»Wohin?«

Schönes Schlamassel: Meine Halluzination hatte nicht die geringste Absicht, sich zu verziehen, und vom Flur klangen plötzlich Marias Schritte herüber, die kam, um nach dem Rechten zu sehen.

Da ich keine Zeit hatte, hob ich den seidenen machiavellistischen Morgenmantel auf und breitete ihn über den verräterischen Tisch. Dann lud ich mir den Gast auf die Schulter, um mich seiner auf welche Art auch immer zu entledigen. Vor meinem geistigen Auge sah ich schon meine eigene Inquisition durch Maria und meine Familie, wenn das alles herauskäme.

Der Balkon war der einzige Ausweg: Wenn es mit Galileo funktioniert hatte, würde es mit seinem Kollegen bestimmt ebenso glatt laufen.

Mit der einen Hand hielt ich den Fürsten auf meiner Schulter fest, mit der anderen versuchte ich, so schnell wie möglich die Balkontür zu öffnen, während die Schritte immer näher kamen.

Nicht einmal das Wissen, dass alles nur ein Traum war, vermochte meine Angst zu besiegen. Kaum hatte ich die Tür geöffnet, wehte mir ein kalter Luftzug ins Gesicht, doch dann blieb ich reglos stehen – ich konnte es nicht glauben. Offenbar hatte ich mich getäuscht, die Schritte kamen nicht vom Flur, sondern vom Balkon, auf dem ich nun einen distinguierten, betagten Herrn mit leichtem Bauchansatz ausmachte, dessen Kleidungsstil ich gar nicht in Worte fassen kann. Ich kann nur so viel sagen, dass er wirkte wie jemand aus dem 18. Jahrhundert, noch so ein altmodischer Typ, mit nur ein paar vereinzelten Haaren, die zerzaust auf seinem Kopf lagen. Er blieb stehen, klopfte zweimal mit seinem eleganten Spazierstock gegen eine Vase, räusperte sich und sagte: »Kant.«

»Bist du wahnsinnig, so laut zu reden? Wenn Maria aufwacht, bin ich erledigt. Wir klären das morgen und jetzt verzieh dich, ich muss den Fürsten loswerden … Galilei hätte ich übrigens auch noch im Angebot. Darf man erfahren, wer du bist?«

Es war ein heilloses Durcheinander.

»Immanuel Kant! In Person«, wiederholte der Typ nun schon leicht ungeduldig.

Wie sagt man so schön? – Ein Unglück kommt selten allein.

KAPITEL 4

PIZZA ALLA KANT

Keine Königsberger Klopse, aber ein Weltkulturerbe!

Manche Philosophen sind in ihrer eigenen Epoche epochal (verzeiht das Wortspiel), andere wiederum sind es über alle Epochen hinweg.

Der altbekannte Kant zählte offensichtlich zu den Letzteren, und das wirklich Erstaunliche ist, dass er es geschafft hat, die gesamte Geschichte des abendländischen Denkens zu beeinflussen, ohne sich jemals von zu Hause wegzubewegen.

Er wurde in Königsberg im heutigen Russland geboren, wo er praktisch sein ganzes Leben verbrachte. Und es gibt kaum ein Gebiet menschlichen Wissens, in dem nicht früher oder später beziehungsweise oft und gerne das Adjektiv »kantianisch« benutzt wurde.

Aber eins nach dem anderen: Zu Hause ist er pietistisch aufgewachsen, eine religiöse Strömung, die vom Luthertum herstammt. Bereits als junger Mann richtete er sein Interesse auf die Philosophie, wie zunächst am Collegium Fridericianum und daraufhin an der Königsberger Universität. Dort war er später auch als Privatdozent tätig, bevor er zu guter Letzt einen eigenen Lehrstuhl für Logik und Metaphysik erhielt. Außerdem verdingte er sich als Hauslehrer in der höheren Gesellschaft.

Unter seinen vielen Werken zählten *Die Kritik der reinen Vernunft* und *Die Kritik der praktischen Vernunft* wie auch alle seine späteren Schriften zur sogenannten »kritischen Periode«.

Vereinfacht gesagt ist das Ziel seiner Philosophie der Entwurf einer Welt, in der die Menschen im Umgang miteinander von unanfechtbaren Mess- und Urteilskriterien wie denen der Wissenschaft, insbesondere der Mathematik, Gebrauch machen. Dabei geht er von der Theorie aus, dass der Mensch auf der Grundlage seiner Erfahrungen zu allgemeingültigen Erkenntnissen fähig ist. Er starb 1804, und wir versuchen noch immer, diese Vision einer Welt zu verwirklichen, die universal ist und frei von Täuschungen.

Das ist jedenfalls meine Sicht der Dinge, die allerdings, da ich kurzsichtig bin, nicht so zuverlässig ist.

Ihr werdet sicherlich verstehen, dass mein Staunen angesichts des nächsten ungebetenen philosophischen Besuchers in Geistergestalt an diesem Punkt in jener langen Nacht allmählich in wachsende Gereiztheit umschlug. Mehr noch beunruhigte mich die Tatsache, dass ich inzwischen zwei oder drei gleichzeitig beherbergte. Daher gab ich ihm klipp und klar zu verstehen: Bevor er mir noch mehr Schwierigkeiten bereiten durfte, musste er mir helfen, seinen Vorgänger loszuwerden.

»Der Machiavelli hier auf meiner Schulter bricht mir noch das Genick und Galilei trieb sich hier vorhin auch noch rum, genau da, wo Ihr jetzt steht. Galilei ist offenbar verschwunden, aber der andere ist immer noch da, seht Ihr ihn? Bei allem Respekt vor Euch, meine Frau kann unangekündigte Gäste mitten in der Nacht nicht leiden, so ist sie nun mal. Und ich will den Familienfrieden nicht stören, der ist seit meiner Diät ohnehin schon ziemlich angeknackst.«

Kant rief irgendetwas in einer unverständlichen Sprache, die wie Deutsch klang. Da erinnerte ich mich wieder, dass er ja tatsächlich in Königsberg gelebt hatte, was zwar in Russland liegt, damals aber zu Preußen gehörte, wo man Deutsch sprach. Das erklärte alles. Zum Glück redete er danach in der Sprache der Träume weiter, die als zuverlässige Simultandolmetscher funktionieren. »Du willst mir erzählen, dass der Mensch, den du auf dem Rücken trägst, jener Machiavelli aus der Renaissance ist? Ich bitte dich, Machiavelli ist aus dem 16. Jahrhundert!«

»Und du bist frisch von heute früh, oder was? Wenn du hier sein kannst, mein lieber Manu, dann kann er es auch.«

»Kuckuck!«, mischte sich Niccolò ein, noch immer benommen von dem Schlag.

Der verdutzte Kant näherte sich ihm und musterte ihn gründlich mit seinem stechenden Blick: »Er sieht mir eher aus wie ein der Idiotie anheimgefallener Unglücklicher, aber ganz bestimmt nicht wie der Begründer der modernen Politikwissenschaft. Darf ich ihm eine Frage stellen, um zu überprüfen, ob es wirklich er ist und nicht irgendein Schwindler?«

»Ja, aber beeil dich, er – oder der Tintenfisch, den er in sich reingestopft hat – wird langsam nämlich echt schwer.«

»In welchem Jahr hat Machiavelli *Über die Kunst des Krieges* geschrieben?«, fragte Kant seinen illustren Vorgänger.

»In dem Jahr nach jenem, in dem er es nicht geschrieben hat«, antwortete Niccolò, der es sich auf meiner Schulter ein bisschen zu gemütlich machte. Meiner Meinung nach war das eine unanfechtbare Antwort, Kant aber warf mir einen bösen Blick zu und feuerte sogleich seine zweite Frage ab: »Wurde *Der Fürst* noch zu Lebzeiten des Autors veröffentlicht oder erschien er posthum? Und wann kam *Der Fürst* heraus? Los, antwortet.«

»Zusammen mit dem Tintenfisch.«

Da diese schlechte Kopie eines Fernsehquiz die ganze Nacht anzudauern drohte, ließ ich den Machiavellisten kurzerhand irgendwo zwischen die Blumenkästen plumpsen.

»Niccolò, wenn du brav hierbleibst und kein Wort sagst, kriegst du noch einen Tintenfisch.« Daraufhin ging ich zurück in die Wohnung, nur um festzustellen, dass Kant sich mir schon angeschlossen hatte. »Was ist ihm denn zugestoßen?«, fragte er mich bestürzt.

»Das war der Schlag der Demokratie, er ist nicht daran gewöhnt. So, *mein Freund*« – streute ich zwei der wenigen deutschen Wörter ein, die ich kannte – »und nun zu uns ...«

»›Mein Freund‹?! Aber für solche Vertraulichkeiten ist es ein bisschen zu früh, meint Ihr nicht? Nichtsdestotrotz freut es mich zu hören, dass Ihr Deutsch sprecht«, erwiderte er herablassend.

»Freut Euch nicht zu sehr. Ich kenne nur *mein Freund, Bitte* und *Dankeschön*. Aber passt auf, ich schlage Euch einen Deal vor: Ihr beweist mir mit all Eurer Urteilskraft, wie unwissend ich bin, und im Gegenzug koche ich Euch was Leckeres. Danach seid Ihr *bitte* so freundlich und geht und den Fürsten nehmt Ihr zusammen mit *Signore* ›Und sie bewegt sich doch!‹ gleich mit. Habt Ihr mich verstanden?«

Kant warf einen analytischen Blick auf den Balkon: »Ich weiß nicht, Galilei ist nicht zu sehen und was den anderen betrifft, müssen wir vorher klären, ob es sich bei ihm um ein *Phänomen*, ein *Noumenon* oder aber einen *Transzendentalen* handelt. Im Falle des *Phänomens*, welches vom griechischen Begriff *phainómenon* abstammt und so viel bedeutet wie ›das Erscheinende‹, wie Sie sicher wissen, wäre er nicht wirklich das, was er ist, sondern nur das, als was er uns erscheint. Die Realität wird nämlich immer durch unsere Sinne gefiltert. Im Falle eines *Noumenons*, dem ›Denkinhalt‹, wäre er ein ›Ding an sich‹, unabhängig davon, wie wir ihn wahrnehmen. Ist er dagegen *transzendental* (nicht zu verwechseln mit dem ›Transzendenten‹, wozu all das zählt, was wir uns nicht über die Erkenntnisfähigkeit erschließen können wie beispielsweise die Vorstellung von Gott), so ist er gewissermaßen a priori, das heißt, er ist bereits in unserem Verstand verankert und wird als selbstverständlich vorausgesetzt.«

Mir drehte sich der Kopf und ich sagte: »Ganz offensichtlich. Haben Sie was dagegen, wenn ich mich setze, bevor der Gehirnschlag einsetzt?«

Ich musste mich dabei am Tisch abstützen, dann legte ich mein Kinn auf meine Fäuste und überlegte krampfhaft, wie ich aus diesem Schlamassel, in den ich mich hineinmanövriert hatte, bloß wieder rauskäme.

Wer hat gleich noch mal gesagt, dass man aufpassen muss, was man sich wünscht, weil es sonst vielleicht eintritt? Das hätte ich beherzigen sollen, bevor ich mich von Galilei herausfordern ließ und behauptete, ich würde meine Überzeugung, ein voller Magen sei eine Grundvoraussetzung des Philosophierens, vor jeglichem anderen Denker verteidigen. Diese manischen Genies haben die Angewohnheit, einen beim Wort zu nehmen, und je toter sie sind, desto aufdringlicher werden sie.

»Ihr behauptet also, alle meine philosophischen Spekulationen hätten keine Daseinsberechtigung, wenn ich mir vorher nicht ein ausgiebiges Frühstück einverleibt hätte. So jedenfalls habe ich mir sagen lassen.«

»Dann bist du falsch informiert.« Ich hatte keine Lust mehr, zu diskutieren.

»Wenn es Euch recht ist, wahrt doch bitte die Distanz und sprecht mich mit ›Ihr‹ an.«

»Du bist trotzdem falsch informiert. Über dich hab ich überhaupt nichts gesagt ... Ich meinte es einfach ganz allgemein. Ich kann nicht mehr! Ich hatte nur Descartes mit seinem *cogito ergo sum* ein bisschen auf die Schippe genommen. Deswegen wollte ich mich doch nicht mit sämtlichen Philosophen der Weltgeschichte anlegen, die noch dazu alle tot sind. Lasst mich in Frieden, was habe ich denn getan? Man kann wirklich gar nichts sagen, ohne dass gleich ...«

»Die Sprache wird häufig von jenen missbraucht, die sich nicht zu beherrschen wissen. Und je länger ich Euch beobachte, desto weniger vermag ich zu sagen, ob Ihr ein *Phänomen*, ein *Noumenon* oder *transzendental* seid.«

»Nennt mich einen Dummkopf, dann habt Ihr sie alle drei unter einem Hut. So, und jetzt reicht's, Ihr könnt gehen.«

»Was stinkt denn hier so abscheulich nach Alkohol?«, rief Kant, als er sich setzte.

Der Gestank kam von dem Morgenmantel, den ich hastig über den Tisch gebreitet hatte und der mit dem Chianti besudelt war, den der Fürst zuvor verschüttet hatte. Tadelnd erhob Kant die Stimme: »Hier wurde wohl den Lastern gefrönt? Wein, Weib und Gesang ...«

»... sind des Mannes Untergang. Den Spruch kenne ich, Prof, in Neapel, das könnt Ihr mir glauben, gibt es Sprüche bis zum Umfallen! Ich warne Euch, wenn Ihr mich herausfordern wollt, ist das, als wäre ich Aristoteles und Ihr ... na ja, und Ihr ich, wenn Ihr wisst, was ich meine.«

Der Warnschuss tat seine Wirkung, er schwieg und versuchte, den Gestank zu vertreiben, indem er sich mit seinen Handschuhen Luft zufächelte. Ich hatte begriffen. Ich öffnete die Balkontür und ließ frische Luft herein, wobei ich kurzzeitig vergaß, dass Machiavelli noch dort zwischen den Blumenkästen direkt gegenüber der Tür lag. Sie schlug ihm mitten ins Gesicht, doch er schrie nicht. Stattdessen sagte er nur: »Kuckuck!«

»Jaja, ›kuckuck‹. Sei ruhig und schlaf«, brummte ich und kehrte zu Kant zurück, der mich dankbar über die frische Luft anlächelte. (Keine Ahnung, wie er es schaffte, zu atmen – tot, wie er war. Aber es ist ja allgemein bekannt, dass Albträume nicht unbedingt einen Sinn ergeben.) Er fragte mich, was ich über ihn wisse. Sehr wenig, abgesehen davon, dass jeder, der einen auf intellektuell machen will, ihn zitiert, ob er ihn gelesen hat oder nicht. Andere wiederum, wie meine Wenigkeit, haben ihn zwar gelesen, aber nicht unbedingt begriffen. Allerdings erhebe ich auch nicht den Anspruch, intellektuell zu sein, dafür habe ich einen viel zu ausgeprägten Sinn fürs Lächerliche.

»Nun gut, wenn Euch bewusst ist, dass Ihr wenig wisst, seid Ihr schon auf dem Pfad der Weisheit. Jedenfalls seid Ihr sympathisch mit Eurem Teddybär-Gesicht. Habt Ihr meine *Kritik der reinen Vernunft* gelesen?«

»Na ja, ich ... also ganz ehrlich ... nein.«

»Warum soll ich dann hier mit Euch diskutieren?«

»Ja, aber Ihr seid doch zu mir gekommen, ich habe Euch ganz bestimmt nicht herbestellt. Im Gegenteil, ich entschuldige mich bei Euch, bei Euch allen, ich bin ein Nichts. Ich will nur eins: dass Ihr mir, wenn Ihr Euch verabschiedet, Machiavelli und Galilei ja nicht auf dem Balkon zurücklasst. Das da draußen mutiert schon langsam zu einer überfüllten Bushaltestelle.

Kant tippte sich mit dem Knauf seines Gehstocks gegen die Stirn und sagte:»Ich kann mich nicht entschließen, ob diese Ereignisse unter *analytische Urteile a priori* oder unter *synthetische a posteriori* fallen, insofern *analytische Urteile* weder einen Erkenntnisgewinn noch einen Erkenntnisverlust bringen. Wenn ich Euch beispielsweise erzählen würde, dass Machiavelli nach Fisch stinkt, wäre das etwas, was Machiavelli bereits in sich trägt. Aber im Falle des *synthetischen Urteils a posteriori* kommt die Subjektivität ins Spiel, die niemals universal sein kann, denn nicht jeder ist der Meinung, dass Fischgestank etwas Widerliches ist. Viele mögen ihn. Deshalb bin ich zum *synthetischen Urteil a priori* gelangt, welches empirisch ist – auf der Erfahrung gründet – und Allgemeingültigkeit besitzt.«

»Kuckuck«, meldete sich Machiavelli wieder zu Wort, der nun hinter dem Vorhang hervorlugte.

»Es ist zum Heulen!«, rief ich, beugte mich über den Tisch und vergrub mein Gesicht in den Armen. Kant versetzte dem Tisch einen Schlag mit seinem Stock, der mich abrupt hochschnellen ließ.»Man legt sich nicht schlafen, solange Gäste anwesend sind. Ihr habt keine Manieren!«

»Entschuldigt, Ihr habt ja recht, aber Ihr seid schon ziemlich lange da. Wie sieht es aus, mein lieber Professor, schafft Ihr mir Niccolò jetzt vom Hals oder nicht? Einfach nur Ja oder Nein, ohne irgendwelche Vorträge. Sagt es mir – aus Liebe zum *synthetischen Urteil*! Ja? Nein?«

»Mein armer Freund! Ich sollte Euch als Paradigma für meine Überlegungen benutzen, anstatt mich über Euch zu ärgern. Ihr seid der beste Beweis für meine These, dass alle *transzendenten Überlegungen*, die die Sphäre des Möglichen übersteigen, trügerisch und – ebenso wie die Überlegungen, die sich strikt an das Erfahrbare halten – unwiderstehlich sind. Allerdings mit dem

Unterschied, dass uns die Ersteren frustrieren, weil sie mit unseren begrenzten Sinnen nicht erfahrbar sind, während Letztere uns wahre, messbare Ergebnisse bringen. Die Ersten dagegen nicht, die frustrieren uns nur, das ist alles. Macht es Euch Spaß, Euch von den Ersteren frustrieren zu lassen?«

»Nein, also wirklich, mit diesem sadomasochistischen Schweinkram hatte ich nie etwas zu tun. Ich habe mich nie selbst fertiggemacht, noch habe ich mich von meiner Frau fertigmachen lassen ... auch wenn sie das wahrscheinlich gar nicht so schlecht gefunden hätte. Aber wenn Ihr mit den Ersteren den ersten Gang und mit den Letzteren den zweiten Gang meint, mit Beilagen, Obst, Nachtisch, Kaffee, Digestif und allem Drum und Dran ... dann können wir weiterreden.«

»Machiavellis Meinung teile ich nicht. Er vertrat die Ansicht, der Zweck heilige die Mittel. In einem meiner drei *kategorischen Imperative*, die auf die Verwirklichung des Höchsten Guts für die gesamte Menschheit abzielen, habe ich dagegen gesagt, dass der Mensch niemals bloß als Mittel, sondern immer zugleich als Zweck behandelt werden soll.«

So wie er das sagte, wurde er beinahe sympathisch, doch das Problem blieb dasselbe: Was hatte ich hier mit Kant und Machiavelli zu schaffen? Mir wurde klar, dass ich sie, um mich von ihnen zu befreien, auf meine Seite bringen musste. »Mein lieber Professor, Sie haben ja recht mit alledem, aber trotzdem haben Sie doch zwei- bis dreimal am Tag gegessen, oder nicht?«

»Ich aß genau so viel, wie mein Körper benötigte, aber die kulinarischen Genüsse waren für mich kein *kategorischer Imperativ* – im Gegensatz zu Euch, die Ihr ihn allem Anschein nach allzu eifrig befolgt habt.«

»Ja, das kannst du laut sagen, mein guter Alter! Eine schöne Schlemmerei hier auf Erden gehört, um es mit deinen Worten zu sagen, zur Welt des Erfahrbaren. Eine Schlemmerei auf dem Mars dagegen würde unter das *Transzendente* fallen. Hab ich's erfasst?«

»Interessanter Ansatz. Aber müssen wir uns unbedingt duzen?«

Auf diesem Bild scheinen sie mich bei einer meiner legendären »Fressattacken« zwischen den Szenen erwischt zu haben. Ich glaube, das war am Set von »Das Krokodil und sein Nilpferd (Orig. »Io sto con gli ippopotami«, 1979) in Südafrika.

Trinity und Babyface sind bekannt für ihre großen Faustkämpfe und das Schlemmen. Diese Szene aus »Vier Fäuste für ein Halleluja« (Orig. » ... continuavano a chiamarlo Trinità«, 1971) bleibt wohl international eine der legendärsten. In unseren Western, besonders in denen von Enzo Barboni, sind alle hungrig, ständig! Feurige Bohneneintöpfe, ganze Hühner, riesige Brotlaibe und krügeweise Wein wurden verdrückt wie Vorspeisen.

In vielen Szenen haben Terence und ich regelrechte Wettbewerbe veranstaltet, wer mehr von uns isst. Ich weiß nicht, wie er es geschafft hat, so dünn zu bleiben!

BUD SPENCER

DICKER, LASS DIE FETZEN FLIEGEN!

Dieses Foto wurde während einer Pause bei den Dreharbeiten zu »Auch Engel essen Bohnen« (Orig. »Anche gli angeli mangiano i fagioli«, 1973), ebenfalls ein Film von Enzo Barboni, in New York aufgenommen. Wie ihr sehen könnt, habe ich einen Keks in der Hand – sie hatten mich schon damals auf Diät gesetzt, die aber nur von kurzer Dauer war.

Eleganz und Klasse waren nicht unbedingt an der Tagesordnung in unseren Filmen, insbesondere bei den »Spaghetti-Western« endeten die Szenen meist mit einem klangvollen Rülpser.

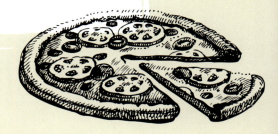

Ich erinnere mich, dass sowohl ich als auch Terence eine Menge Spaß bei den Essensszenen hatte und dass wir oft einfach die Hände benutzten und damit viel weiter gingen, als vom Regisseur gefordert war. Die Set-Designer hatten einiges zu tun, um hinterherzukommen und für die nächsten Szenen wieder neue Gerichte auf den Tisch zu bringen.

Dieses Foto entstand in Santa Fe in New Mexico, wo wir »Die Troublemaker« (Orig. »Botte di Natale«, 1994) gedreht haben – der letzte Film, den ich gemeinsam mit Terence Hill gemacht habe, 24 Jahre nach unserem ersten Film und 20 Jahre nach dem großen Erfolg von »Die rechte und die linke Hand des Teufels« (Orig. »Lo chiamavano Trinità«, 1970). Terence führte auch Regie und da durften die Bohnen natürlich nicht fehlen! Jedes Mal, wenn ich in einer Szene einen Topf Bohnen zubereitete, kam er an und gaunerte ihn mir ab.

Und schon wieder Bohnen, immer wieder Bohnen ... Ich glaube, diese Szene stammt aus einem meiner ersten Filme. Ich war gerade 39 oder 40 Jahre alt und hatte nicht erwartet, den Rest meines Lebens als Schauspieler zu verbringen. Aber ein Beruf, bei dem ich nach Lust und Laune essen konnte, kam mir so ziemlich gelegen!

Das sind Terence und ich in meinem Haus in Morlupo vor zwei Kilo Spaghetti. In 45 Jahren habe ich nur ein paarmal gesehen, wie Terence auf seine Diät gepfiffen hat, aber bei meinen »Spaghetti al pomodoro« war er nie in der Lage zu widerstehen.

»In meiner Küche, ja! Außerdem hast du angefangen, mich zu duzen und bist dann zum ›Ihr‹ übergegangen. Aber wie auch immer, ich will dir eine Wette vorschlagen: Ich mache dir etwas Köstliches zu essen, und wenn es dir schmeckt, sammelst du die beiden da draußen ein und ihr verschwindet. Wenn es dir nicht schmeckt, ertrage ich euch alle drei, bis dieser Albtraum vorüber ist. Irgendwann muss ich doch einmal aufwachen, verdammt noch mal!«

»Eine köstliche Mahlzeit? Nun ja, da der Genuss in meiner Philosophie einen Garant für die Universalität des Schönen darstellt, nehme ich die Herausforderung an. Aber bedenkt: Es wird sehr schwierig sein, mich von meiner Überzeugung, dass man auch mit leerem Magen philosophieren kann, abzubringen.«

Kant warf mir einen gönnerhaften Blick zu, in seinen Augen war ich nicht mehr als ein Zeitvertreib, mehr oder weniger also das, was auch die Filmkritiker immer in mir gesehen haben. Recht hatten sie beide. Und wenn man dem nun noch hinzufügte, dass Bud Spencer Umfragen zufolge der weltweit beliebteste italienische Schauspieler war, hatten wir eine weitere Bestätigung für die sogenannte Relativitätstheorie. (Ich hütete mich allerdings, diesen Gedanken laut auszusprechen, denn ich hatte keine Lust, auch noch Einstein auf meinem Balkon zu begrüßen!)

ZUTATEN

- PIZZATEIG
- KNOBLAUCH
- NATIVES OLIVENÖL
- BASILIKUM
- OREGANO
- BÜFFELMOZZARELLA
- TOMATEN
- (TINTENFISCH)

Ich warf einen Blick auf die von den vorherigen Plünderungen übrig gebliebenen Zutaten und machte mich ans Werk, wobei ich munter plauderte, um Kant bei Laune zu halten. »Erzähl mal, mein lieber Professor, du musst doch ganz schön viel gereist sein, um ein so großartiger Philosoph zu werden, dass dein Denken die ganze Welt beeinflusst, oder?«

»In Wirklichkeit habe ich mich nie von Königsberg, meiner Geburtsstadt, fortbewegt.«

»Unfassbar!«

In der Zwischenzeit bereitete ich einen Teig zu, ähnlich wie Brotteig, und breitete ihn mit meinen Händen zu einer runden Form aus. Außen ließ ich einen zwei Zentimeter hohen Rand und in der Mitte eine etwa drei Millimeter hohe Erhebung – ganz nach der Tradition eines speziellen Gerichts, das zum UNESCO-Weltkulturerbe erklärt wurde.

»So ist es! Ich habe Königsberg nie verlassen. Vielmehr kam die Welt zu mir. Mein Dasein war exakt durchstrukturiert, meinen morgendlichen Spaziergang unternahm ich so pünktlich, dass die anderen Einwohner der Stadt ihre Uhren danach stellten. Ich lief immer zur gleichen Uhrzeit die gleiche Route im gleichen Tempo, weder eine Minute früher noch eine später.«

Heiliger Bimbam! Dieser Typ hier hatte die ganze Geschichte des abendländischen Denkens verändert, ohne sich jemals von zu Hause wegzubewegen. Ich dagegen hatte die weitesten Reisen unternommen, ob wie anfangs als Arbeiter oder später als Schauspieler, und besaß nicht eine einzige Gewissheit.

Das war unvorstellbar, doch ich ließ mich durch mein Erstaunen nicht allzu sehr von der Pizza ablenken, die ich gerade vorbereitete. Traditionell gibt es nur zwei Varianten: Marinara oder Margherita. Die erste ist einfach, nur Knoblauch, Öl, Oregano und Tomaten. Die zweite ist schon komplizierter, neben Tomaten – eine Denkschule erachtet die Sorte San Marzano als die besten – und Öl kommen noch Basilikum statt Oregano und in Streifen geschnittener Büffelmozzarella dazu. Ich beschloss, eine Mischung aus beiden zu machen, und gab außerdem noch eine ganz eigene Zutat dazu … Ich meine, wenn man diese wunderbar roten, duftenden Tomaten schneidet und die Tröpfchen vom frischen Mozzarella auf den Fingern spürt – vom italienischen Olivenöl, dem besten der Welt mit seinem wohlbekannten und unwiderstehlichen Aroma, ganz zu schweigen – lässt man sich leicht vom Duft verführt treiben und wird kreativ. (Und man soll Reste ja nicht verkommen lassen!)

»Mein lieber Professor, du machst mich noch verrückt! Du hast tatsächlich eine Universalphilosophie gefunden, ohne jemals dein Zuhause zu verlassen?! Mann, Mann, Mann. Ich bin der Arbeit wegen um die ganze Welt gereist, aber die einzige Philosophie, die ich gefunden habe, ist *Futteténne*. Kein Scherz: In jener Zeit, als ich italienischer Meister im Schwimmen wurde, habe ich Länder wie Deutschland und Russland besucht. Später dann hat es mich als Arbeiter an Orte wie Venezuela und den Amazonas verschlagen. Als Erwachsener habe ich durch meinen Beruf als Schauspieler all diese Orte wiedergesehen und Hunderte andere kennengelernt … Schließlich bin ich sogar in Grönland aufgeschlagen. Und obwohl ich so viel herumgekommen bin – von mir selbst bin ich nie losgekommen, ebenso wenig wie von meinem *Futteténne*, daran hat sich seitdem nichts geändert.«

»Hmmm … Wenn ich Euch nun sage, dass Ihr zu allem das Zeug habt, nur nicht zum Philosophen, ist das keineswegs als Beleidigung gemeint. Auf welche theoretische Grundlage stützt sich Euer Denken?«

»Auf den Tisch. Das ist die einzige Stütze, denn dort wird gegessen.«

Traditionalist, der ich bin, verwendete ich eine typische Agliara, um das Olivenöl auf der Pizza zu verteilen. Das ist eine Kanne, die außen verkupfert und innen verzinnt ist und einen langen schmalen Ausguss hat, durch den sich das Öl gleichmäßig und hauchdünn ausgießen lässt. Dann nahm ich zwei Pizzaschaufeln mit langen Griffen zur Hand. Mit der größeren schob ich die Pizza in den Ofen und zog sie mit einem kräftigen Stoß, wie ich es gewohnt bin, wieder heraus. Die kleinere, runde Schaufel diente dazu, die Pizza im Ofen von Zeit zu Zeit zu drehen, damit die dickere Stelle in der Mitte von allen Seiten gleichmäßig durchgebacken wurde. Wenn ihr euch jetzt fragt, woher auf einmal die zwei Pizzaschaufeln und der Holzofen in meiner kleinen Küche kamen, tja, dann habt ihr wohl vergessen, dass es sich um einen Traum handelte. – Andererseits, wenn nicht einmal Kant sich das fragte, der immerhin Kant war, warum solltet ihr das tun?

Während der 90 Sekunden, die die Pizza bei 485 Grad im Ofen blieb, musste ich mir um weitere Argumente keine Sorgen machen, denn Kant redete für zwei ... das heißt eigentlich für drei, wenn man Machiavelli dazuzählte, der zwischen einem »Kuckuck« und dem nächsten versuchte, durch das Fenster in die Küche zu klettern. Er hatte Essen gewittert.

»Überleg dir das gut mit der Kletterei, sonst landest du vielleicht aus Versehen auf der hier«, sagte ich und hielt ihm meine rechte Faust vor die Nase. Ohne mit der Wimper zu zucken gab der Fürst seine Kletterversuche auf und kehrte flink auf den Balkon zurück. Kant fuhr indessen mit lauter Stimme fort: »... *Agnostizismus*: Als solchen kann man meine Position in Fragen der *Metaphysik* definieren, die, wenngleich keine echte Wissenschaft, doch von großer Bedeutung ist. Denn sie bezeugt, dass dieser rührende, menschliche Geist danach strebt, Dinge zu verstehen, die seine Sinne übersteigen. Ich will einen Vergleich ziehen, den auch einer wie du versteht: Sagen wir, wenn im Zentrum der kopernikanischen Revolution die Sonne steht, dann steht im Zentrum meiner Revolution der Mensch. Und indem er sich der *apriorischen Vorstellung* von Raum und Zeit sowie der Kategorien des Verstandes bedient, nimmt er eine dynamische Rolle im Bewusstsein ein. Bist du noch da?«

»Schon seit 85 Jahren bin ich da! Aber verglichen mit dir, bin ich noch nicht einmal geboren«, antwortete ich und holte die Pizza aus dem Ofen, die jetzt schön knusprig war. »Willst du die Marinara-Hälfte oder die Margherita-Hälfte?«

»Fisch ist nicht nach meinem Geschmack, ich probiere lieber die Margherita.«

»Es heißt aber nicht ›Marinara‹, weil Fisch drauf ist, sondern weil die Zutaten so einfach sind, dass die *marinai* – die neapolitanischen Seemänner – sie auf ihre langen Schifffahrten mitnehmen und zubereiten konnten. Bist du noch da?«

»Jaja, ich bin noch da, dennoch bevorzuge ich die andere«, antwortete er misstrauisch. Ich warf sie ihm hin und erklärte ihm noch, dass er kein Besteck bräuchte. Pizza isst man – genau wie Hähnchen – am besten mit den Händen. Aber Kant war nun mal ein anderer Schlag. Was will man auch von einem Typen erwarten, der jeden Morgen haargenau den gleichen Spaziergang unternimmt, ohne auch nur einen Meter oder eine Minute davon abzuweichen? Aber ein Bissen genügte und er nahm richtig Farbe an. Er hatte doch Charakter, dieses riesige ... *Noumenon*. Seine Brillengläser beschlugen vom Dampf der heißen Pizza, doch er hütete sich, sein Wohlgefallen auszudrücken.

»Trifft das deinen Geschmack, mein lieber Prof?«

»Na ja.«

Seine Antwort gefiel mir nicht, genauso wenig wie seine süffisante Miene und seine verlogenen Augen, die mich ein wenig an Descartes erinnerten.

»Also nein, wenn es so ist, gib her, wir wollen ja nicht riskieren, dass du kotzt.« Mit diesen Worten streckte ich meine Hand nach seiner Pizza aus, doch da schlug er mir mit seinem Stock auf die Finger – so schnell und heftig, dass ich den Rückzug antrat.

»Das gehört sich nicht, außerdem störst du meine Untersuchung, mein Freund!«

Stück für Stück verputzte er seine Hälfte. In der gleichen Zeit verputzte ich meine, las jeden Krümel auf, der heruntergefallen war, kratzte die Reste von der Schaufel ab, aß ein Stück Mozzarella, das übrig geblieben war, und kippte einen Liter Wasser hinunter.

Nun hatte ich endlich etwas in den Magen bekommen, aber es ging mir schlechter als vorher. Eigentlich kein Wunder – habt ihr schon mal versucht, euren Hunger mit einer geträumten Pizza zu stillen?

Er hingegen wirkte mehr als zufrieden: »Mmh ... ich würde sagen, hier haben wir das *Transzendentale*, das *Noumenon* und das *Phänomen* in einem, es entspricht dem Genuss des Schönen und ist auf seine Art kopernikanisch.«

»Ich freue mich, dass du es zugeben kannst ... so ganz ohne den Hochmut von vorhin.«

»Mein lieber Freund, ich bedaure lediglich, dass ich nicht bereits in Königsberg in den Genuss gekommen bin und auch die anderen Einwohner diese Speise nicht kannten. Wie du als Weltreisender sicherlich weißt, herrscht in meinem Land ein sehr hartes Klima. Eine solche typisch italienische Wärme im Magen zu spüren, hätte die Außentemperatur jedenfalls um einiges erträglicher gemacht. Wir mussten Unmengen an warmen Speisen zu uns nehmen ... und ich verrate dir noch ein Geheimnis: Ich habe nur deswegen immer haargenau denselben Spaziergang unternommen, weil ich, wenn ich davon abgewichen wäre, erfroren wäre!«

»Du Armer! Eine Köstlichkeit wie diese hätte dich sicherlich dazu verführen können, Königsberg den Rücken zu kehren und nach Neapel zu reisen, um noch mehr Gerichte aus meiner Heimat kennenzulernen ...«

»Mag sein, aber Reisen bedeutet, sich im Raum fortzubewegen und Zeit aufzuwenden. In meiner *Transzendentalen Ästhetik*, dem ersten Teil der *Kritik der reinen Vernunft*, werden Raum und Zeit als *a priori* dargestellt. Denn sie sind ja nicht erfahrbar, sondern vielmehr bereits gegeben, gewissermaßen als Rahmen, in dem sich die Phänomene entwickeln. Die Aufgabe des Verstandes besteht darin, die Sinnesdaten in jenem Rahmen in Form von Erfahrungsurteilen zusammenzufassen. Ganz einfach, nicht?«

»Nein!«

Ich hätte gern Ja gesagt, aber leider siegte mal wieder die Angewohnheit, immer zu sagen, was ich denke.

Kant seufzte, doch die Schlemmerei hatte ihn geduldiger gestimmt, und so versuchte er noch einmal, es mir zu erklären:

»Ich habe vier Urteilskategorien aufgestellt: *Quantität, Qualität, Relation* und *Modalität*. Mithilfe dieser gelingt es mir, Parameter der Welt festzumachen, denn ohne Sinneserfahrung sind die Gedanken leer, ebenso wie die Intuition der Sinne ohne Gedanken blind ist. Verstanden?«

Es ging schon besser, doch die Tatsache, dass er satt war und ich nicht, was meine Aufnahmefähigkeit ziemlich lähmte, blieb bestehen. Solche Theorien zu verstehen wäre schon mit einer Pizza im Magen richtig schwierig gewesen, aber auf Diät ...

»Wollen wir mal sehen, ob ich dich richtig verstanden habe, mein lieber Professor: Die *Quantität* der Pizza, die du verschlungen hast, war nicht gering, die *Qualität* schien mir ausgezeichnet, die *Relation* zu deinem Magen sowieso und was die *Modalität* angeht, hast du wie jedes normale Wesen deinen Mund benutzt.«

»Nein, unter *Modalität* versteht man mögliche, das heißt *problematische*, Urteile oder *assertorische* beziehungsweise wirkliche Urteile und schließlich *apodiktische*, also notwendige, Urteile.«

»Oh, bei San Gennaro, musst du immer alles so kompliziert machen? Die Pizza hast du doch mit deinen ›Sinnen‹ verputzt, ja oder nein?«

»Und wie! Wie, sagtest du, nennt es sich?«

»›Pizza alla Napoletana‹. Du hattest die Margherita-Variante und ich eine Marinara, aber ›Pizza alla Bud Spencer‹ trifft es vielleicht besser – deine Hälfte habe ich nämlich außerdem mit etwas Tintenfisch belegt, den ich noch übrig hatte. Dem kleinen Rest, der nicht in Machiavellis Magen gelandet ist, weil er noch an der Pfanne klebte.«

Bei dem Wort »Tintenfisch« sprang Machiavelli hinter dem Vorhang hervor und stürzte sich wie ein Verrückter in einem Anfall von Raserei auf den Tisch: »Tintenfisch? Hast du Tintenfisch gesagt? Wo? Wo? Wo? Wo? ...« Beim zehnten »Wo?« musste ich ihm eine Ohrfeige verpassen, aber nicht irgendeine, sondern jene Spezialität von mir: mit der flachen Hand auf den Hals. Er machte eine Schraube um sich selbst und purzelte kopfüber zu Boden. Ich hatte keine andere Wahl gehabt, bei dem

Riesenlärm und dem heillosen Chaos, das er veranstaltete! Bei der Gelegenheit fiel mir auf, dass die Pagenfrisur in Wirklichkeit eine Perücke war. Machiavellis Kopf war kahl wie eine Billardkugel und seine Haare landeten mit einer solchen Zielsicherheit auf Kants Kopf, wie ich es selbst mit einem Visier nicht hinbekommen hätte.

Der Herr Professor setzte die schmutzige Perücke ab und schaute meinen leeren Teller an. Leise Enttäuschung huschte über sein Gesicht. »Was ist los, Prof, wolltest du etwa noch ein Stück von meiner? Die hätte dir eh nicht geschmeckt, da war Fisch drauf und Fisch magst du doch nicht, das hast du selbst gesagt, oder nicht?«

Kant antwortete mit einem gezwungenen Lächeln, wobei sich sein Gesicht zu einer Fratze verzog.

»Was zum Teufel treibst du da? Was ist das für ein Lärm?« Wie ich befürchtet hatte, war Maria von dem Chaos, für das Machiavelli verantwortlich war, wach geworden und dieses Mal war sie auch noch wütend.

»Es ist nur der Fernseher, Marì! Neapel hat schon wieder den Titel geholt. Das zweite Mal in einer Nacht. Die nehmen alles auseinander.«

Besonders gut war die Ausrede nicht, es brauchte keinen Kant, um das zu kapieren.

Ich hörte, wie Maria aufstand. Sie brummte verärgert vor sich hin wie ein neapolitanischer Pizzabäcker, der entdeckt hat, dass sein Teig von der Marke ›Made in China‹ ist. Ich sah zu, dass ich aus der Küche kam, löschte das Licht und schloss die Tür hinter mir. Dann rannte ich ins Wohnzimmer, vergaß jedoch, dass ich in meinem Alter und mit der Hüfte eines Titanen alles machen konnte, nur nicht rennen. Ich prallte gegen etliche Ecken und Türpfosten, bevor ich mich aufs Sofa fallen ließ und den Fernseher einschaltete. Ich tat so, als würde ich aufgebracht das Geschehen verfolgen, um mein schweres Keuchen zu überspielen. Meine Hoffnung war, dass meine Frau der einzigen Lichtquelle im Haus, dem Plasmafernseher, folgen und direkt zu mir ins Wohnzimmer anstatt in die Küche kommen würde.

Aber vergebens! Maria steuerte, ohne irgendwo anzuecken, als hätte sie ein Nachtsichtgerät, geradewegs auf die Küche zu und stieß mit der Grazie eines Banana Joe[1] die Tür auf. Dann hörte ich einen Schrei.

Ich war geliefert. Vor meinem geistigen Auge sah ich sie schon mit machiavellistischen, kantischen und kartesianischen Töpfen und Pfannen um sich werfen! Doch es passierte ... nichts. Absolute Stille. Ungläubig starrte ich in die Dunkelheit Richtung Küche. Da nahm ich die Silhouette meiner Frau wahr, die auf mich zukam und mir in leisem und diskretem Tonfall zuflüsterte: »Schatz, ich weiß deine Solidarität und dein Mitgefühl zu schätzen, aber mir mitten in der Nacht einen halb nackten Obdachlosen ins Haus zu schleppen – findest du das nicht ein bisschen übertrieben? Ganz zu schweigen von dem Trunkenbold auf dem Balkon, der die ganze Zeit ›Kuckuck‹ sagt und bald die ganze Nachbarschaft aufweckt.«

Ich spielte den Überraschten und Unschuldigen so gut, wie meine bescheidenen schauspielerischen Fähigkeiten es hergaben: »Wovon redest du? Was gehen mich Machiav... ähm ... die Leute an, die auf dem Balkon herumstrolchen? Und von was für einem halb nackten Obdachlosen redest du nur?«

»Von dem, der in der Küche steht und die Krümel auf dem Tisch zählt. Der arme alte Mann! Abgesehen von einem Laken, das er um sich herum gewickelt hat, ist er halb nackt. Ruf schnell jemanden von der Obdachlosenhilfe, der arme Teufel hat mir schon einen ziemlichen Schrecken eingejagt. Er hat so seltsame Augen!«

Ich stutzte und wurde unruhig: Von wem sprach sie da eigentlich? Entweder nahm sie mich auf den Arm oder ... Aber nein, Maria ist so aufrichtig und verantwortungsbewusst, das würde ihr selbst im Traum nicht einfallen. Ich stand auf und ging mit Maria, die sich ängstlich an meinen Arm drückte, in die Küche zurück.

---

1 »*Der Große mit seinem außerirdischen Kleinen*« (Orig. »*Uno sceriffo extraterrestre ... poco extra e molto terrestre*«), 1979

Kant und Machiavelli waren verschwunden, aber ein alter Mann stand da in der Tat: ein Freak mit weißen Haaren und einem langen weißen Bart, sein abgezehrter Körper in eine Art Toga gehüllt. Er zählte tatsächlich die Krümel auf dem Tisch, dann richtete er seine wirklich unglaublichen, großen Augen auf uns und sah uns mit einem tiefgründigen und so beeindruckenden Blick an, dass Maria ein »Oh Gott!« ausstieß.

»Nun wollen wir aber mal nicht übertreiben, ich bin's nur, Sokrates«, sagte der Alte und lächelte.

KAPITEL 5

SFOGLIATELLE ALLA SOKRATES

Puderzucker statt Schierlingsgift

So wie Kant hat auch Sokrates die Geschichte des abendländischen Denkens beeinflusst, ohne sich jemals wirklich von seiner Geburtsstadt Athen fortzubewegen, wo er 469 vor Christus geboren wurde, lebte und 399 vor Christus (eines ziemlich üblen Todes) starb.

Die kontinuierliche Suche nach Wahrheit fesselte ihn mehr, als die aktive Politik es vermochte. Und tatsächlich hielt er sich stets eher am Rande des öffentlichen Lebens. Er zog es vor, herumzuspazieren und sich mit jedem, der ihm über den Weg lief und ihm würdig erschien, zu unterhalten – von Mitbürgern bis hin zu Fremden, von Kaufmännern bis hin zu Intellektuellen –, solange sie sich ebenso konstant und ernsthaft dem Lernen widmeten.

Er predigte nicht, im Gegenteil, langatmige Rhetorik liebte er ebenso wenig wie das geschriebene Wort. Seine Vorgehensweise war zu jener Zeit allerdings unüblich und weckte Misstrauen. Ihm wurden vor allem seine Vorliebe für junge Männer sowie eine subversive Haltung gegenüber der Regierung vorgeworfen. Und auch wenn in Athen damals Demokratie herrschte – so weit, einen Typen zu dulden, der Leute vom Glauben abbrachte und ihnen erzählte, *das wahre Wissen bestünde darin, zu wissen, dass man nichts weiß*, ging sie nicht.

Von seinen Mitbürgern Meletos, Anytos und Lykon verraten, machte ihm die Regierung den Prozess und verurteilte ihn zum Tode. Als Zeichen der Kohärenz, seiner Unschuld und seines Respekts gegenüber dem Staat ergab er sich widerstandslos seinem Schicksal und trank das Schierlingsgift.

Wenngleich er ein Gelehrter war, der selbst kein schriftliches Zeugnis hinterließ, sind reichlich Schriften über ihn vorhanden. Xenofon, Aristophanes, Platon und Aristoteles haben sein Denken in ihren Werken für die Nachwelt festgehalten. »Erkenne dich selbst!« war einer von Sokrates' Leitsprüchen. Für ihn stand stets der Mensch im Zentrum, denn er konstituierte ein inneres Universum, das um ein Vielfaches interessanter war als das äußere. Dieses zu entschlüsseln hingegen war Aufgabe der Astronomie, der viele seiner – von ihm kritisierten – Zeitgenossen nachgingen.

In gewisser Weise fand ich es tröstlich, dass Maria anwesend war, als dieser neue Geist auftauchte. Denn so musste ich für all das, was geschehen war, immerhin keine Ausreden finden. Gleichzeitig ärgerte ich mich aber auch darüber, denn ich fühlte mich in der Privatsphäre meines Traumes gestört, auch wenn wir im Grunde immer alles im Leben geteilt hatten.

»Was denn für ein Sokrates? Hör nicht auf ihn, Marì, er faselt nur wirres Zeug, der Arme, das kommt bestimmt vom Hunger.«

»Wo hast du den denn schon wieder aufgelesen?«

»Eigentlich ist er zu mir gekommen, aber das erkläre ich dir später. Leg dich wieder hin, ich mache ihm ein Sandwich und dann schicke ich ihn wieder zurück nach Sparta.«

»Aber pass auf! Und Sokrates war übrigens aus Athen«, erklärte sie und ging hinaus. Selbst im Traum musste sie mich verbessern! Dennoch war ich vorerst zufrieden, denn immerhin war ich die anderen beiden los. Ich schloss die Tür, sperrte sie diesmal ab und wandte mich wieder Sokrates zu. Nach allem, was in dieser endlosen Nacht passiert war, hinterfragte ich nicht einmal mehr, ob er es wirklich war. Das Einzige, was mir in dieser aussichtslosen Misere einfiel, war, mich hinzusetzen und meinen schweren Kopf auf meine Fäuste zu stützen. Eine Geste, die Fans von Bud Spencer vertraut sein mag, einem über 2.000 Jahre alten Griechen aber sehr wahrscheinlich nichts sagte. Und nach einer langen Minute, in der wir uns gegenseitig anstarrten, er verwirrt, ich mürrisch, räusperte er sich und machte den Anfang:

»Und? Ich warte, du bist dran mit Reden. Jeder weiß doch, dass ich mich gern unterhalte. Nur der dialektische Austausch bringt uns weiter, nicht das geschriebene Wort und schon gar nicht zwei, die dasitzen und sich anstarren.«

»Ist das dein Ernst? Ein Intelligenzbolzen wie du will sich mit einem wie mir abgeben?«

»Du vergisst, dass ich häufig den Hafen oder den Marktplatz aufsuchte, um mit Kaufmännern, Sophisten oder jungen Menschen, ja vor allem mit der Jugend, zu reden. Das war auch der Grund dafür, dass sie mich zum Tode verurteilten.«

»Was für ein Elend! Durfte man sich zu eurer Zeit nicht einmal auf der Straße unterhalten?«

Der Alte, der mir jünger zu sein schien als ich – und tatsächlich erinnerte ich mich wieder, dass er in seinen Siebzigern gewesen war, als er 399 vor Christus starb –, breitete betrübt die Arme aus.

»›Sokrates ist schuldig, weil er die vom Volk verehrten Götter nicht achtet und die Jugend verdirbt.‹ So lautete die Anklage, die zugleich mein Todesurteil war.«

»Das tut mir leid. Aber du hättest doch fliehen können, oder nicht? Du hattest doch sicherlich einen Haufen Freunde, die dir bei der Flucht geholfen hätten.«

»Ja, Freunde und Schüler hatte ich, doch eine Flucht wäre einem Schuldeingeständnis gleichgekommen. Daher wartete ich nur artig darauf, dass man mir das Gift verabreichte. So, wie ich mich mein Leben lang an die Gesetze gehalten hatte, respektierte ich sie auch jetzt – bis zum Schluss. Aber andere Menschen kennenzulernen und ihre Gedanken zu erfahren, war schon immer meine Lieblingsbeschäftigung. Ich wollte eben wissen, wen ich in dem Moment vor mir hatte. Erzähl mir doch von dir: Was arbeitest du?«

Ich bezweifelte, dass er auch nur irgendetwas begriffen hätte, wenn ich ihm vom Film erzählt hätte. Daher versuchte ich es mit dem gleichen Beispiel wie bei Machiavelli: »Ich bin eine Theaterfigur ... ein Komödiendarsteller. Aber nun bin ich sozusagen im Ruhestand und meine Lieblingsbeschäftigung ist das Kochen.«

»Oh, vom Theater. Doch auch dem Theater liegt das geschriebene Wort zugrunde – ein einziger Schwindel.«

»Was hast du gegen das geschriebene Wort, bist du etwa Analphabet?«

»Nein, das nicht, aber es ist doch so: Das geschriebene Wort ist wie ein hübsches Gemälde. Du schaust es dir an und lässt dich von seiner Schönheit bezaubern, es erscheint dir wahr. Aber wenn du ihm Fragen stellst, bleibt es stumm. Und genau so ist es mit den Gelehrten, die das geschriebene Wort lieben. Du willst nachfragen, aber die Seite bleibt stumm, sie ist ja schon beschrieben. Sie weiß nicht, dass sie nichts weiß, ich dagegen weiß, dass ich nichts weiß.«

»Schriftsteller sind also nichts als ein Haufen Vollidioten?«

»Niemals! Das Problem ist nur, dass sie häufig über metaphysische Themen, über den Kosmos schreiben. Ihre Fragestellungen zielen auf Konzepte ab, die das endliche Leben übersteigen, und da frage ich mich: Sind wir auf dem Gebiet des Menschlichen schon solche Experten, dass wir es uns erlauben können, das Göttliche zu erforschen? Meiner Ansicht nach sind diese Leute Unwissende. Es gibt einen ganzen heterogenen Kosmos, der noch unerforscht ist, und das ist der Mensch.«

Es tat mir ernsthaft leid, dass ich kein besseres Gehirn als mein eigenes anzubieten hatte. Er war der erste Philosoph in dieser

Nacht, der weder hochmütig noch distanziert daherkam. Er gefiel mir.

»Du bist also ein Theaterdarsteller. Und wie heißt deine Rolle?«

»Ich hatte mehrere: Der Kleine, Banana Joe, Plattfuß[1] ... Doch im Grunde folgten sie immer dem gleichen Schema: Ich spielte einen einfachen, gern auch etwas unbedarften Typen. Das Publikum begriff immer vor mir, wo der Hase langlief, meine Stärke waren die Fäuste. Jedes Mal, wenn ich mit dem Köpfchen nicht weiterkam, teilte ich kräftig aus. Doch ich verhaute immer nur die Bösewichte, um die Schwächeren zu schützen. Meine Figur war dir ein bisschen ähnlich, wenn du mir diesen unbescheidenen Vergleich gestattest. Sie sprach Menschen jeden Alters an, auch wenn sie mit deiner Bildung und Weisheit natürlich nicht mithalten konnte.«

Er machte eine Pause, dann streckte er zum Zeichen, dass er begriffen habe, strahlend den Zeigefinger in die Luft und sagte: »Eine Art Herakles oder ›Herkules‹, wie ihr ihn nennt. Ein Kraftprotz, halb Mann, halb Gott.«

»Nein, nein, eher halb Mann, halb Kind. Meine Figuren brachten auch einfache Gemüter zum Lachen.«

Vielleicht hatte er es diesmal verstanden, jedenfalls nickte er zustimmend und schmunzelte.

»Ach so! Deine Waffe war also die Ironie. Eine Waffe, die auch ich gebrauchte. Indem ich tat, als wüsste ich nicht, verunsicherte ich meine Gesprächspartner, die dachten, sie wüssten. Und so ließ ich sie am Ende völlig desorientiert zurück.«

»Aha, dumm und zufrieden sozusagen! Was das Nichtwissen angeht, darin bin ich Meister. Und desorientiert wirst du mich nicht zurücklassen, ganz einfach, weil ich noch nie die Orientierung hatte.«

Er lachte übers ganze Gesicht, offenbar gefiel ich ihm auch.

Dann führte er aus, dass er es für eine Zeitverschwendung hielt, sich den Kopf über universelle Dilemmata zu zerbrechen, wenn

---

[1] »Sie nannten ihn Plattfuß« (Orig. »Piedone lo sbirro«), 1973

es noch so viel über den Menschen zu lernen gab. Was nützte es, die Sterne zu kennen, wenn man keine Ahnung von der Natur des Menschen hatte? Erkenne dich selbst, das war sein Motto.

Halleluja! Endlich ein Philosoph, den auch Bud Spencer verstand.

»Wer das Gute erkennt und danach handelt, kann niemals irren. Unwissenheit ist die Wurzel allen Übels, mit der wahren Erkenntnis aber wählen wir stets das Richtige und müssen nicht leiden. Das nenne ich die Freuden der Tugend.«

»Kein Zweifel, wenn man die Regel beherzigt, Gutes zu tun, ist man niemals auf dem Holzweg. Du aber hast doch nichts Böses getan und sie haben dich trotzdem vergiftet. Das will mir einfach nicht in den Kopf. Warum hast du dich so verhalten, wie du es getan hast, wenn du doch wusstest, was dich Übles erwartete?«

»Mein persönlicher Daimon hat mir das suggeriert, mein Schicksalsdämon. Er hat mir vorgegeben, so zu leben, wie ich gelebt habe, zu philosophieren und junge Menschen kennenzulernen. So habe ich es jedenfalls verstanden.«

»Bei uns ist es auch so, dass jemand, der Gutes tut, häufig missverstanden und verprügelt wird. Das liegt zum Teil daran, dass die Jüngsten einem kaum zuhören. Aber ich will dich etwas fragen, einfach aus Neugier: Wie genau stehst du eigentlich zum Essen? Vielleicht irre ich mich, aber wenn ich mir dich so ansehe, habe ich das Gefühl, dass die Küche und du nicht gerade beste Freunde wart.«

»Ich hatte wenig Zeit zum Essen. Über die täglichen Gespräche mit irgendwelchen Leuten verging die Zeit wie im Flug. Aber Süßes mochte ich sehr gern.«

Das ließ ich mir nicht zweimal sagen! »Sokrates, mein Lieber, dann bist du bei mir goldrichtig.«

Mit diesen Worten machte ich mich ans Werk und suchte mir Zucker, etwas gemahlenen Zimt, Vanilleextrakt, Salz, Butter und drei Eier zusammen. Dieses Mal hatte ich das Glück, dass der Traum auf meiner Seite war und mir alle Zutaten zur Verfügung stellte.

ZUTATEN

- MEHL
- GRIESS
- 50 GRAMM ZUCKER
- 150 GRAMM PUDERZUCKER
- KANDISZUCKER
- GEMAHLENER ZIMT
- VANILLEEXTRAKT
- 220 GRAMM BUTTER
- 1 EI
- 2 EIGELB
- RICOTTA

»Da ich nichts Schriftliches hinterließ, machten andere, große Geister wie Xenophon, Aristophanes, Aristoteles und Platon mein Werk berühmt. Ich trat dann als Figur in ihren Schriften auf. Hast du einmal eines ihrer Bücher gelesen?«

»Als Schüler habe ich ein bisschen davon gelesen. Soweit ich mich erinnern kann, gelten die platonischen Dialoge als diejenigen, die dein Denken am besten wiedergeben. So sagten jedenfalls meine Lehrer.«

Während er nach Komplimenten fischte, gab ich Mehl zusammen mit dem Zucker, einer Prise Salz und 100 Gramm Butter in eine Schüssel. Dann vermischte ich alles und gab Wasser dazu, bis der Teig elastisch war und eine Kugel bildete, stellte ihn zugedeckt in den Kühlschrank und ließ ihn ein Stündchen ruhen. Sokrates verfolgte das Geschehen mit seinem scharfen Blick und ließ sich jeden einzelnen Schritt erklären. Das war endlich mal etwas, was mir leichtfiel, jetzt konnte ich auch mal reden wie einer, der Ahnung hat.

»Ich bringe einen halben Liter Wasser mit ein wenig Salz und Grieß zum Kochen. Nach fünf Minuten Rühren nehme ich die ganze Geschichte vom Herd, lasse sie abkühlen und schütte sie anschließend in diese Schüssel hier. Dann schmeiße ich den

Ricotta, 150 Gramm Puderzucker, das Ei, den Kandiszucker, einen Tropfen Vanilleextrakt und den Zimt dazu, decke das Ganze mit einem Geschirrtuch ab und stelle es zu der anderen Schüssel in den Kühlschrank.«

»Und all das machst du nur für mich?«, fragte Sokrates gerührt.

»Das hast du dir doch auch verdient, oder etwa nicht?«, sagte ich und gab ihm einen Kuss auf seine Glatze. »Schau, mein lieber Sokrates, so geht's: Ich lasse 50 Gramm Butter zergehen und rolle den Teig auf diesem mit Mehl bestäubten Küchenbrett aus … Aber ich muss darauf achten, dass er ganz dünn und rechteckig wird. Dann schneide ich ihn in vier gleichgroße Teile, die ich schön mit Butter bepinsele, und lege sie übereinander. Danach lasse ich sie ein halbes Stündchen ruhen, das schnell vorbeigehen wird, da das hier ja alles nur ein Traum ist, und Träume keine Zeit kennen.«

»Ein faszinierender Gedanke: In der geträumten Zeit gibt es keine Zeit. Du bist gar nicht so einfältig, wie du tust.«

Ich wurde rot wie eine Piénnolo, eine Tomatensorte von den Hängen des Vesuvs.

»Im Gegenteil, ich plappere nur nach, was mir in Neapel beigebracht wurde. Dort ist das Kochen eine philosophische Kunst, mein Lieber, darüber wurden Unmengen von Büchern geschrieben. Und die habe ich alle gelesen.«

Schneller, als ich gucken konnte, war die halbe Stunde vorüber. Ich rollte die übereinanderliegenden Schichten zusammen, schnitt die überstehenden Enden ab und zerschnitt die nun entstandene Rolle in etwa ein Zentimeter große Scheiben.

»Und jetzt Achtung: Ich lege eine Scheibe horizontal aufs Küchenbrett und rolle sie vorsichtig mit dem Nudelholz aus … Das heißt, mach du das lieber, du bist nicht so riesig wie ich. Nicht, dass ich mit meinen Pranken noch alles kaputt mache.«

Fast ungläubig nahm Sokrates das Nudelholz in die Hand, das wahrscheinlich mehr wog als er selbst, und machte sich ans Ausrollen. Dann begann er schmunzelnd, von früher zu erzählen, als er seiner Mutter in der Küche geholfen hatte. Er hatte ganz vergessen, was für ein Spaß es gewesen war.

Ich wiederum war ganz gerührt von dem Anblick – zu sehen, wie sich einer der ältesten Denker an so einfachen Dingen erfreute. Ich spornte ihn noch ein wenig an: »Das machst du richtig gut, weißt du das? Ja, genau so, von der Mitte nach links und dann von der Mitte nach unten, bis du eine Art Raute hast. In die Mitte kommt dann die Füllung. Danach klappen wir es zusammen, sodass die Ränder übereinanderliegen, verschließen das Täschchen und legen die Sfogliatella auf ein mit Butter eingefettetes Backblech. Als Nächstes heizen wir den Backofen auf 200 Grad vor und wiederholen die ganze Sache so lange, bis nichts mehr übrig ist. Die geformten Sfogliatelle bepinseln wir mit Eigelb und schieben sie für 20 Minuten in den Ofen, danach senken wir die Temperatur auf 160 Grad und lassen sie noch mal zehn Minuten drin. Und wenn sie durchgebacken sind, streuen wir Puderzucker darüber, solange sie noch warm sind.«

»Gütiger Himmel, was für ein göttlicher Duft!«, rief Sokrates aus.

»Du warst noch nicht in Neapel, da sind die Gassen voll von solchen Düften!«

»Das ist auch gut so«, sagte er. »Sonst hätte ich wahrscheinlich schnell die Lust an Gesprächen mit anderen verloren und nur noch Dialoge mit meinem Magen geführt.«

»So ist es! Du siehst also, mit leerem Magen kann man nicht philosophieren, stimmt's?«

Er schwieg, und ich dachte schon, ich hätte ihn überzeugt. Falsch gedacht. »Kannst du das noch mal wiederholen? Die Sfogliatella hat mich abgelenkt ... ich konnte deine Lippen nicht lesen.«

Meine Lippen lesen? Deswegen hatte er mich die ganze Zeit wie gebannt angestarrt! Im Moment, als ich ihm die Sfogliatella servierte, hatte er seine ganze Aufmerksamkeit inklusive seiner Augen auf die köstliche kulinarische Kreation gerichtet – die für ihn Science-Fiction war – und mich demnach nicht mehr »hören« können.

»Oh, Entschuldigung, ich wusste nicht, dass du schlecht hörst, davon steht nichts in den Büchern.«

»Das hat keiner gewusst, hihi ... Ich habe sie alle hinters Licht geführt: Bei den Gesprächen ging ich ganz nah an mein Gegenüber heran, was sie als Interesse interpretierten. In Wirklichkeit aber tat ich es, um ihre Lippen lesen zu können. Es war auch nicht weiter schlimm, teilweise funktionierte mein Gehör noch, ich war eben alt. Aber du weißt sicherlich, wovon ich rede – denn ein Jungspund scheinst du mir auch nicht mehr zu sein und selbst ein so großer, starker Mann wie du hat wahrscheinlich ab und zu das ein oder andere Wehwehchen. Hab ich recht?«

»Ja, hast du. Ich sehe nicht sehr gut, wobei mir dadurch die Dinge oft schöner vorkommen, als sie es in Wirklichkeit sind. Zum Glück bin ich nicht auch noch taub – stell dir nur vor, was das sonst für ein Dialog zwischen uns beiden wäre! Denn ich kann nicht von den Lippen lesen ...«

Während ich vor mich hin redete, hatte sich der Gast, anstatt meine Lippen zu lesen, wieder ganz dem Meisterwerk der Konditorkunst zugewandt. Von dem, was ich erzählte, hatte er nicht das kleinste Fitzelchen mitbekommen. Aber was soll's, meine Schlamassel waren ohnehin nicht so interessant wie seine.

Ihr hättet ihn sehen sollen, wie er da am Tisch saß und sich wie ein glückliches kleines Kind über die Sfogliatella hermachte – »Sfogliatella riccia« übrigens, nicht »frolla«, das ist eine andere Variante. Ohne mit der Wimper zu zucken, servierte ich ihm auch noch meine. Dieses Mal war nicht einmal ein Ablenkungsmanöver nötig, um meine Portion verschwinden zu lassen. Sokrates' Gesichtsausdruck machte alles wieder wett, es war ein wahres Gefühlskonzert, und zwar ein harmonisches. Krümel schmückten seinen Bart und der Puderzucker rieselte wie Schneeflocken auf seine Toga hinab.

»Jetzt kann ich deine Philosophie begreifen, mein herzensguter Carlo. So, wie ich mich mit Fragen über das menschliche Dasein und anderen Mysterien des Universums beschäftige, wendest du dich direkt den höchsten Genüssen wie diesem hier zu und überlässt die großen Dilemmata den anderen.«

»Wenn du das sagst ... Aber iss langsam, nicht, dass du von so viel Süßem noch Bauchschmerzen bekommst.«

»Mach dir um mich keine Sorgen. Was kann diese Köstlichkeit schon bei einem anrichten, der Schierlingsgift getrunken hat?«

Sokrates erzählte weiter, dass er sich als Kind den Bauch mit Unmengen von Süßigkeiten vollgeschlagen hatte. Unwissend, wie er damals war, sprang er danach gern mit seinen Freunden ins Wasser, um eine Runde zu schwimmen, ohne dass ihm jemals schlecht davon geworden wäre. Wer weiß, vielleicht waren es gerade das Unwissen und die kindliche Unschuld gewesen, die ihn vor solchen Problemen bewahrt hatten.

Als er das Schwimmen erwähnte, wurde ich hellhörig. Ich erzählte ihm, dass es als Jugendlicher eine wichtige Rolle in meinem Leben gespielt hatte. Auch meine Wettkämpfe und die Olympischen Spiele, an denen ich teilgenommen hatte, riss ich kurz an, gab mir aber Mühe, mich nicht in technischen Details zu verlieren. Denn selbst einem so aufgeschlossenen und modernen Denker, wie er einer war, wären sie wahrscheinlich rätselhaft geblieben.

Mein Freund wischte sich mit einem Zipfel seiner Tunika den Mund ab und klatschte mit einer für seine dürre Gestalt unerwarteten Kraft in die Hände: »Ich hab eine Idee! Wenn wir doch beide diese Leidenschaft teilen, warum wir gehen wir nicht zusammen eine Runde schwimmen?«

»Ja, aber wo? Ich habe kein Schwimmbad!«

»Ein Schwimmbad brauchen wir nicht«, fiel er mir ins Wort. Er öffnete das Fenster und blickte mich mit einem undefinierbaren Lächeln auffordernd an ... Offensichtlich hatte er durch den vielen Zucker den Verstand verloren und wollte sich hinausstürzen. Ich machte Anstalten, ihn aufzuhalten, aber am Fenster angekommen, erstarrte ich wie ein Stockfisch. Hinter dem Balkon erstreckte sich das Meer, ruhig und sommerlich, und reflektierte die Tausende von Sternen, die am nächtlichen Himmel über Griechenland leuchteten. Nach kurzem Staunen überkam mich eine unbändige Freude, die mein Herz erfüllte und auch meinen Hunger stillte (was einiges heißen will!).

»Das ... das ist aber nicht Rom!«, stammelte ich.

»Rom?! Nein, wo du denkst du hin? Ich habe Athen nie verlassen, außer als Jugendlicher, um militärischen Pflichten nachzugehen, aber das war nur ein kurzer Exkurs.«

»Bist du also auch so einer wie Kant?«

»Wer?«

»Ach, niemand, nur ein Kollege von dir, der ebenfalls sein ganzes Leben an ein und demselben Ort verbracht hat. Ihr seid unglaublich. Je weniger ihr euch bewegt, desto mehr bewegt ihr die Welt.«

Er verstand nicht, fragte aber auch nicht weiter nach. Und im nächsten Augenblick sprang er mit einer Arschbombe mitsamt seiner Tunika ins Wasser. Ich folgte ihm mit einem Köpper. Das Wasser war so warm, dass selbst zwei alte Männer wie wir keine Angst vor einer Lungenentzündung haben mussten. Als ich auftauchte, schaute ich in die Richtung, in der ich Sokrates vermutete, erblickte aber nur ... einen jungen Mann! Er war wieder jung, genau wie ich auch. Doch das Gesicht, das sich im Licht des hell leuchtenden Vollmonds im Wasser spiegelte, war nicht das von Bud Spencer, dem Filmdarsteller, sondern das von Carlo Pedersoli, dem Schwimmmeister über 100 Meter.

Wir grinsten uns an und sein wissendes Grinsen verzog sich vor Staunen in ein debiles. Dann tauchten wir unter, tauchten wieder auf und legten los – Zug um Zug schwammen wir Richtung Küste.

»Wer zuerst ankommt! Wenn du gewinnst, gebe ich deiner Philosophie recht, gebe meine auf und widme mich der Zubereitung von Sfogliatelle. In Athen kennt die kein Mensch, das wird ein Riesenerfolg!«, rief mir der bartlose Sokrates zu.

»Dann mach dich schon mal auf deine Niederlage gefasst!«, antwortete ich wild entschlossen, ihn zu besiegen. Und es wäre ein Leichtes gewesen, hätte mich bei seinen Worten nicht plötzlich eine Vision gepackt: Einen Augenblick lang sah ich ihn, Sokrates, vor mir, wie er in Athen vollkommen glücklich hinter einem Tresen stand, und darüber ein Banner, auf dem stand:

VON SOKRATES, DEM KÖNIG DER SFOGLIATELLE.
DAS WAHRE WISSEN IST DER WAHRE LECKERBISSEN.

Um ein Haar hätte ich einen Traum-Infarkt gehabt. Könnt ihr euch das vorstellen? Welches Recht hatte ich denn, den Verlauf der Geschichte zu ändern? Ob er nun scherzte oder nicht – sollte ich gewinnen, war Sokrates bereit, seine Überzeugungen aufzugeben und meine anzunehmen. Das wiederum hätte möglicherweise bedeutet, dass er als Erwachsener nicht mehr das getan hätte, wofür wir ihn kennen. All die Dialoge wären nie entstanden, womöglich hätte er sogar angefangen zu schreiben oder – bei San Gennaro! – sogar Rezepte verfasst.

Ohne Zweifel hätte er dadurch seine Haut gerettet, vorausgesetzt natürlich, er hätte seine Kunst beherrscht und die Menschen nicht mit ungenießbaren Sfogliatelle getötet. Auch in dem Fall hätten sie ihm den Prozess gemacht, zwar nicht wegen seines Atheismus, wohl aber wegen Mordes durch Vergiftung. Jedenfalls hätte ohne die sokratische Philosophie das gesamte spätere abendländische Denken einen anderen Verlauf genommen. Er hatte recht: Wahres Wissen bedeutet, sicher zu sein, dass man nicht weiß. Und Bud Spencer, der diesem Gedanken immer schon etwas abgewinnen konnte, wusste, dass er nicht derjenige sein wollte, der einen Philosophen zum König der Sfogliatelle machte. (Noch dazu einen Griechen! Das hieße ja, Neapel Jahrhunderte im Voraus um diese großartige Errungenschaft zu bringen. Und das hätte die neapolitanische Geschichte ordentlich durcheinandergewirbelt, da könnt ihr drauf wetten!)

NEIN, nein, nein und noch mal nein – ein kategorisches »Nein«.

Und so traf ich die einzig vernünftige Entscheidung: absichtlich zu verlieren.

Ich täuschte einen Krampf vor und ließ ihn vorausschwimmen. 50 Meter vor der Küste sah ich, wie er auftauchte, auf die Felsen kletterte und sich zu mir umdrehte.

Schwer zu sagen, ob er sich freute, ich jedenfalls tat es, von der Sache mit dem Schierlingsgift einmal abgesehen. Als er mich zu sich heranwinkte, winkte ich ihm freundschaftlich zurück und kehrte um. Doch in dem Moment verschluckte ich mich so heftig, dass ich fast ... ertrunken wäre! Dabei war das nicht einmal im

Traum denkbar, Wasser war mein natürliches Element! Und doch sah es ganz danach aus. Ein gewaltiger Wasserschwall schlug mir ins Gesicht – und mit einem Mal war ich wach. Ich saß noch immer am Küchentisch, mit nassem Gesicht, und vor mir stand ein weiterer alter Mann. Er trug ebenfalls eine Tunika, wenn auch sauberer und aufwendiger als die von Sokrates. Mir fielen die ungewöhnlichen Sandalen an seinen Füßen auf und das viele Gold, das an seinen Fingern glänzte.

Er sah mich entschuldigend an.

»Es tut mir leid, dass ich dir Wasser ins Gesicht geschüttet habe, aber du schienst in einem schlimmen Albtraum gefangen, da fiel mir nichts Besseres ein. Und dich mit einer Weindusche zu wecken, wäre eine unverzeihliche Beleidigung des Weins gewesen. Wo hast du denn meinen Mentor gelassen?«

Mit einem deutlich irritierten und fragenden Blick trocknete ich mir das Gesicht an der Tischdecke ab.

»Mein Meister, ich meinte, er wäre hier bei dir gewesen«, hakte mein neuer Gast nach.

»Bist du etwa ... ein Schüler von Sokrates?«

»Ich dachte, das wäre klar, wenn ich ihn als meinen ›Meister‹ bezeichne! Du bist wohl noch nicht richtig wach«, entgegnete er sarkastisch.

»Um diese Zeit ist kein normaler Mensch richtig wach. Aber was soll's, machen wir das Beste draus – also, wer ist diesmal dran?«

»Wie meinen?«

»Ich meinte, wir sollten uns erst einmal vorstellen. Ich bin Carlo Pedersoli.«

»Und ich bin Platon, Nachfahre des Königs Kodros väterlicherseits und Solons mütterlicherseits und nicht zuletzt Schüler von Sokrates.«

Sokrates hatte ich richtig gern gehabt, aber nichtsdestotrotz fragte ich mich, wann der Spuk endlich vorbei sein würde.

KAPITEL 6

PLATONISCHES CASATIELLO

Sich nur kein Ei aus der Krone brechen

Ob Platon 427 oder 428 vor Christus geboren wurde, weiß man nicht genau, aber fest steht, dass er von einer sehr aristokratischen Familie abstammte. Seine Herkunft ermöglichte ihm eine sorglose Jugend und die beste Ausbildung, die es damals gab. Seine Liebe zur Philosophie wurde von Kratylos entfacht, die Begegnung mit Sokrates aber veränderte sein Leben. Erst nach dem Tod der beiden begann Platon, zu reisen, und zwar nicht nur als Tourist. Er hatte es sich in den Kopf gesetzt, seine philosophische Vision mit der Politik zu vereinigen. Und so machte er sich auf die Suche nach einer Polis, in der er jene Herrschaftsform etablieren konnte, die ihm vorschwebte. Dabei machte er von Ägypten bis Sizilien einige schlechte Erfahrungen und kehrte jedes Mal, bevor er einen neuen Anlauf nahm, nach Athen zurück.

Als Philosoph war er ein Gigant, aber als Politiker zog er die Schlamassel magisch an.

Im Jahr 387 vor Christus gründete er seine Akademie und im Gegensatz zu Sokrates hielt Platon das geschriebene Wort in Dialogform für die getreueste Abbildung der Realität. Im Laufe seines Lebens verfasste er ganze 26 Werke, die in drei unterschiedliche

Dialoggruppen aufgeteilt wurden: Sein Frühwerk umfasst unter anderem die *Apologie des Sokrates*, zu den mittleren Werken zählt *Der Staat* und unter den späten finden wir unter anderem *Die Gesetze* sowie *Platons Briefe*.

Außerdem war er ein Vordenker der Reinkarnationstheorien, die heute so beliebt sind. Er war tatsächlich der Überzeugung, dass wir alle Erinnerungen an unsere früheren Existenzen besitzen, die immer dann wach werden, wenn sich in der aktuellen Wahrnehmung etwas Ähnliches abspielt.

Seine Vision war die einer von aristokratischen Philosophen regierten Stadt, deren Weisheit als Einzige in der Lage wäre, die menschliche Unvollkommenheit auszugleichen. Danach kam das Militär, das das Gemeinwohl durch Waffengewalt verteidigte, und schließlich das Volk, welches für das Gemeinwohl zu sorgen hatte. An einer Sache aber, von der die Politiker heutzutage mehr als genug haben, mangelte es ihm: an List. Wie konnte er allen Ernstes darauf hoffen, in Syrakus eine philosophische Regierung auf die Beine zu stellen, wenn er gleichzeitig den tyrannischen Herrscher, Dionysios II., um Unterstützung bat? Platon gab sein Vorhaben schließlich auf und kehrte nach Athen zurück, wo er bis zu seinem Tod blieb. Immerhin hatte er es probiert, ganz nach seiner Maxime in der *Apologie des Sokrates*: *Ein Leben ohne Selbsterforschung verdient gar nicht, gelebt zu werden.*

Angesichts des sechsten Besuchers machte sich auf meinem Gesicht ein riesiges Grinsen breit. Vielleicht lag es an dem sokratischen Zwischenspiel und dem gemeinsamen Schwimmen, das mir meine Jugend wiedergebracht hatte – jedenfalls hatte ich richtig gute Laune und ließ mich von Platon, der mir seine gesamte Abstammungsgeschichte herunterbetete, nicht aus dem

Konzept bringen. Er hatte einen riesigen Zinken im Gesicht und die Stimme eines Märchenerzählers.

»Und du? Woher kommst du?«, fragte er, mich hochmütig musternd.

»Das ist schwer zu sagen. Jetzt gerade komme ich vom Schwimmen in Athen ... Aber wenn du meine Vorfahren meinst, meine Familie geht auf die Pedersens zurück, die vor langer, langer Zeit, für dich noch ferne Zukunft, Söldner in Nordeuropa waren. Aber jetzt komm doch mal her, mein Freund, und lass dein aristokratisches Hinterteil auf dem bescheidenen Stuhl hier nieder.«

Er zögerte. Keine Ahnung, was ihn mehr verwirrte – das »aristokratische Hinterteil« oder die vertrauliche Anrede »mein Freund« –, die eloquente Geste mit meiner zarten Hand jedoch verstand er. Er ließ seinen Hintern auf den Stuhl gleiten, allerdings erst, nachdem er mit einem Zipfel seiner Toga kurz über die Sitzfläche gewedelt hatte. Wie auch immer, die Tatsache, dass er mich duzte, deutete ich als ein gutes Zeichen.

»Und ... mein Meister?«, fragte er, sich im Raum umsehend.

»Den hab ich auf den Klippen zurückgelassen.«

»Was für Klippen?«

»Na, die vor dem Fenster.«

Er drehte sich um und warf einen Blick aus dem Fenster. »Alles, was ich sehe, ist ein Wald aus seltsamen Dächern und Gebäuden. Weder in meiner Heimat noch in der ganzen Magna Graecia, ja nicht einmal in Sizilien habe ich so etwas jemals gesehen. Und was sind das für Masten und Schüsseln, die von den Dächern in den Himmel ragen, als wollten sie ihn aufspießen?«

Er hatte recht: Jetzt sah man vom Fenster aus nur noch das Rom des 21. Jahrhunderts. Der Traum im Traum war vorbei und ein wenig tat es mir leid darum. Was ich aber wirklich bedauerte, war, dass ich vollkommen durchnässt war – auch wenn mich der sokratische Schwimmausflug für einen Augenblick in jene wunderbare Zeit meiner ersten Wettkämpfe mit dem Schwimmteam von Settebello in Neapel zurückversetzt hatte. Damals hatte

Sportlerruhm noch nichts mit Milliardenverträgen zu tun, man wurde eben in den Zeitungen geehrt und es wurden Sammelaktionen für einen neuen Bademantel gestartet.

»Das sind Antennen, eine Erfindung aus meiner Zeit ... Die sind dazu da, um bestimmte Bilder, die wir alle zu Hause haben, quasi zum Leben zu erwecken. Blitzableiter sagen dir was, oder? Diese Antennen hier ziehen unsichtbare magnetische Kräfte an, die ...« Die Verwirrung stand ihm ins Gesicht geschrieben. Je mehr ich redete, desto weniger verstand er, also kürzte ich die Sache ab. »Wenn du nichts dagegen hast, würde ich mich gern abtrocknen, bevor ich weiterrede. Bevor du irgendwas begreifst, hole ich mir nämlich eine Lungenentzündung. Entschuldige mich bitte.«

Er willigte mit einer Handbewegung ein.

Ich ging ins Bad, zog mir meinen Bademantel an und wickelte mir ein Handtuch um den Kopf wie einen Turban. Ich wollte keine Zeit mit Föhnen verschwenden, um jenen renommierten Boten aus der Vergangenheit nicht allzu lange allein zu lassen.

Auf dem Weg zurück in die Küche lief ich Maria in die Arme, die gerade die Tür hinter sich schloss und mir zuraunte: »Kaum ist der eine Landstreicher weg, bringst du mir den nächsten ins Haus! Diesmal behauptet er, er hieße Platon! Sag mir die Wahrheit: Ihr nehmt hier doch eine Realityshow auf, hab ich recht? Eine dieser seltsamen Sendungen mit versteckten Kameras, die heute überall laufen ...«

Ich wollte schon empört mit dem Kopf schütteln, als ich es mir anders überlegte: Offenbar gefiel ihr die Idee, warum sollte ich sie also enttäuschen?

»Erwischt. Ich geb's zu. Das ist so eine Dingsbums, eine ›Realityshow‹. Den Kameras bleibt nichts verborgen ...«

»Hab ich's doch gewusst! Und wie heißt sie? Sag schon!«, fragte sie mich aufgeregt.

»Ja, äh, sie heißt ... sie heißt ... ach ja, genau: *Big Bother* ... du weißt schon, so wie *Big Brother*, nur mit lauter nervigen, steinalten Typen.«

»Hättest du mir das nicht vorher sagen können? Dann wäre ich nicht mit Pantoffeln und zerzaustem Haar in die Küche gekommen!«

»Ja klar! Jemand, der mitten in der Nacht aus dem Bett fällt und aussieht, als käme er gerade vom Friseur, hat sie ja wohl nicht mehr alle beisammen. Hier zählen die spontanen Situationen!«

»Und wennschon! Aber sag, warum nur habe ich das Gefühl, dass du schon wieder knietief in irgendeinem Schlamassel steckst?«

»Wer weiß das schon? Ein Mann darf, wie eine Regierung, niemals einen Fehler eingestehen«, sagte ich mit einem Augenzwinkern, um sie zum Lachen zu bringen.

»Das ist nicht von dir! Das ist von Balzac. Und jetzt sag nicht, mit ihm hast du heute – neben ›Sokrates‹ – auch schon geredet …«

»Noch nicht.«

Ich bin mir nicht sicher, ob sie die Ironie in meiner Antwort mitbekommen hat, jedenfalls ließ sie mich wieder allein. Auf dem Weg ins Schlafzimmer murmelte sie irgendetwas vor sich hin, was ich nicht verstand, was aber ganz sicher keine zärtlichen Koseworte waren. So viel war klar.

Ich zuckte mit den Schultern und betrat die Küche, wo Platon gerade Sokrates' Krümel zählte (kein Zweifel, er war wirklich sein Schüler!).

Er hob seinen Kopf und fing an zu lachen. »Was ist denn das für eine Tunika? Und was trägst du da auf dem Kopf?«

»Das ist ein wahrhaftiger Bademantel! Und dies hier ist ein Handtuch … Ach, mein lieber Platon, ich schätze dich wirklich sehr, mehr als du dir vorstellen kannst, aber können wir bitte mit den sophistischen Haarspaltereien aufhören?«

»Soso, du gehörst also auch der Schule der Sophisten an?«

»Ich gehe schon ewig nicht mehr zur Schule, ich habe meinen Abschluss am *liceo*, am Gymnasium, gemacht.«

»Dann kannst du mir sicher auch sagen, warum das *liceo liceo* heißt.«

»Nein, aber ich weiß, dass es schon da war, bevor ich kam.«

»Weil unsere Schule in der Nähe des Tempels von Apollo Licio war. Um ein Gelehrter zu sein, fehlen dir die Grundlagen.«

»Ich hab aufgehört, mitzuzählen, was mir alles fehlt, aber immerhin weiß ich es ... und ich weiß, dass ich nichts weiß ... Ha, da hast du's! Ätsch.«

Zur Untermalung ballte ich meine rechte Faust und schlug mit der linken Hand in meine Armbeuge. Platon, der mit dieser Geste nichts anfangen konnte, ließ sich nicht provozieren. Doch offenbar war er einer, der schnell Neues aufschnappt, denn er tat es mir gleich und sagte: »Du kopierst meinen Meister, Sokrates, das ist nämlich von ihm. Ätsch!«

Ich knurrte und blickte zur Decke. Das fing ja gut an!

»Kurz vorher kam eine freundliche Dame hier herein und erklärte mir, sie sei deine Frau. Sie lächelte so freundlich und war wirklich liebenswürdig. Warum bist du nicht ein bisschen mehr wie sie?«

»Die Götter haben anders entschieden, leider.«

»Ich verstehe. Und wer von euch beiden hat hier das Sagen, du oder sie? Ich frage, weil ich an ihrem Ton und ihrer Gestik die sanfte, aber bestimmte Art einer Chefin zu erkennen glaubte.«

»Ja nun, das hast du richtig erkannt: Ich bin zwar der Mann im Haus, aber das Sagen hat meine Frau.«

»Dann geht sie also der Philosophie nach, wenn sie das Sagen hat?«

»Ja, sie ist definitiv mehr Philosophin als ich Philosoph. Eine Alltagsphilosophin sozusagen.«

»Eine Philosoph-in?!«

»Als könnten Frauen nicht philosophieren! Was bist du nur für ein Chauvinist, mein lieber Platon?«

»Also hat sich mein Traum verwirklicht!«

»Wieso? War dein Traum, dass Frauen Philosophinnen werden?!«

»Nein, aber ich habe mich für einen Staat eingesetzt, der von Philosophen gelenkt wird. Nicht unbedingt von Frauen, aber von Weisen.«

Da meine Schulzeit bereits so weit zurücklag, hatte ich ganz vergessen, dass Platon auch ein Werk namens *Der Staat* geschrieben hatte, in dem er den idealen, gerechten Staat entwarf. Dieser ist in drei Stände aufgeteilt: die Herrscher, die Wächter, beziehungsweise Verteidiger, und die Produzenten – Bauern und Handwerker. Da mir die Fragezeichen ins Gesicht geschrieben standen, frischte er nun meine Erinnerung auf und erklärte mir kurz und bündig seine Theorie. Dabei holte er kein einziges Mal Luft – was für einen seit Jahrtausenden Verstorbenen vielleicht auch nicht so unnormal war. Dann wollte er wissen:
»Gibt es in deiner Zeit Herrscher?«
»Schon, aber man weiß nie, wie lange sie sich halten.«
»Gibt es auch Verteidiger?«
»Na ja, einen Haufen Anwälte.«
»Und Produzenten?«
»Na klar, Produzenten habe ich massenweise kennengelernt, im Film wie im Fernsehen. Mein Sohn Giuseppe arbeitet auch als Produzent – soweit es ihm gelingt. Wir stecken nämlich in einer Wirtschaftskrise, weißt du? Sie haben hier den Euro eingeführt – mehr nolens als volens –, ohne dass Italien wirklich bereit dafür gewesen wäre. Aber das ist eine andere Geschichte.«
Eine Geschichte, für die Platon zum Glück auch nichts übrig hatte. Er wandte mir den Rücken zu, riss das Fenster auf und bestaunte abermals das Dächer-Panorama, als stünde dort draußen der Parthenon oder die Pyramiden von Gizeh.
»Ach, wie herrlich!«, rief er aus.
Ich ging auf ihn zu und warf einen Blick über seine Schulter, um den Grund für seine Begeisterung herauszufinden. Vielleicht lag es daran, dass ich das Panorama schon in- und auswendig kannte, aber ich konnte nichts besonders Herrliches entdecken. Im Gegenteil, in der Ferne waren einige Hänge mit unschönen Gebäuden zu sehen. Erst nachdem er mir die Sache erneut erklärte, verstand ich, was er meinte.
»Ich habe immer dafür plädiert, dass die Herrschaft den Philosophen übertragen wird, jenen Menschen, die die Liebe zur Weis-

heit besitzen. Das nämlich ist übrigens auch der etymologische Inhalt des Begriffs ›Philosophie‹. Sie und nur sie besitzen das notwendige Maß und die Weisheit, das Gemeinwohl des Staates zu schützen und zu vergrößern. Analog zu den drei Seelenteilen des Individuums entspricht dem Herrscherstand der Teil der *Vernunft*. Die Wächter, also Soldaten, haben die Aufgabe, den Staat bei Übergriffen zu verteidigen; ihnen entspricht der *muthafte Seelenteil*. Das *Begehrungsvermögen* schließlich bildet den dritten Teil, welcher den Bauern und Handwerkern entspricht. Sie bilden die große Masse, die all das produziert, was für den Erhalt des Staates notwendig ist.« Und mit argwöhnischem Blick fragte er schließlich: »Bist du ein *Begieriger*?«

»Nein, ich bin Neapolitaner!« Dann kapierte ich, worauf er hinauswollte. »Ach so, jaja: Ich gehöre der produzierenden Klasse an, ich bin weder ein Soldat noch ein Weiser ... Außerdem hab ich dir vorhin schon erklärt, dass ich weiß, dass ich nichts weiß, also stell mir keine solchen fiesen Fragen, sonst verrenk ich mir noch das Gehirn!«

Platon schloss die Balkontür und klopfte mir freundschaftlich auf die Schulter, auch wenn er sich dazu auf die Zehenspitzen stellen musste. Dann zitierte er feierlich eine Passage aus seinem *Symposion*: »Keiner der Götter philosophiert oder begehrt, weise zu werden, denn sie sind es bereits; auch wenn sonst jemand weise ist, philosophiert er nicht. Ebenso wenig philosophieren wiederum die Unverständigen, noch begehren sie, weise zu werden. Denn das eben ist das Verderbliche am Unverstand, dass man, ohne schön, gut und verständig zu sein, dennoch sich selber genug dünkt.«

Er fixierte mich mit seinem Blick, als erwarte er eine Antwort, einen Kommentar oder irgendeine ähnlich intelligente, tiefe Äußerung. Also legte ich mich ins Zeug und sagte: »Wer mit den Hunden schläft ... wacht bellend auf!«

Das war alles, was mir in den Sinn kam, und nicht einmal das konnte ich richtig sagen.

Der Grieche wurde auf einmal traurig. Aber nicht ich war schuld an seinem Stimmungswandel. Ihm ging seine Vergangenheit durch den Kopf, und er erzählte mir von seinen Reisen durch die Magna Graecia, nach Tarent und Syrakus, wo er seine politische Vision vom Idealstaat zu verwirklichen hoffte. Doch er scheiterte und kehrte nach Athen zurück, bevor er es Jahre später mithilfe der Unterstützung des Tyrannen von Syrakus, Dionysios II., noch einmal probierte. Nachdem er abermals gescheitert war, ließ er sich endgültig in Griechenland nieder, um die Platonische Akademie zu gründen, eine »Gemeinschaft für freie Bildung«.

Doch auch während er mir davon erzählte, blieb sein Blick tieftraurig. Um ihn ein wenig zu trösten, klopfte ich ihm ebenfalls freundschaftlich auf die Schulter, woraufhin er kopfüber zu Boden fiel. Ich, ein Mann der Fäuste. Er, etwas schwach auf der Brust. Da kann das schon mal passieren. Ich half ihm beim Aufstehen, zupfte seine Tunika zurecht und tröstete ihn, so gut ich konnte: »Das findest du wenig, mein lieber Platon? Nein, ich sage dir: Die Akademie, die du gegründet hast, besteht auch heute noch. Dank dir werden Millionen von Menschen seit Jahrtausenden an unterschiedlichen Akademien unterrichtet. Da brauchst du wirklich nicht dreinzuschauen wie ein Casatiello!«

Er sah mich irritiert an. Wenigstens war es mir gelungen, ihn ein wenig abzulenken. »Wie ein was?«

»Ein Casatiello! Das ist ein herzhaftes Gebäck aus meiner Heimat mit einer köstlichen Füllung. Und genau wie das Casatiello steckst auch du voller guter Sachen.«

»Das kenne ich, das habe ich in Syrakus gegessen, es ist eine Spezialität der Einheimischen.«

»Nein, nein, ich rede vom neapolitanischen Casatiello. In Syrakus hatten sie sicherlich ihre eigenen Köstlichkeiten, vor denen ich auch meinen Hut ziehe. Aber zwischen ihrem und dem neapolitanischen Casatiello liegen Welten.«

Er sah mich argwöhnisch an und fragte: »Ich habe immer noch nicht begriffen, welcher Schule du angehörst. Bist du ein Sophist? Ein Pluralist? Ein Atomist?«

»Ich bin *Futeténnist*! Oder, wie meine Frau sagen würde: ein Schnurzpiepegalist.«

»Und was hat man sich darunter vorzustellen?«
»Hm, wie soll ich sagen? Entweder du wirst so geboren oder eben nicht. Du bist auf jeden Fall keiner. Als du versucht hast, deinen politischen Entwurf umzusetzen, hast du ordentlich einstecken müssen. Und selbst nach über 2.000 Jahren hast du dich immer noch nicht damit abgefunden. Ich dagegen habe in meinem Leben die unterschiedlichsten Rückschläge erlebt und sie gingen mir alle am Arsch vorbei. Ich habe einfach immer nach vorne geschaut und weitergemacht. Ich will dir ein Beispiel nennen: Einmal wurde ich italienischer Meister im Schwimmen, doch irgendwann war es mit dem Ruhm vorbei und das Geld wollte nicht so recht reinkommen. Ich war 27 und hatte keinen Schimmer, was aus mir werden sollte. Also bin ich kurzerhand über den großen Teich geschippert.«

»So wie ich damals, als ich nach Mégara im fernen Ägypten aufbrach. Aber erzähl weiter.«

Ich hatte seine Neugier geweckt, das war doch schon mal was.

»Ja, mehr oder weniger so wie du damals. Allerdings hatte ich nicht im Sinn, eine Regierung zu gründen. Arbeit zu finden, reichte mir vollkommen. Und so verdiente ich mir schließlich mein Brot als Asphaltarbeiter in Venezuela und am Amazonas, Orte, die zu deiner Zeit noch unentdeckt waren. Dort gab es Insekten, mein lieber Platon, die waren so groß wie Vögel! Durch die schwüle Hitze und die üppige Vegetation wurde es für mich zu einer grünen Hölle. Um schlafen zu können, musste ich mich in eine Wanne voller Eis legen. Von der einheimischen Bevölkerung, die unser Material für den Straßenbau klauten, ganz zu schweigen. Wenn du wüsstest, wie ich oft ich vor Heimweh geweint habe – und glaub mir, es gehört schon einiges dazu, einen wie mich zum Weinen zu bringen! Aber was hätte ich tun sollen? Meine glorreiche Zeit als italienischer Meister im Schwimmen war aus und vorbei, und es hatte keinen Sinn, ihr nachzutrauern. Die Vergangenheit kann man nicht ändern, was nützt es, darüber nachzugrübeln? Die Zukunft dagegen dürfen wir selbst gestalten, und ich habe mir allerhand ausgedacht, um zu überleben – bis mich viele Jahre später das Schicksal küsste und ich durch Zufall Schauspieler wurde. Das Leben erfordert Kreativität, mein Freund, genau wie … ja, genau wie unser Casatiello, um wieder darauf zurückzukommen. Wenn du mich lässt, dann zeige ich es dir.«

ZUTATEN

- HEFE
- MEHL
- SCHWEINESCHMALZ
- BAUCHSPECK
- VERSCHIEDENE WURSTSORTEN
- KÄSE

Ich machte mir an einer Hefeteig-Mischung zu schaffen, setzte ihm ordentlich mit Käse, Schmalz, Speck, unterschiedlichen Wurstsorten und Eiern zu und schob das Ganze in den fabelhaften Holzofen – der in der Realität nicht existierte, sondern das Zauberwerk Morpheus' war.

»Eigentlich macht man Casatiello zu Ostern, aber das Gute duldet keinen Aufschub. Wir machen es, wann es uns passt, und du kannst es jetzt wirklich gebrauchen. Es gibt auch süße Varianten mit Eiern, Zucker, Schmalz, einer Glasur und mit allen möglichen bunten Streuseln. Wir nennen sie Diavulilli – kleine Teufelchen. Aber ich persönlich mag die herzhafte Variante lieber.«

Platon wurde neugierig: »Ist das ein althergebrachtes Gericht?«

»Nach meiner Zeitrechnung, ja. Ich weiß noch, dass es schon vor Jahrhunderten in einem Märchen namens *La gatta Cenerentola* auftauchte.«

Platon lächelte selig, als hätte ich eine Erinnerung in ihm wachgerufen.

»Märchen und Mythen haben mich immer inspiriert. Dieses literarische Genre ist der Poesie sehr nahe. Die Geschichten sind in der Lage, dem Menschen die letzten Wahrheiten der Philosophie zu vermitteln und den Zuhörer in ihren Bann zu ziehen. Erzähl mir das Märchen.«

»An das ganze Märchen erinnere ich mich nicht, aber eine Passage will ich dir aufsagen: ›Der große Tag ist gekommen, du meine Güte: Welch ein Schmaus, welch ein Fest! Woher kamen nur all die Pastiere und Casatielle?‹ Es geht um das Fest, das der König gibt, um das Mädchen mit dem verlorenen Schuh zu finden. Ein Märchen von Giambattista Basile aus dem 17. Jahrhundert nach Christus.«

»Nach wem?«

»Nicht so wichtig, ich will die Dinge nicht komplizierter machen, als sie es ohnehin schon sind ... und kompliziert wird es vor allem für mich, wenn ich dir das alles erzählen muss. Von der Geburt ...«

Er unterbrach mich: »Du hast die Eier ja gar nicht geschält! Was bist du nur für ein Barbar!«

»Barbar, deine Oma! Die Eier kommen ganz in den Teig, und zwar obendrauf, sodass sie oben etwas hervorstehen. Das Casatiello symbolisiert die Dornenkrone, die Christus getragen hat.«

»Schon wieder dieser Christus ... Wer ist das denn nun? Ein Philosoph?«

»Das auch – und noch viel mehr. Aber hör zu, lassen wir das. Sieh dir lieber mal diese Pracht hier an, und wie es duftet!«

Die zwölf Stunden, die das Casatiello traditionell braucht, waren innerhalb von zwölf Minuten vergangen. Ich habe mich einfach der Überblendung, die man aus Filmen kennt, bedient. Immerhin war es mein Traum, und darin konnte ich tun, wozu ich Lust hatte (nur die unerwünschten Besucher konnte ich mir offenbar nicht vom Leib halten).

»Aber das ist doch nichts weiter als ein rundes Brot!«, rief Platon aus, als er die dampfende runde Form sah, die ich aus dem Ofen holte.

»Das stimmt, aber die Eier, die Wurst, der Pfeffer und die weiteren typischen Zutaten machen es zu einer ganzen Mahlzeit. Hier, probier mal, aber pass auf, dass du dich nicht verbrennst.«

Er knabberte zunächst vorsichtig an einem Stückchen von dem Osterbrot herum, um es sich dann, nachdem er gepustet hatte, in seinen weisen – und großen – Mund zu stecken, der munter weiterplapperte:»Aha, in deiner Gesellschaft kocht der *Begierige*, also der Bauer, den du vertrittst, prächtige Speisen für den *Vernünftigen* wie mich. Somit ist er dafür zuständig, den von Philosophen regierten Staat zu versorgen. Das gefällt mir! Die einzig vernünftige Herrschaftsform aber ist die Aristokratie. Denn die Demokratie strebt nach allzu großer, nicht zu rechtfertigender Freiheit und die Tyrannei ist das schlimmste aller Übel, aber das muss ich dir nicht erklären.«

Ich sagte ihm lieber nicht, dass sich die Demokratie inzwischen größtenteils durchgesetzt hatte, um nicht ein weiteres Mal den Machiavelli-Effekt zu provozieren. Denn langsam, aber sicher lernte ich, dass diese Philosophen unberechenbar waren. Und ich wollte verhindern, dass Platon mir auch noch etwas an den Kopf warf, dann hätte ich ihm nämlich den Kopf abschrauben müssen wie eine Glühbirne.

»Aber ja, es ist genau so, wie du sagst, mein lieber Platon, ich bin ein *Begieriger*, du ein *Vernünftiger*. Und jetzt wird reingehauen, was das Zeug hält!« Ich häufte ihm eine Portion nach der anderen auf den Teller, die warmen Scheiben dufteten wunderbar herzhaft nach Wurst und Ei und frisch gebackenem Brot. Ansonsten wiederholte sich die gewohnte Szene. Diese ganzen Philosophen konnten noch so hochmütig und noch so tot sein, keiner von ihnen vermochte der guten italienischen Küche zu widerstehen. Sie ist nun mal, ohne die Küchen anderer Länder beleidigen zu wollen, auf der ganzen Welt konkurrenzlos.

Und wenn mich jemand als Lokalpatrioten beschimpfen will, tja ... *Futteténne!*

Platon zeigte sich so »begierig«, dass ich keine Gelegenheit hatte, etwas von der herzhaften Köstlichkeit für mich abzuzweigen. Andererseits konnte ich mir, wenn ich wach war, so viele Casatielli backen, wie ich wollte. Er in seinem toten Zustand hatte schon schlechtere Aussichten, noch einmal in den Genuss zu kommen. Doch überraschenderweise hielt er mir auch ein ordentliches Stück hin, das ich mir natürlich blitzschnell grapschte. Es war schön, gemeinsam mit einem Philosophen zu essen, der nicht so egoistisch war wie die anderen. Auch in dieser Hinsicht war er ein Schüler von Sokrates.

Nachdem er sein platonisches Mahl beendet hatte, stieß er einen, wie er ihn nannte, »zufriedenen Rülpser« aus und fügte mit einem Augenzwinkern hinzu: »Hast du *den* gehört?«

»Das nennst du einen Rülpser?! Halt dich fest!«

Dummerweise wusste er nicht, dass ich diesen Ausdruck größter Zufriedenheit – dank jahrzehntelanger Übung und diverser Gelage mit meinem Freund Terence Hill – mehr als perfektioniert hatte. (Wer unsere Filme gesehen hat, vor allem *Die rechte und die linke Hand des Teufels* und *Vier Fäuste für ein Halleluja*, weiß sehr gut, wovon ich rede.) Ein dumpfes Donnergrollen zerwühlte meinem Gast die – glücklicherweise kurzen – Haare und er kippte mitsamt seinem Stuhl nach hinten um.

»Hätte ich es nicht mit eigenen Augen gesehen, hätte ich gedacht, das sei das Geräusch eines aufziehenden Sturms«, bemerkte er, sich wieder aufrappelnd. »Isst du immer so?«

»Nur, um den Appetit anzuregen. Normalerweise genügt eine Portion wie die gerade mal, um den Magen zu öffnen. Aber im Moment bin ich auf Diät, und wenn das nicht der Fall wäre, hätte ich dich nie getroffen.«

»Wie meinst du das? Verstehe ich nicht.«

»Dafür verstehe ich es, glaub mir«, antwortete ich und massierte mir den Bauch. Jetzt, da ich meinem kleinen Magen ein wenig Essen gegeben hatte, rumorte er und verlangte nach mehr. Da hatte ich den Salat!

Platon stand auf, massierte sich ebenfalls den vollen Bauch und begann einen Verdauungsspaziergang um den Tisch herum.

»Hätte ich dieses Gericht damals schon probieren dürfen, wäre es garantiert in meine frühen Dialoge eingegangen, in die *Apologie des Sokrates* vielleicht ... oder aber in die mittleren Werke über meinen politischen Entwurf. Nein, nein, in den späten Dialogen wäre es wahrscheinlich besser aufgehoben.«

»Oh, danke sehr ... Im Grunde ist es eine Art Kunst. Für mich ist Kochen sogar eine der erhabensten Künste überhaupt. Darüber steht nur noch die Kunst, das, was man gekocht hat, zu essen.« Auf einmal verfinsterte sich seine Miene: »Nicht doch! Das hättest du nicht sagen dürfen, damit bin ich nicht einverstanden! In meinem Idealstaat soll jeder Mensch eine gute Ausbildung auf dem Gebiet des Wissens bekommen, nicht aber auf dem der Künste. Die Kunst ist eine Abbildung der Wirklichkeit; und da die Wirklichkeit bereits trügerisch ist, da wir sie über unsere fünf begrenzten Sinne wahrnehmen, wird die Kunst zu einer unvollkommenen Abbildung der Welt der Ideen.«

»Ja, und? War das Casatiello etwa keine schöne Idee?«

»Eine Sache ist schön kraft ihrer Ähnlichkeit mit dem vollkommenen Ideal, welches aber kein Teil von uns sein kann, da es überirdisch ist. Wir tragen die Erinnerung an Transzendentes in uns. Und in dem Moment, in dem wir über unsere Wahrnehmung etwas erfahren, was diesem Transzendenten ähnelt, wird sie uns wieder gegenwärtig. Das nennt man *Anamnese* – die Erinnerung, die Unsterblichkeit der Seele und die Reinkarnation werden dabei vorausgesetzt. Wir müssen das Abgebildete an sich, das Urbild, also notwendigerweise gesehen haben, bevor wir zum ersten Mal die abgebildeten Dinge erblickten und die Ähnlichkeit mit dem Urbild erfassten. Die Abbildungen nähern sich dem Abgebildeten an sich, bleiben aber eine minderwertige Nachahmung desselben.

Ergo: Wenn die Philosophen nicht die Herrschaft übernehmen beziehungsweise die Herrschenden sich nicht ernsthaft mit der Philosophie auseinandersetzen, wird das Übel in der Gesellschaft bestehen bleiben. Und dann läuft sie Gefahr, so zu werden wie du: sich an einer Kunst zu überfressen, die zwar durchaus bemerkenswert, aber eben doch nur eine unvollkommene Nachahmung der Idee des Guten ist. In meinem Staat würdest du als Krimineller angesehen, als einer, der andere korrumpiert, solltest du es wagen, diese ›Kunst‹ an die Jugend weiterzugeben.«

Bitte was hatte er da von sich gegeben? Ich und andere korrumpieren? Und das, wo Bud Spencer, der Charakterdarsteller, doch fast ein halbes Jahrhundert nichts anderes getan hat, als den Bösewichten Ohrfeigen zu verpassen und die Schwächeren in Schutz zu nehmen! Und wo Carlo Pedersoli seine Fäuste so gut wie nie, höchstens einmal aus Notwehr, eingesetzt hat ... und als Vater immer darauf bedacht war, seinen Kindern Werte wie Ehrlichkeit und Güte zu vermitteln! Etwas, was meine Frau Maria übernahm, wenn ich wegen der Arbeit längere Reisen unternehmen musste, sodass wir uns abends ruhigen Gewissens schlafen legen konnten, weil wir nie jemandem etwas zuleide getan haben. Vielmehr haben wir stets in die sicherste aller Anlagen investiert: die Solidarität. Denn alles Gute, das man tut, kommt früher oder später zu einem zurück, daran habe ich nie gezweifelt.

Natürlich haben wir alle unsere Vorzüge und Fehler, keine Frage. Aber wenn bei uns zu Hause der Begriff »Korrumpierung« fiel, dann höchstens in den Nachrichten. Das hätte ich Platon auch gern erzählt! Aber dann hätte ich ihm auch erklären müssen, was Nachrichten sind und was das Fernsehen ist ...

Da gibt man sich einem unglaublich rationalen Gast gegenüber unglaublich *begierig*, und das, nachdem er fast ein ganzes unglaubliches Casatiello vernichtet hat. Um ein Haar wäre ich wahrhaft *muthaft* geworden – in meiner Faust machte sich schon dieses Jucken bemerkbar, das ich immer in meiner Rechten spürte, wenn Bud in mir wütend wurde. Doch dann hatte ich eine andere Idee:

»Platon, mein Lieber, du hast ja recht. Aber jetzt erzähl mal, du bist doch ein Schüler von Sokrates, richtig?«

»Richtig. Ich hatte den besten aller Meister.«

»Und Sokrates hat gesagt, das wahre Wissen bestünde darin, zu wissen, dass man nichts weiß. Richtig?«

Er nickte zögerlich. Offenbar hatte er keinen Schimmer, worauf ich hinauswollte.

»Gut, dann sag mir: Wie soll ein Wissender eine Stadt regieren, wenn er weiß, dass er *kein* Wissender ist? Denn wenn er es *weiß*, ist er – wie dein Meister sagen würde, der im Übrigen nicht so ein Hornochse ist wie du – ein Unwissender: jemand, der *nicht weiß*, sondern glaubt zu wissen. Demnach kann er schlecht regieren. Andererseits kann er, wenn er weiß, dass er nichts weiß, auch nicht wissen, dass er ein Wissender ist. Wie soll er also jemals regieren?«

Darauf trat eine Stille ein, die so groß war, dass ich Maria in ihrem Schlafzimmer atmen hören konnte. Haltet mich ruhig für einen Angeber, die Hauptsache war: Er ist mir auf den Leim gegangen! Ich sah, wie ihm der Schweiß von der Stirn auf die Nasenspitze rann, an der noch Casatiello-Öl klebte ...

Tick-tack. Tick-tack. Tick-tack.

Die Küchenuhr tickte und tickte, bis Platon schließlich den Mund aufmachte: »Entschuldige mich einen Augenblick, ich würde gern das Bad benutzen.«

Natürlich! Das war ganz seine Art, sich in den kniffligsten Situationen mit so etwas Banalem rauszureden.

»Komm mit, ich zeig's dir. Aber wenn du wiederkommst, will ich eine Antwort. Vorher kommst du mir nicht aus diesem Traum, so wahr ich Bud Spencer heiße!«

»Wer ist das nun wieder?«

»Ein *Begieriger* und außerdem sehr *Muthafter*, dem man besser nicht auf die Nerven geht ... Hier entlang«, sagte ich und schleifte ihn am Arm bis zur Toilette. Dann öffnete ich ihm die Tür, schaltete das Licht ein, schloss sie wieder und wartete draußen. Ich musste an meine arme Mama denken. Hätte sie mich in dieser Nacht erlebt, wäre sie sicherlich noch verblüffter gewesen als Platon. Nicht zu Unrecht sagte sie immer: »Gebt Carlo was zum Arbeiten, nicht zum Denken.«

Ich hatte keinen Zweifel, dass mir Platon, sobald er im Bad fertig war, eine Antwort um die Ohren hauen würde, die es in sich hatte. Aber meine fünf glorreichen Minuten, bis ich mich wieder wie ein Dummkopf fühlen musste, weil ich so rein gar nichts begriff, genoss ich in vollen Zügen. Ich, ehemals reiches, im Krieg verarmtes Kind, ehemals Schwimmer, Asphaltarbeiter, Spaghetti-Cowboy, ehemals Was-weiß-ich, hatte einen ehemals Lebenden, der selbst als Toter unglaublich blasiert war, aus dem Konzept gebracht.

Okay, Platon hat der Nachwelt sein unsterbliches Lebenswerk wie beispielsweise die Akademie hinterlassen. Aber das gab ihm noch lange nicht das Recht, jemanden, der sich die Mühe machte, ihm ein köstliches Mahl zu zaubern, von oben herab zu behandeln ...

Doch Platon kam und kam nicht.

Er war schon eine ganze Weile im Bad, und ich begann, mir Sorgen zu machen. Nicht, dass er sich aus Scham das Leben nehmen wollte! Es war zwar nur ein Traum, aber diese Philosophen waren zu allem imstande.

»Hey, ist alles in Ordnung? Komm schon raus, es war doch nur ein Scherz ... Ich hab dich doch hoffentlich nicht beleidigt?! Komm schon, für solche Kindereien hast du nun wirklich ein paar Jahrtausende zu viel auf dem Buckel.«

Stille. Ich öffnete die Tür einen Spaltbreit und hielt mir die Augen zu, um ihn nicht in Verlegenheit zu bringen. »Wenn du nicht antwortest, komm ich jetzt rein, ja? Okay, ich komme, ich schau auch nicht hin ... Was treibst du denn da drin?«

»Eine wirklich dämlich Frage, *Mylord*, es sei denn, Ihr benutzt das Badezimmer als Esszimmer.«

Das war nicht Platons Stimme. Und Platon hatte auch keine Lockenperücke, geschweige denn ein Schminktäschchen ... Der Typ vor dem Spiegel aber, der sich rasch die Wangen puderte, trug ein silbernes Täschchen bei sich, in dem er unter anderem einen falschen Schönheitsfleck aufbewahrte. Er klebte ihn sich auf die rechte Wange und sah mich zufrieden an: »Et voilà, ich bin so weit.«

»Was ist mit Platon passiert?«

»Dies zu beantworten, ist nicht meine Aufgabe. François-Marie Arouet – zu Euren Diensten«, erwiderte er und machte einen Knicks. Ich guckte wie ein Auto und blieb stumm wie ein Fisch. Dieses Mal hatte ich nicht die geringste Ahnung, wen ich vor mir hatte, der Name sagte mir nichts. Doch ohne es mir übel zu nehmen, erklärte er nur: »Pardon, die Welt kennt mich als ... Voltaire. So wie Ihr vielleicht auch, mein sympathischer Dickwanst.«

KAPITEL 7

LASAGNE ALLA VOLTAIRE

Das Kolosseum und Käsekruste

Wer »knallhart« sagt, sagt Voltaire alias François-Marie Arouet, 1694 in Frankreich geboren und 1778 gestorben. Er gilt als einer der aufgeklärtesten Denker unter den europäischen Aufklärern. Wenn man Politiker war oder auch Priester, konnte er einem gehörig das Abendessen verderben, und man tat in dem Fall besser daran, ihn zwischen Vorspeise und Dessert einfach reden zu lassen.

Zu religiöser Bigotterie und politischem Dogmatismus hatte er eine ähnliche Einstellung wie ich zu Diäten!

Im Gegensatz zu eminenten Philosophen wie etwa Kant begab sich Voltaire nicht nur auf Reisen, sondern lebte sogar drei Jahre lang in London. Eine Zeit, in der er mit John Lockes Denken vertraut wurde, welches wiederum sein eigenes Denken beeinflusste.

Berufspolitiker waren Voltaire ein Dorn im Auge (welch ein kluger Mann!), ebenso wie Aberglauben und Ignoranz, die Wurzeln allen Übels. Wenn ihm jemand mit Themen wie Reinkarnation oder Geistern kam, brach er zunächst in Gelächter aus, sah ihn dann mitleidig an und jagte ihn schließlich, nachdem er ihm eine Zwangsjacke ans Herz gelegt hatte, aus dem Haus (oder ging selbst, je nachdem, wessen Haus es war).

Seiner Ansicht nach waren die Wissenschaft und die Vernunft in der Menschheitsgeschichte das Einzige, worauf man sich verlassen konnte. Gott sprach er lediglich die Schöpfung der Natur zu, für alles andere aber war in seinen Augen ausschließlich der Mensch verantwortlich: die Regierung, die Regeln, die Evolution der Gesellschaft ebenso wie gute und schlechte Taten. Seine Vision war eine weltliche, ja moderne, frei von jeglicher göttlichen Vorsehung. An die Stelle der Theologie setzte er die Geschichte der Philosophie.

In Werken wie den *Philosophischen Briefen*, der *Metaphysischen Abhandlung*, *Mikromégas* oder *Candide* entfaltete Voltaire sein Denken, welches sich auf die stille Akzeptanz der Realität reduzierte, nicht zu verwechseln mit Trägheit. Er ging davon aus, dass das Böse in der Welt genauso existierte wie das Gute, dass es aber falsch war, sich darüber zu beklagen und die Welt sowie die Werte des Lebens zu negieren. Vielmehr musste man selbst versuchen, keine Verbrechen zu begehen, und für die, die geschahen, nicht Gott verantwortlich zu machen. Denn genau wie die guten haben wir auch alle schlechten Taten einzig und allein uns selbst zuzuschreiben.

Voltaire hin oder her, ich entfernte mich keinen Millimeter von der Badtür. Platons Flucht ging mir – um es mit Galileis Worten zu sagen – »einfach nicht rein«. Dieses eine verfluchte Mal in dem ganzen absurden Intelligenzbolzen-Schlagabtausch im Hause Pedersoli war es mir gelungen, einen von ihnen aus dem Konzept zu bringen. Und der blieb mir nun eine Antwort schuldig. Ich hatte wie gesagt keinen Zweifel, dass Platon mich ohne Weiteres unter den Tisch argumentiert hätte. Doch stattdessen hatte er sich klammheimlich davongestohlen. Mit einem jener logischen Sprünge, derer sich Träume nur allzu gern bedienen, hatte er sich in Luft aufgelöst, paff!

Es war aber immer noch mein Traum und nicht seiner, ich fühlte mich gewaltig verarscht.

Ich lugte schnell hinter den Duschvorhang und auf den kleinen Balkon vorm Bad – aber von unserem Rationalen keine Spur!

Voltaire sah mir amüsiert dabei zu und strich sich über seinen Schnurrbart (zwei dünne Striche à la d'Artagnan – ich konnte mich nicht erinnern, diesen Bart auf einem seiner Porträts gesehen zu haben. Andererseits konnte ich mich an so vieles nicht erinnern. Außerdem trug ich ja auch nicht schon immer diesen Bart à la Bud Spencer. Wenn ich Voltaire also ohne Bart im Traum erschienen wäre, hätte er überhaupt keinen Anhaltspunkt gehabt, zumal es zu seiner Zeit den Film noch gar nicht gab und er folglich auch nichts über Bud Spencers äußere Erscheinung hätte wissen können. Und außerdem ... Moment mal, wie bin ich denn jetzt darauf gekommen? Diese Denker bringen mich noch in die Klapsmühle! Ich schließe diese Klammer jetzt und kehre zurück zur Gegenwart ... das heißt, nein, zu meinem Traum: Für euch, die ihr diese Zeilen gerade lest, ist er Gegenwart, für mich aber ist er schon Vergangenheit, sonst könnte ich euch ja nicht davon erzählen ... Aber nein! Was rede ich da? Er ist weder Gegenwart noch Vergangenheit noch Zukunft, denn er ist nicht wirklich, sondern nur eine unvollkommene Nachahmung der Wirklichkeit, die – stopp ... STOPP! Hilfe! Ich komme aus dieser Klammer nicht mehr raus! Sie lässt sich einfach nicht schließen!

»Erlaubt, dass ich Euch helfe«, schritt Voltaire ein. Er hob seinen Spazierstock, malte damit etwas in die Luft und schloss die Klammer, und zwar so: }

»*Et voilà!*«

Es war eine geschweifte, etwas schnörkelige Klammer, aber wie wir wissen, haben die Franzosen aus dem 17. Jahrhundert ja gern ein wenig übertrieben.

Kaum war ich aus der Klammer befreit, machte Voltaire Anstalten, das Bad zu verlassen. »Wenn Ihr Euer beachtliches Volumen ein wenig verlagern und den offenbar einzigen Ausgang aus dieser übrigens eher engen Toilette frei machen würdet, könnte ich meine Wenigkeit nun über die Schwelle befördern, *my friend*!« Doch dieses Mal leistete ich dem Wunsch des diensthabenden Gaststars keine Folge. Schließlich war das immer noch mein Haus! Und kein Versammlungsort für irgendwelche Philosophen, die dachten, sie könnten mich herumkommandieren.

»Ich hab nur ›*my friend*‹ verstanden, aber solange dieses Stück ... Platon nicht rauskommt und mir antwortet, gehst du nirgendwohin.« Ich verschränkte die Arme vor der Brust und setzte die entschlossenste Miene auf, die ich im Repertoire hatte.

»Ähm, dürfte ich erfahren, auf welche zwingende Frage mein Vorgänger hätte antworten sollen? Vielleicht kann ich aushelfen und wir können beide diesen beschämenden Lokus hier verlassen. Zwei Männer in ein und derselben Toilette eingesperrt ... Ich weiß nicht, wie es Euch damit geht, aber ich bin an so etwas nicht gewöhnt.«

»Nein, nein, so weit kommt es noch, dass er die Antwort auf dich abwälzt. Du bist ja noch nicht mal Grieche, sondern Franzose ... Am Ende dröhnst du mich auch noch mit irgendwelchen Geschichten zu.«

»Warum nur hegt Ihr einen solchen Groll gegen jemanden, der dem Denken einen Lebensinhalt verleiht, *please*?«

An meinen Fingern zählte ich ab: »Erstens, weil ich dich nicht hierher gebeten habe. Zweitens, weil ihr, von Sokrates einmal abgesehen, allesamt blasierte Hornochsen seid. Drittens, weil ihr obendrauf auch noch scheinheilig seid – erst schaut ihr mein Essen nicht mit dem A... also mit dem Hintern an und dann futtert ihr mir alles weg. Viertens, weil ihr mich ständig mit irgendwelchen Tricks reinlegt ...«

»Was ist denn da los?«, brüllte Maria aus dem Schlafzimmer.

Mit gedämpfter Stimme fuhr ich fort: »Und fünftens, weil ich euretwegen heute Nacht noch Streit mit meiner Frau kriege.«

Meine letzten Worte wurden schon von Marias eindringlichem Klopfen an der Tür untermalt. Ich trat beiseite und meine Frau trat gähnend ein. Doch dieses Mal wirkte sie kein bisschen wie jemand, der mitten in der Nacht aus dem Bett gefallen war. Das mag an ihrem dunkelblauen Kostüm gelegen haben zusammen mit der Perlenkette, dem Make-up und ihren frisch frisierten Haaren. Als sie jedoch die antiquierte Gestalt erblickte, die sich mittlerweile elegant mit übereinandergeschlagenen Beinen auf der Kloschüssel platziert hatte, wich jegliche Schläfrigkeit aus ihrem Gesicht. Ungläubig starrte sie ihn an, während Voltaire sie mit einem wohlerzogenen Kopfnicken und einem eher unangenehmen als freundlichen Lächeln stumm begrüßte.

Maria beschränkte sich auf ein beschämtes Grinsen, dann beorderte sie mich mit ihrem strengen Zeigefinger hinaus auf den Flur. Gleichzeitig suchte sie den Raum nach möglichen Videokameras aus meiner Realityshow ab, für die sie sich offensichtlich so hübsch zurechtgemacht hatte.

Ihr habt Maria noch nicht in Aktion erlebt. Sie ist imstande, einem ganz leise, fast flüsternd, eine Salve nach der anderen entgegenzuschleudern, und das Ganze in dem sanften Ton einer Märchenerzählerin: »Mein Lieber, du hast deiner Familie beigebracht, dass sie alles von dir erwarten kann, abgesehen von einem gesunden Menschenverstand. Und ich verstehe ja den Kitzel dieser ganzen Fernseh-Geschichte. Aber meinst du nicht auch, dass es ein bisschen übertrieben und vor allem lächerlich ist, dich in deinem Alter mit einem Transvestiten im Bad einzusperren? Und noch dazu mit einem so schlecht verkleideten – guck dir doch nur mal seine Perücke an!«

Ich wollte etwas erwidern, aber mir blieb keine Gelegenheit.

»Und warum du im Bademantel bist, wage ich gar nicht zu fragen. Denkst du nicht einmal an deine Kinder? Wie peinlich es für sie sein wird, dich so zu sehen! Von deinen Enkeln ganz zu schweigen, die dich auslachen werden, und das Ganze wahrscheinlich noch mit dem Handy aufnehmen und ins Internet stellen … Das hättest du auch nicht anders verdient! Du kannst

von Glück sagen, dass sich dein Gast immerhin lieber wie eine Dame aus dem 18. Jahrhundert kleidet und nicht in eines dieser hautengen Leopardenkleidchen und High Heels ...«
»Marì, geh nur wieder ins Bett, morgen früh erklär ich dir alles, versprochen.«

Das Kommen und Gehen der vielen Denker, die anscheinend keiner Chronologie folgten, raubte mir noch den letzten Nerv. Maria ging unwillig ins Schlafzimmer zurück, ich krempelte die Ärmel hoch und beschloss, im Bad ein bisschen aufzuräumen. Allerdings nicht wie Carlo Pedersoli, sondern à la Bud Spencer mit den Fäusten, und zwar gründlich. Doch als ich zur Tür hereinkam, war Voltaire ebenfalls verschwunden!

Durch das offene Fenster war ein aus Handtüchern zusammengeknotetes Seil hinabgelassen worden, das oben am Rohr zum Spülkasten befestigt war. Mit geisterhaftem Verflüchtigen hatte das nichts zu tun. Der Schlaukopf hatte die Fliege gemacht wie ein Häftling aus Sing-Sing. Aber da ich im obersten Stockwerk wohne, konnte dieses Seil unmöglich bis zum Hof reichen. Ich lehnte mich aus dem Fenster, packte das improvisierte Seil und begann es hochzuziehen. Das Licht der Laternen erleuchtete Voltaires Silhouette, die sich an das unterste Handtuch klammerte und strampelte ... bis ich losließ.

Er stürzte in den dunklen Garten hinab und schlug mit einem dumpfen Plumpsen, das ebenso wenig geträumt wirkte wie sein lautes »*MERDE!*«, auf dem Boden auf.

Offenbar war der Lärm ziemlich groß gewesen, denn innerhalb weniger Sekunden war das halbe Wohnhaus hell erleuchtet – und unser Aufklärer der Mittelpunkt eines heftigen Streits. Es fielen jede Menge Schimpfwörter und die Hälfte verstand ich nicht – Voltaire stritt tapfer auf Französisch, und wie! Dem Klang nach hatte er alle seine guten Manieren, die er zuvor im Badezimmer bewiesen hatte, zum Teufel gejagt.

Ohne mit der Wimper zu zucken, hastete ich aus der Wohnung und rief den Fahrstuhl. Ich musste Voltaire zum Schweigen bringen, bevor einer die Polizei alarmierte.

Als ich unten ankam, hatte sich der Denker wieder berappelt und etwa hundert Meter Vorsprung vor mir – aber auch einen gewaltigen Nachteil: Im 18. Jahrhundert gab es noch keinen elektrischen Strom – auch wenn das *Siècle des Lumières* das »Jahrhundert der Lichter« heißt –, und er wusste nicht, wie man das Tor öffnete.

Er versuchte, darüberzuklettern, rutschte aber immer wieder ab. In aller Seelenruhe ging ich auf ihn zu und drückte mit Schmackes auf den Schalter neben dem Tor. Dann öffnete es sich mitsamt seinem ganzen philosophischen Gewicht, das sich darauf befand.

Voltaire, der rittlings auf dem Eisengitter saß, blickte mit einem dümmlichen Grinsen auf mich herab, dann half ich ihm herunter und drückte ihm seinen Stock in die Hand, den er auf dem Weg aus dem Fenster verloren hatte. »*Merci* ... Ich wollte mir nur einmal das berühmte Kolosseum ansehen. Ich habe drei Jahre in England gelebt, *as you know*, aber bis nach Rom habe ich es nie geschafft. Ist es weit von hier?«

Ich schlug ihm einen Deal vor: Ich würde ihn zum Kolosseum begleiten, aber zum Ausgleich musste er mir hinterher Platon ausliefern. Er akzeptierte.

Nun stellte sich die Frage, wie wir mitten in der Nacht dorthin kommen sollten. In der Hitze des Gefechts hatte ich den Autoschlüssel liegen lassen und obendrein vergessen, den Wohnungsschlüssel einzustecken – was wohl auch im Traum ein schönes Schlamassel bedeutete. Kurz und gut, wir hatten uns ausgesperrt. Doch in jenem Moment wurden wir von zwei Autoscheinwerfern angestrahlt – ein gottgesandtes Taxi? Das wäre aber auch zu schön gewesen!

Es war eine Polizeistreife, die höchstwahrscheinlich einer der Nachbarn gerufen hatte, nachdem Voltaire ihm in den schillerndsten Farben seinen Stammbaum vorgepredigt hatte – von den Urgroßeltern über die Großeltern, den Vater, die Mutter, die Schwestern bis hin zu den Töchtern, wobei er besonders auf die professionelle Ausrichtung der weiblichen Familienmitglieder einging. Das Auto wurde langsamer und hielt schließlich an. Durch das Fenster sah ich zwei strenge Gesichter, die uns verblüfft anstarrten. Erst in dem Moment bemerkte ich, dass ich noch meinen Bademantel und das Handtuch auf dem Kopf trug. Ich rang nach Worten, doch da erkannte mich plötzlich einer der Polizisten. Er stieß seinen Kollegen mit dem Ellbogen an und rief aufgeregt: »He, schau ma, der Typ da, das is *Bad Spensèr*, echt jetz, *Bad Spensèr*!«

Die Begeisterung und der kumpelhafte Ton des Polizisten, der seinem Dialekt nach zu urteilen wohl wie ich Neapolitaner war, ließen mich hoffen, dass wir die Sache gewissermaßen freundschaftlich regeln konnten. Doch der eiskalte Blick, mit dem der andere uns bedachte, ließ meine Hoffnung sofort wieder schwinden. »Ganz ruhig, mein Guter«, erwiderte sein Kollege, der ganz offenbar aus dem Norden stammte, »mag ja sein, dass der Typ Bud Spencer ist, aber der andere sieht nicht gerade aus wie Terence Hill ... Der sieht mir eher aus wie ein Transvestit! Und soweit ich weiß, ist noch nicht Fasching. Wenn ich das im Internet verbreite ... das glaubt mir kein Mensch, *mia bela Madunina*!«

Mit entschlossener Miene begann ich ihnen ein schönes Lügenmärchen aufzutischen. Ich erzählte, dass wir gerade ein Kostümfest besucht und dass weder ich noch mein Freund einen Führerschein hätten (was im zweiten Fall sicher nicht gelogen war), dass ich aber auch kein Taxi rufen könnte, weil mein Handy zu Hause wäre. Wenn sie also so freundlich und verständnisvoll wären, uns zum Kolosseum zu fahren – denn dort wären wir mit Freunden verabredet, die uns aus der Patsche helfen würden.

Die beiden begannen miteinander zu tuscheln.

»Ach komm schon, jetzt nimm doch mal den Stock aus'm Arsch! Mann, wir dürfen Plattfuß durch die Gegend fahren, so eine Gelegenheit kommt nie wieder!«, insistierte der Polizist aus dem Süden. »Nein, das ist ein Verstoß gegen die Regeln. Und außerdem, guck dir doch mal an, wie die aussehen. Der eine im Bademantel und der andere hat sich in Schale geworfen wie ein

Dämchen! Wenn du mich fragst, ich würde die beiden einladen«, gab der aus dem Norden mit angewidertem Gesichtsausdruck zurück. Da wurde mir einmal mehr bewusst, dass auch Bud Spencers Beliebtheit, die sich über alle Breitengrade erstreckt, die eine oder andere Ausnahme hat. Und das war der denkbar schlechteste Moment, einer zu begegnen.

Der Neapolitaner gab sich jedoch nicht geschlagen, er überlegte einen Augenblick und kam dann mit einer »brillanten« Idee um die Ecke: »Ich hab eine Lösung, wie wir zwei Fliegen mit einer Klappe schlagen können: Wir nehmen sie fest! So können wir, wenn wir auf dem Weg irgendwelchen Kollegen über den Weg laufen, sagen, wir hätten das schräge herumstreichende Paar hier aufgelesen und mitgenommen. Dann haben wir eine gute Ausrede, laden die beiden am Kolosseum ab und Amen.«

Keine Minute später saßen Voltaire und ich mit Handschellen auf dem Rücksitz!

So was war mir noch nie passiert, nicht einmal, als wir damals mit der olympischen Wasserballnationalmannschaft bei einem Auswärtsspiel ein wenig mit der gegnerischen Mannschaft aneinandergerieten.

Auch nicht zur Zeit der Apartheid in Südafrika, als Nelson Mandela noch ein politischer Gefangener war. Damals hatte ich Bodo, den einheimischen, farbigen Jungen, der mit mir zusammen in den Plattfuß-Filmen spielte, in ein Restaurant für Weiße gebracht. Es war ein berühmtes Restaurant in der Hauptstadt und wir trafen uns dort mit der ganzen Truppe zum Essen – bis die Polizei kam. Aus Solidarität mit dem Jungen verließen wir geschlossen das Restaurant – quasi ein Akt der Diplomatie.

Auch nicht, als … sagen wir so: Alles, was mir in der Realität nicht passiert war, holte mich nun im Reich Morpheus' ein. Voltaire dagegen schien seinen Spaß zu haben. Er bestaunte die Handschellen an seinem Handgelenk, als wären sie Armbänder, die ihm die Königin von Frankreich höchstpersönlich geschenkt hätte! Der Fan unter den beiden Polizisten sah beim Fahren mit einem Auge auf die Straße und mit dem anderen in den Rückspiegel, um mit mir Blickkontakt aufzunehmen. »He *Bad*, ich hab alle deine *Trinità*-Filme gesehen, echt, jeden einzelnen!«

»Es gab nur zwei«, brummte ich, doch er hörte es nicht. Er war zu sehr damit beschäftigt, mir sämtliche Filme herunterzuleiern, die ich gedreht hatte. »Von *Banana Joe* und den vielen anderen, die du als Solist gedreht hast, ganz zu schweigen. Wann macht ihr denn mal wieder einen Film zusammen, du und Terence?«

»Wenn wir die passende Geschichte finden.«

Der andere, Misstrauischere von den beiden drehte sich mit einem höhnischen Grinsen zu Voltaire und mir um: »Ich hab einen Vorschlag für eine lustige Geschichte. Wie wär's mit der, die du uns vorhin erzählt hast? In der ihr beiden ein Kostümfest besucht, einer als Dame aus dem 17. Jahrhundert verkleidet, der andere im Bademantel und mit einem Handtuch auf der Rübe.«

»18. Jahrhundert! Außerdem bin ich keine Dame, sondern ein Philosoph, *Monsieur Gendarme*«, korrigierte Voltaire ihn.

»Jaja, sicher, und ich bin Inspektor Callahan«, gab der zweifelnde Polizist aus dem Norden zurück.

»Freut mich, Euch kennenzulernen, *Gendarme* Callahan, ich heiße François-Marie Arouet, aber vielleicht kennt Ihr mich unter dem Namen ...«

»Hast du das gehört?«, wandte sich der Skeptische an seinen Kollegen. »Er heißt Marì«. Dann sah er uns wieder an und sagte feixend: »Ganz ruhig, Mariella, oder besser Mario? Heute Abend schenken wir uns die Ermittlungen. Bedankt euch bei meinem Kollegen.«

Ich schnaubte – so langsam war meine Grenze wirklich erreicht – und hoffte nur, dass die Fahrt bald vorüber wäre. Ich zog mir die Kapuze meines Bademantels tief ins Gesicht, damit mich niemand in den gelegentlich vorbeifahrenden Autos erkannte. Manche Situationen sind selbst im Traum zu peinlich, vor allem, wenn man es nicht schafft, rechtzeitig aufzuwachen.

Endlich ließ sich die jahrtausendealte Architektur des Kolosseums am Horizont blicken und kurz darauf luden die Polizisten uns ab. Der Misstrauische nahm uns widerwillig die Handschellen ab, das Gespann erinnerte mich an »Guter Bulle, böser Bulle« aus den amerikanischen Filmen.

»Hey, *Bad Spensèr* ... wie wär's mit einem Selfie zum Abschluss?«, fragte der Gute.

»Was? Nein, danke, ich bin abstinent«, antwortete ich.

Ich hatte keine Ahnung, dass »Selfies« der neue Trend sind, ein Foto von sich selbst zu machen und es ins Internet zu stellen. Bevor ich kapierte, was los war, stellten sich die beiden neben uns. Der »gute Bulle« hielt uns mit einer Hand sein Telefon vor die Nase, mit der anderen umarmte er mich. Und Voltaire, der offenbar eine ausgezeichnete Auffassungsgabe besaß, begriff sofort, dass es sich um ein Selbstporträt handelte, setzte sein strahlendstes Lächeln auf und legte einen Arm um den »bösen Bullen«. Das Bild, das den Neapolitaner unendlich glücklich machte, entlockte dem Bud in mir nur den nächsten Seufzer, Voltaire dagegen ein Staunen und dem aus dem Norden, der angewidert auf die philosophische Hand auf seiner Schulter schaute, ein schiefes Grinsen. Er bedachte uns noch mit einem »Wir sehen uns, Mädels!« zum Abschied, bevor die beiden wieder ins Auto stiegen.

Nun, da wir wieder allein waren, wollte der sichtlich erfreute Philosoph allerlei Erklärungen von mir hören – von diesem sonderbaren Wagen ohne Pferde, der uns bis hierher gebracht hatte, bis hin zu dem Selbstporträt, das in Sekundenschnelle ohne Pinsel und Farbe erstellt worden war. Am meisten aber interessierte er sich für meine Berühmtheit: »*Well*, wie es aussieht, seid Ihr der Berühmtere von uns beiden, obwohl ich der Vater der Aufklärung bin. Hut ab!«

Ich muss mich korrigieren – er war nicht nur interessiert, sondern auch ein bisschen neidisch: »Warum nannten diese beiden witzigen Gendarmen Euch ›Bud Spencer‹, wo Ihr doch Italiener seid?«

»Warum nennst du dich Voltaire, wenn du in Wirklichkeit einen anderen Namen hast?«

»Aber mein anderer Name ist auch französisch! Eurer dagegen ist ganz klar angelsächsischen Ursprungs. Könnte das vielleicht etwas mit Geltungssucht zu tun haben?«, beharrte er. Kein Zweifel – dass die beiden »Gendarmen« ihn nicht erkannt hatten, stank ihm gewaltig.

»Hör mal, mein Lieber: Du bist doch derjenige, der bei jeder Gelegenheit ein englisches Wort einstreut, um allen zu zeigen, dass du mal in London warst. Da brauchst du mir nicht mit Geltungssucht zu kommen!«

»Drei Jahre habe ich dort gelebt: von 1726 bis 1729. Von daher ist es nur natürlich, dass mir dann und wann ein englischer Ausdruck herausrutscht ... Kennt Ihr London?«

»Na ja, als Charleston[1] war ich sozusagen in London«, antwortete ich abwesend, während ich das Kolosseum betrachtete.

»Was habt Ihr mit Charles gemacht?«

Er verstand natürlich mal wieder nichts, und ich verzichtete darauf, die Sache zu vertiefen. »Wolltest du nicht das Kolosseum sehen? Hier ist es! Beeil dich, ich will wieder nach Hause ... außerdem bist du mir noch einen Platon schuldig.«

Um mich zu ärgern, schlenderte er unter dem Geklapper seines Spazierstocks in aller Seelenruhe über das Gelände des berühmten Denkmals. Entzückt betrachtete er die jahrtausendealten Gemäuer, die in der Nacht von Scheinwerfern beleuchtet wurden. Die Lichter schienen auf ihn einen ebenso großen Eindruck zu machen wie das Kolosseum, eines der Sieben Weltwunder der Antike.

»Welch ein erhabenes Denkmal für das Römische Reich, welches die Welt beherrschte! Und doch, trotz der künstlerischen Schönheit, die er bisweilen hervorbringt, halte ich daran fest, dass der Herrscherwahn die schlimmste aller Krankheiten des Geistes ist, wie ich schon in meinen *Questions sur les Miracles* schrieb.« Dann zeigte er mit seinem Stock auf die Scheinwerfer und sagte: »Das *Siècle des Lumières* scheint sehr präsent zu sein, nur habt ihr es offenbar ziemlich wörtlich interpretiert. Sagt mir: Ist das meine Hinterlassenschaft? Ich frage, weil mein Gesicht den beiden

---

[1] *»Charleston – Zwei Fäuste räumen auf« (Orig. »Charleston«), 1977*

Gendarmen vorhin überhaupt nicht bekannt war, als wäre es im Nebel verschwunden, ebenso wie mein Denken.«

Er brauchte Bestätigung. In einem Anflug von Mitgefühl ging ich zu ihm hin und strich mir auf der Suche nach den richtigen Worten über den Bart. Denn obwohl ich die fremden Sprachen der Philosophen im Traum verstehen konnte, blieb mir die Peinlichkeit, mich auch ihnen verständlich zu machen, nicht erspart.

»Du irrst dich: Mein Gesicht kennt man nur deswegen besser, weil ich aus dieser Zeit bin, während deines drei Jahrhunderte alt ist. Aber du giltst an allen Universitäten der Welt als Vater der Aufklärung, wohingegen ich lediglich der Vater meiner drei Kinder Giuseppe, Diamante und Cristiana bin. Auch wenn ich genauso stolz auf sie bin, als wäre ich der Vater der Renaissance, wenn du weißt, was ich meine.«

»Aber weshalb seid Ihr so berühmt? Seid Ihr auch ein Philosoph? Und wenn ja, seid Ihr ein Sensualist oder ein Deist?«

»Wenn es nach meiner Frau geht, bin ich ein Defätist, abgesehen von den Dingen, die mir Spaß machen natürlich. Steuerbescheide mache ich beispielsweise gar nicht erst auf ... So sieht sie es jedenfalls.«

»Den Begriff ›Defätist‹ verstehe ich nicht.«

»Meinst du, ich verstehe die Begriffe, die du mir um die Ohren haust?«

»*Very simple*: Ein Sensualist ist jemand, der jeden kognitiven Akt aufs Empfinden zurückführt, auf die Verarbeitung der Empfindung. Ein Deist ist jemand, der Gott anerkennt, wobei er ihm jedoch lediglich die Eigenschaften der natürlichen Vernunft zuschreibt, frei von jedem Aberglauben. Denn die dogmatischen und allumfassenden Doktrinen der Religionen sind, ebenso wie die der Politik, Ursachen der Intoleranz. Rationalität ist das, was wir brauchen, und zwar ausschließlich und immer. Meint Ihr nicht auch?«

»Bis zu einem gewissen Grad, ja. Wenn ich meinen Senf dazugeben darf – worum Ihr mich ja gebeten habt, *Mylord*: Ich bin vollkommen damit einverstanden, dass religiöser und politischer Fanatismus nichts als Dummheit erzeugen und die Rationalität vorherrschen muss. Aber auch damit darf man es nicht übertreiben, sonst besteht die Gefahr, dass man zum genauen Gegenteil eines Abergläubischen mutiert. Als guter Neapolitaner bin ich davon überzeugt, dass wir alle Fantasie im Leben brauchen, und zwar nicht zu knapp! Sind es nicht gerade die Fantasie und die Vorstellungskraft, die so viele unsterbliche Romane, Komödien und Gedichte hervorgebracht haben? Wenn man dem Leben die Vorstellungskraft und dieses bisschen visionäre Verrücktheit nimmt, wird es auf bloße kalte Mathematik reduziert. Dann wird die Aufklärung selbst zum allumfassenden Dogma, und da haben wir dann wieder den Salat. Oder etwa nicht?«

Vielleicht hatte ich ein wenig übertrieben. Es war ein kniffeliges Problem, doch er war bereits voll in den Diskurs eingetaucht und sprach mit lauter Stimme wie zu einer Menschenmenge: »Ausschließlich die Wissenschaft und die Vernunft sind die Schlüssel zur Welt, deren natürliche Schöpfung Gottes Werk ist. Die soziale Ordnung hingegen ist Aufgabe des Menschen. Unwissenheit und Aberglaube sind die Wurzel allen Übels, das können wir nicht auf Gott schieben. Wir müssen die Existenz des Bösen ebenso akzeptieren wie die des Guten, ohne nach der Utopie einer vollkommenen Glückseligkeit zu streben. Für Menschen, die versuchen, Religion mit Gewalt durchzusetzen, habe ich nichts als Lachen übrig. Dazu ist allein Gott imstande. Wenn sie also jemand durchsetzt, dann er, und zwar ohne menschliches Zutun, was in diesem Fall immer suspekt ist. Und die soziale Ordnung den Politikern zu überlassen ist auf der anderen Seite das Unheilvollste, was uns passieren kann. Denn diese sind die Ignorantesten unter den Ignoranten und sie biegen sich allzu gern die Vernunft nach ihren faulen Interessen zurecht.«

Das Miauen der vielen Katzen rund ums Kolosseum, das von dem voltaireschen Monolog kurzzeitig unterbrochen worden war, schallte wieder durch die Nacht – gefolgt vom Bellen unsichtbarer, aber umso besser hörbarer Hunde.

»Jaja, aber red nicht so laut, die Leute wollen schlafen. Bei mir im Haus hast du schon genug Schaden angerichtet«, flüsterte ich besorgt, denn seine Stimme dröhnte, als hätte er ein eingebautes Megafon. Und angesichts unserer sonderbaren Bekleidung hatte ich keine Lust, dem nächsten *Starsky & Hutch*-Duo in die Arme zu laufen. Er aber wurde nur noch lauter: »Du sorgst dich darum, dass die Leute schlafen wollen? Wenn du mich fragst, schlafen sie schon seit Jahrhunderten. Anders kann ich mir nicht erklären, weshalb sie sich so oft von Scharlatanen, Wahrsagern, Hexenmeistern und parasitären Politikern anführen lassen. Jetzt ist die Zeit gekommen, dass die Leute aufwachen und zusammen mit ihnen die Vernunft. Dass sie den ganzen veralteten theologischen und politischen Plunder über Bord werfen und die Philosophie, ja die Vernunft, an seine Stelle setzen.«

»Und wieder einer, der die Philosophen an der Macht haben will! Das Gleiche hat Platon auch gesagt, aber bei der ersten Frage, die ich ihm stellte, ist er Hals über Kopf davongelaufen. So, mein lieber Voltaire, und jetzt ist es Zeit, dass wir umkehren.«

»Ich will aber noch ins Kolosseum!«

»Das Kolosseum ist zu und du heißt nicht Obama!« Mit diesen Worten packte ich ihn am Arm und versuchte, ihn wegzuziehen. Mit dem Ergebnis, dass er mir mit seinem Stock auf die Finger schlug.

»Niemand fasst Voltaire an! Und nun möchte ich eintreten.« Er begann, mit seinem Stock gegen das geschlossene Tor zu schlagen, wobei jeder Schlag in der Stille der Nacht wie ein Pistolenschuss widerhallte. »Öffnet das Tor! Wohlan, öffnet das Tor!«, schrie er. Mir blieb keine andere Wahl, als ihm einen Schlag mit der flachen Hand ins Genick zu verpassen, der ihn gegen das Eisengitter beförderte ... und damit endete, dass er mit dem Kopf zwischen zwei Eisenstangen stecken blieb.

Ich packte ihn an den Schultern, rüttelte an ihm und zog ihn kräftig nach hinten. Als ich ihn endlich befreit hatte, war er seine Perücke los und schwankte wie ein Betrunkener. Also hievte ich ihn mir kurzerhand über die Schulter wie einen Sack Kartoffeln.

»*Mon Dieu* ... Was ist passiert?«

»Nichts weiter, ich habe dir einen Gefallen getan: Du wolltest unbedingt da rein, und nun warst du drin.«

Mit einem Mal wusste ich genau, wie wir nach Hause kamen. Dass ich da nicht früher dran gedacht hatte! Schließlich war es mein Traum, demnach hatte ich die Wahl, oder etwa nicht? Vorher war ich mir darüber nur nicht im Klaren gewesen, weil mich die Ereignisse überwältigt hatten. Jetzt aber wusste ich Bescheid.

Ich steckte mir zwei Finger in den Mund und stieß einen lauten, kurzen Pfiff aus, der vom Kolosseum und den umliegenden Straßen widerhallte. Eine Minute später fuhr, angekündigt von einem ohrenbetäubenden Donnern, ein Postwagen aus dem Wilden Westen vor ... Tja, was will man machen? Nennt es meinetwegen Berufskrankheit oder Macht der Gewohnheit. Ich hatte eindeutig zu viele Cowboyfilme gedreht, denn das erste Transportmittel, das mir in den Sinn kam, war kein modernes Taxi, sondern eine Pferdekutsche.

Man kann sagen, es war, als hätte in dem Moment der Kleine an meiner Stelle gedacht.

Wie auch immer, es hatte funktioniert. Aber ich kann nicht leugnen, dass mich der Anachronismus, der hier vonstattenging, doch ein wenig befremdete. Vor mir stand eine amerikanische Postkutsche aus dem 19. Jahrhundert, auf meinem Rücken hing ein Männlein aus dem 18. Jahrhundert, und das Ganze im Rom des 21. Jahrhunderts! Aber nach all diesen verrückten Ereignissen war ein logischer Zusammenhang wohl ebenso wenig zu erwarten, wie dass der Kleine und der müde Joe sich einer vegetarischen Diät unterzogen.

Eine halbe Stunde später waren wir abermals vor meinem Haus. Als ich ausstieg und mir den benommenen Voltaire abermals auf den Rücken lud, gab der Kutscher, den ich zuvor im Dunkeln nicht gesehen hatte, ein kicherndes »Hihihi! Wir sehen uns, Mädels!« von sich. Er schob die Krempe seines Huts ein wenig nach oben, und da erkannte ich ... den müden Joe!

Er war es wirklich: Das gleiche zerlumpte und verdreckte Hemd, die gleichen ausgefransten Hosenträger, das gleiche unverschämte Grinsen. Aber noch bevor ich mich wieder gefangen hatte, war er auch schon wieder abgefahren. Mir war nicht einmal genug Zeit geblieben, um zu überlegen, ob ich ihn umarmen oder ihm eine verpassen sollte (wahrscheinlich beides, nur die Reihenfolge war noch nicht klar). Er hatte meinen Traum bereits verlassen, um in seinen zurückzukehren, und nun verstand ich endlich auch, warum es auf dem ganzen Weg vom Kolosseum zu mir so nach Zwiebeln und Bohnen gestunken hatte ...

Jetzt war allerdings kein guter Zeitpunkt, mich in rührseligen Erinnerungen zu verlieren, denn ich musste überlegen, wie wir wieder ins Haus kamen. Doch zu meiner Überraschung standen nicht nur das Gittertor, sondern auch die Haustür und sogar die Wohnungstür offen. Und nicht nur das – aus der Tür strömte ein wunderbar einladender Duft nach Lasagne!

Als ich Voltaire auf einem Stuhl ablud, sah ich aus dem Augenwinkel Maria, die den Küchentisch für zwei Personen deckte.

Diese Frau war einfach unbezahlbar!

Sie hatte sofort erfasst, welche Leckerbissen ich meinen vorherigen Gästen aufgetischt hatte. Ein Blick auf die Reste beziehungsweise in den Kühlschrank unserer Hausangestellten, in dem deutliche Lücken zu sehen waren, hatte ihr genügt. Und die verräterischen Verpackungen im Mülleimer taten ihr Übriges.

»Nach der ›Pizza alla Napoletana‹, dem Tintenfisch und allem anderen kannst du deinen Gästen doch nicht die ›Lasagne alla Napoletana‹ vorenthalten. Und außerdem dachte ich mir, wenn ich heute Nacht schon keinen Schlaf mehr bekomme, kann ich sie wenigstens sinnvoll mit der Zubereitung einer Lasagne verbringen.«

Bei dem himmlischen Duft erlangte Voltaire in null Komma nichts seine Sinne wieder. Doch da er immer noch leichte Koordinationsprobleme hatte, half Maria ihm, seine dampfende Portion Lasagne mit Messer und Gabel in vier oder fünf Bissen zu zerteilen, die er ungestüm in sich hineinzuschaufeln begann. Zwei dicke Tränen kullerten ihm über die Wangen – die Lasagne war kochend heiß!

Maria beeilte sich, ihm Wasser einzuschenken.

»Schmeckt dir die Lasagne, Marì?«, fragte ich höhnisch.

»Nein, nein, so spät esse ich nicht mehr, sonst liegt es mir nur wieder so schwer im Magen«, antwortete meine Frau.

»Ich meinte nicht dich, sondern ihn. Er heißt auch Marì.«

»Das wundert mich nicht, bei der Perücke, die ich vorhin an ihm gesehen habe. Wo ist die eigentlich abgeblieben?«

»Am Kolosseum.«

»Am Kolosseum?! Was habt ihr dort denn mitten in der Nacht getrieben?«

»Hunde und Katzen wecken.«

Voltaires genüssliche Seufzer lenkten Maria ab, sie bohrte nicht weiter nach. Und ich hatte nur Lust, mich ebenso eifrig über die Lasagne herzumachen wie der Franzose, der bei jedem Bissen wie in Ekstase rief: »*Wonderful!* Die Pasta schmeckt wie bei meiner Oma!«

»Das kann nicht sein! Deine Oma war keine Neapolitanerin und außerdem habt ihr von so was in Frankreich zu deiner Zeit nur geträumt!«

Als ich mir gerade selbst ein wenig von der Köstlichkeit einverleiben wollte, legte sich die Hand meiner Frau auf meine und zwang mich auf diese Weise sanft, aber bestimmt, die Gabel wieder sinken zu lassen. Sie ertrug es nicht, mich im Bademantel und mit dem Turban auf dem Kopf essen zu sehen. »… ganz davon abgesehen, dass du nach Zwiebeln stinkst! Zieh dir was Ordentliches an und dann iss wie ein zivilisierter Mensch, wie du es natürlich IMMER tust!« Das »immer« hob sie besonders laut hervor und zwinkerte mir dabei zu. Sie redete zwar mit mir, in Wirklichkeit waren ihre Worte aber für das hypothetische Publikum der Realityshow im Hause Pedersoli bestimmt. Da musste ich jetzt mitmachen, schließlich hatte ich die ganze Sache ja erfunden.

Jegliche Erklärung vermeidend ging ich ins Zimmer und zog mich um, während ich dem Gespräch zwischen dem Gast und der Dame des Hauses lauschte. »Dürfte ich das Rezept erfahren, *Mademoiselle*? Ich könnte es einem exquisiten, mir bekannten

Koch empfehlen, der ein Restaurant in der Rue Barrault in Montmartre führt. Schon Aristoteles sagte, Schönheit sei die beste Empfehlung. Und Ihr seid, wenn ich das so sagen darf, nicht nur schön, sondern besitzt darüber hinaus eine warme Gastfreundschaft und gute Manieren. Was man von dem bärtigen Herrn, den das Standesamt als Euren Gatten festgelegt hat, nicht gerade behaupten kann.«

»Vielen Dank, aber ich fürchte, ich bin ein wenig zu *âgé*, um mich von Ihrem Gerede über Schönheit und Empfehlung beeindrucken zu lassen. Das Rezept kann ich Ihnen ganz schnell sagen, Ihre Kuppelei ist gar nicht nötig.«

ZUTATEN

- 200 GRAMM SALSICCIA
- 400 GRAMM HACKFLEISCH
- 400 GRAMM LASAGNE
- 200 GRAMM MOZZARELLA
- 120 GRAMM GERIEBENER PARMESAN
- 200 GRAMM FRISCHER RICOTTA
- 100 MILLILITER WEISSWEIN
- 2 TEELÖFFEL TOMATENMARK
- 3 ESSLÖFFEL NATIVES OLIVENÖL
- SALZ

»*Mon Dieu!* Das klingt nach einem Rezept für sechs Personen, *Mylady*!«

»Das ist genau die Menge, die ich gekocht habe. Mein Mann hat heute Nacht offenbar mehr Besuch, als wir in den mehr als 50 Jahren unserer Ehe hatten«, erklärte Maria in einem so sarkastischen Unterton, dass ich ihren Gesichtsausdruck förmlich vor mir sehen konnte.

Dann führte sie aus, dass man die Zwiebeln schälte, hackte und in einem Kochtopf mit den drei Esslöffeln Öl anbriet. Wenn die

Zwiebeln goldbraun wurden, gab man das Hackfleisch sowie die Salsiccia-Stückchen dazu und löschte das Ganze anschließend mit Weißwein ab. Nachdem man das Tomatenmark und eine Handvoll Salz daruntergemischt hatte, ließ man die Soße 45 Minuten lang unter gelegentlichem Rühren kochen. Die Lasagne wurde eine Minute lang in Salzwasser gekocht und anschließend zum Ruhen auf ein Geschirrtuch gelegt.

Als Nächstes gab man eine Schicht Soße in eine feuerfeste Auflaufform, legte eine Schicht Lasagne darauf aus und streute Mozzarella-Stückchen sowie Parmesan darüber. Diesen Vorgang wiederholte man so lange, bis alle Zutaten aufgebraucht waren. Dann kam die Lasagne bei 180 Grad für 35 Minuten in den Ofen – in etwa so lange, bis sich oben diese wunderbar köstliche Kruste bildete.

Die Lasagne wurde sofort serviert, nachdem man sie aus dem Ofen geholt hatte. Und wenn man den Koch beleidigen wollte, konnte man dieses ohnehin schon pompöse Gericht noch mit zerkleinerten hart gekochten Eiern und weiteren Käsesorten verfeinern.

Voltaire urteilte: »Ich habe zwar keinen Hermelin von dem verstanden, was Ihr gesagt habt, *Mylady*, aber es schmeckt vorzüglich. Dürfte ich noch ein bisschen davon haben?«

Endlich kam auch ich in die Küche zurück, aber nur, um Zeuge eines traurigen Spektakels zu werden: Die Auflaufform war vollkommen leergeputzt. Mir fehlten die Worte, dem Gast hingegen jegliche Scham. »Mmh ... Sechs ist eine heilige Zahl«, sagte er, während er sich mit der Serviette über die Lippen wischte.

»War das nicht die Drei?«, wand meine Frau ein.

Voltaire zeigte auf die Auflaufform, an der noch Soßenreste klebten: »Doch, aber da waren sechs Portionen drin, he-he-heee!« Sein sarkastisches, scheinbar endloses »He-he« war ganz klar gegen mich gerichtet. Maria raunte mir indessen zu, dass sie noch nie jemanden gesehen hatte, der so viel essen konnte. Abgesehen von mir natürlich.

»Marì ...«, setzte ich an.

»Ja, bitte?«, antwortete er.

»Ich meinte nicht dich, Marì, sondern meine Frau ... Nicht schon wieder so einer, Marì. Einer schlimmer als der andere. Erst schnorren sie sich durch und dann werden sie auch noch überheblich.«

Maria konnte meine Anspielung nicht verstehen, gab aber ihr Bestes, vor den vermeintlichen versteckten Kameras einen guten Eindruck zu machen: »Das Glück liegt in der Bescheidenheit.«

»Der hat sechs Portionen allein verputzt! Immer leer auszugehen kann ja wohl auch nicht der Weg zum Glück sein«, schrie ich Maria entrüstet zu. Dann zeigte ich mit dem Finger auf den Schnorrer: »Lass uns die Sache endlich zu Ende bringen. Los, rück den Platon raus, Marì!«

»Es gibt nichts mehr rauszurücken, ich habe alle Zutaten aufgebraucht«, wand Maria ein.

»Ich meinte nicht dich, Marì, sondern den Marì!«

Seufzend und mit eiskaltem Blick steckte er eine Hand in die Tasche und zog ein Taschenbuch hervor. »*Et voilà*: Platon, *Der Staat*. Diese Ausgabe ist von meinem Cousin Zidi, der eine Buchdruckerei in der Rue Les Charlots besaß. Aber ich muss Euch vorwarnen: Auf Seite 23, Zeile 8, Zeichen 66 fehlt leider ein Apostroph. Ich muss dazusagen, dass die Druckerei nicht die beste war. Dort arbeiteten fünf Männer, die nicht ganz sauber waren, aber mein Cousin ...«

»Was interessieren mich die alten Geschichten von deinem Cousin? Ich will den Autor, nicht das Buch! DAS IST BETRUG!«, brüllte ich ihn an. Was ihn allerdings völlig kalt ließ – kein Wunder, mit einem halben Kilo Lasagne im Bauch könnte ich das auch!

Voltaire hob lediglich eine Augenbraue und wandte sich an Maria, als wäre ich seiner Aufmerksamkeit nicht würdig.

»*Just a moment, please. Mademoiselle*, ich stehe für immer in Eurer Schuld, wenn Ihr dem hier Folgendes klarmacht: Unsere Abmachung beinhaltete einen Besuch des Kolosseums im Tausch gegen Platon, das ist richtig. Er hat aber nicht spezifiziert, ob er den Philosophen oder sein Werk meint. Den Band hier trage ich immer bei mir, aber wenn dieser besessene Mensch nun plötzlich keinen Geringeren als Platon höchstpersönlich fordert, dann ist er derjenige, der hier betrügt, *sacrebleu!* Außerdem wäre es vollkommen unmöglich, irrational und absurd!«

»Ach ja, in Sachen Absurdität ist mein Mann bei uns der Experte, tut mir leid«, und mit diesen Worten machte sich meine bessere Hälfte daran, den Tisch abzuräumen. Den verwirrten Voltaire überließ sie voll und ganz mir. Mit böser Miene erklärte ich dem Franzosen: »Genug rumgejammert. Es hat keinen Sinn, hier mit Unmöglichkeit, Irrationalität und dem ganzen Blabla anzukommen – schon vergessen: Wir befinden uns in einem Traum! Also, besorg mir Platon!«

»Ihr wollt einfach nicht begreifen, oder? Ich rede von einer philosophischen Unmöglichkeit. Denn um Platon zu materialisieren, bräuchte es Magie. Magie aber ist die Antithese zum wissenschaftlichen Rationalismus, der von der Aufklärung, deren Vater ich bin, verfochten wird. Wie Eure Durchlaucht vorhin übrigens auch bereits bekräftigt hat ... Burp!« Mit diesem »Burp« rülpste er mir mitten ins Gesicht.

»Soll ich dir mal sagen, was Magie ist? Sechs Portionen Lasagne verschwinden zu lassen!«

»Nein, das war nur ein leichter Appetit nach unserem nächtlichen Spaziergang ... von dem ich übrigens rätselhafterweise mit einer Migräne und ohne Perücke zurückgekehrt bin«, erwiderte er und fasste sich ins Genick. Wir manövrierten uns immer weiter in eine schöne Sackgasse.

»Jetzt, denke ich, wäre ein guter Zeitpunkt für eine Werbepause«, warf Maria lächelnd ein – immer noch in der Annahme, die Kameras der Realityshow, die es nicht gab, wären auf sie gerichtet.

»Nein, das Einzige, was jetzt noch hilft, ist aufzuwachen. Ich hab die Schnauze nämlich gewaltig voll von diesem ganzen Quatsch. Ich wache jetzt auf, stehe auf, komme hier in die Küche, und wenn der Kühlschrank dann leer ist, kann das Zeitalter der Aufklärung ordentlich was erleben! Ich wache jetzt auf, bei Drei WACHE ICH AUF, so und nicht anders wird es sein, weil ich es sage, basta! EINS ... ZWEI ... UND ...«

KAPITEL 8

FRESELLA ALLA SCHOPENHAUER

Ein Schmied, Askese und trocken Brot

Hier haben wir wieder einen, der sich einer wohlbehüteten Kindheit erfreuen durfte: Arthur Schopenhauer wurde 1788 als Sohn eines Danziger Kaufmanns geboren. Anfangs zwang sein Vater ihn dazu, in die eigenen Fußstapfen zu treten, obwohl es dem Sohn überhaupt nicht in den Kram passte. Zum Glück für die Philosophie verstarb der Vater und machte den Sohn zu einem reichen Erben, der sich nach einigen Tagen der Trauer mit Begeisterung ins Studium stürzte. 1813 machte er seinen Abschluss in Philosophie und sieben Jahre später begann er als Dozent an der Universität Berlin – damals das Reich Hegels. Arturo, wie er im Italienischen auch genannt wird, nahm ihn sofort ins Visier, was so weit ging, dass er seinen berühmteren (und büchertechnisch stärker verbreiteten) Kollegen sogar als Scharlatan bezeichnete.

Doch sich mit Hegel anzulegen, war kein besonders schlauer Zug, da Schopenhauer seinerseits vorgeworfen wurde, sich hervortun zu wollen – ob zu Recht oder zu Unrecht. Das Ergebnis war, dass man ihn als arrogant empfand und er in der intellektuellen deutschen Elite keinen guten Stand hatte. Seine Werke, darunter sein berühmtestes, *Die Welt als Wille und Vorstellung* von 1819 (auf das sich übrigens auch Thomas Mann in seinem Roman *Die Buddenbrooks* bezieht), verbreiteten sich tatsächlich erst ab 1848. Und erst nach Arturos Tod im Jahr 1860 übten sie großen Einfluss aus.

Er ging davon aus, stark von Platon, Kant und der orientalischen Philosophie beeinflusst, dass die Welt nicht das ist, was sie zu sein scheint. Vielmehr sah er sie einzig und allein als eine Vorstellung, die kreiert wird. Die Vorstellung wiederum ist vor allem blinde, mächtige und unsterbliche Willenskraft und als solche Teil eines enormen Willens, der das Universum bewegt.

Wie es aussieht, war er also nicht gerade der Sympathischste unter den Denkern. Aber im Grunde besteht die Aufgabe eines Philosophen nicht darin, zu gefallen, sondern sich mit Themen auseinanderzusetzen, an die sich nur wenige heranwagen. Seine Bücher verkauften sich anfangs nur schlecht, allerdings war die Zahl der Analphabeten zu der Zeit auch relativ hoch und nur wenige Menschen waren darauf aus, sich auf existenzialistischen Ausflügen das Genick zu brechen. Insofern kann man davon ausgehen, dass auch der verhasste Kollege Hegel, der mehr verkaufte als er, in Wirklichkeit nur von Akademikern gelesen wurde. Der Einfluss dieser denkenden Herrschaften wurde eben im Rahmen der akademischen Lehre auf irgendwelchen Konferenzen gemessen. Die Menschen jenseits dieses Zirkels hatten nämlich genug damit zu tun, sich ihr Brot zu verdienen ... Und damit wären wir wieder bei unserem »Ich esse, also bin ich«.

»... UND DREI!« Ich hatte es geschafft: Voltaire war verschwunden. Das konnte nur heißen, dass ich endlich aufgewacht war. Doch zusammen mit ihm waren auch Maria, die Küche, die Wohnung, Rom und ganz Italien verschwunden. Ich befand mich in einem fremden, altmodischen Schlafzimmer, und was sich vor dem Fenster erstreckte, war nicht das *Caput mundi*.

Ich verließ mein schmales Himmelbett und fragte mich, was zum Teufel ich in einem Himmelbett zu suchen hatte?! Und diese Kassettendecke, die bedrohlich über mir hing, mochte irgendjemand sicherlich schön finden, ich aber ganz bestimmt nicht.

Doch bevor ich auch nur ansatzweise eine Antwort finden konnte, drang aus dem Nebenzimmer eine Schimpftirade mit deutschem Akzent zu mir herüber. Vorsichtig öffnete ich die Tür, hinter der ich einen Typen um die 30 mit so einer Schlaumeierbrille auf der Nase erspähte. Er spielte eine Art Darts, wobei er zwischen den Würfen immer wieder laut fluchte: Als Zielscheibe diente ihm ein Bild von einem anderen Typen, der ebenfalls so eine Brille trug.

»… Du bist ein Scharlatan, nichts als ein banaler Scharlatan, jawohl!«, polterte der junge Mann und schickte den nächsten Pfeil los. Als er mich endlich bemerkte, trat einen Augenblick lang Stille ein. Er musterte mich und meine Kleidung aus dem 21. Jahrhundert. Er selbst trug Gamaschen, ein Hemd mit hohem, aufgestelltem Kragen und darüber einen Gehrock.

»Welch seltsame Garderobe … Ihr müsst der Schmied sein, den ich bestellt hatte.«

»Eigentlich bin ich … eigentlich bin ich gerade aufgewacht und habe keine Ahnung, wo ich bin. Mich würde interessieren, wer du bist!«

»Ich bin Schopenhauer, Arthur Schopenhauer, und ich würde nur zu gern wissen, was Ihr in meinem Zimmer zu suchen habt. Und wo habt Ihr Euren Werkzeugkasten gelassen?«

Ich zählte innerlich bis zehn, dann fragte ich gefügig: »Entschuldigt, Herr … Würdet Ihr mir freundlicherweise sagen, in welchem Jahr und in welchem Land wir uns befinden?«

»Was ist denn das für eine Frage? Wo sollen wir schon sein? In Berlin im Jahr 1820 natürlich! Ein vergesslicher Schmied hat mir gerade noch gefehlt. Und jetzt erklärt mir, warum Ihr kein Werkzeug dabeihabt. Das habt Ihr bestimmt in der Werkstatt liegen lassen, hab ich recht?«

Von seinen Angaben musste ich mich mit eigenen Augen überzeugen. Das Fenster zeigte zur Wegenerstraße, wie mir ein Straßenschild, das ich vom ersten Stock aus erkennen konnte, verriet. Unten auf der Straße wimmelte es von Gehröcken, Hüten und Zylindern, Kaleschen und Pferdebahnen. Keine Neonschilder, keine Einkaufszentren, keine Autos und schon gar keine geistesgestörten Autofahrer, die mit dem Handy telefonierten oder – schlimmer noch – SMS schrieben (eine gute Sache, wenn man bedenkt, dass viele Unfälle heutzutage von Idioten beiderlei Geschlechts verursacht werden, die mit nur einer Hand am Lenkrad und beiden Augen auf dem Handy durch die Gegend fahren).

»Mir scheint, Ihr seht Berlin zum ersten Mal«, sagte der Philosoph, dem mein Schock nicht entgangen war.

»Im Gegenteil, ich bin früher häufig hier gewesen, aber damals war alles anders. Damals stand die Mauer noch, die die Sowjetunion, als eine der Siegermächte nach dem Zweiten Weltkrieg, und die DDR errichtet hatten. Sie teilte die Stadt in Ost- und West-Berlin. Als ich hier mit meinem Schwimmteam zu einem Wettkampf antrat, lebte der eine Teil der Bevölkerung in einer Demokratie, während der andere Teil von einer kommunistischen Diktatur unterdrückt wurde. Familien wurden getrennt, Freundschaften zerstört, und wer versuchte, über die Mauer zu klettern, wurde getötet. Später, als ich bereits Schauspieler war, bin ich zusammen mit meinem Freund Horst Wendlandt, einem großen Filmproduzenten, dorthin zurückgekehrt. Während dieser Reise führte er mich auch in den Genuss des Oktoberfestes ein ... Dann war ich noch einmal nach dem Fall der furchtbaren Mauer im Jahr 1989 hier und im 21. Jahrhundert, um meine beiden Autobiografien vorzustellen. Bei der Gelegenheit besuchte ich mehrere Städte und durfte jedes Mal den Enthusiasmus und die Liebe und Zuneigung der Deutschen erleben. Ihren Fleiß nicht zu vergessen, mit dem sie es zur stärksten Wirtschaftsmacht Europas gebracht haben. Und das trotz der Kluft und der Entwicklungsschwierigkeiten, die die Mauer verursacht hatte und die fast ein halbes Jahrhundert überdauerten … Aber es hat keinen Sinn, dir das zu erklären. Es wird ja alles erst noch passieren … Das heißt, für mich ist es schon passiert, aber für dich …«

Schopenhauer war einen Schritt zurückgewichen. Ich hatte ihn mit meinem Gerede, das in seinen Ohren nach wirrem Gefasel klingen musste, offenbar erschreckt.

»Ihr redet wie im Delirium! Ich habe keine Ahnung, welches Berlin Ihr meint, aber es ist ganz sicher nicht meines! Habt Ihr Fieber? Oder seid Ihr betrunken?«

»Betrunken? Niemals, in meinem ganzen Leben nicht! Nicht einmal beim Oktoberfest, das ich vorhin erwähnt habe. Nein, es ist der Hunger. Wobei mein Hunger ein atavistischer, vererbter Hunger ist …«, schweifte ich kurz ab. »Keine Sorge, ich weiß sehr wohl, wo ich bin: in Berlin, wir haben das Jahr 1820 und du … Ihr … Sie … wie auch immer, wie war Euer Name noch mal?«

Der hysterische junge Mann schleuderte den letzten Pfeil und traf den Mann auf dem Bild mitten ins Auge. Dann baute er sich vor mir auf, als wollte er mir eine Ohrfeige verpassen. Doch nach einem kurzen Blick auf meine und dann auf seine eigene Statur schlug er sich die Idee wohl aus dem Kopf. Er war hysterisch, aber nicht bekloppt.

»Nicht nur vergesslich, sondern auch noch taub! Achtet auf meine Lippen, ich sag's ganz langsam: AR-THUR SCHO-PEN-HAU-ER!«

»*Der* Schopenhauer? Der Stern am Himmel der europäischen Philosophie?«

Ich wünschte mir, ich würde mich irren. Weit gefehlt! Schopenhauer wirkte überrascht und sein bis dahin von Ärger verzogenes Gesicht entspannte sich. Lächelnd erwiderte er: »Wer hätte das gedacht! Ein Schmied, der mein Denken honoriert, während die Akademiker darauf herabblicken. Ihr seid ein Lichtstrahl, der durch die Wolken dringt! Oder aber …«, begann er misstrauisch, »… oder aber ein böser Streich, den sich dieser Günstling von Hegel ausgedacht hat … Sagt! Hat er Euch geschickt? Ich sehe schon, wie sie über mich lachen in diesem illustren Kreis, nachdem Ihr ihnen erzählt habt, dass Schopenhauer ganz aus dem Häuschen war, weil ein stinknormaler Schmied ihn erkannt hat!«

»Stinknormal, ja, aber ein Schmied bin ich nicht. Und Hegel kenne ich auch nicht, jedenfalls nicht persönlich.«

Oh San Gennaro, lass mich endlich aufwachen!, schob ich in Gedanken hinterher.

Resignierend sank ich in den nächsten Stuhl. Nun war ich wirklich am Ende, vom Hunger ganz zu schweigen. Die entgangene Lasagne »ging mir einfach nicht rein«, im Gegensatz zu Voltaire, dem sie komplett reingegangen war.

»Möchtet Ihr etwas Wasser? Wie um alles in der Welt wollt Ihr denn den Auftrag ausführen, für den ich extra einen Schmied bestellt habe, wenn Ihr so schwach seid? Ich habe ein Schloss, das geöffnet werden muss. Ich selbst kann es nicht. Ich weiß nicht einmal, wie man einen Nagel anbringt, wie dieser Kleingeist von meinem Vater immer sagte.«

»Ich bin kein Schmied … und auch die Person, die ich bin, weiß leider nicht, wie es geht.«

»Dann seht zu, dass Ihr hier rauskommt!« Er war wieder unwirsch geworden.

»Würde ich ja gern, aber ich schaffe es einfach nicht, aufzuwachen.«

»Wenn Ihr nicht im Guten gehen wollt … «, sagte er, um dann mit lauter Stimme »Siegfried! Siegfried!« zu rufen.

Sein Tonfall war so herrisch, dass ich mich aufs Schlimmste gefasst machte. Ein riesiger Schatten wankte vom Flur aus auf die Tür zu und kam schließlich ins Zimmer.

Er war, grob geschätzt … eins sechzig groß. Ein Diener, der an Rachitis und noch dazu an Asthma litt, wie das von einem Pfeifen begleitete Röcheln verriet. Das war also Siegfried? (Man sollte sich niemals von der Illusion eines Schattens täuschen lassen.)

»Siegfried, begleitet diesen unverschämten Eindringling zur Tür und jagt ihn fort, wenn nötig mit Gewalt!«

Siegfried musterte mich kurz und wandte sich dann pfeifend und röchelnd an seinen Herrn: »Muss ich wirklich?!«
(**Anmerkung des Autors:** Das ist kein Druckfehler, sondern die schwache Stimme des geisterhaften Dieners!)
Um die Kräfte des scheinbar Sterbenden zu schonen, erklärte ich dem Herrn Professor und seinem kleinen Nibelungen, dass es unmöglich war, mich fortzujagen, weil es sich um einen Albtraum handelte. Dass ich die dumme, anmaßende Idee gehabt hatte, mit meinem Motto »Ich esse, also bin ich« die größten Denker aller Zeiten herauszufordern. Dass ich mich außerdem schon mit einigen von ihnen auseinandergesetzt und den ein oder anderen von ihnen auch erweicht, wenn nicht sogar überzeugt hatte. (Siehe den flüchtigen Platon.)

»Alles in allem ist es eine Art Strafe, weißt du, Prof? Ich hab Galileo erzählt, ich hätte recht mit meiner These und würde sie jederzeit vor zehn anderen wie ihm verteidigen. Insofern ist es unnötig, dass du dich so aufregst, denn diese Begegnungen nehmen alle den gleichen Lauf. Und für gewöhnlich enden sie damit, dass ihr mit einem vollen Bauch verschwindet und ich mit leerem Magen zurückbleibe.«

Der Philosoph machte eine halbe Drehung und musterte mich nachdenklich.

»Wenn überhaupt, müsst *Ihr* verschwinden – das ist *mein* Haus. Was die Traumgeschichte angeht: Ich weise sie nicht a priori zurück. Denn die Realität ist nicht die, die sie ist, sondern die, die wir erleben. Die Welt ist nichts als die Vorstellung, die der Mensch sich von ihr macht. Und so, wie sie in Wirklichkeit ist, können wir sie niemals erfassen ... Nichtsdestotrotz denke ich immer noch, dass dieser Wichtigtuer von Hegel hinter der Sache steckt. Aber in dem Fall gereicht mein Zweifel Euch zum Vorteil – macht Eure Arbeit und geht in Frieden.«

Ich widerstand dem Drang, ihn zu strangulieren, und wiederholte zum hundertsten Mal, dass ich kein Schmied war. Obwohl es eine ehrenwerte Zunft war, der ich nur zu gern angehört hätte, um ihm ein schönes Stück Eisen über den Kopf zu ziehen. Aber da ich schon immer eine Leidenschaft für alles Mechanische hatte, fragte ich Siegfried, was zu tun war. Erleichtert darüber, dass er mich nicht »mit Gewalt« fortjagen musste, schritt der Scheintote mit mir und Schopenhauer im Gefolge wankend voran.

Wir betraten das Arbeitszimmer, und ich erblickte eine große Truhe aus Ebenholz mit feinen Intarsien, um die allerdings eine Kette mit einem fiesen Schloss gewickelt war. »So, da wären wir, dieses Schloss hier müsstet Ihr öffnen. Leider habe ich den Schlüssel verloren. Ich kann mich nicht erinnern, was ich damit gemacht habe. Wahrscheinlich werde ich das Geheimnis mit ins Grab nehmen ...«

Und das aus dem Mund des toten Professors!

Das Schloss war seltsam und kompliziert, es war unter anderem mit Muttern befestigt – ein Teufelswerk, wie ich es zuvor noch nie gesehen hatte! Nachdem ich ein paar Mal ordentlich daran gerüttelt hatte, war klar, dass hier mit Gewalt nichts auszurichten war. Aber mit den Muttern ließ sich vielleicht etwas machen. »Hast du Werkzeug, Prof, am besten einen Engländer? Vielleicht kann ich die Muttern abschrauben und dann ...«

»Ich bin Deutscher, warum sollte ich englisches Werkzeug haben? Ich wusste nicht, dass ich es mit einem angelsächsischen Schmied zu tun habe ... Aber wenn Ihr wollt, schicke ich Siegfried los und er holt Euren Werkzeugkasten ab. Ihr müsst ihm nur die Adresse nennen.«

Ich fuhr mir mit der Hand über das Gesicht und unterdrückte den Plattfuß, der sich in mir meldete. Dann bat ich ihn, mir ein Stück Metalldraht oder eine Haarklammer zu bringen – irgendetwas, was ich zu einem Haken biegen und in das Schloss einführen konnte.

Ein Kniff, der im Film immer funktioniert hatte: In *Sie verkaufen den Tod* hatte ich sogar selbst einen Einbrecher gespielt, aber es war nutzlos, das den Anwesenden zu erklären. Ich hoffte nur, dass es auch im Traum funktionieren würde. Siegfried besorgte mir den Metalldraht und ich machte mich ans Werk. Aber ... keine Chance! Im Film funktioniert so was nur, weil nichts echt ist und es Requisiteure gibt, die alles vorbereitet. Aber auch das erklärte ich den Anwesenden lieber nicht. Nach zehn Minuten hatte ich ordentlich Blut und Wasser geschwitzt, ohne dass sich irgendetwas getan hätte.

»Was versteckst du denn da drin, mein Freund? Platons Überreste? Das Schloss kriegt nicht mal Houdini auf! Hätte es ein normales Schloss nicht auch getan?«

»Auch wenn ich nicht viel von Klassen halte, würde ich mir ein wenig mehr Distanz und Anstand wünschen, Bürschchen. Vergesst nicht, dass ich immer noch ein Dozent für Philosophie bin und Ihr nur ein Schmied seid.«

»Danke fürs Bürschchen, aber ... ICH BIN KEIN SCHMIED!«

Das war zu laut. Bei der Erschütterung sackte Siegfried wie ein nasser Lappen auf dem Boden zusammen. Wir halfen ihm sofort wieder auf. Doch in den Augen dieses armen Gestells sah ich jenen Blick, den ich während des Zweiten Weltkriegs in den Augen so vieler Neapolitaner gesehen hatte – damals, als es jede Menge Trümmer, aber nichts zu essen gegeben hatte.

»Arturo, nur so aus Neugier: Wann hat Siegfriedo hier das letzte Mal etwas gegessen?«

Er zögerte kurz, bevor er antwortete: »Hm, na ja ... So vor drei Tagen etwa ... Warum?«

»VOR DREI TAGEN?! Kein Wunder, dass er nicht mehr stehen kann!«

»Ich glaube nicht, dass ein Handwerker das verstehen kann ... Wir experimentieren gerade mit der orientalischen Askese. Die Askese ist einer der Grundsätze meiner Philosophie. Der Asket spaltet sich von der Welt ab, um den Enttäuschungen, die uns der irrationale Lebenswille immer dann beschert, wenn wir mit ebenjener Welt zusammenstoßen, zu entgehen. Siegfried unterstützt meine Forschungsbemühungen mit Begeisterung!«

Kaum zu glauben! Der Arme war das Versuchskaninchen seines Chefs! Doch der Prof selbst hatte nach eigenen Angaben seit drei Tagen, außer seinem morgendlichen Schwarztee und dem abendlichen Kamillentee, nichts zu sich genommen. Und es ginge ihm wunderbar damit, beteuerte er. Die Tatsache, dass er gerade mal 30 war, Siegfried hingegen aussah, als hätte er 90 harte Jahre auf dem Buckel, zählte für ihn offenbar nicht.

»... Bodhidharma saß übrigens neun Jahre lang in Meditation versunken vor einer Mauer, und als er schließlich aufstand, war er ein Buddha: ein Erleuchteter. So hohe Ziele habe ich nicht, aber ein bisschen Fasten bekommt ...«

»... deiner Oma bekommt das!«, fiel ich ihm ins Wort. Dann legte ich ihm eine Hand auf die Schulter und zwang ihn, sich hinzusetzen. »So, und jetzt machen wir uns – Siegfriedo, dir und mir – was zu essen, wenn du erlaubst. Und das wirst du!«

Der Denker rückte die Brille auf seiner Nase zurecht und wagte nicht zu widersprechen. Während ich sämtliche Küchenschränke öffnete, insistierte er, dass seine Philosophie gut war: »Ich kann verstehen, dass Ihr irritiert seid. Aber mein Denken ist eine Reaktion auf die hegelsche Schule des Idealismus, die er mit seiner Suche nach dem Absoluten mittels der Vernunft in alle Welt hinausposaunt. Dieser Idiot begreift einfach nicht, dass der Lebenswille die Quelle allen Leids ist. Die Geschichte wird nicht von der Vernunft regiert, einzig der Zufall regiert. Die Askese ist einer der Wege in die Freiheit, vor allem die Keuschheit, die uns daran hindert, Nachkommen zu zeugen und sie ins Unglück zu stürzen.«

»Nach dem Motto: ›Jag dir eine Kugel durch den Kopf, dann ist es schneller vorbei!‹«, gab ich meinen Senf dazu, während ich weiterhin die Schränke durchforstete, ohne dabei jedoch auf irgendetwas Essbares zu stoßen.

»Im Gegenteil: Der Selbstmord ist Ausdruck des Willens, nämlich des Willens zu sterben. Damit wären wir ja wieder da, wo wir angefangen haben. In Wirklichkeit krepiert nur eine phänomenale Willensbekundung, der universale Wille dagegen bleibt intakt ...«

»... An dir ist bald nichts mehr intakt, wenn du nicht bald mit etwas Essbarem rausrückst! Die Schränke sind alle leer! Sag schon, wo versteckst du das Zeug? Wenn du wirklich nichts im

Haus hast, dann geh jetzt gefälligst was einkaufen oder ...« Ich musste mir irgendwas einfallen lassen, was sich einem wie ihm ins Hirn einbrannte. »Oder ich erzähle Hegel, dass du so ein Trottel bist, dass du nicht mal mehr weißt, wo du den Schlüssel zu der Truhe hingetan hast! Wie die dich auslachen werden!«

»NEIN! LASS HEGEL AUS DEM SPIEL! Der wird schon an allen Hochschulen in ganz Europa verhätschelt, beim kleinsten Furz veranstalten die ein Symposium für ihn. Und das Buch, das *ich* veröffentlicht habe, liest keiner.«

»Etwa ein Diät-Ratgeber?!«

»Nein, der Titel lautet *Die Welt als Wille und Vorstellung*. Es ist schon mein zweites, aber es nimmt einfach niemand davon Kenntnis ...«

Innerlich freute ich mich, denn ich war schon beim dritten Buch – das ihr gerade lest – und er erst beim zweiten.

»Wenn du vorhast, noch ein drittes zu schreiben, empfehle ich dir, mir die Vorräte zu zeigen!«

Er putzte seine Brillengläser und deutete mit einem resignierten Schulterzucken an, ihm zu folgen. Siegfried blieb wie ein Häufchen Elend auf dem Stuhl sitzen. Als wir durch das Wohnzimmer gingen und ich einen verstohlenen Blick auf die Zielscheibe warf, verstand ich: »Das Gesicht, das du in ein Nadelkissen mit Pfeilen verwandelt hast, ist das deines Antagonisten, stimmt's?«

Er nickte und blieb stehen, um das Porträt mit einem hasserfüllten Blick zu strafen. »Georg Wilhelm Friedrich Hegel«, betonte er jede Silbe, als handele es sich um den Namen einer komplizierten Krankheit, »wenn er nicht von seinem Freund Schelling an der Universität Jena empfohlen worden wäre, hätten die einen Scheißdreck getan, ihn seinen *Absoluten Idealismus* lehren zu lassen. Und stell dir vor, dieser Schleimscheißer veröffentlicht sogar Artikel im *Kritischen Journal der Philosophie*! Und ich ...«

Ungeduldig schnitt ich ihm das Wort ab: »Jaja, und du nicht, is klar. Jetzt aber her mit den Vorräten!«

Wenig später standen wir erneut im Arbeitszimmer vor derselben verschlossenen Truhe. Und endlich begriff ich auch, weshalb ich bei ihrem Anblick ein Déjà-vu-Erlebnis hatte. Während sich solche Erlebnisse, wie auch die alten Griechen meinten, normalerweise auf Erinnerungen an frühere Leben beziehen, hatte die Reinkarnation in meinem Fall überhaupt nichts damit zu tun. Wohl aber meine verhasste Diät – denn diese große Truhe erinnerte mich stark an den Kühlschrank bei mir zu Hause, den Maria verschlossen hatte, um alles Essbare von mir fernzuhalten. Die Tatsache, dass die Truhe im Gegensatz zum Kühlschrank vertikal war, vermochte meinen ohnmächtigen Zorn angesichts der unerreichbaren Befriedigung nicht zu mindern.

Das nennt man die unerträgliche Leichtigkeit des Seins... des hungrigen Seins.[1]

»Dies ist eine Kühltruhe. Darin habe ich sämtliche Vorräte eingesperrt, damit Siegfried nicht in Versuchung gerät, wenn ich nicht zu Hause bin. Aber den Schlüssel habe ich so gut versteckt, dass ich ihn nicht mehr finden kann. Deswegen brauchte ich einen Schmied. Und dann seid Ihr gekommen, ohne Euren Werkzeugkasten, was wiederum bedeutet, dass auch Ihr ein wenig vertrottelt seid.«

Gleich würde mir der Kragen platzen. Ich platzierte meine Hand auf seiner Brust und schob ihn sanft, aber bestimmt beiseite. Dann verpasste ich der Truhe einen Dampfhammer, der sich gewaschen hatte, und der Deckel brach entzwei. Von der Spannung befreit, sank die Kette mitsamt dem Schloss schlaff in der Kühltruhe zusammen. Im Innern herrschte nun ein heilloses, dafür aber frei zugängliches Chaos.

»Mein Gott!«, rief Schopenhauer aus, der gerade Zeuge eines empirischen Phänomens wurde.

In der Kühltruhe kamen jede Menge in Papier eingewickelte Päckchen zum Vorschein. Ich grapschte sie mir und kehrte mit vollen Händen in die Küche zurück. Beim bloßen Anblick der

---

[1] *»Die unerträgliche Leichtigkeit des Seins«* (Orig. *»L'Insoutenable Légèreté de l'être«*) *von Milan Kundera, 1984*

Pakete, die ich auf dem Tisch drapierte, erwachte der Zombie in seiner Livree zu neuem Leben. Beim Auspacken musste ich feststellen, dass der Inhalt kaum ausreichte, um etwas Anständiges zu kochen: ein paar Tomaten, ein kleines Fläschchen Öl, ein Mozzarella, ein Stück Thunfisch und sechs schwarze Oliven. Der Philosoph steuerte noch ein Brot bei, das er in einer Schublade versteckt hatte. Wenn er wenigstens so schlau gewesen wäre, es zusammen mit dem Rest in der Kühltruhe aufzubewahren. Stattdessen hatte er es nur in Papier eingewickelt und in die Schublade gesteckt ... mit dem Ergebnis, dass es furztrocken war.

Die Vorräte waren so mickrig, dass in mir der Verdacht aufkam, Schopenhauers Askese sei nur ein Vorwand, nicht so viel Geld, das er ohnehin nicht hatte – erfolglos, wie er war –, für Essen auszugeben. Aber wahrscheinlich wäre er selbst als Wohlhabender nie auf die Idee gekommen, das Geld auf den Kopf zu hauen.

Während Schopenhauer nun mit verdrießlicher Miene auf und ab lief, spulte er wieder die gleiche Leier ab: »Überlegt Ihr gerade, wo Ihr Euren Werkzeugkasten vergessen habt? Ich verstehe Euch: Ich kann mich selbst nicht erinnern, was ich mit dem Schlüssel gemacht habe. Auch wenn Ihr das Problem mit nackter Gewalt gelöst habt, bleibt das philosophische Dilemma dennoch bestehen:

Ist der Werkzeugkasten tatsächlich Realität oder ist er es nur, weil wir ihn dank unseres Tastsinns und Gehirns, auf die wir uns aus Gründen der Nützlichkeit verlassen, als solche erleben? Aber kann man die Welt auf den reinen Nutzen reduzieren oder existiert eine transzendente Realität, die ...«

»Ich hab's! Fresella! Auch ›Caponata Napoletana‹ genannt ...«

Ich hatte endlich eine Lösung gefunden: Selbst mit so wenigen Zutaten konnte man ein lukullisches Mahl zaubern.

»›Caponata‹ hat außerdem den Vorteil, dass es schnell zubereitet ist. Man braucht nur ein bisschen Fresella – trockenes Brot – und ein paar Zutaten wie diese hier.«

ZUTATEN

- 2 BIS 3 TOMATEN
- NATIVES OLIVENÖL
- MOZZARELLA
- THUNFISCH
- SCHWARZE OLIVEN
- TROCKENES BROT
- SALZ
- BASILIKUM

Ich nahm das Brot und hielt es unter den Wasserhahn, aber ohne es vollkommen durchzuweichen, nur so lange, bis man es wieder kauen konnte. Dann legte ich es auf einen Teller, wartete, bis das Wasser absorbiert war, und gab noch ein wenig Wasser darüber. Die Menge an Wasser hängt davon ab, ob man es lieber suppig mag, sodass man es mit der Hand zerquetschen kann, oder mit etwas Biss. Mir ist es mit Biss lieber. Als Nächstes gab ich die Mozzarella-Stückchen, Tomaten, den Thunfisch und die Oliven in eine Schüssel und machte alles mit Öl an. Die *salsa* ließ ich ein paar Minuten durchziehen und richtete sie anschließend gemeinsam mit den Brotstückchen auf einem Teller an. Das Ganze rundete ich mit ein wenig Basilikum ab.

»Und siehe da, fünf Minuten und Siegfriedos Infusion ist fertig!«

Ich schob dem alten Diener ein Stückchen Fresella zwischen die Kiemen. Vor lauter Glück, wieder etwas zu essen zu bekommen, musste er angesichts des unverhofften Genusses weinen und konnte nichts weiter äußern als ein zufriedenes Seufzen.

»Ihr habt alles ruiniert: Siegfrieds Gesicht ist nicht mehr das eines Asketen, seht nur!«

Ich brachte den Philosophen zum Schweigen, indem ich ihm ebenfalls einen Bissen in den Mund schob und er erst mal mit Kauen beschäftigt war. Die Macht eines Leckerbissens wird stets von jenen unterschätzt, die *nicht* wissen, dass sie nicht wissen, welch ein Genuss ein Bissen Fresella ist. Tatsächlich wollte sich

Arturo unauffällig Nachschlag nehmen und begann nonchalant zu plaudern: »Mmh, köstlich, dieses Fresella oder Frisella. Wie heißt es noch mal genau?«[1]

»Nenn es, wie du willst ... Aber: Hände weg! Erst die Arbeiter!« Mit diesen Worten gab ich ihm einen Klaps auf sein kleines Händchen. Siegfried, der vor perfider Zufriedenheit regelrecht strahlte, sollte schließlich auch noch was davon haben.

»Ähem ... nun gut, das scheint mir richtig, schon aus Respekt vor dem Alter«, sagte Schopenhauer wenig überzeugt. »Von wem habt Ihr das Rezept? Von Eurer Frau vermutlich.«

»Nein, von meinem Vater. Er liebte dieses Gericht und hat es mir beigebracht.«

»Aha, der Schmied ist der Sohn eines Kochs. Jetzt weiß ich, woher Euer Improvisationstalent in der Küche kommt.«

»Nein, mein Vater war kein Koch, sondern ein Industrieller aus Neapel.«

»Neapel?! Das kenne ich, dort habe ich mich eine Weile aufgehalten ... Aber warum seid Ihr dann nicht auch ein Industrieller geworden?«

»Tja, der Krieg! Bei den Bombardierungen wurde seine Fabrik zerstört und ...«

»... Und dann ist Euer Vater Koch geworden, verstehe.«

»Er ist ganz und gar nicht Koch geworden. Wir sind nach Südamerika ausgewandert und haben von vorne angefangen.«

»Ah, dem entnehme ich, dass Ihr nicht in die Fußstapfen Eures Vaters getreten seid. Denn Ihr seid kein Industrieller, sondern Schmied geworden. Ich verstehe Euch, sehr gut sogar: Ich habe es genauso gemacht. Mein Vater war ein Händler aus Danzig, und wenn es nach ihm gegangen wäre, würde ich jetzt seinen Beruf ausüben, anstatt das zu tun, was mich am meisten erfreut. Zum Glück hat er das Zeitliche gesegnet und mir eine ansehnliche Erbschaft hinterlassen.«

---

[1] Im Italienischen eigentlich »la frisella«, im neapolitanischen Dialekt aber »la fresella«

Es war zwecklos, diesem großen Intellektuellen irgendetwas begreiflich machen zu wollen. Und was noch schlimmer war: Während ich mir bei meinen Erklärungsversuchen ein Bein ausriss, hatten er und Siegfried die Teller leergeputzt. Ich musste mich mit den wenigen in Öl getränkten Krümeln zufriedengeben, die übrig geblieben waren. Aber es machte mich froh, zu sehen, dass der Diener nun immer weniger aussah wie ein Gespenst. Er hatte wieder Farbe im Gesicht. Am Ende hatte ich mich für einen edlen Zweck geopfert und darüber war ich mehr als glücklich.

Doch zu meinem Elend, nicht aufwachen zu können, hatte sich ein weiteres wohlbekanntes Übel gesellt: Das Bewusstsein, dass es mir nie gelingen wollte, das, was ich kochte, auch zu essen. Zumal ich jetzt, da Maria weit weg war, auf sämtliche italienische und ausländische Diäten hätte pfeifen können, was im wachen Zustand ein Ding der Unmöglichkeit war.

Schopenhauer leckte sich mit jener aufgeblasenen Miene, die ich in dieser Nacht ein wenig zu oft gesehen hatte, die Öl- und Tomatenreste von den Fingern: »Hervorragend! Schade nur, dass ich das nicht schon früher in Neapel gekostet habe.«

»Aber entschuldige mal, Prof, du warst in Neapel und hast nicht gegessen? Was hast du denn dann dort gemacht? Also wirklich! Ich sage ja immer: Wer reist, der speist. Eine der ersten Sachen, die man macht, wenn man nach Neapel kommt, ist, die berühmte Küche zu genießen.«

»Leider nein! Das Studium und die Arbeit haben meine ganze Zeit in Anspruch genommen, sodass keine Zeit blieb, mich mit Neapels kulinarischen Genüssen aufzuhalten, aber dafür habe ich mich im Spanischen Viertel verirrt. Nur dank einer Gruppe von Straßenkindern – *scugnizzi*, wie Ihr sie nennt – habe ich wieder herausgefunden. Sie begleiteten mich bis zu meiner Pension, wo ich zu spät bemerkte, dass sie mir auf dem Weg mein Portemonnaie, meinen Stock, meinen Hut und sogar meine Brille geklaut hatten. Ein phänomenales Geschick!«

»Nenn es ruhig ›*transzendental*‹!«

»Ist Euch das auch schon einmal passiert?«

Ihr werdet es nicht glauben, aber mit den Jahren wurde ich zu einem echten Gesundheitsnarr – und das fast wie von selbst. Ich rauche nicht mehr und bin auf Diät. Jetzt esse ich jede Menge Obst und Gemüse.

Orangen mag ich besonders gern – Gott sei Dank sind die in Italien ausgezeichnet! Ich hab selbst ein paar Bäumchen auf meiner Terrasse bei mir zu Hause, was für mein tägliches Wohlbefinden durchaus wichtig ist.

Von wegen Diät! Hinterm Rücken meiner Frau bereite ich mir eine schöne Portion Tomatensoße mit nativem Olivenöl und Basilikum zu. Der Topf für die Spaghetti ist auch schon aufgesetzt.

Ich mache alles selbst,
so kann ich mich nicht über
die Pasta beschweren.
Ich empfehle: al dente!

Es handelt sich hierbei um die »Mittelmeer-Diät«:
Spaghetti, Spaghetti und noch mehr Spaghetti!
Mit einem guten Glas Rotwein und frischem Brot –
eigentlich ganz simpel, aber immer wieder herrlich.
Das hat sogar die Philosophen überzeugt!

Mal kosten? – Wenn ich nicht mindestens einen Teller Spaghetti am Tag esse, fühle ich mich einfach schwach. Das Problem ist nur, dass die frische Tomatensoße überall herumspritzt und das Hemd so normalerweise nicht lang weiß bleibt. Guten Appetit!

»Nein, aber ich habe mich von ihnen adoptieren lassen. Ich war einmal dort, um einen Film zu drehen ... also um zu arbeiten. Da war diese Gruppe von Straßenkindern, die jeden Tag vorbeikam und mir zusah ... Am Ende erklärten sie mir, sie hätten mich lieb gewonnen und beschlossen, mich als ›Papa‹ zu adoptieren. Und unter diesem Vorwand baten sie mich jedes Mal, wenn ich mit der Arbeit fertig war, um Geld.«

»Wie naiv!«

»Falsch: Ich habe den Naiven gespielt, um nicht abgezogen zu werden wie du. Ich war immerhin mehr Neapolitaner als sie und vor allem schon viel länger. Indem ich mitspielte, konnte ich vermeiden, dass sie mir auch alles klauen, inklusive Brille. Einer der *scugnizzi*, der Anführer, war ernsthaft besorgt um meinen bevorstehenden Tod. Als er erfuhr, dass ich 40 Jahre alt war, sagte er tieftraurig zu meiner Frau: ›Wie schlimm, dass er sterben muss!‹ In seinen Augen war ich ein Methusalem.«

Schopenhauer und Siegfried brachen in schallendes Gelächter aus, ich lachte mit und zeigte ihnen die geschlossene Faust mit ausgestrecktem Zeigefinger und kleinem Finger: »Ich machte so mit der Hand, eine Vorkehrung, um das Unheil abzuwenden. Aber heute kann ich sagen, dass mir das böse Omen nur Gutes beschert hat. Inzwischen sind noch einmal mehr als 40 Jahre vergangen und ich bin immer noch hier. Wenn ich daran zurückdenke, muss ich lachen und bin immer wieder fasziniert von dieser naiven Unschuld, die sich in Kindern verbirgt, selbst wenn sie diebischer und schlauer sind als du und ich zusammen ... Nein, wohl eher als du, mein Lieber.«

Einen Augenblick lang sah er mich böse an, doch das Essen hatte ihn zu sanft gestimmt, als dass er sich hätte aufregen können. Also leckte er sich nur weiter die Finger ab und sagte: »Ach ja, wenn wir nur *geflügelte Engelsköpfe ohne Leiber*[1] wären, könnten wir diese kleinen Freuden überhaupt nicht genießen in dieser Odyssee des Lebens, das Schmerz ist.«

---

[1] *»Die Welt als Wille und Vorstellung«* von Arthur Schopenhauer, 1819

»Bitte fang nicht wieder damit an, Prof. Der einzige Schmerz hier ist ja wohl meiner: Ich bin leer ausgegangen und die Vorräte sind alle aufgebraucht.«

»Dabei habe ich Euch doch ein Kompliment gemacht! Denn Eure kulinarische Improvisation bekräftigt meine These. Wollt Ihr sie hören?«

»Habe ich eine Wahl?«

Er stand auf und begann vor uns auf und ab zu laufen, als wären sein Diener und ich Studenten in seinem Vorlesungssaal: »Es ist ganz einfach. Zwei Elemente sind unabdingbar, damit wir uns die Welt vorstellen können: das *Subjekt*, also der Erkennende, nämlich wir, und das *Objekt*, das zu erkennende Ding. Aber der Sinn der Welt – beziehungsweise der Übergang von der Welt, wie wir sie uns vorstellen, zu dem, was sie jenseits dessen ist – würde sich nicht erschließen, wenn der Forschende lediglich ein reines *Subjekt* wäre – das, was ich als ›beflügelten Engelskopf ohne Leib‹ bezeichne. Es ist also auch dem Physischen, der körperlichen Handlung, dem Bedürfnis, dem Appetit und nicht nur der abstrakten Reflexion zu verdanken, dass wir die Welt erkennen können.«

Siegfried, dessen Stimme inzwischen einigermaßen hörbar war, flüsterte mir ins Ohr: »Könnt Ihr Euch vorstellen, dass ich den lieben langen Tag mit dem zubringen muss? ... Aber jetzt mal von Arbeiter zu Arbeiter: Tausend Dank!« Ich klopfte ihm solidarisch auf die Schulter und meinte das Geräusch brechender Knochen zu hören, aber der Alte beklagte sich nicht. Das Essen hatte ihn wenigstens ein bisschen aufgepäppelt.

»... Und obwohl ich an meiner Kritik an Hegel festhalte, ist in meiner Philosophie eine Annäherung an das Denken dieses Scharlatans erkennbar: Nämlich, dass nur die Unendlichkeit real ist, während das Endliche, die reale Welt, lediglich eine schlechte Kopie davon ist. Da fällt mir ein –«, er drehte sich ruckartig zu mir um, »wünscht Ihr ein Exemplar meines Buchs, vom Autor signiert?«

Ich wollte ihm schon sagen, dass er sich das Buch sonst wohin schieben kann, doch Siegfried trat mir unter dem Tisch gegen das Bein und sah mich mit flehendem Blick an. Er wollte verhindern, dass der Denker wieder hysterisch wurde und die Fastenkur fortsetzte, und das wollte ich auch. Also tat ich dem Diener den Gefallen.

Mit einem gezwungenen Lächeln, das ich bereits in dem ein oder anderen meiner Filme aufgesetzt hatte, teilte ich Schopenhauer meine Begeisterung mit. Schnell wie der Blitz verschwand Arturo im Arbeitszimmer, um mit einem Exemplar von *Die Welt als Wille und Vorstellung* wieder aufzutauchen. Nachdem er mich nach meinem Namen gefragt hatte, schrieb er folgende Widmung hinein:

Für Bud,

einen ausgezeichneten Koch sowie exzellenten Schmied.

Arthur Schopenhauer.

Berlin, 3. April 1820.

Donnerwetter!

Dieses Exemplar wäre heute ein Vermögen wert! Wäre es nur kein verflixter Traum gewesen …

»Ähm … Ich gebe es Euch als Honorar für Euren tatkräftigen Einsatz an der Truhe, ja?«

Mein Freund hier steckte in wirtschaftlichen Schwierigkeiten, etwas, was ich nur zu gut kannte: Er konnte nicht ahnen, dass ich 148 Jahre später ins Filmgeschäft hineinstolpern sollte – nachdem ich mehrere Arbeitsversuche unternommen hatte, die allesamt gescheitert waren, und eine Familie gegründet, die ernährt werden wollte. Ich nahm die Rolle in *Gott vergibt … Django nie!* damals gegen ein bescheidenes Sümmchen an, das aber wie gerufen kam, um einige Raten des Kredits für das Haus abzubezahlen. Doch Arturo das zu erklären, wäre zu kompliziert gewesen. Bis zur Geburt des Films waren es 1820 noch einige Jahrzehnte. Daher schwieg ich und behielt meine Solidarität mit ihm, vor allem aber mit seinem Diener, für mich.

»Einverstanden, Herr Professor, ich nehme das Buch als Bezahlung an. Es tut mir leid, dass deine Truhe dabei draufgegangen ist, aber jetzt muss ich wirklich gehen.«

»Kein Sterbenswörtchen davon zu Hegel, versprochen?«

»Versprochen. Aber dafür musst du mir versprechen, dass du Siegfried nicht mehr als Versuchskaninchen missbrauchst. Es ist auch nicht nötig: Glaub mir, dein Denken wird überall auf der Welt gelehrt werden, deine Werke werden sich verkaufen wie geschnitten Brot und außerdem in alle Sprachen der Welt übersetzt werden.«

»Ihr schmeichelt mir, aber habt Dank. Die Hoffnung stirbt zuletzt.«

»Nicht ganz, du wirst vorher sterben. Tatsächlich wirst du erst posthum zu Ruhm kommen.«

Der Philosoph erstarrte zu Stein und zog dann bedrohlich die Augenbrauen zusammen – wenn Blicke töten könnten!

Es war mal wieder zu spät, um mir auf die Zunge zu beißen.

Die Stille war erdrückend und peinlich, es war unmöglich, den Fauxpas wiedergutzumachen. Doch das offene Fenster hinter mir bot einen willkommenen Fluchtweg. Da fiel mir ein, dass man, wenn man im Traum irgendwo hinuntersprang, kurz vor dem Aufprall plötzlich wach wurde. Und vielleicht war das tatsächlich die einzige Möglichkeit, in meinem eigenen Bett aufzuwachen und dem Spuk ein für alle Mal ein Ende zu setzen. Ich winkte dem Posthumen und seinem Nibelungen mit meiner großen Pranke zum Abschied. Dann nahm ich, gefolgt von ihren verblüfften Blicken, Anlauf und sprang mit einem Köpper aus dem Fenster.

Unnötig hinzuzufügen, dass Schopenhauer keinen Finger rührte, um mich aufzuhalten.

KAPITEL 9

PASTIERA ALLA SIGMUND

Der Traum vom Traum einer Hochzeitstorte

Bedeutende Philosophen gibt es viele, doch manche von ihnen sind so einflussreich, dass ihre Namen zu Adjektiven wurden. Adjektive, die in die Alltagssprache eingegangen sind.
Nehmen wir zum Beispiel das Adjektiv »freudsch«.
Man hört es immer wieder: in Talkshows, in Literatur- und Filmkritiken, in Politik- und Sport-Artikeln, in Romanen, in Telefonaten (auch in den abgehörten), beim Friseur, im Restaurant. Und manchmal sogar in Texten zur Psychoanalyse, jener Wissenschaft, die Freud, der Vater der heimlichen Triebe, begründete.
Sigismund wurde 1856 in Freiberg in Mähren geboren und zog wenig später mit seiner Familie nach Wien, wo er aufwuchs und sich anschließend dem Studium der Medizin widmete. Er konzentrierte sich insbesondere auf psychische Erkrankungen, deren Ursache er in manchen Fällen in verdrängten psychologischen Traumata sah, die beim Kranken wiederum körperliche Beschwerden hervorriefen. Sein 1899 veröffentlichtes Werk *Die Traumdeutung* blieb anfangs unbeachtet und fand auch in den wissenschaftlichen Kreisen kaum Zustimmung. Der Durchbruch gelang ihm jedoch zwei Jahre später mit seiner Schrift *Zur Psycho-*

pathologie des Alltagslebens und einige Jahre darauf rief er die Wiener Psychoanalytische Vereinigung ins Leben.

Doch Freuds Theorien waren nicht ohne, und das wusste er: Als er 1905 zu Konferenzen nach Amerika reiste, wo er mit großem Beifall begrüßt wurde, soll er gesagt haben: »Wir bringen ihnen die Pest und sie wissen es nicht!« Er war sich vollkommen darüber im Klaren, dass seine Theorien nichts für zarte Seelen und alles andere als tröstlich waren.

In der von ihm gegründeten Gesellschaft blieben interne Meinungsverschiedenheiten nicht aus, insbesondere mit seinem Nachahmer Jung.

Freud haben wir die Entdeckung des *Unbewussten* mittels der Traumanalyse zu verdanken. Von ihm stammen außerdem die Begriffe des *Es, Ich* und *Über-Ich*, jene drei eigenständigen und doch miteinander verbundenen Instanzen, die die Persönlichkeit bilden. Alldem liegen der Lebenstrieb (*Eros*), nämlich Sex als Reproduktion einerseits, und sein Gegenpol, der Todestrieb (*Thanatos*), zugrunde. Auch der Ödipuskomplex, der uns schon eine halbe Ewigkeit verfolgt, ist seine »Schuld«.

Er starb 1939, spät genug, um die Entstehung des Films noch mitzuerleben, aber zu früh für die Bud-Spencer-Reihen: Schade, ich hätte gern seine Meinung dazu gehört, zumal er aussieht wie jemand, dem ein bisschen Lachen ganz gutgetan hätte.

(Aus dem Briefwechsel zwischen Dr. Sigmund Freud und seinem ehemaligen Schüler Dr. Carl Gustav Jung, mit freundlicher Genehmigung von der Wiener Psychoanalytischen Vereinigung:)

New York, den 20. Juli 1905

Lieber Carl,

obwohl Du der größte Neidhammel bist, der auf Erden wandelt, will ich Dir, und zwar Dir allein, dennoch jene bizarre Episode von letzter Nacht anvertrauen. Schließlich bist Du genau wie ich Traumforscher – und mein Schüler (wenngleich Deine fragwürdigen Resultate etwas anderes suggerieren). Wie auch immer: Ich habe letzte Nacht von »Bud Spencer« geträumt.
Jetzt willst du sicherlich wissen, wer das ist – tja, das frage ich mich selbst noch immer. Heute Morgen habe ich seinen Namen vergeblich im Lexikon gesucht, das mir der Hotel-Concierge netterweise beschafft hat. Aber dort fand ich nur einen Eintrag zu unserem berühmten Kollegen:

Spencer, Herbert, 1820 – 1903, britischer Philosoph mit naturwissenschaftlicher Ausrichtung.

Ich bezweifle stark, dass die beiden verwandt sind, zumal der »Spencer, Bud« trotz seines angelsächsischen Namens einen starken neapolitanischen Dialekt sprach.
Doch verzeih: Jetzt erst bemerke ich, dass ich über die Eile, Dir von meinem Traum zu berichten, die Regeln der brieffreundschaftlichen Höflichkeit völlig vernachlässigt habe. Ich habe Dich tatsächlich noch gar nicht gefragt, wie es Dir geht, auch wenn mich das nicht die Bohne interessiert. Angesichts unseres Streits über »das Unbewusste« in den Träumen und der Tatsache, dass Du mich in dieses Land fortgeschickt hast, können wir uns solche Höflichkeitsfloskeln aber, denke ich, auch getrost sparen und direkt zur Sache kommen.
Wie Du siehst, bin ich in dieses Land gereist – um eine ganze Reihe von Konferenzen abzuhalten, für die Du immer noch auf eine Einladung wartest. Das hast Du jetzt davon! Ich hoffe sehr, dass es Dir schlaflose Nächte bereitet. Schon um Deiner Gesundheit willen

solltest Du Dich endlich damit abfinden: Du warst ein sehr guter Schüler, aber ich bin und bleibe der Lehrer.

Dennoch finde ich es unterhaltsam, in einem Land über Psychoanalyse zu diskutieren, das im Vergleich zu Europa, der Wiege der Zivilisation, gerade erst geboren wurde. Es entstand aus jenem primitiven Schmelztiegel, den man den Wilden Westen nennt, wo Revolverhelden eine ganze Menge Menschen auf dem Hügel der blutigen Stiefel begraben haben.[1] In den Dörfern jenes Grenzlandes, »Frontier« genannt, herrschte ein einfaches, vitalistisches Leben, das von der rechten und der linken Hand des Teufels gelenkt wurde: Rechts hagelte es Pistolenschüsse, links Ohrfeigen.[2] Nicht nur Menschen, sondern auch die Engel aßen dort Bohnen.[3] Und als schließlich der Fortschritt das Land erreichte, erhoben sie alle gemeinsam ihre Fäuste für ein Halleluja.

»Barboni«[4] – bärtige Männer, die sich selten rasierten und nur in Begleitung von Pferden und Pistolen durchs Land strichen, das waren die Pioniere. Auch sogenannte »Zingarelli«[5] – Zigeuner und Vagabunden unterschiedlichster Herkunft – waren darunter. Doch allesamt waren sie zu halsbrecherischen Abenteuern imstande, die wie dafür gemacht waren, ein Publikum aus einfachen Individuen zu erstaunen. Ein Umstand, der eher auf das Wunder als auf die Analyse der Psyche zurückzuführen ist. An der Rezeption des Hotels, in dem ich residiere, nahm der müde Joe, den sie weiß Gott warum Mücke nannten, meine Daten in Steno[6] auf.[7] Da er zu schläfrig war, um sich meinen Namen zu merken, gab er mir den Spitznamen »Django«[8]. Doch als er mir dann von der Zeit des Wilden Westens erzählte, wurde er plötzlich lebendig. Er erklärte mir unter anderem, dass damals fünf gefürchtete Mordskerle genügten,

---

[1] »Hügel der blutigen Stiefel« (Orig. »La collina degli stivali«), 1969
[2] »Die rechte und die linke Hand des Teufels« (Orig. »Lo chiamavano Trinità«), 1970
[3] »Auch die Engel essen Bohnen« (Orig. »Anche gli angeli mangiano fagioli«), 1973
[4] Enzo Barboni (1922–2002), Kameramann und Filmregisseur
[5] Italo Zingarelli (1930–2000), Filmproduzent
[6] Stefano »Steno« Vanzina (1915–1988), Filmregisseur und Drehbuchautor
[7] »Sie nannten ihn Mücke« (Orig. »Lo chiamavano Bulldozer«), 1978
[8] »Django«, 1966

um in einer Stadt, in der alle außer Rand und Band waren, gründlich aufzuräumen.[1] Das Erstaunliche aber ist, so der Pförtner weiter, dass diese barbarische Lebensweise in manchen Grenzdörfern bis heute überlebt hat. Angeblich kommt man dort noch immer ganz gut ohne Kultur oder Introspektion aus.

Zu guter Letzt erklärte er mir noch feierlich, dass ich die letzte Rechnung selbst bezahlen würde, worauf mir ein »Halleluja!« entfuhr.[2] Die letzten Worte, die ich ihn – übrigens mit mexikanischem Akzent – sagen hörte, waren »Halleluja ... Amigo!«[3].

In dem Moment mischte sich Mr. Joseph Colizzi[4], der Direktor des Hotels, ein, der italienische Wurzeln hatte. (Was mich übrigens nicht sonderlich verwunderte: Amerika wurde im Grunde von einem Italiener entdeckt – so wie auch »John Martin«, eigentlich Giovanni Martini, der einzige Überlebende des berühmten Massakers an der von Cluster geführten 7. Kavallerie, Italiener war. Die Italiener sind überall, mein lieber Freund, sie begegnen einem in den undenkbarsten Situationen.)

Der Direktor erzählte mir außerdem von einer Gaunerbande namens »Vier für ein Ave Maria«[5], deren Fäuste nach Westen gehen, um auf der Seite der Schwachen zu kämpfen.[6] Doch sie bildeten nur einen kleinen Teil der unzähligen Banden, Pferdediebe und Abenteurer, die zu den Gründungsvätern Amerikas zählen. Wenn es hart auf hart kommt, verkaufen sie den Tod, und gläubig, wie sie sind, verlassen sie sich darauf, dass Gott ihnen alles vergeben wird.[7]

Und Gott vergibt ... aber Django nie.[8] Und ehrlich gesagt denke ich nicht, dass Amerika meine zweite Heimat wird, auch wenn mir die Besichtigungen zwischen den Konferenzen große Freude bereiten.

---

1 »Die fünf Gefürchteten« oder »Der Dampfhammer« (Orig. »Un esercito di 5 uomini«), 1969; »Zwei außer Rand und Band« (Orig. »I due superpiedi quasi piatti«), 1976
2 »Die letzte Rechnung zahlst du selbst« (Orig. »Al di là della legge«), 1967
3 »Halleluja ... Amigo« (Orig. »Si può fare ... amigo!«), 1971
4 Giuseppe Colizzi (1925–1978), Filmregisseur und -produzent
5 »Vier für ein Ave Maria« (Orig. »I quattro dell'Ave Maria«), 1968
6 »Eine Faust geht nach Westen« (Orig. »Occhio alla penna«), 1981
7 »Sie verkaufen den Tod« (Orig. »Una ragione per vivere e una per morire«), 1972
8 »Gott vergibt ... Django nie!« (Orig. »Dio perdona ... io no!«), 1967

Doch vor lauter Gequassel bin ich von dem eigentlichen Grund, aus dem ich Dir schreibe, abgekommen. Ich, der ich auf Reisen bin, wollte nur, dass Du, der Du in Wien feststeckst, vor Neid vergehst. Aber verzage nicht – wer weiß, vielleicht nimmt Dich Amerika eines Tages genauso freundlich auf wie mich.
Heute ich, morgen Du, wie man so schön sagt.[1]
Kehren wir also zu den Ereignissen der letzten Nacht zurück: Im Traum lag ich in meinem Bett und war kurz vorm Einschlafen, als es plötzlich einen lauten Schlag tat und ich vor Schreck aus dem Bett fiel. Benommen blickte ich zur Decke und in deren Mitte tat sich ein riesiges Loch auf, als wäre etwas Schweres aus großer Höhe in mein Zimmer gestürzt.

Dieses Etwas lag unter einem Haufen von Bauschutt in meinem Bett: ein riesiger Mann mit Bart, der sich irritiert umsah, allerdings nicht halb so irritiert wie ich.

Er klopfte sich den Staub ab, stand auf und fragte mich, wo er sei. Nachdem ich mich in aller Form vorgestellt hatte, stieß er eine Kaskade von neapolitanischen Schimpfwörtern aus, die ich Dir leider nicht übersetzen kann. Aber inhaltlich werden es die gleichen gewesen sein wie deine, als Du erfuhrst, dass man mich nach Amerika eingeladen hatte und Dich nicht. Er jedoch behauptete, er habe keine Einladung, sondern sei ungewollt im Traum bei mir gelandet. Einem Traum, aus dem er vergeblich versuche, aufzuwachen. Interessant.

»Wer zum Teufel seid Ihr?«, erkundigte ich mich.

»Ich bin kein Schmied und das hier ist nur ein Traum«, antwortete der Riese mit Nachdruck.

Weißt Du, was das heißt, mein geschätzter Carl Gustav Jung? Mein Traumgast wusste auf der Stelle, dass es nicht die Realität war, sondern ein Traum! Und das wiederum bekräftigt meine These: Der Traum ist nicht, wie gemeinhin angenommen, der Störenfried des Schlafs. Vielmehr wacht er über den Schlaf und beseitigt gerade den Störenfried. Auch wenn er den Schlaf scheinbar stört.

---

[1] »Heute ich ... morgen Du!« (Orig. »Oggi a me ... domani a te!«), 1968

»Wie könnt Ihr wissen, dass dieser Traum nur ein Traum ist? Der Mensch ist sich im Traum schließlich nicht darüber bewusst, dass er träumt«, fragte ich.
»Was für eine bescheuerte Frage! Ich weiß es, weil es mein Traum ist!«
Seine Antwort beunruhigte mich. Das würde ja bedeuten, dass ein vollkommen irreales Element demjenigen gegenüber, der es unbewusst im Schlaf erschafft, Ansprüche erheben kann.
Wie wir wissen – und wie sogar Du weißt – sind Träume die Exkremente der Realität. Häufig entspringen sie jener unbewussten Kraft, die ich als das »Es« bezeichne. Und dies wiederum geschieht, wenn das bewusste, wache »Ich« unter Traumata leidet, die dann im Schlaf wiederkehren. Die These habe ich bereits in meinen vor zehn Jahren veröffentlichten »Studien über Hysterie« vertreten. Ebenso wie die bis dahin noch unbekannte Theorie, dass physische Störungen das Ergebnis psychischer Probleme sein können.
Daher fragte ich mich also Folgendes: Was für ein Trauma muss ich als Kind erlebt haben und welche psychische Störung muss es hervorgerufen haben, dass ich nun mit einem Traum aus Fleisch und Blut sprach? – Aus sehr viel Fleisch, um ehrlich zu sein ...
Traumata hatte ich, sonst hätte ich die Psychoanalyse nicht erfunden, welche wiederum die Philosophie und so ziemlich alle Wissensgebiete beeinflusste (ICH, mein lieber Carl, was aus Dir werden wird, steht in den Sternen). Aber ehrlich gesagt kann ich mich nicht erinnern, etwas derart Dramatisches erlitten zu haben, dass ich mir einen regelrechten Elefanten zusammenträumte. Der noch dazu durch meine Decke kracht und direkt in meinem Bett landet ... Welche Bedeutung mag sich hinter all dem verbergen?
Halt! Einen Moment, mein verhasster ehemaliger Schüler: Ich weiß, was Du denkst! Und ich kann mir vorstellen, wie Du die ganze Geschichte herumtratschst und mit den heimlichen sexuellen Triebwünschen ausschmückst, die in den Träumen ausgelebt werden. Aber da bin ich Dir zuvorgekommen!
Wie immer, übrigens.

Es war so: Zunächst ging ich selbst davon aus, dass ich möglicherweise einen beschämenden erotischen Trieb in mir trug, dessen ich mir nicht bewusst war ... Leider aber machte ich den Fehler, diesen Gedanken laut zu äußern. Die Antwort des Riesen, die ohne Frage von seinem Kampftrieb inspiriert war, folgte prompt: eine Ohrfeige, die mich ein zweites Mal aus dem Bett und auf den Boden beförderte.

»Hey Freud, was um alles in der Welt willst du von mir? Hör zu, lass uns nicht lange rummachen: Sag mir, wo die Küche ist, dann koche ich Dir was zu essen und auf geht's zum nächsten Traum«, so der verrückte Riese.

Ich dagegen suchte unter dem Bett nach meinem Kopf, bis ich bemerkte, dass er trotz des Schlags noch fest auf meinem Hals steckte. Es ist absurd, wie deutlich man den physischen Schmerz im Traum wahrnimmt, mir tun noch immer die Ohren weh. Eine Sache, die ich für spätere Untersuchungen unbedingt in meinem Notizbuch festhalten muss.

Was immer seine Worte zu bedeuten hatten: Mir wurde klar, dass dieser riesige Supertyp[1] oder »big man«[2], wie man hier in Amerika sagen würde – oder auch Bigfoot, nach seinen enormen Plattfüßen zu urteilen – gewissermaßen für die Entladung meines »Über-Ichs« stand. Jene durch Erziehung geprägte Sphäre, die uns von klein auf formt und zensierend auf das »Es«, das Animalische in uns, einwirkt, wobei das bewusste »Ich« als Vermittler zwischen den beiden fungiert.

»Die Küche ist unten, Großer, bitte ... Das ist ein Hotel, versteht Ihr?«

»Das Gleiche kann man von meinem Haus heute Nacht auch sagen ...«

Frag mich nicht, was er damit meinte. Jedenfalls führte ich ihn in die Küche und erläuterte ihm unterwegs in groben Zügen mein Denken.

---

[1] »Zwei Supertypen in Miami«, (Orig. »Detective Extralarge«), 1990–1993
[2] »Jack Clementi – Anruf genügt ...« (Orig. »Big Man«), 1988–1989

»… Von diesen drei Kräften, die ich als das ›Ich‹, das ›Über-Ich‹ und das ›Es‹ bezeichne, gedrängt, aktivieren wir bekanntermaßen die Sublimierung und die Verdrängung. Das heißt, wir wandeln das Ziel unseres Triebwunsches von einem sozial unverträglichen in ein sozial verträgliches um, wodurch wir ihn befriedigen und entfernen, ja gewissermaßen austreiben können. Indem ich also Eurem kulinarischen Trieb nachkomme, mein lieber Großer, befriedige ich symbolisch einen anderen, noch beschämenderen Trieb. Dieser Trieb ist ein Teil von mir, doch ich möchte mich lieber nicht darüber äußern …«

»Hör mal, lieber Freud: Ich schätze dich und ich habe persönlich auch nichts gegen Triebe einzuwenden, jeder muss selbst sehen, wie er glücklich wird. Aber ohne andere zu belästigen, sonst vergesse ich mein ›Über-Ich‹ und verpasse dir eine ›Über-Ohrfeige‹, dass dir die von vorhin süß wie eine Pastiera erscheinen wird.«

»Was genau ist eine ›Pastiera‹, mein lieber Großer?«

»Das wirst du bald selbst kosten … Wo ist denn nun die Küche? Dieser Flur ist so lang, dass das Buch fertig sein wird, bevor wir jemals dort ankommen.«

»Von welchem Buch sinniert Ihr?«

»Von dem, das ich über diese elend lange Nacht schreiben werde! Und jetzt reicht's mit den Fragen, ich hab Hunger. Wann sind wir endlich da?«

Ich konnte die Ungeduld des geträumten Riesen ja verstehen, immerhin liefen wir schon eine ganze Weile durch diesen dunklen, gewundenen Flur des Erdgeschosses. Er rief in mir eine vage Erinnerung hervor, die ich meinem bärtigen »Es« auch sogleich mitteilte:

»Wisst Ihr was, Mr. Spencer? Dieser Ort erinnert mich an eine Episode aus meiner Kindheit. Mein Kindermädchen, ein jungfräuliches Mädchen, ging einmal mit mir in Freiberg, meiner Geburtsstadt, in den Vergnügungspark. Dort gab es ein Karussell mit einem Postwagen aus dem Wilden Westen, in den sie mich hineinsetzte … Doch sie vergaß, mich wieder abzuholen. Ich hatte eine Riesenangst, zumal ich dort sehr lange allein im Dunkeln saß.«

»*Sie hat dich also sitzen lassen, ja? Na ja, wirklich wundern tut es mich nicht.*«

»*Nein, nein, zieht keine voreiligen Schlüsse, guter Riese! Sie war nur losgegangen, um mir Zuckerwatte zu kaufen, zusammen mit einem vornehmen Herrn, einem Feuerschlucker, den sie dort kennengelernt hatte. Doch die Schlange am Süßigkeitenstand war offenbar sehr lang und zu allem Übel ging es dort wohl auch ziemlich wild zu. Jedenfalls kam mein armes Kindermädchen völlig zerzaust und schweißgebadet bei mir an. Auch ihre Kleider, die sie hastig zurechtrückte, waren in dem Getümmel offenbar verrutscht. Doch sie lächelte übers ganze Gesicht – wahrscheinlich vor Freude, mich wiedergefunden zu haben.*«

»*Jetzt verstehe ich, was es mit dem Trauma auf sich hat …*«

Er klopfte mir solidarisch auf die Schulter, was mir gar nicht gefiel. Schließlich sollte ich auf den Traum eingehen und nicht er auf mich. Also führte ich die Sache noch ein wenig aus:

»*Ihr glaubt mir nicht? Mein Kindermädchen und ihr Freund, der Feuerschlucker, gerieten häufig in solch unvorhersehbare Situationen. Einmal verspätete sie sich, nachdem sie mich im Zirkuszelt abgesetzt hatte. Ein anderes Mal wiederum überredete sie mich, ins Spiegelkabinett zu gehen, in dem ich mich hoffnungslos verirrte und links und rechts gegen die Verzerrspiegel lief. Aber wenn sie mich am Ende abholte, hatte sie jedes Mal das gleiche Lächeln im Gesicht und wirkte erschöpft, als wäre sie durch dick und dünn gegangen, um ans Ziel zu gelangen. Erst viele Jahre später, als ich erwachsen war und diese Episoden im Lichte meiner Studien analysierte, fand ich den wahren Grund dafür heraus: Das Kindermädchen vergaß mich nur deswegen immer wieder irgendwo, weil die Wiedersehensfreude jedes Mal so groß war. Ein unbewusster Trieb!*«

»*Aber sicher. Ganz schön schlau, die ›Jungfrau‹!*«

Der Riese wirkte nicht restlos überzeugt von meiner Diagnose, denn er klopfte mir ein weiteres Mal tröstend auf die Schulter – weshalb, frage ich mich noch immer.

Doch ich beschloss, alle weiteren wissenschaftlichen Ausführungen diesbezüglich auf später zu verschieben, da wir endlich die

Küche gefunden hatten. Das hättest Du sehen sollen, lieber Carl, wie dieser Bud Spencer die Regale verwüstete, in Schränken herumstöberte und eine Sache nach der anderen auf den Tisch knallte! Dabei veranstaltete er einen Höllenlärm und schnaubte genervt wie jemand, der zum hundertsten Mal etwas tat, wovon er längst die Nase voll hatte.

In dem Moment, als ich den wachsenden Berg an Kochgeschirr auf dem Tisch vor mir sah, begriff ich schlagartig den Sinn meines Traums: Der Riese wollte die Methode der freien Assoziation mit mir durchführen, welche ich auch bei meinen Patienten anwende. Ich zeige ihnen Dinge oder Symbole und sie müssen, ohne nachzudenken, sagen, was ihnen dazu einfällt. Auf diese Weise wird die Barriere der Zensur überwunden und die Patienten fühlen sich befreit. Das musste der Grund gewesen sein, weshalb Mr. Bud Spencer den Tisch wahllos mit Gegenständen zustellte!

»Kreis!«

Bei meinem Ausruf, der sich auf eine Pfanne bezog, blickte der Prüfer ratlos auf das Sammelsurium an Utensilien und erwiderte vage: »Ich weiß nicht, wenn du mich fragst, ist das eine Pfanne und Pfannen sind für gewöhnlich rund, mein lieber Freud.«

»Wasser!«

Auch auf diese Assoziation, die das Glas in mir auslöste, welches er vor mich auf den Tisch stellte, gab Mr. Spencer eine nur scheinbar triviale Antwort.

»Das musst du dir schon selber holen. Der Wasserhahn ist dort drüben, das wirst du wissen ... Ich hab zu tun.«

Kein Zweifel: Mit meiner Freimütigkeit weckte ich den verborgenen Scharfsinn meines Traum-Gegenübers und er führte mich absichtlich in die Irre, um dadurch meine geheimsten Triebe zu entlarven. Doch da ich mir zuvor mit meinem Geständnis bereits eine Ohrfeige eingefangen hatte, fiel ich nicht darauf herein. Und so sagte ich, als er einen Kerzenständer in die Mitte des Tisches schob, einfach das Erste, was mir in den Sinn kam:

»Armleuchter!«

...

Während ich kurz darauf meine beiden Schneidezähne vom Boden aufsammelte, wurde mir Folgendes klar: Jenes riesige »Es« war von der Sorte, die anfällig für Missverständnisse ist und gern die Fäuste schwingt. Ich versuchte vergeblich, ihm meine Assoziation zu erklären. Der Kerzenständer erinnerte mich an den Armleuchter, welcher bei mir zu Hause auf dem Wohnzimmertisch steht. Ein Gegenstand, der mir sehr am Herzen liegt, weshalb ich sofort an ihn denken musste und meine Assoziation laut aussprach. Der Riese jedoch verstand mich offenbar falsch und schlug mir seine Faust ins Gesicht.

Jedenfalls wurde durch diesen erneuten Akt der Brutalität meine neugeborene Theorie bekräftigt, die ich bereits nach dem ersten Schlag oben im Schlafzimmer aufgestellt hatte: In manchen Träumen ist der physische Schmerz genauso heftig wie im wirklichen Leben. Vor allem, wenn man es darin mit so einem »Es« zu tun hat, wie ich letzte Nacht. Daher beschloss ich, nicht weiter nach einer Bestätigung meiner These zu suchen, und gab mich stattdessen voll und ganz mit der empirischen Ebene zufrieden.

Jetzt pass auf und mach Dir Notizen, Carl. Das folgende Rezept konnte ich anhand der Dinge, die der Riese aus dem Kühlschrank und den Vorratsschränken holte, genauestens nachverfolgen. Und ich bin fest davon überzeugt, dass sich daraus nach eingehender Interpretation der »Königsweg« zur Entschlüsselung des Unbewussten ableiten lässt.

ZUTATEN

• 1 KILO TIEFGEFRORENER MÜRBETEIG

(*Mögliche Interpretation: Auftauen der verborgenen Triebe;
der Riese warf ein, dass man den Teig auch selber machen könne,
er habe jedoch weder Zeit noch Lust dazu.*)

- **700 GRAMM RICOTTA AUS SCHAFMILCH**

(Schaf als Zeichen sozialer Unterwerfung? Der Riese scheint mir nicht gerade wie jemand, der sich unterwirft. Was soll's! Machen wir weiter …)

- **400 GRAMM GEKOCHTER WEIZEN**

- **1 ZITRONE**

(Zitrone als Symbol für die Bitternis des Lebens. Den Riesen nach seiner Meinung gefragt. »Mach, wie du denkst« war seine Antwort. Ergo: Die Zitrone als Symbol für Willensfreiheit? Wer weiß?!)

- **600 GRAMM ZUCKER**
- **50 GRAMM ORANGEAT**
- **50 GRAMM ZITRONAT**
- **30 GRAMM SCHMALZ ODER BUTTER**
- **100 MILLILITER MILCH**
- **5 EIER, DAVON 2 EIGELB**
- **1 ESSLÖFFEL ORANGENBLÜTENWASSER**

(Orangenblüten als Metapher für die Ehe? Antwort des Riesen: Er scheiße auf Metaphern. Ergo: Zutat lässt sich als gesunde Gleichgültigkeit gegenüber Konventionen interpretieren.)

- **EIN PÄCKCHEN VANILLEZUCKER**
- **EINE PRISE ZIMT**

Der Zimt sei optional, so mein »Es«, das sich übrigens nicht die Mühe machte, mir die einzelnen Schritte zu erklären, da er wie gesagt müde und auch etwas aufgebracht war. – Dies wiederum lässt sich als eine vom »Ich« vermittelte Herausforderung meines »Über-Ichs« durch mein »Es« interpretieren. Und dieses »Ich« beschreibt Dir, lieber Carl, nun seine Beobachtungen. Dabei habe ich einige kleine Stichpunkte für spätere Überlegungen eingestreut.

1. Zunächst wird der Mürbeteig bei Zimmertemperatur aufgetaut. (Metapher für eine soziale Starre, die aufgelockert

werden muss, damit die Libido freigesetzt wird? – Müssen wir drüber nachdenken.)
2. *Milch, gekochter Weizen, Butter und geriebene Zitronenschale werden in einen Topf gegeben und gekocht, bis eine cremige Masse entsteht. Dieser Vorgang dauert circa zehn Minuten.*
3. *Nun werden die restlichen Zutaten verarbeitet: Drei Eiweiß werden steif geschlagen, zwei Eigelb mit Ricotta, Zimt, kandierten Früchten und dem Orangenblütenwasser verrührt.*
4. *Dann gibt man die Weizenmasse dazu und hebt das Eiweiß darunter. (Das wiederkehrende Element der Zitrone, die mit kandierten Stückchen vermengt wird. – Könnte als Aufforderung verstanden werden, der Bitternis des Lebens einen Hauch von Vergnügen beizumischen?)*
5. *Man nehme den aufgetauten Mürbeteig und rolle ihn mit dem Nudelholz aus, bis er circa einen halben Zentimeter dick ist.*
6. *Der Teig wird in einer mit Butter eingefetteten Backform ausgelegt, der überstehende Rand abgeschnitten, ebenfalls ausgerollt und in Streifen geschnitten. Die Füllung auf den Teig in der Backform geben und die Streifen gitterartig darüberlegen.*
7. *Bei 180 Grad im Ofen backen, bis sich die Oberfläche bernsteinfarben färbt (ungefähr 90 Minuten). Dann abkühlen lassen und mit etwas Puderzucker bestäuben.*

Das Ergebnis dieses Prozesses ist die wunderbare »Pastiera Napoletana«, die sich im Kühlschrank vier bis fünf Tage hält.
   Als er sie mir vorsetzte, versank ich zwei Minuten lang in andächtigem Schweigen, bevor ich meinem »Es« etwas entgegnen konnte. Währenddessen starrte es mich an, als fragte es sich, was zum Teufel ich da machte. (Notabene: Der Genauigkeit halber, lieber Carl, gebe ich auch den Sprachfehler wieder, der durch meine neu erworbene Zahnlücke entstanden ist.)

»Ja, jetzʼ verſteh ich: Der Puderzucker liegt wie ein weißer Schleier auf der ›Paſtiera Napoletana‹ und verweiſt auf die Ehe – eine weiße Hochzeit mit Orangenblüten und Hochzeitſtorte. Dieſen Kuchen zu eſſen, iſt folglich ein Symbol für den Bund der Ehe mit Euch, meinem ›Eſ‹.«

Da schleuderte er mir prompt den Kuchen ins Gesicht und erklärte mir anschließend, dass er mich nicht heiraten würde. Denn erstens widere ihn mein Gespucke – der Zahnlücke geschuldet – an und zweitens habe er bereits eine Ehefrau. Daraus leitete ich ab, dass mein lieber irrationaler und ungestümer Trieb zwar austeilen konnte wie ein Hafenarbeiter in Caracas, aber nicht viel von Bigamie hielt. Doch dieses Mal sagte ich nichts.

Wahrscheinlich waren die vielen komplexen Symbole schuld daran, dass mir der Kopf schwirrte und ich mich in einen Zustand spekulativen Indeterminismus versetzt fühlte. Pastiera-Krümel fielen mir von der Stirn und landeten vor mir auf dem Tisch. Schließlich brach ich das Schweigen.

»Ich weiß einfach nicht, waſ ich machen ſoll.«

»Warum machst du nicht einfach das, was jeder andere auch mit einem Kuchen machen würde, mein lieber, intuitiver Freud?«

Nach weiteren Minuten des Nachdenkens, die mir wiederum weitere Demonstrationen jenes schlagkräftigen Empirismus ersparten, kam ich schließlich darauf.

»Halleluja, ich habʼſ begriffen: Ich ſoll die Paſtiera eſſen!«

Der Riese applaudierte.

»Das war doch gar nicht so schwer, oder? Du musst wirklich eine schwere Kindheit gehabt haben, lieber Sigmund. Hast Du denn nie was Süßes bekommen?«

»Doch, doch, der Konditor gehörte gewiſſermaßen zur Familie. Aber das Schickſal war einfach nicht auf meiner Seite. Wenn meine Eltern weg waren, schloſſen ſich der Konditor und mein Kindermädchen stundenlang in der Küche ein. Und wenn ſie wieder raufkamen, hatte ſie daſ gleiche Lächeln im Geſicht wie damalſ, alſ ſie mich im Karuſſell vergaſ. Aber von Kuchen keine Fpur. Der Zufall wollte eſ wohl ſo.«

»Ja klar, der ›Zufall‹. Iss nur in Ruhe und denk nicht mehr darüber nach.« *Und damit klopfte mir mein »Es« zum hundertsten Mal tröstend auf die Schulter. Dann begleitete er mich in mein Zimmer zurück und deckte mich mit einem väterlichen Lächeln im Gesicht zu, das mir sehr guttat. Ich hörte ihn noch bis drei zählen und genau bei drei wachte ich auf. Natürlich war er nicht mehr da, doch ich stand rasch auf, reckte mich und begann sofort diesen Brief, bevor der Alltag mich einholen und der Traum verblassen konnte.*

Und während ich mir all dies nun noch einmal bei klarem Verstand durch den Kopf gehen lasse, kommt mir ein Gedanke: Wenn wir Denker uns mehr um die kleinen Freuden als um intellektuelle Spekulationen kümmern würden, würde uns das Leben weniger elend erscheinen.

»Ich esse, also bin ich«: So lautete die Philosophie des Riesen, wie er mir beharrlich erklärte. Sein Besuch hat mich zu Reflexionen bewegt, die ich nun in einer Schrift vertiefen werde, die ihm zu Ehren den Titel »Das Unbehagen in der Kultur« tragen soll. Denn wenngleich er äußerlich betrachtet fortschrittlich war, zog er der Kultur, die wir um uns herum errichtet haben, die natürlichen und einfachen Dinge vor. Dies wiederum führt mich zu der Überlegung, dass wir von zwei Kräften bewegt werden: von »Eros« und »Thanatos«, dem Lebens- und dem Todestrieb. Letzterer lässt uns, wenn wir ihn unterdrücken, alle zu Neurotikern werden. Der Riese jedoch lebte ihn voll und ganz über seine Fäuste aus, die aufgrund ihrer Instinktsicherheit sehr viel stärker sind als der Intellekt.

Einen Vorteil hat dieses leise Stimmchen des Intellekts aber dennoch: Es findet keinen Frieden, bis es gehört wird. Und dies ist einer der wenigen guten Gründe, der Zukunft der Menschheit optimistisch entgegenzusehen.

Denk ruhig einmal darüber nach, lieber Carl, soweit Du dazu in der Lage bist.

Nun muss ich mich leider verabschieden, mein Ruhm kommt mir dazwischen, wie immer: Unten erwartet mich eine weitere Konferenz. Die Menschen sind ganz begierig darauf, über meine Schriften zu diskutieren, die Wegbereiter jenes Krieges der Gehirne, von dem

Du verschont bleibst, da Dir die biologischen Grundvoraussetzungen fehlen.

*In aller Bosheit,
Dein Sigmund*

PS: Beim Aufwachen stellte ich fest, dass mir die Zähne tatsächlich fehlten. Ich muss im Schlaf aus dem Bett gefallen und mit einem heftigen Schlag auf dem Boden gelandet sein. Interessant, nicht wahr?

(Antwort von Dr. Carl Gustav Jung:)

Mein lieber unglaublich berühmter, ehemaliger Lehrer,

auch bei der dritten Lektüre Eures Schreibens verstehe ich noch immer einen Scheißdreck – abgesehen davon, dass Ihr dringend einen Spezialisten aufsuchen solltet. Daher biete Euch an, einen Termin in meiner Praxis zu vereinbaren, wenn Ihr aus Amerika wiederkehrt. Ich werde versuchen, mir fünf Minuten Zeit für Euch zu nehmen.

*In tiefstem Mitgefühl,
C.G. Jung*

PS: Das wiederholte Lesen Eures Briefs hat dazu geführt, dass auch ich von jenem »Bud Spencer« träumte. Doch da ich nicht aus der Wiener Psychoanalytischen Vereinigung ausgeschlossen werden möchte, behalte ich die Einzelheiten für mich und werde auch in Zukunft mit niemandem darüber sprechen.

PPS: Eine witzige Bemerkung am Rande: Ich habe einen kurzen Blick ins Melderegister Freibergs geworfen und eine interessante Entdeckung gemacht: Der Kraftprotz, mit dem sich das Kindermädchen im Vergnügungspark amüsierte, ist als »Der Fels von

Mongolien« bekannt – ein orientalischer Maskendarsteller, hinter dessen Künstlernamen sich der Österreicher Cornelius Maaz verbirgt, der wiederum ein entfernter Verwandter meines Vaters ist. Ich dachte, dieses kleine Detail wird Euch sicherlich sehr erfreuen. Nein?! Mich schon.

KAPITEL 10

FISCHSUPPE ALLA ROUSSEAU

Kindererziehung und Neptuns Schätze

Ein klassischer Fall von »Genie und Wahnsinn«. Rousseau war nicht nur ein Kind der französischen Aufklärung, die die Vernunft über alles stellte, sondern auch einer der bedeutendsten Pädagogen des 18. Jahrhunderts. Rousseau selbst setzte jedoch ein Kind nach dem anderen in die Welt, um sie dann allesamt einem Heim für Findelkinder zu übergeben. Er vertrieb sich indessen die Zeit damit, zu philosophieren und sich mit seinen Freunden zu zerstreiten. Er war, auf gut Neapolitanisch gesagt, ein *figlie 'ndrocchia* – ein Hurenbock.

Und doch kommt man nicht umhin, vor ihm als Philosophen den Hut zu ziehen. Denn obwohl er ins Zeitalter der Aufklärung hineingeboren wurde, emanzipierte er sich davon und entwickelte sein eigenes, unabhängiges Denken: Rousseaus Ansicht nach wurden die Menschen frei geboren und dann durch die Gesellschaft versklavt (jene berühmte, zwar dürftige, aber doch friedliche und heitere Theorie vom *Edlen Wilden*). Da der technische Fortschritt und die Verbreitung materieller Güter nicht aufzuhalten waren, mussten sie in seinen Augen reguliert werden – und zwar, indem man eine gerechte Gesellschaft etablierte, in der jeder hatte, was er brauchte, und in der es keine Mittellosen und Notleidenden gab. Klassengleichheit ohne Privateigentum. Schöne Worte!

Hätte er miterlebt, wie viele Dutzende Millionen Todesopfer der sowjetische und chinesische Kommunismus, die sich beide als »egalitär« und als Feinde des Privateigentums erachteten, im 20. Jahrhundert gefordert hat – wer weiß, vielleicht hätte er seine Utopie nochmals überdacht. Wenn man andererseits betrachtete, was die Nazis angerichtet haben, die ihrerseits den Faschismus als das Allheilmittel für das Volk propagierten, hätte Rousseau von sich sagen können, dass er alles in allem doch recht hatte.

In jedem Fall aber muss man den Mut anerkennen, mit dem Rousseau – den Kant übrigens als den Newton der Innenwelt bezeichnete – gegen die damals übliche arrangierte Ehe ankämpfte. Seiner Meinung nach sollte es den eigenen Kindern freistehen, aus Liebe und standesunabhängig zu heiraten, wie er 1761 in einer seiner Schriften, *Julie oder Die neue Heloise*, darlegte.

Rousseau starb im Jahr 1778. Was aus den Kindern geworden ist, die er so lebhaft in die Welt setzte, ist dagegen nicht bekannt.

»Eins ... zwei ... und DREI!«

Ich war wieder bei mir zu Hause: Diesmal hatte der Trick mit dem Zählen seine Wirkung erzielt. Und noch größer als meine Verwirrung war die Befriedigung darüber, dass ich nun auch Freud ordentlich durcheinandergebracht hatte. Unsere Begegnung bedeutete einen großen Schritt nach vorn, denn Freud hatte von Bud Spencer geträumt und nicht umgekehrt. Doch wenn man genauer hinsah, konnte dies auch als eine Verschlimmerung gedeutet werden: Ich hatte geträumt, dass jemand anderes von mir träumt, und ein Albtraum in einem anderen Albtraum ergibt zwei Albträume.

Was soll's!

Das Wichtigste war, dass ich wieder zu Hause war. Allerdings erkannte ich den Ort, der mir eigentlich vertraut vorkam, nicht gleich wieder. Das lag wahrscheinlich am Hunger. Oder an der nächtlichen Dunkelheit.

Ich bewegte mich einen Schritt nach vorn und ... PENG! Irgendetwas schlug mir mit voller Wucht gegen die Nase. Schnell machte ich mich zum Angriff bereit ... doch da bemerkte ich, dass ich auf einen Rechen getreten war, der im Hof herumlag. Dabei war der Griff hochgeschnellt und direkt in meinem Gesicht gelandet, wie in einer Szene aus einer Stummfilmkomödie.

»Das geschieht Euch recht! ›Der erste, der ein Stück Land eingezäunt hatte und es sich einfallen ließ zu sagen, ›Dies ist mein‹, und der Leute fand, die einfältig genug waren, ihm zu glauben, war der wahre Gründer der bürgerlichen Gesellschaft.‹ – Auszug aus meiner *Abhandlung über den Ursprung und die Grundlagen der Ungleichheit unter den Menschen*, 1755. Mein zweiter Diskurs.«

Ich rieb mir die Nase und drehte mich in die Richtung, aus der die krächzende Stimme kam. Seine Art, zu reden, deutete darauf hin, dass ich es mit einem Faksimile Voltaires zu tun hatte. Außerdem trug er die gleiche Kleidung aus dem 18. Jahrhundert, die gleiche Perücke und hatte sogar einen ähnlichen Spazierstock dabei wie Voltaire. Er stand mitten auf dem Weg, der, wie ich erst jetzt erkannte, die Einfahrt zu meinem Landhaus in Morlupo bildete. Ein fröhlicher Ort im Umland von Rom, der aus uralten Mauern gebaut ist. Meinen ich-weiß-nicht-wievielten Eindringling aus einer anderen Zeit konnte ich an seinem Äußeren nicht erkennen – und schon gar nicht an seinem Selbstzitierten, das mir vorher bei Galilei und anderen auf die Sprünge geholfen hatte. Er ging auf die Mauer zu, musterte sie feindselig und klopfte mit seinem Stock darauf herum, als wollte er testen, wie stabil sie war.

Die Tatsache, dass ich nicht in Rom gelandet war, sondern in meinem Sommerhaus, verriet mir, dass ich ganz und gar nicht aufgewacht war. Was es mit dem Wechsel des Schauplatzes auf sich hatte, verriet mir all das allerdings nicht: Was hatten wir in Morlupo zu suchen?

Ich hatte mich geirrt: Ein Albtraum im Albtraum ergibt nicht zwei Albträume, sondern einen mächtig komplizierten. Was Freud wohl dazu gesagt hätte?

Der Hunger trieb seine Scherze mit mir, daran bestand kein Zweifel mehr. Hätte man mir nur nicht den Kühlschrank ausgeräumt, wäre das alles nicht passiert.

»Noch so eine Antiquität und hochnäsig bis zum Gehtnichtmehr. Bist du etwa zufällig ein Verwandter von François-Marie Dingsbums, mit Künstlernamen Voltaire?«

Er starrte weiterhin die Mauer an, als wäre sie eine Beleidigung seines Geschmacks, und antwortete mir, ohne sich umzudrehen: »Wir machen es folgendermaßen, mein großer Bulle: Ihr erratet, wer ich bin, und ich verschwinde genauso flink, wie ich gekommen bin. Andernfalls müsst Ihr mich anhören und anschließend diese Mauern hier einreißen. Denn sie sperren Euch nicht nur ein, sie schüren außerdem den sozialen Neid derjenigen, die sie ausgrenzen.«

Meine Schulzeit lag Lichtjahre zurück, doch ich gab mir alle Mühe. Dabei nutzte ich seine Kleidung und seinen französischen Akzent als Hinweise: »Montesquieu!«

»Kalt«, sagte er und schwang seinen Stock zum Zeichen der Verneinung hin und her.

»Diderot!«

»Kalt.«

»Condillac!«

»So kalt, dass ich gleich erfriere.«

»Schön wär's! – Also, ich ergebe mich.«

»… schon mal von Jean-Jacques Rousseau gehört?«

Endlich machte es Klick: »Der mit der Theorie vom *Edlen Wilden*?!«

»Zu Euren Diensten«, erwiderte er mit einer halben Verbeugung, um dann selbstgefällig hinzuzufügen: »Erstaunlich, wie der Schein trügt. Ich hätte nie gedacht, dass ein Gärtner etwas mit meiner Philosophie anfangen kann.«

»Ich bin kein Gärtner, leider. Das hätte mir sicherlich einige Probleme erspart.«

»Warum habt Ihr dann einen Rechen in der Hand?«
Da hatte er natürlich recht, in der rechten Hand hielt ich noch immer den Rechen, mit dem ich mir aus Versehen selbst eins auf die Nase gegeben hatte. Ich umfasste den Griff mit beiden Händen und brach ihn wortlos entzwei. Das Ergebnis einer nervösen Zuckung, von dem sich jener abertausendste Denker allerdings kein bisschen beeindrucken ließ. Dann schob ich hinterher: »Ich bin auch kein Schmied, dass das gleich mal klar ist.«
»Wie kommt Ihr jetzt auf den Schmied?«
»Das ist eine lange Geschichte. Aber kommen wir gleich zum Punkt, mein Lieber. Auf in die Küche!«
»Was? Ich begreife nicht.«
Ohne lange Vorreden packte ich ihn am Arm und zog ihn mit mir in die Küche. Er ging leicht gebückt, offensichtlich hatte er zu viele Jahre über seine Bücher gebeugt zugebracht. Ich weiß, es gehört sich nicht, aber der Neapolitaner in mir konnte einfach nicht widerstehen, seinen Buckel zu berühren. Er blickte mich fragend an.
»Wer weiß, vielleicht bringt es Glück und ich wache frühzeitig auf!«, erklärte ich.
»Auch das begreife ich nicht, *Monsieur*.«
»Das Wichtigste ist, dass ich es begreife.«
»Was ich dagegen sehr gut begreife, ist, dass Ihr die Wette verloren habt. Das heißt, Ihr müsst mir jetzt zuhören und anschließend diese niederträchtigen Mauern um Euer luxuriöses Anwesen einreißen.« Was das anging, ließ er nicht mit sich reden. Auf dem Weg ins Wohnzimmer blieb er wie angewurzelt stehen, sodass ich ihm einen kleinen Schubs verpassen musste, damit es weiterging. Während wir in Richtung Küche liefen, gab ich ihm eine kleine Führung durchs Haus und zeigte ihm Möbel und andere Details, ein bisschen wie ein Führer in einem Museum.
»Mein lieber Rousseau, nun wollen wir mal nicht übertreiben. Es ist nicht das Schloss Versailles oder der Palast von Caserta, mit Luxus hat das nichts zu tun, aber es ist ein schönes Haus, das ja, und es ist vor allem gemütlich. Wir haben es schon seit vielen

Jahren und meine Frau hegt und pflegt es, denn hier haben wir die wichtigsten Momente mit der Familie zelebriert. In diesem Haus wurden die Geburtstage unserer drei Kinder gefeiert, die Hochzeit unserer ältesten Tochter, die Taufen unserer Enkel und noch vieles andere mehr. Und über die Jahre hat Maria es mit schönen Gegenständen und Möbeln dekoriert, die wir auf unseren Reisen an die unterschiedlichsten Orten der Welt gekauft haben. Und deshalb ist es wichtig, dass wir es genauso pflegen und am Leben erhalten wie unsere Erinnerungen. Was die Mauern angeht, die du so sehr verabscheust – sie dienen nur dem Schutz vor unkontrollierbaren Erdrutschen, wenn es viel regnet. Und was die böswilligen Zeitgenossen angeht, die es zu deiner Zeit sicherlich auch gegeben hat – im Grunde gibt es hier nichts, was man mitnehmen könnte. Die Möbel sind zu schwer, die Bilder und Gegenstände so gut wie wertlos und Gold und Silber sucht man hier vergebens. Einbrecher würden nur ihre Zeit verschwenden. Der Wert der Dinge liegt in den Erinnerungen, die sie in ihren Besitzern wachrufen.«

Ich hatte ihn nicht wirklich überzeugt und das gab er mir auch gleich zu spüren: »Böswillige Menschen hat es schon immer gegeben, ganz einfach, weil schon immer ein soziales Ungleichgewicht geherrscht hat. Und wenn hier jemand einbricht, mein verehrter Gärtner, wird der Hausherr nicht zögern, dem armen Kerl seine zähnefletschenden Hunde oder Bediensteten mit Knüppeln auf den Hals zu hetzen. Da bin ich mir sicher.«

»Da seid Ihr gewaltig auf dem Holzweg, Rousseau. Der Hausherr hat keine zähnefletschenden Hunde und auch keine bewaffneten Bediensteten. Außerdem: Wenn dich heutzutage ein Einbrecher überfällt und du es wagst, ihm eine Ohrfeige zu verpassen, wirst du auf einen Haufen Schmerzensgeld verklagt und wanderst hinter Gitter. Also hör auf, so zu tun, als wäre ich deine Königin Marie Antoinette, die den Hungernden ihre letzte Brioche klaut!«

»Ihr im Gewand einer Königin … *mon Dieu*, was für ein Bild!«, gackerte er. »Aber Ihr könnt sagen, was Ihr wollt, der Reichtum und Wohlstand einiger weniger ist die Ursache des sozialen Elends der vielen.«

»Mag sein, doch ein Verbrechen ist der Wohlstand nur dann, wenn er auf unehrlichem Wege erworben wird. Wenn sich dagegen ein Wohlhabender seinen Reichtum durch Arbeit verdient hat und einen Haufen Steuern zahlt, die dem Erhalt der Gesellschaft und der Unterstützung der sozial Schwächeren dienen, sehe ich das Problem nicht.«

Nun sah mich der Philosoph erstaunt an: »Dass jemand, der wenig hat, eine Lobrede auf die hält, die viel haben – so etwas ist mir noch nicht untergekommen. Das muss eine wahrhaft seltsame Zeit sein, in der du lebst, mein lieber Gärtner.«

»Jaja, weil deine ja so toll war, mit der Französischen Revolution und dem ganzen Kram. Glaub mir, ich habe auch Höhen und Tiefen erlebt. Doch als ich arm war, habe ich nicht angefangen, alle zu verteufeln, die mehr hatten als ich. Vielmehr habe ich mich darum bemüht, meine Situation zu verbessern. Und genauso wenig habe ich, als es mir besser ging, diejenigen, die weniger hatten, zu Heiligen erklärt. Solche Dinge kann man nur von Fall zu Fall entscheiden. Wie viele Köpfe sind unter Robespierre, der mitverantwortlich war für die Schreckensherrschaft, an der Guillotine gerollt? Zehntausende! Hier ein Kopf, da ein Kopf, tagein, tagaus – und am Ende landete er selbst unter der Guillotine. Aber vor lauter undifferenzierter Anstiftung zum Klassenhass kann man ja im wahrsten Sinne des Wortes nur den Kopf verlieren. So, und jetzt basta, meine Zunge ist schon ganz trocken und ich hab Hunger!«

»Das würde man gar nicht denken, bei der Plauze.« Er tippte mit der Spitze seines Stocks gegen meinen Bauch. Kein kluger Zug: Mein Magen reagierte auf das Tok-tok mit einem gereizten Knurren. »Ist hier ein Hund in der Nähe?«, fragte mich Rousseau ängstlich.

»Nein, das war mein Bauch: Heute Nacht ist es mein Schicksal, dass ich koche und koche und nichts davon in meinem Magen landet.«

»Dein Hausherr hält dich wohl kurz? Ich sage es ja immer: Der Mensch wird frei geboren, aber die Gesellschaft macht ihn zum Sklaven.«
»Für den Satz würde ich gern vor dir niederknien, aber ich fürchte, dann käme ich nicht mehr hoch.«
»Wisst Ihr, was mich mit der Aufklärung verbindet und mich zugleich abschreckt, ist Folgendes: Ich behaupte, dass der *Edle Wilde* im Naturzustand glücklich war, bis er begann, Dinge zu begehren, Gesetze aufzustellen und Richter einzusetzen. Und indem sie die Gesetze anwendeten, begannen sie schließlich, sich selbst für das Gesetz zu halten ...«

Da ich die Wette verloren hatte, ließ ich ihn sich austoben und suchte mir in der Zwischenzeit alles Nötige zum Kochen zusammen. Ich warf immer mal wieder etwas ein, was ich mir aber getrost hätte sparen können, da Rousseau dem Monolog offenbar mehr abgewinnen konnte als dem Dialog: »Eine Rückkehr zum Leben in der Wildnis, in der wir uns von Eicheln ernähren und in Hütten wohnen, wäre allerdings absurd, insofern sage ich: ein Hoch auf die Gesellschaft, aber sie muss demokratisch sein ... DEMOKRATISCH!«

»Wenn Machiavelli dich hört, zieht er dir eins mit der Flasche über, ob du Rousseau heißt oder nicht!«

»Machiavelli war vor zwei Jahrhunderten aktuell, die Welt schreitet fort, mein lieber Gärtner. Ist Euch schon mal aufgefallen, dass mit dem wachsenden Fortschritt auch die Laster zunehmen? Aber umkehren kommt nicht infrage. Wenn die bürgerliche Gesellschaft also nicht zu umgehen ist, dann muss sie egalitär sein: Jeder soll das Gleiche haben.«

»In meiner Zeit nennt man das Kommunismus. Die Ideale sind nobel, zu dumm nur, dass er in der Realität mindestens genauso viel Unglück verursacht wie der Kapitalismus.«

Er setzte seinen Monolog fort, als hätte er mich gar nicht gehört: »›Wenn man nun vom gesellschaftlichen Pakt alles Nicht-Wesentliche beseitigt, verdichtet er sich wie folgt: Jeder von uns stellt gemeinsam seine Person und ganze Kraft unter die oberste

Richtlinie des allgemeinen Willens …‹ Zitat aus dem *Gesellschaftsvertrag*, von mir verfasst und 1762 erschienen.«

»Bravo! Heutzutage würden sie dich auf der Stelle zum Gewerkschaftler machen! Aber du hast recht: Auch derjenige, der nichts hat – aus welchen Gründen auch immer –, sollte ein menschenwürdiges Leben in einer demokratischen Gesellschaft führen und sich ein hübsches Süppchen kochen können. Apropos: Was hältst du von einer hübschen neapolitanischen Fischsuppe?«

»Ich esse alles, da mache ich keine Unterschiede. Alles andere wäre auch eine Beleidigung der Hungerleidenden.«

»Hier in diesem Haus gibt es zurzeit nur einen Hungerleidenden, und der bin ich. Beleidige mich, so viel du willst, aber setz dich dazu hin, ich koche so lange.«

ZUTATEN

- 1 KILOGRAMM GEMISCHTER FISCH
- 1 DRACHENKOPF
- 1/2 KILOGRAMM VENUS- & MIESMUSCHELN
- 200 GRAMM KLEINE TINTENFISCHE
- 300 GRAMM RAUE VENUSMUSCHELN
- 300 GRAMM RIESENGARNELEN
- 400 GRAMM KIRSCHTOMATEN
- 1 KNOBLAUCHZEHE
- 1 KAROTTE
- 1 ZWIEBEL
- 1 SELLERIEKNOLLE
- 1 GLAS WEISSWEIN
- PETERSILIE
- 1 CHILISCHOTE
- NATIVES OLIVENÖL
- SALZ & PFEFFER
- BROTWÜRFEL

Ich suchte die Zutaten zusammen. Und als er unter ihnen eine Flasche Wein entdeckte, streckte Rousseau sofort sein gepflegtes Händchen danach aus, was ich mit einem Klaps auf seinen Handrücken unterband. »Ich wünschte doch nur einen Tropfen! Du hast die Manieren eines ... eines Gärtners!«

»Wünsch dir lieber ein Glas Wasser, der Wein ist für die Suppe.« Mit diesen Worten fuhr ich noch Petersilie, eine Chilischote, Öl, Salz, Pfeffer und Brotwürfel für Croûtons auf. Überrascht von meiner Ungeniertheit fragte der Denker: »Wird dein Hausherr nicht zornig darüber sein, dass du so in seiner Küche herumfuhrwerkst?«

»Rousseau, deine Vorstellung von einem Hausherrn scheint mir ein bisschen veraltet. Aber das ist wohl kein Wunder, wenn man bedenkt, dass die Bediensteten zu deiner Zeit noch ausgepeitscht wurden. Aber bei uns heißen sie nicht »Bedienstete«, sondern »Hausangestellte«. Sie arbeiten für einen normalen Lohn und man begegnet ihnen mit Respekt, mit einem »Bitte« und einem »Danke« am Anfang und Ende jeder Anweisung – wie es sich in einer bürgerlichen Gesellschaft gehört. Und wenn jemand über Jahre für einen arbeitet und man sich kennenlernt, wird manchmal auch eine Freundschaft daraus.«

»Oh, dann herrscht in deiner Gesellschaft ja ein wunderbares Gleichgewicht«, sagte er. Ich putzte indessen den Fisch, entfernte die Gräten und den Kopf und schnitt ihn in Stücke. Dann setzte ich zwei Liter Wasser mit etwas Salz auf und gab Karotte, Zwiebel, Petersilie, Sellerie sowie Kopf und Gräten des besagten Fischs dazu.

»Mein lieber Rousseau, du kannst dir gar nicht vorstellen, wie gern ich dir erzählen würde, dass jenes ›wunderbare Gleichgewicht‹ in der heutigen Gesellschaft verwirklicht wurde. Aber leider ist es nicht so. Ich sage nur, wie es bei mir zu Hause abläuft. Es gibt sicherlich auch ›Hausherren‹, die ihre ›Bediensteten‹ ausbeuten und wiederum ›Bedienstete‹, die ihre ›Hausherren‹ bestehlen. Schlitzohren gibt es überall. Doch ich habe mich mein Leben lang an einen Grundsatz gehalten: Jemanden, der gut zu einem gewesen ist und einen gerecht behandelt hat, vergisst man nie. Und genauso kann man keine Menschlichkeit erwarten, wenn man Unrecht tut ... Aber am Ende ist alles besser als das Leben im 18. Jahrhundert, als die Adligen es sich auf Kosten der armen Menschen gut gehen ließen. Im Vergleich zu deinem ist mein Zeitalter ein Wunder der Richtigkeit und Gerechtigkeit, auch wenn das Unglück nicht ausbleibt. Aber wann ist in der Geschichte der Menschheit das Unglück schon mal ausgeblieben?«

Nachdem das Süppchen sieben Minuten gekocht hatte, goss ich die Brühe durch ein Sieb in eine Schüssel, anschließend gab ich den Knoblauch zusammen mit den Weichtieren in einen Kochtopf. Als sich die Schalen öffneten, goss ich die Soße ebenfalls durch ein Sieb und stellte sie beiseite.

»Ich glaube Euch aufs Wort, mein Gärtner. Doch das Problem bleibt bestehen, denn in einer perfekten Gesellschaft dürfte es weder Hausherren noch Bedienstete geben.«

Ich hatte es mit einem richtigen Dickkopf zu tun.

»Was für ein Blödsinn, Rousseau. Ich werde dir sogar beweisen, was das für ein Blödsinn ist. Kannst du kochen?«

»Nein!«

»Das heißt, zum Essen gehst du jeden Tag ins Restaurant oder du ernährst dich von Brot und Wasser oder aber du stellst einen Koch an. Egal, wie du es anstellst, in jedem Fall hast du einen ›Hausherrn‹ und einen ›Bediensteten‹ ... Im Grunde ist es doch eine Begriffsfrage: Du sprichst vom ›Bediensteten‹, als wäre er ein Sklave, ich nenne ihn ›Koch‹ – jemand, der einen respektablen Beruf ausübt. Und Köche, das nur so am Rande, gelten heutzutage schon fast als Philosophen. Du kannst dir gar nicht vorstellen, wie viele es gibt und wie sehr sie gefragt sind. Wenn du keine Zeit für Gartenarbeit oder keine Ahnung davon hast, rufst du einen Gärtner; wenn du keine Zeit für Hausarbeit hast, rufst du jemanden, der sie für dich erledigt. Du bezahlst die Leute und respektierst sie, ich wüsste nicht, was daran ungerecht sein soll, zumal du ihnen Arbeit gibst und sie ein einigermaßen gutes Leben führen können. Das nennt man das Gesetz von Angebot und Nachfrage ... Hast du jemals in deinem Leben gearbeitet? Ich meine einfache Arbeit, keinen Akademikerkram.«

»Ganz bestimmt nicht!«, antwortete er ungehalten.

»Na siehst du, quod erat demonstrandum ... Reichst du mir mal bitte den großen Topf herüber? Du kannst mir auch gleich ein bisschen zur Hand gehen, damit wir schneller vorankommen: Gib ein wenig Öl hinein, aber wirklich nur ganz wenig, ja? ... Super, genau so. Dann die gehackten Zwiebeln ... hervorragend. Und jetzt die Tomaten und den Wein, den du dir vorhin hinter die Binde kippen wolltest. Das Ganze lässt du dann fünf Minuten köcheln.«

Einen Schluck Wein trank er dennoch heimlich, aber ich ließ ihn gewähren, schließlich hat man nicht jeden Tag das Vergnügen, mit Rousseau zusammen zu kochen. Als die fünf Minuten vorbei waren, gab ich die Fischbrühe, die Fischstückchen, die Muschelsoße, Calamari, Garnelen und ein wenig Pfeffer dazu, setzte den Deckel auf den Topf und ließ die Suppe 15 Minuten lang köcheln.

»Doch es bleibt das Problem, dass die Regierung in einem radikal demokratischen Staat von jedem Mitglied mittels eines Wahlregimes gebildet werden muss. Haben die Bed... ähm, die Hausangestellten in der heutigen Zeit ein solches Recht?«, bohrte der Philosoph nach.

»Wenn sie ein Recht auf dieses Recht haben, dann ja. Aber es passiert auch, dass man gar nicht erst wählen geht, weil die Politiker sich unter der Hand gegenseitig das Steuer übergeben. Aber das ist eine andere Geschichte. Du sprichst von einem ›Wahlregime‹, aber ein Regime ist es dennoch: Denn der Einzelne muss sich der Entscheidung der Allgemeinheit fügen, selbst wenn er dagegen ist. Du siehst also, mein Freund, die von dir geforderte radikale Demokratie ist unvollkommen. Es ist zwar nicht schön, aber eine Prise Autoritarismus ist, wie du es auch drehst und wendest, immer dabei. Apropos, dreh und wende die Soße doch mal ein bisschen mit dem Kochlöffel und koste, ob sie noch eine Prise Salz verträgt.«

Rousseau sah mich verwirrt an, kostete und gab mir schließlich recht: Wenn in der Diktatur der Einzelne seinen Willen auf Kosten der Allgemeinheit durchsetzt, setzt in der Demokratie die Allgemeinheit ihren Willen immer auch ein wenig auf Kosten des Einzelnen durch – auch wenn es in seinem Interesse ist. Rousseau war nach Platon schon der Zweite, der mir recht gab. Obwohl … bei Platon bin ich mir nicht sicher, er hatte sich ja verdrückt. Aber Rousseau nicht, er blieb da – und das ist kein Wunder: Der Duft der Suppe hielt ihn in seinem Bann. Abgesehen davon, begann ich, mir ein wenig Sorgen zu machen: Wurde Bud Spencer, der in letzter Zeit seine grauen Zellen mehr anstrengte als seine Muskelzellen, etwa noch zum Intellektuellen? Wie hätte die Öffentlichkeit wohl darauf reagiert? Könnt ihr euch Bud Spencer bei einem Symposium vorstellen? Da lachen ja die Hühner … oder in dem Fall: die Fische.

In der Zwischenzeit hatte ich die Croûtons zubereitet: Das gewürfelte Brot hatte ich in eine Pfanne gegeben, mit ein wenig Öl übergossen und angebraten, bis die Croûtons goldbraun waren. Dann gab ich sie in eine große Terracotta-Schüssel, kippte die Suppe darüber, warf etwas Chili dazu und … auf den Tisch damit!

»Ihr habt ja für vier gekocht!«, beobachtete der Philosoph und legte sich die Serviette auf den Schoß, während ich mir ein Geschirrtuch um den Hals band.

»Mit voller Absicht, mein guter Freund: Gewisse Kollegen von dir haben mir alles weggefuttert und mich mit leerem Magen zurückgelassen. So kriegt der ›Gärtner‹ wenigstens auch ein paar Löffel Suppe ab. Guten Appetit!«

Mit rudernden Bewegungen tauchte er abwechselnd Gabel und Löffel in die Suppe und sprach kein Wort, bis sein Teller leer war.

»Der Gast ist ja bekanntlich König, aber trotzdem: Mach langsam, sonst erstickst du noch. Kau wenigstens.«

»Verzeiht … aber das letzte Mal, dass ich Fisch gegessen habe, war, als die Wohlfahrt meinen Kindern eine Kiste Garnelen spendete.«

Mein Löffel bahnte sich gerade den Weg zu meinem Mund, als ich mitten in der Bewegung innehielt: Ich hatte nicht verstanden, wovon er redete, und bat ihn, es zu erklären – was er auch tat, während er sich einen zweiten Teller mit Suppe volllud. »Wie Ihr vielleicht wisst, war ich einer der bedeutendsten Pädagogen der Aufklärung. Doch ich hatte eine ganze Menge Nachwuchs, und ihn durchzufüttern, war kein leichtes Unterfangen, weshalb ich ihn der Wohlfahrt anvertraute.«

»Wie viele Kinder hattest du denn?«

»Ich habe aufgehört zu zählen! Die Namen fallen mir auch nicht mehr ein, da würden wir bis zum Sankt-Nimmerleins-Tag warten ...«

Mir blieb die Spucke weg!

Ein so bedeutender Pädagoge und Aufklärer, der seine Kinder der Wohlfahrt überließ ... und nicht einmal wusste, wie viele er hatte! Es ist wahr: Je genialer diese Denker in intellektueller Hinsicht, desto widersprüchlicher sind sie in menschlicher Hinsicht. Manche Dinge möchte man lieber nicht über andere Menschen wissen. Man verliert nur den Respekt, ist verwirrt und fragt sich, wie so etwas sein kann.

»Du hast also Kinder in die Welt gesetzt und sie dann auf dem Rücken der Gesellschaft abgeladen, habe ich das richtig verstanden?«

»Ich bin nicht schuld daran, dass die Gesellschaft unvollkommen ist ... Und außerdem ist es doch so: Ich habe sie in die Welt gesetzt und ihnen das Leben geschenkt, was kann man mehr erwarten? Hätte ich sie etwa auch noch durchfüttern sollen?«

Ich verlor immer mehr die Fassung: »Entschuldige mal, Rousseau, meine Frau und ich, wir haben unsere Kinder durchgefüttert und versorgt, bis sie erwachsen waren. Heißt das, wir sind Dummköpfe? Und meine Kinder, die das Gleiche mit ihren Kindern machen ... sind sie noch dümmer als wir? Und die Millionen Väter und Mütter, die sich tagtäglich aufopfern, um ihre Kinder großzuziehen – sind sie nichts als eine Legion von Dummköpfen?«

Er bedachte mich mit einem nachsichtigen Seufzer, bevor er antwortete.

»Durchfüttern ... versorgen ... führen ... unterrichten ... Hinter all diesen Begriffen verbirgt sich genau einer: der des Zwangs. Wie Ihr offenbar nicht wisst, mein lieber Gärtner, geht es in meinem Werk *Emile oder Über die Erziehung* von 1762 eben darum, dass der Lehrer dem Jungen nichts beibringt oder aufzwingt. Er lässt ihn alles selbst ausprobieren, ohne einzugreifen, sodass er nach und nach seine eigene Persönlichkeit entwickelt. Eben in der freien Tätigkeit des Subjekts besteht der revolutionäre Beitrag meines pädagogischen Ansatzes, findet Ihr nicht?«

»Ich finde, dass du dich ziemlich gern selbst zitierst ... Es tut mir leid, dir das sagen zu müssen, Rousseau, aber ich konnte dich besser leiden, als du für mich nur ein großer Name in den Schulbüchern warst. Und ich hatte keine Ahnung, dass du dich vermehrt hast wie die Kaninchen, um dann drauf zu scheißen, was aus deinen Kindern wird!«

Ich musste aufpassen, dass mir neben der Spucke nicht auch noch die Suppe wegblieb. Rousseau, der seine zweite Portion auch verputzt hatte, blickte nun gierig auf meine. Doch ich umzäunte sie vorsorglich mit meinen Händen, um mein Terrain vor Eindringlingen zu schützen.

»Esst Ihr das noch, mein gastfreundlicher Gärtner?«

»Ja! Und nimm deine Pfoten weg oder ich hau dich!«

Darauf zuckte er mit den Schultern, wischte sich mit der Serviette über den Mund und fuhr fort, sich selbst zu zitieren: »Bei Euch vermischen sich in der Tat Zivilisiertheit und Primitivität. In meinem Werk *Julie oder Die neue Heloise* von 1761 ...«

»Da ist die Tür, geh und grüß mir Heloise«, unterbrach ich ihn brüsk, auf die Tür zeigend. Diesmal war ich derjenige, der den Gast rauswarf, ich hatte keine Lust mehr auf irgendwelche Verfolgungsjagden mit diesen Schlaumeiern, die sich gern plötzlich in Luft auflösen. Es tat mir leid, aber noch viel mehr taten mir seine verstoßenen Kinder leid: Wenn es um Kinderarmut geht, vergesse ich schon mal meine guten Manieren. Jeglicher

Respekt, den ich Rousseau hatte entgegenbringen können, war flöten gegangen.

Gut, er konnte nicht wissen, dass Bud Spencer bei seinen Abenteuern, ob allein oder als Duo, stets die Kleineren beschützt hatte. So wie er sie in *Zwei Missionare*[1] gegen Sklavenhändler verteidigte oder gegen die Großkotze in *Plattfuß in Afrika*[2] – um nur zwei Beispiele zu nennen. Genauso wenig konnte er wissen, dass ich in *Banana Joe* den Vater von rund 20 Kindern spielte, fast so viele wie in *Die Troublemaker*[3], ganz zu schweigen von meiner Rolle als Ersatzvater für den kleinen Alien in *Der Große mit seinem außerirdischen Kleinen* ... und der Fortsetzung. Jedenfalls wusste er nicht das Geringste über mich, noch wäre er verpflichtet gewesen, es zu wissen – vorausgesetzt, er hätte sich dafür interessieren können.

Aber wäre ich nicht so gut wie sicher gewesen, dass meine Worte ins Leere gelaufen wären, hätte ich ihm Folgendes gesagt: Auch wenn ich kein bedeutender Pädagoge war, sondern lediglich Schauspieler, habe auch ich meine gesamte fiktive Geschichte hindurch meine eigene bescheidene ›pädagogische Vision‹ verbreitet. Sie ist eher instinktiv und nicht besonders ausgefeilt, aber darin sind Kinder, genauso wie alte Menschen – die im Grunde auch nur in die Jahre gekommene Kinder sind –, eben kein bloßer biologischer Organismus, den man auf die Welt bringt, um ihn dann seinem Schicksal zu überlassen.

Und wenn ich in der Lage gewesen wäre, ihm die Bedeutung des Films zu erklären, hätte ich ergänzt, dass Filme das Verhalten der Menschen überall auf der Welt beeinflussen können, dass seit Jahrzehnten Streifen verbreitet werden, die Werte wie Mitmenschlichkeit vermitteln. Es ist wie mit dem berühmten Stein, den man in den Teich wirft und der konzentrische Wellen erzeugt, die wachsen und das Positive verbreiten. Auf diese Weise

---

[1] *»Zwei Missionare« (Orig. »Porgi l'altra guancia«), 1974*
[2] *»Plattfuß in Afrika« (Orig. »Piedone l'africano«), 1978*
[3] *»Die Troublemaker« (Orig. »Botte di Natale«), 1994*

leisten wir unseren infinitesimalen Beitrag zur Verbesserung der Gesellschaft, in der noch immer Ungleichheit herrscht ... Aber wer weiß, wie schlimm es wäre, wenn wir diesen kleinen Stein gar nicht erst geworfen hätten.

Die Welt ist, wie sie ist – trotz der Bemühungen unzähliger Wissenschaftler, Künstler, Denker, Heiliger, Wohltäter und nicht zuletzt auch einiger Politiker, die die Welt ein Stückchen verbessert haben: Aber stellt euch nur mal vor, was hier los wäre, wenn wir jene angeborene Neigung zum Guten, die seit Jahrtausenden überdauert, nicht hätten.

Doch mein illustrer Gast war mir nach allem, was er über seine Kinder gesagt hatte, schlichtweg unsympathisch, und ich gab mir keine Mühe, es zu verbergen. Und nachdem er aufgestanden war und mir einen seiner hochmütigen Blicke zugeworfen hatte, fragte er mich: »Muss ich daraus vielleicht ableiten, dass ich nicht länger als Euer Gast willkommen bin?«

»Streich das ›Vielleicht‹ und spar dir das ›Ableiten‹. Mit vollem Bauch ist es leicht, einen auf Philosoph zu machen.«

»Das Leben beschränkt sich nicht nur darauf. Der Geist kann sich schwebend über diese simple Barriere des Bedürfnisses erheben.«

»Erzähl das mal deinen Kindern, jetzt, wo du dir einen ganzen Kanister Suppe eingeflößt hast. Als Philosoph bewundere ich dich, aber als Familienvater bist du eine Kanalratte!«

»Wollt Ihr mir etwa erzählen, dass Ihr immer für Eure Kinder da wart?«

»Das will ich gar nicht erst versuchen: Der Beruf des Elternseins ist ein Minenfeld und es gibt weder Gebrauchsanweisungen noch philosophische Werke, die einen Vater vor Fehlern bewahren können ... nicht einmal deine, wenn du erlaubst ... Aufgrund meiner Arbeit konnte ich auch oft längere Zeit nicht zu Hause sein, sodass meine Frau während meiner Abwesenheit die Doppelrolle von Mutter und Vater übernahm. Aber wenn ich da war, war ich wirklich da! Im Vergleich zu dir war ich der perfekte *pater familias*, auch wenn es albern ist, mich damit zu brüsten, denn ein besserer Vater zu sein als du, ist nicht schwer.«

»Und wenn schon, ich werde nicht auf Eure Unverschämtheit eingehen ... Aber von einem Gärtner war ja auch nichts anderes zu erwarten.«

»Was beweist, dass auch du mit deinem ganzen Gerede über soziale Gleichheit im Grunde ein Verfechter des Klassensystems bist. Für dich kann ein Faktotum gar nicht anders als unerzogen sein. Ich hingegen kenne zwei, meine Hausangestellten Stalin und Juan-Carlos, die dich in Sachen Erziehung ohne Weiteres wegputzen würden. Wobei ... nachdem ich gesehen habe, was du alles wegputzen kannst, fürchte ich fast, dass du wohl eher sie wegputzen würdest, mit Haut und Haaren. So, und wenn du jetzt nicht gehst, mache ich dich alle ... und zwar so alle, wie deine Suppe ist. *Bonsoir.*«

»Noch nicht: Ich erinnere Euch daran, dass Ihr als Verlierer der Wette noch eine Mauer einzureißen habt. Nun denn, Ihr habt mir Euer Wort gegeben.«

»Manchmal zählt für mich nicht das Wort, sondern die Person, der ich es gegeben habe ... und du hast dich als der reinste Betrüger entpuppt.«

»Solange Ihr Euch nicht an die Abmachung haltet, bewege ich mich keinen Millimeter. Die Suppe kann warten.« Um seine Drohung zu unterstreichen, schob er seinen Spazierstock zwischen mich und den Teller. Und dann tat ich etwas Dummes: Beim Versuch, den Stock zu packen und ihn ihm aus der Hand zu schlagen, stieß ich meine Suppe um, von der ich vor lauter Zuhören und Antworten kaum einen Löffel gegessen hatte. Als er sah, wie Neptuns Schätze auf dem Boden landeten, blitzten seine boshaften Augen vor Vergnügen auf. Ich schlug mir entnervt die Hände vors Gesicht, doch es war sinnlos, über die verschüttete Suppe zu weinen. Wenn ich ihn loswerden wollte, musste ich ihn zufriedenstellen, denn er saß im Traum am längeren Hebel – und wie schlimm konnte es schon sein, eine geträumte Mauer einzureißen?

Also ging ich in den Schuppen und holte eine Hacke. Rousseau, der vor Zufriedenheit ... und Suppe – im Gegensatz zu mir – fast platzte, wich mir nicht von der Seite.

Ich fragte ihn, wo ich anfangen sollte, und nach einem gründlichen Blick in jede Richtung zeigte der Kaninchenvater auf eine Stelle und sagte: »Da!«

»Diese Stelle würde ich dir nicht empfehlen, Rousseau, weil ...« – »Ruhe, und keine Ausreden! Ihr habt verloren und ich entscheide«, unterbrach er mich. Sehr gut. Mit dem ersten Schlag brach nicht nur ein Stück aus der Mauer herunter, sondern auch das ganze obere Mauerstück daneben, neben dem Rousseau stand. Nun sah ich ihn unter den Trümmern verschwinden ... Ich hatte tatsächlich das einzige Stückchen Mauer erwischt, das wir noch nicht restauriert hatten, und das aufgrund des eingesickerten Regenwassers marode war. Ich hatte ihn warnen wollen, aber er hatte mich nicht gelassen. Und nun hatte es ein böses Ende genommen ... für ihn.

Während ich – nicht ohne eine gewisse Zufriedenheit – den Trümmerhaufen betrachtete, ertönte hinter mir eine Stimme, die irgendwelches Gestotter von sich gab: »Die Wirklichk-k-keit setzt sich aus Körpern und Leere zusammen: Ich konstatiere, dass dort, w-wo eben noch ein M-M-Mauerkörper stand, nun Le-Leere ist, und dort, wo ein physischer K-Körper stand, a-a-atomare Leere ist.«

Ich drehte mich um. Vor mir stand ein ziemlich großer, alter Mann mit schneeweißen Haaren in einer Toga: »Ich heiße E-E-E-...«

Um die Sache ein wenig abzukürzen, fing ich an, zu raten: »Empedokles[1]?«

»Nein, E-E-...«

»Epicharmos[2]?«

»Nein, E-...«

»Epiktet[3]?«

»Nein, E-E-E-...«

»Ach so, verstehe, du versuchst, den Ton ›E‹ zu treffen.«

---

[1] *(von 495 v. Chr. – 435 v. Chr.), Philosoph, Politiker, Redner und Dichter*
[2] *(540 v. Chr. – 460 v. Chr.), Hauptvertreter der dorisch-sizilischen Komödie*
[3] *(50 – 138), Philosoph*

»... Epikur!« Endlich kam es heraus.
»Epikur? Habe ich richtig verstanden? Der Gründer des Epikureismus?«
»Ge-Ge-Ge-...«
»Ich soll gehen? Wohin denn?«
»Ge-genau. Ich w-wollte nur zustimmen.«
Er stotterte ganz schön, das war noch so eine Sache, die ich, soweit ich mich erinnern konnte, nie irgendwo gelesen hatte.

Ganz ruhig, sagte Carlo zu Bud, Du allein schreibst diesen Leuten ihre Fehler und Vorzüge zu. Es ist nicht gesagt, dass Epikur so stotterte, genauso wenig wie gesagt ist, dass Sokrates taub war. Es ist nur ein weiterer Traum.

»Er ha-hat recht.«
»Wer, ›er‹?«
»Jener Ca-Carlo, der mit dir sprach: Es ist n-n-nu-nu-nur ein T-Traum.«

Ich war verdutzt – er konnte meine Gedanken hören? – und auch ein bisschen verärgert, was ich ihm nicht verschwieg.

»Kannst du etwa auch noch Gedanken lesen, mein Lieber? Nicht mal mehr in Ruhe denken kann man, ohne ausspioniert zu werden! Außerdem macht das alles keinen Sinn: Ihr Philosophen kommt und geht, wie es euch passt, und pfeift auf die chronologische Abfolge ... Sind wir jetzt etwa wieder im antiken Griechenland?! Hättet ihr euch nicht wenigstens in der richtigen Reihenfolge anstellen können – erst die antiken, dann die aktuellsten –, damit ich einigermaßen einen Überblick behalte?«

»Alle K-Körper bringen Bilder hervor, Si-Si-Si-Simulakren genannt, wie du s-s-sicherlich weißt, da du über den E-Epikureismus Bescheid weißt: Wie aber soll man Simulakren chr-chr-chr-chronologisch ordnen?«, sagte er, als wäre es das Selbstverständlichste der Welt. Dann begann er plötzlich, mit der Nase zu schnuppern, und fragte: »Es sind nicht zufällig ein paar A-Atome von der Fischsup-p-p-pe übrig geblieben, oder doch?«

»Nein, die hat sich allesamt dieses *Simulakrum* einverleibt, das jetzt hier unter den Trümmern liegt.«

KAPITEL 11

AUBERGINENAUFLAUF ALLA EPIKUR

Lirum, Larum, Simulakrum

Epikur, der von 341 bis 270 vor Christus lebte, war ein Stern am Himmel jenes griechischen Hellenismus, der seinen Ursprung in Athen hatte.

Das Außergewöhnliche an diesem Philosophen war, dass jeder freien Zutritt zu seinem *Garten* hatte, dem Ort, an dem er seine philosophischen Treffen abhielt. Auch Frauen und Sklaven, die damals auf der sozialen Leiter nicht gerade ganz oben standen, durften teilnehmen. Am wichtigsten war ihm, dass sie aufrichtig an den Diskussionen interessiert waren.

Freundschaft bildete für Epikur ein wichtiges Fundament, das über jegliches Übel hinwegzutrösten vermochte, sein Denken entfaltete sich insgesamt in drei Richtungen: Logik, Physik und Ethik.

Es beinhaltet, dass sich der Mensch vom Aberglauben und von allen deistischen Vorstellungen lossagen muss, um Seelenfrieden zu finden. Dies wiederum gelingt durch das *Tetrapharmakos*, das *vierfache Heilmittel* der Seele: Der Idealzustand des Weisen ist die *Ataraxie*, die Befreiung von sämtlichen Spannungen durch Mäßigung und der Abwendung vom Materiellen. Hätte er in der heutigen Zeit gelebt, in der der Materialismus zu einem Dogma geworden ist, hätte er sich wahrscheinlich mit Schierlingsgift das Leben genommen!

Seine Physik beruhte darauf, dass alles, einschließlich der Seele, aus Atomen besteht. Die Schwere des Atoms betrachtete er als die Ursache für seinen Fall, das _Clinamen_: eine zufällige Abweichung in der senkrechten Bewegung des Falls, wodurch sich die Atome verbinden. Indem dies zufällig und unabhängig von den Naturgesetzen geschieht, wendet sich diese Theorie auch gegen den Determinismus. Aus genau solchen Verbindungen entstand seiner Meinung nach das Universum, das sich auf diese Weise auch ohne Transzendenz oder Götter erklären ließ. Und wenn der Körper starb, starb auch die Seele, da sie ebenfalls aus Atomverbindungen bestand: Demnach konnte niemand den eigenen Tod erleben, denn Voraussetzung dafür wäre ja gewesen, dass die Seele überlebt.

Ganz schön kompliziert, was? Dabei hatte Epikur damals noch nicht einmal die Technologie zur Beobachtung des Atoms zur Verfügung. Und als der Mensch sie endlich hatte, benutzte er sie, um Atombomben zu bauen, die Hiroshima und Nagasaki in Schutt und Asche legten.

Wenn die Verzweiflung auf die Spitze getrieben wird, kann sie dich in einen Zustand friedlicher Resignation versetzen. Ungefähr so, wie wenn es draußen ununterbrochen regnet: Du kannst nichts machen, außer zu warten, bis der Sturm vorüberzieht. So sehe ich das jedenfalls.

Wer weiß, wie spät es war, in der tatsächlichen Realität?

Wer weiß, vielleicht dämmerte es schon und die unruhige REM-Phase meines Schlafs neigte sich dem Ende?

Ich konnte es nicht wissen. Dort, wo ich war, in meinem Haus in Morlupo (aber war es überhaupt Morlupo? Die Geografie der

Träume entspricht ja nicht unbedingt der Realität. Es hätte mich nicht überrascht, festzustellen, dass ich mich an der Grenze zu China befand!), war tiefste Nacht. Das war alles, was ich wusste. Eine Nacht ohne Ende, eine Nacht nach der anderen ... Die Nacht der lebenden Philosophen.

Auch der Mond war anders als sonst: so schön, dass ich darin ein herrliches Auberginengericht mit Parmesan zu sehen glaubte. Mein Hunger war nach den paar Löffeln längst nicht gestillt, die ich genüsslich vor Rousseaus Nase geschlürft hatte, welcher jetzt wiederum unter den Trümmern jener Ringmauer lag ... oder vielleicht auch nicht?

Epikur betrachtete ebenfalls den Mond, aber nur, um herauszufinden, weshalb ich ihn so anstarrte. Er sah darin wahrscheinlich einen griechischen Schild oder so etwas.

»Gehen wir ins Haus oder bleiben wir die ganze Nacht draußen und bewundern den M-M-Mond?«

Das epikureische Gestotter holte mich wieder in die Gegenwart zurück. Die Traumgegenwart, versteht sich, denn mich in mein Haus in Rom zurückzuholen, stand offenbar nicht auf dem Plan. Mit einer ausladenden Handbewegung forderte ich ihn auf, mir zu folgen. Aber nun war er nicht mehr von der Stelle zu kriegen. Irgendetwas in dem Garten hatte seine Aufmerksamkeit gefesselt.

»Was ist los? Sind da Einbrecher?«

»Entsch-sch-schuldige, aber dieser Ort erinnert mich an den *Garten*, in dem ich mich mit Wissenschaftlern und Sch-Sch-Schülern zu treffen pflegte – auch wenn unser *Garten* in einem schlechteren Zustand war. Aus dem Grund nannte ich auch die philosophische Sch-Sch-Schule, die ich gegründet hatte, die *Schule des Gartens*. Ich habe es mir a-a-anders überlegt ... bleiben wir hier, es erinnert mich an schöne Zeiten.«

»Meinetwegen, solange du kein Problem mit Mauern hast.«

Ich holte zwei Gartenstühle und wir setzten uns.

Dann sah ich ihn mir genauer an: Er hatte die gleiche friedliche Ausstrahlung wie Sokrates und nichts von Platons Wichtigtuerei. Er war ebenfalls ein Sophist und ...

»Nein, ich war kein Sophist«, warf Epikur ein, der wieder meine Gedanken gelesen hatte. »Die Sophisten teilten ihr Wissen gegen Bezahlung, weshalb sie s-s-sehr darauf bedacht waren, den Aristokraten und K-K-Kaufmännern zu gefallen, die sie bezahlten. In Athen sah es damals so aus: Griechenland hatte die Perser be-besiegt und die Stadt w-w-wurde zu einem Zentrum des einflussreichsten D-D-Denkens. Es wurde darüber diskutiert, welche Herrschaftsform die b-bessere war, die Demokratie oder die A-A-Aristokratie. Die Beteiligung der Bürger an der Politik war jedenfalls sehr rege und reich an Widersprüchen.«

»Danke für die Geschichtsstunde, *Maestro*, aber wolltest du nicht ein bisschen Suppe?«

»Doch, aber vorher verrate mir noch eins: Habe ich es mit einem Anhänger des Stoizismus oder des Skeptizismus zu tun?«

»Des Schlemmismus«, antwortete ich.

»Diese Strömung kenne ich noch nicht.«

»Eben. Wenn wir in die Küche gehen, kann ich sie dir erläutern: Die Küche ist mein philosophischer *Garten*, es ist der Ort, der meine Gedanken inspiriert. Hier entlang, *Maestro*.«

Er ließ sich überzeugen, mir zu folgen, doch ich lief neben ihm, da es mir unhöflich schien, ihm den Rücken zu kehren. Auf dem Weg erzählte er mir unter gezischten Schs, abgehackten Ks und As, die sich dehnten wie Gummi, von der großen Krise Griechenlands nach dem Tod Alexander des Großen und dem Zerfall des ägyptischen Königreichs. Die Folge war eine große soziale und politische Verunsicherung. Durch die Expansionspolitik und die Begegnung mit anderen Völkern verbreitete sich bei den Griechen unter der Herrschaft Alexanders eine zunehmend universalistische Weltsicht. Die drei Hauptströmungen, die dieser Schmelztiegel hervorbrachte, waren der Epikureismus, der Stoizismus und der Skeptizismus. Entschuldigt diese grobe Zusammenfassung, aber wenn ich jedes gestotterte Wort des bedeutenden Philosophen wiedergeben würde, säßen wir morgen noch hier.

Ich war überrascht, dass auch Frauen und Sklaven Zutritt zur *Schule des Gartens* hatten. Gar nicht schlecht für damals!

Grundlage seiner Philosophie bildete die *Ataraxie*: Ein Aufruhr der Seele muss vermieden, alles Störende, wie beispielsweise Ängste, besonders die Angst vor dem Tod, überwunden werden, um auf diesem Wege den Seelenfrieden des Weisen zu finden. Dieser Zustand fällt unter die *katastematische Lust*, den Zustand innerer Glückseligkeit. Zur *kinetischen Lust* zählt dagegen die Befriedigung der körperlichen Bedürfnisse.

Epikurs Physik nimmt die Atomlehre Demokrits wieder auf: Die Wirklichkeit bestehe aus Körpern und Leere, so erklärte er mir stotternd. Die Existenz der Ersteren wird durch die physische Wahrnehmung bewiesen, die Existenz der Leere dagegen lässt sich herleiten. Denn ohne Leere hätten die Körper keinen Raum, in dem sie sich bewegen könnten.

Habe ich Epikurs Denken bis hierhin gut wiedergegeben? Ein bisschen knapp? Was soll's, es ging ja darum, in der Küche anzukommen, und das hatten wir geschafft.

»… Zur Erkenntnis gelangen wir über die Wahrnehmung der Körper und alle Körper bringen S-S-Simulakren hervor – Atome, die sich sehr schnell bewegen und auf unsere Sinne treffen. Wenn wir ein Objekt wahrnehmen, bedeutet das nichts anderes, als dass die S-S-Simulakren, die das Ob-Objekt aussendet, in unseren Geist gelangen.«

Ich zeigte ihm den Rest der Suppe, der durch Rousseaus Verschulden auf dem Boden gelandet war. »*Maestro*, du sagst also, dass diese Fischsuppe Atome hervorbringt, die auf meine Augen und meine Nase treffen, und dadurch sehe ich diese malträtierte Leckerei auf dem Boden?!«

»Mehr oder weniger, ja. Und nach dem Ge-Ge-Gesicht zu urteilen, d-d-das du machst, bist du kein Sto-Stoiker: Denn der Stoiker ist a-a-a-apathisch, du hingegen sch-scheinst mir sympathisch zu sein. Du bist aber auch kein Skeptiker, denn der Skep-, der Skep-, der Skeptiker lässt sich nicht durch die Wirklichkeit, die er anzweifelt, erschüttern … Dich hingegen sch-sch-scheint der Anblick dieser Suppe hier auf dem Boden gewaltig zu erschüttern.«

»Das hast du richtig erkannt, mein Lieber: Den Gast vor dir dürstete förmlich nach Demokratie, aber die Suppe hat er ganz allein geschlürft. Setz dich doch bitte, ich wische so lange die Suppe auf. Ich ertrage es nicht, die ganze Zeit den Duft der verlorenen Suppe in der Nase zu haben.«

Der Grieche gehorchte brav. Zehn Minuten später war von der Suppe nichts mehr zu sehen – außer einem vagen Umriss auf dem Fußboden und dem Kochtopf, in dem noch ein winziger Rest geblieben war. Ich beschränkte mich darauf, ihn melancholisch zu betrachten, denn mehr damit anzustellen, verboten mir die Regeln der Gastfreundschaft. Doch ebenjener Gast schaffte es, mich wieder aufzupäppeln, indem er eine mehr als willkommene Frage stellte: »Warum kochen wir nicht etwas Neues, mein riesiges, hungriges *Simulakrum*?«

Das war Musik in meinen Ohren!

Einer der wenigen Philosophen, die sich nicht als Snob entpuppten, und – was noch besser war: *Er* fragte *mich*, ob wir nicht was Leckeres essen wollten. Mir kam das Gericht, das ich im Mond zu sehen geglaubt hatte, wieder in den von meiner Diät vernebelten Sinn.

»Wie wär's, wir machen uns eine schöne ›Parmigiana di melanzane‹, mein Lieber?«

»W-was ist d-d-das?«

»Eine Menge von hervorragenden Atomen, die dir, wenn sie auf deine Sinne prallen, ein *Simulakrum* bescheren, das du noch nie gesehen hast ... als würde ganz Neapel singen.«

»Da ich noch nicht davon gehört habe, fehlt mir die *Pränotion*, aber du wirst sie sicherlich haben.«

Ich warf rasch einen Blick in den Kühlschrank, dann sagte ich mit Bedauern: »Es tut mir leid, aber eine ›*Pränotion*‹ habe ich nicht. Alles, was da war, habe ich für die Fischsuppe aufgebraucht.«

»Haaaa-hahaaaa-ha!«

Selbst beim Lachen stotterte er.

Dann erklärte er mir, dass die *Pränotion*, die Vorkenntnis, eines seiner philosophischen »Instrummm-m-mente« sei: Wenn ein

Bild einem anderen ähnelt, das wir bereits gesehen haben, können wir es aufgrund unserer Vorkenntnis einordnen. Wir wissen beispielsweise, was ein Mensch ist, weil wir bereits mehrere Menschen gesehen haben. Wenn ich also weiß, was eine »Parmigiana di melanzane« ist, dann deshalb, weil ich bereits in ihren Genuss gekommen bin.

»… Ergo: Aufgrund deiner kulinarischen Vorkenntnis musst du n-nur an das Ge-Ge-Gericht denken, um es zu erhalten.«

Na klar, ich Dummkopf! Das war das Ei des Kolumbus, dachte ich bei mir. Doch ich sprach es lieber nicht laut aus, denn nach allem, was in dieser Nacht passiert war, wollte ich nicht auch noch Kolumbus in meiner Küche vorfinden – zumal die Eier alle aufgebraucht waren.

»Danke, *Maestro* … Und ich habe mir die ganze Nacht einen abgebrochen, ein Gericht nach dem anderen zu kochen, dabei hätte ich sie mir einfach nur vorstellen müssen. Und schon wären sie da gewesen, schön warm und köstlich! Ich stelle mir jetzt zwei schöne Portionen ›Parmigiana di melanzane‹ vor …«

»Fa-Fa-Fa-…«

»Farfalle? Tut mir leid, aber Farfalle gehören da nicht da rein.«

»Nein, nein! Ich meine fa-fa-fa-…«

Er macht eine wegwerfende Handbewegung, die mir schließlich auf die Sprünge half.

»Meinst du etwa ›falsch‹, mein Lieber?«

»D-Danke. Falsch! Das wäre zu einfach. D-Du musst mir zeigen, wie es z-zu-zu-zubereitet wird, damit die Atome auf meine Sinnesorgane treffen und ich ein *Simulakrum* des Rezepts erhalte.«

Er gefiel mir immer besser: Er hatte nicht nur etwas für Essen übrig, sondern wollte auch noch dazulernen … und zwar von mir! Dass ich Epikur etwas beibringen konnte, bewegte mich und entschädigte mich für die bevorstehenden Mühen. Dem Rat des Meisters folgend, stellte ich mich vor die geschlossene Kühlschranktür und aktivierte meine Vorkenntnis der nötigen Zutaten. Und als ich den Kühlschrank wieder öffnete, war alles da: Herrlich!

ZUTATEN

- 4 GROSSE AUBERGINEN
- 1 PÄCKCHEN MEHL
- NATIVES OLIVENÖL
- 100 GRAMM PARMESAN
- FRISCHER MOZZARELLA
- 4 EIER
- TOMATENSOSSE

Das Einzige, was nichts darin zu suchen hatte, war jene Dose Texasbohnen: Die muss der Kleine sich vorgestellt haben, der sich ja auch schon am Kolosseum eingemischt hatte, sodass statt eines Taxis die Postkutsche vorgefahren war.

»Pass gut auf, *Maestro*: Dieses Gericht ist nicht ganz leicht zuzubereiten. Aber komm und hilf mir ein wenig, damit es schneller geht und dir das *Simulakrum* leichter in dein Köpfchen reingeht. Du kannst den Parmesan reiben. Es ist ganz einfach, du legst den Käse auf die Reibe, reibst und reibst und die schönen Parmesanflocken rieseln in die Schüssel darunter.«

Der *Maestro* hatte kein Problem damit, sich die Hände schmutzig zu machen: Genau wie Sokrates war auch er mit Begeisterung bei der Sache. Und nachdem ich ihm gezeigt hatte, wie es funktioniert, machte er sich eifrig ans Reiben, wobei er sich prächtig amüsierte.

»Das macht Sch-Sch-Spaß! Das Ding hier verwandelt den f-f-festen Käse in weiche, d-d-d-duftende Flocken.«

»Und das ist erst der Anfang, *Maestro*. Pass auf«, sagte ich, nahm ein großes Messer und legte die Auberginen auf ein Holzbrett, »zunächst werden die Auberginen in längliche Scheiben geschnitten. Diese hübschen Auberginenscheiben werden in Wasser gelegt, gewaschen und dann lässt man sie abtropfen … Danach streut man ein wenig Salz darüber und wendet sie eine nach der anderen in Mehl.«

»Unaus-sch-sch-sch-sprechlich faszinierend!«, sagte er, während er weiter den Käse rieb.

»Du sagst es. Aber jetzt aufgepasst: In einer Schüssel verquirlt man die Eier und taucht nacheinander die in Mehl gewendeten Auberginenscheiben darin ein«, erklärte ich. Epikur, der das Parmesanprojekt beendet hatte, beobachtete nun mit wissensdurstigen Augen jeden einzelnen meiner Schritte, als wäre ich dabei, ihm einen philosophischen Grundsatz zu erläutern. Und diese glorreichen fünf Minuten genoss ich in vollen Zügen!

Ich gab die Aubergine in die Pfanne, in der das Öl schon seit ein paar Minuten brutzelte, und briet sie goldbraun. Dann nahm ich sie mit der Frittierzange heraus und legte sie zum Abtropfen in ein Sieb.

»... Dann nimmt man eine Auflaufform und gibt ein wenig Tomatensoße hinein, nur so viel, bis der Boden bedeckt ist, so.«

»... bedeckt ist, s-so«, wiederholte er und nickte interessiert.

»Dann werden die Auberginenscheiben nebeneinander in die Form mit der Soße gelegt.«

»... S-S-Soße gelegt«, wiederholte das epikureische Echo und verfolgte jede meiner Handbewegungen.

»Anschließend belegt man die Auberginen mit einer Schicht Mozzarella, Kochschinken, dem Parmesan, den du gerieben hast, und gibt am Ende noch etwas Soße darüber.«

»... S-S-Soße darüber.«

»Diesen Vorgang wiederholt man, legt eine zweite Schicht Auberginen über die erste ... dann Mozzarella, Schinken, Parmesan, Soße und so weiter – Aubergine über Aubergine, Zutat über Zutat, bis alles aufgebraucht ist.«

»... aufgebraucht ist«, sagte Epikur nickend.

»Auf die letzte Schicht Auberginen gibst du etwas mehr Soße, Parmesan und alles und schiebst das Ganze bei 180 Grad in den Ofen ...« Ich öffnete die Ofenklappe, schob den Auflauf hinein und stellte die Uhr. »... Nach 30 bis 40 Minuten, wenn die Soße eine kräftige rote Farbe angenommen hat, ist es fertig.«

»… kräftige rote F-F-Farbe angenommen hat, also d-d-dunkel.«
»Nein, *Maestro*, wenn sie sich dunkel färbt, ist die Soße verbrannt und die ganze Mühe war sozusagen für'n Arsch.«
»W-W-Wie, für welchen Arsch?«
»Das sagt man nur so, *Maestro*, wie soll ich dir das erklären?! Wenn der Auflauf fertig ist, muss er eine kräftige Farbe haben, ein … ein bräunliches Rot.«
»Wie soll etwas gleichzeitig rot und braun sein? Wenn es braun ist, ist es nicht mehr rot«, warf der Philosoph mit bestechender Logik ein.

Ich war mit meinem Latein am Ende.

»Du stellst Fragen! Keine Sorge, in einer halben Stunde wirst du mit eigenen Augen sehen, was für ein hübsches *Simulakrum* diese wunderbare Atomverbindung hervorbringt. Komm, lass uns so lange ein Schlückchen trinken.«

Von dem Wein, den ich für Rousseaus Fischsuppe benutzt hatte, war noch ein bisschen übrig. Ich schenkte mir einen halben Schluck ein und ihm den anderen. Epikur betrachtete das Glas, nahm es in die Hand, schwenkte es ein wenig … und warf es schließlich über seine Schulter. Dann hob er das angeschlagene Glas, das auf dem Boden gelandet war, auf und überreichte es mir mit einem erwartungsvollen Lächeln.

»Das habe ich nicht verstanden, *Maestro*.«
»Was gibt es da zu verstehen? Du hast mir den Sch-Schluck eingeschenkt, damit ich den Becher damit reinige, wie es Brauch ist, richtig? Tja, nun habe ich ihn gespült und bin be-bereit, schenk nur ein.«

Einen Moment lang saß ich verblüfft da, doch dann erfüllte ich ihm seinen Wunsch. Er forderte mich unterdessen mit Blicken dazu auf, das Glas bis zum Rand zu füllen.

»Bist du dir sicher, *Maestro*? Nicht, dass dir die Äthylatome den Kopf sprengen.«
»Keine S-S-Sorge: Mein Kopf hat schon ganz andere Übergriffe überstanden, ob vom W-Wein, vom W-Weib oder vom Ge-Gesang.«

Ich goss den restlichen Wein aus der Flasche in sein Glas, bis es bis obenhin voll war. Er führte es so zielsicher an seine Lippen, dass er nicht einen Tropfen verschüttete, um es sich dann mit einem endlos langen und ununterbrochenen »Gluck-gluck-gluck« hinunterzuschütten. Ich hatte schon fast Angst, er würde ersticken. Epikur leerte sein Glas in einem Zug, während ich noch genüsslich an dem kleinen Schluck in meinem nippte. Dann wurde er auch noch dreist und begann, daran herumzunörgeln: »Hm, kann man trinken, diesen Nektar der Götter, mehr aber auch nicht. Manchmal täuschen die *Simulakren*. Entschuldige, dass ich das so frei heraus sage. Aber du hättest mal den herrlichen Duft erleben sollen, der aus den Schläuchen aufstieg, die mir die Sklaven reichten und aus denen der köstliche Saft der Trauben sprudelte, die sie kurz vorher mit ihren nackten Füßen zertrampelt hatten.«

»Ich kann mir schon lebhaft vorstellen, was das für ein Duft gewesen sein muss ... Entschuldige die Frage, *Maestro*, aber wie kommt's, dass du nicht mehr stotterst?!«

»Mein Gestotter endet beim ersten Schluck. Deswegen brachten sie mir als Geschenk auch immer einen Wein mit, wenn sie mich im *Garten* besuchten. Je mehr ich davon trank, desto flüssiger konnte ich reden. Manchmal musste ich allerdings ziemlich viel davon trinken, schließlich wollte ich keinen meiner hoch geachteten Gäste beleidigen.«

Epikur war beduselt. Auch über seinen Hang zum Wein hatte ich in den Büchern über Philosophiegeschichte kein Wort gelesen, aber wozu sich den Kopf darüber zerbrechen? All das war ohnehin nur ein Gespinst meiner Hungerfantasie. Wahrscheinlich waren diese kleinen Auffälligkeiten, die ich den Philosophen verlieh, nichts als ein Versuch, sie zu vermenschlichen. Sie gewissermaßen von den Ölgemälden abzukratzen, damit sie mir mehr wie Normalsterbliche vorkamen. Denn so, wie uns die Bücher fast nur die intellektuelle Seite dieser Figuren überliefern und sie verfälschen, schlüpfen auch wir im Alltag in eine Rolle und versuchen, ein *Simulakrum* zu erschaffen, das unsere Mängel so gut wie möglich kaschiert. Ich sage ja immer, der Mensch ist ein Pfau – und mit drei Jahren, ungefähr in dem Alter, in dem sich der Charakter formt, beginnt er, eine Rolle zu spielen. Aber genug davon, der Parmesan rief und der Hunger duldete keinen Aufschub.

»Ich würde sagen, das Essen ist fertig. Holen wir es raus, bevor es verbrennt und ich mich vergesse.«

»Aber wie soll das denn gehen, dass man sich selbst vergisst?«, fragte er, auch dieses Mal ganz ohne zu stottern.

»Ach, das ist nur wieder eine Redensart, *Maestro* ... So, hier ist das Essen, lass uns den Tisch decken. Merkst du den Duft?«

»Wenn überhaupt, rieche ich ihn. ›Merken‹ ist das falsche Wort«, korrigierte Epikur mich und streckte dabei belehrend seinen Finger in die Luft. Seine Pedanterie erinnerte mich an jemanden.

»Bist du vielleicht entfernt mit Rousseau verwandt?! Nein, das kann nicht sein: Du bist Grieche, er war Franzose.«

Ich wollte mich gerade über die Aubergine hermachen, da bemerkte ich, dass Epikur nicht aß, und meine Gabel blieb mitten in ihrer Bewegung stehen.

Er saß nur da und blickte mit einem stillen, träumerischen Lächeln auf seine Portion. Ich dachte, es lag vielleicht an den Nachwirkungen des Weins, doch es war etwas anderes.

»Entschuldige, mein großzügiger Koch, aber ich kann diese Speise nicht essen.«

»Warum, ist sie zu heiß? Puste einfach und warte ein bisschen.«

»Nein, das Problem ist, dass sie nicht zum *Tetrapharmakos* zählt.«

»Das stimmt, in der Apotheke bekommt man es nicht«, antwortete ich nach kurzem Überlegen, woraufhin Epikur mich mit Erklärungen überhäufte.

»Ich möchte dich in keiner Weise damit vor den Kopf stoßen, dass ich die Schöpfung deiner kulinarischen Weisheit ablehne, aber es ist so: Unter *Tetrapharmakos* verstehe ich eine Philosophie der vierfachen Medizin, die in der Lage ist, dem Menschen seinen dummen Aberglauben und vor allem seine Angst vor dem Tod zu nehmen. Der Tod ist eine Erfahrung, die der Mensch niemals machen kann, und zwar aus dem einfachen Grund, dass die Seele ebenfalls aus Atomen besteht und zusammen mit dem Körper stirbt. Man kann ihn also gar nicht bewusst wahrnehmen. Um diese und andere Ängste abzuschütteln, die den Menschen in ihren Fängen halten, muss er sich von den irdischen Dingen lossagen und sich maßvoll an den geistigen Genüssen erfreuen. Wenn ich also diese üppige und raffinierte Speise zu mir nehmen würde, würde ich gegen das Gebot der *Ataraxie* verstoßen. *Ataraxie* wiederum ist ein Zustand, der frei ist von geistigem Aufruhr. Ein Aufruhr, der gerade durch materielle Begierden ausgelöst wird.«

Das ergab für mich keinen Sinn und außerdem hatte er sich den Wein vorhin auch nicht gerade maßvoll hinter die Binde gekippt. Auch wenn er behauptete, er trinke ihn nur als Medizin gegen sein Stottern.

»Entschuldige, *Maestro*, aber was hat es dann mit dem Epikureischen Vergnügen auf sich?«

»Ich habe es gewusst: Wie so viele andere, hast auch du diesen Gedanken falsch interpretiert. Unter der *Philosophie der Lust* verstehe ich einen ausgewogenen Genuss, kein Fest der Vergnügungen. Eben in der Mäßigung liegt der Sinn des Genusses, und diese Speise erscheint mir alles andere als maßvoll, was dem Gebot der *Ataraxie* widerspricht ... Wenn ich sage, dass die *Lust* das Ziel ist, meine ich nicht den exzessiven Genuss. *Lust* besteht vielmehr darin, dass der Körper nicht leidet und die Sinne und die Seele frei von Aufruhr sind. Aber iss du nur, iss ruhig ... wenn du es brauchst.«

»Aber ... warum war es dir dann so wichtig, das Rezept zu lernen?«

»Jedes Wissen ist eine Bereicherung. – Aber iss nur, nimm keine Rücksicht auf mich.«

»Wenn es so einfach wäre! Machen wir es doch so: Ich esse auch deine Portion auf, bis auf eine einzige Aubergine. Auf diese

Weise hast du den ausgewogenen Genuss, ich den unausgewogenen, und wir sind alle beide glücklich.«

Ich schnappte mir seinen Teller und packte ihm eine einzige Aubergine beiseite, die so einsam aussah, dass mir bei ihrem Anblick ganz traurig zumute wurde. Es war offiziell: Epikur war mir sympathischer, wenn er nüchtern stotterte, als wenn er betrunken flüssig redete. Er hob die Aubergine mit den Fingern auf, schob sie sich zwischen die Kiemen und kaute so langsam, dass ich beim Zuschauen beinahe gähnte.

Dann fixierte er mich mit einem so tadelnden Blick, dass ich mich nicht traute, mir meine erste Gabel »Parmigiana« in den Mund zu schieben.

Er hatte es geschafft, dass ich mich schuldig fühlte – etwas, was mir beim Essen noch nie passiert war.

»Entschuldige, aber ich kann nicht essen, wenn du mich anstarrst, als wäre ich im Begriff, einen Mord zu begehen. Für *Ataraxie* bin ich ein bisschen zu alt, meinst du nicht auch?«

Er wedelte verneinend mit dem Finger, um mir dann einen Vortrag zu halten: »Kein Mensch fürchtet sich in jungen Jahren vor dem Philosophieren, noch wird er im Alter des Philosophierens müde: Denn wenn es um die Gesundheit der Seele geht, ist man nie zu reif oder zu unreif. Und zu sagen, das richtige Alter fürs Philosophieren sei noch nicht gekommen oder bereits vorbei, ist, als würde man sagen, das richtige Alter, um glücklich zu sein, sei noch nicht gekommen oder bereits vorbei. Aber lass nur, dieser Berg von *Simulakren* hier macht die *Ataraxie* ohnehin unerreichbar für dich. Nur zu, schlag zu. Iss, iss.«

Sein Ton war ruhig, aber der versteckte Vorwurf in jedem seiner Worte traf mich wie ein Hammerschlag. Ihr werdet es nicht glauben, aber ich hatte keinen Hunger mehr! Ich fühlte mich wie ein Versuchskaninchen für die Experimente eines Wissenschaftlers.

»Glückwunsch, *Maestro*: Ich habe keinen Appetit mehr. Aber ich wüsste gern, welche Befriedigungen im Leben bleiben, wenn man eine schöne ›Parmigiana di melanzane‹ verschmäht.«

»Die Freundschaft, mein Freund, die Freundschaft vermag jeden Hunger zu stillen. Hast du Freunde?«

»Wenige, aber gute. Meinen Freund Terence Hill, zum Beispiel ... Aber essen kann ich ihn auch nicht ... Eine Sache musst du mir jedoch erklären, da wir nun mal ›philosophieren‹ anstatt zu spachteln, wie es sich gehört: Du sagtest vorhin, die Seele sei sterblich. Angenommen, du hast recht und die Seele stirbt zusammen mit uns – dann erklär mir mal, wie du hier vor mir sitzen kannst, wenn du doch bereits vor vielen Hundert Jahren ins Gras gebissen hast?«

»Nicht ich sitze hier vor dir, sondern das *Simulakrum*, das du von mir hast ... Du hast selbst gesagt, dass das alles ein Traum ist ... Aber wer weiß schon, wo Epikur wirklich ist? Körper und Seele sind auf der atomaren Ebene miteinander verknüpft, und soll ich dir sagen, warum es unsinnig ist, den Tod zu fürchten? Weil er ein Ereignis ist, das wir nicht erleben können. Mehr noch, *er ist nicht* und damit basta. Wie ich in meinem *Brief an Menoikeus* schrieb, ist der Tod für uns ein Nichts, denn solange wir da sind, ist er nicht da, und wenn er da ist, sind wir nicht mehr.«

»Ich hab's kapiert, *Maestro*: Das ist wie mit zwei Personen, die sich nie treffen, weil sie es nicht schaffen, zur selben Zeit am selben Ort zu sein. Wenn die eine da ist, ist die andere nicht da und umgekehrt.«

»Das ist zwar sehr grob ausgedrückt, aber mehr oder weniger ...«

Seine Behauptungen kamen so ruhig und gleichmütig daher, dass ich mich provoziert fühlte. In Wirklichkeit aber war ich über mich selbst irritiert, weil ich das Essen ausgeschlagen hatte. Ich zeigte mit dem Finger auf ihn und erklärte beharrlich:

»Hör zu: Als ich in Brasilien war, einem Land, das zu deiner Zeit einem Teil der Welt angehörte, der noch nicht entdeckt war, habe ich ein Medium gesehen: einen Schamanen, der die Fähigkeit besaß, eine verstorbene Seele in seinen Körper zu lassen und mit Stimmen und in Sprachen zu sprechen, die nicht seine waren.

Ich habe es mit eigenen Augen gesehen und im Gegensatz zu dir hatte ich weder Wein noch Drogen intus, überhaupt gar nichts. Ich bin kein leichtgläubiger Mensch, der Mechanik eines Bootes kann ich mehr abgewinnen als irgendwelchen metaphysischen Ausführungen, aber muss an der Unsterblichkeit des Geistes nicht etwas Wahres dran sein?«

»Das, was dir begegnet ist, war Aberglaube in Kombination mit Suggestion. Das ist nichts Neues: Zu meiner Zeit glaubte man, dass die Wolken einen Willen besaßen und absichtlich zusammenstießen, um dadurch Blitze zu erzeugen. Ich dagegen wusste damals schon, dass Blitze nur deswegen entstanden, weil die Wolken zusammenstießen, ohne dass daran etwas absichtlich war. Ein atomares Phänomen. Habe ich mich deutlich erklärt?«

»Das kann man wohl sagen!«

»Und jetzt gehe ich in den *Garten*, wenn du erlaubst.«

Gesagt, getan, ob ich es erlaubte, spielte keine Rolle.

Meine Augen spielten eine kurze Partie Tennis zwischen dem Teller auf dem Tisch und der Tür, hinter der Epikur verschwunden war. Am Ende gewann die Tür. Ich stellte den restlichen Auberginenauflauf in den Kühlschrank und folgte dem Gast in den Garten, um ihm Gesellschaft zu leisten. Nicht, dass der Hunger gestillt worden wäre, aber das Bedürfnis, zu verstehen, war stärker. Und bei der Vorstellung, dass der Gründer des Epikureismus nur wenige Meter von mir allein im Garten saß, hätte ich einfach nichts runtergekriegt.

Ich setzte mich zu ihm und zündete mir eine Zigarette an, was ich schon seit Ewigkeiten nicht mehr getan hatte: Ich hatte mit 60 Jahren aufgehört, aber warum sollte man einem armen Mann, der sich gerade eine »Parmigiana di melanzane« hatte entgehen lassen, auch noch seine Nervennahrung verbieten?

Während er den Rauchfahnen dabei zusah, wie sie langsam in den Himmel aufstiegen, sagte Epikur: »In Athen gab es auch Menschen, die Drogen rauchten, um mit den Göttern in Kontakt zu treten. Nehmt ihr auf diese Art ebenfalls Kontakt zu den Göttern auf?«

»Einige Dummköpfe versuchen es, aber meistens endet es damit, dass die Justiz mit ihnen in Kontakt tritt. Das hier ist jedenfalls eine ganz normale Zigarette mit Tabak. Aber hör zu: Je mehr Philosophen ich kennenlerne, desto verwirrter bin ich. Ein Teil von mir will sich dafür entschuldigen, dass ich es gewagt habe, mein Denken mit eurem zu messen. Wenn ich sage ›Ich esse, also bin ich‹ oder ›*Futetténne*‹, dann meine ich es ganz klar ironisch … Aber warum um alles in der Welt muss ich mich jetzt schuldig fühlen, nur weil ich ein bisschen Auberginenauflauf essen wollte?«

Der Grieche musterte mich mit einem zufriedenen Grinsen, ehe er antwortete.

»Das ist der laute, nicht zu unterdrückende Ruf des Verstandes in dir, der gegen den Magen anschreit. Du bist gar kein so dummes Rindvieh, wie du den Eindruck machst, aber von der *Ataraxie* bist du dennoch meilenweit entfernt.«

»›Rindvieh‹?! Wenn überhaupt, bin ich ein Nilpferd! Du dagegen bist ein ganz schön feines Kerlchen! Du hast die Atomphysik erfunden, und das Jahrhunderte, bevor die Wissenschaftler über die Technologie verfügten, um Atome nachzuweisen.«

»Ach ja? Und was haben sie gemacht, als sie sie nachgewiesen hatten?«

»Atombomben gebaut.«

Er hob ratlos die Augenbraue, doch ich kam ihm zuvor: »Frag mich lieber nicht, was Atombomben sind. Glaub mir, das willst du gar nicht wissen. Ich will dir nur so viel verraten: Es sind apokalyptische Waffen, grell und blendend wie die Sonne, die Hunderttausende Menschen getötet und viele weitere krank gemacht haben.«

»Und wer hat solch ein Monster erfunden?«

»Ein Land, das zu deiner Zeit noch nicht existierte: Es heißt Amerika und verfolgt heutzutage genau die Länder, die Massenvernichtungswaffen produzieren. Vielleicht, weil sie ein schlechtes Gewissen haben, weil sie sie tatsächlich eingesetzt haben.«

Er schwieg erschüttert, als könne er die Bedeutung einer derartigen Waffe nicht erfassen, aber Bud konnte es noch weniger:

Auf ein unmenschliches Problem kann es keine menschliche Antwort geben. Dann räusperte sich der Grieche und wechselte das Thema, worüber ich sehr glücklich war: »Wie dem auch sei, du scheinst zu vergessen, dass mein Entwurf der Atomtheorie auf Demokrit und Leukipp zurückgeht.«

»Ich habe es nicht vergessen, sondern niemals gewusst. Aber sag mal ganz ehrlich, *Maestro*: Liege ich falsch mit meinem Gedanken, dass der Kopf auf leeren Magen nicht philosophieren kann? Ich meine, wenn du nicht isst, stirbst du!«

»Sterben tust du auch, wenn du isst: an Altersschwäche, Krankheit, durch einen Unfall, im Krieg – wie durch diese furchtbaren Waffen etwa, von denen du mir gerade erzählt hast.«

»Ja, aber man stirbt später.«

»Statistisch ja. Doch die Tatsache, dass alle Schwäne weiß sind, bedeutet nicht, dass es nicht auch schwarze gibt. Deine Wahrheit ist nicht universal.«

Mir gingen die Argumente aus und ich beschränkte mich darauf, meine Zigarette zu Ende zu rauchen. Er dagegen sah sich um, als vermisse er etwas.

»Dein *Garten* ist so leer! Ich vermisse die Gesellschaft von Freunden. Über die Zeit, in der du lebst, weiß ich nichts. Aber wenn ich mir auf der Grundlage des einzigen Exemplars, mit dem ich geredet habe, ein Bild davon machen müsste – dann würde ich sagen, dass es eine Zeit ist, in der man sich nicht mit dem Tod, mit der Sterblichkeit des Menschen auseinandersetzt. Vielmehr habe ich den Eindruck, dass ihr dieses philosophische Dilemma gelöst habt, indem ihr die Philosophie insgesamt abgeschafft habt.«

Er sah mich erwartungsvoll an, doch ich wusste, dass mir die Mittel fehlten, um darauf eine adäquate Antwort zu geben.

»*Maestro*, es gibt sicherlich auch heute kompetente Philosophen, nur kenne ich mich zugegebenermaßen nicht mit ihnen aus. Mit Sicherheit haben die Wissenschaft und die Bildung im Vergleich zu deiner Zeit gigantische Fortschritte gemacht. Aber vielleicht stimmt es, dass wir den Tod als philosophische Fragestellung gewissermaßen unter der Zerstreuung begraben haben.

Und mit Zerstreuung meine ich nicht nur Spaß und Unterhaltung oder den vielen Lärm, der in meiner Zeit sehr verbreitet ist. Nein, ich meine damit auch die wirtschaftlichen Probleme, die uns ablenken. Die Anstrengung, sich jeden Tag aufs Neue durchzuschlagen, bei der einem keine Zeit für metaphysische Betrachtungen bleibt. An unsere eigene Sterblichkeit denken wir erst, wenn der Tod anklopft und uns daran erinnert, dass das Leben hier nur ein Leben auf Zeit ist. In einigen Fällen meldet er sich auf tragische und gnadenlose Weise, in anderen wiederum gewährt er scheinbar eine lange Schonfrist. Doch die Gesellschaft, die wir um uns herum aufgebaut haben, tut so, als existiere er nicht. Aber verurteile uns nicht: Du sagst, dass nicht zu philosophieren bedeute, das Glück auszusperren, ich dagegen sage, dass zu viel Denken unglücklich macht. Aber das ist nur meine Meinung ... und die von Bud Spencer.«

»Bud Spencer?! Wer ist das?«

»Ein Freund, der in mein Leben trat, als ich am wenigsten damit gerechnet hatte, und der nie mehr gegangen ist.«

»Und warum will er nicht gehen? Das klingt, als wäre er ein ziemlich aufdringlicher Typ.«

»Im Gegenteil, aufdringliche Typen kann er nicht ausstehen. Er geht deswegen nicht, weil es nicht in seiner Macht liegt. Sagen wir so: Er hat überall auf der Welt viele Freunde, und da, wie ihr Griechen uns gelehrt habt, in einer Demokratie das Volk entscheidet, wird Bud genau dann verschwinden, wenn die Leute ihn nicht mehr wollen.«

»Vielen Leuten zu gefallen, ist nie leicht. Was ist sein Trick?«

»Ganz einfach: Bud hält sich nie für etwas Besseres, im Gegenteil: Sein Publikum ist klüger als er und amüsiert sich, weil es ihm immer einen Schritt voraus ist.«

»Das heißt, er ist so dumm, dass die Leute ihn auslachen?«

»Manchmal, ja. Dann lachen die Leute ihn aus und fühlen sich gut. Manchmal tut er aber auch nur so, dann lachen die Leute mit ihm und fühlen sich ebenfalls gut. Lachen ist schön, wenn man mit einem Freund zusammen lachen kann. Alleine zu lachen, ist traurig. Wie du selbst ganz richtig gesagt hast, ist die Freundschaft ein großer Trost.«

»Aber er ist kein Philosoph, der Schüler hat und unterrichtet.«

»Den Anspruch hat er nicht ... Wobei, wenn man einmal alles, was er insgesamt gemacht hat, betrachtet, schon eine ganz simple Philosophie deutlich wird, die sein Leben durchzieht. Sie besteht darin, die kulinarischen Genüsse auszukosten, den Bösewichten eins überzuziehen und die Erwartungen der Schwächeren nicht zu enttäuschen. Das war's schon! Und da er groß und stark ist, träumen diejenigen, die es nicht sind, von einem Freund wie ihm, der sie vor den Fieslingen beschützt.«

»Jetzt verstehe ich: ein mythologisches Wesen, ein Herkules, der aus der Vereinigung eines Gottes mit einer sterblichen Frau geboren wurde«, sagte Epikur nickend.

»Nein, er wurde von ganz normalen Eltern in die Welt gesetzt. Ihre ›Atome‹ haben sich, um es mit deinen Worten auszudrücken, verbunden und ein enormes *Simulakrum* hervorgebracht, dem man lieber nicht auf die Füße trat. Aber so stark und gutmütig er auch ist, gegen alles Schlechte in der Welt kommt selbst er nicht an. Das bereitet ihm manchmal Schmerzen, vor allem, wenn es um Kinder geht. Weißt du, *Maestro*, nur einem Gott gelingt es, alle Völker der Welt zu erreichen, genau das ist er aber eben nicht. Doch in seiner Zeit gibt es ein Medium, das sich ›Film‹ nennt, eine Art Theater, das in technischer Hinsicht sehr viel weiter entwickelt ist, Sprachbarrieren überwinden und mit jedem kommunizieren kann. Dank dieses Mediums konnte Bud Spencer sehr vielen Völkern Glück und Freude schenken und noch hat er nicht damit aufgehört. Insofern kann er drauf pfeifen, dass die Leute ihn auslachen, im Grunde liegt genau darin seine Magie. Und diese lässt sich, wie jede Magie, nicht rational erklären, sonst wäre es schließlich keine Magie ... – AUA!«

Epikur sprang bei meinem Schrei auf: Vor lauter Reden hatte ich meine Zigarette ganz vergessen. Das Brennen zwischen meinen Fingern hatte mich daran erinnert, dass es höchste Zeit war, sie auszumachen.

»Und ich? Ich bin neugierig geworden«, sagte der Grieche mit einem enttäuschten Blick auf den Glimmstängel.

Er zündete sich eine an. Beim ersten Zug hustete er wie verrückt, dann fing er wieder an zu stottern: »Wie sch-scheußlich … Ich glaube, es ist Zeit, dass wir uns trennen. Leb wohl, m-m-mein Freund.«

Ich stand auf und reichte ihm die Hand, doch er warf nur die Zigarette weg und blieb sitzen. »Sagtest du nicht, dass du gehen willst, *Maestro*?«

»Nein, ich habe ge-gesagt, dass wir uns trennen müssen … Dein Garten ist zwar leer, aber er ist immer noch ein *Garten*. Und ich denke, dass er nicht mehr lange leer sein wird.«

Aus der Dunkelheit um uns herum kam Geflüster und zusammen mit dem Geflüster kamen Menschen: Schüler, Sklaven, Frauen, Philosophen. In ihre hellenischen Gewänder gehüllt und mit Schuhen, die im Olivenhain ihre Fußabdrücke hinterließen, kamen sie aus dem Dunkel, drängten sich um Epikur und tuschelten über ihn, als existierte er nicht. Ich hätte überrascht sein müssen, aber ganz ehrlich: Nachdem ich mich in Freuds Traum geträumt hatte, überraschte mich nichts mehr.

Die Leute stellten ihrem Meister Fragen, doch ich verstand sie nicht. Sie sprachen auf Altgriechisch und der magische Simultandolmetscher meiner Träume war plötzlich verschwunden. Das konnte nur eins bedeuten: Der Fremde war nun ich, nicht mehr Epikur, und meine Zeit dort war vorbei.

Auch im Traum kann es nicht schaden, etwas Anstand zu wahren, was ich im wachen Zustand übrigens immer tat. Ich begriff, dass die Anwesenheit des griechischen Philosophen jeglichen Garten in seinen *Garten* verwandelte. Und es gibt Momente, in denen selbst Bud Spencer begreift, dass er überflüssig ist.

Also verabschiedete ich mich und ging zurück in die Küche. In Gedanken versunken öffnete ich den Kühlschrank, nahm die »Parmigiana di melanzane« heraus und setzte mich. Epikurs These von der Sterblichkeit der Seele wollte mir nicht aus dem Kopf … Was, wenn er recht hatte? Wenn es sinnlos war, sich vor dem Tod zu fürchten, weil, wenn er da ist, wir nicht mehr sind, und umgekehrt, wir ihn also gar nicht erleben können? Das war das genaue Gegenteil von dem, was ich glaubte. Ich war ja neugierig auf all das, was es nach dem irdischen Leben zu entdecken geben würde. Doch ich konnte mich einfach nicht davon überzeugen, dass der berühmte Grieche mit seiner These richtig lag. Nicht, dass ich mich vor dem Tod fürchtete. Wie ich schon sagte, wäre das in meinem Alter und nach all den Erlebnissen, die ich hatte, purer Egoismus. Aber dass mit der Beerdigung alles vorbei sein sollte, kam mir wie sinnlose Verschwendung vor.

Wie auch immer, es war unnötig, mir darüber den Kopf zu zerbrechen – eines Tages würde ich die Antwort wissen, auch wenn ich keine Eile hatte, jenen Tag zu erleben.

Der merkwürdige Geschmack des Auberginenauflaufs riss mich aus meiner epikureischen Meditation und lenkte meine Aufmerksamkeit auf meinen Teller, dessen Anblick mich unweigerlich in ein akutes, gewaltiges Dilemma stürzte. WAS ZUM TEUFEL HATTE DIESES SCHÄLCHEN MIT GEBRATENEM CHINESISCHEM REIS HIER ZU SUCHEN?

KAPITEL 12

DIEBESGRÜSSE AUS SHANGHAI

Konfuzius und der Ursprung der Nudel

Konfuzius ist bei uns im Abendland womöglich der bekannteste chinesische Weise. Unter dem Namen K'ung Ch'iu geboren, lebte er vermutlich von 551 bis 479 vor Christus, doch bekannt wurde er als K'ung-fu-tzu. Seinen latinisierten Namen, den wir heute verwenden, gaben ihm die jesuitischen Missionare, die einige seiner Werke übersetzten.

Wenn wir über unser vom Euro und der Rezession gebeuteltes Europa jammern, frage ich mich, was er dazu gesagt hätte. Denn das China, das er kennenlernte, wurde von Feudalkriegen, Korruption, von Banditen und Anarchie gebeutelt. Während ich mich wahrscheinlich jeden Tag geprügelt hätte, ging er umher und predigte Toleranz, Mäßigung, Weisheit und Gewaltlosigkeit. Denn im Zentrum seiner Philosophie, die auch wie eine Religion gelebt wurde, stand weniger die Metaphysik als die sozialen Beziehungen, die Rituale der Antike, welche in seinen Augen Weisheit und Ausgewogenheit bedeuteten, sowie die Ahnenverehrung.

Der Altruismus hatte für ihn eine ebenso große Bedeutung wie das Lernen und die Meditation, was ihn zu einem epochenübergreifenden Evergreen macht. Mit dem Daoismus und seinen esoterischen Tendenzen konnte er wenig anfangen, genauso, wie er alles allzu Bizarre und Grenzüberschreitende ablehnte.

Seine Gedanken wurden der Nachwelt ebenso wie Sokrates' Denken in Dialogform übermittelt: Seine Schüler sorgten für die Überlieferung des Konfuzianismus, indem sie die Gespräche mit ihrem Meister weitergaben, die schließlich unter anderem in den *Gesprächen* festgehalten wurden. Konfuzius empfahl das Studium von Werken wie *Das Buch der Wandlungen* und *Das Buch der Riten*, verfasste aber selbst keine einzige Schrift. Was wir über sein Leben wissen, bewegt sich an der Grenze zwischen Realität und Legende.

Er gehörte zu jener Sorte Mensch, die nicht aufgrund ihres finanziellen, sondern ihres geistigen Vermögens aufsteigen. Unter Vornehmheit verstand er die Vornehmheit der Seele, die durch Tugenden erworben wird, nicht die des Adels. Er hatte bedeutende Ämter inne, lernte aber auch die Verfolgung sowie das Exil kennen, das Ergebnis der Machtspiele verfeindeter Staaten. Man sagt, er habe sich selbst als einen Übermittler betrachtet, der nichts erfunden hat. Außerdem habe er gern mit dem Weisen Lao Tzu, einem Archivar und Philosophen, diskutiert, der in der chinesischen Tradition als dicker Mann mit einem Wasserbüffel dargestellt wird, den er als Fortbewegungsmittel benutzte. Ob das wahr ist? Keine Ahnung, aber ich fand es lustig, mir vorzustellen, was passiert wäre, wenn Lao Tzu Konfuzius seinen Büffel geliehen hätte, um Bud Spencer damit zu transportieren ...

Es gibt Diebstähle, die auch im Traum einfach nicht geschehen dürfen. Und schon gar nicht, wenn es sich um meinen Traum handelt! Nicht nur hatte ich noch NIE ein chinesisches Reisgericht gekocht, ich hätte auch nicht die geringste Ahnung gehabt, wie. Dazu fehlte mir die von Epikur so heiß geliebte »*Pränotion*«.

In diesem Kühlschrank war ein ausgezeichneter Auberginenauflauf, da war ich mir mehr als sicher. Schließlich hatte ich ihn selbst dort versteckt! Nicht, dass wir uns falsch verstehen: Die chinesische Küche ist exquisit, wenn gute Köche am Werk sind, doch sie konnte meinen Hunger immer nur kurzzeitig stillen. Wenn ich von einem chinesischen Restaurant nach Hause kam, musste ich mir immer eine Ladung Spaghetti kochen, weil ich sonst nicht hätte einschlafen können. Das ist eine ungünstige Angewohnheit von mir, kein Vorurteil. Deshalb brachte ich, als ich damals für den Dreh von *Plattfuß räumt auf*[1] in den Osten reiste, einen enormen Vorrat an Spaghetti aus Italien mit. Und damit machte ich nicht nur mich, sondern die gesamte Truppe, einschließlich der Chinesen, glücklich.

Von gebratenem Reis werde ich nicht satt. Und diese Tatsache steigerte meine Wut auf dieses Schlitzohr, das mir anstelle meines Auberginengerichts eine Schüssel Reis untergejubelt hatte! Es war einer jener Fälle, in denen selbst mein abgeklärtes »*Futetténne*« nichts ausrichten konnte:

»Ich habe eine schlimme Nacht hinter mir und keine Geduld für solche Scherze! Gib mir meinen Auflauf zurück – ich sag's im Guten!«

»Burp.«

Als Antwort kam ein schallender Rülpser. Mein drohender Tonfall war wohl nicht sehr überzeugend gewesen. Aber gut, er hatte es nicht anders gewollt. Der Rülpser schien aus der Richtung des Eingangs zu kommen, kampfbereit marschierte ich darauf zu, hob meine Arme in Erwartung einer Schlägerei und …

PLATSCH!

Wie kam dieser Fluss direkt vor mein Haus in Morlupo?!

Mit zwei Zügen schwamm ich ans Ufer, zog mich heraus und irgendjemand warf mir ein Bündel zu: »Zieh dir was Trockenes

---

[1] »*Plattfuß räumt auf*« (Orig.»*Piedone a Hong Kong*«), 1975

an, bevor du dir eine Lungenentzündung holst. Der Gelbe Fluss ist sehr kalt um diese Jahreszeit.«

Man sagt, jeder von uns hätte irgendwo in der Welt einen Doppelgänger. Wenn das stimmte, war der Mensch, der mich ansah, mein orientalischer Klon. Mit Bauch, Bart und Mandelaugen, nur war er etwas kleiner.

Er trug eine sehr weite Seidentunika mit einer breiten Schleppe, die seine Füße verbarg – vorausgesetzt, er hatte welche. Denn wenn er sich bewegte, schwebte er anmutig über den Boden, ganz schwerelos, als ginge er auf einer Art Luftkissen.

»Du musst der Mensch sein, den sie ›Bud Spencer‹ nennen. Ich hingegen bin der, den sie K'ung-fu-tzu nennen, den ihr Abendländer aber als Konfuzius kennt.«

»Du bist also der nächste Philosoph. Aber warum ein orientalischer? Chinesische Philosophie habe ich nie gelesen, auch wenn es natürlich eine Ehre ist, mit dir hier sein zu dürfen.«

»Du brauchst mir nicht zu schmeicheln. Es gibt Denker, die erleuchteter sind als ich: Lao Tzu zum Beispiel, mit dem ich die Ehre habe, befreundet zu sein«, sagte er gelassen. Und ich verstand jedes Wort! Die Simultanübersetzung funktionierte wieder.

»Einen Rülpser wie den, den ich vorhin gehört habe, hätte ich dir aber nicht zugetraut!«

Er beschränkte sich auf ein Lächeln, als wüsste er etwas, was ich nicht wusste. Na ja, wahrscheinlich wusste er eine Milliarde Dinge, die Bud nicht wusste, er war ja schließlich Konfuzius.

Ich zog mich um und trug nun ebenfalls eine Seidentunika mit einer feinen Stickerei, die *das* Tier aus der chinesischen Mythologie schlechthin abbildete: einen Drachen. Dann sah ich mir den Fluss an, in den ich gefallen war. Er floss dem Horizont entgegen, während darüber bunte Vogelscharen auf einen Berg zuflogen, der von Wolken umgeben war und mich auf den ersten Blick an den Vesuv erinnerte.

Allerdings standen auf dem Vesuv keine Pagoden – und der Vesuv war nur *ein* Berg. Hier dagegen blickte ich auf eine Pracht von hohen, dicht bewachsenen Felsen, übersät mit glitzernden

Bauwerken. Von meinem Haus in Morlupo keine Spur. Auf die Zeit war längst kein Verlass mehr und jegliche Vernunft war aus der Welt verschwunden.

»Willst du wissen, wo du bist?«, fragte Konfuzius.

»Das weiß ich schon: im tiefsten Schlamassel, und das nicht erst seit jetzt.«

Mit einer ausladenden Bewegung zeichnete Konfuzius einen imaginären Bogen in die Luft, um mir diese unglaubliche Landschaft aus einer anderen Zeit zu präsentieren.

»Du bist in Chung-kuo, dem Land der Mitte: Alles darum herum ist von Barbaren bevölkert. Solchen wie du.«

»Hab schon verstanden: Es heißt noch nicht China, sitzt aber schon dem gleichen Irrtum auf, dem das Römische Reich damals aufsaß: zu glauben, es sei das Zentrum der Welt. Jaja, der eigene Garten ist immer schöner als der des Nachbarn.«

Konfuzius ging nicht auf meine Worte ein, sondern neigte nur ehrerbietig den Kopf und ich tat es ihm gleich.

Doch in seinen schmalen Augen sah ich Verwunderung aufblitzen, die auch sein im wahrsten Sinne des Wortes unerschütterliches Gemüt nicht verbergen konnte. Er zögerte nicht, mir den Grund dafür zu verraten: Er hatte bereits gehört, dass jenseits des Meeres eine »anormale« Gattung mit runden Augen, heller Haut und starker Behaarung lebte. Doch vor einem zu stehen, war ein völlig neues Erlebnis für ihn.

»Ohne dein barbarisches Herz beleidigen zu wollen, muss ich dich doch etwas fragen: Sind in deinem Land alle so komisch oder bist du eine Ausnahme?«

»Na ja, ich sag mal so: Auch in meinem Land gelte ich als etwas anders, aber im Grunde habe ich zwei Augen, zwei Arme und zwei Beine, genau wie du, Konfuzius.«

»Sehr wahr. Du hast zwar ein für meine Augen imposantes Gesicht, aber was du gesagt hast, war weise, und du strahlst Güte aus. Wer anderen Gutes tut, kann sich seines eigenen Wohls sicher sein. Warte einen Augenblick hier«, sagte er, sprang hinter einen dichten Busch und kam wenig später mit einem gewaltigen

Wasserbüffel, den er offenbar dort hinten geparkt hatte, wieder zum Vorschein.

»Burp«, machte der Dickhäuter.

Er hatte also vorhin den lauten »Rülpser« von sich gegeben! Konfuzius entschuldigte sich für ihn: »Ihr müsst entschuldigen, der Wasserbüffel gehorcht nur seiner Natur. Er ist übrigens ein sehr zuverlässiges Transportmittel. Der weise Lao Tzu hat ihn mir geliehen. Er ist Archivar in der Bibliothek, die ich häufig aufsuche. Lao legt seine Reisen stets auf dem Rücken des Büffels zurück. Denn falls er mit einem Bauernkarren zusammenstoßen sollte, ist der Karren hinterher kaputt, der Büffel nicht.«

»Aha, also so eine Art Prototyp des SUV.«

Der Weise kletterte auf den herumtollenden Büffel hinauf und setzte sich auf seinen Rücken, aber irgendetwas stimmte nicht: Er saß verkehrt herum, mit dem Gesicht zum Schwanz. Es schien mir unhöflich, ihn darauf hinzuweisen, vielleicht war es in China ja so üblich. Also tat ich es ihm gleich, ergriff die Hand, die Konfuzius mir reichte, und ließ mir hinaufhelfen. Ich setzte mich hinter ihn, sodass wir nun beide auf das Hinterteil des Büffels blickten. Konfuzius spornte ihn an und das Tier »raste« los. Nach einer halben Stunde hatten wir schon fünf Meter zurückgelegt! Unser Transportmittel war sicher kein Weltmeister in Sachen Schnelligkeit, aber dafür musste ich mir immerhin keine Sorgen um einen Geschwindigkeitsrausch machen.

»Du musst noch einmal entschuldigen, mein ehrenwerter Barbar, ich weiß wirklich nicht, warum der Büffel rückwärts läuft«, beteuerte der Weise konfus.

»Ganz typisch für Wasserbüffel, Konfuzius, aber jetzt verrate mir mal etwas: Warum hast du mir meinen Auberginenauflauf geklaut und mir eine Schüssel Reis vorgesetzt? Du hättest nur was sagen müssen und ich hätte ihn dir geschenkt. Also, vielleicht.«

»Bist du verrückt? Den habe ich natürlich dem Büffel zum Fraß vorgeworfen, er hat sich sehr gefreut.«

Carlo respektierte den großen Weisen, aber Bud hätte das Tier am liebsten mit zwei Faustschlägen zur Strecke gebracht. Ich konnte es nicht fassen! Dieses Meisterwerk war zum Fraß für einen Büffel geworden.

»Es ist so, mein barbarischer Gast: Dein seltsames Gericht sah aus, als hätte es noch nie etwas von Mäßigung gehört, ich aber bin berühmt für meine Fastenkuren.«

»Das war ja klar!«

Es versprach, ein hübsches Duell zu werden – wie sollte ich jemanden mit kulinarischen Argumenten überzeugen, dessen Standpunkt »Ich esse *nicht*, also bin ich« lautete?!

Ganz ruhig, sagte ich mir. *Du hast schon elf Albtraum-Philosophen überstanden und morgen wirst du zusammen mit Maria über die ganze Geschichte lachen.*

Inzwischen bewegten wir uns mit unserem haarigen »Schnellzug« am Ufer des Flusses entlang, bis er vor einem Felsen stehen blieb, in den Symbole eingemeißelt waren.

»Warum halten wir? Was steht dort?«

»*Meng long guo jiang*[1]: Der Drache durchquert die Gewässer.«

»Drachen haben mir gerade noch gefehlt! Jetzt reicht's aber mit den Scherzen!« Ich blickte mich besorgt um, doch Konfuzius beruhigte mich: »Das ist nur das Zeichen, dass hier die beste Stelle zum Übersetzen ist. Aber da wir im Orient sind, muss immer irgendwie ein Drache ins Spiel gebracht werden.«

Wir begannen, durchzuwaten, doch nach kurzer Zeit reichte uns das Wasser schon bis zur Taille.

»Von wegen beste Stelle! Wie sieht dann erst die schlechteste aus?«

»Keine Sorge, Barbar, der Büffel wird uns blitzschnell ans andere Ufer bringen.«

Ich drehte mich um, um mir den Kopf des »blitzschnellen« Büffels anzuschauen. Aber dort, wo sein Kopf gewesen war, war nur noch Wasser zu sehen, das sich um aufsteigende Luftbläschen kräuselte ... er tauchte. Doch seine Beine liefen weiter und so gelangten wir schließlich ans andere Ende. Ich war wieder mal klitschnass.

---

[1] »Die Todeskralle schlägt wieder zu« oder »Way of the Dragon«, 1972

Konfuzius kam nicht darüber hinweg, dass uns das Wasser bis zur Kehle gegangen war: »Pfui! Ich hatte es nicht so tief in Erinnerung! Daran ist das Militär von Prinz Shao Yifu[1] schuld, das Flussbett muss sich abgesenkt haben, als sie hier mit ihren schweren Streitwagen durchwateten. Ja, der Krieg ist nun mal die Wurzel allen Übels. Gibt es in deinem Land Krieg, mein ehrenwerter Barbar?«

»Nicht mehr. Dafür haben wir die Politik – die Fortsetzung des Krieges mit anderen Mitteln. Aber zumindest fließt kein Blut!«

Vor einer riesigen, dicht belaubten Eiche, in deren Stamm wieder senkrecht untereinander Symbole eingeritzt waren, blieb der Büffel erneut stehen.

»*Xia-Nü*[2]: die Mädchen-Kriegerin.«

»Was für ein Mädchen?«

»Es ist genau vor dir, schau: Siehst du diese kurvenreichen Linien auf dem knorrigen Stamm, die an die Form eines weiblichen Körpers erinnern? Mit dem Laub als Kopfhaar und den Ästen als Schwertern? Sie sieht aus wie eine bewaffnete Frau!«

»Hä? Ach so, ja klar, natürlich!«

Man brauchte schon ganz schön Fantasie, um eine Frau in dem Stamm zu sehen, von den Waffen ganz zu schweigen. Aber da jedes Land bekanntlich seine eigenen Bräuche hat, nickte ich zustimmend. Wir ließen auch diesen bedeutungsvollen Stamm hinter uns und nach einem kurzen Schotterweg tauchte vor uns ein Holzhaus auf. Äußerlich etwas karg, wehte uns von innen her ein herrlicher Duft nach Essen entgegen.

Dieser wunderbare Geruch hob sofort meine Laune, es schien alles wie geschmiert zu laufen – nur der Büffel nicht. Er war zusammengebrochen und lag auf dem Boden.

»Das muss an dem übermäßigen Genuss deines Essens gelegen haben, der in Kombination mit dem Baden seine Verdauung blockiert hat. Wie soll ich jetzt Lao Tzu erklären, dass sein Büffel

---

[1] *Run Run Shaw, (1907–2014), Filmproduzent*
[2] *»Ein Hauch von Zen« oder »A Touch of Zen«, 1971*

den Geist aufgegeben hat, mein ehrwürdiger Barbar?«, fragte Konfuzius, als er heruntergeklettert war und sich mit großer Bestürzung das Tier ansah. Um dessen Maul spielte ein leises Lächeln – das war jedenfalls meine Interpretation – und seine Zunge hing seitlich heraus. Immerhin war er glücklich gestorben. Kein Wunder, mit dem spektakulären Auberginenauflauf in seinem Büffelmagen!

»Mein weiser Konfuzius, ich erinnere dich respektvoll daran, dass du derjenige warst, der ihm diesen ›übermäßigen Genuss‹ beschert hat. Hättest du nur vorher deinen Gastgeber konsultiert – der das Essen übrigens sehr gern selbst aufgegessen hätte!«

»Ja, aber wer hätte denn ahnen können, dass du beim Kochen so über die Stränge schlägst?! Mäßigung ist alles. Wer sich mäßigt, verliert selten, mein ehrwürdiger Barbar.«

Ganz ruhig, sagte Carlo abermals zu Bud. *Wenn du ihn schlägst, bringst du womöglich die Geschichte der chinesischen Philosophie durcheinander und das kommt nicht infrage: Hast du schon vergessen, dass Sokrates deinetwegen um ein Haar den ersten Laden mit neapolitanischen Sfogliatelle aufgemacht hätte?*

»Nun gut, da kann man nichts machen, er war eben ein Raser. Ich werde Lao Tzu sagen, dass er zu schnell in die Kurve gegangen und gegen einen Kirschbaum geprallt ist. Nun denn, Barbar, willkommen im ›Gasthaus zum Drachentor‹«, sagte der Weise feierlich zu einer Vogelscheuche, die etwas links von mir vor dem Eingang des Holzhauses stand. Ich hatte den vagen Eindruck, dass Konfuzius noch kurzsichtiger war als ich, was auch erklärt hätte, warum er sich verkehrt herum auf den Büffel gesetzt hatte. Vielleicht war es aber auch einer jener Makel, den ich den Philosophen im Traum zuschrieb, um mich ihnen weniger unterlegen zu fühlen.

Ich folgte ihm ins Haus, das weniger an Drachen als an Käfer, genauer gesagt, an Kakerlaken denken ließ. Es war ziemlich heruntergekommen, ein schäbiger Speiseraum, der an die Küche anschloss und mit Tischen und Bänken aus rauem Holz zugestellt war. Die Wände waren karg, hier und da stand etwas Geschirr herum, das angeschlagen war oder Risse hatte, wenn es nicht schon in Scherben auf dem Boden lag. Der Laden hatte keine Seele und überhaupt nichts von dem Charme, den ich mir im China von 470 vor Christus erwartet hätte. Konfuzius erklärte mir den Grund für diese Trostlosigkeit: Es herrschte Krieg, besser gesagt, es waren mehrere Kriege. Das Land war damals noch nicht vereint und die diversen Feudalherren bekämpften sich gegenseitig. Politische und religiöse Verfolgung war an der Tagesordnung und er selbst hatte nach seiner Zeit als Justizminister im Staat Lu ins Exil gehen müssen: »Obwohl es mir schwerfällt, mich so weit von meiner Stadt Liu Ping[1] entfernt zu befinden, habe ich es doch auch immer geliebt, auf dem Land zu sein. Aber für jemanden, der gegen den Krieg predigt, gibt es hier keinen Frieden. Meine Amtsgeschäfte als Verwalter in der Provinz Huang Yuen Sheng und in den Kornkammern der Stadt Leung Siu-lung habe ich eifrig erfüllt. Ich war der Berater des Prinzen Chen Kuan-tai und des Magistrats Wang Lung-wei, ich unterrichtete Schüler aus bedeutenden Familien wie den Meng Fei, Wang Chung, Chang Yi, Tien Feng, Shih Kien, Hon Kwok Choi, Mang Hoi, Siu Ming Tsui ... Aber hier breche ich lieber ab. Für einen Barbaren aus dem Okzident sind diese Namen nichts als seltsame Laute.«

Ein Glück – mir schwirrte schon der Kopf.

»Ehrlich gesagt sind die einzigen chinesischen Namen, die ich kenne, Mao Tse-tung und Bruce Lee, und bei beiden dauert es noch eine ganze Weile, bis sie überhaupt geboren werden. Aber sag mal, wie kommt es, dass sich ein so tiefsinniger Mensch wie du, der das gesamte orientalische Denken beeinflusst hat, in so ein Rattenloch verläuft?«

Konfuzius breitete betrübt die Arme aus.

»Wie kann ein Frosch in seinem Teich die endlose Weite des Himmels begreifen? Er kann es nicht, ganz einfach. Der Krieg ist schuld, wie ich dir bereits sagte: Der Krieg, der die Menschen zu

---

[1] Dieser und die folgenden von Konfuzius erwähnten Namen spielen auf Darsteller, Regisseure und Produzenten von Martial-Arts-Filmen an.

Fröschen macht – und in Wirklichkeit noch zu viel schlimmeren Bestien –, anstatt sie fliegen zu lassen wie die Vögel am Himmel. Und jeder Frosch, der einen anderen frisst, glaubt ganz sicher, er beherrsche den eigenen Sumpf. Es ist so: Bis meine neue Anstellung als Berater irgendeines Regierenden beginnt, habe ich hier übergangsweise Arbeit als Verwalter dieses Geisterhauses gefunden. Früher war es übrigens ein blühender Laden, hier hat jener große Held von 16 Provinzen, den sie Betrunkene Katze nannten, seinen Wein getrunken.[1] Hier haben redliche Magistrate wie Chang Cheh und Lau Kar-leung während ihrer Reisen residiert und das Gesetz an Orte gebracht, an denen es keines gab. Hier hat der Philosoph Zhang Fu-Sheng übernachtet, ehe er seine Pilgerfahrt antrat, um im Land der Mitte seine Lehre zu verbreiten. Jetzt bin nur noch ich da und koche für die Reisenden, was die Vorräte hergeben. Ich unterhalte mich mit ihnen und predige Frieden, doch allzu oft vermögen meine Worte nichts auszurichten. Man kann die Menschen dazu bringen, einer Idee zu folgen, nicht aber, sie wahrhaftig zu begreifen.«

Während er redete, bahnte ich mir stolpernd einen Weg durch den Raum, wobei ich links und rechts gegen Amphoren und Vasen stieß. Eine konnte ich gerade noch im Flug auffangen, bevor sie zu Boden fiel, und mir schwante, dass für die Scherbenhaufen nicht nur der Krieg verantwortlich war. In der Küche ließen sich aber auch Kartoffeln, eine Art Nudeln, Gemüse und weitere Zutaten finden.

Nichts Überwältigendes, aber es ließ sich etwas draus machen. Konfuzius zeigte auf den Terracotta-Topf voll dampfendem Reis und pries seine hervorragende Qualität an. Er war das Grundnahrungsmittel in seinem Land, über das sich Reisfelder erstreckten, soweit das Auge reichte. Männer wie Frauen bauten ihn an und verbrachten ihr ärmliches Leben gebückt auf den Feldern, pflanzten, pflegten und ernteten.

---

[1] *Anspielung auf den Martial-Arts-Film »Das Schwert der gelben Tigerin« oder »Come Drink With Me«, 1966*

»Für uns Menschen im Land der Mitte ist der Reis Vater und Mutter.«

»Auch in meinem Land ist er sehr beliebt. Vielleicht nicht so wie hier, aber wenn du erlaubst, Exzellenz, will ich dir ein Reisgericht zubereiten, wie wir es bei uns kochen. Es nennt sich ›Cappello del Cardinale‹ – der Hut des Kardinals. Bevor du fragst: Ein Kardinal ist ein hochrangiger Priester der katholischen Religion, aber der Name ist natürlich symbolisch und bezieht sich auf die Form des Gerichts«, sagte ich, während ich mir die Ärmel hochkrempelte, und erntete ein mitleidiges Lächeln.

»Glaubst du wirklich, jemand könnte besser Reis kochen als ein Chinese, mein ehrwürdiger Barbar?«

»Das habe ich nicht gesagt, ich möchte doch nur deinem Gaumen mit etwas Neuem eine Freude bereiten. Das jedenfalls war die Praxis mit deinen anderen Kollegen, allesamt gute Philosophen, aber in der Küche die letzten Pfeifen.«

Und damit legte ich kurzerhand los.

ZUTATEN

- 250 GRAMM REIS
- 250 GRAMM KOCHSCHINKEN
- 200 GRAMM MOZZARELLA
- NATIVES OLIVENÖL, SALZ UND PFEFFER
- ZWIEBELN
- PASSIERTE TOMATEN

… und wenn ihr euch jetzt fragt, ob die Chinesen damals passierte Tomaten kannten – keine Ahnung, aber es ist sicherlich weniger bizarr als die Vorstellung von Bud Spencer und Konfuzius, die verkehrt herum auf dem Rücken eines Büffels reiten, der seine »Parmigiana di melanzane« nicht verdauen konnte.

Ich setzte den Reis auf, der zehn Minuten kochen musste, doch ich hatte keine Uhr, um die Zeit zu messen. Ich weiß nicht, wie Konfuzius es machte, bestimmt hatte er irgendwo hier drin eine archaische Sonnenuhr aufgestellt. Aber ich wollte ihn nicht fragen, weil ich fürchtete, dass er mir die Zeit falsch angesagt hätte, ob absichtlich oder aus Zerstreuung. Ich hatte eine andere Lösung im Sinn.

»Kannst du mir eine Vorlesung über deine Lehren geben, die genau zehn Minuten dauert, höchst Ehrwürdiger?«

»Das würde ich gern, aber ich habe nie etwas aufgeschrieben. Ich verbreite meine Lehre mündlich. Auch wenn ich glaube, dass meine Schüler meine Leitsätze niederschreiben werden.«

»Ach, wie bei Sokrates!«

»Bei wem?«

»Ein Philosoph aus meiner Gegend, aber lassen wir das. Verbreite nur mündlich, ich bin ganz Ohr.«

»Ja, sicher. Ich könnte dir etwas über die Beziehung ›Gesellschaft – Familie‹ beibringen, über die Ahnenverehrung ... oder möchtest du lieber meine Interpretation vom *Mandat des Himmels*[1] hören?«

»Die Entscheidung überlasse ich dir, Unermesslicher, solange es genau zehn Minuten sind.«

»Dann gebe ich dir eine grobe Zusammenfassung, die auch du verstehen kannst: Meiner Auffassung nach wird das Mandat des Himmels nicht auf der Grundlage der Blutsverwandtschaft oder des göttlichen Rechts vergeben. Vielmehr ist das moralische Format des Herrschers entscheidend, und dieses Format wird an der Fähigkeit gemessen, dem Volk ohne die Hilfe autoritärer und zwingender Gesetze Tugenden beizubringen.

Nur ein derart erleuchteter Herrscher vermag das Land der Mitte zu vereinen und die Feudalkriege zu beenden, um dem Volk schließlich Frieden und Wohlstand zurückzugeben. Ich bin ein Übermittler, der nichts erfunden hat. Ich habe lediglich die Aufgabe übernommen, das Wissen, das unsere Vorfahren bereits

---

[1] *Konzept der chinesischen Philosophie zur Herrschafts-Legitimation der Zhou-Dynastie und der späteren Kaiser von China*

besaßen, weiterzugeben. Aus diesem Grund ist das Studium für den Schüler fundamental: Er muss sich eingehend selbst reflektieren, aber ohne dabei die Vergangenheit außer Acht zu lassen, im Gegenteil: Indem man die Schriften der Antike gewissenhaft studiert, kann man daraus Lehren für das Hier und Jetzt ziehen ...«

Er war schon voll in Fahrt und hielt einen Vortrag über die Einheit der Familie als Symbol des Staates, wonach die Regierung nur eine etwas größere Familie ist und sich der Bürger wie ein gehorsamer Sohn verhält: »Ich blicke mit Nostalgie in die Vergangenheit und umso nachdrücklicher ermahne ich die Mächtigen, sich ein Beispiel an den Tugendmodellen der Antike zu nehmen, die Mensch, Himmel und Erde zu einer harmonischen Triade vereinten. Eine Triade, in der die Vernunft gebietet, dass die Frauen ihren Ehemännern Gehorsam entgegenbringen. Fertig.«

Dieser Teufelskerl von einem Philosophen beendete seinen Vortrag auf die Sekunde genau: Ich kostete den Reis und er war perfekt. Zehn Minuten, keine Minute mehr, keine weniger.

»Großartig, du Ausgeburt eines Chronometers. Vor allem die Stelle, als du sagtest, man müsse sich selbst erkennen. Das hat Sokrates auch bereits gesagt. Es ist schon erstaunlich, dass Menschen, die in noch so unterschiedlichen Ländern und Kulturen leben, das gleiche Prinzip der Selbsterkenntnis entwickeln.«

»Wir leben alle unter dem gleichen Himmel, mein ehrwürdiger Barbar.«

»Nur eine Sache irritiert mich, mein geistreicher Weiser: Die Geschichte mit der gehorsamen Frau ... das stinkt ein bisschen nach Unterwerfung. Vielleicht ist es hier anders, aber in meinem Land gibt es Frauen, die dich als Macho, Chauvinist und Sexist beschimpfen würden, wenn sie so etwas hören. Besonders, wenn sie in der Politik sind.«

Er warf mir einen irritierten Blick zu: »Ich kann den Sinn einfach nicht erfassen.«

»Du kannst ihn vielleicht nicht erfassen, aber glaub mir, jede Menge Beleidigungen, Teller, Gläser und Tritte werden dich erfassen, wenn du so etwas laut sagst, mein lieber Attackierter.«

Ich stellte einen Topf mit etwas Öl auf den Herd, gab die Zwiebelstückchen, die passierten Tomaten sowie eine Prise Salz dazu. Das Ganze ließ ich eine halbe Stunde lang köcheln, die dank einer weiteren, chronometrisch genau eingehaltenen, konfuzianischen Unterrichtseinheit wie im Flug verging.

»Du musst wirklich ein überragender Denker sein, wenn du es schaffst, fastend zu philosophieren, mein konfuzianischer Konfuzius.«

»Wie ich bereits sagte, wird die Mäßigung von allen in allem angestrebt. Sie hilft nicht zuletzt, Zeiten wie diese zu erdulden, in denen es an Essen mangelt. Genau das erklärte ich auch den beiden Kriegsdienstverweigerern Ti Lung und Chiang Dai Wei, die ich lehrte, zu fasten und Frieden zu predigen. Und sieh nur, was aus ihnen geworden ist!«

»Sind die Friedensboten geworden, so wie du, mein lieber Fastenkönig?«

»Im Gegenteil: Sie haben sich freiwillig gemeldet. Jetzt essen sie zweimal am Tag und laufen paarweise umher wie Wachen. Der Stachel des Verrats ist der Weg zur Weisheit«, antwortete der *Maestro* mit einem traurigen Seufzen, während ich den Mozzarella in Stücke schnitt. Als ich sah, dass die Soße so gut wie fertig war, gab ich den Mozzarella und etwas Pfeffer dazu.

Ich schnappte mir eine große Tonscherbe, legte sie komplett mit dem Kochschinken aus, wobei ich die überstehenden Enden abschnitt, schüttete dann alles zusammen in die Scherbe und schob sie in den Holzofen. Nach 15 Minuten, genau so lange, wie die nächste Unterrichtsstunde dauerte, holte ich mit einer Schippe die Tonscherbe heraus. Dann stürzte ich sie, wobei ich die Zipfel meiner Tunika benutzte, um mir nicht die Finger zu verbrennen, und heraus kam der Hut des Kardinals: »Voilà, der ›Cappello del Cardinale‹. Warten wir, bis er ein wenig abgekühlt ist, sonst verbrennst du dir die Zunge und das war's dann mit dem Unterricht, mein lieber Weiser.«

Der unergründliche Blick des Konfuzius war auf einmal nicht mehr so unergründlich, sondern ziemlich eindeutig gierig. Kein Wunder, so herrlich, wie es duftete!

»Dein ›Cappello‹ scheint mir nicht besonders maßvoll. Bei uns sagen wir: ›Möge der Körper das Haus deines Geistes sein.‹«

»Das sagen wir bei uns auch, mein eloquenter Großer: *Mens sana in corpore sano.* Oder auch einfach ›Schlag zu!‹.«

Mit seinen Stäbchen begann er, Reiskorn für Reiskorn aufzupicken. Da ich es aber etwas eilig hatte, drückte ich ihm eine stumpfe Tonscherbe in die Hand und zeigte ihm, wie man sie benutzte, um etwas größere Bissen zu nehmen.

»Reis kochen kannst du schon mal. Aber wenn ich an das verdorbene Auberginengericht denke, das Lao Tzus Büffel umgebracht hat, kannst du, denke ich, doch noch die eine oder andere Feinheit lernen. Was hältst du davon, deine Kochkunst auf Nudeln zu verlagern? Nudeln sind ebenfalls eines unserer Grundnahrungsmittel. Wir schneiden sie gewöhnlich in lange, dünne Streifen und …«

»Wir nennen sie Spaghetti, mein sehr Verehrter!«

»Ach! Das überrascht mich … Und wer kam, um euch beizubringen, wie man sie macht? Etwa der berühmte Koch Chien-Fu aus Nanchong? Oder sogar Huang Chung-Hsin, jener sehr erfahrene, aber treulose Gastronom der Jing-Wu-Schule?«

»Nicht doch, *Maestro*. Ich musste mir schon von klein auf die Geschichte anhören, dass die Spaghetti von Chinesen erfunden worden seien. Aber fordere mich lieber nicht heraus, denn auf dem Gebiet bin ich ein Literat und du ein Analphabet. Hör auf Bud!«

Er musterte mich amüsiert und strich sich über sein Bärtchen, ehe er antwortete.

»Du sprichst von ›Herausforderung‹, ich spreche von ›Können‹. Und je größer das Können, desto besser kommt man vorwärts, wie ich auch meinem jungen Schüler Wang Yu beibrachte. Und sieh nur, was aus ihm geworden ist!«

»Er wurde ein Gelehrter?«

»Schön wär's! Er wurde zum Krüppel. Sein Können war so groß, dass er eine Frau zu viel damit beeindruckte und seine Eltern ihm einen Arm abhackten. Der Stachel der Verstümmelung ist der Weg zur Weisheit. Aber ich freue mich darauf, von deinem Können zu lernen, denn der Dialog ist eine himmlische Tugend.«

Jetzt hatte mich der weise Schlaufuchs da, wo er mich haben wollte: Er begann, sich an seinem hübschen Vorrat an dünnen, langen Spaghetti zu schaffen zu machen. Und während er bis dahin ungefähr das Tempo des toten Büffels an den Tag gelegt hatte, bewegte er sich plötzlich mit der Geschwindigkeit eines 18-Jährigen. Er bereitete mir eine Schüssel »Noodles« in Brühe zu, ein Gericht, das ich bereits vor Jahren genießen durfte, als ich zum Dreh nach Hongkong gereist war.

»Schmeckt es dir?«

»Ja, aber es schmeckt nach wenig – du warst ein wenig geizig mit der Portion. Das hier ist für mich gerade mal eine Vorspeise. Setz dich und lerne.«

Er hatte es nicht anders gewollt: Die chinesischen Spaghetti waren dünner und kürzer, aber man muss nun mal mit dem arbeiten, was man hat. Also nahm ich mir gut ein halbes Kilo davon und kochte ihm einen hübschen Teller Spaghetti mit Tomatensoße und Petersilie. Ein ganz einfaches Gericht, aber für ihn eine Sensation.

»Schmeckt es dir?«, fragte ich, während er es kostete.

»Mmh ... Ich hätte nie gedacht, dass sich hinter deiner äußeren Erscheinung solch ein kulinarisches Talent verbirgt. Aber so gut deine Spaghetti auch sind, mit meinen Soja-Spaghetti können sie nicht mithalten.«

Und schon zauberte er mir innerhalb kürzester Zeit eine Schüssel davon. – Ich habe alles bis auf den letzten Bissen aufgegessen, was dank Konfuzius' Mäßigungsmanie, die besonders die Größe der Portionen betrifft, auch nicht besonders schwer war.

Aber diese kleinen Häppchen regten meinen Appetit nur noch mehr an. Und das, wo er durch meine Diät im Wachzustand und all die verpassten Schlemmereien im Traum ohnehin schon unermesslich war!

»Das war vorzüglich, mein Kompliment, mein Lieber! Aber gegen meine ›Spaghetti alla Puverielle‹, die Arme-Teufel-Spaghetti, stinken deine leider ab.« Noch bevor er etwas erwidern konnte, war ich schon aufgestanden, um ein Pfund Spaghetti zu kochen. Dann briet ich sechs Spiegeleier in etwas Schmalz und goss nach zehn Minuten Kochzeit die Nudeln ab, die nun schön al dente waren. Anschließend kippte ich sie in einen tiefen Teller und gab zur Krönung die Spiegeleier darauf. Das Ganze servierte ich ihm schön warm und dampfend.

»Lass es dir schmecken, Konfuzius, und wenn du danach immer noch darauf bestehst, dass die chinesischen Spaghetti die besten seien, koche ich dir ›Spaghetti allo scoglio‹, ›Spaghetti aglio olio e peperoncino‹, ›alla chitarra‹, ›alla carbonara‹ oder auch Spaghetti mit Butter und Parmesan, mit Käse und Pfeffer, mit Thunfisch und Semmelbröseln … Und wenn du dann immer noch nicht genug hast, koche ich dir ›Spaghetti alla Bud Spencer‹ – was immer das sein soll, aber ich werde mir schon was einfallen lassen.«

Doch er winkte ab.

Und als er sich gerade die Soße der ›Spaghetti alla Puverielle‹ vom Bart wischte, gab er zu: »Auch wenn sie in Sachen Mäßigung, was die Menge ebenso wie die Geschmacksintensität betrifft, verliert, hat deine Küche doch ihre Vorzüge. Und deinetwegen habe ich nun mein Fastengebot gebrochen … Aber gut, jetzt muss ich zu Lao Tzu. Hoffen wir, dass er nicht allzu betrübt sein wird wegen seines Büffels.«

»Du hast ganz schön Angst vor Lao Tzu, was?«

»Angst nicht, aber Respekt: Er hat das *Daodejing* geschrieben, ein Werk von unschätzbarer philosophischer, spiritueller und politischer Relevanz. *Dào* ist nichts anderes als der Weg, der die kosmische Ordnung des Universums durchdringt, und dieser Weg ist die Natur. Lao Tzu sagt beispielsweise, dass es kein nachgiebigeres Element gibt als das Wasser, das sich an jedes Gefäß anpassen kann. Gleichzeitig aber ist es nicht zu bändigen, wenn es etwa Landschaften und Städte überflutet. Von jenem weisen Archivar habe ich in Gesprächen mehr gelernt als aus den Texten, die er hütet. Soll ich dich mitbringen, damit du ihn kennenlernen kannst?«

»Lieber nicht. Du vergisst, dass der Auberginenauflauf, an dem sein Büffel gestorben ist, von mir war. Und abgesehen davon, werden sich der Orient und der Okzident eines Tages schon noch begegnen, das garantiere ich dir. Es ist nicht nötig, dass wir der Zeit vorauseilen.«

»Oh, das erfreut mich. Wird es eine friedliche Begegnung sein, ehrwürdiger Bud?«

»Anfangs ja: Es werden Händler kommen, darunter ein Mann namens Marco Polo aus der florierenden Stadt Venedig. Nach der Rückkehr in seine Heimat wird er einen Text mit dem Titel *Il Milione (Die Wunder der Welt)* schreiben, in dem er die unendliche Schönheit deines Landes und die wunderbaren Überraschungen beschreibt, die er erlebt hat. Es werden Priester kommen wie Matteo Ricci vom Jesuitenorden, die ebenjene Werke, die im Gedenken an dich niedergeschriebenen wurden, übersetzen und im Okzident verbreiten werden.«

Konfuzius war fast gerührt von meinen Worten: »Welch große Belohnung für meine bescheidenen Fähigkeiten – vorausgesetzt, es ist wahr, was du sagst. Ich hätte nie gedacht, dass sich unsere zwei Welten eines Tages gegenseitig entdecken und in Frieden miteinander leben würden.«

»Das nicht gerade. Am Anfang, mein lieber Weiser, wird es Handel und kulturellen Austausch geben, aber im Laufe der Jahre werden auch weniger friedlich gesinnte Menschen wie die Kolonialisten aus dem Okzident kommen und es wird Kriege geben. Sie werden versuchen, sich dieses riesigen Landes mit Waffengewalt zu bemächtigen, und es ausrauben.«

»Noch mehr Kriege, ach, wie traurig! Wer wird als Gewinner daraus hervorgehen?«

»Die Bestatter natürlich.«

Einen Augenblick verharrte er in verblüfftem Schweigen, dann erwiderte er nickend: »In dir versteckt sich eine Perle der Weisheit wie ein Vögelchen in der Nische eines gewaltigen Baumstamms. Du hast recht, von den Kriegen profitieren immer die Bestatter. Überall auf der Welt stolpern die Menschen über die gleichen

Fehler. Das erinnert mich an einen Schüler von mir, San-Da war sein Name: Er wollte sich wegen eines Unrechts an jemandem rächen, doch ich lehrte ihn den Weg der Weisheit. Und sieh nur, was aus ihm geworden ist.«

»Lass mich raten: Entweder haben sie ihn verstümmelt oder er hat sich freiwillig gemeldet.«

»Nein, nein, er wurde Mönch. Der Stachel der Hindernisse ist der Weg zur Weisheit. Wenigstens dieses eine Mal hat es geklappt.«

Lautes Hufgetrappel riss uns aus unserem Gespräch.

Vor dem Fenster entdeckte ich im Hof einen Trupp Soldaten, die inmitten einer Wolke aus ockerfarbenem Staub ihre Pferde zügelten. Sie hatten sich ganz schön herausgeputzt mit ihren Rüstungen, Schildern und Hellebarden. Ein Archäologe hätte sicherlich sagen können, welchem Lehen sie angehörten, ich war jedoch nur ein verirrter Neapolitaner und für mich stank dieses schimmernde Getümmel gewaltig nach Ärger. Der beunruhigte Gesichtsausdruck des Weisen bestätigte meine Vermutung.

»Die 13 Söhne des gelben Drachen, der tatarische Großkhan, der die Region tyrannisiert. Verschwinde, Barbar!«

Wenn es so einfach gewesen wäre!

Da ich nicht die Statur dafür hatte, mich hinter einer chinesischen Vase zu verstecken, zwängte ich mich eben hinter einen Sack Kartoffeln.

Wenig später betraten die Soldaten mit schweren Schritten das Lokal. Der Kräftigste von ihnen – ein Typ mit Schnurrbart, der allem Anschein nach schon wütend geboren wurde, was sich mit den Jahren noch verschlimmert hatte – trampelte über den Holzboden und baute sich schließlich vor dem *Maestro* auf. Den Dialog, der darauf folgte, möchte ich lieber nicht wiedergeben. Denn Schimpfwörter, die ich sowieso noch nie mochte, gibt es auch bei den Chinesen zuhauf und der Dicke warf damit nur so um sich. Er hielt Konfuzius für einen gewöhnlichen Wirt, und das war sein Glück, denn Philosophen und Dichter machten sich bei Soldaten in keiner Epoche beliebt.

»Weißt du, wer ich bin? Ich bin Han Khan, die rechte Hand des Kaisers!«

Konfuzius verneigte sich höflich. Zu dumm, dass er gleich darauf den Fehler beging, den Mund aufzumachen.

»Du bist herzlich willkommen, aber welchem Kaiser dienst du? Das Reich der Mitte wurde nicht vereint und viele geben sich für jemanden aus, der sie nicht sind. Kommst du aus Shandong? Oder aus Guangdong?«

Das war nicht gerade die richtige Antwort für jemanden mit einem Mördergesicht. Und tatsächlich holte der Schnurrbart schon zum Schlag aus, doch dann hielt er inne, denn ihm waren die Reste unserer Spaghetti-Orgie ins Auge gesprungen. Er betrachtete sie eine Weile irritiert, worüber er Konfuzius völlig vergaß, und dann tat er etwas, was ich ihm nie zugetraut hätte: Er fing an, zu denken.

»War jemand bei dir, alter Dummkopf? Irgendein Rebell? Oder eine dieser Pestbeulen, die gegen den Krieg predigen?«

»Nur ein Bauer, ehrwürdiger General.«

»Und seit wann essen die Bauern hier so ein komisches Zeug? Und noch dazu so viel! Wenn man sich das Chaos hier anschaut, musst du für ein ganzes Bataillon gekocht haben. Bauern, dass ich nicht lache! Am Ende hast du noch die Soldaten meines Feindes, General Kao Kang, bewirtet … Also, wer war hier? Los, spuck's aus oder du spuckst gleich deine Zähne aus!«

Um zu beweisen, dass er es ernst meinte, schlug er zuerst mit einem Schlag den Tisch entzwei und trat dann mit seinem Fuß ein Loch in die Wand.

»Pass nur auf, ich habe Hände und Füße aus Stahl und damit werde ich Schlag für Schlag deinen Laden auseinandernehmen.«

Ich hatte noch nie erlebt, dass jemand so seelenruhig auf nackte Gewalt reagierte: Konfuzius blieb gleichmütig und schwieg. Er war offenbar bereit, sich umbringen zu lassen, um mich zu schützen. Aber wirklich beeindruckend war, dass er kein bisschen Angst zeigte. Und zwar nicht, weil er den Helden spielen wollte, sondern weil er eine Art kosmische Seelenruhe in sich zu tragen schien, die ihn mit einem Leuchten umgab. Ein Leuchten, das ich, im Gegensatz zu diesem Verbrecherpack, sehen konnte.

»Ich mache dich mit einer Hand platt und breche dir mit zwei Tritten alle Knochen ... Sprich, WER WAR HIER?«, schrie der Schnurrbart, der Konfuzius an die Gurgel gegangen war. Das war der Moment, in dem Bud aufhörte, auf den weisen Carlo zu hören, welcher ihm riet, dem elften Gebot zu folgen und sich um seinen eigenen Scheiß zu kümmern. Stattdessen schnappte er sich den nächstgelegenen Kartoffelsack und warf ihn dem riesigen Schnurrbart an den Kopf. Es war kein besonders schwieriger Wurf, aber er hatte es in sich: Der Sack traf ihn mit voller Wucht und der Typ krümmte sich auf dem Boden. Dank seiner Rüstung lag er auf dem Rücken da und zappelte wie eine Schildkröte, die nicht aufstehen konnte.

Die anderen zwölf sprangen alle gleichzeitig auf und richteten ihre Hellebarden auf den Haufen Säcke. Ich verließ indessen in aller Ruhe mein Versteck. Ich habe es nie besonders eilig, einem Schlamassel in die Arme zu laufen.

Innerlich bereitete ich mich auf eine jener saftigen Schlägereien vor, die ich so oft in meinen Filmen veranstaltet hatte, doch sie blieb aus: Ich hatte wohl unterschätzt, was für einen Effekt ein exotischer Barbar wie ich auf diese Affenbande haben würde. Nachdem sie mich eine halbe Minute lang wie paralysiert angestarrt hatten, sammelten sie schnell ihre Waffen ein und ergriffen die Flucht.

Ihr Boss dagegen, der immer noch damit beschäftigt war, wieder aufzustehen, hatte mich noch nicht gesehen. Mit einer Tirade von Schimpfwörtern, die diesmal an seine Brüder gerichtet waren, machte er seinem Ärger Luft, weil sie ihn zurückgelassen hatten, anstatt ihm zu helfen. Ich bekam Mitleid, packte ihn am Arm und zog ihn hoch.

»Danke«, keuchte er und gab mir die Hand.

»Bitte«, antwortete ich und zerquetschte ihm seine Hand.

Seine Augen traten ihm förmlich aus den Höhlen, aber er rannte nicht davon: Sein Staunen war größer als seine Angst.

Er kam auf mich zu, bis seine Nasenspitze meine fast berührte, wie um sich davon zu überzeugen, dass ich keine Halluzination war. Ich hätte ihn gern beruhigt und ihm gesagt, dass es nicht so war: Der Einzige, der ihn dieser absurden Nacht ein Recht auf Halluzinationen hatte, war Bud Spencer, und er ließ keine einzige aus.

Auch wenn ich wusste, dass hier mit einem Lächeln nichts zu machen war, lächelte ich ihn dennoch an. Er stand so dicht vor mir, dass er mich nur entweder küssen oder angreifen konnte. Zum Glück entschied er sich für Letzteres: Er griff nach seinem Schwert und zog es mit einem Kampfschrei aus der Scheide ... Wenig später zog er immer noch daran, allerdings in der Horizontalen. Der Schirm seines eingedrückten, bronzenen Helms war ihm über die Augen gerutscht, eine Nebenwirkung meines Dampfhammers.

Auf dem würdevollen Gesicht unseres pazifistischen Konfuzius, der sich in Erwartung des Schlimmsten die Augen zugehalten hatte, breitete sich nun ein leises, genüssliches Grinsen aus. Er machte Anstalten, dem Schnurrbart ein zweites Mal aufzuhelfen. Dieser war immer noch streitlustig, doch seine Beleidigungen waren nur noch ein leises Murmeln: »Bist ... bist du ein Freund von diesem Gastwirt, Fremder?«

»Keine Ahnung, wer das ist«, antwortete ich, um den Weisen zu schützen.

»Warum verteidigst du ihn dann?«

»Weil du mir unsympathisch bist, darum.«

»Wie kannst du es wagen?! Ich bin der General Nan Kung-Hsun ... glaube ich zumindest.« Der Schlag auf den Kopf zeigte langsam seine Wirkung.

»Ja, ich weiß, jeder hat so seine Probleme, mein lieber Herr General«, antwortete ich friedvoll.

Mit ungeahntem Großmut half Konfuzius dem Mann, der ihn bis vor Kurzem noch hatte umbringen wollen, auf. Er hakte ihn unter und begleitete ihn, während er ihm etwas über Brüderlichkeit und Freundschaft zuflüsterte, in den Hof hinaus. Oder besser gesagt: Er versuchte es. Denn mit der konfuzianischen Kurzsichtigkeit und dem Helm über den Augen des Generals hatte das seltsame Paar so seine Schwierigkeiten, zur Tür zu gelangen. Sie liefen in einem fort gegen Tische und Wände. Das konnte ich mir nicht länger mit ansehen, also löste ich Konfuzius ab.

Während ich ihn hinausbrachte, beschäftigte sich der General weiter mit seiner Identitätskrise. Vielleicht hatte ich bei seiner Hand oder seinem Helm doch ein bisschen zu doll zugelangt: »Bin ich der General Lung Fei aus dem Norden? Oder der General Shan Mao aus dem Süden? Nein, vielleicht bin ich doch die Prinzessin Miao Ker Hsiu!«

»Mit dem Schnurrbart? Das bezweifle ich! Vorsicht, die Tür, mach einen kleinen Schritt nach rechts, ja, genau so ...«

»WER BIN ICH DENN NUN?«, schrie der Schnurrbart, der endlich den Ausgang »gefunden« hatte und mich unfreiwillig auf eine Idee brachte. Während ich ihm in den Sattel half, beantwortete ich seine Frage, wobei ich jedes Wort laut und deutlich aussprach.

»Du bist ein guter und anständiger Bote, der den Krieg hasst und seine Mama über alles liebt ... Schieb dein Füßchen in den Steigbügel, jetzt galoppierst du davon und verkündest den Soldaten im ersten Feldlager, an dem du vorbeikommst, dass Frieden ist, und dass man keine Schimpfwörter benutzt ...« Mit gedämpfter Stimme, damit der Meister mich nicht hörte, fügte ich hinzu: »Und wenn du einen gewissen Lao Tzu triffst, sag ihm, dass Konfuzius seinen Büffel so zugerichtet hat, nicht ich.«

»Das mache ich, aber sag mal ... Welcher Gattung gehörst du an?«

»Der menschlichen, genau wie du ... Obwohl, wenn man dich so anschaut, vielleicht eher nicht. *Ciao*, Kleiner.«

Ich gab dem Pferd einen Klaps und es galoppierte los. Eine Weile blieb ich stehen und sah ihm nach, dann drehte ich mich zu Konfuzius um, dessen dankbarer Blick mehr sagte als tausend Worte. Ich verneigte mich.

»Es ist spät geworden, Konfuzius. Wo geht's zum 21. Jahrhundert?«

»Folge dem Gelben Fluss, du kannst dich nicht verlaufen.«

»Dem Fluss?! Nicht schon wieder! Das sind ungefähr … viel zu viele Kilometer und ich laufe nicht besonders gern. Gibt es nicht vielleicht eine Abkürzung?«

Konfuzius lächelte mich so sanftmütig an, dass sich seine Seelenruhe mit einem Schlag auf mich übertrug und ich keine weiteren Fragen hatte. Jegliche Furcht war verflogen, jegliche Ungewissheit, wie ich nach Hause kommen würde, verschwunden, und für einen Augenblick fragte ich mich, wie es wohl wäre, mit ihm dort zu bleiben. Doch ich gehörte nicht in seine Welt, ebenso wenig wie er in meine. Außerdem hatte er selbst auch nicht vor, in dem Gasthaus zu bleiben, denn er kletterte bereits auf den Rücken des zusammengebrochenen Büffels.

Langsam und schnaufend richtete sich das riesige Tier auf: Er war gar nicht tot, wahrscheinlich war er nach dem Essen nur in Ohnmacht gefallen. Oder Konfuzius hatte ein Wunder bewirkt, auch wenn mir nicht aufgefallen wäre, dass er ein Wundertäter war. Jedenfalls war er nicht berühmt dafür. Aber was wusste ich schon über die verborgenen Mysterien Chinas – jenes Landes, in dem Geist und Seele die Materie beherrschen, während im Okzident das genaue Gegenteil geschieht.

»Seine Zeit war noch nicht gekommen, ich bringe ihn jetzt zu Lao Tzu zurück. Gute Reise, lieber Barbar.«

Ich winkte nur zum Abschied, mir fehlten die Worte. Der großartige Meister der Toleranz und Weisheit schaukelte auf dem Büffel davon. Und ich wette, als er im Gebüsch verschwand, hatte er den Zorn der menschlichen Kung-Fu-Bestien bereits vergessen. Denn über jene tobenden Gefühlsausbrüche, denen der Großteil der Menschen ausgeliefert ist, schien er vollkommen erhaben zu sein. Seine Gedanken kreisten um Frieden und Vergebung, und ich bin mir ziemlich sicher, dass Konfuzius auch ohne Bud Spencer einen Weg gefunden hätte, diesen Schnurrbart zu bändigen. Ein Schnurrbart, der Todesgrüße überbrachte und Tische in Stücke hauen konnte, als wären sie Pastiere.

Ja, so musste es sein. Sonst hätte ein so sanftmütiger Mensch wie er in diesem Schlangennest des goldenen Feudaldrachen nicht überlebt.[1] Doch dieses von brutalen Menschen verursachte Massaker, das damals in China an der Tagesordnung war, überstand er unversehrt. Gewalt und Tod einerseits, Weisheit und Verständnis andererseits – aus diesen Widersprüchen ging das konfuzianische Denken als Sieger hervor, um verbreitet zu werden. An den Namen des kriegerischen Generals mit der zerquetschten Hand kann sich dagegen kein Mensch erinnern. Er wurde von der Geschichte – und nach diesem Schlag auf den Kopf auch von ihm selbst – vergessen.

Nun, da ich allein war, lief ich am Ufer des Flusses entlang – so völlig unbeschwert. Ich kam am Haus der fliegenden Messer vorbei und entdeckte an der Pforte eine Statue des Grünen Schwerts der Unterwelt aus Stein.[2] Ich genoss die malerische Landschaft und das Rauschen des Flusses. Bevor ich China verließ, schickte ich Todesgrüße an all jene, die mir mein Essen weggegessen hatten, und Liebesgrüße an mein Zuhause, das auf mich wartete.

Der Himmel färbte sich auf einen Schlag purpurn. Auf den Sonnenuntergang folgte mit irrsinniger Geschwindigkeit die Nacht und ich sah, wie die Sterne am Himmel rotierten und die Konstellationen ihre Positionen änderten wie ein verrückt gewordenes Kreiselinstrument. Und dann wurde wieder Tag, während ich mit dieser vollkommenen Leichtigkeit weiterlief, die einem nur im Traum vergönnt ist.

Schließlich gelangte ich an eine Kreuzung, an der ein Wegweiser mit zwei Holzpfeilen stand, die in verschiedene Richtungen zeigten: Auf dem nach Osten stand »Hung Kam Po«, auf dem nach Westen stand »Rom«.

Was meint ihr, welchen ich gewählt habe?

---

[1] »Kwan-Fu - Im Schlangennest des Goldenen Drachen«, 1973
[2] »House of Flying Daggers«, 2004; Anspielung auf »Tiger & Dragon« oder »Crouching Tiger, Hidden Dragon«, 2000

EPILOG

MEINE PHILOSOPHEN, MEINE TRÄUME

Plötzlich befand ich mich wieder vor dem Eingang unseres Hauses in Morlupo und das Tor stand bereits offen. Eine Komplikation weniger, immerhin. Doch während ich den kleinen Weg hinauflief, hörte ich ein Geschrei, das immer lauter wurde, je näher ich kam. *Vielleicht waren meine Kinder mit ihren Familien gekommen*, dachte ich, *und der Traum ist endlich vorbei.*

Wie immer, irrte ich mich auch dieses Mal: Es waren zwar Leute da, aber niemand, der von den Pedersolis abstammte, und schon gar niemand aus dem 21. Jahrhundert. Dabei war ich überzeugt gewesen, in meine Zeit zurückgekehrt zu sein.

Maria stand am Kopfende einer großen Tafel. Um den Tisch herum saßen ohne jegliche Logik – die sich in dieser ganzen Geschichte ohnehin so gut wie nie blicken ließ – alle Philosophen, mit denen ich die traumhafte Ehre gehabt hatte zu diskutieren. Von Sokrates bis Descartes, von Galilei bis Kant. Es war, als wäre ich in einer endlosen Episode aus *Unglaubliche Geschichten*[1] gefangen. Aber kämpfen kam nicht mehr infrage, also nahm ich es mit philosophischer Gelassenheit, wie man so schön sagt. *Wenn du sie nicht schlagen kannst, verbünde dich mit ihnen*, riet Carlo Bud.

Sobald Maria mich erblickte, begrüßte sie mich mit einem höhnischen Beifall, woraufhin sich alle nach mir umdrehten. Während Maria mir entgegenlief, verstummten sie.

---

[1] eine US-amerikanische Fantasy-, Horror- und Science-Fiction-Fernsehserie von Steven Spielberg, 1985 – 1987

»Na endlich! Nie bist du da, wenn man dich braucht! Beweg dich, es gibt jede Menge Arbeit.«

»Ich freu mich auch, dich wiederzusehen, Marì, aber jetzt erklär mir mal: Warum muss man das Leben, das man sich durch Arbeit schafft, für die Arbeit opfern, damit man leben kann? Das ist ein philosophisches Dilemma.«

Ich schloss sie fest in die Arme, weil sie mir so sehr gefehlt hatte, aber am Tisch war jetzt wieder Halligalli. Sie erzählte mir, dass sie mit Fragen über mich gelöchert wurde und sie nicht mehr wusste, wie sie ihnen meine Lebensphilosophie erklären sollte.

Meine lieben Freunde, die ihr die Güte und die Geduld aufgebracht habt, bis hierhin zu lesen: Euer bescheidener Bud hatte noch nie den Anspruch, sich einen jener schönen Sätze auszudenken, die in die Annalen eingehen – etwas, worin die Herren hier dagegen Spezialisten waren. Aber dafür hat Catull[1], der unendlich viel klüger war, als ich es bin, bereits einen Spruch hinterlassen, der wie für die Situation gemacht war. Insofern war es unnötig, dass ich mir einen aus dem Kreuz leierte. Hier ist er, fertig zusammengebaut mit allem Drum und Dran: »Welche Gabe der Götter ist wünschenswerter als eine glückliche Stunde?«

Eine glückliche Stunde war es in der Tat, und da ich sie als ein Privileg betrachtete, band ich mir meine Schürze um und setzte meine Kochmütze auf: »Dann sehen wir uns mal das Menü an.«

Mit dem Notizbuch in der linken und dem Stift in der rechten Hand setzte ich mich zu dieser illustren Gesellschaft an den Tisch. Ich ging sie einen nach dem anderen durch und nahm ihre »Bestellungen« auf, notierte sie und brachte sie schließlich in eine chronologische Reihenfolge, worauf meine Besucher in jenem nächtlichen Gastspiel so fröhlich gepfiffen hatten. Ich musste die Bestellungen grob rekapitulieren, um die Summe daraus ziehen zu können. Und auch wenn es absurd war, auch nur irgendeine philosophische Ansicht in zwei Zeilen zusammenzufassen – ich musste es für mich machen, nicht für sie, sonst wäre ich verrückt geworden!

---

[1] *Gaius Valerius Catullus, ein römischer Dichter des 1. Jahrhunderts v. Chr. aus Verona*

Als Ersten notierte ich Konfuzius, aus dem einfachen Grund, dass er 479 vor Christus geboren wurde und somit der Älteste in der Runde war. Außerdem war er auch der exotischste Besucher von allen und sollte schon allein deswegen den ersten Platz der chronologisch-philosophischen *consecutio* der abendländischen Denker einnehmen.

Konfuzius übernahm den aufrichtigen und harmonischen Part in dieser Familie. Er war ein Verfechter des »politischen Leistungsprinzips«, wie wir es heute nennen würden: Herrscher wird man nicht durch Gottesgnadentum oder mithilfe seines Vermögens, sondern aufgrund seiner Fähigkeiten. Im Orient wird heute noch darüber diskutiert, ob der Konfuzianismus eine Religion ist oder nicht. Aber so oder so verlieh er der Meditation und der Mäßigung große Bedeutung (wobei ich mit der Letzteren, wie ihr wisst, zumindest in der Küche so meine Probleme habe). Der Aspekt der Ahnenverehrung kann im modernen Kontext als Aufforderung zum Respekt vor älteren Menschen gedeutet werden. Konfuzius selbst hatte jede Menge davon, während unsere Gesellschaft in dieser Hinsicht nicht gerade das beste Vorbild ist. Das beweisen die leider vielen Fälle von Misshandlungen in Heimen oder auch die Tatsache, dass ältere Menschen gezwungen sind, Mülleimer zu durchwühlen, weil sie von ihrer spärlichen Rente nicht leben können.

Als Zweiten schrieb ich Sokrates auf, der fast zeitgleich mit Konfuzius lebte, allerdings hier im Okzident. In der Reihe der Philosophen ist er derjenige, mit dem ich am besten vertraut bin. Er ist Mr. Ich-weiß-dass-ich-nichts-weiß, samt seiner kontinuierlichen Dialoge mit allen möglichen Leuten, die darauf abzielten, den Menschen zu erforschen. Der Vorwurf, er »verderbe die Jugend«, würde heute vielleicht einer schlechten Vorbildfunktion entsprechen, oder der Inszenierung einer neuen, radikalen Jugendbewegung, wer weiß. Doch ein Urteil, dem vor allem politische Motive zugrunde liegen, überzeugt mich selten. Das bringt mich auf die moderne »*Macchina del fango*«, ein Neologismus für die Angewohnheit, den politischen Gegner systematisch mit

Dreck zu bewerfen, ob zu Recht oder nicht, und ihn so aus dem politischen Agon hinauszudrängen.

Jedenfalls bleibt Sokrates für mich der Sympathischste und Modernste von allen. Nicht zuletzt, weil ich mein ganzes Leben lang nicht nur weiß, dass ich nichts weiß, sondern auch keine Ahnung habe, was ich wissen sollte. Ich weiß nur, dass ich für ihn lieber gekocht habe als für alle anderen.

Platon, dieses Schlitzohr – und Sokrates' Schüler –, hat mich dazu gebracht, über das Konzept eines demokratisch regierten Philosophenstaats nachzudenken. Zumindest ist das der Punkt, der mir am besten in Erinnerung geblieben ist, bevor er sich davonmachte, ohne mir zu antworten. Alles in allem war er ein Philosoph, der sich eher mit weltlichen Dingen wie Politik befasste, ein Vorgänger Machiavellis, wenn man so will, aber weniger zynisch und sehr an der Kultur interessiert.

Epikur, die *katastematische Lust* und die Seele, die zusammen mit dem Körper stirbt ... Na ja! Mit Ersterem, dem maßvollen Genuss, bin ich einverstanden, sofern er sich nicht auf Essen bezieht, mit dem Zweiten dagegen überhaupt nicht. Das Aktuelle an seiner Philosophie war für mich die Betonung der Freundschaft. Das klingt jetzt vielleicht etwas beschränkt und oberflächlich, aber eine Kleinigkeit ist sie doch auch wieder nicht.

Ein großer Sprung über einige Jahrhunderte, und siehe da: Machiavelli, die politisch angewandte Philosophie und Politik als Macht, die mit allen Mitteln erhalten werden will. Eine gerissene und zynische Sichtweise, die ich nicht teilen konnte, die aber die heutige internationale Politik gnadenlos widerspiegelt. Und das flößte mir Respekt vor Machiavelli ein ... von der Flasche, die er mir über den Kopf zog, einmal abgesehen ...

Der sympathische Babà-Dieb Galileo dagegen verkörperte die wissenschaftlich angewandte Philosophie, in der er das einzige Mittel zur Erforschung der Natur sah, frei von jeglicher Theologie. Seiner Ansicht nach konnte der Mensch die mathematischen Gesetze des Universums ebenso exakt durchdringen wie Gott – für die Kirche von damals eine hübsche Gotteslästerung. Und wenn man bedenkt, was ihm alles passiert ist, führt die Begegnung mit ihm unvermeidlich auch zu Reflexionen über die Macht, die das Individuum unterdrückt und die Erkenntnis bremst. Die Erkenntnis aber ist nicht aufzuhalten, das haben die Fakten bewiesen.

Descartes war der Verfechter des »Ich denke, also bin ich«-Prinzips als einzigem Beweis für die Existenz des Menschen, der intuitive Gedanke in höchster Potenz. Mit ihm wurde auch das Thema Gott angeschnitten, jene unerforschliche und doch existierende Entität. Denn ohne den Vollkommensten könnte der Mensch, unvollkommen, wie er ist, nicht nach Vollkommenheit streben, da er nicht einmal wüsste, was Vollkommenheit ist. Ich weiß, da wird einem schwindelig, aber ich habe nun mal meinen Spaß daran, es so zusammenzufassen, tut mir leid.

Für Voltaire war die Vernunft das einzige Mittel, die Welt zu erklären. Also zum Teufel mit dem Teufel und den ganzen anderen abergläubischen Albernheiten, den Kindern der Unwissenheit. Aber bei seiner Abneigung gegen jede Form von Integralismus kommt man nicht umhin, an den Schaden zu denken, den die Integralisten, vor allem die religiösen, heutzutage anrichten.

Rousseau bedauerte das Individuum, welches frei geboren und dann von der Gesellschaft versklavt wird. Er setzte sich für eine Pädagogik ein, die die freie Entfaltung des Kindes jenseits dogmatischer Vorschriften förderte. Die Evolution der Gesellschaft war für ihn ein notwendiges Übel ... Aber das Privateigentum hasste er genauso, wie ich Diäten hasse.

Dieser chronometrische Spaziergänger von Kant hatte es sich in den Kopf gesetzt, die menschlichen Beziehungen anhand einer todsicheren Methode zu erklären, vergleichbar mit der der Mathematik. Das heißt, eine objektive Methode auf etwas so Instabiles wie die menschliche Natur anzuwenden, ungefähr, als wolle man eine Wolke modellieren. Er ist der Kritiker der reinen Vernunft, aus der der deutsche Idealismus entstanden ist.

Schopenhauer dagegen hat versucht, mich davon zu überzeugen, dass die Vernunft nichts mit der Geschichte zu tun hat, die lediglich Chaos und Schmerz ist. Die Welt ist die Vorstellung, die wir uns von ihr machen. Wie sie wirklich ist, werden wir nie wissen, weil wir genetisch dazu verdammt sind, sie über unsere trügerischen Sinne zu erfahren. Er bewunderte die orientalischen Asketen und ich wette, Konfuzius hätte sich bei ihm wie zu Hause gefühlt!

Freud, der als Erster begriff, dass gewisse körperliche Leiden von psychischen, möglicherweise unbewussten Traumata verursacht wurden, war der Begründer der Psychoanalyse. Er vertritt die Philosophie der Psyche, die er so weit getrieben hat, dass er sogar von Bud Spencer träumte. Kann man es noch weiter treiben?

Und an der Stelle war das Notizbuch voll.

Tja, diese Gentlemen waren Vertreter, wenn nicht Begründer des Sokratismus, des Epikureismus, der Aufklärung, des Idealismus oder welcher philosophischen Strömung auch immer. Und sie kamen mit einer Bandbreite an Themen um die Ecke, die allesamt von heute hätten sein können: Demokratie, Gerechtigkeit, religiöser Fanatismus, die wissenschaftliche Forschung, die Bekämpfung der Unwissenheit, die Emanzipation der Frau und der Kinder, die Fehler des Kapitalismus und des Kommunismus, der Irrsinn des Krieges, der Wahnsinn der Psyche, Sex, Klassendenken, Verfolgung, Familie, Meditation und Materialismus, Kultur und Aberglaube … und ich habe sicherlich das ein oder andere vergessen. Aber nennt mir eines der oben erwähnten Themen, über die heute nicht mehr diskutiert wird, und ich unterziehe mich einer Diät, die nichts als trockenes Brot und Wasser gestattet. Ich schwöre es bei … bei … na gut, sagen wir, beim müden Joe!

Zwölf Meister der Philosophie und der Liebe zur Erkenntnis – ganz gewiss nicht die einzigen, aber schon viel zu viele für einen einzigen Traum – sahen mich nun erwartungsvoll an. Sie alle wollten abschließend noch einmal eine Zusammenfassung meiner Philosophie oder zumindest irgendeinen halbwegs klaren Gedanken von mir hören.

Ich weiß nicht, wie es euch ergangen wäre, aber ich fühlte mich vor dieser Tafel, um die sich das Denken von 2.000 Jahren versammelte, wie ein Gorilla vor der Jury für den Nobelpreis: Denn wenn Bud Spencer das Resultat dieser ganzen langen Evolution war, dann ein Glück, dass die zwölf bereits tot waren! Ansonsten wäre ich genau in diesem Augenblick Zeuge eines Massensuizids geworden.

Das Paradoxe an dem ganzen Traum war, dass im Grunde ich der »Moderne« und sie die »Alten« waren. Ich hätte also theoretisch die »Frucht« all ihrer Überlegungen sein müssen – und ich hätte eine erbärmliche Frucht abgegeben. Um die peinliche Situation etwas aufzulockern, führte ich meine Finger zum Mund und machte ein paar »Bl-bl-brrrr«, aber niemand lachte.

»Schatz, ich fürchte, keiner der Anwesenden hat *Zwei wie Pech und Schwefel*[1] gesehen«, flüsterte Maria mir mit mitfühlendem Blick zu. Na toll, diese Chorszene verfolgt mich mein halbes Leben. Alle fordern mich dazu auf, sie ihnen vorzumachen – einmal sogar der Typ, der am Flughafen die Durchsagen macht! –, aber bei denen hier zog es überhaupt nicht.

Also ließ ich es sein, räusperte mich und begann zu sprechen. Aus Gründen des Taktgefühls verzichtete ich auf eine allzu gehobene Ausdrucksweise und rhetorische Kapriolen – das war eines der wenigen kohärenten Dinge in meinem ansonsten inkohärenten Leben als *marziano*.

»Meine Damen und Herren ... ähm, ich meinte natürlich Herren, entschuldigt, das ist die Aufregung ... Ihr Philosophen, von denen es – zum Glück für die Menschheit – unzählige gibt, hier in meinem Haus aber zu meinem Glück nur wenige, habt den Menschen aus der Höhle geholt und den Weg in die Zukunft bereitet. Wie ich euch bereits gesagt habe, lautet der Beweis für meine Existenz ›Ich esse, also bin ich‹ und meine Philosophie ›*Futteténne*‹. Doch ich dachte, es wäre klar, dass das Menschsein für mich nicht nur darin besteht, zu essen und auf alles und jeden zu scheißen.

---

[1] »Zwei wie Pech und Schwefel« (Orig. »... altrimenti ci arrabbiamo!«), 1974

Wenn es so wäre, hätte ich nicht das Leben gehabt, das ich hatte, und ihr hättet nicht gedacht, was ihr gedacht habt, das ist doch offensichtlich.

Wenn ich sage ›Ich esse, also bin ich‹, meine ich damit nur, dass man sich mit leerem Magen nicht in philosophischen Dilemmata verlieren kann. Und was das angeht, konnte mir keiner von euch das Gegenteil beweisen, das müsst ihr zugeben. Und wenn ich sage ›Scheiß drauf‹, meine ich damit, dass ein bisschen Ironie die Probleme entschärfen kann, und dass man das Leben positiv angehen muss.

Jetzt noch mal laut und deutlich für alle: PO-SI-TIV.

Es ist klar, dass ein Trauerfall oder der Verlust des Arbeitsplatzes oder ein Erdbeben oder eine Flut, die dir alles wegnimmt, nur den größten aller Hornochsen oder aber den größten aller Mystiker kaltlässt ... Andererseits weiß ich von einem hier an der Tafel ziemlich sicher, dass er nach Lust und Laune Kinder in die Welt gesetzt und sie dann der Wohlfahrt überlassen hat. Ein anderer wiederum hat gelehrt, wie man jedem Gebot der Ehrlichkeit zum Trotz regieren kann. Und wieder ein anderer, der hier nicht anwesend ist, behauptete, die Schwächsten müssten verlieren, aber das ist ein Diskurs, der meine begrenzten Fähigkeiten übersteigt.

Was ich sagen wollte, war: Wenn dir das Leben einen ordentlichen Knock-out verpasst, ist meine Philosophie ohnmächtig, aber da kann auch eure nicht viel ausrichten – bei allem Respekt. In solchen Fällen hat einer wie ich nur ein bisschen Solidarität und ein freundschaftliches Lächeln zu bieten.

Aber von diesen unheilvollen Ereignissen einmal abgesehen halte ich an meiner Behauptung fest: Im ganz normalen Alltag hat eine schmackhafte Sfogliatella Vorrang vor irgendwelchen sokratischen Überlegungen. Und bevor man Aufklärung im Geiste betreibt, ist es Pflicht, den Magen über den Genuss einer guten neapolitanischen Pizza aufzuklären. Einer wie ich gibt sich, im Vergleich zu euch, mit wenig zufrieden.« Ich wunderte mich darüber, dass meine Frau mich noch nicht unterbrochen hatte, sondern mir, im Gegenteil, wie gebannt lauschte.

»Aber einer wie ich weiß auch das, was er hat, zu schätzen: gutes Essen; eine Familie, die dir Wärme schenkt, wenn dich das Leben mal kalt erwischt. Die dich erfrischt, wenn das Päckchen, das wir alle zu tragen haben, zu schwer wird; Freunde ... und von solchen wie mir, die sich mit diesen Dingen zufriedengeben, gibt es Millionen, ja Milliarden andere.

Einer wie Bud Spencer hat sogar noch einen Extra-Trost: die Liebe und Zuneigung von Millionen von Menschen, die sie ihn jeden Tag spüren lassen, den der liebe Gott werden lässt.

Diese letzte Sache liegt nicht in Buds Hand, sie ist etwas, was das Publikum ihm geschenkt hat und ihm jederzeit wieder wegnehmen kann. Aber bis es so weit ist, bleibt sie ein unschätzbarer zusätzlicher Wert.«

Auch die großen Weisen hörten mir mit unerwarteter Aufmerksamkeit zu. Das roch mir gewaltig nach Verarschung.

»All diese Dinge zusammengenommen sind für mich *physisch, metaphysisch, transzendent, kartesianisch, kantianisch, sokratisch, hellenisch* ... das war's, glaube ich. Und sie lassen sich ganz ohne philosophische Dissertationen in diesem unglaublichen Geschenk zusammenfassen, welches das Leben ist. Nennt es meinetwegen ›Küchenphilosophie‹ ... Ich habe ohnehin nie verstanden, warum man diesen Ausdruck abwertend verwendet, ich bin jedenfalls ein großer Fan der guten Küche. Und wenn ich euch ein bisschen kindisch oder einfältig erscheine, dann wird das daran liegen, dass die Alten bekanntlich zweimal Kinder sind, wie Aristophanes[1] sagte.

Einfalt ist jedoch nicht automatisch der kürzeste Weg. Gerade in einer Zeit wie meiner ist es schwieriger, immer positiv zu denken, als immer pessimistisch zu sein. Doch die aufgehende Sonne ist dieselbe wie die untergehende, in eurer Zeit wie in meiner. Habe ich mich deutlich erklärt?«

---

[1] *Aristophanes (ca. 450 v. Chr. – 380 v. Chr.), griechischer Komödiendichter*

Einige lange Sekunden herrschte Stille, bevor das nicht dreckige Dutzend[1] im Chor ausrief: »NEIN!«

Das hatte ich erwartet, aber ich nahm sie nicht ernst, denn inzwischen kannte ich meine Pappenheimer: Sie suchten nur nach einem Vorwand, um sich noch mal Nachschlag zu nehmen, aber dieses Mal war ich vorbereitet. Dieses Mal hatte ich noch einen besonderen Trick auf Lager. Ich dachte an die zwölf Gerichte, die ich bereits gekocht hatte, ich sah sie fertig zubereitet vor mir … Und siehe da: in Nullkommanichts war der Tisch gedeckt und bog sich fast unter diesem Festmahl von zyklopischen Ausmaßen.

Als sie ihre Worte wiedergefunden hatte, flüsterte Maria mir zu: »Fantastisch! Wie hast du das gemacht?«

Und ich flüsterte ihr ins Ohr: »Das nennt man epikureische *Pränotion*: Du stellst dir etwas vor, was du schon gesehen hast, und schon ist es da. Aber das funktioniert leider nur in Träumen.«

»Gut, wenn ihr fertig seid, dann beschwör dir noch so eine *Pränotion* herauf, in der der Tisch schon abgeräumt und das Geschirr bereits gespült ist. Ich gehe jetzt nämlich ins Bett.«

Und damit ging Maria zurück ins Schlafzimmer, während die Gäste schon anfingen, sich zu bedienen …

»STOPP!«

Die 24 philosophischen Augen richteten sich erneut alle auf mich, fragend und verwirrt, die Servierlöffel noch auf halbem Weg von der Platte zum Teller. Doch ich hatte noch etwas auf dem Herzen, was ich loswerden musste. Etwas, was mir, um es mit Galileis Worten zu sagen, absolut »nicht reinging«, und jetzt war es Zeit für eine Antwort.

»Hier fängt keiner an zu essen, bevor ich nicht die Antwort habe, die mir einer der Anwesenden schuldig ist … Also, Platon, mein Hübscher, wo waren wir stehen geblieben?«

Der platonische Ausreißer dachte, ich hätte die ganze Sache vergessen. Und als er sah, dass ich auf ihn zukam, erstarrte seine Hand mit der Kelle voller Fischsuppe mitten in der Luft. Ich konnte es

---

[1] *»Das dreckige Dutzend« (Orig. »The Dirty Dozen«), 1967*

nicht fassen! Mit lauter Stimme, damit mich alle hören konnten, sagte ich: »Ich helf dir auf die Sprünge, und zwar so, dass alle was davon haben: Wenn, wie du sagst, nur die Wissenden die Welt lenken können, wie können sie wissen, dass sie Wissende sind, wenn, wie dein Meister hier sagte, das Wissen darin besteht, zu wissen, dass man nichts weiß, und derjenige, der behauptet, zu wissen, in Wirklichkeit kein Wissender, sondern ein Unwissender ist?«

Die Stunde der Wahrheit!

Meine beiden Pranken lagen gut platziert auf seinen Schultern, damit er nicht wieder die Flucht ins Bad antreten konnte. Und so ließ Platon, dem die Situation vor allem vor Sokrates peinlich war, langsam und beschämt die Kelle sinken. Sokrates jedoch leckte sich nur ungeduldig und mit scheinheiligem Gesicht den Puderzucker der Sfogliatella von den Fingern, die er wieder hatte zurücklegen müssen.

Alle Blicke ruhten auf Bud und dem Griechen, der mir nun nicht mehr davonkam. Nachdem er seine Überheblichkeit wiedererlangt hatte, räusperte er sich und antwortete schließlich in seinem lehrerhaften Tonfall, dass …

… Und genau in dem Moment wachte ich auf, verflucht!

SCHWARZKOPF & SCHWARZKOPF

BUD SPENCER

MEIN LEBEN, MEINE FILME – DIE AUTOBIOGRAFIE
DES WELTBERÜHMTEN KULTSCHAUSPIELERS

BUD SPENCER
MEIN LEBEN, MEINE FILME – DIE AUTOBIOGRAFIE
Mit Lorenzo De Luca und David De Filippi
Aus dem Italienischen übersetzt von Leo Schmidt
240 Seiten, Hardcover mit Schutzumschlag, Bildteil
ISBN 978-3-86265-041-5 | Preis 19,95 €

»Als schwergewichtiger Haudrauf wurde Bud Spencer zusammen mit seinem Partner Terence Hill weltberühmt. Doch der Mann hinter der Filmfigur war viel mehr: Olympionike, Erfinder, Abenteurer. In seiner Autobiografie blickt er auf sein Leben zurück.« SPIEGEL online

»In seinem früheren Leben war Bud Spencer alias Carlo Pedersoli der erste Italiener, der die 100 Meter Freistil unter einer Minute schwamm. Bekannt wurde das 1929 in Neapel geborene Multitalent in Spaghetti-Western und Prügelkomödien. Seine Weltkarriere schildert er ausführlich in seiner Autobiografie.« Welt am Sonntag

»Hier spricht einer, der mit wenig Ehrgeiz und ohne Pläne durchs Leben ging und dem dennoch alles zugefallen ist.« Die Zeit

WWW.SCHWARZKOPF-SCHWARZKOPF.DE

SCHWARZKOPF & SCHWARZKOPF

BUD SPENCER

IN ACHTZIG JAHREN UM DIE WELT –
DER ZWEITE TEIL SEINER AUTOBIOGRAFIE

BUD SPENCER
IN ACHTZIG JAHREN UM DIE WELT
DER ZWEITE TEIL MEINER AUTOBIOGRAFIE
Mit Lorenzo de Luca. Aus dem Italienischen übersetzt von Marion Oechsler
328 Seiten, Hardcover mit Schutzumschlag, zwei Bildteile
ISBN 978-3-86265-107-8 | Preis 19,95 €

»Bud Spencer, der eigentlich Carlo Pedersoli heißt, präsentiert sich als interessierter, zugewandter, manchmal auch charmanter 82-Jähriger.« Berliner Zeitung

»Bud Spencers Sätze klingen so, wie ein Botticelli-Gemälde aussieht: Ein bisschen träge, sehr blumig, sehr füllig und man kann nicht anders, als sie andächtig anzustarren.« sueddeutsche.de

»Aus den Anekdoten spricht immer die Selbstironie, und das macht Bud Spencer derart sympathisch.« Kurier

»Der Schauspieler erzählt humorvolle und teilweise sehr private Anekdoten aus seinem bewegten Leben.« Rheinische Post Online

»Selbstporträt eines Mannes, der sich nie unterkriegen ließ.« Nürnberger Nachrichten

WWW.SCHWARZKOPF-SCHWARZKOPF.DE

Charles Mackay
ZEICHEN UND WUNDER
Aus den Annalen des Wahns

DIE ANDERE BIBLIOTHEK
Herausgegeben von
Hans Magnus Enzensberger

Charles Mackay

ZEICHEN UND WUNDER
Aus den Annalen des Wahns

Aus dem Englischen
von Kurt Jürgen Huch

Eichborn Verlag
Frankfurt am Main 1992

© Vito von Eichborn GmbH & Co. Verlag KG,
Frankfurt am Main, 1992.

DIE ALCHIMISTEN — SUCHER NACH DEM STEIN DER WEISEN UND DEM WASSER DES LEBENS

> QUECKSILBER (spricht): *Ein* Geheimnis, zum Teufel, kennen sie alle, wieviel Kohle sie auch verbrennen, wieviel alkoholische Auszüge sie machen und wie sehr sie — unter den blendenden Namen Geber, Arnald, Lullus oder Paracelsus — vorgeben mögen, Wunder in ihrer Kunst zu vollbringen oder die Natur zu hintergehen! Als ob der ruhmreiche Titel Philosoph aus einem Schmelztiegel hervorgeholt werden könnte! *Ich* bin ihr Rohstoff und ihr Sublimat, ihr Niederschlag und ihr Balsam, ihr Maskulinum und ihr Femininum (manchmal auch ihr Hermaphrodit) — ganz wie es sie gelüstet, mich zu nennen! Sie kalzinieren dir eine gesetzte Hausmutter und Vorsteherin aller Dienstmägde, und aus der Asche ersteht ein knackiger Backfisch, frisch und verjüngt wie ein Phönix; oder sie legen einen alten Höfling auf die Kohlen, braten ihn wie ein Würstchen oder einen Bückling und blasen ihm dann, wenn er lang genug geschmort hat, mit dem Blasebalg eine Seele ein! Sieh nur, sie sammeln sich wieder und formieren ihre Truppen gegen mich! Möge der Schutzgeist dieses Ortes mir Beistand geben!
>
> Ben Jonson, *Verteidigung des Quecksilbers gegen die Alchimisten*

Unzufriedenheit mit dem Schicksal scheint zu allen Zeiten und in allen Weltgegenden ein Charakteristikum der Menschen gewesen zu sein. Mag dies vielleicht auf den ersten Blick ein Übel sein — bei näherer Betrachtung zeigt sich doch, daß dadurch die Zivilisation unserer Spezies stark vorangebracht, unsere Erhebung über den Status roher Tiere gewaltig gefördert wurde. Aber dieselbe Unzufriedenheit, die die Quelle aller Veredelung, allen Fortschritts ist, hat zugleich einen nicht geringen Vorrat an Narretei und Absurdität in die Welt gesetzt. Mit ihm wollen wir uns im folgenden befassen. Das Thema erscheint unüberschaubar. Es läßt sich jedoch unter dem anfangs genannten Aspekt ebensoleicht eingrenzen wie einsichtig machen, wodurch die Beschäftigung mit ihm in gleicher Weise instruktiv und amüsant werden kann.

Es waren primär drei Umstände, die die Unzufriedenheit der Menschen erregten, sie dazu trieben, nach Heilmitteln für das Unheilbare zu suchen — und sie damit in ein Labyrinth von Wahn und Irrtum stürzten: der Tod, die Mühsal des Daseins und die Unkenntnis der Zukunft. Durch sie wird der Mensch an das endliche Diesseits gefesselt, gegen das er sich zugleich auflehnt, indem er sich an das Leben klammert, nach Überfluß strebt und eine brennende Neugier auf das entwickelt, was ihm bevorsteht. Die Liebe zum Leben hat viele dazu geführt, nach Mitteln zu suchen, durch die der Tod vielleicht vermieden oder zumindest das Leben so weit verlängert werden könnte, daß es nach Jahrhunderten, nicht nach Jahrzehnten zu zählen wäre. Hier liegt der Ursprung der langwierigen, stetig weitergetriebenen Suche nach dem ›Lebenselixier‹, dem ›Wasser des Lebens‹, von dem Tausende behaupteten, sie hätten es gefunden, und an dessen Wirkung Millionen glaubten. Der zweite Umstand hat die Suche nach dem ›Stein der Weisen‹ motiviert, durch den man Überfluß zu schaffen hoffte, weil er alle Metalle in Gold verwandeln sollte. Aus dem dritten resultieren die Afterwissenschaften der Astrologie und der Wahrsagerei mit ihren Unterabteilungen Nekromantie, Chiromantie, Augurium u.a.

Wenn wir die Karriere der auf Abwege geratenen Philosophen und der vorsätzlichen Betrüger nachzeichnen, die die Leichtgläubigkeit der Menschen bestärkt und von ihr profitiert haben, empfiehlt es sich — zum Zwecke der Vereinfachung und Erhellung des Themas —, drei Gruppen zu unterscheiden: 1. die Alchimisten, die sich der Entdeckung des Steins der Weisen und des Lebenswassers widmeten; 2. die Astrologen, Nekromanten, Geomanten, Hexenmeister und alle übrigen, die vorgaben, die Zukunft zu kennen; 3. die Hersteller und Verkäufer von Amuletten, Allheilmitteln, Zauberformeln und -tränken, die Handaufleger, die siebenten Söhne eines siebenten Sohns, die Pülverchenmischer, Homöopathen und Magnetiseure, der bunte Haufen der Kurpfuscher, Quacksalber und Scharlatane.

Bei näherer Betrachtung der Karriere dieser Männer zeigt sich freilich, daß viele von ihnen gleich mehrere dieser Funktionen in sich vereinigten — daß also z. B. der Alchimist zugleich Wahrsager oder Nekromant war und überdies Krankheiten durch Handauflegen oder Zauberformeln zu kurieren, ja Wunder aller Art zu wirken behauptete. In der dunklen Frühzeit der europäischen Geschichte ist dies sogar in besonderem Maße der Fall. Auch wenn wir in der Geschichte fortschreiten, werden wir es sehr schwer haben, die Rollen sauber zu trennen. Der Alchimist beschränkte sich selten auf seine vorgebliche Wissenschaft — ebensowenig wie der Hexenmeister, der Nekromant oder der medizinische Scharlatan auf die seine. Bei der Untersuchung der Alchimie ist also eine gewisse Vermengung der genannten Gruppen unvermeidlich, wie wir im folgenden sehen werden.

Dabei sollten wir, bei allem Stolz auf unser besseres Wissen, nicht mit Verachtung auf die Torheiten unserer

Vorfahren hinabblicken. Das Studium der Irrtümer, denen große Geister bei der Suche nach der Wahrheit erlegen sind, ist immer lehrreich. Wie der erwachsene Mensch auf die Tage seiner Kindheit und Jugend zurückblickt und sich über die seltsamen Ideen und falschen Vorstellungen wundert, die sein Handeln damals bestimmten, so sollte die Gesellschaft, zu ihrer eigenen Erbauung, auf die Vorstellungen blicken, welche verflossene Zeitalter beherrschten. Wer diese nur verachtet und negiert, weil sie absurd waren, denkt oberflächlich. Niemand ist so allwissend, daß er nicht auch aus vergangenen Irrtümern Erkenntnisse theoretischer oder praktischer Art gewinnen könnte, und keine Gesellschaft so fortgeschritten, daß sie nicht der Vervollkommnung fähig wäre, wenn sie auf ihre frühere Torheit und Leichtgläubigkeit zurückschaut. Und nicht nur lehrreich ist dieses Studium: Auch wer nur der Unterhaltung und des Amüsements wegen liest, wird kaum ein Kapitel in den Annalen des menschlichen Geistes finden, das amüsanter ist als dieses. Es eröffnet dem Leser das ganze wilde, phantastische, wunderbare Reich der Imagination — die immense Vielfalt der Dinge, die weder sind noch sein können, aber gedacht und geglaubt wurden.

Mehr als ein Jahrtausend lang nahm die Kunst der Alchimie viele große Geister gefangen. Millionen glaubten an sie. Ihr Ursprung liegt im dunkeln. Manche ihrer Anhänger schreiben ihr ein so ehrwürdiges Alter zu wie der Menschheit selbst; andere datieren sie wenigstens bis zur Zeit Noahs zurück. Vincent von Beauvais, ein gelehrter Dominikaner des 13. Jahrhunderts, meint, auch schon vor der Sintflut müßten die Menschen Kenntnisse in Alchimie gehabt haben — wie sonst, wenn nicht mit Hilfe eines Lebenselixiers, hätte Noah ein so staunenswertes Alter erreichen und noch mit mehr als 500 Jahren Kinder zeugen können? Lenglet du Fresnoy berichtet in seiner *Geschichte der hermetischen Philosophie*[1], die meisten Alchimisten hätten *Sem* (oder: *Chem*), den Sohn Noahs, als in ihre Kunst Eingeweihten betrachtet und es als sehr wahrscheinlich angesehen, daß die Begriffe *Chem*ie und Al*chim*ie aus seinem Namen hergeleitet wurden. Andere schreiben die Erfindung der Kunst dem ägyptischen Mondgott Hermes Trismegistos zu. Moses, der als hochkarätiger Alchimist galt, bezog sein Wissen aus Ägypten, behielt es aber für sich und mochte die Kinder Israel nicht in seine Geheimnisse einweihen. Alle Alchimie-Historiker verweisen triumphierend auf die Geschichte vom Goldenen Kalb (*Exodus* 32), um zu belegen, daß der große Gesetzgeber ein Eingeweihter, ein ›Adept‹, war, der nach Belieben Gold herstellen und wieder auflösen konnte. Nach *Ex.* 32, 20 war er über die Idolatrie der Israeliten maßlos ergrimmt, »nahm das Kalb, das sie gemacht hatten, und verbrannte es mit Feuer und zermalmte es zu Pulver und stäubte es aufs Wasser und gab's den Kindern Israel zu trinken«. Dies hätte er, sagen die Alchimisten, niemals tun können, ohne im Besitz des Steins der Weisen zu sein; nur durch ihn sei das Pulver möglich geworden, das auf dem Wasser schwamm.

Andere Historiker suchen den Ursprung der Kunst anderswo, z. B., wie Giambattista Martini in seinem *Atlas Sinicus,* in China. Dort sei sie bereits 2500 Jahre vor Christi Geburt praktiziert worden, behauptet er, bleibt aber den Beweis für diese Behauptung schuldig.[2] Gewisse Anzeichen sprechen dafür, daß es in den ersten nachchristlichen Jahrhunderten in Rom Scharlatane gab, die behaupteten, Gold und Silber machen zu

---

[1] Nicolas Lenglet du Fresnoy, *Histoire de philosophie hermétique accompagnée d'un catalogue des écrivains de cette science.* 3 Bde., Den Haag 1742.

[2] Vgl. Karl Christoph Schmieder, *Geschichte der Alchemie.* Halle 1832, S. 83.

können, und nach ihrer Entlarvung als Schurken und Betrüger bestraft wurden. In Konstantinopel glaubten um das 4. Jahrhundert weite Kreise an die Transmutation der Metalle, und viele Geistliche der Ostkirche schrieben Traktate über dieses Thema.[1] Sie alle scheinen die Vorstellung gehabt zu haben, Metalle seien aus zwei Substanzen zusammengesetzt: aus metallischer Erde und einem roten, brennbaren Stoff, den sie *Sulfur* nannten. Aus der reinen Vereinigung dieser beiden Substanzen entstehe, so glaubten sie, Gold; kämen noch weitere Ingredienzien hinzu, die die reine Verbindung kontaminierten, so entstünden die übrigen Metalle. Aufgabe des Steins der Weisen war es, jene Ingredienzien aufzulösen oder zu neutralisieren; dadurch sollten sich Eisen, Blei, Kupfer und andere Metalle in Gold verwandeln. Viele gelehrte und kluge Männer verschwendeten ihre Zeit, ihre Gesundheit und ihre Energie auf dieses nutzlose Unterfangen; gleichwohl dürfte es die Phantasie der breiteren Masse mehrere Jahrhunderte lang nicht sonderlich beschäftigt haben. Die Geschichte des Wahns erscheint in dieser Zeit gewissermaßen suspendiert — bis zum 8. Jahrhundert, als er sich unter den Arabern wieder zu verbreiten begann. Von dieser Zeit an wird es leichter, seinen Fortgang nachzuzeichnen. Jetzt nämlich erschien ein Meister auf der Bildfläche, ein Philosoph, der lange Zeit als der Vater der Alchimie angesehen wurde und dessen Name unauflöslich mit ihr verknüpft ist.

Geber

Vom Leben dieses Philosophen sind nur wenige Einzelheiten bekannt. Man glaubt, daß er um das Jahr 730

[1] Vgl. Lenglet du Fresnoy, *op. cit.*, Bd. III.

gelebt hat. Sein wirklicher Name war Abu Musa Dschaʿfar, sein Beiname al-Sufi (der Weise). Geboren wurde er in Harran in Mesopotamien. Einige hielten ihn für einen Griechen, andere für einen Spanier, wieder andere für einen Fürsten aus Hindustan. Von den vielen falschen Angaben über ihn hat sich der französische Übersetzer von Sprengels Medizingeschichte[1] die wohl drolligste geleistet: Er hielt ihn vom Klang des Namens her für einen Deutschen und übersetzte seinen Namen mit *»Donneur«*! Geber soll mehr als 500 Werke über den Stein der Weisen und das Wasser des Lebens geschrieben haben. Die Ungläubigen verglich er mit kleinen Kindern, die in einem fenster- und türlosen Raum eingeschlossen sind und, weil sie nur diesen sehen können, die Existenz der Welt leugnen. Er glaubte, daß alle Krankheiten, nicht nur bei Menschen, sondern auch bei Tieren und Pflanzen, mit Hilfe eines Goldpräparats heilbar seien. Nur Gold nämlich erfreue sich vollkommener Gesundheit; die übrigen Metalle litten unter Krankheiten. Das Geheimnis des Steins der Weisen ist Geber zufolge mehr als einmal gelüftet worden; aber die ehrwürdigen Männer, die es gefunden hätten, gäben es der übrigen Menschheit, wegen deren Unwürdigkeit und Ungläubigkeit, niemals preis.[2]

Wiewohl Geber sein Leben solch eitlen Hirngespinsten widmete, war es nicht gänzlich nutzlos. Er stieß mehrfach auf Entdeckungen, die er gar nicht beabsichtigt hatte; so ist ihm die Wissenschaft zu Dank

---

[1] Kurt Sprengel, *Versuch einer pragmatischen Geschichte der Arzneikunde.* 4 Bde., Halle 1800 ff.

[2] Sein Werk *Summa perfectionis magisterii,* Instruktionen für Studenten und Gelehrte bei der mühsamen Suche nach Stein und Elixier, wurde in die meisten europäischen Sprachen übersetzt. Eine englische Übersetzung von Richard Russell, einem überzeugten Vertreter der Alchimie, erschien 1686 in London. Nach der (acht Jahre früher datierten) Vorrede ist das Buch im Haus des Alchimisten »at the Star, in Newmarket, in Wapping, near the Dock« gedruckt worden — mit der Absicht, die falschen Behauptungen der vielen ignoranten Scharlatane zu entlarven, die es zu dieser Zeit gab.

verpflichtet, weil er erstmals das Ätzsublimat, das rote Quecksilberoxid, die Salpetersäure und das Silbernitrat erwähnte.

Alfarabi

Über mehr als 200 Jahre nach dem Tode Gebers widmeten sich die arabischen Philosophen dem Studium der Alchimie, die sie mit der Astrologie verbanden. Einer der berühmtesten aus dieser Zeit ist Alfarabi. Er lebte zu Beginn des 10. Jahrhunderts und stand im Ruf, einer der gelehrtesten Männer seiner Epoche zu sein. Einen großen Teil seines Lebens verbrachte er auf Reisen durch viele Länder, um dort die Auffassungen der Philosophen über die großen Geheimnisse der Natur kennenzulernen. Keine Gefahr, keine noch so große Mühe konnte ihn von der Verfolgung dieses Vorhabens abbringen. Manch ein Fürst bemühte sich, ihn an seinem Hof zu halten; er aber weigerte sich zu verweilen, bevor er die großen Ziele seines Lebens erreicht hätte: dieses Leben über Jahrhunderte zu verlängern und so viel Gold zu machen, wie er wollte.

Am Ende wurde ihm seine schöpferische Unruhe zum Verhängnis. Er hatte, weniger in religiöser denn in philosophischer Absicht, einen Besuch in Mekka gemacht und befand sich auf dem Rückweg durch Syrien, wo er am Hofe des Sultans Saif ad-Daula Halt machte, eines anerkannten Förderers der Gelehrsamkeit. Alfarabi erschien im Reisekleid vor dem Monarchen und seinen Höflingen und setzte sich, ohne dazu aufgefordert worden zu sein, kaltblütig neben den Fürsten auf dessen Sofa. Höflinge und Ratgeber wurden ungehalten; auch der Sultan, der den anmaßenden Fremdling nicht kannte, wollte ihn zunächst durch einen seiner Offiziere hinauswerfen lassen. Aber Alfarabi rührte sich nicht vom Fleck und blickte den Offizier auf eine Weise an, daß der nicht wagte, Hand an ihn zu legen. Dann wandte er sich zur Seite und bemerkte ruhig, offenbar wisse der Sultan nicht, wer sein Gast sei — andernfalls würde er mit ihm ehrenvoll, nicht aber gewaltsam umgehen. Der Fürst, statt sich weiter zu erregen, begann die Kaltblütigkeit Alfarabis zu bewundern. Er nötigte ihn, auf dem Sofa noch näher zu rücken, und zog ihn in eine lange Unterhaltung über Wissenschaft und Religion. Der gesamte Hof war von dem Fremden hingerissen. Vielerlei Problemfragen wurden vorgebracht, die er aus überlegenem Wissen beantwortete. Er überzeugte alle, die es wagten, mit ihm zu diskutieren; besonders über die Wissenschaft der Alchimie sprach er so eloquent, daß man schnell zu dem Schluß kam, nur der große Geber wäre ihm an Rang gleichgekommen. Einer der anwesenden Räte fragte ihn, ob ein derart mit den Wissenschaften vertrauter Mann sich auch in der Musik auskenne. Statt einer Antwort verlangte Alfarabi, daß man eine Laute bringe. Auf dieser spielte er dann so schmelzende und zärtliche Melodien, daß der ganze Hof den Tränen freien Lauf ließ. Darauf wechselte er das Thema und intonierte muntere Airs, so daß alle, auch die ehrwürdigsten Philosophen und selbst der Sultan, zu tanzen begannen und so lange tanzten, wie ihre Beine sie nur tragen mochten. Nun verfiel er in eine klagende Weise, und alle seufzten und schluchzten, als ob sie an gebrochenem Herzen litten.

Der Sultan, über die Maßen beeindruckt von Alfarabis Fähigkeiten, bat ihn flehentlich zu bleiben und erbot sich, ihn mit Reichtum, Macht und Würde jeder denkbaren Art auszustatten — umsonst. Der Alchimist wies alle Angebote resolut zurück und erklärte es als seine Bestimmung, nicht zu ruhen, bevor er den

Stein der Weisen gefunden habe. Also brach er noch am selben Abend auf — und wurde wenig später von Dieben in der syrischen Wüste umgebracht.

Seine Biographen teilen über sein Leben keine weiteren Einzelheiten mit und erwähnen lediglich, daß er einige bedeutende Traktate über seine Kunst geschrieben habe, die sämtlich verlorengingen. Sein Tod fällt in das Jahr 954.

Avicenna

Der wahre Name dieses großen Alchimisten war Ibn Sina; er wurde 980 in Buchara geboren. Sein Ruf als Arzt und Mann der Wissenschaft war so glänzend, daß der Sultan Schams ad-Daula seine Kenntnisse in der Wissenschaft des Regierens für sich zu nutzen suchte. Er machte ihn zum Großwesir, und Avicenna regierte den Staat auch mit einigem Geschick. In einer anderen, schwierigeren Wissenschaft freilich war er ein vollständiger Versager: Er konnte seine Leidenschaften nicht zügeln, gab sich dem Wein und den Frauen hin und führte ein Leben der schamlosen Ausschweifung. Gleichwohl fand er neben seinen Vergnügungen und seinen Amtspflichten die Zeit, sieben Abhandlungen über den Stein der Weisen zu schreiben, die lange Zeit als sehr wertvoll für angehende Adepten galten. Es geschieht selten, daß ein hochkarätiger Arzt, als der Avicenna uns erscheint, sich so an den Sinnengenuß verliert; dieser nahm ihn schließlich in einem solchen Maß gefangen, daß er aus seinem hohen Amt entlassen wurde und wenig später starb — vorzeitig gealtert und an komplizierten Krankheiten leidend, die Folgen seiner Ausschweifungen waren. Man schrieb das Jahr 1037.

Albertus Magnus und *Thomas von Aquin*

Nach Avicennas Tod haben sich in Arabien nur noch wenige Philosophen von Rang dem Studium der Alchimie gewidmet. Dafür begann deren Siegeszug in Europa. Gelehrte in Frankreich, England, Spanien und Italien begannen an diese Wissenschaft zu glauben, und viele von ihnen setzten bald all ihre Energie für sie ein. Das gilt besonders für das 12. und 13. Jahrhundert. Einige der berühmtesten Namen dieser Epoche werden im Zusammenhang mit der Alchimie genannt, in vorderster Linie Albertus Magnus und Thomas von Aquin.

Albertus, eigentlich Albert von Bollstädt, wurde 1193 als Sproß einer adligen Familie in Laningen (Herzogtum Pfalz-Neuburg/Donau) geboren. In den ersten 30 Jahren seines Lebens erschien er bemerkenswert dumm und schwerfällig, und man fürchtete allgemein, es werde mit ihm kein gutes Ende nehmen. In jungen Jahren trat er in ein Dominikanerkloster ein, machte in seinen Studien aber so geringe Fortschritte, daß er sie mehr als einmal aufgeben wollte. Doch er wurde mit außergewöhnlicher Hartnäckigkeit materiell unterstützt. Schließlich begann, als er sich bereits seinen mittleren Jahren näherte, sein Geist sich zu entwickeln, und er lernte mit einem Mal alles, worum er sich bemühte, mit extremer Leichtigkeit. Ein solch erstaunlicher Wandel in diesem Alter schien kaum erklärlich — es sei denn durch ein Wunder. So versicherte und glaubte man, die Heilige Jungfrau, gerührt von seinem starken Wunsch, ein berühmter Gelehrter zu werden, habe Mitleid mit ihm bekommen, ihn in seiner Klosterzelle besucht, wo er voller Verzweiflung über seine Unfähigkeit saß, und ihn gefragt, ob er lieber in der Philosophie oder in der Theologie Karriere machen wolle. Er habe die Philosophie gewählt — zum Mißvergnügen der Jungfrau, die ihm in

milden und besorgten Worten vorgehalten habe, daß er eine bessere Wahl hätte treffen können. Dennoch habe sie seinen Wunsch erfüllt, so daß er der hervorragendste Philosoph seiner Zeit werden konnte — gleichzeitig aber die Möglichkeit nicht ausgeschlossen, er könne auf dem Gipfel seines Ruhms in seine frühere Unfähigkeit und Dummheit zurückfallen. Albertus bemühte sich nie, dieser Geschichte zu widersprechen. Vielmehr betrieb er seine Studien von nun an mit so unermüdlichem Eifer, daß sein Ruf sich bald über ganz Europa verbreitete.
Vom Jahre 1244 an nahm der später berühmte Thomas von Aquin bei ihm Unterricht. Über Meister und Schüler sind viele ungewöhnliche Anekdoten erzählt worden. Wiewohl sie den übrigen Wissenschaften die nötige Aufmerksamkeit widmeten, ließen sie doch niemals nach in der Suche nach dem Stein der Weisen und dem Wasser des Lebens. Sie fanden beide nicht. Aber man glaubte, Albertus habe das Geheimnis des Lebens bis zu einem gewissen Grad gelüftet. So soll er imstande gewesen sein, eine metallene Statue, an deren Gestaltung er, unter der jeweils geeigneten Planetenkonstellation, viele Jahre gearbeitet hatte, mit Leben zu erfüllen. Er und Thomas sollen die Statue weiter vervollkommnet haben, so daß sie schließlich sprechen und die Aufgaben eines Hausdieners wahrnehmen konnte. In dieser Funktion war sie überaus nützlich, zugleich jedoch, aufgrund eines Defekts in der Mechanik, so geschwätzig, daß die beiden Philosophen sich ständig gestört fühlten. Niemand habe, erzählt die Geschichte weiter, diesem Übel abzuhelfen vermocht. Als dann Thomas eines Tages in einem mathematischen Problem versunken war, soll die Geschwätzigkeit der Statue ihn so wütend gemacht haben, daß er einen schweren Hammer ergriffen und sie in Stücke geschlagen habe. Später habe er diesen Wutausbruch bedau-

ert — und sei überdies von seinem Meister getadelt worden, weil es eines Philosophen unwürdig sei, derart unbeherrscht zu handeln. Die Statue sei allerdings nie wieder reanimiert worden.[1]

Solche Geschichten spiegeln den Geist der Epoche. Jeder große Mann, der versuchte, den Geheimnissen der Natur auf die Spur zu kommen, wurde als Magier angesehen, und man sollte sich nicht darüber wundern, daß Philosophen, die ein Unsterblichkeit verleihendes Elixier und einen endlosen Reichtum hervorbringenden roten Stein zu entdecken versprachen, von der öffentlichen Meinung dämonisiert und mit noch übernatürlicheren Kräften ausgestattet wurden. Von Albertus Magnus etwa glaubte man, er könne Zyklus und Verlauf der Jahreszeiten verändern, aber man hielt dies für weniger schwierig als die Entdeckung des Großen Elixiers. Folgende Geschichte wurde darüber erzählt:

Albertus reflektierte auf den Erwerb eines Grundstücks in der Nähe von Köln, um dort ein Kloster zu errichten. Das Grundstück gehörte dem deutschen (Gegen-)König Wilhelm von Holland, der sich aus irgendwelchen Gründen nicht von ihm trennen mochte. Um diesen Fürsten für sich zu gewinnen, ersann Albertus folgendes: Er lud Wilhelm, als dieser auf der Durchreise in Köln weilte, zusammen mit seinem ganzen Hof zu einem prächtigen Gastmahl ein. Der König nahm die Einladung an und erschien mit einem vornehmen Gefolge am Hause des Weisen. Es war mitten im Winter; der Rhein war zugefroren und die Kälte so groß, daß die Ritter es wegen der Gefahr von Zehenerfrierungen kaum hatten wagen können, den Weg im Sattel zurückzulegen. Groß war daher ihre Verwunderung, als sie feststellen mußten, daß die Tafel im Garten gedeckt war, wo meterhoher Schnee lag. Der König, überaus ungehalten, wollte umgehend zurückreiten, wurde von Albertus jedoch schließlich bewogen, seinen Platz einzunehmen. Kaum hatte er dies getan, begannen die Schneewolken am Himmel abzuziehen; die warme Sonne brach durch, und anstelle des eisigen Nordwinds wehte eine milde Brise von Süden, die den Schnee schmelzen, das Eis des

---

[1] Gabriel Naudé, *Apologie des Grands Hommes accusés de Magie* Paris 1669, Kap. XVIII.

Rheins brechen und die Bäume grüne Blätter treiben ließ; Blumen erblühten zu Füßen der Ritter, und Lerchen, Nachtigallen, Kuckucke, Amseln, Drosseln und sonstige Singvögel sangen ihre süßen Lieder von den Zweigen. Der König und sein Gefolge waren über die Maßen verwundert. Sie ließen sich das Mahl schmecken, und als Belohnung erhielt Albertus sein Grundstück. Doch dieser hatte noch immer nicht seine ganze Macht gezeigt. Kaum nämlich war das Gastmahl zu Ende, gab er einen Befehl — und dunkle Wolken bedeckten die Sonne, dicke Schneeflocken fielen, die Singvögel fielen tot von den Zweigen, die Bäume wurden kahl, und der Wind wehte so eisig und heulte so klagend, daß die Gäste sich flugs in ihre Mäntel hüllten, ins Haus eilten und sich um das flackernde Herdfeuer in der Küche drängten.[1]

Wie sein Meister soll auch Thomas von Aquin Wunder gewirkt haben, wie die folgende Geschichte zeigt:

Einmal wohnte er in einer Kölner Straße, wo ihn das unaufhörliche Hufgeklapper der Pferde ärgerte, die von den Stallknechten ausgeritten wurden. Er bat diese nachdrücklich, doch einen anderen Weg zu nehmen, wo sie keinen Philosophen stören konnten — umsonst; die Knechte schienen taub für alle seine Bitten. In seiner Not nahm er Zuflucht zur Magie. Er konstruierte ein kleines Bronzepferd, versah es mit einer Reihe kabbalistischer Zeichen und vergrub es des Nachts in der Mitte der Straße. Am nächsten Morgen kam, wie gewöhnlich, ein Trupp Stallknechte durch die Straße geritten; als die Pferde die Stelle erreichten, wo das Bronzepferd vergraben war, bäumten sie sich auf, schlugen nach hinten aus, blähten die Nüstern vor Angst, richteten ihre Mähnen senkrecht auf, und der Schweiß rann ihnen in Strömen herunter. Vergeblich gaben die Knechte ihnen die Sporen; vergeblich lockten und drohten sie — die Tiere wollten nicht weiter. Am nächsten Tag wiederholte sich das Schauspiel. So waren die Knechte schließlich gezwungen, einen anderen Weg zu nehmen, und Thomas von Aquin hatte seine Ruhe.[2]

1260 wurde Albertus Magnus Bischof von Regensburg, legte dieses Amt aber schon zwei Jahre später wieder nieder, weil seine Pflichten ihn allzusehr an der Be-

---

[1] Vgl. Lenglet du Fresnoy, *op. cit.*, Bd. I.
[2] Naudé, *op. cit.*, Kap. XVII.

schäftigung mit der Philosophie hinderten. Er starb 1280 in Köln, im hohen Alter von 87 Jahren. Die Geschichtsschreiber der Dominikaner, deren Orden er angehörte, haben stets geleugnet, daß er den Stein der Weisen gesucht habe; sein Traktat über die Mineralien beweist aber deutlich das Gegenteil.

Artephius

Dieser Alchimist wurde am Anfang des 12. Jahrhunderts geboren. Er schrieb zwei berühmte Traktate: über den Stein der Weisen und über die Kunst, das menschliche Leben zu verlängern. Im letzteren rühmt er seine überragenden Fähigkeiten in dieser Kunst und behauptet, selbst 1025 Jahre alt zu sein! Er hatte viele Schüler, die ihm dieses extreme Alter glaubten und nachzuweisen versuchten, daß er eigentlich Apollonios von Tyana sei, ein Zeitgenosse Jesu, dessen Lebensumstände und vorgebliche Wunder Philostratos so ausführlich beschrieben hat.

Artephius war sehr darauf bedacht, niemals einer Geschichte zu widersprechen, in der die Macht, die er so liebend gern über seine Mit-Sterblichen ausübte, noch mehr aufgebauscht wurde. Bei allen passenden Gelegenheiten rühmte er sich ihrer; und da er über ein exzellentes Gedächtnis, eine blühende Phantasie und eine umfassende Kenntnis der Geschichte verfügte, geriet er nie in Verlegenheit, wenn er Fragen nach der persönlichen Erscheinung, den Manieren oder dem Charakter großer Männer der Antike beantworten sollte. Übrigens gab er auch vor, den Stein der Weisen zu besitzen, und behauptete, bei der Suche nach ihm sei er in die Hölle hinabgestiegen und habe den Teufel auf einem goldenen Thron sitzen sehen, umgeben von einem Heer von Kobolden und Unholden. Seine Schriften zur Alchimie wurden später auch ins Französische übersetzt und erschienen 1609 in Paris.

Alain de Lisle

lebte in Flandern und war Zeitgenosse von Albertus Magnus. Wegen seiner großen Gelehrsamkeit wurde er *Doctor universalis* genannt. Man sagte ihm nach, er kenne alle Wissenschaften und verfüge über das *elixir vitae*. Er war Mönch im Kloster Cîteaux und starb im Jahre 1298, im Alter von 110 Jahren. In seinem 50. Lebensjahr soll er einmal mit dem Tode gerungen, aber gerade zu dieser Zeit das Elixier gefunden haben, das ihm dann noch weitere 60 Jahre bescherte. Er schrieb einen Kommentar zu Merlins Weissagungen.

Arnald von Villanova

Dieser Philosoph von ausgezeichnetem Ruf wurde wahrscheinlich um 1245 geboren. Er studierte mit großem Erfolg Medizin in Paris; danach war er 20 Jahre lang auf Reisen in Deutschland und Italien, wo er Pietro d'Apone kennenlernte, einen Mann mit ähnlichem Charakter und ähnlichen Neigungen.

Arnald galt zu seinen Lebzeiten als der fähigste Arzt der Epoche. Wie alle gelehrten Männer dieser Zeit dilettierte er in Astrologie und Alchimie und soll aus Blei und Kupfer riesige Mengen Gold gemacht haben. Als Pietro d'Apone in Italien festgenommen und der Hexerei angeklagt wurde, erging gegen Arnald eine ähnliche Beschuldigung; er wußte jedoch das Land rechtzeitig zu verlassen und dem Schicksal seines unglücklichen Freundes zu entgehen. Als er später das Ende der Welt prophezeite, verlor er einen Teil seines

Renommees, konnte es aber bald neu festigen. Der Zeitpunkt seines Todes ist nicht genau bekannt; er muß vor 1311 liegen, als Papst Clemens V. in einem Rundbrief an alle seiner Obrigkeit unterstehenden Geistlichen in Europa schrieb und sie bat, mit größtem Eifer nach Arnalds berühmtem Traktat *Regimen sanitatis* zu suchen, den dieser zu seinen Lebzeiten dem Heiligen Stuhl als Geschenk versprochen hatte, aufgrund seines frühen Todes jedoch nicht mehr hatte überreichen können.

In einem sehr seltsamen Werk eines gewissen Harcouet de Longeville mit dem Titel *Geschichte der Personen, die mehrere Jahrhunderte lang lebten und dann wieder jung wurden*[1] findet sich ein Rezept, das auf Arnald von Villanova zurückgehen soll und die Maßnahmen aufführt, durch die man sein Leben angeblich um mehrere hundert Jahre verlängern kann:

»Zunächst soll die Person, die ihr Leben zu verlängern wünscht, sich zwei- bis dreimal pro Woche mit dem Saft oder dem Mark der Kassie einreiben. Jeden Abend nach dem Zubettgehen soll sie auf dem Herzen ein Pflaster von Rosenöl und bestem weißem Wachs aufbringen, worin gewisse Anteile von orientalischem Safran, roten Rosenblättern, Sandelholz, Aloe und Amber aufgelöst sind. Dieses Pflaster soll sie am nächsten Morgen abnehmen und es tagsüber sorgfältig in einem bleiernen Kästchen verschließen, denn es muß am folgenden Abend wieder appliziert werden. Ist die Person von sanguinischem Temperament, so soll sie 16 Küchlein nehmen, aber 25, wenn sie phlegmatisch, und 30, wenn sie melancholisch ist, und diese in einen Viehhof setzen, wo Luft und Wasser rein sind. Davon soll sie essen, eins jeden Tag; zuvor aber müssen die Küchlein nach einer besonderen Methode gemästet werden, welche ihr Fleisch mit Eigenschaften durchtränkt, die dem Esser Langlebigkeit verleihen: Nachdem ihnen alle sonstige Nahrung vorenthalten worden ist, bis sie dem Tode nahe sind, werden sie mit einer Brühe aus Giftschlangenfleisch und Essig ernährt, die mit Weizen und Kleie eingedickt ist.«

---

[1] Harcouet de Longeville, *Histoire des personnes qui ont vécu plusieurs siècles, et qui ont rajeuni: avec le secret du rajeunissement, tiré d'Arnauld de Villeneuve. Et des règles pour se conserver en santé & pour parvenir à un grand âge.* Paris 1716.

Longeville beschreibt mannigfache Zeremonien, unter denen die Brühe gekocht werden muß. Mit ihr sind die Küken zwei Monate lang zu füttern, bis sie schlachtreif sind. Bevor sie zubereitet werden, sollen sie noch gründlich mit gewissen Mengen Weiß- oder Rotwein gewaschen werden. Werde diese Diät regelmäßig alle sieben Jahre angewandt, so könne man alt werden wie Methusalem.

Billigerweise muß festgestellt werden, daß Longeville wenig Belege für seine These vorbringt, diese kostbare Rezeptur stamme von Arnald von Villanova. Sie findet sich in dessen Gesammelten Werken nicht, wurde vielmehr erst zu Beginn des 17. Jahrhunderts durch einen gewissen Poirier ans Licht gebracht, der behauptete, sie in Manuskriptform in einer »unzweifelhaft echten« Schrift Arnalds gefunden zu haben.

Pietro d'Apone

Dieser unglückliche Mann wurde 1250 in Apone bei Padua geboren. Wie sein Freund Arnald von Villanova war er ein hervorragender Arzt und versuchte sich auch auf den Gebieten der Astrologie und der Alchimie. Er praktizierte viele Jahre in Paris und brachte es durch Kupieren, Kurieren und Wahrsagen zu großem Wohlstand.

Unglücklicherweise faßte er eines Tages den Entschluß, in sein Heimatland zurückzukehren. Voraus ging ihm der Ruf, ein Magier erster Ordnung zu sein. Man glaubte allgemein, er habe sieben böse Geister aus der Hölle geholt und sie in kristallenen Vasen verschlossen, aus denen er sie nur entlasse, wenn er ihre Dienste brauche. Einer der Geister beherrsche die Philosophie, ein anderer die Alchimie, der dritte die Astrologie, der vierte die Heilkunst, der fünfte die

Poesie, der sechste die Musik und der siebente die Malerei. Bedürfe Pietro der Information oder der Instruktion auf einem dieser Gebiete, so brauche er nur zu der entsprechenden Vase zu gehen und den Geist zu befreien. Augenblicklich enthüllten sich ihm alle Geheimnisse der jeweiligen Kunst, und er könne ganz nach seinem Belieben Homer in der Poesie, Apelles in der Malerei oder selbst Pythagoras in der Philosophie ausstechen.

Was die Alchimie angeht, so sagte man ihm große Zurückhaltung in dieser Kunst nach, wiewohl er natürlich Messing in Gold verwandeln könne; er ziehe es aber vor, sich Gold aus anderen, weniger vertrauenswürdigen Quellen zu beschaffen. Habe er einen Handel in Gold bezahlt, so murmele er hinterher einen Zauberspruch, und am nächsten Morgen sei das Gold zuverlässig wieder in seinem Besitz. Da nutze es dem Händler auch nichts, wenn er es in einem sicheren Tresor verwahre oder von einem Trupp Soldaten bewachen lasse — das verzauberte Metall kehre stets zu seinem alten Besitzer zurück. Selbst wenn es in der Erde vergraben oder im Meer versenkt würde — beim nächsten Morgengrauen wäre es wieder in Pietros Taschen. Verständlicherweise wollten nur wenige mit einer solchen Persönlichkeit Geschäfte machen, besonders wenn das Zahlungsmittel Gold war. Einige etwas Mutigere sollen es mit Silber versucht haben, in dem Glauben, Pietros Macht erstrecke sich nur auf Gold. Aber sie hätten, hieß es, ihren Irrtum schnell erkannt: Gitter und Riegel konnten das Silber nicht halten; es wurde in ihren eigenen Händen unsichtbar und huschte durch die Luft — geradewegs in die Taschen des Magiers.

Diesem wuchs notwendigerweise ein übler Ruf zu. Als er dann noch einigen religiösen Überzeugungen Ausdruck gab, die konträr zum kirchlichen Dogma standen, wurde er vor das Tribunal der Inquisition gebracht und der Häresie sowie der Zauberei beschuldigt. Er versicherte mit lauter Stimme seine Unschuld, sogar noch auf der Folter, wo er mehr Qualen erlitt, als die Natur ertragen kann. Noch vor Ende seines Prozesses starb er in der Haft. Erst später wurde er schuldig gesprochen. Seine Gebeine wurden wieder ausgegraben und öffentlich verbrannt; zusätzlich wurde er auf einem Platz in Padua *in effigie* verbrannt.

Raimundus Lullus

Während Arnald von Villanova und Pietro d'Apone in Frankreich und Italien wirkten, erschien in Spanien ein Adept, der noch berühmter werden sollte als diese beiden: Raimundus Lullus. Sein Name steht bei allen Alchimisten an erster Stelle. Anders als viele seiner Vorgänger gab er nicht vor, sich in Astrologie und Nekromantie auszukennen, befaßte sich aber, darin Geber nacheifernd, intensiv mit Wesen und Aufbau der Metalle. Dabei verzichtete er auf Zauberformeln, Beschwörungen und andere närrische Zeremonien.

Raimundus begann sein Studium der alchimistischen Kunst erst relativ spät. In seinen jungen und mittleren Jahren hatte er sich mit anderen Dingen beschäftigt. Sein ganzes Leben weist hochgradig romantische Züge auf. Geboren wurde er, als Sproß einer erlauchten Familie, 1235 auf Mallorca, wohin sein Vater, gebürtiger Katalonier, übergesiedelt war, nachdem König Jakob I. von Aragon die Insel 1230 den Sarazenen entrissen hatte. Raimundus heiratete früh und übersiedelte, weil er die Vergnügungen des Hofes der insularen Einsamkeit vorzog, mit seiner Frau in die Hauptstadt Saragossa. Hier wurde er Groß-Seneschall des Königs und führte einige Jahre lang ein flottes Leben. Er war seiner Frau untreu und ständig auf der Jagd nach erotischer Abwechslung — bis sein Herz von der schönen, aber unnahbaren Ambrosia de Castello gefesselt wurde.

Diese Dame war, wie ihr Bewunderer, verheiratet; anders als dieser nahm sie jedoch ihr Treuegelöbnis ernst und begegnete all seinen Verführungsversuchen mit Verachtung. Raimundus war so verliebt, daß die Zurückweisung seine Glut nur steigerte; er stand jede Nacht unter ihrem Fenster, schrieb ihr leidenschaftliche Gedichte, vernachlässigte seine Pflichten bei Hofe und wurde zur Zielscheibe des Spottes der Höflinge. Eines Tages, als er wieder unter ihrem Erker stand, wehte der Wind zufällig ihr Busentuch beiseite, und er konnte einen kurzen Blick in ihren Ausschnitt tun. Da überkam ihn ein Inspirationsschub; er setzte sich nieder, beschrieb ein Blatt mit zärtlichen Stanzen über das Gesehene und sandte es der Dame. Die schöne Ambrosia hatte sich bisher nie dazu herbeigelassen, seine Briefe zu beantworten. Jetzt antwortete sie. Sie schrieb Raimundus, sie könne seine Annäherungsversuche nicht länger ertragen und finde es eines weisen Mannes unwürdig, seine Gedanken auf etwas anderes als Gott zu richten; sie beschwor ihn, ein Leben im Glauben zu führen und die unwürdige Leidenschaft zu bezwingen, die ihn zu verzehren drohe. Gleichwohl erbot sie sich, ihm ihren Busen, der ihn so bezaubert hatte, offen zu zeigen.

Raimundus war entzückt. Er erkannte zwar, daß der letzte Teil des Briefes mit dem ersten kaum zusammenpaßte, glaubte aber, Ambrosia sei, vielleicht aus Mitleid, andern Sinnes geworden und wolle ihn trotz der zuvor erteilten Ratschläge so glücklich machen, wie er es wünschte. Er verfolgte sie nun auf Schritt und Tritt und bedrängte sie, ihr Versprechen wahrzumachen; sie aber blieb zurückhaltend und bat ihn wie zuvor inständig, sie nicht länger zu belästigen — sie könne nie die Seine sein, selbst wenn sie morgen frei wäre. »Aber was hat dann Euer Brief zu bedeuten?« rief der verzweifelte Verehrer. »Das will ich Euch zeigen«, gab Ambrosia zur Antwort, enthüllte augenblicklich ihren Busen und präsentierte ihrem von Grausen geschüttelten Bewunderer ein großes Krebsgeschwür, das schon beide Brüste ergriffen hatte. Als sie seinen Schrecken sah, ergriff sie seine Hände und flehte ihn noch einmal an, ein gläubiges Leben zu führen und sein Herz an den Schöpfer, nicht an die Geschöpfe zu verlieren.[1]

Als er heimging, war er ein anderer geworden. Am nächsten Morgen trat er von seinem einträglichen Hofamt zurück, sagte sich von seiner Frau los, nahm, nachdem er die Hälfte seines ansehnlichen Vermögens unter sie aufgeteilt hatte, Abschied von seinen Kindern. Die andere Hälfte verteilte er unter die Armen. Danach warf er sich vor einem Kruzifix auf die Knie, weihte sein Leben dem Dienst Gottes und gelobte, den Rest seiner Tage — als angemessene Buße für seine Irrtümer — der Bekehrung der Muselmanen widmen zu wollen. In einem Traum sah er Jesus, der zu ihm sagte: »Raimundus! Raimundus, folge mir nach!« Die Vision wiederholte sich dreimal, und Raimundus war überzeugt, daß es sich um einen direkten Wink vom Himmel handle. Nachdem er seine Angelegenheiten geordnet hatte, begab er sich auf die Wallfahrt nach Santiago de Compostela und lebte danach zehn Jahre lang als Eremit in den Bergen von Aranda. Hier lernte er Arabisch, um sich auf die Mission unter den Muselmanen vorzubereiten, studierte überdies, anhand gelehrter Bücher aus dem Osten, verschiedene Wissenschaften und machte erste Bekanntschaft mit den Schriften Gebers, die in seinem zukünftigen Leben eine so große Rolle spielen sollten.

Als diese Bewährungszeit zu Ende ging, stand Raimundus in seinem 40. Lebensjahr. Jetzt vertauschte er

---

[1] Vgl. Lenglet du Fresnoy, *op. cit.*, Bd. I, S. 145 ff.

das Eremitendasein mit einem aktiveren Leben. Mit den Resten seines Vermögens, die sich während seines Rückzugs durch günstige Anlage vermehrt hatten, gründete er eine Hochschule zum Studium des Arabischen, die der Papst höchstselbst, unter vielerlei Belobigung seines Glaubenseifers und seiner Frömmigkeit, genehmigte. Während dieser Zeit entging er nur knapp einem Mordanschlag durch einen jungen Araber, den er in seinen Dienst genommen hatte. Bei einem seiner Fanatismusanfälle nämlich hatte Raimundus Gott angefleht, er möge ihn für seine heilige Sache den Märtyrertod sterben lassen. Das hatte der Diener gehört, und da er ein ebenso großer Fanatiker war wie sein Herr, beschloß er, dessen Wunsch zu erfüllen und ihn zugleich für die gräßlichen Flüche zu bestrafen, die er unausgesetzt gegen den Propheten und seine Anhänger ausstieß. Als Raimundus eines Tages beim Essen saß, schlich er sich an ihn heran und holte eben zu einem Dolchstoß ins Herz seines Gebieters aus — da erwies sich bei diesem der Selbsterhaltungstrieb stärker als der Wunsch nach dem Martyrium. Er fing den Stoß ab, rang mit dem Angreifer und überwältigte ihn. Er tötete ihn aber nicht, sondern übergab ihn den örtlichen Behörden, die ihn anderntags tot in seiner Gefängniszelle fanden.

Nach diesem Abenteuer reiste Raimundus nach Paris, nahm dort für einige Zeit seinen Wohnsitz und lernte Arnald von Villanova kennen. Wahrscheinlich wurde er von diesem angeregt, nach dem Stein der Weisen zu suchen, denn von nun an widmete er den religiösen Dingen weniger, der Alchimie aber desto mehr Aufmerksamkeit. Er verlor zwar sein großes Ziel, die Bekehrung der Muselmanen, nicht aus den Augen und ging sogar nach Rom, um mit Papst Johannes XXI. persönlich die zur Erreichung dieses Zieles geeigneten Maßnahmen zu beraten. Der Papst ermutigte ihn jedoch lediglich verbal und unterließ es, ihm weitere Personen als Helfer mitzugeben. So setzte er allein nach Tunis über und wurde dort von zahlreichen arabischen Philosophen herzlich empfangen, die von seinem Ruhm als Lehrer der Alchimie gehört hatten. Hätte er sich beim Aufenthalt in ihrem Land auf die Alchimie beschränkt, es wäre ihm wohl ergangen. Aber er begann sogleich den Propheten zu verfluchen und handelte sich prompt Schwierigkeiten ein. Als er im großen Basar von Tunis die Lehren des Christentums verkündigte, wurde er verhaftet und ins Gefängnis geworfen. Kurz darauf wurde er vor Gericht gestellt und zum Tode verurteilt. Auf energische Intervention einiger seiner philosophischen Freunde wurde er dann aber begnadigt — unter der Auflage, Afrika umgehend zu verlassen und seinen Boden nie wieder zu betreten. Werde er noch einmal, mit welcher Absicht und nach wie langer Zeit auch immer, dort angetroffen, so werde das Urteil sogleich vollstreckt. Raimundus war, wenn es ernst wurde, in keiner Weise begierig nach dem Martyrium (was immer er geäußert haben mochte, solange es *nicht* drohte); er wählte daher gern das Leben, akzeptierte die Auflagen und verließ Tunis mit der Absicht, nach Rom zu reisen. Unterwegs änderte er aber seinen Plan und ließ sich in Mailand nieder, wo er längere Zeit als Alchimist und, wie einige sagen, als Astrologe praktizierte.

Die meisten Autoren, die der Alchimie anhingen und das Leben des Raimundus Lullus beobachteten, haben versichert, daß er während seines Aufenthalts in Mailand Briefe von König Eduard von England erhielt, der ihn eingeladen habe, in sein Reich überzusiedeln. Sie haben hinzugesetzt, daß Raimundus die Einladung dankend angenommen, im Londoner Tower einen Wohntrakt zugewiesen bekommen und dort viel Gold geläutert habe; überdies habe er als oberster Münzmeister die Prägung von Rosenobles überwacht und große Mengen Gold aus Eisen, Quecksilber, Blei und Zinn hergestellt. Die Autoren der *Biographie universelle,* im allgemeinen eine ausgezeichnete Quelle, bestreiten, daß er je in England war, und erklären, in bezug auf seine wundersamen Kräfte als Alchimist werde er mit einem andern Raimundus, einem Juden aus Tarragona, verwechselt. Naudé sagt in seiner *Apologie* lapidar, daß »König Eduard sechs Millionen von Raimundus Lullus bekam, um Krieg gegen die Türken und andere Ungläubige zu führen«; Raimundus habe jedoch nicht etwa andere Metalle in Gold verwandelt, sondern dem König geraten, die Wolle zu besteuern, wodurch der obige Betrag zustande gekommen sei.

Um zu zeigen, daß Raimundus doch in England war, zitieren seine Bewunderer gern aus einem ihm zugeschriebenen Werk: *De transmutatione animae metallorum,* in welchem es ausdrücklich heißt, er sei auf Betreiben des Königs nach dort gekommen. Die hermetischen Autoren sind sich nicht einig, ob es sich dabei um Eduard I. oder Eduard II. handelt; da sie die Reise jedoch in das Jahr 1312 verlegen, muß es Eduard II. gewesen sein. Es erscheint sehr wahrscheinlich, daß der König, im Glauben an die übernatürlichen Kräfte des Alchimisten, diesen nach England einlud, damit er seine Kunst unter Beweis stelle, und ihn mit der Läuterung von Gold und der Prägung von Münzen beauftragte. Camden, in Angelegenheiten wie dieser nicht leichtgläubig, ist von der Wahrheit der Rosenobles-Geschichte überzeugt; was soll auch erstaunlich an der Tatsache sein, daß ein wegen seiner metallurgischen Kenntnisse berühmter Mann mit der Funktion eines Münzmeisters betraut wird? Raimundus war zu diesem Zeitpunkt 77, wahrscheinlich schon einem gewissen Altersabbau ausgesetzt und nur zu geneigt, selbst an das Gerücht zu glauben, er habe das Große Geheimnis entdeckt. Jedenfalls tat er nichts, um ihm zu widersprechen.

Er blieb nicht lange in England, kehrte vielmehr bald nach Rom zurück, um die Projekte weiterzutreiben, die ihm mehr am Herzen lagen als die Alchimie und die er bereits, mit sehr geringem Erfolg, mehreren Päpsten vorgetragen hatte: den Plan zur Einführung der orientalischen Sprachen in allen Klöstern Europas; den Plan zur Vereinigung aller militanten Orden zu einem einzigen, der als solcher mehr Effizienz in der Sarazenenmission habe; schließlich die Idee, der Papst solle das Studium der Werke von Averroës verbieten, weil sie den Islam stärker förderten als das Christentum. Aber auch der jetzige Papst empfing den alten Mann sehr kühl und tat wenig, um seine Projekte zu unterstützen. Raimundus blieb zwei Jahre lang in Rom und entschloß sich, aufs neue nach Afrika zu gehen, allein und ohne Schutz, um das Evangelium Jesu Christi zu verkündigen. Er landete 1314 in Bona und irritierte, indem er ihren Propheten beschimpfte und verfluchte, die Muslime so sehr, daß sie ihn steinigten und halbtot am Strand liegen ließen. Genueser Kaufleute fanden ihn einige Stunden später, brachten ihn an Bord ihres Schiffes und segelten mit ihm nach Mallorca. Der Unglückliche atmete noch, konnte aber nicht mehr sprechen. Er lebte noch einige Tage und hauchte seinen Odem just in dem Moment aus, da das Schiff in Sichtweite seiner Heimatinsel kam. Seine Leiche wurde mit großem Pomp zur Kathedrale Sta. Eulalia in Palma gebracht, wo zu seinen Ehren ein aufwendiges öffentliches Begräbnis stattfand. Später sollen sich an seinem Grab mancherlei Wunder zugetragen haben.

So endete die Karriere von Raimundus Lullus, einem der ungewöhnlichsten Männer seiner Epoche. Abgesehen von der Prahlerei in seinem *Testamentum,* er habe 50000 Pfund Quecksilber, Blei und Zinn in Gold verwandelt, zeigte er unter allen Alchimisten die geringste Neigung zur Quacksalberei. Seine Schriften sind überaus zahlreich und umfassen, in fast 500 Bänden, Werke über Grammatik, Rhetorik, Ethik, Theologie, Politik, Physik, Metaphysik, Astronomie, Medizin, Chemie, über bürgerliches und kanonisches Recht.

Roger Bacon

Die machtvolle Verblendung der Alchimie hat noch größere Geister als Raimundus Lullus ergriffen. Roger Bacon war einer von ihnen. Er glaubte fest an den Stein der Weisen und verwandte viel Zeit auf die Suche nach ihm. Sein Beispiel ließ bei den Gelehrten seines Zeitalters die Überzeugung wachsen, es gebe diesen Stein wirklich, und es sei lohnend, nach ihm zu suchen.

Roger wurde 1214 in Ilchester (Somersetshire) geboren. Er studierte einige Zeit in Oxford, danach in Paris, wo er den Grad eines Doktors der Theologie erwarb. Nach der Rückkehr nach England trat er in den Franziskanerorden ein. Er war der bei weitem gelehrteste Mann seiner Zeit, und seine Kenntnisse überstiegen das Begriffsvermögen seiner Zeitgenossen so sehr, daß sie sie nur unter Rückgriff auf die Annahme, er stehe mit dem Teufel im Bunde, meinten erklären zu können. Voltaire hat ihn recht treffend *»de l'or encroûté de toutes les ordures de son siècle«* genannt; aber die Kruste des Aberglaubens, die diesen machtvollen Geist umhüllte, konnte seine Strahlkraft allenfalls abschwächen, nicht aber verdunkeln. Er allein unter allen Forschern seiner Zeit kannte die Eigenschaften der konkav-konvexen Linse; er war es, der die *Laterna magica* erfand, jenes hübsche Spielzeug unserer Tage, das ihm übrigens einen üblen Ruf eintrug.

In einer Geschichte der Alchimie darf der Name dieses illustren Mannes nicht fehlen, obwohl diese Kunst in der Gesamtheit seiner Studien — anders als bei den meisten ihrer hier betrachteten Vertreter — nur eine sekundäre Rolle spielte. Die Idee des universalen Wissens, die ihn umtrieb, verbot ihm, einen Zweig der Wissenschaft zu vernachlässigen, dessen Absurdität weder er noch seine Umwelt damals einsehen konnten. Andererseits kompensieren seine physikalischen und astronomischen Erkenntnisse die an die Alchimie verlorene Zeit mehr als hinreichend. Das Teleskop, das Brennglas, das Schießpulver — dies sind Erfindungen, die seinen Namen bis in die fernsten Zeiten tragen und den einen Makel vergessen machen werden, welcher mehr Ausdruck der Narretei seines Zeitalters und seiner Lebensumstände war.

Papst Johannes XXII.

Dieser Kirchenfürst soll ein Freund und Schüler Arnalds von Villanova gewesen und von diesem in die Geheimnisse der Alchimie eingeführt worden sein. Der Überlieferung zufolge hat er große Mengen Gold gemacht und ist reich wie ein Krösus gestorben. Er wurde 1244 im französischen Cahors (Provinz Guyenne) geboren, war ein wortgewaltiger Prediger und bekleidete frühzeitig hohe Kirchenämter. In Avignon unterhielt er ein alchimistisches Laboratorium und schrieb ein Werk über die Transmutation der Metalle.

Aus der Tatsache, daß er zwei Bullen gegen die zahlreichen Scharlatane erließ, die in allen christlichen Ländern hervortraten, könnte man schließen, er selbst sei frei von alchimistischer Verblendung gewesen. Gleichwohl nehmen ihn die Alchimisten als einen der hervorragendsten und erfolgreichsten Meister ihrer Kunst in

Anspruch und sagen, seine Bullen seien nicht gegen die wahren Adepten, sondern nur gegen die Betrüger gerichtet gewesen. Sie verweisen speziell auf den Satz in einer der Bullen: »*Spondent, quas non exhibent, divitias, pauperes alchimistae*«[1] — was sich klar auf die *armen,* d.h. die falschen Alchimisten beziehe.

Johannes XXII. starb im Jahre 1334 und hinterließ in seinen Schatzkammern ein Vermögen von 18 Millionen Gulden. Man glaubte allgemein, er habe diesen Schatz nicht angesammelt, sondern selbst gemacht, und die Alchimisten führen dies selbstgefällig als Beleg dafür an, daß der Stein der Weisen eben nicht eine solche Schimäre sei, wie die Ungläubigen behaupteten. Ausgehend von der Tatsache, daß Johannes dieses Geld wirklich besaß, fragen sie, durch welche denkbaren Mittel er an es gekommen sein könne. Auf diese ihre eigene Frage antworten sie triumphierend: »Sein Buch zeigt, daß es nur durch die Alchimie möglich war, in deren Geheimnisse er durch Arnald von Villanova und Raimundus Lullus eingeführt wurde. Aber er war so vorsichtig wie alle anderen hermetischen Philosophen. Wer immer sein Buch lesen wollte, um hinter das Geheimnis zu kommen, würde sich völlig vergeblich bemühen. Der Papst tat daher gut daran, es nicht zu verbreiten.« Hier geraten alle diese Goldmacher in eine mißliche Lage, die ihre Glaubwürdigkeit nicht erhöht: Ihr großes Geheimnis verliert seinen Wert auf höchst wundersame Weise, wenn es mitgeteilt wird, und daher behalten sie es sorgsam bei sich. Vielleicht fürchten sie, daß das Gold, wenn Hinz und Kunz es durch Verwandlung von anderen Metallen herstellen könnten, in riesigen Mengen verfügbar und daher wertlos würde, so daß es einer neuen Kunst bedürfte, um Gold in Kupfer und Eisen zurückzuverwandeln.

---

[1] »Die armen Alchimisten verheißen Reichtümer, die sie nicht darbieten (können).« (Anm. d. Übers.)

Wenn es so wäre, müßte die Gesellschaft den Alchimisten für ihre scheue Zurückhaltung wahrlich dankbar sein.

Jean de Meung

Menschen verschiedensten Standes versuchten sich damals in der alchimistischen Kunst. Haben wir soeben einen Papst erwähnt, so wollen wir jetzt einen Dichter betrachten. Jean de Meung, um 1280 geborener berühmter Mitautor des *Roman de la Rose,* war eine bedeutende Persönlichkeit an den Höfen Ludwigs X., Philipps des Langen, Karls IV. und Philipps von Valois. Der von ihm vollendete Roman behandelt praktisch alle zu dieser Zeit aktuellen Themen und damit notgedrungenermaßen auch die Alchimie. Ihr Loblied singen zwei in den Roman eingebaute Versdichtungen: *Les remontrances de Nature à l'Alchimiste errant* und *Réponse de l'Alchimiste à Nature.*

Poesie und Alchimie waren Jeans Ergötzen; Priester und Frauen waren ihm ein Greuel. Es gibt eine amüsante Geschichte über ihn und die Damen am Hofe Karls IV. Er hatte ein Schmähgedicht über das schöne Geschlecht geschrieben — des Inhalts, alle Frauen in Vergangenheit, Gegenwart und Zukunft seien Huren.[1] Diese Verse erregten natürlich viel Anstoß, und als Jean eines Tages im Vorzimmer des Königs von einigen Damen erblickt wurde, die dort auf Audienz warteten, beschlossen diese, ihn zu bestrafen. Zu zehnt oder zwölft bewaffneten sie sich mit Stöcken und Ruten, kreisten den unglücklichen Dichter ein und forderten die anwesenden Herren auf, ihn nackt auszuziehen,

---

[1] Wörtlich: »Toutes êtes, serez, ou fûtes
De fait ou de volonté, putains;
Et qui très bien vous chercherait,
Toutes putains vous trouverait.«

um ihn so durch die Straßen der Stadt zu prügeln. Einige der Herren waren durchaus nicht abgeneigt und versprachen sich von der Bestrafung ein hübsches Amüsement. Aber Jean de Meung blieb von diesen Drohungen unberührt, stand ruhig inmitten der ihn bedrängenden Frauen und bat sie, ihn zuerst anzuhören; seien sie mit dem Gehörten nicht zufrieden, so könnten sie nach Belieben mit ihm verfahren. Als schließlich Stille eingekehrt war, gab er, auf einem Stuhl stehend, zu, der Autor der anstößigen Verse zu sein, leugnete aber ihre generelle Geltung für alle Frauen. Vielmehr spreche er nur von den verderbten und lasterhaften unter ihnen; die ihn umgebenden Damen seien dagegen Muster an Tugend, Bescheidenheit und Liebreiz. Fühle sich dennoch eine von ihnen angegriffen, so sei er umgehend bereit, sich entkleiden zu lassen, und sie könne ihn schlagen, bis ihr die Arme schmerzten. Auf diese Weise entging Jean der Züchtigung, und der Zorn der Schönen legte sich schnell. Die anwesenden Herren freilich waren der Meinung, daß er wahrscheinlich totgeschlagen worden wäre, wenn jede Dame im Raum, deren Charakter von den Versen angesprochen war, ihn beim Wort genommen hätte.

Lebenslang hegte Jean eine starke Abneigung gegen Priester, und sein berühmter Roman strotzt von Passagen über deren Habsucht, Grausamkeit und Immoralität. Bei seinem Tode hinterließ er eine große, schwergewichtige Kiste, die er den Franziskanern vermacht hatte — als Friedensangebot und Ausgleich für die Beschimpfungen, die er auf sie hatte niedergehen lassen. Da seine Beschäftigung mit der Alchimie allgemein bekannt war, dachte man, die Kiste sei voller Gold und Silber, und die Franziskaner gratulierten sich gegenseitig zu ihrer großartigen Erwerbung. Als sie sie dann aber öffneten, mußten sie zu ihrem Schrecken feststellen, daß sie ausschließlich mit Schiefertafeln gefüllt war, bekritzelt mit hieroglyphischen und kabbalistischen Zeichen. Daraufhin beschlossen sie tief beleidigt, ihm ein christliches Begräbnis zu verweigern — unter dem Vorwand, er sei ein Zauberer gewesen. In Paris wurde er dann aber doch noch ehrenvoll begraben, und der ganze Hof war anwesend.

Nicolas Flamel

Die Geschichte dieses Alchimisten, wie die Überlieferung sie hinterlassen und Lenglet du Fresnoy sie aufgezeichnet hat, ist kein bißchen wundersam. Er wurde gegen Ende des 13. oder anfangs des 14. Jahrhunderts in Pontoise geboren — Sproß einer armen, aber geachteten Familie. Da er von Hause aus kein Vermögen besaß, ging er bereits in jungen Jahren nach Paris, um sein Glück als öffentlicher Schreiber zu versuchen. Er hatte eine gute Erziehung gehabt, kannte sich in den alten Sprachen aus und konnte besonders schön schreiben.

Schon bald bekam er Aufträge als Briefschreiber und Kopist, die er an einem bestimmten Platz in der heutigen Rue Marivaux auszuführen pflegte. Aber das Geschäft brachte kaum genug ein, um Leib und Seele zusammenzuhalten. So versuchte er sich, um seine Lage zu verbessern, auch in der Poesie. Doch dies war damals (wie heute) ein klägliches Unterfangen; hatte ihm das Kopieren wenigstens täglich zu Brot und Käse verholfen, so trug ihm das Reimen nicht einmal ein Stück trockene Kruste ein. Nachdem auch noch ein Versuch als Maler weitgehend gescheitert war, begann er nach dem Stein der Weisen zu suchen und trat als Wahrsager auf.

Diese Idee war zugkräftiger. Seine Lage besserte sich; er konnte sogar, obwohl er das nach außen hin nicht zeigte, in einigem Wohlstand leben und es sich leisten, sein Weib Petronella zu sich zu nehmen. Im Lauf der nächsten Jahre beschäftigte er sich immer ausschließlicher mit dem Studium der Alchimie und dachte schließlich an nichts mehr als an den Stein der Weisen, das Lebenselixier und das universale Lösungsmittel Alkahest.

1357 kaufte er zufällig für zwei Gulden ein altes Buch, das ihn sofort aufs höchste fesselte. Es bestand aus 21 oder, wie er selbst stets zu sagen pflegte, dreimal sieben Blättern aus Baumrinde, die mit einem stählernen Griffel in lateinischer Sprache beschrieben waren. Die Schrift war sehr elegant. Jedes siebente Blatt enthielt ein Bild und keine Schrift. Das erste Bild stellte eine Schlange dar, die Ruten verschlingt; das zweite ein Kreuz mit einer gekreuzigten Schlange; das dritte eine Wüste mit einer Quelle in der Mitte und Schlangen, die von einer Seite zur andern kriechen. Das Buch wollte glauben machen, es sei von keinem Geringeren als »Abraham, dem Patriarchen, Juden, Fürsten, Philosophen, Priester, Leviten und Astrologen« geschrieben. Es beschwor Flüche auf jeden herab, der seine Augen auf es werfen sollte, ohne »ein Opferpriester oder ein Schreiber« zu sein.

Nicolas Flamel fand es zu keiner Zeit ungewöhnlich, daß Abraham anscheinend Latein beherrschte, und war davon überzeugt, daß die Zeichen in dem Buch von der Hand des großen Patriarchen selbst stammten. Anfangs schreckte er, wegen der angedrohten Flüche, vor der Lektüre zurück; als er sich jedoch klargemacht hatte, daß er zwar kein Opferpriester war, aber immerhin als Schreiber gearbeitet hatte, faßte er sich wieder. Die Lektüre erfüllte ihn mit tiefer Bewunderung; er war sich sicher, eine perfekte Darstellung der Metallumwandlung vor sich zu haben. Alle Details waren genau erklärt: die Gefäße, die Retorten, die Mixturen, die passenden Jahres- und Tageszeiten zum Experimentieren. Aber wie das Unglück es will — der Besitz des Steins der Weisen bzw., wie das Buch sagte, des *primum agens* wurde bereits vorausgesetzt. Das war eine kaum überwindliche Schwierigkeit. Es war so, wie wenn man einem vor Hunger schmachtenden Menschen das Braten eines Beefsteaks erklärte, statt ihm das Geld zu geben, sich eins zu kaufen. Aber Nicolas zweifelte nicht, sondern begann die Hieroglyphen und allegorischen Darstellungen zu studieren, von denen das Buch wimmelte. Bald kam er zu der Überzeugung, es müsse sich um eines der heiligen Bücher der Juden handeln und aus dem Tempel in Jerusalem, nach dessen Zerstörung durch Titus, fortgebracht worden sein. Wie er zu dieser Überlegung kam, ist nicht überliefert.

Aus gewissen Andeutungen des Textes schloß er, daß die allegorischen Darstellungen auf den jeweils vierten und fünften Seiten das Geheimnis des Steins der Weisen enthielten, ohne den all das schöne Latein der Anweisungen umsonst verschwendet war. Daher lud er sämtliche Alchimisten und Gelehrten von Paris zu sich ein, um mit ihnen diese Allegorien zu entschlüsseln. Aber alle gingen so klug weg, wie sie gekommen waren. Niemand konnte sich auf Nicolas und seine Bilder einen Reim machen. Einige hatten die Impertinenz zu sagen, sein unschätzbares Buch sei keinen Pfifferling wert.

Das war unerträglich. Nicolas beschloß, fortan allein nach dem Großen Geheimnis zu suchen, ohne die Philosophen zu behelligen. Auf der ersten Seite des vierten Blattes fand er ein Bild Merkurs, wie er von einem alten Mann attackiert wird, der Saturn oder Chronos ähnelt. Dieser hat ein Stundenglas auf dem Kopf und eine Sense in der Hand, mit der er auf Merkurs Füße zielt. Auf der Rückseite des Blattes war eine Blume auf einem Berggipfel dargestellt, die der Wind heftig schüttelt — mit blauem Stengel, rot-weißen Blüten und Blättern aus purem Gold; um sie herum zahlreiche

Drachen und Greife. Auf der ersten Seite des fünften Blattes war ein schöner Garten, mit einem Rosenstrauch in voller Blüte in der Mitte, der sich an den Stamm einer mächtigen Eiche lehnt; an deren Fuß entspringt ein kleiner Bach mit milchweißem Wasser, der durch den Garten fließt und später im Sand versickert. Auf der zweiten Seite sah man einen König mit dem Schwert in der Hand, der einen Trupp Soldaten beaufsichtigt, welche eine große Zahl kleiner Kinder töten — ungeachtet der Bitten und Ängste ihrer Mütter, die sie vor der Vernichtung zu bewahren suchen. Das Blut der Kinder wird sorgsam von einem zweiten Trupp Soldaten aufgefangen, die ein großes Gefäß damit füllen, in welchem zwei allegorische Darsteller der Sonne und des Mondes baden.

21 Jahre lang mühte sich der arme Nicolas mit dem Studium dieser Bilder ab, doch er fand keine Lösung. Sein Weib Petronella bestimmte ihn schließlich, einen gelehrten Rabbi einzuschalten — aber es gab in ganz Paris keinen Rabbi, der so gelehrt war, daß er ihm hätte zu Diensten sein können. Juden wurden damals kaum ermuntert, ihren Wohnsitz in Frankreich zu nehmen, und alle ihre Führer saßen in Spanien. So begab sich Nicolas Flamel nach Spanien. Sein Buch ließ er in Paris, vielleicht aus Furcht, es könne ihm unterwegs geraubt werden. Und bevor er sich auf den mühsamen Fußweg nach Madrid machte, um dort einen Rabbi zu suchen, erzählte er noch seinen Nachbarn, er gehe auf Wallfahrt nach Santiago de Compostela.

In Spanien hielt er sich zwei Jahre lang auf und lernte eine große Zahl von Juden kennen, Nachfahren derjenigen, die unter Philipp August aus Frankreich vertrieben worden waren. Die Adepten unter den Alchimie-Historikern heben vor allem eines seiner dortigen Erlebnisse hervor: In Leon habe er einen konvertierten Juden namens Cauches kennengelernt, einen sehr gelehrten Arzt, und ihm Titel und Inhalt seines kleinen Buches erklärt. Der Doktor sei vor Freude hingerissen gewesen und habe sich spontan entschlossen, Nicolas nach Paris zu begleiten. Unterwegs habe er seinen Reisegefährten mit der Geschichte des Buches unterhalten, das — vorausgesetzt, es war das ursprüngliche Buch, von dem er so viel gehört hatte — tatsächlich von Abrahams eigener Hand stammen und im Besitz von niemand Geringerem als Moses, Josua und Salomo gewesen sein sollte. Es enthalte alle Geheimnisse der Alchimie und vieler anderer Wissenschaften und sei das wertvollste Buch, das je auf dieser Welt existiert habe. Der Doktor sei selbst ein bedeutender Adept gewesen, und Nicolas habe von den Gesprächen mit ihm stark profitiert. So hätten sie in der Tracht armer Pilger ihre Schritte gen Paris gelenkt, fest überzeugt, jede alte Schippe der Hauptstadt in lauteres Gold verwandeln zu können. Aber, o weh!, in Orléans sei der Doktor plötzlich lebensgefährlich erkrankt. Nicolas habe die ganze Zeit an seinem Krankenlager gewacht, in der doppelten Rolle des Arztes und Pflegers; er jedoch sei nach ein paar Tagen gestorben und habe bis zum letzten Atemzug beklagt, daß er nicht lang genug lebe, um das unschätzbare Werk zu sehen.

So weit die Adepten. Überliefert ist, daß Nicolas nachdem er der Leiche des Doktors die letzten Ehren erwiesen hatte, mit sorgenvollem Herzen und ohne einen Sou in der Tasche zu seinem Weib Petronella zurückkehrte. Er nahm das Studium der Bilder umgehend wieder auf, aber volle zwei Jahre lang war er von ihrem Verständnis genauso weit entfernt wie zuvor. Im dritten Jahr stahl sich ein Lichtschimmer in das Dunkel seines Unverständnisses. Er erinnerte sich eines Ausdrucks, den sein Freund, der Doktor, gebraucht hatte und der seinem Gedächtnis damals entfallen war: Alle seine früheren Experimente seien auf einer falschen Grundlage durchgeführt worden. So begann er von neuem und konnte am Ende des Jahres erleben, daß alle seine Mühen sich gelohnt hatten. Am 17. Januar 1382, sagt Lenglet, nahm er eine Quecksilbertransmutation vor und erhielt hervorragendes Silber. Am 25. April desselben Jahres verwandelte er eine große Menge Quecksilber in Gold. Er hatte das Geheimnis gelüftet.[1]

Nicolas Flamel war jetzt Anfang Achtzig, aber noch immer ein gesunder und starker Mann. Seine Freunde sagen, es sei ihm durch die gleichzeitige Entdeckung des Lebenselixiers gelungen, den Tod noch ein Vierteljahrhundert lang von sich fernzuhalten. In dieser Zeit habe er gewaltige Mengen Gold gemacht, obwohl er dem äußeren Anschein nach weiterhin arm wie eine Kirchenmaus lebte. Als seine wirtschaftlichen Verhältnisse begonnen hatten, sich drastisch zu ändern, war er, wie es sich für einen ehrenwerten Mann gehört, mit seinem Weib Petronella zu Rate gegangen, wie der Reichtum am besten zu nutzen sei. Petronella war der Meinung gewesen, da sie unglücklicherweise kinderlos geblieben seien, liege es nahe, Hospitäler zu bauen und Kirchen mit Schenkungen zu unterstützen. Nicolas hatte diese Meinung geteilt und sich noch mehr zu eigen gemacht, seit er merkte, daß das Elixier den Tod nicht verhindern konnte und der grimme Feind immer schneller auf ihn zukam. Er ließ der Kirche Saint-Jean-de-la-Boucherie, nahe der Rue Marivaux, eine reich bemessene Spende zukommen, denn dort hatte er zeitlebens gewohnt. In den Genuß seiner Schenkungen kamen auch sieben andere Kirchen in allen Teilen des Reiches, ferner vierzehn Hospitäler. Überdies baute er drei Kapellen.

Die Nachricht von seinem großen Reichtum und seiner Wohltätigkeit verbreitete sich rasch im ganzen

---

[1] Lenglet du Fresnoy, *op. cit.*, Bd. I, S. 206 f.

Land. Viele berühmte Männer besuchten ihn, darunter Jean Gerson, Jean de Courtecuisse und Pierre d'Ailly. Sie fanden ihn in seiner bescheidenen Wohnung, ärmlich gekleidet, Haferbrei aus einer irdenen Schüssel essend und in bezug auf sein Geheimnis unergründlich wie alle seine Vorgänger in der Alchimie. Sein Ruhm erreichte sogar die Ohren von König Karl VI., der seinen Vortragenden Rat Cramoisi entsandte, um herauszufinden, ob Nicolas wirklich den Stein der Weisen gefunden habe. Aber Monsieur de Cramoisi profitierte nichts bei seinem Besuch; alle seine Ansätze, den Alchimisten auszuhorchen, waren vergeblich, und er kehrte zu seinem königlichen Herrn nicht klüger zurück, als er gekommen war.

Im Jahre 1414 verlor Nicolas Flamel seine treue Petronella. Er überlebte sie nicht lange. Bereits im folgenden Jahr starb er ebenfalls und wurde von den dankbaren Priestern von Saint-Jean-de-la-Boucherie mit großem Pomp begraben.

Der große Reichtum Flamels ist nicht zu bestreiten; die Aufzeichnungen von diversen Kirchen und Hospitälern in Frankreich belegen ihn. Daß er die Alchimie praktizierte und eine Reihe einschlägiger Bücher verfaßte, ist ebenso sicher. Kenner seines Lebens, die nicht an den Stein der Weisen glauben, haben eine andere, näherliegende Erklärung seines Reichtums gegeben. Sie weisen darauf hin, daß er zeitlebens ein Geizhals und Wucherer war; daß seine Spanienreise aus ganz anderen Motiven unternommen wurde als denen, die die Alchimisten angeben, nämlich um dort Schulden spanischer Juden bei ihren Glaubensbrüdern in Paris einzutreiben; daß er für diesen Auftrag, unter Hinweis auf die Schwierigkeiten der Eintreibung und die Gefahren der Reise, eine unverschämt hohe Provision verlangte; daß er bei allem Reichtum, den er dadurch anhäufte, persönlich von fast nichts lebte und daß er, gegen enorme Wucherzinsen, der Geldverleiher für alle verschwenderischen jungen Leute am Königshof war.

Unter den alchimistischen Werken Nicolas Flamels findet sich das *Summarium philosophicum*, eine Dichtung, die 1735 als Anhang zum dritten Band des *Roman de la Rose* wieder erschien. Er schrieb überdies drei Traktate über Naturphilosophie und eine alchimistische Allegorie mit dem Titel *Le désir désiré*. Einige seiner Schriften und ein Faksimile der Abbildungen in seinem Buch von Abraham sind in Salmons *Bibliothèque des philosophes chimiques* zu finden. Der Autor des Artikels ›Flamel‹ in der *Biographie universelle* versichert, daß noch hundert Jahre nach seinem Tode viele Adepten glaubten, er sei nach wie vor am Leben und werde noch mehr als 600 Jahre lang leben. Das von ihm bewohnte Haus in der heutigen Rue Marivaux ist von leichtgläubigen Spekulanten immer wieder erworben und vom Speicher bis zum Keller durchstöbert worden — in der Hoffnung, es sei irgendwo Gold verborgen. Um das Jahr 1816 kam in Paris das Gerücht auf, Mieter hätten im Keller mehrere Krüge mit einer dunklen, schweren Masse gefunden. Im Vertrauen auf dieses Gerücht kaufte ein Mann, der alle die wundersamen Geschichten von Nicolas Flamel glaubte, das Haus und schlug es bei der Untersuchung der Mauern und Wandverkleidungen auf verstecktes Gold fast in Stücke. Er fand nichts, bekam dafür aber eine saftige Geldstrafe und die Auflage, die von ihm angerichteten Zerstörungen zu beseitigen.

George Ripley

Daß die Alchimie auf dem Kontinent eifrig betrieben wurde, hieß nicht, daß man sie auf der britischen Insel vernachlässigt hätte. Seit den Tagen Roger Bacons hatte sie die Phantasie vieler eifriger Männer beflügelt. Im Jahre 1404 verabschiedete das Parlament ein Gesetz, das die Herstellung von Gold und Silber zur Felonie (Bruch der Lehnstreue), also zu einem schweren Verbrechen erklärte. Dahinter stand die Furcht, irgendein Alchimist könne mit seinen Bemühungen erfolgreich sein, einen ränkevollen Despoten mit unermeßlichem Reichtum ausstatten und ihn so in die Lage versetzen, das Land zu versklaven. Diese Furcht scheint sich aber bald wieder gelegt zu haben, denn 1455 erteilte König Heinrich VI. auf Anraten von Parlament und Staatsrat eine Reihe von Privilegien und Aufträgen an Ritter, Bürger von London, Chemiker, Mönche, Meßpriester und andere, damit sie den Stein der Weisen fänden — »zum großen Segen des Reiches«, wie ein Privileg formuliert, »und um den König in die Lage zu versetzen, alle Schulden der Krone in purem Gold und Silber zu bezahlen«. Daß der König auch Geistliche mit dem Privileg ausstattete, erklärt Prynne in einer Fußnote seines *Aurum Reginae* (London 1668) mit der möglichen Überlegung, »sie müßten, da sie so große Künstler bei der Umwandlung von Brot und Wein in der Eucharistie sind, auch besonders geeignet sein, wenn es um die Verwandlung minderwertiger Metalle in edlere geht.« Natürlich wurde niemals Gold gefunden, und der König begann schon bald an der Praktikabilität seines Vorgehens zu zweifeln. Er beauftragte im nächsten Jahr eine Kommission aus Gelehrten und anderen hervorragenden Männern mit der Untersuchung der Frage, ob die Transmutation der Metalle praktisch möglich sei oder nicht. Anscheinend hat die Kommission über dieses Thema niemals einen Bericht erstattet.

Wenig später allerdings erschien ein Alchimist, der vorgab, das Geheimnis gelüftet zu haben: George Ripley, Kanonikus in Bridlington (Yorkshire). Er hatte

24 Jahre lang an italienischen Universitäten studiert und war ein besonderer Günstling des späteren Papstes Innozenz VIII. gewesen. 1477 nach England zurückgekehrt, widmete er König Eduard IV. sein berühmtes Werk *Liber duodecim portarum (Das Buch der zwölf Tore, die zur Entdeckung des Steins der Weisen führen)*. Diese Tore sind Ripley zufolge Kalzinierung, Lösung, Trennung, Verbindung, Zersetzung, Gerinnung, Anreicherung, Sublimierung, Fermentierung, Erhöhung, Vermehrung und Umwandlung. (In der Liste fehlen *Abmühung* und *Enttäuschung,* die wichtigsten Prozesse überhaupt.)

Ripley war sehr reich und ließ es gern geschehen, daß man glaubte, er mache Gold aus Eisen. Thomas Fuller teilt in seinen *Worthies of England* (London 1662) mit, ein englischer Gentleman von zweifelsfreier Glaubwürdigkeit habe ihm von einer Urkunde auf der Insel Malta berichtet, der zufolge Ripley jährlich die ungeheure Summe von 100000 Pfund Sterling an die Ritter von Malta und Rhodos zahlte, damit sie den Krieg gegen die Türken weiterführen konnten. In späterem Alter lebte er als Einsiedler in der Nähe von Boston (Lincolnshire) und schrieb 25 Werke über Alchimie, unter denen die schon erwähnten *Zwölf Tore* das wichtigste sind. Aber bevor er starb, scheint er eingesehen zu haben, daß er sein Leben einer nutzlosen Sache gewidmet hatte, denn er ersuchte seine Leser, seine Bücher zu verbrennen oder ihnen nicht zu glauben, basierten sie doch lediglich auf seiner Überzeugung und nicht auf Beweisen. Eine spätere Überprüfung habe ihm klargemacht, daß sie eitel und falsch seien.

Basilius Valentinus

Auch Deutschland brachte im 15. Jahrhundert eine Reihe berühmter Alchimisten hervor, an der Spitze

Basilius Valentinus, Bernhard von Trier und Johannes Trithemius.

Basilius wurde in Mainz geboren und war später, ab 1414, Prior der Abtei St. Peter in Erfurt. Bekannt ist, daß er zeitlebens emsig nach dem Stein der Weisen suchte und einige Werke über den Prozeß der Transmutation schrieb. Sie galten viele Jahre als verloren, wurden aber nach seinem Tode im Mauerwerk eines Pfeilers der Abtei gefunden. Es handelt sich um 21 Bände, die sämtlich im dritten Band von Lenglet du Fresnoys *Histoire de philosophie hermétique* vorgestellt werden. Die Alchimisten versichern, daß es der Himmel selbst gewesen sei, der diese überragenden Werke ans Licht gebracht habe, sei doch der Pfeiler, in welchem sie verborgen waren, wunderbarerweise von einem Blitzschlag zerstört worden und habe sich, nachdem die Manuskripte sichergestellt waren, von selbst wieder zusammengefügt!

Bernhard von Trier

Das Leben dieses Philosophen ist ein bemerkenswertes Beispiel für falsch angewandte Begabung und Ausdauer. Bei der Suche nach seinem Hirngespinst konnte ihn nichts entmutigen. Wiederholte Enttäuschungen haben seine Hoffnung nie gedämpft, und vom 15. bis zum 85. Lebensjahr war er unermüdlich mit den Drogen und Schmelzöfen in seinem Laboratorium zugange, verschwendete sein Leben in der Aussicht, es zu verlängern, und wurde zum Bettler in der Hoffnung, reich zu werden.

Bernhard wurde 1406 entweder in Trier oder in Padua geboren. Sein Vater soll entweder, wie die einen sagen, Arzt in der letzteren Stadt oder, wie die anderen sagen, Markgraf in der ersteren und einer der reichsten

Adligen seines Landes gewesen sein. Wie auch immer — er war ein wohlhabender Mann, der seinem Sohn ein immenses Vermögen hinterließ. Dieser wurde schon mit 14 Jahren von der alchimistischen Wissenschaft gefesselt und las die arabischen Autoren im Original. Er hat einen sehr interessanten Bericht über seine Bemühungen und Wanderungen verfaßt, dem die folgenden Einzelheiten in erster Linie entnommen sind.

Das erste Buch, das in seine Hände fiel, stammte von dem arabischen Philosophen Rasi und brachte ihn auf die Idee, er habe jetzt Mittel und Wege entdeckt, um Gold hundertfach zu vermehren. Vier Jahre lang arbeitete er in seinem Laboratorium nach diesem Buch, um am Ende festzustellen, daß er nicht weniger als 800 Kronen in seine Experimente investiert und nichts als Feuer und Rauch erzeugt hatte. So begann er das Vertrauen in Rasi zu verlieren und wandte sich den Werken Gebers zu. Er studierte sie ausdauernd und aufmerksam über zwei Jahre, und da er jung, reich und leichtgläubig war, umdrängten ihn alle Alchimisten der Stadt und halfen ihm freundlich beim Geldausgeben. Er verlor weder das Vertrauen in Geber noch die Geduld mit seinen gierigen Assistenten, bis er eines Tages gewahr wurde, daß er um weitere 2000 Kronen ärmer war — eine zu jener Zeit sehr bedeutende Summe.

Unter all den vorgeblichen Männern der Wissenschaft, die seine Nähe suchten, war nur einer ebenso selbstlos an der Sache interessiert wie er selbst. Mit diesem Mann, einem Franziskanermönch, schloß er innige Freundschaft und verbrachte fast all seine Zeit mit ihm. Das Studium einiger obskurer Traktate von Rupescissa und Sacrobosco brachte die Freunde zu der Überzeugung, daß hochgradig rektifizierter (d. h. wiederholt destillierter) Weingeist das Alkahest, das universelle Lösungsmittel sei, das den Prozeß der Transmutation in hohem Maße fördern werde. So rektifizierten sie den Alkohol 30mal, bis er so stark war, daß die Gefäße barsten, in denen er aufbewahrt wurde. Nachdem sie drei Jahre lang gearbeitet und 300 Kronen für ihre Experimente aufgebraucht hatten, merkten sie, daß sie auf der falschen Fährte waren. Daher probierten sie es mit Alaun und Vitriol, aber wieder entwischte ihnen das Große Geheimnis. Jetzt hatte einer von ihnen die Phantasie, alle Exkremente, zumal die menschlichen, enthielten eine wunderbare Kraft, und sie experimentierten zwei Jahre lang mit Exkrementen, Quecksilber, Salz und geschmolzenem Blei.

Nach wie vor waren sie von einer Schar von Adepten umgeben, die von fern und nah zusammengeströmt waren, um ihnen mit Ratschlägen zu helfen. Bernhard empfing alle gastfreundlich und teilte seinen Reichtum so generös und bereitwillig mit ihnen, daß sie ihn den ›Guten Mann von Trier‹ nannten; unter diesem Namen erscheint er oft in alchimistischen Werken. Zwölf Jahre lang führte er dieses Leben, machte jeden Tag Experimente mit neuen Substanzen und bat Gott Tag und Nacht, er möge ihn zum Geheimnis der Transmutation führen.

Während dieser Zeit verlor er seinen Freund, den Mönch, und lernte dafür einen Trierer Richter kennen, der genauso eifrig suchte wie er selbst. Sein neuer Bekannter phantasierte, der Ozean sei die Mutter allen Goldes — daher werde Meersalz Blei oder Eisen in edlere Metalle verwandeln. Bernhard entschloß sich, dies zu überprüfen, ließ sein Laboratorium in ein Haus an der Ostseeküste bringen und arbeitete mehr als ein Jahr lang mit Salz: Er schmolz es, sublimierte es, ließ es kristallisieren und trank es gelegentlich (anderer Experimente wegen). Auch der Fehlschlag dieses Experiments entmutigte den seltsamen Enthusiasten nicht, sondern machte ihn nur begieriger auf neue Versuche.

Er näherte sich jetzt den Fünfzigern und hatte noch fast nichts von der Welt gesehen. So entschloß er sich, durch Deutschland, Italien, Frankreich und Spanien zu reisen. Wo immer er sich aufhielt, zog er Erkundigungen ein, ob es in der Nähe Alchimisten gebe. Er suchte sie alle auf, unterstützte sie, wenn sie arm waren, und ermutigte sie, wenn sie Geld hatten. In Cîteaux wurde er mit einem gewissen Geoffroy Leurier bekannt, einem Mönch des dortigen Klosters, der ihn davon überzeugte, daß Eierschalen-Essenz ein wertvoller Bestandteil sei. Umgehend begann er mit Eierschalen zu experimentieren und hätte ein oder gar zwei Jahre mit diesen Versuchen zugebracht, hätte er nicht einen flandrischen Advokaten kennengelernt, der fest davon überzeugt war, das Große Geheimnis verberge sich in Essig und Vitriol. Die Absurdität dieser Idee kam ihm erst zu Bewußtsein, als er sich nahezu vergiftet hatte.

Nach fünfjährigem Aufenthalt in Frankreich hörte Bernhard zufällig, ein gewisser Meister Heinrich, Beichtvater des deutschen Kaisers Friedrich III., habe den Stein der Weisen gefunden. Umgehend machte er sich nach Deutschland auf, um jenen zu besuchen. Mehrere der Adepten, die ihn auch in Frankreich umgaben, erboten sich, ihn zu begleiten. Mit fünfen von ihnen kam er in Wien an. Meister Heinrich bekannte ihm freimütig, daß er den Stein der Weisen *nicht* gefunden, aber zeitlebens nach ihm gesucht habe; er werde dies auch bis zu seinem Tode weiter tun. Das war ein Mann, so recht nach Bernhards Herzen, und da auch Heinrich Bernhard seine Sympathie bekannte, schworen sie sich ewige Freundschaft.

Beim Abendessen wurde beschlossen, daß alle anwesenden Alchimisten zusammenlegen sollten, bis eine Summe von 42 Mark Goldes erreicht war, von der Meister Heinrich im Vertrauen versicherte, sie werde sich in seinem Schmelzofen verfünffachen. Bernhard, als der Wohlhabendste, steuerte den Löwenanteil von 10 Mark Goldes bei, Meister Heinrich 5, die übrigen 1 oder 2 Mark — ausgenommen die Assistenten Bernhards, denen man nahelegte, ihren Anteil bei ihrem Gönner einstweilen zu borgen. Das große Experiment wurde nach den Regeln der Kunst begonnen: Die Goldstücke wurden, zusammen mit einer bestimmten Menge Salz, Vitriol, Scheidewasser, Eierschalen, Quecksilber, Blei und Exkrementen, in einen Schmelztiegel getan. Die Alchimisten beobachteten das kostbare Gemisch mit höchster Spannung und in der Erwartung, alles werde sich zu einem einzigen Klumpen lauteren Goldes zusammenballen. Nach drei Wochen wurde der Versuch aufgegeben, unter dem Vorwand, der Schmelztiegel sei nicht stark genug gewesen, und überdies habe eine wichtige Ingredienz gefehlt. Unklar blieb, ob nicht auch ein Dieb seine Hände im Spiel hatte; jedenfalls verlautete gerüchtweise, das am Ende des Experiments gefundene Gold habe nur noch einen Wert von 16 Mark gehabt, anstelle der 42 zu Beginn.

Bernhard hatte in Wien kein Gold gemacht; er hatte allerdings eine Menge davon durchgebracht. Er spürte den Verlust so sehr, daß er gelobte, nicht mehr an den Stein der Weisen zu denken. An diesem klugen Vorsatz hielt er zwei Monate lang fest. Aber er war in der Verfassung eines Spielers, der der Faszination des Spiels nicht widerstehen kann, solange er noch ein Geldstück übrig hat, und in der Hoffnung weiterspielt, frühere Verluste durch künftige Gewinne wettzumachen — bis er die Hoffnung aufgibt und nicht länger leben mag. So beschloß er, zu seinen geliebten Schmelztiegeln zurückzukehren und auch seine Reise fortzusetzen, bis er einen Philosophen gefunden hätte, der im Besitz des Geheimnisses und bereit war, es mit einem so eifrigen und beharrlichen Adepten wie ihm selbst zu teilen. Er reiste von Wien nach Rom und von dort nach Madrid. Über Gibraltar gelangte er dann nach Messina, von Messina nach Zypern und von Zypern nach Griechenland. Die nächsten Stationen waren Kleinasien, Ägypten, Palästina und Persien. Bis hierher dauerte die Reise acht Jahre. Von Persien kehrte er nach Messina zurück, ging anschließend nach Frankreich und endlich nach England. Vier weitere Jahre lang jagte er hier seiner Schimäre nach. Er begann sowohl alt als auch arm zu werden: Er stand im 62. Lebensjahr und hatte bereits den größten Teil seines Erbes verkaufen müssen. Allein seine Persienreise hatte 13 000 Kronen gekostet, wovon fast die Hälfte in den alles verschlingenden Schmelztiegeln und die zweite Hälfte in den Taschen der Schmeichler verschwunden war, die sich in jeder Stadt um ihn sammelten.

Als er dann endlich nach Trier zurückkam, war er zwar noch immer kein Bettler, aber viel fehlte nicht mehr dazu. Seine Verwandten sahen ihn an wie einen Verrückten und weigerten sich sogar, ihn zu besuchen. Zu stolz, um Unterstützung zu erbitten, und immer noch voller Vertrauen, daß er eines Tages im Besitz grenzenloser Reichtümer sein werde, entschloß er sich zum Rückzug auf die Insel Rhodos, um dort in der Zwischenzeit seine Armut vor den Augen der Welt zu verstecken. Hier hätte er unerkannt und glücklich leben können — aber das Unglück wollte es, daß er auf einen Mönch stieß, der in Sachen Transmutation genauso verrückt war wie er selbst. Und er war genauso arm, weswegen sie beide außerstande waren, die für das Experimentieren notwendigen Dinge zu kaufen. Statt dessen beschäftigten sie ihren Geist mit gelehrten Diskursen über die hermetische Philosophie und mit der Lektüre der großen Werke über dieses Thema. So hielten sie ihre Verrücktheit lebendig wie *Tam o'Shanters*[1] gute Frau ihren Zorn.

[1] Anspielung auf die gleichnamige Verssatire von Robert Burns (1793). (Anm. d. Übers.)

Nachdem Bernhard ein Jahr lang auf Rhodos gelebt hatte, lieh ihm ein Kaufmann, der seine Familie kannte, 8000 Gulden und ließ sich als Sicherheit den letzten Morgen seines einstmals riesigen Grundbesitzes überschreiben. Solchermaßen wieder mit Mitteln versehen, begann der Alte mit dem Eifer und der Begeisterung eines Jünglings seine mühevolle Arbeit von neuem. Drei Jahre lang verließ er kaum das Laboratorium, aß dort, schlief dort und nahm sich nicht einmal die Zeit, Hände und Bart zu reinigen. Es macht traurig, sich vorzustellen, daß eine so bewundernswerte Ausdauer an ein so nutzloses Unterfangen verschwendet wurde und so unbezwingliche Energien kein anderes Betätigungsfeld fanden. Selbst als sein letztes Geld sich in Dampf verwandelt und er keine Perspektive mehr hatte, die ihn vor dem Elend hätte bewahren können, verließ ihn die Hoffnung nicht. Er träumte weiter vom letztendlichen Erfolg und begann, nun ein weißhaariger Greis von 80 Jahren, alle Autoren neu zu lesen, die über die hermetischen Mysterien geschrieben hatten, von Geber bis zu seiner Zeit: Vielleicht hatte er einen Vorgang mißverstanden, den er jetzt nur neu und richtig interpretieren mußte.

Die Alchimisten sagen, er sei schließlich zum Ziel gekommen und habe das Geheimnis der Transmutation im Alter von 82 Jahren entdeckt. Denn, so fügen sie hinzu, danach habe er noch drei Jahre lang sein Leben genossen und es sich gutgehen lassen. Tatsache ist, daß er dieses hohe Alter erreichte und eine wertvolle Entdeckung machte, wertvoller als Gold und Geschmeide: Er lernte, wie er selbst bekannt hat, in seinem 83. Lebensjahr, daß das große Geheimnis der Philosophie die Zufriedenheit mit dem Schicksal ist. Er wäre glücklicher geworden, hätte er dies früher entdeckt, bevor er zum altersschwachen Bettler und Verbannten wurde.

Als Bernhard von Trier 1490 auf Rhodos starb, stimmten alle Alchimisten Europas Elegien an und priesen ihn als den ›Guten Mann von Trier‹.

Johannes Trithemius

Der Name dieses großen Mannes ist in den Annalen der Alchimie berühmt geworden, obwohl er wenig tat, um dieser zweifelhaften Ehre teilhaftig zu werden. Er wurde 1462 im kurtrierischen Trittenheim an der Mosel geboren, als Sohn von Johannes Heidenberg, einem kleinen Winzer, der bereits sieben Jahre später starb. Johannes wuchs bei der Mutter auf, die sich kurz nach dem Tod ihres ersten Mannes wieder verheiratete und den Jungen danach stark vernachlässigte. Mit 15 Jahren konnte er weder schreiben noch lesen und war halb verhungert; überdies wurde er von seinem Stiefvater mißhandelt.

Aber die Liebe zum Wissen war in der Brust des unglücklichen Jungen lebendig. Er lernte im Haus eines Nachbarn lesen. Mußte er auf Geheiß des Stiefvaters auch tagsüber in den Weinbergen arbeiten — die Nächte waren sein. Oft stahl er sich unbeobachtet hinaus, wenn alle schliefen, und vertiefte sich beim Mondlicht in seine Studien. Er brachte sich selbst Latein und Grundkenntnisse des Griechischen bei. Aber die Liebe zu den Büchern brachte ihm zu Hause so viele Mißhandlungen ein, daß er beschloß, Trittenheim zu verlassen. Er ließ sich sein väterliches Erbteil auszahlen, verzog nach Trier, nahm dort den Namen Trithemius (nach seinem Geburtsort) an und bereitete sich unter Anleitung ausgezeichneter Lehrer auf die Universität vor.

Im Alter von 20 Jahren hatte er den Wunsch, seine Mutter noch einmal zu sehen, und machte sich von

Heidelberg aus, wo er studierte, zu Fuß auf den Weg. Als er an einem trüben Wintertag in der Nähe von Sponheim bei Kreuznach war, begann es so dicht zu schneien, daß er nicht weitergehen konnte. So nahm er für diese Nacht Zuflucht in einem nahegelegenen Kloster. Aber der Schneesturm hielt mehrere Tage lang an; die Straßen wurden unpassierbar, und die gastfreundlichen Mönche wollten von einem Abschied nichts hören. Bald gefiel es Johannes so sehr bei ihnen, daß er beschloß, hier seinen Aufenthalt zu nehmen und der Welt zu entsagen. Auch die Mönche waren von ihm sehr angetan und nahmen ihn mit Freuden als ihren Bruder auf. Und schon nach drei Jahren wurde er, obwohl erst 23, einstimmig zum Abt gewählt.

Er trat sein Amt mit viel Energie an. Die finanziellen Angelegenheiten des Klosters waren sträflich vernachlässigt worden, die Gebäude baufällig, alle wirtschaftlichen Bereiche in Unordnung. Johannes reformierte den Klosterbetrieb an Haupt und Gliedern, ließ die baulichen Schäden beseitigen und erreichte es, daß anstelle des jährlichen Defizits ein Überschuß erwirtschaftet wurde. Er mißbilligte jeden Müßiggang der Mönche, fand es auch unbefriedigend, wenn ihr Leben sich nur zwischen Beten als Beschäftigung und Schachspiel als Erholung abspielte. Daher ließ er sie die Schriften bedeutender Autoren abschreiben. Sie waren so eifrig bei der Sache, daß die Klosterbibliothek, die zuvor nur etwa 40 Bände enthalten hatte, im Verlauf weniger Jahre durch einige hundert wertvolle Manuskripte bereichert wurde: klassische lateinische Autoren, Kirchenväter, wichtige Historiker und Philosophen der neueren Zeit. 21 Jahre lang blieb Johannes Abt von Sponheim; dann revoltierten die Mönche gegen seine strenge Zucht und wählten sich einen andern Abt. Johannes ging in gleicher Funktion an das Schottenkloster in Würzburg und starb dort 1516.

Während seiner Mußestunden in Sponheim schrieb er mehrere Abhandlungen über okkulte Wissenschaften, darunter vor allem einen Traktat über Geomantie, die Weissagung aus Linien und Kreisen im Sand, einen weiteren über Hexerei, einen dritten über Alchimie und einen vierten über die Regierung der Welt durch die sieben Planetengeister (der von William Lilly 1647 auch ins Englische übersetzt wurde).

Von alchimistischer Seite ist behauptet worden, die Prosperität der Sponheimer Abtei unter Trithemius sei mehr dem Stein der Weisen als kluger Ökonomie zu verdanken gewesen. Denn jener wurde, wie viele gelehrte Männer seiner Zeit, auch der Magie beschuldigt. Es gibt z. B. eine wunderträchtige Geschichte von Maria von Burgund, deren Gestalt er auf Veranlassung ihres Witwers, des nachmaligen Kaisers Maximilian, aus dem Grabe habe auferstehen lassen. Sein Werk über Steganographie (kabbalistische Geheimwissenschaft) wurde beim Pfalzgrafen Friedrich II. als magisch und teuflisch denunziert und von diesem aus seiner Bibliothek entfernt und verbrannt. Trithemius soll auch der erste gewesen sein, der in seinen Schriften die wundersame Geschichte von Doktor Faustus und dem Teufel erwähnte (an deren Wahrheit er persönlich fest glaubte). Dort findet sich auch ein Bericht über die Launen eines Quälgeistes ›Hudekin‹, der ihn von Zeit zu Zeit heimgesucht habe.

Gilles de Retz

Einer der bedeutendsten Förderer der Alchimie im 15. Jahrhundert war Gilles de Laval, Baron de Retz, Marschall von Frankreich. Sein Name und seine Taten sind wenig bekannt, aber in den Annalen des Verbrechens und der Tollheit könnten sie den ersten Rang beanspruchen. Nie hat die Romanliteratur Schreckenerregenderes und Ausschweifenderes erfunden als diese Karriere; gäbe es nicht detaillierte Gerichtsdokumente und andere unbezweifelbare Beweise, der Liebhaber mittelalterlicher Romanzen könnte meinen, diese Beschreibungen seien Produkte eines besonders phantasievollen Hirns und nicht dem Buch der Geschichte selbst entnommen.

Gilles de Retz wurde 1404 als Sproß einer Familie des bretonischen Hochadels geboren. Als sein Vater starb, war er 20 Jahre alt und erbte ein Vermögen, um das ihn die Könige Frankreichs hätten beneiden können. Er war ein naher Verwandter der Montmorency, der Roncy und der Craon, besaß 15 fürstliche Domänen und ein jährliches Einkommen von annähernd 300 000 Livres. Er wird als ein stattlicher Mann mit umfassender Bildung und persönlichem Mut beschrieben. In den Kriegen Karls VII. zeichnete er sich besonders aus und wurde dafür mit der Marschallswürde belohnt. In seinem Privatleben extravagant, prachtliebend und von frühester Zeit an gewohnt, sich jeden Wunsch und jede Leidenschaft zu erfüllen, wurde er schließlich von Laster zu Laster, von Verbrechen zu Verbrechen getrieben. Kein Name in den Annalen menschlicher Schändlichkeit ist berüchtigter als der seine.

In seinem Schloß Champtoceaux bei Nantes entfaltete Gilles alle Pracht eines orientalischen Kalifen. Er hielt sich eine Garde von 200 Berittenen, die ihn auf allen Wegen begleitete. Zog er zur Falknerei oder zur Jagd aus, so erstaunte das ganze Land über die glanzvollen Schabracken seiner Stuten und die kostbaren Gewänder seines Gefolges. Rund um das Jahr war sein Schloß Tag und Nacht für Ankömmlinge jeden Standes geöffnet. Er hatte angeordnet, daß ein jeder, selbst der ärmste Bettler, mit Wein und Hippokras (einem Gewürzwein) zu bewirten sei. In seinen geräumigen Küchen wurde jeden Tag ein Ochse am Spieß gebraten, daneben so viel Geflügel, Schafe und Schweine, daß 500 Menschen davon satt werden konnten.

Ebensoviel Aufwand entfaltete Gilles in religiösen Dingen. Seine Privatkapelle in Champtoceaux war die prächtigste in ganz Frankreich und ließ die Kapellen selbst in reich ausgestatteten Kathedralen wie jenen in Paris, Amiens, Beauvais oder Rouen weit hinter sich. Sie war mit goldgewirktem Tuch und kostbarem Samt ausgekleidet. Alle Kronleuchter, Kelche und Weihrauchfässer waren aus purem Gold, das große Kruzifix über dem Altar aus gediegenem Silber. An der Seite stand eine schöne Orgel, die Gilles auf den Schultern von sechs Männern von Schloß zu Schloß tragen ließ, wenn er seine Residenz wechselte. Er unterhielt auch einen Chor von 25 Kindern beiderlei Geschlechts, die von den besten Musikern jener Zeit unterrichtet wurden. Den Vorsteher der Kapelle nannte er Bischof und zahlte ihm ein Salär von 400 Kronen pro Jahr; unter dem Bischof standen Dechanten, Archidiakone und Vikare, die entsprechend weniger erhielten.

Er hielt sich außerdem einen Trupp Spielleute, unter ihnen zehn Tänzerinnen und zehn Balladensänger, daneben Moriskentänzer, Zauberkünstler und Ausrufer aller Art. Das Theater, in dem sie auftraten, war ohne jede Rücksicht auf Kosten ausgestattet. Jeden Abend gab es, zum Amüsement des Schloßherrn, seines Hofes und der Freunde, die sich seiner verschwenderischen Gastfreundschaft erfreuten, Mysterienspiele und Moriskentänze.

Mit 23 Jahren heiratete Gilles de Retz Catherine de Tours, eine reiche Erbin, für die er sein Schloß mit einem Aufwand von 100000 Kronen neu ausstatten ließ. Die Hochzeit war das Signal für neue, noch wahnsinnigere Extravaganzen: Er ließ die besten Sänger und die berühmtesten Tänzer aus allen Ländern Europas kommen, um ihn und seine junge Frau zu unterhalten, veranstaltete fast jede Woche für alle Ritter und Adligen der Bretagne Kampfspiele und Turniere auf dem großen Hof seines Schlosses, die um vieles glanzvoller waren als die des Herzogs von Bretagne. Seine äußerste Geringschätzung des Reichtums war so wohlbekannt, daß er oft verleitet wurde, Dinge zum Dreifachen ihres Wertes zu kaufen. Sein Schloß war voll von elenden Schmarotzern und Nutznießern seiner Vergnügungen, die er mit vollen Händen beschenkte.

Irgendwann aber hörte die endlose Abfolge der sinnlichen Reize auf, ihn zu ergötzen; er schien genügsamer bei den Freuden der Tafel und machte sich weniger aus den entzückenden Tänzerinnen, die früher seine Aufmerksamkeit so sehr gefesselt hatten. Manchmal wirkte er verdüstert und reserviert; eine unnatürliche Wildheit erschien in seinem Blick, in der man das erste Anzeichen eines beginnenden Wahnsinns zu sehen meinte. Zwar war seine Rede noch immer vernünftig und seine Artigkeit gegenüber den Gästen, die von fern und nah nach Champtoceaux strömten, ungemindert; auch fanden gelehrte Priester, die mit ihm Umgang hatten, kaum einen adligen Herrn in Frankreich so wohlinformiert wie den Baron de Retz. Aber es begannen jetzt finstere Gerüchte im Land umzugehen. Andeutungen über Mordtaten und womöglich noch abscheulichere Verbrechen machten die Runde. Es wurde beobachtet, daß viele kleine Kinder beiderlei Geschlechts plötzlich verschwanden und nie mehr von sich hören ließen. Einige hatte man bis zum Schloß Champtoceaux verfolgt, das sie betraten, aber nie wieder verließen. Natürlich wagte es niemand, einen so mächtigen Mann wie den *maréchal* de Retz öffentlich zu beschuldigen. Kam das Thema der verschwundenen Kinder in dessen Gegenwart zur Sprache, so brachte er sein höchstes Erstaunen über ihr geheimnisvolles Schicksal zum Ausdruck und hielt mit seiner Entrüstung über die mutmaßlichen Entführer nicht hinter dem Berg. Aber man ließ sich davon nicht völlig täuschen. Sein Name bekam für kleine Kinder einen ähnlich furchtbaren Klang wie der des Menschenfressers im Märchen, und sie wurden angehalten, um die Türme von Champtoceaux einen möglichst großen Bogen zu machen.

Die unbekümmerten Extravaganzen, die er sich weiterhin leistete, brachten Gilles in wenigen Jahren um das ererbte Bargeld, so daß er gezwungen war, einige seiner Güter zum Verkauf anzubieten. Der Herzog von Bretagne schloß einen Vertrag mit ihm über die wertvolle Grundherrschaft Ingrade — aber die Erben des Marschalls flehten König Karl VII. an, den Verkauf zu verhindern. Der König erließ umgehend ein Edikt, das, nachdem es auch vom Parlament der Bretagne bestätigt worden war, jenem verbot, seinen Familienbesitz zu veräußern. Gilles mußte sich unterwerfen. Doch er hatte jetzt zur Finanzierung seiner Exzesse nur noch sein Marschallsgehalt, welches nicht einmal ein Zehntel seiner Ausgaben deckte. Wie aber konnte ein Mann seines Charakters seinen verschwenderischen Aufwand einschränken und vernünftig leben? Nur unter Schmerzen hatte er seine Berittenen, seine Moriskentänzer und Chorsänger, Spaßmacher und Speichellecker entlassen und seine Freigebigkeit auf jene begrenzen können, die sie wirklich verdienten. Ungeachtet seiner geschrumpften Ressourcen beschloß er, weiterzuleben wie bisher — aber Alchimist zu werden, um Gold aus Eisen machen und weiterhin der reichste und prächtigste unter den bretonischen Adligen sein zu können.

Im Verfolg dieser Entscheidung sandte er Boten nach Paris, Italien, Deutschland und Spanien, um alle interessierten Adepten der hermetischen Wissenschaft nach Champtoceaux einladen zu lassen. Bei den Boten handelte es sich um Gilles de Sillé und Roger de Briqueville, zwei ihm besonders ergebene und gewissenlose Vasallen. Briqueville, der ihm als willfähriger Kuppler bei der Befriedigung seiner geheimsten Lüste diente, hatte er mit der Erziehung seiner inzwischen mutterlosen, erst fünf Jahre alten Tochter betraut und ihm freigestellt, sie zu einer ihm genehmen Zeit mit einem Mann seiner Wahl zu verheiraten oder sie selbst zur Frau zu nehmen. Dieser Mann machte sich die neuen Pläne seines Herrn mit großem Eifer zu eigen und engagierte einen gewissen Prelati, Alchimist aus Padua, und einen Arzt aus dem Poitou, der die gleichen Ziele verfolgte.

Gilles de Retz ließ ein prächtiges Laboratorium bauen, und die Suche nach dem Stein der Weisen begann. Bald wurde das Duo noch um einen dritten Adepten, Antonio Palermo, verstärkt, der sich mehr als ein Jahr lang an den Experimenten beteiligte. Alle lebten üppig auf Kosten des Marschalls, verbrauchten sein schönes Geld und hielten ihn Tag für Tag in der Hoffnung hin, mit ihren Forschungen bald am Ziel zu sein. Im Lauf der Zeit stellten sich weitere Bewerber aus allen Ecken Europas ein, und zeitweise waren mehr als 20 Alchimisten mit dem Versuch beschäftigt, Kupfer in Gold zu verwandeln und dabei das real existierende Gold des Marschalls an den Kauf immer neuer Drogen und Elixiere zu verschwenden.

Doch war dieser nicht der Mann, der geduldig und ergeben die sich hinschleppende Arbeit abgewartet hätte. Eines Tages entließ er alle mit Ausnahme des Italieners Prelati und des Arztes aus dem Poitou. Er gedachte, mit Hilfe dieser beiden das Geheimnis des Steins der Weisen auf eine kühnere Art und Weise zu lüften. Der Poiteviner hatte ihn davon überzeugt, daß der Teufel selbst der große Bewahrer dieses und anderer Geheimnisse sei und daß er ihn vor den Augen des Marschalls zu beschwören imstande sei; dieser könne dann jeden beliebigen Kontrakt mit ihm schließen.

Gilles de Retz erklärte seine Bereitschaft und versprach, dem Teufel alles, mit Ausnahme seiner Seele, zu geben bzw. zu jeder Tat bereit zu sein, die der Erzfeind ihm abverlange.

So begab er sich denn, lediglich in Begleitung des Arztes, um Mitternacht zu einer unheimlichen Lichtung im nächstgelegenen Wald. Der Arzt zog im Gras einen magischen Kreis und murmelte eine halbe Stunde lang Beschwörungsformeln, damit der Leibhaftige erscheine und die Geheimnisse der Alchimie enthülle. Gilles schaute mit wachsendem Interesse zu und erwartete jeden Moment, daß die Erde sich öffne und den altbösen Feind seinem Blick freigebe. Auf einmal fixierten die Augen des Alchimisten einen bestimmten Punkt; die Haare standen ihm zu Berge, und er sprach, als ob ER wahrhaftig zugegen sei. Aber Gilles sah außer seinem Begleiter nichts. Plötzlich fiel dieser wie bewußtlos ins Gras. Nach einigen Minuten erhob er sich wieder und fragte Gilles, ob er den grimmigen Blick des Teufels gesehen habe. Der Marschall erwiderte, er habe nichts gesehen — worauf der Alchimist ihm erklärte, Beelzebub sei in der Gestalt eines wilden Leoparden erschienen, habe drohend geknurrt und nichts gesagt. Der Grund, warum der Marschall ihn weder gesehen noch gehört habe, liege in dessen Zögern: Er sei noch nicht bereit, sich IHM ganz und gar auszuliefern. Gilles gestand, daß er noch gewisse Zweifel habe. Was sei zu tun, damit der Teufel spreche und sein Geheimnis enthülle? Dazu, meinte der Arzt, seien gewisse Kräuter nötig, die nur in Spanien und Afrika wüchsen; jemand müsse hingehen und sie dort sammeln. Er selbst sei bereit, diese Aufgabe zu übernehmen, wenn der Marschall ihn mit den nötigen Mitteln ausstatte. Gilles war sofort einverstanden, und schon am nächsten Tag begab sich der Arzt mit allem Gold, das der düpierte Herr von Champtoceaux erübrigen konnte, auf den weiten

Weg nach Spanien und Afrika. Er ward nie mehr gesehen.

Was war jetzt zu tun? Der ungeduldige Marschall brauchte Geld für seine Vergnügungen; gab es keine übernatürliche Hilfe, so sah er keine Möglichkeit, sich weitere Quellen zu erschließen. So machte er, kaum daß der Arzt 20 Meilen entfernt war, einen neuen Versuch, den Teufel zur Preisgabe des Geheimnisses zu zwingen. Er ging jetzt allein zu jener Lichtung — aber alle seine Beschwörungsversuche blieben ohne jede Wirkung. So sah er schließlich keinen anderen Ausweg als den, sich Prelati zu offenbaren.

Der Italiener war sogleich zur Hilfe bereit — unter der Bedingung, daß der Marschall ihn bei seinen Beschwörungen nicht störe; dafür wolle er ihn zu seinem Schutz mit allen erforderlichen Zauberformeln und Talismanen ausstatten. Er müsse außerdem eine Vene an seinem Arm öffnen und mit seinem eigenen Blut einen Kontrakt unterzeichnen, demzufolge er »des Teufels Willen in allen Dingen erfüllen« wolle, und diesem ferner Herz, Lunge, Hände, Augen und Blut eines kleinen Kindes opfern. Der nach allen Strohhalmen greifende Monomane zögerte nicht und akzeptierte diese entsetzlichen Bedingungen auf der Stelle. In der nächsten Nacht ging Prelati allein in den Wald, verweilte dort drei bis vier Stunden und kehrte dann zu dem ängstlich wartenden Marschall zurück. Er berichtete, er habe den Teufel in Gestalt eines hübschen jungen Mannes von etwa 20 Jahren gesehen, der ›Barron‹ heiße und bei allen künftigen Beschwörungen so angesprochen zu werden wünsche. ›Barron‹ habe ihm eine große Zahl Goldbarren gezeigt, die unter einer gewaltigen Eiche vergraben seien und das Eigentum des *maréchal* de Retz werden sollten, wenn dieser nur standhaft bleibe und die Bedingungen des Kontrakts einhalte. Außerdem wies Prelati ein Kästchen voll schwarzem Staub vor und erklärte, dieser werde sich in Gold verwandeln; der Vorgang sei jedoch so kompliziert, daß er anrate, sich mit den Barren unter der Eiche zu begnügen, die alle Wünsche des Marschalls mehr als reichlich zufriedenstellen könnten. Allerdings dürften sie erst einen Versuch machen, das Gold zu finden, wenn siebenmal sieben Wochen vergangen seien — andernfalls fänden sie nur Schiefertafeln und Steine.

Darüber war Gilles zutiefst enttäuscht und verärgert. Keinesfalls, erklärte er, könne er so lange warten. Erscheine der Teufel nicht zügiger, so solle Prelati ihm mitteilen, der *maréchal* de Retz lasse so nicht mit sich umspringen und verweigere inskünftig jeden Kontakt mit dem Herrn der Finsternis. Schließlich konnte der Alchimist ihn zu einer Wartezeit von siebenmal sieben *Tagen* bewegen. Nach dieser Frist gingen sie um Mitternacht mit Hacken und Schaufeln zu der Eiche und gruben den Grund unter ihr auf, fanden aber lediglich eine große Zahl von Schiefertafeln, bedeckt mit hieroglyphischen Zeichen. Jetzt war es an Prelati, verärgert zu sein, und mit lauter Stimme fluchte er, der Teufel sei nichts als ein Lügner und Betrüger. Das fand der Marschall auch, aber der gerissene Italiener brachte ihn dahin, noch einen Versuch zu wagen. Er werde, erklärte er, in der folgenden Nacht herauszufinden versuchen, warum der Teufel sein Wort nicht gehalten habe. So ging er denn hinaus und berichtete nach seiner Rückkehr, er sei ›Barron‹ begegnet, habe ihn jedoch in höchster Wut darüber vorgefunden, daß man vor Ablauf der 49-Wochen-Frist nach den Goldbarren gegraben habe. Zudem könne der *maréchal* de Retz schwerlich eine Gunst von ihm erwarten, wenn er zugleich eine Wallfahrt ins Heilige Land plane, um für seine Sünden zu büßen. Zweifellos hatte der Italiener eine entsprechende Andeutung seines Brotherrn aufgeschnappt, der auch sofort freimütig bekannte, daß es

Zeiten gebe, da er, der Welt mit ihrem Pomp und ihren Eitelkeiten überdrüssig, an ein Leben im Dienste Gottes denke.

In dieser Weise hielt Prelati seinen leichtgläubigen und schuldbewußten Auftraggeber Monat für Monat hin, nahm alle Wertsachen an sich, deren er habhaft werden konnte, und wartete nur auf eine günstige Gelegenheit, sich mitsamt seiner Beute aus dem Staub zu machen. Doch der Tag der Vergeltung kam für beide. Nach wie vor verschwanden kleine Mädchen und Jungen, und die Gerüchte über den Herrn von Champtoceaux wurden so laut und unüberhörbar, daß die Kirche sich zum Eingreifen genötigt sah. Der Bischof von Nantes wurde beim Herzog von Bretagne vorstellig und legte ihm dar, daß es zu einem öffentlichen Skandal kommen werde, wenn die Vorwürfe gegen den *maréchal de Retz* nicht untersucht würden. So wurde dieser in seinem eigenen Schloß verhaftet und, zusammen mit seinem Komplizen Prelati, in einen Kerker in Nantes geworfen, um dort seinen Prozeß abzuwarten.

Das Gericht bestand aus dem Bischof von Nantes, der zugleich Kanzler der Bretagne war, dem Vikar der Inquisition in Frankreich und dem berühmten Pierre l'Hôpital, Präsident des Parlaments von Nantes. Die Anklage lautete auf Hexerei, Sodomie und Mord. Während der ersten Tage des Prozesses trat der Angeklagte mit äußerster Überheblichkeit auf. Er nannte die Richter Simonisten, zieh sie eines unkeuschen Lebenswandels und erklärte, er wolle lieber wie ein Hund ohne Prozeß aufgeknüpft werden, als sich vor derart nichtswürdigen Schurken schuldig oder nicht schuldig zu bekennen. Aber die Überheblichkeit verging ihm, je weiter der Prozeß fortschritt. Am Ende wurde er auf der Grundlage unzweideutiger Beweise in allen Punkten der Anklage schuldig gesprochen. Es wurde nachgewiesen, daß er krankhaftes Vergnügen beim Erstechen seiner kleinen Opfer, beim Zucken ihres Fleisches und beim Erlöschen ihrer Augen empfand. Besonders die Aussagen Prelatis, die Gilles selbst vor seinem Tode bestätigte, machten die Richter mit diesem grausigen Wahnsinn bekannt. Nahezu 100 Kinder von Dorfbewohnern rund um die Schlösser Champtoceaux und Machecoul waren binnen drei Jahren verschwunden, die meisten von ihnen, wenn nicht sogar alle, der Wollust oder der Habgier dieses Monsters zum Opfer gefallen. Seine Phantasie hatte ihm vorgegaukelt, er könne sich auf diese Weise den Teufel zum Freund machen und als solchen bewegen, das Geheimnis des Steins der Weisen preiszugeben.

Gilles de Retz und Prelati wurden beide zur Verbrennung bei lebendigem Leibe verurteilt. Auf dem Richtplatz gaben sie sich bußfertig und fromm. Gilles umarmte Prelati zärtlich und rief aus: »Lebwohl, mein Freund! In dieser Welt sehen wir uns nicht wieder, aber richten wir unsere Hoffnungen auf Gott! Er wird uns im Paradies zusammenführen.« Aus Rücksicht auf seinen hohen Rang und seine Beziehungen wurde die Strafe für den Marschall so weit gemildert, daß man ihn nicht lebendig verbrannte wie Prelati: Er wurde erst erwürgt, dann in die Flammen geworfen und, als er halb verbrannt war, seinen Verwandten zur Bestattung übergeben. Der Leib des Italieners aber verbrannte zu Asche, die anschließend in alle Winde verstreut wurde.[1]

Jacques Cœur

Dieser bemerkenswerte Sucher nach dem Geheimnis des Steins der Weisen war ein Zeitgenosse des letzte-

---

[1] Eine detaillierte Darstellung dieses außergewöhnlichen Prozesses findet sich in Lobineaus *Nouvelle Histoire de Bretagne* (Paris 1707) und in d'Argentrés *Collectio judiciorum de novis erroribus* (Paris 1724).
Gestalt und Leben des Gilles de Retz liegen dem Märchen vom *Ritter Blaubart* zugrunde.

ren. Er war eine bedeutende Persönlichkeit am Hofe Karls VII. und spielte bei vielen Ereignissen während seiner Regierung eine prominente Rolle. Aus bescheidenen Verhältnissen stammend, stieg er zu höchsten Ehrenämtern im Staate auf und häufte durch Veruntreuung und Plünderung des Landes, dem er zu dienen vorgab, ein riesiges Vermögen auf. Um diese Verbrechen zu verschleiern und die Aufmerksamkeit von den wahren Ursachen seines Reichtums abzulenken, brüstete er sich, die Kunst der Transmutation minderwertiger Metalle in Gold und Silber erfunden zu haben.

Jacques Cœurs Vater war Goldschmied in Bourges gewesen, hatte gegen Ende seines Lebens aber in so ärmlichen Umständen gelebt, daß er außerstande war, die nötigen Gebühren für die Aufnahme seines Sohnes in die Zunft zu zahlen. 1428 wurde der junge Jacques Arbeiter in der Königlichen Münze zu Bourges. Er stellte sich dort indes so geschickt an und bewies so gründliche Kenntnisse der Metallurgie, daß er in diesem Unternehmen rasch aufstieg. Überdies hatte er das Glück, die schöne Agnes Sorel kennenzulernen, die ihn sehr schätzte und förderte. Das heißt, er verfügte über drei Vorteile — Fähigkeit, Beharrlichkeit und die Gunst der Mätresse des Königs —, von denen bei vielen Männern ein einziger ausreichen würde, um sie vorwärtszubringen. Es wäre wahrhaft merkwürdig gewesen, wenn Jacques Cœur in der Verborgenheit verkümmert wäre. Noch als junger Mann wurde er Chef der Münze, in der er als Gehilfe angefangen hatte, und in eins damit Oberschatzmeister des königlichen Haushalts.

Cœur besaß eine überragende Kenntnis des Finanzwesens und setzte sie äußerst geschickt zu seinem eigenen Vorteil ein, sobald er mit der Verwaltung größerer Kapitalien betraut war. Er spekulierte mit Artikeln des täglichen Bedarfs und verschaffte sich einige Bekanntheit, indem er Getreide, Honig, Wein und andere Produkte aufkaufte; entstand dann Knappheit, verkaufte er sie mit enormem Profit weiter. Fest verankert in der königlichen Gunst, scheute er nicht davor zurück, die Armen durch Leerkaufen der Märkte und Errichtung von Monopolen in Bedrängnis zu bringen. Wie kein Feind unversöhnlicher ist als der entfremdete Freund, so ist kein Tyrann und Unterdrücker härter und skrupelloser gegen die Armen als der Aufsteiger aus ihren eigenen Reihen. Cœurs kränkender Hochmut gegenüber seinen Untergebenen sorgte in seiner eigenen Stadt für große Erbitterung, und seine kriecherische Demut vor Höherrangigen verschaffte ihm die Geringschätzung der Aristokraten, in deren Gesellschaft er sich drängte. Doch er achtete weder der einen noch der anderen und betrieb seine Karriere weiter, bis er der reichste Mann in Frankreich war. Schließlich war er dem König so nützlich geworden, daß keine bedeutende Unternehmung ins Werk gesetzt wurde, ohne daß man ihn zuvor konsultiert hätte. 1446 wurde er als Gesandter nach Genua geschickt, im folgenden Jahr zu Papst Nikolaus V. Beider Missionen entledigte er sich zur Zufriedenheit seines Souveräns und wurde mit einem weiteren lukrativen Amt belohnt — zusätzlich zu denjenigen, die er schon hatte.

Im Jahre 1449 brachen die Engländer in der Normandie den Waffenstillstand, den ihr früherer Führer, der Herzog von Bedford, mit dem französischen König geschlossen hatte, und eroberten eine kleine Stadt, die dem Herzog von Bretagne gehörte. Dies war das Signal für die Wiederaufnahme des Krieges, der den Franzosen am Ende die Herrschaft über fast die gesamte Provinz bringen sollte. Die zu seiner Führung nötigen Mittel organisierte größtenteils Jacques Cœur. Als Rouen sich den Franzosen auslieferte und König Karl seinen triumphalen Einzug in die Stadt hielt, befand sich Cœur, neben Dunois und den ruhmreichsten Generälen, in seinem Gefolge. Sein Triumphwagen und seine Pferde wetteiferten mit denen des Königs in der Pracht der Geschirre und der Schabracken; seine Feinde erzählten später, er habe sich öffentlich gebrüstet, die Engländer ganz allein vertrieben zu haben, und erklärt, die Tapferkeit der Truppen würde ohne sein Gold gar nichts erbracht haben. Dunois scheint übrigens teilweise der gleichen Meinung gewesen zu sein. Ohne den Mut der Armee herabzusetzen, erkannte er die Nützlichkeit des fähigen Finanziers an, durch dessen Mittel sie ernährt und bezahlt worden seien, und gewährte ihm seinen dauerhaften und machtvollen Schutz.

Nach Wiederherstellung des Friedens kehrte Cœur zu seinen Geschäften zurück. Er rüstete mehrere Galeeren für den Handel mit Genua aus und kaufte große Besitztümer in verschiedenen Gegenden Frankreichs, darunter vor allem die Baronien Saint-Fargeau, Mennetou-Salon, Maubranches, Meaulne, Saint-Gérand-de-Vaux und Saint-Aon-de-Boissy, die Grafschaften La Palisse, Champigny, Beaumont und Villeneuve-la-Genêt und die Markgrafschaft Toucy. Überdies verschaffte er seinem Sohn Jean, der sich für den geistlichen Beruf entschieden hatte, keinen geringeren Posten als den des Erzbischofs von Bourges.

Angesichts all dieser Transaktionen war man einhellig der Meinung, daß so viel Reichtum nicht ehrlich erworben worden sein könne. Arm wie reich lechzte nach dem Tag, da der Hochmut dieses Mannes gedemütigt würde, den die einen als Blutsauger, die anderen als Parvenü betrachteten. Cœur selbst war etwas beunruhigt über Gerüchte, er habe den Feingehalt der Münzen verschlechtert und das königliche Siegel mißbräuchlich unter ein Dokument gesetzt, um den Staat um sehr erhebliche Summen zu betrügen. Diese Gerüchte mußten alsbald verstummen. Daher lud er eine Reihe von Alchimisten aus anderen Ländern zu sich ein und streute nach einiger Zeit das Gegengerücht aus, er habe das Geheimnis des Steins der Weisen enthüllt. Überdies ließ er in seiner Heimatstadt ein prächtiges Haus bauen, über dessen Eingang er die Embleme der hermetischen Wissenschaft in Stein meißeln ließ, und bald darauf noch ein zweites mit gleicher Inschrift in Montpellier. Zu guter Letzt schrieb er noch einen alchimistischen Traktat, in dem er behauptete, die Transmutation der Metalle zu beherrschen.

Doch er mußte erleben, daß all diese Versuche, seine zahlreichen Veruntreuungen zu verschleiern, wirkungslos blieben. Er wurde 1451 verhaftet und vor Gericht gestellt. Nur in einem der Anklagepunkte, den die Mißgunst seiner Feinde erfunden hatte, um ihn zu ruinieren, erwies er sich als unschuldig; es war der Vorwurf, er sei an der Vergiftung seiner großmütigen Gönnerin Agnes Sorel beteiligt gewesen. In den übrigen Punkten wurde er schuldig gesprochen: schuldig, das königliche Siegel gefälscht zu haben; schuldig, als Münzmeister in Bourges den Gold- und Silbergehalt der Münzen erheblich verschlechtert zu haben; schuldig sogar, die Türken mit Waffen und Geld versorgt zu haben, damit sie gegen ihre christlichen Nachbarn Krieg führen konnten (ein Dienst, für den er aufs freigebigste belohnt worden war). Das Urteil lautete auf dauerhafte Verbannung aus dem Königreich und die gewaltige Geldstrafe von 400000 Kronen. Karl VII. war über Cœurs Verurteilung zutiefst betrübt und glaubte bis zuletzt an seine Unschuld. Durch seine Vermittlung wurde die Geldstrafe auf eine Summe reduziert, die Cœur bezahlen konnte. Nachdem dieser einige Zeit im Gefängnis zugebracht hatte, verließ er Frankreich mit einer größeren Geldsumme, von der das Gerücht ging, Karl habe sie ihm aus dem Erlös seiner konfiszierten Besitztümer zukommen lassen. Er ließ sich auf der Insel Chios nieder und starb dort 1456.

Alle Adepten unter den Alchimie-Historikern reklamieren Jacques Cœur als Mitglied ihrer Bruderschaft und nennen die rationalere Erklärung seines Reichtums auf der Basis der Prozeßakten falsch und verleumderisch. Pierre Borel hat diese Auffassung in seinen *Antiquités Gauloises* übernommen, ebenso die These, Cœur sei ein ehrlicher Mann gewesen und habe sein Gold mit Hilfe des Steins der Weisen aus Blei und Kupfer gewonnen. Aber schon Cœurs Zeitgenossen waren von dieser These schwer zu überzeugen. Die Nachwelt ist noch weniger bereit, sie zu glauben.

Der Fortgang der Verblendung vom 15. bis zum 17. Jahrhundert

Noch viele weitere Anhänger der hermetischen Wissenschaft erschienen während des 15. Jahrhunderts in jedem Land Europas und behaupteten, sie hätten den Stein der Weisen gefunden. An die Möglichkeit der Transmutation wurde allgemein geglaubt, und jeder Chemiker war mehr oder weniger Alchimist. Deutschland, Holland, Italien, Spanien, Polen, Frankreich und England brachten Tausende von obskuren Adepten hervor, die sich, während sie ihrem Hirngespinst nachjagten, meist mit den profitableren Künsten der Astrologie und der Weissagung über Wasser hielten. Die europäischen Monarchen waren von der Existenz des Steins nicht weniger überzeugt als ihre Untertanen. Heinrich VI. und Eduard IV. von England förderten die Alchimie. In Deutschland widmeten ihr die Kaiser Friedrich III., Maximilian I. und Rudolf II. viel Aufmerksamkeit, und jeder kleinere Potentat in deutschen Landen eiferte ihrem Beispiel nach. Es war dort unter Adligen auch allgemein üblich, einen Alchimisten in die Residenz einzuladen, ihn nach seiner Ankunft aber in einem Kerker festzusetzen, bis er genug Gold gemacht hätte, um sich freizukaufen. Viele arme Teufel blieben aus diesem Grund lebenslang eingekerkert.

Ein ähnliches Schicksal scheint übrigens Eduard II. für Raimundus Lullus geplant zu haben, der unter Vortäuschung eines reichlichen Honorars in den Londoner Tower gelockt wurde und dort eine Wohnung zugewiesen bekam. Lullus durchschaute dieses Spiel jedoch und konnte entkommen — nach einigen seiner Biographen durch einen Sprung in die Themse und zügiges Schwimmen zu einem Schiff, das bereits auf ihn wartete. [...]

Während des 16. und 17. Jahrhunderts bekam die Suche nach dem Stein der Weisen eine ganz neue Richtung: Man brachte mit diesem wundersamen Stein jetzt nicht nur die Verwandlung minderwertiger in wertvolle Metalle in Verbindung, sondern suchte ihn auch zur Lösung vieler Probleme zu nutzen, die in anderen Wissenschaften auftauchten. Es wurde behauptet, der Mensch könne mit seiner Hilfe in einen engeren, tieferen Kontakt mit seinem Schöpfer treten; Krankheit und Elend könnten aus der Welt verbannt und »die Millionen von Geistern, die unsichtbar auf Erden wandeln«, sichtbar gemacht werden, so daß sie zu Freunden, Gefährten und Weisern der Menschheit würden. Besonders im 17. Jahrhundert erregten diese poetischen und phantastischen Lehren Aufmerksamkeit in Europa; von Deutschland, wo sie durch die Rosenkreuzer zuerst aufkamen, verbreiteten sie sich nach Frankreich und England und trübten das gesunde Urteil vieler kluger, aber allzu schwärmerischer Sucher nach der Wahrheit. Paracelsus, Dee und andere ihresgleichen waren fasziniert von Anmut und Schönheit der neuen Mythologie, die auch die Literatur Europas zu infiltrieren begann. Die meisten Alchimisten dieser Zeit waren, obwohl sie die Rosenkreuzer als Sekte gar nicht kannten, in einem gewissen Maß von ihren Lehren beeinflußt.

Bevor wir jedoch detaillierter über diese poetischen Visionäre sprechen, wird es nötig sein, die Geschichte der alchimistischen Torheiten fortzuführen und die allmähliche Veränderung aufzuspüren, die sich in den Träumen der Adepten bemerkbar machte. Dabei wird sich zeigen, daß die Verblendung sich mit dem Einzug der Moderne eher steigerte als abschwächte.

Giovanni Aurelio Augurelli

Unter den Alchimisten, die im 15. Jahrhundert geboren, aber erst im 16. hervorgetreten sind, ist Augurelli der älteste. Er wurde 1441 in Rimini geboren und später Professor der Schönen Literatur in Venedig und Treviso. Schon früh war er von der Wahrheit der hermetischen Wissenschaft überzeugt und betete zu Gott, er möge ihn zur Entdeckung des Steins der Weisen führen. Stets war er von chemischen Apparaturen umgeben; all seinen Reichtum investierte er in den Kauf von chemischen Substanzen und Metallen.

Er sah sich auch als Dichter, konnte diesen Anspruch jedoch mit seinen Schriften kaum einlösen. Ein *Chrysopoeia* genanntes Werk, in dem er die Kunst des Goldmachens zu lehren vorgab, widmete er Papst Leo X. — in der Hoffnung, der Pontifex werde ihn für diese Widmung reichlich belohnen. Dieser jedoch hatte ein zu sicheres literarisches Urteil, um über die nicht einmal mittelmäßigen Verse begeistert, zu gute Kenntnisse der Philosophie, um von den seltsamen Lehren des Werks angetan sein zu können. Deshalb war er über die Zueignung keineswegs erfreut. Es wird berichtet, daß er, als Augurelli um eine Belohnung einkam, mit großer Geste und viel aufgesetzter Freundlichkeit eine leere Geldbörse aus der Tasche zog und sie dem Alchimisten mit den Worten überreichte, er sei doch imstande, Gold zu machen; so müsse das passendste Geschenk für ihn eine leere Börse sein, um es hineinzutun. Diese hinterhältige Belohnung war alles, was der arme Adept jemals für seine Poesie und seine Alchimie erhielt. Er starb völlig verarmt mit 82 Jahren.

Cornelius Agrippa von Nettesheim

Dieser Alchimist genoß höchstes Ansehen. Von seinen Kräften und Fähigkeiten wurden die ungewöhnlichsten Geschichten erzählt — und geglaubt: daß er Eisen durch sein bloßes Wort in Gold verwandeln könne; daß alle Geister der Luft und alle Dämonen der Erde ihm botmäßig seien und ihm in allen Dingen gehorchten; daß er berühmte, aber längst verstorbene Menschen von den Toten auferwecken und so erscheinen lassen könne, wie sie zu ihrer Zeit aussahen — vorausgesetzt, man habe den Mut, ihre Gegenwart auszuhalten.

Heinrich Cornelius Agrippa von Nettesheim wurde 1486 in Köln geboren und begann schon in jungen Jahren mit dem Studium der Chemie und der Philosophie. In kürzester Zeit — die Gründe dafür sind nie genau erforscht worden — gelang es ihm, bei den Zeitgenossen die Vorstellung zu erwecken, er verfüge über wundersame Fähigkeiten. Schon als er erst 20 war, hatte er einen solchen Ruf als Alchimist, daß die führenden Adepten von Paris nach Köln schrieben und ihn nach Frankreich einluden: Er solle sich dort niederlassen und ihnen mit seiner Erfahrung bei der Entdekkung des Steins der Weisen helfen. Ehren regneten in dichter Folge auf ihn herab; alle gelehrten Männer seiner Zeit schätzten ihn hoch. Melanchthon spricht von ihm mit Respekt und Lob. Erasmus legt Zeugnis für ihn ab. Das gesamte Zeitalter sieht in ihm eine Leuchte der Wissenschaft und eine Zierde der Philosophie.

Manche Menschen schaffen es, kraft ihres übermäßigen Selbstbewußtseins, ihre Zeitgenossen davon zu überzeugen, daß sie wahrhaft große Menschen sind: Sie preisen ihre Leistungen so unaufhörlich an und intonieren ihr Selbstlob so vernehmbar, daß die Welt ihnen ganz selbstverständlich Beifall zollt. So scheint es auch bei Agrippa gewesen zu sein. Er nannte sich selbst einen hervorragenden Theologen, einen brillanten Juristen, einen fähigen Arzt, einen großen Philosophen und einen erfolgreichen Alchimisten. Schließlich nahm die Welt ihn beim Wort und dachte, ein Mann, der so groß rede, müsse auch große Verdienste haben. So wurde er Sekretär des Kaisers Maximilian, der ihn auch zum Ritter schlug und ihm das Ehrenkommando über ein Regiment verlieh. Später wurde er Professor des Hebräischen und der *belles-lettres* an der Universität zu Dôle in Frankreich, mußte diese Stadt aber wegen Streitigkeiten mit den Franziskanern über einige theologische Thesen bald wieder verlassen. Er wich nach London aus, wo er etwa ein Jahr lang Hebräisch lehrte und Nativitäten stellte. Von London ging er nach Pavia und hielt dort Vorlesungen über die (wirklichen oder angeblichen) Schriften des Hermes Trismegistos. Er hätte hier friedlich und in Ehren leben können, hätte er sich nicht mit dem örtlichen Klerus angelegt. Dadurch wurde seine Situation so unerfreulich, daß er dankbar auf ein Angebot des Magistrats von Metz einging, dort die Position eines Syndikus und Generalanwalts zu übernehmen.

Aber auch in Metz machte ihm seine Lust am Disputieren schnell Feinde. Er attackierte z. B. wütend und ohne Not die Auffassung, die Heilige Anna sei dreimal verheiratet gewesen, wie sie von theologischen Klugrednern dieser Stadt vertreten und auch vom gemeinen Volk geteilt wurde. Dadurch verlor er viel von seinem Einfluß. Ein weiterer Disput kurz darauf zeigte zwar seinen ehrenwerten Charakter, ließ ihn aber tief und dauerhaft in der Achtung der Metzer sinken: Er ergriff anständigerweise Partei für ein junges Mädchen, das der Hexerei angeklagt war, geriet dabei schnell in den Verdacht, selbst ein Hexer zu sein, und entfachte einen solchen Sturm der Entrüstung, daß er zur Flucht aus der Stadt gezwungen war.

Seine nächste Stellung war die eines Leibarztes der Königin Luise von Savoyen, Mutter Franz' I. Diese Dame war neugierig auf ihre Zukunft und beauftragte ihn, ihr die Nativität zu stellen. Agrippa erwiderte, er sei nicht gesonnen, solch eitle Neugier zu fördern — worauf er ihr Vertrauen verlor und umgehend entlassen wurde. Wir könnten diese Antwort seinem Glauben an die Nutzlosigkeit der Astrologie zuschreiben und seine ehrliche und furchtlose Haltung bewundern, gäbe es nicht sichere Belege dafür, daß er eben zu dieser Zeit permanent Wahr- und Weissagerei betrieb und z. B. dem *connétable* Karl von Bourbon glänzende Erfolge bei allen seinen Unternehmungen prophezeite. So bleibt nur Erstaunen darüber, daß er sich eine mächtige Gönnerin durch pure Ungeduld und Griesgrämigkeit entfremdete.

Es dauerte indes nicht lange, da wurde er gleichzeitig von Heinrich VIII. nach England und von Margarete von Österreich, Regentin der Niederlande, in ihr Land eingeladen. Er entschied sich für den Dienst bei der Regentin und wurde durch ihre Verwendung Geschichtsschreiber Kaiser Karls V. Aber Ruhelosigkeit und Anmaßung wurden ihm auch hier zum Verhängnis, und nach dem Tode Margaretes ward er in Brüssel der Hexerei beschuldigt und eingekerkert. Er konnte das Gefängnis zwar nach einem Jahr verlassen und sich außer Landes begeben, starb aber schon bald darauf, 1535, in großer Armut mit erst 48 Jahren.

Im Dienst der Regentin Margarete hielt sich Agrippa vorwiegend in Löwen auf und verfaßte hier sein berühmtes Werk *De incertitudine et vanitate scientiarum* (Köln 1577), ferner, um seiner fürstlichen Dienstherrin zu schmeicheln, einen Traktat von der Überlegenheit des weiblichen Geschlechts, den er ihr als Zeichen der Dankbarkeit für ihre zahlreichen Gunstbeweise widmete. Der Ruf, den er in den Niederlanden zurückließ, war alles andere als günstig. Dafür spricht eine Fülle von wundersamen Geschichten, die in dieser Zeit spielen. Man erzählte sich z. B., daß das Gold, mit dem er die Krämer bezahlte, zunächst stets bemerkenswert glänzend aussah, nach 24 Stunden jedoch in allen Fällen zu Stein und Schiefer wurde. Man glaubte, er habe dieses unechte Gold in großen Mengen mit Hilfe des Teufels gemacht, dem man nur sehr oberflächliche Kenntnisse der Alchimie zuschrieb — jedenfalls erheblich geringere, als ihm Gilles de Retz zutraute.

Der Jesuit Del Rio erzählt in seinem Buch über Magie und Hexerei[1] eine noch erstaunlichere Geschichte: Agrippa verließ eines Tages sein Haus in Löwen zu einer mehrtägigen Reise und übergab seiner Frau den Schlüssel seines Arbeitszimmers mit der strikten Anweisung, während seiner Abwesenheit niemanden hineinzulassen. Die Dame selbst war, so seltsam es klingen mag, auch gar nicht darauf versessen, in den Geheimnissen ihres Mannes herumzuschnüffeln, und kam nie auf den Gedanken, das verbotene Zimmer zu betreten. Aber da gab es noch einen jungen Studenten, der die Dachstube des Hauses bewohnte und geradezu darauf brannte, das Studierzimmer zu untersuchen, um vielleicht ein Buch oder Gerätschaften zu erbeuten, mit deren Hilfe er die Kunst der Metallumwandlung hätte erlernen können.

Der junge Mann, angenehm anzusehen, beredsam und mit Komplimenten nicht geizend, brachte die Dame des Hauses mühelos dazu, ihm den Schlüssel zu überge-

---

[1] Martin Anton Del Rio, *Disquisitionum magicarum libri sex*. London 1604.

ben — allerdings mit der strikten Order, nichts aus dem Zimmer zu entfernen. Dies versprach er hoch und heilig, bevor er eintrat. Der erste Gegenstand, der seine Aufmerksamkeit auf sich zog, war ein großes Zauberbuch, das geöffnet auf dem Pult des Gelehrten lag. Sofort setzte er sich vor das Pult und begann laut zu lesen. Aber bereits beim ersten Wort, das er aussprach, war ihm, als höre er ein Pochen an der Tür. Er lauschte, aber alles blieb still. In der Annahme, seine Phantasie habe ihn getäuscht, fuhr er zu lesen fort — aber sogleich ertönte ein noch lauteres Pochen, welches ihn so sehr erschreckte, daß er auf die Füße sprang. Er wollte »Herein!« rufen, aber die Zunge versagte ihm den Dienst. Mit schreckhaft geweiteten Augen beobachtete er, wie sich die Tür langsam öffnete und ein Fremder von majestätischer Gestalt, aber finsteren Gesichtszügen eintrat, der mit strenger Stimme fragte, warum er gerufen werde. »Ich habe Euch nicht gerufen«, flüsterte der zitternde Student. »Du riefest!« donnerte der Fremde und kam zornig immer näher; »die Geister beschwört man nicht umsonst.« Der Student konnte nicht antworten; aber der Geist, voller Wut darüber, daß ein Uneingeweihter sich erdreistet hatte, ihn zu rufen, packte ihn bei der Gurgel und erwürgte ihn.

Als Agrippa ein paar Tage später zurückkehrte, fand er sein Haus von Teufeln belagert. Einige saßen auf den Schornsteinhauben und streckten die Beine in die Luft; andere machten Bocksprünge auf dem Geländer, und in seinem Studierzimmer drängten sie sich dermaßen, daß er Mühe hatte, zu seinem Pult zu kommen. Als er sich endlich dorthin durchgeboxt hatte, fand er sein Buch offen und den Studenten tot auf dem Fußboden. Er erkannte den Zusammenhang sofort, schickte die niederen Teufel hinaus und fragte den Oberteufel, warum er so unbesonnen gewesen sei, den jungen Mann zu töten. Der Geist erwiderte, ein überheblicher Jüngling habe ihn grundlos beschworen, und diese Anmaßung könne nur mit dem Tode bestraft werden. Agrippa erteilte ihm daraufhin einen strengen Verweis und befahl ihm, den Toten umgehend wieder zu beleben und dann mit ihm auf dem Marktplatz spazierenzugehen. So geschah es: Der Student erwachte zum Leben, hakte seinen unheimlichen Mörder unter und wandelte in bestem Einvernehmen mit ihm den ganzen Nachmittag über auf dem vollbelebten Marktplatz. Bei Sonnenuntergang aber sank er um und lag wieder so kalt und leblos da wie zuvor, während sein Begleiter umgehend verschwand. Man schaffte — in der Annahme, er sei nur aufgrund eines Schlaganfalles ohnmächtig geworden — seine Leiche ins Hospital und fand dort Würgemale am Hals sowie Abdrücke der langen Klauen des bösen Geistes an verschiedenen Körperteilen. Diese Beobachtungen, zusammen mit der bald in Umlauf gebrachten Geschichte, der Begleiter des jungen Mannes sei in einer Wolke von Feuer und Rauch verschwunden, öffneten dem Volk die Augen. Der Magistrat von Löwen stellte Untersuchungen an, als deren Resultat Agrippa die Stadt verlassen mußte.

Del Rio ist nicht der einzige, der solche Geschichten überliefert. Die Welt war damals nur zu geneigt, an märchenhafte Berichte über Magie und Hexerei zu glauben, und wenn, wie in Agrippas Fall, der als Magier Angesehene auch als solcher auftrat und Wunder zu wirken beanspruchte, ist es nicht überraschend, daß das Zeitalter seine Anmaßung akzeptierte. Schließlich war sie auch nicht ungefährlich und konnte auf dem Scheiterhaufen oder am Galgen enden; so mochte sie wohl gute Gründe haben. Paulus Jovius sagt in seiner *Elogia doctorum virorum* (Basel 1571), Agrippa habe sich, wo er ging und stand, vom Teufel in Gestalt eines großen schwarzen Hundes begleiten lassen. Und Thomas

Nashe berichtet im *Unfortunate Traveller*[1], daß Agrippa auf Ersuchen Lord Surreys, Erasmus' und anderer gelehrter Männer viele der großen Philosophen des Altertums aus dem Grabe emporgerufen habe — darunter z. B. Cicero, den er noch einmal seine berühmte Rede auf Roscius habe halten lassen. Während Lord Surreys Aufenthalt in Deutschland habe er diesem eine exakte gläserne Nachbildung seiner Mätresse, der schönen Geraldine, gezeigt, hingestreckt auf einem Sofa und die Abwesenheit ihres Geliebten beweinend. Lord Surrey habe den genauen Zeitpunkt der Vision notiert und später versichert, seine Geliebte habe genau zu dieser Minute in exakt dieser Haltung wirklich um ihn geweint. Für Thomas Lord Cromwell soll Agrippa König Heinrich VIII. mit seinem Gefolge auf der Jagd im Park von Windsor beschworen haben, für Kaiser Karl V. die Könige David und Salomo.

Naudé hat in seiner *Apologie* viel Mühe darauf verwandt, Agrippa von dem Makel zu reinigen, den die Schilderungen von Del Rio, Paulus Jovius und anderen auf seinem Bild hinterlassen haben. Solche Geschichten mögen zu Naudés Zeiten nach Widerlegung verlangt haben; heutzutage kann man sie beruhigt in ihrer eigenen Absurdität verwesen lassen. Immerhin überrascht es nicht, daß sie mit dem Namen eines Mannes in Verbindung gebracht wurden, der sich die Macht anmaßte, allein durch sein Wort Eisen in Gold umzuwandeln.

Paracelsus

Dieser Philosoph, nach Naudé »Zenith und Zentralgestirn aller Alchimisten«, wurde 1493 in Maria-Einsiedeln (Kanton Schwyz) geboren. Sein eigentlicher Name war Hohenheim, dem er nach eigener Auskunft seine Taufnamen Philippus Aureolus Paracelsus Theo-

---

[1] T. N., *The unfortunate traueller. Or, The Life of Jacke Wilton*. London 1594.

phrastus Bombastus voranstellte. Schon als Junge wählte er den Namen Paracelsus als Rufnamen; als er starb, war dieser zu einem der berühmtesten Namen seiner Zeit geworden.

Sein Vater war Arzt und erzog auch den Sohn zu diesem Beruf. Der junge Paracelsus erwies sich als guter Schüler und machte schnelle Fortschritte. Durch Zufall geriet er an das Werk des Isaac Hollandus, und von diesem Augenblick an war er mit der Manie des Steins der Weisen geschlagen. Alle seine Gedanken kreisten von nun an um die Metallurgie. Er reiste nach Schweden, um die dortigen Minen zu besichtigen und die Erze zu beobachten, während sie noch im Innern der Erde lagen. Er besuchte auch Trithemius in Würzburg und ließ sich von ihm in der alchimistischen Wissenschaft unterweisen. Danach bereiste er Österreich, die Türkei, die Tatarei und Ägypten, begab sich erneut nach Konstantinopel und rühmte sich dort, die Kunst der Transmutation zu beherrschen und das Lebenselixier zu besitzen.

Nach Abschluß seiner Reisen ließ er sich in Zürich als Arzt nieder und begann Abhandlungen zur Alchimie und zur Medizin zu schreiben, die alsbald Aufmerksamkeit in Europa erregten. Ihre Dunkelheit und Verworrenheit behinderten ihren Ruhm in keiner Weise; ja es schien, als werde ihr Autor von den Dämonengläubigen, Schwärmern und Suchern nach dem Stein der Weisen um so mehr geschätzt, je weniger sie ihn verstanden. Sein Ruf als Arzt hielt Schritt mit jenem, den er als Alchimist genoß, denn es gelangen ihm einige erfolgreiche Behandlungen mit Quecksilber und Opium — Mittel, die seine Berufskollegen offen mißbilligten.

1526 wurde er als Professor für Medizin und Naturphilosophie an die Universität Basel berufen, wo seine Vorlesungen große Zahlen von Studenten anzogen. Er nannte die Schriften aller früheren Ärzte irreführend und verbrannte die Werke Galens und Avicennas, die er als Quacksalber und Betrüger beschimpfte, öffentlich. In seinen Schuhbändern, rief er der erstaunten und teilweise verwirrten Menge zu, die der Zeremonie beiwohnte, sei mehr Wissen konzentriert als in den Schriften jener Ärzte. Alle Universitäten der Welt wimmelten im übrigen von ignoranten Quacksalbern — während er, Paracelsus, von Weisheit überfließe. »Alle werdet ihr meinem neuen System folgen«, schrie er und gestikulierte wild. »Ihr alle, Avicenna, Galen, Rasi, Montagnana, Memé, ihr werdet mir folgen — und auch ihr Professoren in Paris, Montpellier, Köln und Wien! Und ihr an Rhein und Donau, auf den Inseln des Meeres, ihr Italiener, Dalmatiner, Athener, Araber, Juden — ihr alle werdet meinen Lehren folgen, denn ich bin der Monarch im Reich der Medizin!«

Es war ihm indes nicht lange vergönnt, sich der Wertschätzung der Baseler zu erfreuen. Man sagte ihm bald nach, er spreche dem Wein in solchem Maße zu, daß er oft berauscht in den Straßen erscheine. Das ist für einen Arzt ruinös, und sein anfänglich guter Ruf litt sehr darunter. Noch mehr schadete ihm, daß er immer mehr mit dem Gebaren eines Hexers auftrat und sich der Legionen von Geistern rühmte, die er kommandiere — speziell des einen, den er im Heft seines Degens gefangenhalte. Wetterus, der 27 Monate lang in seinen Diensten stand, berichtet, daß er oft mit der Beschwörung einer ganzen Armee von Dämonen gedroht und auf die große Autorität verwiesen habe, die er unter ihnen genieße. Er ließ es auch zu, daß man glaubte, der Geist in seinem Degen bewache das Elixier des Lebens, mit dessen Hilfe er jedweden so lange leben lassen könne wie die Menschen vor der Sintflut. Einen andern Geist namens ›Azoth‹ behauptete er in einem Edelstein gefangenzuhalten (und auf mehreren zeitgenössischen Porträts wird er tatsächlich mit einem Edelstein in der Hand dargestellt, der die Inschrift *Azoth* trägt).

Gilt schon ein nüchterner Prophet wenig in seinem Vaterlande — ein trinkfreudiger gilt noch weniger. So kam Paracelsus irgendwann zu der Einsicht, daß es besser für ihn sei, Basel zu verlassen. Der unmittelbare Anlaß für diesen Entschluß war folgender: Ein Baseler Bürger lag todkrank darnieder und war von allen Ärzten, die er konsultiert hatte, aufgegeben worden. Um nichts unversucht zu lassen, rief man Paracelsus, dem der kranke Mann eine fürstliche Belohnung versprach, wenn er ihn heilen würde. Paracelsus gab ihm zwei kleine Pillen, nach deren Einnahme er rasch genas. Nun erinnerte jener ihn an das versprochene Honorar. Aber der Genesene schätzte den Wert der so erfolgreichen Kur eher gering ein. Er sah nicht ein, warum er für zwei Pillen eine Handvoll Gold bezahlen sollte, und schickte nur das übliche Honorar für eine Visite. Paracelsus verklagte ihn vor Gericht, bekam aber nicht recht. Das verstimmte ihn so sehr, daß er Basel grollend verließ.

Er nahm nun sein Wanderleben wieder auf, reiste durch Deutschland und Österreich und lebte dabei von der Leichtgläubigkeit und Verblendung aller Stände der Gesellschaft. Er stellte Nativitäten, betrieb Wahrsagerei, beriet jene, die ihr Geld auf die Jagd nach dem Stein der Weisen verschwendeten, verschrieb Medikamente für Rinder und Schweine, half mit Zauberformeln bei der Suche nach gestohlenen Gütern. Nachdem er nacheinander in Nürnberg, Augsburg, Wien und Mindelheim gelebt hatte, ging er 1541 nach Salzburg, wo er in tiefster Armut in einem Spital starb.

Hatte dieser seltsame Scharlatan im Leben Hunderte von Bewunderern gefunden — nach dem Tod fand er Tausende. Paracelsianer-Sekten breiteten sich in Frankreich und Deutschland aus und suchten die extravaganten Lehren ihres Meisters auf alle Wissenschaften zu übertragen, speziell auf die Alchimie. Diese Lehren lassen sich in Kürze so zusammenfassen: Aus der Versenkung in die Vollkommenheit Gottes resultieren alle Weisheit und alles Wissen. Die Bibel ist der Schlüssel zur Erklärung aller Krankheiten — besonders die Apokalypse, deren Studium die Bedeutung der magischen Medizin erhellt. Wer sich blind in den Willen Gottes ergibt und es fertigbringt, sich mit den himmlischen Intelligenzen zu identifizieren, hat den Stein der Weisen gefunden; er kann alle Krankheiten heilen und sein Leben verlängern, so lange er will — haben doch auch Adam und die Patriarchen das ihre mit eben diesen Mitteln verlängert. Leben ist eine Emanation der Himmelskörper. Die Sonne regiert das Herz, der Mond das Gehirn, Jupiter die Leber, Saturn und Mars die Galle, Merkur die Lunge und Venus die Lenden. Im Magen eines jeden Menschen wohnt ein Geist oder Dämon, der wie ein Alchimist in seinem Schmelztiegel die verschiedenen Leiden komponiert, die dann in das große Laboratorium: den Bauch geschickt werden.

Paracelsus war stolz darauf, ein Magier genannt zu werden. Er brüstete sich, mit dem in der Hölle schmorenden Galen eine regelrechte Korrespondenz zu unterhalten und Avicenna des öfteren aus derselben Region herbeizuzitieren, um mit ihm Dispute über seine fehlerhaften Ansichten zur Alchimie zu führen, speziell zur Frage des trinkbaren Goldes und des Lebenselixiers. Er hatte die Vorstellung, Gold könne Herz-»Verknöcherung« heilen und im Prinzip auch alle übrigen Krankheiten, wenn es sich nur um Gold handle, das unter geeigneten Planetenkonstellationen mit Hilfe des Steins der Weisen aus minderwertigen Metallen gewonnen wurde.

Allein die Titelliste der Werke, in welchen er diese wahnwitzigen Phantasien entfaltet hat, die er ›Lehren‹ nennt, würde mehrere Seiten füllen.

Georg Agricola

wurde 1494 in Glauchau geboren und hieß eigentlich Bauer, latinisierte diesen Namen aber, der Zeitmode entsprechend, in Agricola. Von frühester Jugend an war er von den Visionen der hermetischen Wissenschaft fasziniert. Schon mit 15 sehnte er sich nach dem Großen Elixier, um 600 Jahre lang leben zu können, und nach dem bewußten Stein, der ihm dauerhaften Reichtum verschaffen würde.

Nachdem er einige Jahre als Arzt im böhmischen Joachimsthal zugebracht hatte, veröffentlichte er 1531 in Köln eine kleine Abhandlung zur Alchimie, die ihm die Protektion des Herzogs Moritz von Sachsen eintrug. Dieser berief ihn zum Oberaufseher der Silberminen von Chemnitz, wo er ein glückliches Leben unter den Bergleuten führte und mannigfaltige Experimente mit Metallen im Innern der Erde anstellte. Dabei verschaffte er sich umfangreiche Kenntnisse der Metallurgie und rückte nach und nach von seinen überspannten Phantasien über den Stein der Weisen ab. Dazu trugen auch die Bergleute bei, die der Alchimie nicht trauten und ihn von ihrer eigenen Denkweise überzeugten. Aus ihren Erzählungen gewann er die feste Überzeugung, daß das Erdinnere von guten und bösen Geistern bevölkert sei und daß z. B. Schlagende Wetter und andere Explosionen nur den üblen Launen der letzteren zuzuschreiben seien.

Als Agricola im Jahre 1555 starb, stand er im Ruf, ein sehr fähiger und intelligenter Mann zu sein. [...]

John Dee und *Edward Kelly*

sollten gemeinsam abgehandelt werden, denn sie waren lange in denselben Unternehmungen miteinander verbunden und haben zusammen mannigfache und merkwürdige Wechselfälle erlebt.

Dee war insgesamt ein erstaunlicher Mann und würde angesichts seiner Fähigkeiten, hätte er nur in einem weniger närrischen und abergläubischen Zeitalter gelebt, einen glänzenden und dauerhaft guten Ruf hinterlassen haben. Er wurde 1527 in London geboren und fühlte sich schon sehr früh zu wissenschaftlichen Studien hingezogen. Mit 15 Jahren ging er nach Cambridge und fand so viel Vergnügen an seinen Büchern, daß er täglich 18 Stunden mit ihnen zubrachte. Von den übrigen sechs widmete er vier dem Schlaf und zwei der Erholung. Dieser ungeheure Fleiß schadete seiner Gesundheit nicht und machte ihn rasch zu einem der ersten Gelehrten seiner Zeit.

Unglücklicherweise wandte er sich jedoch von der Mathematik und der wahren Philosophie ab und begann, sich den fruchtlosen Träumereien der okkulten Wissenschaften hinzugeben. Er studierte Alchimie, Astrologie und Magie und machte sich dadurch den Behörden in Cambridge verhaßt. Um einer Verfolgung zu entgehen — es war gerüchtweise bald auch von Hexerei im Zusammenhang mit ihm die Rede —, entschied er sich zum Wechsel an die Universität Löwen. Hier fand er vielerlei verwandte Geister, die noch Agrippa von Nettesheim gekannt hatten und nicht müde wurden, ihn mit Berichten von den Wundertaten dieses großen Meisters der hermetischen Mysterien zu unterhalten. Solche Gespräche verstärkten seine Begierde, den Stein der Weisen zu finden, und bald beherrschte dieses Thema seine Gedanken ausschließlich.

Er blieb nicht lange auf dem Kontinent, sondern kehrte 1551, in seinem 24. Lebensjahr, nach England zurück. Durch Verwendung seines Freundes Sir John Cheek wurde er am Hofe König Eduards VI. freundlich aufgenommen und mit einer Pension von 100 Kronen ausgestattet. Mehrere Jahre lang praktizierte er als Astrologe in London, stellte Nativitäten und Horoskope, wies auf günstige und ungünstige Tage hin. Während der Herrschaft Marias der Blutigen bekam er große Schwierigkeiten: Man verdächtigte ihn der Häresie und verklagte ihn, durch Zauberei nach dem Leben der Königin zu trachten. Deshalb wurde er sogar vor Gericht gestellt, jedoch freigesprochen, wegen des ersteren Verdachts allerdings weiter in Haft gehalten und mit der besonderen Zuwendung des Bischofs Bonner beglückt. Um ein Haar wäre er auf dem Scheiterhaufen von Smithfield gelandet — aber er schaffte es irgendwie, diesen rasenden Eiferer von der Unumstößlichkeit seines orthodoxen Glaubens zu überzeugen, und wurde 1555 auf freien Fuß gesetzt.

Mit dem Regierungsantritt Elisabeths änderte sich Dees Lage schlagartig. Schon während ihrer Festsetzung in Woodstock dürften ihre Diener ihn wegen des Zeitpunkts von Marias Tod konsultiert haben; man muß annehmen, daß dieser Umstand zu der schweren Beschuldigung führte, derentwegen er vor Gericht stand. Nunmehr wurde er offen nach Zukunft und Schicksal der Königin befragt; Robert Dudley, der berühmte Graf Leicester, erschien in ihrem persönlichen Auftrag, um den günstigsten Tag für die Krönung in Erfahrung zu bringen. Wie hoch er jetzt in der Gunst stand, läßt sich daran ermessen, daß Elisabeth einige Jahre später sein Raritätenkabinett in Mortlake persönlich besuchte und ihren Leibarzt zu ihm schickte, wenn er krank war.

Dee lebte von der Astrologie und betrieb sie sehr gewissenhaft; sein Herz aber hing an der Alchimie. Der Stein und das Elixier bewegten seine Gedanken über Tage und seine Träume in der Nacht. Talmudistische Mysterien, die er ebenfalls gründlich studiert hatte, brachten ihn zu der Überzeugung, daß er mit

Geistern und Engeln in Kommunikation treten und von ihnen alle Geheimnisse des Universums erfahren könne. Ähnlich wie die obskure Rosenkreuzersekte, deren Vorläufer er möglicherweise bei seinen Reisen in Deutschland kennenlernte, hatte er die Vorstellung, er könne diese dienstbaren Geister mit Hilfe des Steins der Weisen nach Belieben herbeizitieren. Infolge seines unablässigen Grübelns überhitzte seine Phantasie sich schließlich so sehr, daß er eines Tages überzeugt war, ein Engel sei ihm erschienen und habe ihm lebenslange Freundschaft versprochen.

An diesem Tag im November 1582 war er, seinem Bericht zufolge, gerade in inbrünstigem Gebet versunken, als das Westfenster seines Museums plötzlich in blendendem Licht erstrahlt und inmitten des Fensters in all seiner Pracht und Herrlichkeit der Erzengel Uriel erschienen sei. Furcht und Staunen hätten ihn sprachlos gemacht, aber der Engel habe gütig gelächelt, ihm einen Kristall von konvexer Form gegeben und gesagt, er solle, wann immer er mit außerirdischen Wesen Zwiesprache halten wolle, nur konzentriert auf den Kristall blicken — dann würden sie darin erscheinen und ihm alle Geheimnisse der Zukunft enthüllen.[1] Danach sei der Engel wieder verschwunden. Dee mußte, wie er sagt, bald die Erfahrung machen, daß es nötig war, alle Seelenkräfte auf den Kristall zu konzentrieren; nur dann erschienen die Geister wirklich. Er konnte sich an die Gespräche mit diesen außerdem nie erinnern. So beschloß er, das Geheimnis mit einer zwei-

---

[1] Bei dem erwähnten Kristall scheint es sich um einen schwarzen Stein oder ein poliertes Stück Kohle gehandelt zu haben. Der folgende Bericht über ihn stammt aus dem Ergänzungsband von Grangers *Biographical History:*

»Der schwarze Stein, in den Dee seine Geister zu rufen pflegte, befand sich in der Sammlung der Grafen von Peterborough; von dort gelangte er an Lady Elizabeth Germaine. Danach war er im Besitz des Herzogs von Argyle und gehört jetzt Mr. Walpole. Bei näherem Hinsehen erweist er sich als nichts anderes denn ein spiegelblank poliertes Stück Steinkohle; eben dieses meint Butler, wenn er sagt:
›All seine Tatkraft schöpfte Kelly ganz allein
Aus Teufels Spiegel — einem Stein.‹«

ten Person zu teilen: Sie sollte mit dem jeweiligen Geist sprechen, während er (Dee) in einer andern Ecke des Zimmers saß und das Gespräch protokollierte.

Zu dieser Zeit hatte er einen Assistenten namens Edward Kelly, der, wie er selbst, leidenschaftlich nach dem Stein der Weisen suchte. Es gab zwischen ihnen nur den einen Unterschied, daß Dee mehr Schwärmer und weniger Schwindler, Kelly dagegen mehr Schwindler als Schwärmer war. In früheren Jahren war er Notar gewesen, hatte aber das Pech gehabt, daß ihm wegen Urkundenfälschung beide Ohren abgeschnitten worden waren. Diese Verletzung, für jedermann schon erniedrigend genug, ist für einen Philosophen vernichtend; daher trug Kelly, um den Anschein der Weisheit zu bewahren, eine schwarze Ruderermütze, die dicht am Kopf anlag, beide Wangen bedeckte und ihm ein sehr feierliches, orakelhaftes Aussehen gab. Er scheint sein Geheimnis so gut verborgen zu haben, daß wahrscheinlich nicht einmal Dee, mit dem er so viele Jahre zusammenarbeitete, es kannte.

Mit dem skizzierten Charakter war Kelly bereit, jedes Schurkenstück mitzumachen, wenn es nur seinem Vorteil diente. Auch die Wahnideen seines Meisters unterstützte und nährte er, weil er sich davon persönlichen Nutzen versprach. Kaum hatte jener ihm vom Besuch des glorreichen Uriel erzählt, brachte er mit Feuereifer seinen festen Glauben an die Realität der Erscheinung zum Ausdruck. Dee war entzückt. Umgehend machte er sich daran, den Kristall zu konsultieren, und am 2. Dezember 1582 erschienen die Geister und hatten eine sehr ungewöhnliche Unterredung mit Kelly, welche Dee mitschrieb. Der neugierige Leser kann diesen Nonsens-Mischmasch unter den Manuskripten im Britischen Museum finden. Berichte über spätere Konsultationen wurden 1659 in einem Folioband von Dr. Meric Casaubon veröffentlicht, der den Titel trägt: *A true and faithful Relation of what passed between Dr. John Dee and some Spirits; tending, had it succeeded, to a general Alteration of most States and Kingdoms in the World.*[1]

Die Kunde von diesen wundersamen Kolloquien verbreitete sich rasch über das ganze Land und erreichte sogar den Kontinent. Dee erfreute sich regen Zuspruchs, denn er behauptete gleichzeitig, im Besitz des Lebenselixiers zu sein, das er in den Ruinen von Glastonbury Abbey (Sommersetshire) gefunden haben wollte. Von fern und nah strömten die Menschen zu seinem Haus in Mortlake und ließen sich die Nativität stellen. Statt minder beleumundeter Astrologen wollten sie *ihn* sehen — einen Mann, der seinem eigenen Anspruch nach nie sterben würde. So betrieb er alles in allem ein sehr einträgliches Gewerbe, gab aber so viel von seinen Einnahmen für Chemikalien und Metalle aus, um doch noch den Prozeß der Transmutation zu enträtseln, daß er niemals wirklich reich wurde.

Etwa um diese Zeit erschien in England ein wohlhabender polnischer Adliger: Albert Laski, Pfalzgraf von Siradz. Er wollte, seiner eigenen Auskunft nach, vor allem Königin Elisabeth seine Aufwartung machen, sei doch die Kunde von der Pracht und Herrlichkeit ihres Hofes bis zu ihm ins ferne Polen gedrungen. Elisabeth empfing diesen schmeichelnden Fremdling mit großartiger Gastfreundschaft und bestimmte ihren Günstling Leicester, ihm alle Hauptsehenswürdigkeiten von England zu zeigen. Er besuchte die markanten Punkte von London und Westminster und reiste von dort nach Oxford und Cambridge weiter, um, wie er

---

[1] William Lilly erzählt in seiner Autobiographie (London 1715) des öfteren von prophetischen Engeln, die den Deeschen Engeln sehr ähnlich scheinen. Dort heißt es z. B.: »Die Prophezeiungen wurden von den Engeln nicht in Worten gegeben, sondern in Symbolen und Figuren, die bei intensiver Betrachtung des Kristalls sichtbar wurden. Manchmal erschienen auch die Engel selbst in einiger Entfernung und stellten in Formen, Gestalten und Schöpfungen dar, wonach verlangt wurde. Es widerfährt einem Adepten oder Meister«, schließt dieser Neunmalkluge, »auch heute äußerst selten, daß die Engel klar vernehmbar sprechen; tun sie es dennoch einmal, *so klingt es sehr kehlig, wie das Irische.*«

sagte, mit den großen Gelehrten zu konversieren, deren Schriften Glanz auf das Land ihrer Geburt würfen. Wie enttäuscht aber war er, unter diesen nicht Dr. Dee zu finden! Er wäre nicht nach Oxford gegangen, erklärte er dem Grafen Leicester, wenn er vorher gewußt hätte, daß Dee nicht dort sein würde. Seine Verstimmung legte sich erst, als der Graf versprach, ihn nach der Rückkehr nach London bei dem großen Alchimisten einzuführen. Ein paar Tage später saßen beide im Vorzimmer der Königin und warteten auf Audienz, als unversehens Dee in der gleichen Absicht erschien und dem Polen vorgestellt wurde.[1] Es folgte eine angeregte Unterhaltung, die mit Laskis Selbsteinladung zum Dinner im Haus des Astrologen in Mortlake endete. Dee ging etwas bedrückt nach Hause; er fürchtete, kaum über die erforderlichen Mittel zu verfügen, um Graf Laski und sein Gefolge mit dem ihnen gebührenden Aufwand bewirten zu können. In seiner Not sandte er eine Eilbotschaft an Leicester, schilderte diesem in allem Freimut seine Verlegenheit und bat ihn, die Angelegenheit bei Ihrer Majestät vorzutragen. Elisabeth schickte umgehend ein Präsent von 20 Pfund.

Am vereinbarten Tag erschien Laski mit zahlreichem Gefolge. Während des Essens brachte er eine derart offene, warm empfundene Bewunderung für die Kenntnisse und Fertigkeiten seines Gastgebers zum Ausdruck, daß dieser sogleich zu überlegen begann, wie er einen Mann, der so unverkennbar seine Freundschaft suchte, für seine Interessen einspannen könne. Die

---

[1] Albert Laski, Sohn des Jaroslaw Laski, war Pfalzgraf von Siradz und später von Sendomir. Er trug maßgeblich zur Wahl Heinrichs von Anjou (nachmals Heinrich III. von Frankreich) zum König von Polen bei und gehörte zu der Delegation, die nach Frankreich reiste, um ihn von seiner Wahl zu unterrichten. Nach Heinrichs Thronverzicht votierte Laski für Maximilian von Österreich. Sein Englandbesuch fällt in das Jahr 1583. Zu dieser Zeit war er bereits Adept der Alchimie, denn seine ungewöhnliche Verschwendungssucht hatte einen großen Teil seines enormen Reichtums aufgezehrt. (Vgl. dazu: Walerjan S. Krasinski, *Geschichte des Ursprungs, Fortschritts und Verfalls der Reformation in Polen und ihres Einflusses auf den politischen, sittlichen und literarischen Zustand des Landes.* Leipzig 1841.)

lange Bekanntschaft mit Kelly hatte bewirkt, daß viel von dessen Schurkerei in ihn eingesickert war. So beschloß er jetzt, den Polen sattsam für sein Essen bezahlen zu lassen. Er hatte schon vorher ermittelt, daß dieser über große Ländereien und beträchtlichen Einfluß in seinem Lande verfügte, infolge seines extravaganten Temperaments aber in einer gewissen pekuniären Verlegenheit war, und daß er überdies fest an den Stein der Weisen und das Wasser des Lebens glaubte. Einen solchen Mann, das fand auch Kelly, mußte ein Glücksjäger sich warmhalten. So machten sie sich beide daran, ein Netz zu weben, in dessen Maschen der reiche und leichtgläubige Fremdling sich unentwirrbar verfangen sollte.

Sie gingen vorsichtig zu Werke. Zunächst machten sie dunkle Andeutungen über den Stein und das Elixier, schließlich über die Geister, mit deren Hilfe sie die Seiten im Buch der Zukunft umwenden und die erhabensten Geheimnisse lesen könnten, die dort verzeichnet seien. Laski bat dringend und voller Eifer, an den mysteriösen Gesprächen mit Uriel und den Engeln teilnehmen zu dürfen; aber die beiden Gauner kannten die menschliche Natur zu gut, um dieser Bitte gleich beim ersten Mal nachzukommen. Sie flüchteten sich in weitere Andeutungen, es sei schwierig und zudem ungehörig, die Geister in Gegenwart eines Fremden anzurufen, der überdies vielleicht nur von dem Motiv getrieben sei, seine Neugier zu befriedigen — wodurch eben diese Neugier natürlich nur um so heftiger angestachelt wurde.

Wie sehr Dees und Kellys Gedanken zu dieser Zeit primär auf ihr Opfer Laski fixiert waren, zeigt eine Lektüre der Einleitung zum ersten Gespräch mit den Geistern, wie sie Casaubon überliefert hat. In der von Dee stammenden Eintragung vom 25. Mai 1583 heißt es, als der Geist erschienen sei, »saßen E. K. [Edward

Kelly] und ich zusammen und sprachen über jenen edlen Polen Albertus Laski, die große Ehre, die er uns erwiesen hat, und die beträchtliche Zuneigung, die er bei Menschen aller Stände genießt«. Zweifellos diskutierten sie, wie sie den »edlen Polen« am besten ausnehmen könnten, und bastelten an einer der raffinierten Geschichten, mit denen sie später seine Neugier noch stärker entfachten, um ihn schließlich in den Maschen ihres selbstgeknüpften Netzes sicher zu fangen. »Plötzlich schien es«, schreibt Dee weiter, »als komme aus dem Gebetsraum ein spirituelles Geschöpf, ähnlich einem hübschen Mädchen von sieben bis neun Jahren, mit geschmücktem Kopf, vorn hochgestecktem und hinten herunterhängendem Haar, angezogen mit einem in rot und grün changierenden Seidenkleid mit Schleppe. Es schien hier und da zu spielen, sich vor und hinter den Büchern zu bewegen, und als es zwischen sie zu gehen versuchte, machten sie Platz und ließen es durch.«

Mit dieser und anderen Geschichten reizten sie den Polen Tag für Tag, bis sie ihm schließlich gestatteten, Zeuge ihrer Mysterien zu sein. Es ist nicht sicher, ob sie dabei mit optischen Täuschungen arbeiteten oder ob Laski, kraft seiner überhitzten Phantasie, selber Wahnbilder produzierte; fest steht jedenfalls, daß er ein willfähriges Werkzeug in ihren Händen wurde und alles zu tun bereit war, was sie verlangten. Bei den nun folgenden Sitzungen postierte sich Kelly in einem gewissen Abstand zu dem wundersamen Kristall und starrte ihn unverwandt an, während Dee seinen Platz in der Ecke einnahm und bereit war, die von den Geistern geäußerten Weissagungen festzuhalten. Auf diese Art prophezeiten sie dem Polen, er werde der glückliche Besitzer des Steins der Weisen werden und noch jahrhundertelang leben; er werde dereinst zum König von Polen gewählt werden, viele große Siege über die Sarazenen erringen und am Ende weltberühmt sein. Um all dies zu erreichen, sei es aber nötig, daß er England verlasse und sie beide samt ihren Familien mitnehme, sie bestens unterhalte und ihnen keinen Wunsch unerfüllt lasse. Laski war sofort einverstanden, und kurze Zeit später war man auf dem Weg nach Polen.

Es dauerte vier Monate, bis die Reisegesellschaft die Besitzungen des Grafen in der Nähe von Krakau erreicht hatte. Unterwegs führte man ein flottes Leben und gab ungehemmt Geld aus. Am Ziel angekommen, begannen Dee und Kelly mit dem großen hermetischen Unternehmen der Transmutation von Eisen in Gold. Laski versorgte sie mit allen nötigen Materialien und machte sich mit seinen alchimistischen Kenntnissen auch sonst nützlich. Doch aus irgendeinem Grund scheiterte das Experiment jedesmal dann, wenn es eigentlich hätte gelingen müssen, und man war genötigt, mit noch größerem Aufwand neu zu beginnen. Laskis Hoffnungen waren indes nicht leicht zu erschüttern. Er sah sich im Geiste schon als Besitzer ungezählter Millionen und ließ sich von den aktuellen Kosten kaum einschüchtern. Tag für Tag und Monat für Monat ging es so weiter, bis er eines Tages gezwungen war, einen Teil seiner überschuldeten Güter zu verkaufen, um Nahrung für die gefräßigen Schmelztiegel Dees und Kellys und die nicht weniger hungrigen Mägen ihrer Familien sicherzustellen.

Aber erst als er sich dem blanken Ruin konfrontiert sah, erwachte er aus seinem Verblendungstraum und war glücklich, immerhin noch nicht am Bettelstab zu sein.

Sein erster Gedanke, als er wieder Herr seiner Sinne war, galt der Frage, wie er sich seiner kostspieligen Besucher entledigen könne. Er wünschte keinen Streit mit ihnen; so schlug er vor, sie sollten, wohlversehen mit Empfehlungsbriefen an Kaiser Rudolf II., nach

Prag weiterreisen. Unsere Alchimisten erkannten ganz klar, daß bei dem nahezu mittellos gewordenen Grafen nichts mehr zu holen war; daher nahmen sie seinen Vorschlag ohne Zögern an und machten sich auf den Weg zur kaiserlichen Residenz. In Prag angekommen, hatten sie keine Schwierigkeiten, eine Audienz bei Rudolf II. zu erhalten. Sie gewannen schnell den Eindruck, daß er an die Existenz des Steins der Weisen glaubte, und schmeichelten sich selbst, sie hätten einen günstigen Eindruck auf ihn gemacht. Allerdings hatte der Kaiser aus irgendeinem Grund — vielleicht weil Kellys Gesicht zu deutlich Arglist, Hinterhältigkeit und Betrügerei spiegelte — keine sehr hohe Meinung von ihren Fähigkeiten. Gleichwohl erlaubte er ihnen, einige Monate in Prag zu bleiben, und nährte so ihre Hoffnung, irgendeine Art Anstellung zu finden. Doch je mehr er von ihnen sah und hörte, desto weniger schätzte er sie — und als der päpstliche Nuntius ihm dringend riet, derart ketzerische Magier nicht auch noch zu unterstützen, befahl er ihnen, sein Herrschaftsgebiet binnen 24 Stunden zu verlassen. Diese kurze Frist war ihr Glück. Wären sie nämlich nur sechs Stunden länger geblieben, so hätte der Nuntius eine päpstliche Anordnung vollstrecken lassen, sie lebenslangem Kerker oder dem Scheiterhaufen zu überantworten.

Unschlüssig, wohin sie ihre Schritte lenken sollten, entschlossen sie sich zur Rückkehr nach Krakau, wo sie noch immer Freunde wußten. Aber die Quellen, die ihnen Laski erschlossen hatte, waren nahezu versiegt, und tagelang mußten sie ohne Mittag- und Abendessen zu Bett gehen. Diese Armut vor der Welt zu verbergen war schwierig; doch sie schafften es, ihr Elend ohne Murren zu ertragen. Wäre dieses nämlich bekannt geworden, dessen waren sie sicher, so hätte das viele gegen ihre Anmaßungen aufgebracht. Wie kann jemandem geglaubt werden, der behauptet, im Besitz des Steins der Weisen zu sein, wenn er nicht einmal für seinen Lebensunterhalt aufkommen kann? Durch Nativitätenstellen schafften sie es schließlich, sich den Hunger wenigstens auf Armlänge vom Leib zu halten.

In dieser prekären Situation hatten sie das Glück, ein neues, reiches Opfer zu finden, noch dazu von königlichem Geblüt. Mit einer Empfehlung für König Stephan Báthori von Polen versehen, prophezeiten sie diesem in einer Audienz, Kaiser Rudolf werde in Kürze ermordet werden und die deutschen Fürsten seien gesonnen, seinen Nachfolger in Polen zu suchen. Diese Vorhersage war noch recht ungenau; daher fixierten sie den bewußten Kristall ein zweites Mal — und prompt erschien ein Geist, der ihnen mitteilte, der neue Herrscher in Deutschland werde König Stephan von Polen sein. Dieser war leichtgläubig genug, solchem Unfug Glauben zu schenken, zumal Kelly ihm gelegentlich gestattete, Zeuge seiner mystischen Kolloquien mit den Geistern zu sein. Überdies scheint er ihn und Dee wieder mit Geld ausgestattet zu haben, damit sie ihre alchimistischen Experimente fortsetzen konnten — bald jedoch von ihren nicht gehaltenen Versprechungen und ihrer ständigen Geldgier befremdet gewesen zu sein und erwogen zu haben, sie in Ungnaden zu entlassen.

Da traf es sich gut, daß sie einem weiteren Leichtgläubigen begegneten: dem Grafen Rosenberg, einem Adligen mit umfangreichen Besitzungen bei Wittingau in Böhmen. Hier lebten sie nahezu vier Jahre lang prächtig und konnten über fast unbegrenzte Geldmittel verfügen. Der Graf war, angesichts seines Reichtums, am Stein der Weisen weniger wegen des Goldes als vielmehr wegen des langen Lebens interessiert, das er sich von ihm erhoffte. Dee und Kelly bedienten ihn mit Weissagungen, die exakt auf seinen Charakter zugeschnitten waren: Er werde zum König von Polen gewählt werden und 500 Jahre lang leben, um diese Würde sattsam zu genießen — vorausgesetzt, er statte sie stets mit ausreichenden Mitteln aus, damit sie ihre Experimente fortsetzen könnten.

Doch seltsam: Während sie nun endlich vom Glück begünstigt schienen und den Lohn erfolgreicher Schurkerei genossen, ereilte sie die ausgleichende Gerechtigkeit in einer Form, die sie nicht für möglich gehalten hatten. Plötzlich trennten Eifersucht und Mißtrauen die beiden Weggenossen; ihr langjähriges Einvernehmen verschwand, und die Streitigkeiten zwischen ihnen wurden bald so heftig, daß Dee sich regelrecht bedroht fühlte. Kelly hielt sich für die — nach dem Maßstab der Schurkerei — weitaus bedeutendere Persönlichkeit und war bei jeder Gelegenheit enttäuscht, daß Dee überall den größeren Anteil an Ehre und Beachtung einheimste. Er drohte oft, Dee zu verlassen, so daß dieser auf sich selbst angewiesen wäre; Dee, der zum bloßen Werkzeug seines kühneren, unverschämteren Kumpans geworden war, fühlte sich angesichts dieser Drohung über die Maßen deprimiert. Er war so sehr vom Aberglauben durchtränkt, daß er überzeugt war, Kellys Ausbrüche entstammten weitgehend seinen Gesprächen mit den Engeln. Er hielt ihn im Hinblick auf Weisheit und geistige Tiefe für unvergleichlich und wußte niemanden auf der ganzen weiten Welt, der seine Nachfolge hätte antreten können.

Da ihre Streitereien immer mehr zunahmen, schrieb Dee Briefe an Königin Elisabeth, um sich dort eine günstige Aufnahme zu sichern, falls Kelly ihn wirklich verließe. Er sandte der Königin auch ein rundes Stück Silber, von dem er behauptete, er habe es aus einem entsprechenden Stück Messing gemacht, das er aus einer Wärmflasche geschnitten hatte. Später schickte er ihr dann die Wärmflasche selbst, damit sie sich überzeugen könne, daß das Silberstück exakt dem Loch entspreche, das in die messingne Flasche geschnitten war. So bereitete sich Dee auf das Schlimmste vor. Nichtsdestotrotz war es sein Hauptwunsch, beim Grafen Rosenberg in Böhmen zu bleiben, der ihn gut behandelte und viel Vertrauen in ihn setzte.

Es gab allerdings noch weiteres Konfliktpotential. Kelly war von einer neuen Leidenschaft ergriffen und ersann tiefschürfende Pläne, sie zu befriedigen. Seine eigene Frau war häßlich und bösartig, Dees Frau dagegen hübsch und liebenswürdig. Was ihm vorschwebte, war ein Partnertausch, der weder Dees Eifersucht erregen noch seinen Moralkodex verletzen sollte. Das war ein schwieriges Problem — aber für einen Mann wie Kelly mit seinen Defiziten an Redlichkeit und Rechtsgefühl und seinem hohen Maß an Skrupellosigkeit und Findigkeit kein unlösbares. Er hatte Charakter und Schwächen Dees eingehend studiert und baute seinen Plan auf den letzteren auf. Als sie das nächste Mal die Geister konsultierten, gab Kelly vor, durch deren Auskünfte schockiert zu sein, und weigerte sich mitzuteilen, was sie gesagt hatten. Dee insistierte und erfuhr, daß sie beide ab sofort in Weibergemeinschaft leben sollten. Das verblüffte ihn etwas und provozierte ihn zu der Nachfrage, ob die Geister nicht vielleicht meinten, sie sollten in gemeinsamer Harmonie und Zuneigung zueinander leben. Kelly machte, scheinbar widerstrebend, einen neuen Versuch und erfuhr, die Geister verständen ›Weibergemeinschaft‹ im buchstäblichen Sinn. Da ergab sich der arme Schwärmer Dee in ihren Willen. Kelly jedoch tat so, als wolle er die Ausführung ihrer Weisung verzögern. Er erklärte, hier handle es sich unverkennbar um böse, nicht um gute Geister; er werde daher ab sofort keinen Umgang mehr mit ihnen pflegen. Nach dieser Auskunft nahm er Abschied und kündigte an, er werde niemals mehr zurückkehren.

So fand sich Dee unversehens allein gelassen, in großer Bedrängnis und trübseliger Stimmung. Er konnte sich lange nicht entscheiden, wen er als Kellys Nachfolger bei der Kommunikation mit den Geistern einsetzen sollte. Am Ende bestimmte er seinen Sohn Arthur, einen achtjährigen Jungen, weihte ihn diesem Dienst in einer großartigen Zeremonie und führte ihn in die ehrwürdigen, erhabenen Pflichten ein, die er jetzt wahrzunehmen hatte. Aber der arme Junge hatte weder die Phantasie noch das Selbstvertrauen, noch die Durchtriebenheit Kellys. Er starrte unverwandt auf den Kristall, wie man ihn geheißen hatte, konnte aber nichts sehen und nichts hören. Schließlich, als ihm schon die Augen schmerzten, erklärte er, er sehe einen vagen, undeutlichen Schatten, nichts mehr. Dee war verzweifelt. Er hatte so lange mit dem Betrug gelebt, daß ihn nichts glücklicher machte als die Vorstellung vom vertrauten Umgang mit höheren Wesen; daher verfluchte er den Tag, der die Entfremdung zwischen ihm und seinem lieben Freund Kelly gebracht hatte.

Eben dies hatte der liebe Freund vorausgesehen. Er wartete noch, bis er sicher war, der Gram des Doktors über seine Abwesenheit sei nun tief genug. Dann erschien er unerwartet und betrat den Raum, wo der kleine Arthur sich verzweifelt bemühte, irgend etwas in dem Kristall zu erkennen. Bei der Fixierung dieser Situation in seinem Tagebuch schreibt Dee die plötzliche Rückkehr einem »wundersamen Geschick«, einem »göttlichen Fatum« zu und fährt fort, Kelly habe die Geister auf der Stelle gesehen, die dem kleinen Arthur unsichtbar geblieben waren. Einer der Geister wiederholte immer wieder die Weisung, sie sollten von nun an in Weibergemeinschaft leben. Da beugte Kelly das

Haupt und gelobte Gehorsam, und auch Dee unterwarf sich dem Befehl in aller Demut.

Damit hatte der unglückliche Mann den Tiefpunkt seiner Erniedrigung erreicht. Man lebte drei bis vier Monate lang auf die genannte Art; dann gab es neuen Streit und neue Trennung. Diesmal war sie endgültig. Kelly nahm das Elixier mit, das er in Glastonbury Abbey gefunden hatte, und begab sich nach Prag — ohne einen Gedanken auf die abrupte Art und Weise zu verwenden, in der er einst aus dieser Stadt befördert worden war. So kam, was kommen mußte: Kurz nach seiner Ankunft wurde er auf Befehl Kaiser Rudolfs festgenommen und ins Gefängnis geworfen. Nach einigen Monaten Haft entlassen, führte er mehr als fünf Jahre lang ein Vagabundenleben in Deutschland, sagte hier die Zukunft voraus, gab dort vor, Gold zu machen. Irgendwann kam er, wegen Häresie und Hexerei, ein zweites Mal hinter Schloß und Riegel. Hier beschloß er, nach England zurückzukehren, sobald er die Freiheit wiedererlangt hätte. Aber er mußte bald erkennen, daß dazu keinerlei Aussicht bestand und die Haft wahrscheinlich lebenslang sein würde. So knüpfte er in einer stürmischen Februarnacht des Jahres 1595 seine Betttücher zusammen, um sich aus dem Fenster seines Kerkers abzuseilen. Unglücklicherweise lag dieser in der Spitze eines sehr hohen Turmes, und das Seil erwies sich als zu kurz. Da Kelly zudem recht korpulent war, riß es, und er stürzte in den Abgrund. Er brach sich zwei Rippen und beide Beine und erlitt auch innere Verletzungen, die dazu führten, daß er einige Tage später starb.

Dee hatte eine Zeitlang mehr Glück. Die an Königin Elisabeth gesandte Wärmflasche war nicht ohne Wirkung geblieben. Bald nach Kellys Weggang wurde er mit einer Einladung zur Rückkehr nach England belohnt. Sein Selbstbewußtsein, das so elend gelitten hatte, wuchs sogleich wieder in die frühere Höhe, und er verließ Böhmen mit einem Gefolge von Dienern und Soldaten, das einem königlichen Gesandten angestanden hätte. Woher das Geld dafür kam, ist nicht klar — vielleicht vom freigebigen Grafen Rosenberg, vielleicht aus dem Verkauf seiner Habseligkeiten. Er reiste mit drei Kutschen für sich und seine Familie und mit drei Wagen für das Gepäck. Jede Kutsche wurde von vier Pferden gezogen und der ganze Zug von 24 Soldaten bewacht. Diese Angabe mag unglaubhaft klingen; sie basiert jedoch auf Dees eigener eidlicher Aussage vor einer von Königin Elisabeth berufenen Kommission. Nach seiner Ankunft in England hatte er eine Audienz bei der Königin, die ihn überaus freundlich empfing und Order gab, ihn in seinen chemischen und philosophischen Bemühungen keinesfalls zu stören. Sie versicherte ihn ihrer Gunst und Protektion, verzichtete allerdings auf handgreiflich-materielle Beweise ihrer Sympathie und erklärte, ein Mann, der sich rühme, Gold aus minderwertigen Metallen machen zu können, leide sicher nicht unter Geldmangel.

So war Dee unversehens wieder auf seine eigenen Ressourcen zurückgeworfen. Er nahm dies aber zum Anlaß, sich nunmehr ernstlich auf die Suche nach dem Stein der Weisen zu begeben. Unermüdlich arbeitete er zwischen seinen Schmelzöfen, Retorten und Tiegeln und vergiftete sich fast an toxischen Dämpfen. Überdies konsultierte er den Wunderkristall, erlebte aber, daß die Geister *ihm* nicht erschienen. Einen gewissen Bartholomew versuchte er als Nachfolger des unschätzbaren Kelly einzuarbeiten; auch mit ihm, einem Mann von einiger Redlichkeit, aber ohne alle Imagination, mochten die Geister nicht in Zwiesprache treten. Einem weiteren Nachfolger namens Hickman ging es nicht anders. Seit dem Abgang seines Hohenpriesters hatte der Kristall offenbar seine Kraft verloren. Dee konnte aus dieser Richtung keine Information über Stein und Elixier der Alchimisten erhalten; auch alle seine Bemühungen, sie mit anderen Mitteln zu entdecken, blieben fruchtlos und waren überdies kostspielig.

In seinem Kummer schrieb Dee herzzerreißende Briefe an die Königin und bat um Unterstützung. Er verwies darauf, daß der Mob, nachdem er England zusammen mit Laski verlassen hatte, sein Haus in Mortlake geplündert und ihn beschuldigt habe, ein Nekromant und Hexenmeister zu sein; dabei seien die Einrichtung verwüstet, seine Bibliothek mit 4000 kostbaren Bänden verbrannt und alle alchimistischen Instrumente sowie die Raritäten in seinem Museum zerstört worden. Für diese Verluste verlange er Entschädigung; außerdem sei er auf Weisung der Königin nach England gekommen und habe Anspruch auf Reisekostenerstattung. Elisabeth schickte ihm einige Male kleinere Geldsummen. Da seine Klagen jedoch nicht aufhören wollten, berief sie schließlich eine Kommission, die seine Verhältnisse überprüfen sollte. Am Ende erhielt er ein unbedeutendes Amt als Kanzler von St. Paul's Cathedral, welches er 1595 gegen das des College-Rektors von Manchester eintauschte. Hier blieb er bis 1602/03; dann begannen ihm Kraft und Intellekt zu schwinden, und er mußte das Amt niederlegen. Er zog sich an seinen alten Wohnsitz Mortlake zurück, wo er in ziemlich ärmlichen Verhältnissen lebte und sich mit ordinärer Wahrsagerei über Wasser hielt. Oft mußte er, um sich ein Essen leisten zu können, Bücher verkaufen oder verpfänden. König Jakob I. wurde mehrmals um Hilfe für ihn angegangen, weigerte sich aber, irgend etwas zu seinen Gunsten zu tun. Man könnte, um den König in Mißkredit zu bringen, sagen, die einzige Gunst, die er einem mittellosen Alten erwiesen habe, sei die königliche Lizenz zum Betteln gewesen; andererseits wird niemand den König tadeln wollen, weil er einen Schwindler wie John Dee vernachlässigte.

Dee starb 1608, in seinem 81. Lebensjahr, und wurde in Mortlake begraben. [. . .]

Die Rosenkreuzer

Zu Anfang des siebzehnten Jahrhunderts begann die Sekte der Rosenkreuzer in Europa Aufsehen zu erregen. Ihr Einfluß auf die öffentliche Meinung während ihrer kurzen Karriere und ihre dauerhafte Nachwirkung in der europäischen Literatur lassen sie besonderer Beachtung wert erscheinen. Vor ihrer Zeit war die Alchimie nur eine gemeine Verblendung; ihr gebührt das Verdienst, sie spiritualisiert, verfeinert und inhaltlich erweitert zu haben. Denn die Rosenkreuzer hielten den Stein der Weisen für ein Mittel nicht nur des Wohlstandes, sondern auch der Gesundheit und des Glücks, für ein Instrument, durch das der Mensch höhere Wesen in seinen Dienst nehmen, alle Elemente beherrschen, Raum und Zeit überwinden und eine bis ins einzelne gehende Kenntnis aller Geheimnisse des Universums erwerben könne. Wie wild und visionär sie sich auch gebärdeten, sie waren nicht ohne Nutzen — und bestünde dieser nur in der Befreiung des Aberglaubens von den finsteren und widerlichen Gestalten, mit denen die Mönche ihn bevölkert hatten, und deren Ersetzung durch ein Geschlecht milder, anmutiger, wohltätiger Wesen.

Der Name der Sekte soll von Christian Rosenkreutz herrühren, einem deutschen Adepten der hermetischen Philosophie, der gegen Ende des 14. Jahrhunderts eine Wallfahrt ins Heilige Land unternahm. Dabei soll er, in einem Ort namens Damcar mit einer gefährlichen Krankheit darniederliegend, von gelehrten Arabern besucht worden sein, die ihn als ihren Bruder in der Wissenschaft betrachteten und ihm durch Inspiration alle Geheimnisse seines vergangenen Lebens enthüllten. Danach sollen sie mit Hilfe des Steins der Weisen seine Gesundheit wiederhergestellt und ihn in ihre Mysterien eingeweiht haben. Rosenkreutz kehrte, erst 23 Jahre alt, nach Europa zurück und scharte eine ausgewählte Zahl von Freunden um sich, die er in die neue Wissenschaft einwies und durch feierliche Eide zu hundertjährigem Stillschweigen verpflichtete. Wie es heißt, lebte er von da an noch 83 Jahre lang und starb im Jahre 1484.

Viele haben die Existenz einer Persönlichkeit namens Rosenkreutz geleugnet und den Ursprung der Sekte viel später angesetzt. Nach Auffassung dieser Autoren taucht sie erstmalig in den Theorien des Paracelsus und den Phantasien Dr. Dees auf, die insofern als die faktischen (wenn auch nicht die historisch verbürgten) Begründer der Rosenkreuzer-Philosophie gelten können. Kaum entscheidbar ist die Frage, ob Dee und Paracelsus ihre Ideen von der damals noch obskuren und unbekannten Sekte bezogen oder diese deren Theorien übernahm und vervollkommnete. Als sicher kann ihre Existenz um 1605 gelten; damals begann sie in Deutschland die Aufmerksamkeit auf sich zu ziehen. Bald sammelten sich Visionäre, Paracelsianer und Alchimisten um ihre Fahne und priesen Rosenkreutz als den Erneuerer des Menschengeschlechts. Michael Mayer, ein berühmter Arzt dieser Zeit, der seine Gesundheit und sein Vermögen der Suche nach dem Stein der Weisen geopfert hatte, veröffentlichte 1615 in Köln eine Beschreibung der Grundsätze und Bräuche der neuen Bruderschaft. Darin wird betont,

»daß die Imagination ihrer Begründer alles übertraf, was seit der Erschaffung der Welt gedacht wurde, eingeschlossen die Offenbarungen der Gottheit; daß die Brüder dazu bestimmt sind, universellen Frieden zu stiften und die Menschheit zu erneuern, bevor sie sich selbst zugrunde richtet; daß sie alle Weisheit und höchste Frömmigkeit besitzen; daß sie von der Natur aufs höchste begnadet sind und diese Gnaden nach Belieben unter der übrigen Menschheit verteilen können; daß sie niemals Hunger, Durst, Krankheit, Alter oder sonstige Unannehmlichkeiten zu erleiden haben; daß sie durch Inspiration und auf den ersten Blick erkennen, wer würdig ist, in ihre Gesellschaft aufgenommen zu werden; daß sie über das gleiche Wissen verfügen wie jemand, der seit der Erschaffung der Welt gelebt und seitdem Wissen erworben hat; daß sie ein Buch haben, in dem alles zu lesen ist, was je in anderen Büchern geschrieben wurde oder noch geschrieben werden wird; daß sie die mächtigsten Geister und Dämonen beherrschen und sich dienstbar machen können; daß sie durch die Macht ihres Gesanges Perlen und Edelsteine vom Grunde des Meeres oder aus dem Innern der Erde anziehen können; daß Gott sie mit einer dichten Wolke umgeben hat, die sie der Bosheit ihrer Feinde entzieht und vor den Augen der übrigen Menschheit unsichtbar macht; daß die obersten acht Brüder die Macht haben, alle Krankheiten zu heilen und selbst die Tiara des Papstes zu Staub zerfallen zu lassen; daß sie nur zwei Sakramente anerkennen, zusammen mit den Zeremonien der Urkirche, die sie erneuert haben; daß sie den römischen Kaiser als Oberhaupt aller Christen betrachten; daß sie ihn mit mehr Gold aus ihren unerschöpflichen Schatzkammern ausstatten werden, als der König von Spanien jemals aus den Bergwerken beider Indien gewonnen hat.«

Dies war ihr Glaubensbekenntnis. Dazu kamen noch sechs Verhaltensregeln:

»1. Die Brüder sollen auf ihren Reisen alle Krankheiten unentgeltlich heilen.
2. Sie sollen sich stets so kleiden, wie es in dem Land üblich ist, in dem sie sich aufhalten.
3. Sie sollen sich einmal im Jahr an einem Ort treffen, den die Bruderschaft bestimmt; wer verhindert ist, soll eine angemessene schriftliche Entschuldigung schicken.
4. Jeder Bruder soll, wenn er sein Ende nahen fühlt, einen seiner würdigen Nachfolger berufen.
5. Die Worte ›Rose-Kreuz‹ sollen das Zeichen sein, an dem die Brüder sich erkennen.

6. Die Bruderschaft soll sechsmal zwanzig Jahre lang in der Verborgenheit bleiben.«

Die Rosenkreuzer behaupten, daß diese Regeln sich in einem goldenen Buch in Rosenkreutz' Grab gefunden hätten und daß die sechsmal zwanzig Jahre 1604 endeten. Folglich sei die Sekte von diesem Jahr an berufen gewesen, ihre Lehren zum Wohle der Menschheit zu verbreiten.[1] Acht Jahre lang betrieben diese Schwärmer Proselytenmacherei in Deutschland, wurden allerdings in anderen Teilen Europas kaum oder gar nicht beachtet. Schließlich erschienen sie in Paris und stürzten hier alle Gelehrten, Leichtgläubigen und Wunderverehrer in Verwirrung. Anfang März 1623 fanden die guten Leute dieser Stadt, als sie morgens ihre Häuser verließen, zu ihrer Überraschung alle Wände mit folgendem Manifest beklebt:

»Wir, die Vertreter des hervorragenden Kollegiums der Brüder vom Rosenkreuz, haben unsern sichtbaren und unsichtbaren Wohnort in dieser Stadt genommen — durch die Gnade des Höchsten, dem die Herzen der Gerechten zugewandt sind. Wir

---

[1] Die folgende Legende über Rosenkreutz' Grab, niedergeschrieben von Eustace Budgell, erschien 1712 in der 379. Nummer des *Spectator*:

»Ein Mann, der Gelegenheit hatte, Grabungen an dem Ort vorzunehmen, wo jener Philosoph beerdigt liegt, stieß auf eine kleine Tür zwischen zwei Mauern. Seine Neugier und die Hoffnung, einen verborgenen Schatz zu finden, veranlaßten ihn, die Tür mit Gewalt zu öffnen. Überrascht sah er sich einem hellen Lichtschein und einem sehr schönen Gewölbe gegenüber. Am oberen Ende des Gewölbes gewahrte er die Statue eines geharnischten Mannes, der an einem Tisch saß und sich auf seinen linken Arm stützte. In der rechten Hand hatte er einen Feldherrnstab, und vor ihm brannte eine Lampe. Der Eindringling hatte noch kaum einen Schritt in das Gewölbe getan, als die Statue sich aus der angelehnten Haltung erhob und kerzengerade aufrichtete. Beim nächsten Schritt hob sie die Hand mit dem Feldherrnstab. Als unser Mann noch einen weiteren Schritt wagte, holte die Statue zu einem fürchterlichen Hieb aus, zerschlug die Lampe in tausend Stücke und ließ ihn in plötzlicher Dunkelheit stehen. Auf die Nachricht von diesem Abenteuer kam das Landvolk mit Lichtern zu dem Grab und entdeckte, daß die Statue, die aus Messing bestand, lediglich von einem Uhrwerk bewegt wurde, daß der Boden des Gewölbes überall locker und mit elastischen Federn unterlegt war und daß jeder Eindringling die beschriebene Wirkung auslösen konnte. Rosenkreutz hat sich, wie seine Jünger glauben, dieses Systems bedient, um der Welt zu zeigen, daß er die immerbrennenden Lampen der Antike neu erfunden habe, aber niemand irgendeinen Vorteil aus dieser Erfindung ziehen solle.«

unterweisen und lehren ohne Bücher und Symbole; wir sprechen alle Sprachen der Länder, in denen wir wohnen, um die Menschen, unsere Genossen, aus Irrtum und Tod herauszuziehen.«

Lange war dieses seltsame Plakat der einzige Gesprächsgegenstand auf öffentlichen Plätzen. Einige wenige wunderten sich; die große Mehrheit lachte. Ein paar Wochen später erschienen zwei Bücher, die erstmals Beunruhigung über diese mysteriöse Gesellschaft auslösten, deren Wohnort niemand kannte und deren Mitglieder sich niemals zeigten: *Die schändlichen Verträge zwischen dem Teufel und den angeblich Unsichtbaren — samt ihren verdammungswürdigen Anweisungen, dem erbärmlichen Niedergang ihrer Anhänger und deren schmählichem Ende* war das erste betitelt; das zweite hieß *Untersuchung der neuen, unbekannten Kabbala der Brüder vom Rosenkreuz, die derzeit noch in der Stadt Paris wohnen — samt einer Geschichte ihrer Bräuche und Sitten, der von ihnen gewirkten Wunder und vieler anderer Dinge.*

Diese Bücher verkauften sich rasch. Jeder war eifrig bestrebt, etwas über die furchterregende und geheime Bruderschaft zu erfahren. Manche waren dermaßen beunruhigt, daß sie Tag für Tag in der Erwartung lebten, der Erzfeind werde *in propria persona* unter ihnen wandeln. Es wurde kolportiert: daß die Rosenkreuzer-Gesellschaft nur aus 36 Personen bestehe, die ihrer Taufe und der Hoffnung auf die Auferstehung abgeschworen hätten; daß sie ihre Wunder nicht, wie sie behaupteten, mit Hilfe guter Engel, sondern in Kollaboration mit dem Teufel wirkten, der ihnen die Macht verleihe, mit der Schnelligkeit des Gedankens von einem Ende der Welt zum andern zu gelangen; daß sie alle existierenden Sprachen sprächen; daß ihre Geldbörsen stets voller Geld seien, wieviel sie auch ausgäben; daß sie unsichtbar seien und in die geheimsten Winkel eindringen könnten, seien diese auch noch so sehr durch Schlösser und Riegel gesichert, und daß sie die Zukunft in gleicher Weise kennten wie die Vergangenheit. Des weiteren sollten diese 36 Brüder in Untergruppen oder Zünfte aufgeteilt sein: Sechs von ihnen seien zur Mission nach Paris gesandt worden, sechs nach Italien, sechs nach Spanien, sechs nach Deutschland, vier nach Schweden, je zwei in die Schweiz, nach Flandern, nach Lothringen und in die Franche Comté. Allgemein glaubte man, die französische Mission residiere irgendwo im Marais du Temple, und bald geriet dieses Pariser Viertel in einen so schlechten Ruf, daß man sich scheute, dort Häuser zu erwerben — aus Furcht, die sechs Unsichtbaren vom Rosenkreuz könnten sie unversehens ausräumen. Andere Gerüchte im gemeinen Volk, aber auch unter jenen, deren Bildung sie eines Besseren hätte belehrt haben sollen, besagten, daß geheimnisvoll aussehende Personen die Gasthäuser und Hotels von Paris besuchten, vom besten Fleisch äßen und den besten Wein tränken, sich aber plötzlich in Luft auflösten, wenn der Wirt mit der Rechnung komme; daß vornehme Jungfrauen, die allein zu Bett gingen, oftmals in der Nacht aufwachten und Männer bei sich liegen fänden, an Gestalt schöner denn der Apollo des Praxiteles, die sich aber unsichtbar machten, sobald Alarm gegeben werde; daß viele Leute große Haufen Gold in ihren Häusern gefunden hätten, deren Herkunft ihnen rätselhaft war.

Ganz Paris war alarmiert. Niemand glaubte sich seiner Güter sicher, keine Jungfrau ihrer Virginität, keine Ehefrau ihrer Keuschheit, solange diese Rosenkreuzer ihr Unwesen trieben. Mitten in der größten Verwirrung erschien ein neues Plakat:

»Wenn irgendwer die Brüder des Rosenkreuzes aus reiner Neugier zu sehen wünscht, wird er niemals mit ihnen in Verbindung treten können. Wenn aber sein *Wille* ihn dahin führt, seinen Namen in das Register unserer Bruderschaft zu schreiben, so werden wir, die wir die Gedanken aller Menschen lenken können, ihn von der Wahrheit unserer Verheißungen überzeugen. Dies ist der Grund, weshalb wir der Welt unseren Aufenthalt nicht bekanntgeben. Nur das Denken im Einklang mit dem ernsten *Willen* derer, die uns kennenzulernen wünschen, ist hinreichend, damit wir ihnen und sie uns bekannt werden.«

Wiewohl die reale Existenz der Rosenkreuzer fraglich schien, mußte de facto irgendwer für die Verbreitung der Plakate zuständig sein, die an jeder Hausmauer von Paris klebten. Die Polizei bemühte sich vergeblich, diese Person(en) ausfindig zu machen, und ihre Erfolglosigkeit war nur geeignet, die Verwirrung der Öffentlichkeit zu steigern. Auch die Kirche nahm sich des Problems sehr bald an: Der Abbé Gaultier, ein Jesuit, schrieb ein Buch, um zu beweisen, daß die Feindseligkeit der Rosenkreuzer gegen den Papst nur bedeuten könne, daß sie Anhänger Luthers und beauftragt seien, dessen Häresie zu verbreiten. Gerade ihr Name mache deutlich, daß sie Häretiker seien: Ein von einer Rose überragtes Kreuz sei das heraldische Sinnbild des Erzhäretikers Luther. Ein gewisser Garasse erklärte sie für dem Trunke ergebene Betrüger; ihr Name leite sich nämlich von der kreuzförmigen Rosengirlande her, die in deutschen Wirtshäusern als Emblem der Geheimhaltung über den Tischen hänge. In diesem Sinn sei auch die verbreitete Redensart zu verstehen, jemand teile einem andern etwas *sub rosa* mit, wenn er ihm ein Geheimnis anvertraue. Andere lasen die Buchstaben *F.R.C.* nicht als Abbreviatur für *Fratres Rosae Crucis,* sondern für *Fratres Roris Cocti* (=Brüder des gekochten Taues) und behaupteten als Erklärung, die Sektierer sammelten große Mengen Morgentau, kochten ihn und extrahierten ihm eine überaus wertvolle Ingredienz für die Herstellung des Steins der Weisen und des Lebenselixiers.

Die so attackierte Bruderschaft verteidigte sich, so gut sie konnte. Sie leugnete den Gebrauch jeder Art von Magie und die Kollaboration mit dem Teufel. Ihre Mitglieder, erklärte sie, seien vollkommen glücklich; sie hätten bereits über 100 Jahre gelebt und gedächten noch weitere Jahrhunderte zu leben; ihre intimen Kenntnisse aller Zusammenhänge in der Natur seien ihnen von Gott selbst mitgeteilt worden — als Belohnung für ihre Frömmigkeit und Hingabe an seinen Dienst. Die ihren Namen von einem Rosenkreuz herleiteten oder sie Trunkenbolde nennten, seien im Irrtum. Ihr Name stamme von Christian Rosenkreutz, ihrem Begründer, her, und was Durst bedeute, wüßten sie gar nicht — sie genössen höhere Freuden als die des Gaumens. Sie hielten sich im übrigen von Politik und jeder Art Religion fern, könnten allerdings nicht umhin, die Suprematie des Papstes zu leugnen und ihn als Tyrannen zu betrachten. Heftige Klage führten sie darüber, daß man sie fleischlicher Begierden bezichtigt und verdächtigt hatte, im Schutz der Unsichtbarkeit in die Gemächer schöner Jungfrauen einzudringen. Sie versicherten, daß im Gegenteil das erste Gelübde, welches beim Eintritt in die Gesellschaft abgelegt werden müsse, das der Keuschheit sei und daß jeder, der in diesem Punkt fehle, sofort aller vorher genossenen Vorteile verlustig gehe und wie andere Menschen wieder Hunger, Schmerz, Krankheit und Tod ausgesetzt sei. Letztlich sei auch der Fall Adams darin begründet, daß er das Keuschheitsgebot übertreten habe.

Die Sekte beließ es aber nicht bei dieser Verteidigung. Auf einem weiteren Plakat präsentierte sie ein ausführliches Bekenntnis ihres Glaubens. Darin werden alle alten Geschichten von Zauberei, Hexenkunst und Gemeinschaft mit dem Teufel verabschiedet. Schreckenerregende, unnatürliche und ekelhafte Wesen wie Inkuben und Sukkuben werden für nicht existent erklärt, desgleichen die unzähligen grotesken Kobolde, an die Menschen so viele Generationen lang geglaubt hatten.

Der Mensch ist nicht von Widersachern dieser Art umgeben, sondern von angenehmen, wohltätigen Wesen, die darum wetteifern, ihm zu Diensten zu sein. Die Luft ist von Sylphen bevölkert, das Wasser von Undinen und Najaden, das Innere der Erde von Gnomen und das Feuer von Salamandern. Alle diese Wesen sind Freunde des Menschen und wünschen nichts sehnlicher, als daß die Menschheit sich von aller Unreinheit befreie und so in der Lage sei, mit ihnen in Kommunikation zu treten. Sie verfügen über große Macht und sind weder durch räumliche noch materielle Hindernisse eingeschränkt. In einem Punkt allerdings ist der Mensch ihnen überlegen: Er hat eine unsterbliche Seele, sie nicht. Sie können indes an der Unsterblichkeit der Menschen partizipieren, wenn sie in ihnen die Liebe zu jenen Wesen entfachen. Daher bemühen sich die weiblichen Geister unablässig, die Bewunderung der Männer auf sich zu ziehen, und die männlichen Gnomen, Sylphen, Salamander und Undinen bemühen sich um die Liebe der Frauen. Indem das Objekt dieser Passion die Liebe erwidert, geht ein Teil jenes himmlischen Feuers, der Seele, auf es über, und von nun an sind Liebende(r) und Geliebtes wesensgleich. Ist die ihnen zugewiesene Zeit zu Ende, so suchen beide zusammen die Wohnungen der Seligkeit auf. Von dort wachen sie beständig, Tag und Nacht, über die Menschheit. Träume, Omina und Vorahnungen, die auf drohende Gefahren hinweisen, sind ihr Werk. Aber so sehr sie auch geneigt sind, die Menschen zu deren eigenem Besten zu begünstigen — bisweilen macht der Mangel einer vollständigen Seele sie launenhaft und rachsüchtig. Dann sind sie wegen geringfügiger Ursachen beleidigt und häufen Schmähungen statt Wohltaten auf die Häupter derer, die das Licht der Vernunft durch Maßlosigkeit, Völlerei und andere Gelüste des Körpers zum Erlöschen bringen.

Die Erregung der Pariser über die Plakate der Bruderschaft und die Attacken der Geistlichkeit ließen nach ein paar Monaten nach. Die Geschichten über die Rosenkreuzer waren am Ende selbst für dieses Zeitalter der Absurditäten so absurd geworden, daß die Menschen über jene unsichtbaren Herren und ihre phantastischen Lehren nur noch lachen konnten. In dieser Zeit der Krise (1623) veröffentlichte Gabriel Naudé sein Buch *Instrvction a la France svr la verité de l'histoire des frères de la Roze-Croix,* in dem er die Torheiten der neuen Sekte sehr wirksam bloßstellte. Wiewohl das Werk nicht sehr gut geschrieben ist, war es zeitlich doch geschickt plaziert. Es löschte die Rosenkreuzer-Bewegung in Frankreich praktisch aus, und ein Jahr später war von der Sekte kaum noch etwas zu hören. Lediglich Gauner in verschiedenen Teilen des Landes benutzten den Namen, um ihre Betrügereien zu bemänteln; hier und da wurde einer gefaßt und gehängt wegen seiner beachtlichen Fähigkeit, Perlen und andere Preziosen aus den Taschen anderer Leute in seine eigenen zu zaubern, oder wegen des Versuchs, Klumpen vergoldeten Messings als pures Gold in Umlauf zu bringen, das unter Mithilfe des Steins der Weisen entstanden sei. Von diesen Ausnahmen abgesehen, fielen die Rosenkreuzer in Vergessenheit.

Aber ihre Lehre war nicht auf ein so enges Gebiet wie Frankreich beschränkt gewesen. In Deutschland war sie weiter lebendig, und in England zog sie viele Anhänger an. Diese beiden Länder brachten zwei einflußreiche Philosophen hervor: Jacob Böhme und Robert Fludd, von denen man kaum sagen kann, welcher der absurdere und extravagantere war. Böhme vertrat eine Strömung der Rosenkreuzer, die man *Fratres Aurae Crucis* nannte und die sich ganz mit der Betrachtung himmlischer Dinge befaßte, Fludd dagegen die eigentlichen *Fratres Rosae Crucis,* die sich auf die Wunder der sublunarischen Sphäre beschränkten. Er kann recht eigentlich der Vater der englischen Rosenkreuzer genannt werden und verdient als solcher eine ehrenvolle Erwähnung in den Annalen des Wahns.

Fludd wurde 1574 in Milgate (Kent) als Sohn von Sir Thomas Fludd, dem Kriegsschatzmeister Königin Elisabeths, geboren. Er war zunächst für die Armee bestimmt, hing aber so leidenschaftlich an wissenschaftlichen Studien und war so ruhig und zurückhaltend im Charakter, daß er auf militärischem Feld fehl am Platze schien. Sein Vater, der dies erkannte, mochte ihn nicht zu einer Laufbahn zwingen, für die er ungeeignet war, und ermutigte ihn zum Studium der Medizin; für sie nämlich zeigte er eine frühzeitige Vorliebe. Mit 25 Jahren wechselte er zum Kontinent über, und da er sich von allem Abstrusen, Wunderbaren und Unverständlichen angezogen fühlte, wurde er ein eifriger Anhänger des Paracelsus, den er nicht nur als Erneuerer der Medizin, sondern auch der Philosophie ansah. Er hielt sich sechs Jahre in Italien, Frankreich und Deutschland auf, nährte seinen Geist mit phantastischen Ideen und suchte die Gesellschaft von Schwärmern und Visionären. 1605 kehrte er nach England zurück, erwarb in Oxford den Doktorgrad der Medizin und begann in London als Arzt zu praktizieren.

Man wurde bald auf ihn aufmerksam. Er latinisierte seinen Namen in ›Robertus a Fluctibus‹ und verbreitete mancherlei seltsame Lehren. Er bekannte seinen Glauben an den Stein der Weisen, das Wasser des Lebens und das Universalmittel Alkahest und behauptete, allen Dingen lägen nur zwei Prinzipien zugrunde: das der Verdichtung, die nördliche oder ›boreale‹ Kraft, und das der Verdünnung, die südliche, ›australe‹ Kraft. Der menschliche Körper wird Fludd zufolge von einer Anzahl von Dämonen gesteuert, deren jedem sich ein bestimmter Platz auf einem Rhomboiden zuweisen läßt.

Jede Krankheit habe einen speziellen Dämon, der sie auslöse, und könne nur mit Hilfe des Dämons bekämpft werden, der auf dem Rhomboiden den exakt gegenüberliegenden Platz einnehme. (Von Fludds medizinischen Theorien werden wir noch zu sprechen haben, ist er doch einer der Mitbegründer des Magnetismus-Wahns, dessen Ableger, die Lehre vom tierischen Magnetismus, in unseren Tagen so viel Aufsehen erregt hat.)

Damit aber nicht genug. Sobald die Rosenkreuzer in Europa Furore zu machen begannen, trat Fludd der Sekte bei und erreichte bald eine einflußreiche Position in ihr. Er unternahm es freiwillig, sie gegen die heftigen Angriffe diverser deutscher Autoren wie Libavius zu verteidigen, und publizierte 1617 seine Schrift *Tractatus apologeticus integritatem Societatis de Rosea Cruce defendens*. Dieses Werk fand auch auf dem Kontinent viel Beachtung und führte dazu, daß sein Autor von nun an als einer der Hohenpriester der Sekte betrachtet wurde. Wie stark sein Renommee war, zeigt die Tatsache, daß Kepler und Gassendi es nötig fanden, ihn zu widerlegen; der letztere nahm eine umfassende Überprüfung seiner Theorie vor. Auch Mersenne, der Freund Descartes', der diesen gegen die Beschuldigung verteidigt hatte, Rosenkreuzer zu sein, attackierte den ›Doctor a Fluctibus‹, und wies die Absurdität der Rosenkreuzer-Philosophie im allgemeinen und der Lehre des ›Doctor a Fluctibus‹ im besonderen nach. Fludd schrieb — unter dem Titel *Summum Bonum, quod est Magiae, Cabalae, Alchimiae, Fratrum Rosae-Crucis verorum, et adversus Mersenium Calumniatorem* — eine lange Erwiderung, in welcher er Mersenne einen ignoranten Verleumder, die Alchimie eine nützliche Wissenschaft und die Rosenkreuzer die würdigen Erneuerer der Welt nennt. Daneben verfaßte er mehrere Werke zur Alchimie, eine zweite Antwort an Libavius und viele medizinische Schriften. Er starb 1637 in London.

Nach Robert Fludds Tod nahm der Einfluß der Sekte in England ab. Sie erregte nur noch wenig Aufsehen und unternahm nichts, um sich wieder ins Gespräch zu bringen. Aber die Narretei war damit noch nicht aus der Welt, wie einige obskure und fast unverständliche Bücher zeigen, die in der Folge erschienen. Eugenius Philalethes, ein namhafter Alchimist (sein wahrer Name lautet anders), publizierte 1652 in London *The Fame and Confession of the Brethren of the Rosie-Cross;* John Heydon, ein weiterer Schwärmer, brachte um 1660 gleich drei Bücher nacheinander heraus: *The Wise Man's Crown, or the Glory of the Rosie-Cross; The Holy Guide, leading the way to unite Art and Nature with the Rosie-Cross uncovered; A new Method of Rosicrucian Physic — by John Heydon, the servant of God and the secretary of Nature.* Einige Thesen aus dem letzteren Werk mögen die Lehren der englischen Rosenkreuzer zu dieser Zeit verdeutlichen:

In seinem Vorwort, das er einen »Apolog für einen Epilog« nennt, will Heydon (nach seinen eigenen Worten »zeitlebens Anwalt in Westminster Hall während aller Sitzungsperioden und während der Gerichtsferien alchimistischer und rosicrucianischer Meditation hingegeben«) die Öffentlichkeit über die wahre Geschichte und die wirklichen Ziele der Sekte aufklären. Moses, Elias und Hesekiel sind demnach die ältesten Meister der Rosenkreuzer-Philosophie. Die wenigen, die ihr in England und im übrigen Europa anhängen, sind vergleichbar den Augen und Ohren des großen Weltenkönigs; sie sehen und hören alles, sind auf seraphische Weise erleuchtet und Gefährten der heiligen Gemeinschaft von unkörperlichen Seelen und unsterblichen Engeln; sie verwandeln sich proteushaft in jede Gestalt und haben die Kraft, Wunder zu wirken. Die

frömmsten und am meisten vergeistigten Brüder können die Ausbreitung von Seuchen verhindern, Stürme und die wilde See beruhigen, durch die Luft wandeln, den bösen Blick der Hexen vereiteln, alle Krankheiten heilen und alle Metalle in Gold verwandeln. [...]
Heydon hielt eifrig an dem Dogma der Rosenkreuzer fest, daß Essen und Trinken für Menschen überflüssig sei, und behauptete, jeder könne auf die gleiche Weise leben wie das einzigartige Volk in der Nähe der Gangesquelle, das in den Reisebeschreibungen seines Namensvetters Sir Christopher Heydon vorkommt: Es hat keine Münder und kann daher nicht essen, lebt aber von dem Atem, den die Nase einzieht; nur wenn einzelne seiner Angehörigen weite Reisen unternehmen, wechseln sie die Diät und leben vom Duft der Blumen. In wirklich reiner Luft ist Heydon zufolge »eine feine, fremdartige Fettigkeit«, mit der die Sonnenstrahlen sie durchsetzten; sie sei für die Ernährung der meisten Menschen ausreichend. In bezug auf Menschen mit übergroßen Begierden hatte er aber keine Einwände dagegen, daß sie Fleischnahrung zu sich nähmen; er beharrte jedoch hartnäckig darauf, daß es keine Notwendigkeit gebe, sie zu *essen*. Wenn sie ein Pflaster mit sorgfältig zubereitetem Fleisch auf ihr Epigastrium (die Oberbauchgegend) legten, so sei dies ausreichend für die Bedürfnisse selbst der Kräftigsten und Gefräßigsten! Auf diese Weise ließen sie auch keine Krankheiten in den Körper, wie dies durch das breite und vulgäre Tor des Mundes immer wieder geschehe. Am Beispiel des Trinkens könne man diese Auffassung belegen: Solange jemand im Wasser sitze, habe er nie Durst. Er selbst, sagt Heydon, habe viele Rosenkreuzer gekannt, die auf diese Weise Wein zu sich nahmen und jahrelang fasteten. Tatsächlich könnten wir leicht unser ganzes Leben lang fasten, selbst wenn es 300 Jahre währte, und so alle Krankheitsgefahr im Keim ersticken.

Heydon teilte seinen erstaunten Zeitgenossen auch mit, daß die Häupter der Sekte zu ihren Treffen stets ihr Symbol, das ›R.C.‹, mitbrächten, ein Kreuz aus Ebenholz, mit goldenen Rosen verziert; das Kreuz symbolisiere Christi Leiden für unsere Sünden, die Rosen aus Gold Herrlichkeit und Schönheit seiner Auferstehung. Die Treffen fänden abwechselnd in Mekka, Golgatha, Haran, auf dem Sinai und an drei anderen Plätzen statt, die mitten in der Luft liegen müßten: ›Cascle‹, ›Apamia‹ und ›Chaulateau Virissa Caunuch‹. Dorthin kämen die Brüder, wenn sie ihre Vorhaben planten, aber auch, um sich zu erfreuen. Alles, was in der Welt getan worden sei, getan werde und noch getan werden sollte, werde dort von Anfang bis Ende erörtert. »Dies«, so schließt Heydon, »sind die Männer, die man Rosenkreuzer nennt.«

Gegen Ende des 17. Jahrhunderts scheinen bei der Sekte vernünftigere Gedanken eingekehrt zu sein. Ihre — der Zahl nach noch immer wenigen — Mitglieder scheinen erkannt zu haben, daß Zufriedenheit der wahre Stein der Weisen ist, und die unsinnige Suche nach einem reinen Phantom aufgegeben zu haben. Im *Spectator* (Nr. 574 vom 30.7.1714) hat Addison von seiner Unterhaltung mit einem Rosenkreuzer berichtet. Der Bericht legt den Schluß nahe, daß die Sekte damals in ihren Taten vielleicht mehr Weisheit an den Tag zu legen begann, daß ihre Reden aber noch genauso verrückt klangen wie ehedem:

»Einst hatte ich eine Unterredung mit einem Rosenkreuzer über das Große Geheimnis. Er sprach von dem Geheimnis als von einem Geist, der in einen Smaragd eingeschlossen ist und allen Dingen in seiner Nähe die höchstmögliche Vollkommenheit verleiht. ›Er läßt sie wie die Sonne glänzen und funkeln wie Diamanten. Er erleuchtet jedes Metall und reichert Blei mit den Eigenschaften des Goldes an. Er erhöht Rauch in Feuer, Feuer in Licht und Licht in Glorie.‹ Er fügte hinzu, ›daß ein einziger

Strahl von ihm Schmerz, Sorge und Traurigkeit der Person vertreibt, auf welche er fällt. Kurz gesagt, seine Gegenwart läßt jeden Ort zu einem Stück Himmel werden.‹ In diesem kaum verständlichen Jargon redete er noch eine Weile weiter, vermengte dabei im gleichen Zusammenhang natürliche und moralische Begriffe. Ich kam am Ende zu dem Schluß, daß sein Großes Geheimnis nichts anderes als die Zufriedenheit sei.«

Poesie und Romanliteratur verdanken den Rosenkreuzern mancherlei wertvolle Schöpfung. Die Literatur Englands, Frankreichs und Deutschlands enthält Hunderte von Figuren und Fiktionen, deren Grundmuster ihren Tagträumen entlehnt ist. Shakespeares luftiger *Ariel* wäre hier an erster Stelle zu nennen. Der gleichen Quelle hat Pope die ätherisch-zarten Bewohner von Belindas Ankleidezimmer in seinem *Lockenraub* entnommen — ebenso La Motte Fouqué die schöne und kapriziöse Nymphe *Undine,* um die herum er mehr Grazie und Lieblichkeit gruppiert und für deren imaginäre Leiden er mehr Mitleid provoziert, als einem übernatürlichen Wesen bis dahin zuteil wurden. Auch Scott stattete die *Weiße Dame von Avenel* mit vielen Attributen der Undinen oder Wassergeister aus. Deutsche Romanzen und Gedichte wimmeln von Anspielungen auf Sylphen, Gnomen, Undinen und Salamander; in den französischen wurden sie bald den Gestalten der schwerfälligeren griechisch-römischen Mythologie vorgezogen. Besonders die Sylphen wurden zu Favoriten der Dichter und dadurch dem breiteren Publikum sehr vertraut — speziell in ihrer Vermengung mit jener anderen Gattung übernatürlicher Wesen, den Feen, die sich eines viel verehrungswürdigeren Alters in den Annalen des Aberglaubens rühmen können.

Mag die Rosenkreuzer-Philosophie noch so ungereimt gewesen sein — angesichts dieser Verdienste kann kein Liebhaber der Poesie wünschen, die Sekte hätte niemals existiert!

Jacob Böhme

Es ist nunmehr an der Zeit, von Jacob Böhme zu sprechen, der das Geheimnis der Transmutation in der Bibel zu finden hoffte und eine seltsam heterogene, aus Alchimie und Religion gemischte Lehre entwickelte, auf deren Grundlage er die Sekte der Aureakruzianer begründete.

Böhme wurde 1575 bei Görlitz in der Oberlausitz geboren und betrieb bis in die Dreißigerjahre das Schuhmacherhandwerk. Er war ein dunkler, visionärer, unruhiger Geist, und als sich die Rosenkreuzer-Lehren in den Jahren 1607/08 in diesem Teil Deutschlands verbreiteten, begann er sein Leder beiseite zu legen und sein Hirn mit metaphysischem Unsinn vollzustopfen. Bald fielen ihm die Werke des Paracelsus in die Hände und nahmen ihn, zusammen mit den Träumereien der Rosenkreuzer, so sehr in Anspruch, daß er sein Gewerbe ganz aufgab. Das hatte umgehend Folgen: Aus einem Zustand relativer materieller Unabhängigkeit sank er in Armut und Elend. Aber er fürchtete sich nicht vor körperlicher Entbehrung, solange sein Geist den Wesen einer höheren Sphäre zugewandt war. In Gedanken fühlte er sich bereits als neuer Apostel der Menschheit.

1612, nach vierjähriger Meditationsphase, brachte er sein erstes Werk heraus: *Aurora, oder Morgenröte im Aufgang,* in dem die wirren Ideen des Paracelsus verarbeitet werden, aber dessen Konfusion noch überboten wird. Der Stein der Weisen, behauptet Böhme, könne durch sorgfältiges Studium der Bibel gefunden werden — speziell der Apokalypse, die allein schon alle Geheimnisse der Alchimie enthalte. Die göttliche Gnade operiere nach den gleichen Regeln und Methoden, die die göttliche Vorsehung in der Natur befolge. Die Seelen der Menschen würden von ihren Lastern und Verderbnissen auf genau gleiche Weise gereinigt wie Metalle von ihren wertlosen Bestandteilen: durch das

Feuer. Neben den Sylphen, Gnomen, Undinen und Salamandern nahm Böhme mannigfache Klassen und Rangordnungen von Dämonen an. Er behauptete, unsichtbar und absolut keusch zu sein. Wenn er wolle, könne er überdies jahrelang auf Essen und Trinken verzichten, desgleichen auf die Befriedigung aller übrigen körperlichen Bedürfnisse. Aber es ist wohl unnötig, diese Narrheiten noch weiter auszubreiten.

Böhme erhielt wegen der *Aurora* einen Tadel durch den Magistrat von Görlitz. Er wurde angewiesen, die Feder beiseite zu legen und zu seinem Schusterpech zurückzukehren, damit seine Familie nicht der Armenfürsorge zur Last fiele. Aber er schlug diesen guten Rat in den Wind und setzte seine Studien fort, schmolz und klärte am einen Tag Metalle, mystifizierte Gottes Wort am nächsten. Mehrere weitere Bücher, großenteils genauso absurd wie das erste, waren das Resultat: *Metallurgia, Vom dreifachen Leben des Menschen, Mysterium magnum* u. a. Das letzte: *Quaestiones theosophicae* ist voller Allegorien und fremdartiger Metaphern, aber ohne Sinn und gesunden Menschenverstand.

Jacob Böhme starb 1624 und hinterließ eine stattliche Zahl bewundernder Anhänger. Viele von ihnen waren während des 17. Jahrhunderts wegen der Ungereimtheit ihrer Schriften genauso berüchtigt wie ihr Meister. Ihre Häresie machte sie der katholischen Kirche verhaßt; manche hatten für ihre Überzeugungen lange Haftstrafen und Folterungen zu erleiden. Einer von ihnen, Quirinus Kuhlmann, wurde 1689 in Moskau lebendig verbrannt; man beschuldigte ihn der Hexerei.

Giuseppe Francesco Borri

Als Michael Mayer die Welt mit der Gesellschaft der Rosenkreuzer bekannt machte, wurde in Italien ein

Mann geboren, dem es bestimmt war, späterhin eines der bemerkenswertesten Mitglieder dieser Bruderschaft zu werden. Niemals hat die alchimistische Manie einen findigeren und vollendeteren Betrüger auf den Plan gerufen als Giuseppe Francesco Borri, der nach einigen Quellen 1616, nach anderen erst 1627 das Licht der Welt erblickte — in Mailand, wo sein Vater Branda Borri als Arzt praktizierte.

Mit 17 wurde Giuseppe zum Jesuitenkolleg in Rom geschickt, um seine Bildung zu vervollkommnen. Hier tat er sich bald durch sein außergewöhnliches Gedächtnis hervor. Alle Themen, denen er sich zuwandte, machte er sich mit äußerster Leichtigkeit zu eigen. Auch in den dicksten Folianten gab es kein noch so winziges Detail, das seiner Aufmerksamkeit entgangen wäre; kein Forschungsgegenstand war so schwierig, daß er ihn nicht gemeistert hätte. Aber alle Vorteile, die er aus dieser Begabung hätte ziehen können, wurden durch seine unbezähmbare Leidenschaftlichkeit, seine Unruhe und seinen Hang zur Ausschweifung vereitelt. Er hatte immer Schwierigkeiten, ob mit der Leitung des Kollegs oder mit der römischen Polizei, und entwickelte einen so schlechten Charakter, daß auch spätere Jahre daran nichts mehr ändern konnten. Durch die Mithilfe von Freunden gelang es ihm, sich als Arzt in Rom niederzulassen und auch eine gewisse Position im Vatikan zu erhalten.

Bei einem seiner gelegentlichen Anfälle von Studierwut entdeckte er seine Liebe zur Alchimie und beschloß, seine Energien auf die Suche nach dem Stein der Weisen zu verwenden. Dabei hatte er ohnedies schon genug ungünstige Neigungen, um in Armut und Elend zu geraten. Seine Vergnügungen waren so teuer wie seine Studien, und beide reichten aus, um seine Gesundheit und seinen noch passablen Ruf zu untergraben. Mit 37 erkannte er, daß die Medizin ihn nicht ernähren konnte, und suchte nach einer neuen Beschäftigung. So wurde er 1653 Privatsekretär beim Marquis de Mirogli, Gesandter des Erzherzogs von Tirol am päpstlichen Hof. Dieses Amt bekleidete er zwei Jahre lang, führte dabei jedoch das gleiche leichtfertige Leben wie zuvor: Er trieb sich mit Spielern, Wüstlingen und liederlichen Frauen herum, ließ sich in schändliche Straßenhändel ein und befremdete seine Vorgesetzten, die es gut mit ihm meinten.

Doch urplötzlich beobachtete man eine Veränderung in seinem Verhalten. Der exzessive Roué nahm die äußere Gelassenheit eines Philosophen an; der hartgesottene, spöttische Sünder erklärte, er habe seinem bisherigen Leben abgeschworen und wolle fortan ein Vorbild an Tugend sein. Für seine Freunde war diese Wendung ebenso angenehm wie unerwartet; Borri selbst deutete nur unbestimmt an, sie sei Folge der wundersamen Offenbarung einer höheren Macht. Er gab vor, wohltätige Geister kommunizierten mit ihm; die Geheimnisse Gottes und der Natur lägen offen vor ihm, und er sei in den Besitz des Steins der Weisen gelangt. Wie sein Vorgänger Jacob Böhme vermengte er religiöse Inhalte mit philosophischen Vorstellungen und begann sich als Begründer einer neuen Sekte auszugeben. Mitten in Rom, im Vatikan gar, war dies ein gewagtes Vorgehen, und Borri erkannte seine Tragweite rechtzeitig genug, um sich vor drohender Inhaftierung im Kerker der Engelsburg zu retten. Er floh nach Innsbruck, blieb dort etwa ein Jahr und kehrte dann in seine Heimatstadt Mailand zurück.

Seine Reputation als heiliger Mann wuchs schnell. Viele Menschen entschlossen sich, ihr Schicksal mit dem seinigen zu verbinden. Alle, die in die neue Gemeinschaft aufgenommen werden wollten, mußten ein Armutsgelöbnis ablegen und ihren Besitz zugunsten der Bruderschaft abtreten. Borri teilte ihnen mit, er

habe vom Erzengel Michael ein himmlisches Schwert
bekommen, in dessen Heft die Namen der sieben himmlischen Intelligenzen eingraviert seien.

»Wer immer sich weigert«, sprach er, »in meine neue Gemeinde
zu kommen, wird von den himmlischen Heerscharen bestraft
werden, zu deren Führer mich Gott bestimmt hat. Wer mir
nachfolgt, soll alle Freuden genießen. Bald schon werde ich, mit
Hilfe des Steins der Weisen, meine chemischen Studien zu einem
glücklichen Abschluß bringen, und dann werden wir alle so viel
Gold haben, wie wir wollen. Ich bin der Hilfe aller Engel sicher,
besonders des Erzengels Michael. Als ich den Weg des Geistes
zu wandeln begann, hatte ich eine nächtliche Vision, und die
Stimme des Engels versicherte mir, daß ich zum Propheten bestimmt sei. Als Zeichen dafür sah ich eine Palme, umgeben mit
aller Herrlichkeit des Paradieses. Die Engel kommen zu mir,
wann immer ich sie rufe, und enthüllen mir alle Geheimnisse des
Universums. Auch die Elementargeister gehorchen mir und fliegen zu den äußersten Enden der Erde, um mir und jenen zu
dienen, die auszuzeichnen mir gefällt.«

Durch ständige Wiederholung solcher Sprüche gelang
es Borri bald, eine sehr beachtliche Zahl von Anhängern um sich zu sammeln. Da er in unserem Zusammenhang allerdings mehr als Alchimist und weniger
als religiöser Sektierer betrachtet wird, erscheint es
überflüssig, seine Lehren über eine Reihe kirchlicher
Dogmen wiederzugeben (die übrigens in Kirchenkrei-
sen wilde Empörung auslösten). Sie sind insgesamt
genauso absurd wie seine philosophischen Behauptungen. Als das Heer seiner Jünger noch weiter anwuchs,
scheint er mit der Idee gespielt zu haben, eines Tages
ein neuer Mohammed zu werden und in der Nähe von
Mailand ein religiöses Königreich zu gründen, mit ihm
selbst als König und Prophet. Er hatte, im Jahre 1658,
bereits Maßnahmen getroffen, die Wachmannschaften
an allen Toren der Stadt verhaften und sich zum Herrscher ausrufen zu lassen — doch sein Plan wurde kurz
vor der Ausführung aufgedeckt. 20 von seinen An-

hängern wurden verhaftet; ihm selbst gelang es nur mit großer Mühe, in das neutrale Gebiet der Schweiz zu entkommen und sich dem päpstlichen Unwillen zu entziehen. Dennoch wurde ihm in Abwesenheit der Prozeß gemacht. 1661 wurde er als Ketzer und Hexenmeister zum Tode verurteilt und durch den städtischen Henker *in effigie* verbrannt.

Doch das beeindruckte ihn wenig. Er lebte eine Zeitlang ruhig in der Schweiz und spottete genüßlich über die Inquisition und ihre Methoden. Später ging er nach Straßburg, um dort seinen Wohnsitz zu nehmen. Er wurde, als ein wegen seiner religiösen Überzeugungen verfolgter Mann und überdies als bedeutender Alchimist, sehr herzlich empfangen. Aber die Atmosphäre der Stadt erschien seinem vorwärtsstrebenden Geist zu beschränkt, und er wechselte noch im selben Jahr in das liberalere Amsterdam über. Hier mietete er ein herrschaftliches Haus, erwarb eine Equipage, deren Pracht die der reichsten Kaufleute in den Schatten stellte, und legte sich den Titel ›Exzellenz‹ zu. Woher er die Mittel für diesen aufwendigen Lebensstil bezog, war lange Zeit sein Geheimnis; die Adepten der Alchimie erklärten es mit Leichtigkeit auf ihre Art. Vernünftige Leute indes waren der Ansicht, daß er auf weniger wundersame Art reich geworden war: Hatte es nicht unter seinen bedauernswerten Anhängern in Mailand viele wohlhabende Leute gegeben, die entsprechend der Grundregel der Sekte all ihr irdisches Hab und Gut vertrauensvoll in die Hände ihres Meisters gelegt hatten?

Welche Quelle das Geld auch immer hatte — Borri gab es in Holland mit vollen Händen aus und wurde mit nicht geringer Achtung und Verehrung behandelt. Als ihm dann noch mehrere Heilungen gelangen, wurde er vollends als Wundertäter angesehen. Neben alledem trieb er seine alchimistischen Bemühungen fleißig weiter und erwartete täglich, daß die minderwertigen Metalle sich endlich in Gold verwandeln würden. Diese Hoffnung verließ ihn nie, auch nicht auf den äußersten Tiefpunkten seiner Karriere. Auf den Höhepunkten verleitete sie ihn zu verrückten Geldausgaben. Freilich: Er konnte mit den aus Italien geretteten Mitteln ein so prächtiges Leben nur eine relativ kurze Zeit lang führen. Der Stein der Weisen versprach zwar Abhilfe bei allen Mängeln der Zukunft, gab aber für die Erfordernisse der Gegenwart nichts her. Borri war nach einigen Monaten gezwungen, sich einzuschränken — sein großes Haus aufzugeben, seine vergoldete Kutsche, seine kostbaren Vollblutpferde, seine livrierten Lakaien, seine verschwenderischen Lustbarkeiten. Natürlich brachte diese Verringerung im Aufwand auch eine Verringerung im Ansehen. Seine Heilbehandlungen erschienen auf einmal weniger mirakulös, wenn er Krankenbesuche zu Fuß machte, statt als ›Seine Exzellenz‹ sechsspännig vor eines armen Mannes Haus vorzufahren. Aus einem Wundertäter wurde ein gewöhnlicher Mensch. Seine ehedem dicken Freunde zeigten ihm die kalte Schulter, und seine Speichellecker brachten ihr Räucherwerk zu einem neuen Schrein. Da erkannte auch Borri, daß ein Quartierwechsel angebracht wäre. Er borgte sich Geld, so viel er bekommen konnte — z. B. 200000 Gulden von einem Kaufmann namens de Meer, als »Beitrag zur Entdeckung des Lebenswassers«. Er schaffte es auch, daß man ihm sechs Diamanten von großem Wert überließ, weil er versprach, die Unreinheiten in ihnen zu beseitigen, ohne das Gewicht zu verringern. Mit dieser Beute stahl er sich des Nachts aus der Stadt und ging nach Hamburg.

Hier hielt sich zu dieser Zeit, man schrieb das Jahr 1666, die berühmte Christine, Ex-Königin von Schweden, auf. Borri beschaffte sich eine Empfehlung und erbat ihre Patronage für seine Bemühungen um den Stein der Weisen. Christine versprach ihm eine gewisse Unterstützung. Er jedoch, besorgt um mögliche Beziehungen jener Amsterdamer Kaufleute nach Hamburg, durch die seine Betrügereien ans Licht kommen könnten, wenn er noch länger in der Hansestadt bliebe, setzte sich nach Kopenhagen ab und suchte um Protektion bei König Friedrich III. von Dänemark nach.

Dieser Fürst glaubte fest an die Transmutation der Metalle. Da er gerade in Geldnöten war, lauschte er bereitwillig den Vorstellungen eines Abenteurers, den in gleicher Weise seine Eloquenz wie seine Fähigkeiten zu empfehlen schienen. Er stattete ihn mit den nötigen Mitteln aus, um seine Experimente durchzuführen, und nahm an deren Fortgang reges Interesse. Monat für Monat erwartete er, reich genug zu sein, um ganz Peru zu kaufen, akzeptierte aber, wenn sich diese Hoffnung wieder einmal zerschlagen hatte, geduldig die Entschuldigung Borris, der jedesmal mit einer plausiblen Erklärung aufzuwarten wußte. Dabei band er sich nach und nach immer fester an ihn und verteidigte ihn gegen die eifersüchtigen Angriffe der Höflinge ebenso wie gegen den Unwillen jener Untertanen, die zusehen mußten, wie ihr Monarch das bereitwillige Opfer eines Scharlatans wurde. Borri bemühte sich nach Kräften, diese günstige Meinung des Königs lebendig zu erhalten, wobei ihm seine medizinischen Kenntnisse gute Dienste taten. Oft verhinderten nur sie, daß er in Ungnade fiel. Als der Monarch jedoch 1670 starb, stand er wieder ohne Protektor da.

In Kopenhagen hatte er mehr Feinde als Freunde, und auch vom Nachfolger Friedrichs war nichts zu erhoffen. So mußte er sein Heil in einem neuen Land suchen. Er ging zuerst nach Sachsen, erfuhr dort aber so wenig Unterstützung und sah sich so sehr von den Emissären der Inquisition bedroht, daß er nur einige

Monate blieb. Da er vorhersah, daß solche Verfolgung in jedem Land zu gewärtigen stand, in das der Arm des Papstes reichte, scheint er beschlossen zu haben, seinen Wohnsitz in der Türkei zu nehmen und Muselmane zu werden. Aber auf dem Weg nach Konstantinopel wurde er bereits an der ungarischen Grenze verhaftet und beschuldigt, in eine soeben aufgedeckte Verschwörung verwickelt zu sein. Vergeblich beteuerte er seine Unschuld und enthüllte seinen wahren Namen. Er blieb in Haft, und in einem Brief an Kaiser Leopold I. begehrten die Behörden zu wissen, was mit ihm geschehen solle.

Von nun an verließ ihn das Glück. Der Brief erreichte den Kaiser gerade in dem Augenblick, als er mit dem päpstlichen Nuntius eine geheime Unterredung pflog. Kaum hatte dieser den Namen Giuseppe Francesco Borri gehört, da reklamierte er ihn schon als Gefangenen des Heiligen Stuhls. Diesem Ersuchen gab der Kaiser statt, und Borri wurde in Fesseln, von Soldaten eskortiert, zum Gefängnis der Inquisiton nach Rom gebracht. Er war zu sehr Hochstapler, als daß er irgendeinen Hang zum Fanatismus gehabt hätte; daher war er durchaus geneigt, alle seine Häresien öffentlich zu widerrufen, wenn er dadurch sein Leben würde retten können. Als ihm dieser Vorschlag gemacht wurde, akzeptierte er ihn begierig. Er erreichte damit allerdings lediglich, daß die Todesstrafe in lebenslange Haft umgewandelt wurde. Dennoch war er glücklich, der Kralle des Henkers entronnen zu sein, und vollzog am 27. Oktober 1672 seine Abschwörung vor einer riesigen Menschenmenge in Rom. Danach wurde er in das Gefängnis der Engelsburg gebracht, wo er bis an sein Lebensende blieb.

In den letzten Lebensjahren soll er beträchtliche Hafterleichterungen genossen haben. So habe man ihm, um die Einsamkeit seines Kerkers zu mildern, die

Einrichtung eines Laboratoriums bewilligt, in dem er weiter nach dem Stein der Weisen suchen konnte. Ex-Königin Christine besuchte den alten Mann während ihres Aufenthalts in Rom oft und sprach mit ihm über chemische Probleme und die Lehren der Rosenkreuzer. Sie erreichte es sogar, daß er sein Gefängnis bisweilen für ein oder zwei Tage verlassen und in ihrem Palast wohnen durfte, und verbürgte sich für seine Rückkehr in die Gefangenschaft. Sie ermutigte ihn auch, die Suche nach dem Großen Geheimnis der Alchimisten fortzusetzen, und ließ ihm dafür Geldmittel zufließen. Man darf annehmen, daß Borri von dieser Bekanntschaft am meisten profitierte und daß Christine lediglich Erfahrungen sammelte. Aber vielleicht kam es nicht einmal dazu, blieb sie doch bis zum letzten Tag ihres Lebens von der realen Möglichkeit des Steins der Weisen überzeugt und bereit, jeden Abenteurer zu unterstützen, der eifrig oder anmaßend genug war, jene zu behaupten. [...]

Weniger bedeutende Alchimisten des 17. Jahrhunderts

Neben den schon erwähnten Vertretern der hermetischen Wissenschaft, die im Besitz des Steins der Weisen zu sein vorgaben, brachten das 16. und das 17. Jahrhundert eine große Zahl weiterer Autoren hervor, die Beiträge zu diesem Thema lieferten. Eigentlich setzten die meisten Gelehrten des Zeitalters ein gewisses Vertrauen in die Sache. Van Helmont, Borrichius, Kircher, Boerhave und eine Reihe anderer waren, obwohl nicht erklärte Alchimisten, von der Wissenschaft angetan und förderten sie.

Auch Johann Friedrich Helvetius, der Großvater des berühmten Philosophen gleichen Namens, versichert, er habe 1666 in Den Haag einen Fremden minderwertiges Metall in Gold verwandeln sehen. In seinem Buch *Vitulus Aureus quem Mundus adorat et orat in quo tractatur de naturae miraculo transmutandi metalla* (Den Haag 1667) berichtet er, wie ihn eines Tages, als er in seinem Studierzimmer saß, ein nach Art nordholländischer Bürger gekleideter, in seinem Auftreten sehr bescheidener Mann aufsuchte, um Zweifel an der Existenz des Steins der Weisen zu zerstreuen, die Helvetius geäußert hatte. Der Fremde fragte ihn, ob er dieses rare Prachtstück, gesetzt, er bekäme es zu sehen, erkennen würde. Helvetius antwortete mit einem überzeugten Nein. Daraufhin zog der andere ein kleines Elfenbeinkästchen aus der Tasche, das drei Stücke Metall von schwefelgelber Farbe und extremer Schwere enthielt. Er versicherte, daß er daraus nicht weniger als 20 Tonnen Gold machen könne. Helvetius teilt uns mit, er habe die Stücke sehr aufmerksam untersucht und festgestellt, daß sie ziemlich spröde waren; daher habe er die Gelegenheit benutzt, mit dem Daumennagel eine kleine Menge abzukratzen und bei sich zu behalten. Als er den Fremden dann bat, die Transmutation vor seinen Augen vorzunehmen, erklärte dieser, das sei ihm untersagt, und verschwand. Daraufhin besorgte sich Helvetius einen Schmelztiegel und etwas Blei, dem er, als es geschmolzen war, das gestohlene Stückchen Stein der Weisen beigab. Zu seiner Enttäuschung verdampfte dieses vollständig und ließ das Blei in seinem ursprünglichen Zustand.

Einige Wochen später, er hatte die Sache schon fast vergessen, erhielt er erneut Besuch von dem Fremden. Er bat diesen noch einmal, den Prozeß der Transmutation vor ihm zu demonstrieren, und diesmal willigte der Fremde ein. Er erklärte, ein Körnchen sei dafür ausreichend; dieses müsse aber in einen Klumpen Wachs eingeschlossen werden, bevor man es in das geschmolzene Metall werfe, weil seine hochgradige Flüchtigkeit es sonst in Dampf aufgehen lasse. Das Experiment wurde durchgeführt und verlief zu beider Zufriedenheit. Helvetius wiederholte es allein und verwandelte sechs Unzen Blei in sehr reines Gold.

Die Nachricht von diesem Ereignis breitete sich in ganz Den Haag aus, und die angesehenen Bürger der Stadt strömten in Helvetius' Studierzimmer, um sich mit eigenen Augen von dem Wunder zu überzeugen. Er wiederholte es im Beisein des Fürsten von Oranien und noch mehrere Male danach, bis alles Metall, das der Fremde hinterlassen hatte, aufgebraucht war. Von diesem wurde er übrigens nie wieder besucht, und es gelang ihm auch nicht, seinen Namen zu ermitteln.

Kurz vor Helvetius' hier wiedergegebenem Bericht hatte der berühmte Athanasius Kircher seinen *Mundus subterraneus* (Amsterdam 1664) veröffentlicht, worin er die Alchimisten Schurken und Betrüger und ihre Wissenschaft einen Wahn nennt. Er räumt ein, daß er auf diesem Feld selbst lange gearbeitet habe, sich aber nach reiflicher Überlegung und wiederholten fruchtlosen Experimenten zu dem obigen Urteil genötigt gesehen habe. Sofort waren alle Adepten in Harnisch, um diesen furchtbaren Gegner zu widerlegen. [...]

Über die unzähligen Tricks, die Hochstapler anwandten, um der Welt vorzugaukeln, sie hätten wirklich Gold hergestellt, hat Claude-Joseph Geoffroy der Ältere der Königlichen Akademie der Wissenschaften zu Paris am 15. April 1722 einen aufschlußreichen Bericht vorgelegt. Nach den mannigfachen und offenbar zuverlässig verbürgten Meldungen über erfolgreiche Transmutationsversuche bedurfte es schon einer so soliden Klarstellung wie der Geoffroys, um die öffentliche Meinung wachzurütteln. Da sein Bericht sich vorwiegend auf alchimistische Betrügereien des 16. und 17. Jahrhunderts bezieht, mag die folgende Zusammenfassung an dieser Stelle angebracht sein.

Ein Haupttrick der Betrüger war nach Geoffroy der Gebrauch eines doppelbödigen Schmelztiegels, dessen unterer Boden aus Eisen oder Kupfer und dessen oberer aus Wachs bestand, das eisen- oder kupferfarbig bemalt war. Zwischen beiden Böden befand sich die nötige Menge Gold- oder Silberstaub. Der Tiegel wurde mit Blei, Quecksilber und anderen Metallen und Zutaten gefüllt und dann erhitzt. Natürlich fand sich am Ende des Experiments immer ein Klumpen Edelmetall. Das gleiche Resultat ließ sich auch auf andere Art erreichen. Bisweilen wurden hohle Wände benutzt, die mit Gold- oder Silberstaub gefüllt und am unteren Ende mit Wachs oder Butter abgedichtet waren. Während des Experiments wurden zahlreiche Zeremonien veranstaltet, um die Aufmerksamkeit des Publikums von dem wahren Zweck abzulenken. Oder man bohrte Löcher in Bleiklumpen, füllte in diese flüssiges Gold und verschloß die Öffnungen wieder mit Blei. Manchmal wurde ein Goldstück einfach in Quecksilber getaucht, den Uneingeweihten als solches präsentiert und dann mit Hilfe von Scheidewasser leicht wieder in reines, klingendes Gold verwandelt.

Andere betrogen mit Hilfe von Metallstiften, die halb aus Eisen und halb aus Gold bestanden. Sie gaben vor, die kostbare Hälfte aus Eisen gewonnen zu haben, indem sie sie in hochprozentigen Alkohol tauchten. Geoffroy zeigte den Akademiemitgliedern mehrere dieser Stifte und wies besonders darauf hin, wie sorgfältig die beiden Hälften zusammengelötet waren. Die goldene oder silberne Hälfte war schwarz bemalt, um Eisen vorzutäuschen, aber die Farbe verschwand augenblicklich, wenn der Stift in Scheidewasser getaucht wurde. Ein Stift dieser Art war lange Zeit im Besitz des Großherzogs der Toskana. Von ähnlicher Machart war Geoffroy zufolge ein Messer, das Königin Elisabeth I. von einem Mönch erhielt: Seine Klinge war halb aus Gold, halb aus Stahl. Auch Münzen dieser Art gab es, von Alchimisten gefertigt. Insgesamt läßt sich sagen, so schloß Geoffroy seinen Bericht, daß viele Argumente für die Annahme sprechen, alle überlieferten angeblichen Transmutationen mit Hilfe von Darstellungsmitteln oder hermetischen Elixieren seien nach dem Muster der eben beschriebenen Täuschung veranstaltet worden. Fast immer verschwanden die Alchimisten nach dem ersten oder zweiten Experiment, oder ihre Fähigkeiten bzw. Elixiere erwiesen sich als außerstande, den gewünschten Effekt zu erzielen — entweder weil sie, nachdem die Aufmerksamkeit einmal geweckt war, nicht wagten, den Trick zu wiederholen, oder weil sie nicht genügend Goldstaub für mehr als einen Versuch hatten.

Sehr auffällig ist übrigens noch die scheinbare Uneigennützigkeit der Scharlatane. Es gibt nicht wenige Beispiele dafür, daß sie großzügig alle Ergebnisse ihrer Transmutationsexperimente zurückließen. Aber dahinter steckte mehr List als Uneigennützigkeit. So wurden nämlich die Erwartungen der Öffentlichkeit wachgehalten: Es schien möglich, daß der Stein der Weisen doch existierte. Das konnte ihnen in der Zukunft von Vorteil sein und die Tore königlicher Höfe öffnen, die Bereitschaft zu materieller Unterstützung aufrechterhalten, ehrgeizige und goldgierige Potentaten zu Geschenken bewegen.

Aber betrachten wir jetzt den Fortschritt des Wahns vom Anfang des 18. Jahrhunderts bis in unsere Tage. Man wird sehen, daß es bis in die jüngste Zeit nur schwache Anzeichen für eine Rückkehr zur Vernunft gab.

Jean Delisle

Um das Jahr 1706 gab es in Frankreich viele Gerüchte um einen Hufschmied namens Delisle, der den Stein der Weisen entdeckt haben sollte und angeblich überall im Land Blei in Gold verwandelte. Er stammte aus der Provence, von wo aus sein Ruhm sich bald bis in die Hauptstadt verbreitete. Sein früheres Leben ist in Dunkel gehüllt; aber Lenglet hat fleißig Einzelheiten seiner späteren Karriere zusammengetragen, die recht interessant sind.

Delisle war ein Mann ohne jede Bildung, hatte in seiner Jugend aber im Dienst eines Alchimisten gestanden, von dem er mancherlei Tricks der Zunft lernte. Wie dieser Meister hieß, ist unbekannt; man nimmt an, daß er sich den Behörden im Staat Ludwigs XIV. verhaßt machte und gezwungen war, in der Schweiz Zuflucht zu nehmen. Delisle soll ihn bis nach Savoyen begleitet, dort aber in einem abgelegenen Gebirgstal überfallen, ermordet und beraubt haben. Als Pilger verkleidet kehrte er nach Frankreich zurück. Als er eines Abends in einem einsamen Gasthof an der Landstraße Rast machte, lernte er eine Frau namens Aluys kennen; es kam zu einer heftig aufflammenden Leidenschaft zwischen beiden, und sie beschloß, alles hinter sich zu lassen, ihm zu folgen und sein Leben in guten wie schlechten Tagen zu teilen. Fünf bis sechs Jahre lang lebten sie in der Provence zusammen, ohne besonderes Aufsehen zu erregen, und erfreuten sich einer bescheidenen materiellen Unabhängigkeit. Dann, im Jahre 1706, verbreitete sich die Nachricht, Delisle sei im Besitz des Steins der Weisen. Sofort strömten von fern und nah Menschen zu seinem Wohnort Sylanez bei Barjaumont, um Zeugen des Reichtums zu werden, den er aus Pumpenschwengeln und Feuerschaufeln machen konnte. M. de Cerisy, Prior von Châteauneuf in der Diözese Riez, berichtet über diese Begebenheiten in einem Brief an seinen Vetter, den Vikar von Saint-Jacques-du-Hautpas in Paris, vom 18. November 1706:

»Mein lieber Cousin, ich habe Dir etwas mitzuteilen, was für Dich und Deine Freunde von Interesse sein dürfte. Der Stein der Weisen, den so viele Menschen als Schimäre angesehen haben, ist zum guten Ende doch gefunden worden. Ein Mann namens Delisle im Kirchspiel Sylanez, eine Meile von mir entfernt wohnhaft, hat dieses große Geheimnis gelüftet. Er verwandelt Blei in Gold und Eisen in Silber, indem er diese Metalle lediglich bis zur Rotglut erhitzt und ihnen dann etwas Öl und ein Pulver beifügt, das in seinem Besitz ist. Auf diese Weise wäre es für niemanden unmöglich, jeden Tag eine Million zu machen, wenn er nur genug von dieser wundersamen Mixtur besäße. Delisle hat etwas von dem so hergestellten Weißgold an Juweliere in Lyon geschickt, um ihre Meinung über seine Qualität einzuholen. Er verkaufte auch zwanzig Pfund davon an einen Kaufmann in Digne namens Taxis. Alle Juweliere sagen, daß sie nie in ihrem Leben so feines Gold gesehen hätten. Er macht auch Nägel, teils aus Gold, teils aus Eisen, teils aus Silber. Er versprach mir einen zu schenken, als ich auf Anweisung des Bischofs von Senez eine lange Unterredung mit ihm hatte; der Bischof sah alle seine Operationen mit eigenen Augen und teilte mir die näheren Einzelheiten mit.

Baron Rheinwald und seine Gattin zeigten mir einen Goldbarren, den Delisle vor ihren Augen aus Zinn gemacht hat. Mein Schwager Sauveur, der 50 Jahre seines Lebens auf das Studium dieser großartigen Wissenschaft verwandte, brachte mir anderntags einen Nagel, den Delisle in seiner Gegenwart in Gold umgewandelt hat; er überzeugte mich vollständig davon, daß alle seine früheren Forschungen und Experimente auf irrigen Annahmen basierten. Jener prächtige Handwerker erhielt einige Zeit später einen sehr freundlichen Brief vom Oberintendanten der Königlichen Hofhaltung, welchen ich zu lesen bekam. Darin erbietet sich dieser, seinen gesamten Einfluß bei den Ministern geltend zu machen, damit alle Schritte, die Handlungsfreiheit Delisles einzuschränken, wie es die Behörden bereits zweimal versucht hatten, in Zukunft unterbleiben. Man glaubt, daß das Öl, das er gebraucht, Gold oder Silber ist, das er auf diesen Zustand reduziert hat. Er setzt es eine lange Zeit den Strahlen der Sonne aus. Er erzählte mir, daß es normalerweise sechs Monate dauert, bis er alle Vorbereitungen für eine Verwandlung getroffen hat. Ich teilte ihm mit, daß der König ihn offenbar bei Hofe sehen wolle. Er erwiderte, er könne seine Kunst nicht überall ausüben — ein bestimmtes Klima und eine bestimmte Temperatur seien für den Erfolg absolut notwendig. Die Wahrheit ist: Dieser Mann hat keinerlei Ehrgeiz. Er hält sich nur zwei Pferde und zwei männliche Bedienstete. Im übrigen liebt er seine Freiheit, hat keine guten Manieren und spricht ein sehr schlechtes Französisch; aber sein Urteil scheint solid zu sein. Früher war er nicht mehr als ein Hufschmied, zeichnete sich in diesem Gewerbe aber aus, ohne es je gelernt zu haben. Alle großen Herren und Seigneurs kommen von fern und nah, um ihn zu besuchen, und sie machen ihm dermaßen den Hof, daß es wahrhaft wie Idolatrie erscheint — dies mehr als sonst etwas. Wie glücklich wäre Frankreich, wenn dieser Mann dem König sein Geheimnis enthüllen würde (dem der Oberintendant schon einige Barren geschickt hat)! Aber dieses Glück ist größer, als man erhoffen darf, und ich fürchte, der Handwerker und sein Geheimnis werden zusammen ins Grab gehen. Ohne Zweifel wird diese Entdeckung viel Aufruhr im Königreich verursachen, sofern nicht der Charakter des Mannes, den ich Dir gerade beschrieben habe, dies verhindert. Auf alle Fälle wird die Nachwelt von ihm hören.«

In einem zweiten Brief vom 27. Januar 1707 schreibt M. de Cerisy:

»Mein lieber Cousin, in meinem letzten Brief berichtete ich Dir von M. Delisle, dem berühmten Alchimisten der Provence. Ein gut Teil meines Berichts war nur Hörensagen; nun aber kann ich aus eigener Erfahrung sprechen. In meinem Besitz befindet sich ein Nagel, halb aus Eisen, halb aus Silber, den ich selbst gemacht habe! Jener edle und bewundernswerte Handwerker hat mir aber eine noch viel größere Gunst erwiesen: Er erlaubte mir, ein Stück Blei, das ich mitbrachte, in lauteres Gold zu verwandeln, mit Hilfe seines wundersamen Öls und seines Pulvers! Die Augen des ganzen Landes ruhen auf diesem Mann; die einen zweifeln laut, die anderen sind ungläubig — aber wer gesehen hat, erkennt die Wahrheit. Ich habe den Geleitbrief gelesen, den man ihm vom Hofe gesandt hat, mit der Anweisung, sich im ersten Frühling in Paris einzufinden. Er sagte mir, er gehe freiwillig und habe den Frühlingstermin selbst festgesetzt. Er müsse noch seine Materialien und Geräte vorbereiten, um sofort nach seiner Vorstellung beim König ein Experiment durchzuführen, das Seiner Majestät würdig sei: Er werde eine große Menge Blei in allerfeinstes Gold umwandeln. Ich hoffe ernstlich, daß er seinem Geheimnis nicht erlaubt, mit ihm zu sterben, sondern es dem König enthüllt. Als ich letzten Donnerstag, am 20. dieses Monats, die Ehre hatte, mit ihm zu dinieren — ich saß direkt neben ihm! —, flüsterte ich ihm zu, er könne, wenn er wolle, alle Feinde Frankreichs beschämen. Er widersprach nicht, begann aber zu lächeln. Wahrhaftig, dieser Mann ist ein Wunder. Manchmal benutzt er Öl und Pulver zusammen, manchmal nur das Pulver, aber in so kleiner Menge, daß man auf einem Barren, der ganz mit ihm eingerieben wäre, nichts davon sehen könnte.«

Dieser einfältige Priester war keineswegs der einzige in Delisles Nachbarschaft, der in Erwartung des grenzenlosen Reichtums, welchen der aufgeweckte Schwindler in Aussicht stellte, den Verstand verlor. Ein anderer Kirchenmann namens de Lions, Kantor an der Kathedrale von Grenoble, schrieb am 30. Januar 1707 in einem Brief:

»M. Mesnard, der Kurat von Montier, hat mir geschrieben, daß es da einen Mann namens Delisle gibt, etwa 35 Jahre alt, der Blei und Eisen in Gold und Silber verwandelt, und daß diese Transmutation so wahr und echt ist, daß alle Goldschmiede versichern, sein Gold und sein Silber seien so rein und fein, wie sie es nie zuvor gesehen hätten. Fünf Jahre lang wurde dieser Mann als Verrückter und Betrüger angesehen; heute aber ist die öffentliche Meinung von diesem Irrtum geheilt. Er residiert heute bei M. de la Palu, im Schloß gleichen Namens. M. de la Palu hat kein sehr leichtes Leben und braucht Geld, um seine Töchter auszustatten, die nicht mehr jung und noch ledig sind, da kein Mann sie ohne Mitgift nehmen mag. M. Delisle hat versprochen, sie noch vor seiner Abreise zum Hofe, wohin er bestellt worden ist, zu den reichsten Mädchen der Region zu machen. Er braucht vor seiner Abreise aber noch etwas Zeit, um genug Pulver zu gewinnen für mehrere Zentner Gold, die er vor den Augen Seiner Majestät des Königs machen und ihm verehren will. Die Grundsubstanz dieses wundersamen Pulvers besteht aus einfachen Drogen, speziell den Kräutern *Lunaria major* und *minor*. Eine gehörige Menge vom ersteren hat er im Garten von La Palu angepflanzt; das andere sammelt er in den Bergen zwei Meilen hinter Montier.

Was ich Ihnen hier erzähle, ist nicht bloß eine Geschichte, erfunden zu Ihrer Zerstreuung. M. Mesnard kann viele Zeugen für ihren Wahrheitsgehalt beibringen, so den Bischof von Senez, der bei diesen erstaunlichen Operationen zugegen war, und M. de Cerisy, den Sie ja gut kennen. Delisle transmutiert seine Metalle öffentlich. Er reibt das Blei oder das Eisen mit seinem Pulver ein und bringt es über glühende Holzkohle. In kurzer Zeit wechselt es die Farbe — das Blei wird gelb und erweist sich als umgewandelt in ausgezeichnetes Gold; das Eisen wird weiß und erweist sich als reines Silber. Delisle ist insgesamt ein ungebildeter Mensch; M. de Saint-Auban hat sich bemüht, ihm Lesen und Schreiben beizubringen, aber wenig Erfolg damit gehabt. Er ist außerdem ungehobelt, phantastisch, verträumt und arbeitet nur dann und wann.«

Delisle, so scheint es, hatte Angst vor dem Wagnis Paris. Er wußte, daß seine Kunststücke in Gegenwart der Majestäten sehr scharf beobachtet würden, und schob die Reise unter immer neuen Vorwänden mehr als zwei Jahre hinaus. Nicolas Desmarets, der Finanzminister Ludwigs XIV., fürchtete ein falsches Spiel des ›Philosophen‹ und sandte ihm zweimal einen Geleitbrief mit dem königlichen Siegel, doch Delisle weigerte sich noch immer. Daraufhin schrieb Desmarets dem Bischof von Senez und bat ihn um seine ehrliche Meinung zu den vielgerühmten Transmutationen. [...]

Die Antwort des Bischofs zeigt sehr klar, daß Delisle kein ordinärer Schwindler war, sondern ein Mann von höchster Schlauheit und Gewandtheit. Der Bischof war von seiner geschickten Taschenspielerkunst überaus eingenommen und schien, als sein anfängliches Mißtrauen einmal überwunden war, so begierig, sich selbst zu betrügen, wie Delisle es nur wünschen konnte. Sein Vertrauen war so übermäßig, daß er die Sache seines Protégés zu seiner eigenen machte und auch nicht den Hauch eines Argwohns gegen diesen dulden konnte. Sowohl Ludwig XIV. wie sein Minister scheinen von den großartigen Hoffnungen, die er geweckt hatte, geblendet gewesen zu sein; jedenfalls wurde umgehend ein dritter Geleitbrief ausgefertigt und an den

Alchimisten gesandt, nun allerdings mit dem Befehl, sich sofort auf die Reise nach Versailles zu begeben und dort ein öffentliches Experiment mit Öl und Pulver durchzuführen.

Aber dies paßte Delisle gar nicht. In der Provence galt er als ein Mann von nicht geringer Bedeutung; die servile Schmeichelei, die ihn umgab, wo er ging und stand, war so wohltuend, daß er sie nicht freiwillig aufgeben und auf die Gefahr sicherer Entlarvung zum Hof des Monarchen reisen mochte. Ungeachtet der ernsten Vorhaltungen seines guten Freundes, des Bischofs, verzögerte er die Abfahrt unter Vorwänden mehrmals. Da dieser indes dem Minister sein Wort gegeben und seine Ehre verpfändet hatte, daß er Delisle zur Abreise veranlassen werde, begann er immer nervöser zu werden, als er bemerkte, daß der Starrsinn dieses Mannes nicht zu brechen war. Gleichwohl ließ er sich noch mehr als zwei weitere Jahre lang mit immer neuen Entschuldigungen hinhalten: Es gebe nicht genügend Pulver, das Pulver sei der Sonne nicht lang genug ausgesetzt worden u.a.m. Schließlich war seine Geduld erschöpft, und voller Furcht, er könne in der königlichen Achtung sinken, wenn er weiteren Aufschub dulde, bat er den Hof um eine *Lettre de cachet,* kraft welcher Delisle im Juni 1711 im Schloß von La Palu festgesetzt und dann zur Einkerkerung in die Bastille abtransportiert wurde.

Auf dem Weg dorthin wurden die ihn begleitenden Gendarmen gewahr, daß er im Verdacht stand, glücklicher Besitzer des Steins der Weisen zu sein. Daher beschlossen sie, ihn zu berauben und zu töten. Einer gab vor, Mitleid mit seinem Unglück zu haben, und erbot sich, die Aufmerksamkeit seiner Kameraden abzulenken, damit Delisle entfliehen könne. Dieser war übermäßig dankbar und dachte kaum an eine mögliche Falle. Sein hinterhältiger Freund meldete seinen Kumpanen diesen ersten Teilerfolg der Kriegslist, und sie kamen überein, Delisle mit einem von ihnen kämpfen und diesen besiegen zu lassen, während der Rest sich im Hintergrund halten sollte. Danach wollten sie ihn verfolgen, mit einem Herzschuß töten und den Stein der Weisen rauben; der Leichnam sollte auf einem Karren nach Paris gebracht und Minister Desmarets darüber informiert werden, daß der Gefangene zu entfliehen versucht habe und nur durch einen gezielten Schuß von diesem Vorhaben habe abgebracht werden können. An einem geeigneten Platz wurde der Plan in die Tat umgesetzt. Auf ein Signal des ›freundlichen‹ Gendarmen floh Delisle, während ein anderer auf ihn zielte, ihn aber nur durch den Oberschenkel traf. Als Hirten auf dem Schauplatz erschienen, wurden sie daran gehindert, ihn wie verabredet zu töten. Gelähmt und blutend wurde er nach Paris geschafft und in eine Zelle in der Bastille gebracht. Die Verbände, die die Wundärzte ihm anlegten, riß er hartnäckig immer wieder ab. Von seinem Lager erhob er sich nie wieder.

Der Bischof von Senez besuchte ihn einmal und versprach ihm seine Freiheit, wenn er vor dem König eine gewisse Menge Blei in Gold transmutiere. Der Unglückliche hatte keine Mittel mehr, um seine Täuschung aufrechtzuerhalten; er verfügte weder über Gold noch über einen doppelbödigen oder hohlwandigen Schmelztiegel, um es darin zu verbergen. Aber er mochte auch nicht eingestehen, daß er ein Schwindler sei. So sagte er nur, er sei außerstande, das Transmutationspulver herzustellen; er habe eine gewisse Menge davon von einem italienischen Adepten erhalten, diese aber bei seinen letzten Experimenten in der Provence aufgebraucht.

Sieben oder acht Monate lang siechte er noch in der Bastille dahin; dann starb er an den Folgen der Schußwunde. Er stand im 41. Lebensjahr. [...]

Der Graf von Saint-Germain

Dieser Abenteurer spielte eine bemerkenswerte Rolle am Hofe Ludwigs XV. Er behauptete, das Lebenselixier gefunden zu haben, mit dessen Hilfe er jedes Leben um Jahrhunderte verlängern könne; von ihm selbst glaubte man, er sei mehr als 2000 Jahre alt. Er übernahm Vorstellungen der Rosenkreuzer, rühmte sich seines Umgangs mit Sylphen und Salamandern und seiner Macht, durch Beschwörung Diamanten aus der Erde und Perlen aus dem Meer zu ziehen. Die Entdeckung des Steins der Weisen reklamierte er nicht für sich; er widmete aber alchimistischen Untersuchungen so viel Zeit, daß man allgemein davon überzeugt war, er wäre, wenn es so etwas wie diesen Stein je gegeben habe oder hätte geben können, der Mann gewesen, der ihn gefunden hätte.

Sein wahrer Name und seine Herkunft sind nie bekannt geworden. Manche glaubten, wegen der jüdischen Züge in seinem hübschen Gesicht, er sei der Ewige Jude; andere versicherten, er sei der Abkömmling einer arabischen Prinzessin und sein Vater ein Salamander; wieder andere sahen ihn, wofür einiges spricht, als Sohn eines portugiesischen Juden aus Bordeaux an. Seine ersten Betrügereien beging er in Deutschland, wo er beträchtliche Summen durch den Verkauf eines Elixiers verdiente, das den Altersabbau aufhalten sollte. Hier traf er den Marschall Belle-Isle, der ein Quantum des Elixiers kaufte und von der Schlagfertigkeit, Gelehrtheit und Courtoisie des Scharlatans so angetan war, daß er ihn bewog, seinen Wohnsitz in Paris zu nehmen.

Unter der Patronage des Marschalls erschien Saint-Germain dann erstmals in den frivolen Salons der Hauptstadt und erregte allgemeines Entzücken. Er dürfte zu dieser Zeit etwa 70 Jahre alt gewesen sein, sah aber aus wie 40. Seine ungezwungene Dreistigkeit imponierte den meisten Leuten. Seine Belesenheit war umfassend, sein Gedächtnis hochpräzise selbst für kleinste Einzelheiten. Die Behauptung, er lebe schon seit Jahrhunderten, setzte ihn natürlich bohrenden Fragen aus — etwa nach Erscheinung, Leben und Umgangsformen großer Männer vergangener Zeiten; aber er kam wegen der Antwort nie in Verlegenheit. Viele befragten ihn nur, um ihn der Lächerlichkeit preiszugeben, hielten aber angesichts seiner Geistesgegenwart, seiner gewandten Antworten und seiner bewundernswerten Genauigkeit in sämtlichen historischen Details bald erschrocken inne. Um das Geheimnis, das ihn umgab, zu steigern, erlaubte er niemandem, seine näheren Lebensumstände kennenzulernen. Er kleidete sich höchst prächtig, trug wertvolle Diamanten an Hut, Fingern und Schuhschnallen und machte den Hofdamen bisweilen sündhaft teure Geschenke. Viele hielten ihn für einen englischen Spion, konnten für diesen Verdacht aber nie den Hauch eines Beweises finden. Der König behandelte ihn mit großem Wohlwollen; er schloß sich des öfteren zu Geheimgesprächen mit ihm ein und erlaubte niemandem, herabsetzend über ihn zu reden. Voltaire tat dies trotzdem. In einem seiner Briefe an Friedrich II. nennt er ihn »*un comte pour rire*« und schildert, wie Saint-Germain behauptet habe, mit den Konzilsvätern des Tridentinums zu Tisch gesessen zu haben.

In den Memoiren von Madame du Hausset, Kammerfrau der Marquise de Pompadour (Paris 1846), werden einige amüsante Anekdoten über diese Gestalt erzählt. Danach hatte Saint-Germain sehr bald nach seiner Ankunft in Paris Zugang zum Ankleidezimmer der Marquise — eine Gunst, die sonst nur den mächtigsten Männern am Hof ihres königlichen Liebhabers gewährt wurde. Madame war entzückt, mit ihm zu konversieren, und in ihrer Gegenwart fand er es angebracht, seine Anmaßungen beträchtlich abzuschwächen. Statt 2000 mochte er jetzt nur noch 200 bis 300 Jahre alt sein. [...]

Überhaupt brachte er in allen Unterhaltungen mit Personen von Rang und Bildung seine Anmaßungen eher bescheiden vor und behauptete selten, älter als 300 Jahre zu sein — außer er merkte, daß er eine Gesellschaft um sich hatte, die alles zu schlucken bereit war. Bisweilen sprach er von Heinrich VIII. als einem intimen Vertrauten oder von Kaiser Karl V., als habe sich dieser in seiner Gegenwart köstlich amüsiert. Die Unterhaltung mit solchen Personen beschrieb er allem Anschein nach so überzeugend, schilderte auch ihre Kleidung und Erscheinung so minutiös und ins kleinste Detail gehend (ohne dabei das gerade herrschende Wetter und die Möblierung der Räume zu vergessen), daß drei von vier Zuhörern ihm spontan Glauben schenkten. Ständig hatte er Wünsche reicher alter Frauen nach einem Elixier zu erfüllen, das sie wieder jung machen sollte, und verdiente auf diese Art wahrscheinlich größere Summen. Zu jenen, die er seine Freunde zu nennen beliebte, pflegte er zu sagen, seine Lebens- und Ernährungsweise sei jedem Elixier weit überlegen, und jeder könne ein biblisches Alter erreichen, wenn er sich nur beim Essen des Trinkens enthalte und bei anderen Gelegenheiten möglichst sparsam trinke. Der Baron von Gleichen folgte seinem Rat und nahm, in der Hoffnung, 200 Jahre alt zu werden, große Mengen Sennesblätter zu sich. Er starb trotzdem mit 73. Die Herzogin von Choiseul wollte diesem Rat ebenfalls folgen, aber ihr herzoglicher Ehemann verbot ihr grimmig, die Methode eines Menschen mit so zweifelhaftem Ruf zu übernehmen.

Mme. du Hausset berichtet, sie habe Saint-Germain mehrmals getroffen und sich mit ihm unterhalten. Er erschien ihr als ein Mann in den Fünfzigern, von mittlerer Größe und feinen, ausdrucksvollen Zügen. Seine Kleidung sei stets einfach, aber sehr geschmackvoll gewesen. Er habe gewöhnlich Diamantringe von großem Wert getragen; seine Uhr und seine Schnupftabaksdose seien verschwenderisch mit kostbaren Steinen verziert gewesen. Als die wichtigsten Höflinge einmal in den Gemächern der Pompadour versammelt waren, sei der Graf mit diamantenen Knie- und Schuhschnallen von so reinem Wasser erschienen, daß die Marquise bemerkte, der König besitze nicht ihresgleichen. Man habe ihn gebeten, sie abzulegen, damit ›Madame‹ sie näher betrachten könne. M. de Gontant, bei dieser Szene zugegen, habe gemeint, ihr Wert könne kaum geringer als 200000 Livres sein. Der Baron von Gleichen berichtet in seinen Memoiren, eines Tages habe der Graf ihm so viele Diamanten gezeigt, daß er meinte, alle Schätze aus Aladins Lampe vor sich zu haben; er fügt hinzu, er habe viel Erfahrung mit Edelsteinen und sei überzeugt, daß alle dem Grafen gehörenden echt gewesen seien. Bei anderer Gelegenheit zeigte Saint-Germain der Pompadour ein kleines Kästchen mit Topasen, Smaragden und Diamanten im Wert von einer halben Million Livres. Er gab vor, all diesen Reichtum zu verachten, um die Welt leichter glauben zu machen, er könne, wie die Rosenkreuzer, durch die bloße Magie seines Gesanges kostbare Steine aus der Erde ziehen. Er verschenkte einen großen Teil dieser Steine an die Damen des Hofes. Die Marquise war so bezaubert von seiner Großzügigkeit, daß sie ihm, als Zeichen ihrer Wertschätzung, eine reich emaillierte Schnupftabaksdose schenkte, auf deren Deckel ein Porträt des Sokrates prangte, mit welchem sie ihn verglich. Aber auch gegenüber Dienstboten erwies er sich als freigebig, wie folgender Bericht der Mme. du Hausset zeigt:

»Der Graf von Saint-Germain kam zu Besuch zu Madame de Pompadour, die sehr krank war und auf dem Sofa lag. Er zeigte ihr so viele Diamanten, daß man eine königliche Schatzkammer damit hätte füllen können. Madame ließ mich holen, um mir alle diese Kostbarkeiten zu zeigen. Ich betrachtete sie mit einem Ausdruck äußersten Erstaunens, deutete Madame gegenüber aber an, daß ich sie für falsch hielte. Der Graf tastete nach etwas in seiner Brieftasche und zog zwei Papierstückchen heraus, die er entfaltete. Das erste enthielt einen wundervollen Rubin. Aus dem zweiten holte er ein kleines Kreuz aus grünen und weißen Steinen, das er mit geringschätziger Geste auf den Tisch warf. Ich schaute es an und bemerkte, es sei nicht zu verachten. Dann steckte ich es an und drückte meine Bewunderung für es aus. Der Graf bat mich, es zu behalten, aber ich zögerte. Er drängte mich, es zu nehmen; schließlich bestürmte er mich so heftig, daß Madame, die mit einem Blick erkannte, es könne höchstens 1000 Livres wert sein, mir ein Zeichen gab, es anzunehmen. So nahm ich das Kreuz und war sehr geschmeichelt von der Courtoisie des Grafen.«

Wie der Abenteurer in den Besitz solchen Reichtums kam, bleibt ein Rätsel. Er konnte ihn kaum aus dem Verkauf seines Lebenselixiers in Deutschland bezogen haben, obwohl ohne Zweifel ein Teil davon aus dieser Quelle stammt. Voltaire erklärt mit Bestimmtheit, er sei im Solde fremder Regierungen gewesen; in einem Brief an Friedrich II. vom 5. April 1758 meint er, Saint-Germain sei in alle Staatsgeheimnisse Choiseuls, Kaunitz' und Pitts eingeweiht. Völlig unklar ist, auf welche Weise er irgendeinem dieser Minister, speziell Choiseul, nützen konnte.

Kein Zweifel scheint daran zu bestehen, daß er das Geheimnis kannte, Unreinheiten aus Diamanten zu entfernen. Aller Wahrscheinlichkeit nach bezog er beträchtliche Summen aus dem Ankauf unreiner Steine zu niedrigen Preisen und ihrem Wiederverkauf (nach Reinigung) zum Doppelten des ursprünglichen Preises. Auch zu diesem Punkt weiß Mme. du Hausset eine Geschichte zu erzählen:

»Der König ließ sich einen mittelgroßen Diamanten bringen, der nicht ganz rein war. Nachdem dieser gewogen war, bemerkte Seine Majestät zu dem Grafen: ›So wie er ist, hat dieser Diamant einen Wert von 6000 Livres; ohne die Unreinheit ist er mindestens 10000 wert. Könnten Sie mir zum Gewinn von 4000 Livres verhelfen?‹ Saint-Germain untersuchte den Diamanten sehr sorgfältig und sagte dann: ›Es ist möglich. Ich werde es tun. In einem Monat bringe ich ihn zurück.‹ Nach der genannten Zeit brachte der Graf den Stein makellos zurück und gab ihn, in ein Tuch aus Amianth gewickelt, dem König. Dieser ließ ihn umgehend wiegen und fand ihn kaum leichter geworden. Er schickte M. de Gontant mit ihm zu einem Juwelier, ohne ihn mit der Vorgeschichte bekannt zu machen. Der Juwelier berechnete einen Preis von 9600 Livres. Aber der König ließ den Diamanten zurückholen — mit der Begründung, er wolle ihn als Kuriosität behalten. Er konnte seiner Überraschung lange Zeit nicht Herr werden und sagte, der Graf von Saint-Germain müsse Millionen wert sein, wenn er wirklich das Geheimnis besitze, aus kleinen Diamanten größere zu machen. Der Graf mochte dies weder bestätigen noch dementieren, versicherte aber mit Bestimmtheit, er könne Perlen wachsen lassen und ihnen die größte Reinheit verleihen. Der König behandelte ihn mit großer Aufmerksamkeit, ebenso Madame de Pompadour. Als M. du Quesnoy einmal bemerkte, Saint-Germain sei ein Scharlatan, wurde er vom König getadelt. Seine Majestät schien geradezu vernarrt in ihn und sprach von ihm, als sei er von erlauchtester Herkunft.«

Der Graf hatte als Diener einen sehr amüsanten Vagabunden, den er öfter zur Bekräftigung aufforderte, wenn er wieder einmal ein Jahrhunderte zurückliegendes Ereignis berichtet hatte. Der Bursche bestätigte diese Geschichten meist auf sehr originelle Art. Einmal beschrieb sein Herr beim Diner eine Unterhaltung mit Richard Löwenherz in Palästina, den er dabei als seinen ganz speziellen Freund einführte. Als auf den Gesichtern der anwesenden Damen und Herren Zeichen von Erstaunen und Ungläubigkeit erschienen, wandte sich Saint-Germain sehr kaltblütig zu seinem Diener um, der hinter seinem Stuhl stand, und fragte ihn, ob er nicht die Wahrheit gesprochen habe. »Dazu kann ich nichts sagen«, erwiderte der Mann, ohne mit der Wimper zu zucken. »Ich darf daran erinnern, gnädiger Herr, daß ich erst 500 Jahre lang in Ihren Diensten bin.« »Ja, natürlich«, rief der Graf, »wie konnte ich das vergessen! Es trug sich etwas vor deiner Zeit zu.«

War er mit Menschen zusammen, die er nicht so leicht düpieren konnte, so gab er bisweilen seiner kaum bezähmbaren Verachtung für so viel gaffende Leichtgläubigkeit Ausdruck. »Diese Narren in Paris«, sagte er zum Baron von Gleichen, »glauben, ich sei mehr als 500 Jahre alt. Da sie es so wollen, bestärke ich sie in ihrer Phantasie. Allerdings bin ich tatsächlich viel älter, als ich erscheine.«

Noch viele andere Geschichten sind von diesem seltsamen Abenteurer und Scharlatan erzählt worden, aber die hier mitgeteilten dürften genug von seinem Charakter und seinen Anmaßungen verraten. Möglich, daß auch er den Stein der Weisen zu finden suchte; allerdings hat er sich nie seines Besitzes gerühmt. Später trat er in Kontakt mit dem Landgrafen von Hessen-Rotenburg, den er bereits Jahre zuvor in Deutschland kennengelernt hatte. Der Landgraf schrieb ihm dringende Briefe und bestürmte ihn, Paris zu verlassen und sich an seinen Hof zu begeben. Dies geschah bald darauf.

Über Saint-Germains weitere Karriere ist nichts bekannt geworden. Denn am Hof von Hessen-Rotenburg gab es keine geschwätzigen Memoirenschreiber, die sein Leben und Treiben überliefert hätten. Er starb 1784 in Eckernförde — in einem Haus seines landgräflichen Freundes.

Cagliostro

Dieser berühmte Hochstapler, Freund und Schüler des Grafen von Saint-Germain, durchlief eine noch ungewöhnlichere Karriere als sein Meister. Er war der Erzscharlatan seines Zeitalters, der letzte große Propagandist des Steins der Weisen und des Lebenselixiers und während seiner kurzen Wirkungszeit eine der schillerndsten Gestalten in Europa.

Unter dem Namen Joseph Balsamo wurde er 1743 in Palermo als Sohn einfacher Leute geboren. Schon in früher Kindheit verlor er seinen Vater und wurde von Verwandten seiner Mutter erzogen, welchletztere zu arm war, um ihm irgendeine Art von Bildung außer Lesen und Schreiben angedeihen zu lassen. Bereits mit 14 wurde er in ein Kloster geschickt, um Grundbegriffe der Chemie und der Physik zu erlernen; aber sein Gemüt war so heftig, seine Lernunlust so unüberwindbar und seine Neigung zum Laster so tiefreichend, daß er keine Fortschritte machte. Nach einigen Jahren verließ er das Kloster als nach wie vor ungebildeter, liederlicher junger Mann mit gewiß guten natürlichen Anlagen, aber schädlichen Neigungen. Immer mehr gab er sich einem Leben der Schwelgerei und der Ausschweifung hin und wurde faktisch zu einem Mitglied der berüchtigten Bruderschaft, die in Frankreich und Italien als *Chevaliers d'industrie,* in England als *swell mob* firmiert.

Er war alles andere als ein passives oder widerwilliges Mitglied. Erstmals profilierte er sich als Fälscher von Einlaßkarten zum Theater. Danach plünderte er seinen Onkel aus und fälschte ein Testament. Derartige Aktionen brachten ihm des öfteren unfreiwillige Besuche im Gefängnis von Palermo ein. Irgendwie kam er überdies in den Ruf, ein Hexer zu sein, also ein Mann, der die Rätsel der Alchimie nicht zu lösen vermochte und für das Gold, das er eigentlich durch Transmutation gewinnen wollte, seine Seele dem Teufel verkauft hatte. Er unternahm keine Anstrengung, dieses Gerücht zu zerstreuen, sondern gab ihm eher neue Nahrung und benutzte es auch, um einen Silberschmied namens Marano um 60 Unzen Gold zu betrügen: Er machte diesen glauben, er könne ihm — gegen ein Entgelt von 60 Unzen Gold — einen in einer Höhle verborgenen Schatz zeigen, der nur ausgegraben werden müsse und dann ihm, dem Silberschmied, allein gehöre. Gegen Mitternacht führte er ihn zu einer Höhle in der Nähe Palermos, schlug dort einen magischen Kreis und beschwor den Teufel, seine Schatzkammern zu öffnen. Umgehend erschien ein halbes Dutzend Komplizen des Schwindlers, gekleidet wie Teufel, mit Hörnern auf dem Kopf und Klauen an den Fingern, rote und blaue Flammen ausstoßend. Sie waren mit Mistgabeln bewaffnet und traktierten den armen Marano damit, bis er fast tot war; dann raubten sie ihm die 60 Unzen Gold sowie alle persönlichen Wertsachen und machten sich zusammen mit Balsamo davon. Der unglückliche Silberschmied erlangte erst bei Tagesanbruch wieder das Bewußtsein. Ihm schmerzte der Körper von den empfangenen Schlägen und die Seele von dem Betrug, dessen Opfer er geworden war. Sein erster Impuls war es, Balsamo bei den Behörden der Stadt anzuzeigen; weiteres Nachdenken brachte ihn aber zu der Einsicht, daß eine vollständige Offenlegung der Umstände ihn allgemeiner Lächerlichkeit preisgeben würde. So faßte er den wahrhaft sizilianischen Entschluß, den Betrüger bei der ersten sich bietenden Gelegenheit zu töten. Diesen Racheschwur wiederholte er in Gegenwart eines Freundes von Balsamo, und als der letztere davon hörte, packte er schnellstens seine Wertsachen zusammen und verließ Europa.

Als neuen Aufenthaltsort wählte er Medina in Arabien. Dort lernte er einen Griechen namens Altotas kennen, an dem die umfassende Kenntnis aller Sprachen des Orients ebenso bestach wie sein nie nachlassender Eifer im Studium der Alchimie. Altotas besaß eine kostbare Sammlung arabischer Manuskripte zu

Themen seiner Lieblingswissenschaft und studierte diese so unermüdlich, daß er kaum genügend Zeit für seine Öfen und Schmelztiegel fand. Er suchte dafür seit langem einen Assistenten, und als er jetzt Balsamo begegnete, engagierte er ihn auf der Stelle für diese Funktion; so günstig war sein Eindruck von ihm. Aber das Herr-Diener-Verhältnis hielt nicht lange vor. Balsamo war zu ehrgeizig und zu schlau, um nur die zweite Geige zu spielen. Bereits zwei Wochen nach ihrem ersten Zusammentreffen waren sie als Freunde und Partner miteinander verbunden. Altotas war in seinem der Alchimie gewidmeten langen Leben auf einige wertvolle Entdeckungen in der Chemie gestoßen — so auf eine Substanz zur Verbesserung der Flachsgewinnung, durch die Gewebe aus diesem Material fast den Glanz und die Weichheit von Seide erhielten. Balsamo gab ihm den guten Rat, den Stein der Weisen vorderhand unentdeckt zu lassen und lieber Gold aus Flachs zu machen. Der Rat wurde angenommen. Beide machten sich mit einem ansehnlichen Vorrat jener Substanz nach Alexandria auf, wo sie gute Geschäfte tätigten. Danach besuchten sie weitere ägyptische Städte — ebenfalls mit Erfolg. In der Türkei, ihrer nächsten Station, verkauften sie Drogen und Amulette. Auf dem Rückweg nach Europa wurden sie durch die Ungunst des Wetters nach Malta verschlagen, wo ihnen Pinto, Großmeister des Johanniterordens und berühmter Alchimist, einen gastfreundlichen Empfang bereitete. In Pintos Laboratorium arbeiteten sie mehrere Monate und versuchten einen zinnernen Teller in einen silbernen zu verwandeln. Schließlich wurde Balsamo, der ohnehin weniger Vertrauen in die hermetische Kunst hatte, der Sache müde. Versehen mit vielen Empfehlungsschreiben seines Gastgebers, legte er von Malta ab und überließ diesem und Altotas die Transmutation des Zinntellers.

Seit langem schon hatte er es vermieden, den Namen Balsamo zu gebrauchen — wegen der mancherlei häßlichen Assoziationen, die darin mitschwangen —, und sich nahezu ein Dutzend andere zugelegt, samt klangvollen Titeln. Er nannte sich u. a. Chevalier de Tischio, Marquis de Mélissa, Baron de Belmonte bzw. de Pellegrini, d'Anna, de Fénix oder de Harat — meistens jedoch Graf Cagliostro. Unter diesem Namen hielt er auch seinen Einzug in Rom und legte ihn danach nie wieder ab. In Rom gab er sich als Erneuerer der Rosenkreuzer-Philosophie aus und behauptete, alle Metalle in Gold transmutieren, sich selbst unsichtbar machen, alle Krankheiten heilen und ein Elixier gegen Alterung und Verfall herstellen zu können. Die Briefe des Großmeisters Pinto eröffneten ihm den Zugang zu den ersten Häusern. Hier machte er schnell beachtliche Profite mit seinem Lebenselixier und führte, wie andere Scharlatane, auch viele erfolgreiche Krankenbehandlungen durch, indem er seine Patienten mit vollkommenem Vertrauen in seine Kräfte beseelte (ein Vorteil, den selbst die unverschämtesten Quacksalber oft den soliden Hausärzten voraus haben).

Während er so dabei war, ein vermögender Mann zu werden, machte er die Bekanntschaft der schönen Lorenza Feliciani, einer jungen Dame von adliger Herkunft, aber ohne Vermögen. Er erkannte bald, daß sie über unschätzbare Talente verfügte: über hinreißende Schönheit, schlagenden Mutterwitz, beste Manieren, blühende Phantasie und die lockersten Grundsätze aller römischen Jungfrauen. Sie war genau die richtige Frau für Cagliostro, der ihr vorgestellt und prompt akzeptiert wurde. Nach der Hochzeit führte er sie in die Geheimnisse seines Berufes ein und lehrte ihre hübschen Lippen, Engel, Genien, Sylphen, Salamander, Undinen, notfalls aber auch Teufel und böse Geister zu beschwören. Die schöne Lorenza war eine begabte

Schülerin und hatte den ganzen Jargon der Alchimisten sowie die Sprüche und Formeln der Zauberer schnell gelernt. Mit solchen Voraussetzungen ausgestattet, begab sich das hoffnungsvolle Paar auf Reisen, um die Tribute der Leichtgläubigen und Verblendeten zu kassieren.

Ihr erstes Ziel war Eckernförde, wo sie dem Grafen von Saint-Germain ihre Aufwartung machten, ihrem großen Vorgänger in der hohen Kunst der Düpierung. Sie wurden aufs prächtigste empfangen und erhielten ohne Zweifel starke Impulse für die selbstgewählte Karriere, als sie mit diesem angebeteten Vorbild ›wissenschaftliche‹ Unterhaltung pflogen. Jedenfalls begannen ihre Aktionen unmittelbar nach diesem Besuch. Drei bis vier Jahre lang durchquerten sie Rußland, Polen und Deutschland, wandelten Metalle um, wahrsagten, beschworen Geister und verkauften ihr *elixir vitae,* wo sie gingen und standen. Allerdings gibt es keinen Bericht über diese Zeit, aus dem detaillierte Informationen über ihr Tun und Treiben ersichtlich wären. [...]

Im Jahre 1780 erschienen sie dann in Straßburg, wohin ihr Ruf schon vorher gedrungen war. Sie stiegen in einem prächtigen Hotel ab und luden alle bedeutenden Leute der Stadt an ihre Tafel ein. Ihre Gastfreundschaft erschien ebenso grenzenlos wie ihr Reichtum. Beide agierten als Ärzte und ließen den Bedürftigen und Leidenden Geld, Ratschläge und Medikamente zukommen. Viele ihrer Behandlungen erstaunten die regulären Ärzte, die es häufig versäumen, sich in gewissen Fällen den wunderwirkenden Einfluß der Einbildung zunutze zu machen. Die Gräfin, zu dieser Zeit kaum älter als 25 und strahlend vor Anmut, Schönheit und Heiterkeit, sprach unbekümmert von ihrem ältesten Sohn als einem jungen Mann von 28 Jahren, der derzeit als Hauptmann in niederländischen Diensten stehe. Der Trick löste eitel Bewunderung aus. Alle häßlichen alten Weiber aus Straßburg und Umgebung stürmten den Salon der Gräfin, um das Elixier zu kaufen, das sie so blühend machen sollte wie ihre Töchter; die jüngeren Frauen standen ihnen kaum nach, weil sie ihre Reize konservieren und den Zauber einer Ninon de Lenclos noch ausstrahlen wollten, wenn sie doppelt so alt sein würden wie diese; und auch die Männer gaben sich der närrischen Vorstellung hin, sie könnten mit ein paar Tropfen des einzigartigen Wässerchens dem unvermeidlichen Griff des grimmen Feindes entrinnen. Die Gräfin selbst erschien, um der Wahrheit die Ehre zu geben, wie die Inkarnation unsterblicher Lieblichkeit, die Göttin ewiger Jugend und Schönheit — und es ist gut möglich, daß die Scharen junger und älterer Männer, die sich in den parfümierten Gemächern dieser Zauberin drängten, weniger vom Glauben an ihre okkulten Kräfte als von ihren geheimnisvoll schimmernden Augen und ihrer sprühenden Konversation angezogen wurden. Dennoch: Inmitten all des Räucherwerks, das an ihrem Schrein abgebrannt wurde, blieb Madame di Cagliostro ihrem Gatten treu. Sie ermutigte, so viel ist wahr, gewisse Hoffnungen, aber sie erfüllte sie nie; sie erregte Bewunderung, aber hielt sie in Grenzen; sie machte Männer zu ihren Sklaven, gewährte jedoch nie eine Gunst, deren irgendeiner sich hätte rühmen können.

In Straßburg machten die Cagliostros die Bekanntschaft vieler einflußreicher Leute, besonders des Kardinals Rohan, der späterhin einen so unheilvollen Einfluß auf ihr Geschick nehmen sollte. Der Kardinal scheint großes Vertrauen in des Grafen alchimistische Fähigkeiten gesetzt zu haben; er überredete ihn auch, mit ihm nach Paris zu reisen. Aber Cagliostro blieb dort nur 13 Tage; er fühlte sich in der Straßburger Gesellschaft wohler und beabsichtigte, seinen Wohnsitz weit entfernt von der Hauptstadt zu nehmen. Er mußte jedoch bald feststellen, daß die anfängliche Erregung über sein Wirken nachließ. Die Leute gingen mit sich zu Rate und schämten sich ihrer Bewunderung. Das gemeine Volk, das seine Großzügigkeit reichlich genossen hatte, beschuldigte ihn, der Antichrist oder der Ewige Jude zu sein; man munkelte, er habe ein Alter von 1400 Jahren und sei eigentlich ein Dämon in Menschengestalt, der Unwissende nur heile, um sie zu zerstören. Die Wohlhabenderen und Gebildeteren nannten ihn einen Spion im Sold fremder Regierungen, einen Poizeispitzel, einen Schwindler und Wüstling. Schließlich wurde die allgemeine Anfeindung so stark, daß Cagliostro es für klüger hielt, sein Glück anderswo zu versuchen.

Er ging zuerst nach Neapel — aber das war zu nahe bei Palermo. Er füchtete bald, von früheren Freunden erkannt zu werden, und kehrte nach kurzem Aufenthalt nach Frankreich zurück. Als vorläufigen Wohnsitz wählte er Bordeaux, wo er sogleich ähnliches Aufsehen erregte wie in Straßburg. Er verkündete, er sei der Begründer einer neuen Schule der Medizin und Philosophie, rühmte sich der Fähigkeit, alle Krankheiten zu heilen, und lud die Armen und Leidenden ein, ihn zu besuchen: Er werde das Elend der einen und die Schmerzen der anderen heilen. Tag für Tag war die Straße vor seinem prächtigen Haus bevölkert; Lahme und Blinde, Frauen mit kranken Kindern, Menschen mit allen denkbaren Gebrechen strömten zu diesem Wunderdoktor, und was er einnahm, machte die Wirkungslosigkeit seiner ›Geheimmittel‹ mehr als wett. Der Zustrom aus der Stadt und ihrer Umgebung wurde schließlich so gewaltig, daß der Magistrat ihm eine Schutzwache zuwies, die Tag und Nacht vor seiner Tür postiert war und für Ordnung sorgte. Die wohlhabenden Bürger waren voller Bewunderung für so viel

Nächstenliebe und Wohltätigkeit und von Cagliostros wundersamen Kräften tief überzeugt. Der Verkauf seines Elixiers nahm dramatisch zu. In seinen Salons drängten sich reiche Gimpel, um sich Unsterblichkeit zu kaufen. Jahrhundertelang andauernde Schönheit erhoffte sich das schwache Geschlecht, ewige Kraft und Gesundheit das starke. Die charmante Gräfin nutzte derweilen die Konjunktur, indem sie wahrsagte, Nativitäten stellte oder dienstbare Sylphen an alle Damen vermittelte, die diese Dienstleistungen angemessen honorierten. Noch vorteilhafter für das Renommee ihres Gatten aber war, daß sie die prächtigsten Soireen von ganz Bordeaux gab.

Aber wie in Straßburg hielt der Massenwahn nur einige Monate lang an und ließ dann nach. Im Rausch des Erfolges vergaß Cagliostro, daß es für Scharlatanerie eine Grenze gibt, nach deren Überschreiten sich Mißtrauen regt. Als er eines Tages vorgab, Geister aus Gräbern zu beschwören, machten die Leute nicht mehr mit. Rufe wie »Feind der Religion!«, »Antichrist!«, »Ewiger Jude!« wurden laut. Solange diese Beschuldigungen nur vereinzelt zu hören waren, versuchte er sie zu ignorieren; als sie sich jedoch über die ganze Stadt verbreiteten, seine Honorare ausblieben, seine Soireen boykottiert wurden und seine Bekannten sich auf der Straße abwandten, wenn sie ihm begegneten — da erkannte Cagliostro, daß wieder einmal ein Quartierwechsel opportun wäre.

Er war inzwischen des Provinzlebens überdrüssig geworden und richtete seine Gedanken auf die Hauptstadt. Dort trat er als Erneuerer der ägyptischen Freimaurerei und Begründer einer neuen Philosophie auf. Durch die Vermittlung seines Freundes, des Kardinals Rohan, hatte er sogleich Zugang zu den besten Kreisen. Sein Erfolg als Magier war außerordentlich. Die bedeutendsten Köpfe von Paris machten ihm ihre Aufwartung. Er rühmte sich, wie die Rosenkreuzer, der Fähigkeit, mit Elementargeistern in Verbindung zu treten, große Tote der Vergangenheit zu beschwören, Metalle zu transmutieren und — aufgrund besonderer göttlicher Protektion — Einsicht in okkulte Zusammenhänge zu haben. Wie Dr. Dee rief er die Engel an, um die Zukunft zu erfahren; wie bei diesem erschienen sie in Kristallen und unter Glasglocken und hielten Zwiesprache mit ihm. »Es gab kaum eine bessere Dame in Paris«, sagt die *Biographie des contemporains,* »die nicht gern mit dem Geist des Lukrez in Cagliostros Gemächern soupiert hätte; kaum einen Militär, der nicht mit Cäsar, Hannibal oder Alexander Fragen der Kriegskunst erörtern wollte; kaum einen Advokaten oder Rechtsbeistand, den ein juristischer Disput mit Cicero nicht gereizt hätte.« Diese Zwiesprache mit den Verblichenen war sehr teuer, denn die Toten, bemerkte Cagliostro, erhoben sich nicht umsonst und für nichts. Wie üblich, tat Lorenza das Ihre, um den Kredit ihres Gatten zu heben. Besonders vor den Angehörigen ihres eigenen Geschlechts setzte sie seine übernatürlichen Kräfte ins rechte Licht. Sie eröffnete ihrem staunenden Auditorium, er könne sich unsichtbar machen, die Welt mit der Schnelle des Gedankens durcheilen und gleichzeitig an verschiedenen Orten sein.[1]

Recht bald nach seiner Ankunft in Paris wurde Cagliostro in die berüchtigte Halsbandaffäre verwickelt. Sein Freund Rohan, gefesselt von den Reizen der Königin, grämte sich tief wegen der Kühle und Abneigung, die sie ihm so oft schon demonstriert hatte. In ihrem Dienst befand sich damals die (nicht ganz echte) Gräfin Lamotte-Valois, die der Kardinal törichterweise ins Vertrauen zog. Die Lamotte wiederum wollte den

---

[1] Vgl. dazu Jules Garinet, *Histoire de la magie en France, depuis le commencement de la monarchie jusqu' à nos jours.* Paris 1818, S. 284.

Kardinal gern für ihre Zwecke benutzen — und das gelang ihr über die Maßen gut. In ihrer Eigenschaft als Ehrendame der Königin wurde sie Zeugin eines Gesprächs zwischen Marie Antoinette und dem reichen Juwelier Boehmer, welcher dieser ein überaus prächtiges Diamantkollier im Wert von 1600000 Livres anbot. Die Königin bewunderte das kostbare Stück gebührend, mußte den Juwelier aber mit dem Ausdruck lebhaften Bedauerns entlassen: Sie verfüge nicht über die Mittel, es zu kaufen. Die Lamotte entwickelte daraufhin einen Plan, wie sie selbst in den Besitz des Kolliers kommen könnte, und wies dem Kardinal Rohan darin die zentrale Rolle zu. Sie bat ihn um ein Gespräch und heuchelte tiefes Verständnis für seinen Kummer über die Abneigung der Königin. Dann eröffnete sie ihm, sie wisse einen Weg, wie er ihre Gunst gewinnen könne: Es gebe da ein Halsband, das sie liebend gern besäße, aber nicht bezahlen könne. Der Kardinal war ebenso reich wie dumm; er erbot sich sofort, das Kollier zu kaufen und der Königin zu schenken. Das, fand die falsche Gräfin, solle er besser nicht tun, weil er Ihre Majestät damit kränken könne. Besser sei es, den Juwelier dahin zu bringen, der Königin Kredit zu gewähren, ihre Promesse über die Summe zu akzeptieren und diese hernach einzulösen. Rohan war einverstanden und wies den Juwelier an, ein entsprechendes Dokument auszufertigen; er werde für die Unterschrift der Königin sorgen. Die Schuldverschreibung übergab er der Lamotte, die sie kurz darauf zurückbrachte mit der Randbemerkung: *»Bon, bon — approuvé — Marie Antoinette«*. Gleichzeitig berichtete sie ihm, Ihre Majestät habe sich überaus wohlwollend über das Verhalten des Kardinals in der Angelegenheit geäußert und sei willens, ihn im Park von Versailles zu treffen; dabei werde sie ihm, als Zeichen ihrer Gunst, eine Blume schenken. Rohan präsentierte dem Juwelier das gefälschte Dokument, bekam das Kollier ausgehändigt und übergab es der Lamotte.

So weit war alles in deren Sinn gelaufen. Jetzt mußte der Kardinal zufriedengestellt werden, der ungeduldig auf das Rendezvous mit seiner Angebeteten wartete. Glücklicherweise gab es in Paris zu dieser Zeit eine junge Frau namens Marie Legnay d'Oliva, die der Königin überaus ähnlich sah und mit dem Versprechen einer ansehnlichen Belohnung leicht dazu gebracht werden konnte, Marie Antoinette zu verkörpern und den Kardinal Rohan in der Abenddämmerung im Park von Versailles zu treffen. Das Rendezvous fand statt wie geplant. Die ungewissen Lichtverhältnisse, die große Ähnlichkeit zwischen der Königin und ihrer Darstellerin sowie seine eigenen Hoffnungen täuschten Rohan — und nachdem er die Blume von Mlle. d'Oliva empfangen hatte, kehrte er beschwingt und frohen Herzens nach Hause zurück.[1]

Der Betrug flog auf, als die versprochenen Zahlungen der Königin ausblieben. Der Juwelier machte sogleich den Kardinal Rohan und die ›Gräfin‹ Lamotte-Valois als die Personen namhaft, mit denen er verhandelt habe. Beide wurden verhaftet und in die Bastille geworfen. Die Lamotte wurde einem strengen Verhör unterzogen und machte Enthüllungen, die Cagliostro stark belasteten. So wanderte er, samt seiner Gräfin, ebenfalls in die Bastille. Notwendigerweise erregte eine solche Skandalgeschichte großes Aufsehen. Ganz Paris sprach nur noch vom Halsband der Königin und stellte Mutmaßungen über Schuld oder Unschuld der Beteiligten an. Der Ehemann der Lamotte entkam

---

[1] Die Feinde der unglücklichen Königin haben während der Revolution, als die Animosität gegen sie noch stärker geworden war, behauptet, sie habe in dieser Transaktion selbst eine aktive Rolle gespielt: *Sie* und nicht Mlle. d'Oliva habe den Kardinal getroffen und ihn mit einer Blume belohnt, und im übrigen sei die ganze Geschichte von ihr, der Lamotte und anderen ausgeheckt worden, um den Juwelier um seine 1,6 Millionen zu betrügen.

nach England und nahm nach allgemeiner Ansicht das Kollier mit, um es dort stückweise an verschiedene Juweliere zu veräußern. Die ›Gräfin‹ freilich insistierte, sie habe es Cagliostro anvertraut, der es genommen und in Stücke zerlegt habe — »um seinen ohnehin unvergleichlichen Reichtum noch zu vergrößern«. Sie nannte ihn einen Quacksalber, einen schäbigen Alchimisten, einen Träumer vom Stein der Weisen, einen falschen Propheten, Entweiher der wahren Anbetung und selbsternannten Grafen. Er habe, fügte sie hinzu, das Projekt ursprünglich ersonnen, um den Kardinal Rohan zu ruinieren, und sie durch magische Kräfte dazu gebracht, es zu unterstützen und zu fördern. Er sei ein Räuber, ein Schwindler, ein Hexer!

Nachdem die Beteiligten gut sechs Monate in der Bastille zugebracht hatten, begann der Prozeß. Die Zeugen wurden gehört, und danach wurde Cagliostro gefragt, was er zu seiner Verteidigung zu sagen habe. Alles lauschte in atemloser Spannung, als er sich theatralisch in Positur stellte und zu sprechen begann:

»Ich werde verfolgt! Ich werde angeklagt! Ich werde verleumdet! Habe ich dieses Schicksal verdient? Ich gehe mit meinem Gewissen zu Rate und finde dort den Frieden, den die Menschen mir verweigern. Ich bin viel gereist — bin bekannt in ganz Europa, in einem großen Teil Asiens und Afrikas. Überall trat ich als Freund meiner Mitgeschöpfe auf. Mein Wissen, meine Zeit und mein Vermögen habe ich stets zur Beseitigung des Elends verwandt. Ich habe Medizin studiert und praktiziert, aber ich habe diese edelste und der Menschheit dienlichste aller Künste niemals durch gewinnsüchtige Spekulationen irgendwelcher Art entehrt. Obwohl ich stets ein Gebender war, niemals ein Nehmender, habe ich mir meine Unabhängigkeit bewahrt. Selbst Gunstbeweise von Königen wies ich zurück. Den Reichen gab ich meine Arzneien und Ratschläge unentgeltlich; die Armen empfingen nicht nur Arzneien, sondern auch Geld. Ich habe niemals Schulden gemacht, und mein Verhalten war stets aufrichtig und fehlerfrei.«

In solcher Selbstbeweihräucherung ging es noch eine Weile weiter; dann beklagte er das große Ungemach, das er durch die monatelange Trennung von seinem unschuldigen, liebenden Weibe habe erdulden müssen, das, wie man ihm zu verstehen gegeben habe, ebenfalls in der Bastille festgehalten werde und vielleicht angekettet in einem elenden Kerker schmachte. Er bestritt unzweideutig den Vorwurf, das Halsband zu besitzen, und um die Gerüchte und Beschuldigungen gegen ihn zum Schweigen zu bringen, die auch durch seine Neigung zur Geheimhaltung seiner persönlichen Verhältnisse ins Kraut geschossen waren, erklärte er sich bereit, die Neugier der Öffentlichkeit zu befriedigen und einen klaren, umfassenden Bericht über seine Karriere zu geben.

Nun folgte eine romantische und wenig glaubhafte Geschichte. Er kannte, wie er sagte, weder seinen Geburtsort noch die Namen seiner Eltern, verbrachte seine Kindheit in Medina in Arabien und erhielt dort den Namen ›Acharat‹. Er lebte im Palast des Großmuftis der Stadt und hatte stets drei Bediente um sich, dazu einen Hauslehrer namens Altotas. Dieser war sehr von ihm angetan und erzählte ihm, sein Vater und seine Mutter, christliche Edelleute, seien gestorben, als er drei Monate alt war, und hätten ihn der Obhut des Muftis überlassen. Nie konnte er die Namen seiner Eltern in Erfahrung bringen, denn jedesmal, wenn er Altotas danach fragte, erhielt er die Auskunft, es sei gefährlich, sie zu kennen. Aus einigen unvorsichtigen Äußerungen des Hauslehrers schloß er aber, daß sie aus Malta stammten. Etwa mit zwölf Jahren begann er zu reisen und lernte die verschiedenen Sprachen des Orients. Er blieb drei Jahre lang in Mekka, wo der Scherif, der Statthalter, ihm so viel Freundlichkeit erwies und so zärtlich und leidenschaftlich zu ihm sprach, daß er manchmal dachte, dies müsse sein Vater sein. Er verließ diesen guten Menschen mit Tränen in den Augen und sah ihn nie wieder. Aber er war seitdem, und gerade im jetzigen Augenblick, überzeugt, daß alle seine Erfolge im späteren Leben der Zuwendung und Fürsorge des Scherifen zu danken seien. Wer anders als er konnte bewirkt haben, daß in jeder Stadt, ob in Europa oder Asien, ein Konto für ihn bei der führenden Bank eröffnet war? Er konnte Tausende, ja Hunderttausende abheben, ohne mehr als seinen Namen angeben zu müssen. Sprach er nur das Wort ›Acharat‹ aus, so wurden alle seine Wünsche erfüllt. *Dies* war das Geheimnis seines Reichtums, und er hatte es zur Bestreitung seines Lebensunterhaltes nicht nötig, zu Betrügereien Zuflucht zu nehmen. Ebensowenig sah er sich genötigt, ein Diamantkollier zu stehlen, konnte er deren doch so viele kaufen, wie er wollte — und prächtigere, als die Königin von Frankreich je getragen hatte!

Zu den übrigen Anschuldigungen der Mme. de Lamotte wollte er sich kurz fassen. Sie hatte ihn einen »Quacksalber« genannt. Er war nicht unvertraut mit diesem Wort. Bezeichnete es einen Mann, der zwar kein Arzt war, aber Medizinkenntnisse besaß und nicht gegen Honorar arbeitete, der sowohl Reiche wie Arme behandelte und von beiden kein Geld nahm, so wollte er gern ein Quacksalber heißen. Des weiteren hatte sie ihn einen »schäbigen Alchimisten« genannt. Ob er nun ein Alchimist war oder nicht: Das Epitheton ›schäbig‹ konnte nur für jemanden gelten, der bettelte und sich im Staub wälzte. Beides tat er nicht. »Träumer vom Stein der Weisen«: Wie immer seine Ansichten über dieses Thema sein mochten, er hatte sie bei sich behalten und die Öffentlichkeit nicht mit seinen Träumen belästigt. Ein »falscher Prophet« war er nicht immer gewesen — hatte er nicht dem Kardinal Rohan prophezeit, die Gräfin Lamotte-Valois werde sich als gefährliche Person erweisen? Das Ergebnis hatte seine Vorhersage bestätigt. »Entweiher der wahren Anbetung« war er nicht; die Religion im allgemeinen wollte er nie verächtlich machen, und er respektierte auch die persönliche Religion eines jeden. Ebensowenig war er je Rosenkreuzer oder hatte behauptet, 300 Jahre alt zu sein bzw. einen Bedienten von 150 Jahren zu haben.

Kurz, jede Anschuldigung der Mme. de Lamotte gegen ihn, Graf Cagliostro, war falsch, und er mußte ihr leider entgegenhalten: *»mentiris impudentissime«* — was er ihren Anwalt zu übersetzen bat, da er zu höflich war, es auf französisch zu sagen.

Diese Rede überzeugte alle, die zuvor — durchaus zu Recht — geargwöhnt hatten, Cagliostro sei einer der unverschämtesten Hochstapler, die jemals diese Karriere durchlaufen hätten. Nach dem Grafen wurden die Anwälte Rohans und der Lamotte gehört. Da alles dafür sprach, daß der Kardinal das Opfer eines niederträchtigen Komplotts geworden war, und auch gegen Cagliostro keine Belastungsmomente mehr vorzuliegen schienen, wurden beide freigesprochen. Die Lamotte wurde für schuldig befunden und zu öffentlicher Auspeitschung sowie Brandmarkung auf dem Rücken verurteilt.

Graf und Gräfin Cagliostro wurden sodann aus der Haft entlassen. Bevor sie gingen, kamen sie um Rückgabe der Papiere und der Wertsachen ein, die seinerzeit in ihrer Wohnung beschlagnahmt worden waren. Es erwies sich, daß ein Großteil davon entwendet worden war. Daher erstatteten sie Anzeige gegen die verantwortlichen Offiziere der Bastille. Bevor jedoch darüber entschieden werden konnte, erhielt Cagliostro die Anweisung, Paris binnen 24 Stunden zu verlassen. Da er fürchtete, bei einer erneuten Inhaftierung in der Bastille nie wieder das Licht des Tages zu erblicken, leistete er der Anordnung unverzüglich Folge und wechselte nach England.

Hier machte er bald nach seiner Ankunft in London die Bekanntschaft des berüchtigten Lord George Gordon, der sich seiner Sache aufs wärmste annahm, in einem Offenen Brief in verschiedenen Zeitungen die Königin von Frankreich wegen der Halsbandgeschichte attackierte und versicherte, *sie* sei der schuldige Teil. Wegen dieses Briefes wurde er, auf Betreiben des französischen Gesandten, unter Anklage gestellt, der Verleumdung für schuldig befunden und zu einer Geldstrafe sowie langjähriger Haft verurteilt.

Cagliostro und seine Gräfin reisten danach nach Italien, wo sie 1789 von der Regierung des Kirchenstaats verhaftet und wegen Freimaurerei, Häresie und Hexerei zum Tode verurteilt wurden. Dieser doch wohl unbillige und der Regierung zur Schande gereichende Spruch wurde später, was den Grafen anging, in lebenslange Einschließung in der Engelsburg umgewandelt; Lorenza wurde in ein Strafkloster gebracht.

Cagliostro lebte nur noch wenige Jahre. 1795 starb er unter der Last der Unfreiheit und des wiederholten Mißgeschicks, das seine Gesundheit ruiniert und seinen Geist gebrochen hatte.

Die Alchimie heute

Damit wäre die Liste der Männer abgeschlossen, die sich in dieser nutzlosen Untersuchung besonders hervorgetan haben. Auf der Liste sind die unterschiedlichsten gesellschaftlichen Klassen, Ränge und Charaktere vertreten: der wahrheitssuchende, doch irrende Philosoph, der ehrgeizige Fürst, der mittellose Adlige ebenso wie der arglistige Scharlatan, der im Gegensatz zu jenen nicht an die Kunst glaubte, sie aber zu beherrschen vorgab, um seine Zeitgenossen zu betrügen und von ihrer Leichtgläubigkeit zu profitieren.

Für alle diese Gruppen kann man auf den vorangehenden Seiten Beispiele finden. Man kann den Lebensbeschreibungen der Alchimisten auch entnehmen, daß die Verblendung durchaus nicht gänzlich unnütz gewesen ist. Wenn Menschen zu hohe Ziele anstreben, wachsen sie nicht immer über sich hinaus; manchmal sind sie es zufrieden, auf halber Strecke innezuhalten, wenn der Berggipfel sich als unbezwinglich erweist. Sie begnügen sich dann mit den bescheideneren Erfahrungen, die dieser kürzere Weg hergibt. So ist die nützliche Wissenschaft der Chemie ihrer Stiefschwester Alchimie zu nicht geringem Dank verpflichtet, hat diese doch, beim Streben nach dem Unmöglichen, viele wertvolle Entdeckungen gemacht, die sonst noch für Jahrhunderte unterblieben wären. Roger Bacon stieß bei der Suche nach dem Stein der Weisen auf das Schießpulver, eine noch weitaus ungewöhnlichere Substanz; van Helmont entdeckte im gleichen Zusammenhang die Eigenschaften der Gase und Geber eine Reihe wichtiger chemischer Verbindungen; Paracelsus schließlich fand inmitten seiner obsessiven Visionen von Metallumwandlungen, daß das Quecksilber als Heilmittel gegen eine der widerlichsten und qualvollsten Seuchen des Menschengeschlechts, die Syphilis, tauglich ist.

Heutzutage sind neue Anhänger der hermetischen Wissenschaft in Europa kaum auszumachen; allerdings scheinen einige unserer illustersten Geistesgrößen sie für weit weniger absurd und fruchtlos zu halten als in neueren Zeiten allgemein angenommen. Der Glaube an Zauberkräfte ist dagegen trotz seiner Ungereimtheit im gemeinen Volk weiterhin lebendig — obwohl nur noch wenige der Überzeugung frönen dürften, irgendein Elixier könne Menschen ein jahrhundertelanges

Leben schenken oder gar Eisen und Zinn in Gold verwandeln. Man darf die Alchimie in Europa mit Fug und Recht als überlebt betrachten. Anders ist es im Orient: Hier — und speziell in China, Indien, Persien, der Tatarei, Ägypten und Arabien — erfreut sie sich eines ungebrochen hohen Ansehens, wie auch in jüngster Zeit Reisende immer wieder bestätigen.

WAHRSAGEREI

> And men still grope t'anticipate
> The cabinet designs of fate;
> Apply to wizards to foresee
> What shall and what shall never be.
>
> Butler, *Hudibras*

Wir kommen nunmehr zur Betrachtung des Wahns, in den die Menschen durch ihren begierigen Wunsch geführt wurden, das dichte Dunkel um die Zukunft zu durchdringen. Gott selbst hat in seinem weisen Ratschluß mehr als einmal den undurchdringlichen Schleier von jenen erhabenen Geheimnissen weggezogen, aber mit gleicher Weisheit bestimmt, daß in allen übrigen Fällen Unwissenheit unser ewiges Schicksal sein soll. Es ist gut für den Menschen, daß er nicht weiß, was das Morgen ihm bringen wird; er jedoch hat zu allen Zeiten, unerachtet dieses großen Segens, anmaßende Versuche unternommen, den Ereignissen künftiger Jahrhunderte auf die Spur zu kommen und den Gang der Zeit zu antizipieren. Er hat aus dieser Anmaßung ein System gemacht, unterteilt nach (Pseudo-)Wissenschaften und Lehren ohne Zahl. Mancher hat sein ganzes Leben mit ihnen verbracht. Mit keinem Thema ließ sich die Welt so leicht hinters Licht führen wie mit diesem. In jeder Brust existiert die Neugier in irgendeiner Weise und kann nur auf einem langen Weg der Selbstprüfung überwunden werden — oder durch die feste Überzeugung, daß die Zukunft unseren Blicken *nicht* verborgen bliebe, wenn es recht und billig wäre, sie kennenzulernen.

Im Grunde lassen sich solch anmaßende Versuche auf eine übertriebene Vorstellung von unserer eigenen Bedeutung innerhalb der Schöpfungsordnung zurückführen. Wie schmeichelhaft für den Stolz des Menschen ist der Gedanke, die Planeten wachten auf ihren Bahnen über ihn und symbolisierten in ihren Bewegungen und Konstellationen Freuden und Sorgen seiner Zukunft! Weil er weniger in Harmonie mit dem Universum lebt als die fast unsichtbaren Insekten, welche sich zu Tausenden von einem einzigen Blatt ernähren, gibt er sich der hoffärtigen Idee hin, jene fernen Welten seien primär zu dem Zweck geschaffen worden, Vorbedeutungen seines Schicksals zu liefern. Wie würden wir unsererseits die Arroganz des Wurms bemitleiden, der zu unseren Füßen kriecht, wenn wir erführen, daß er ebenfalls die Geheimnisse der Zukunft zu ergründen wünscht und die Vorstellung nährt, Meteore schössen quer über den Himmel, um ihn davor zu warnen, daß eine Amsel ihn zu fressen beabsichtigt — oder die Phantasie, Stürme und Erdbeben, der Untergang von Reichen oder der Fall mächtiger Könige geschähen nur in der Absicht, seine Geburt, seinen Aufstieg und seinen Niedergang vorherzusagen. Kein Jota weniger anmaßend hat sich der Mensch verhalten; kein Jota weniger überheblich sind die sogenannten Wissenschaften der Astrologie, des Auguriums, der Nekromantie, der Geomantie, der Chiromantie oder die verschiedenartigen Formen der Divination.

Lassen wir die Orakel des heidnischen Altertums und religiöse Prophetien generell beiseite, und beschränken wir uns auf die Personen, welche seit Beginn der Neuzeit als Vorhersager der Zukunft hervorgetreten sind, so finden wir, daß das 16. und das 17. Jahrhundert das Goldene Zeitalter dieser Scharlatane darstellen. Viele von ihnen sind bereits in ihrer Eigenschaft als Alchimisten erwähnt worden. Daß diese beiden Anmaßungen — Alchimie und Wahrsagerei — gemeinsam auftreten, ist nicht überraschend. Es liegt nahe, daß die, welche sich absurderweise die Macht zuschreiben, das Leben um Jahrhunderte zu verlängern, auch vorgeben, die Ereignisse zu kennen, welche eine so widernatürlich ausgedehnte Existenz bestimmen sollten. Auf die Leichtgläubigkeit der Welt konnten sie in jedem Fall rechnen. Die berühmtesten Astrologen Europas waren zugleich Alchimisten: Agrippa von Nettesheim, Paracelsus, Dr. Dee und die Rosenkreuzer. Sie alle behaupteten in gleicher Weise, die Zukunft zu kennen wie über den Stein der Weisen und das Elixier des Lebens zu verfügen. Zu ihrer Zeit waren Geschichten von Wundern, Teufeln und übernatürlichen Wesen weiter verbreitet als je zuvor. Man glaubte, daß böse Geister oder Planeten beständig in menschliche Angelegenheiten eingriffen, und rief beide in speziellen Zeremonien um Rat an. Wer zur Melancholie neigte und ein düsteres Temperament hatte, nahm seine Zuflucht zu Nekromantie und Hexerei; wer eher frohgemut und optimistisch war, warf sich auf die *Astrologie*.

Diese letztere Wissenschaft wurde von allen Monarchen und Regierungen des Zeitalters gefördert. In England stand sie von Elisabeth I. bis zu Wilhelm von Oranien in hohem Ansehen. Es war die Zeit der Dee, Lamb und Forman, der Lilly, Booker, Gadbury, Evans und zahlreicher weniger namhafter Betrüger, die in jeder Stadt, in jedem größeren Dorf davon lebten, Nativitäten zu stellen, bei der Wiederbeschaffung gestohlener Dinge zu helfen, glückliche oder unglückliche Ehen anzuzeigen, Vorhersagen über den Verlauf von Reisen abzugeben oder die Erfolgsaussichten bevorstehender Unternehmungen abzuschätzen — handle es sich um die Eröffnung einer Schusterwerkstatt oder den Beginn eines Krieges.

In William Lillys *Memoirs of His Life and Times* (London 1715) finden sich viele Bemerkungen über weniger bedeutende Scharlatane, die damals ihr Unwesen trieben und auf die Lilly mit überlegener Verachtung hinabzublicken vorgibt — nicht weil sie Astrologen waren, sondern weil sie diese edle Kunst diskreditierten, indem sie z. B. für die Wiederbeschaffung gestohlener Güter Honorare annahmen. In Butlers *Hudibras* und den seltsamen Anmerkungen dazu können wir lesen, wie unendlich viele solcher Individuen in diesem Zeitalter der Zauberei und des Teufelshandwerks von der Leichtgläubigkeit ihrer Mitmenschen lebten. Noch in unseren Tagen ist ja etwa der Ruf der Almanachmacher beachtlich, die sich auf Francis Moore[1] berufen. Aber zur Zeit Karls I. und der Republik zögerten selbst die gelehrtesten, edelsten und hervorragendsten Männer nicht, ganz offen die Dienste von Astrologen in Anspruch zu nehmen. Lilly, den Butler unter dem Namen ›Sydrophel‹ unsterblich gemacht hat, berichtet von seiner Absicht, ein Werk mit dem Titel *An Introduction to Astrology* zu schreiben, in welchem er ganz Britannien von der Rechtmäßigkeit der astrologischen Kunst überzeugen wollte. Viele Militärs, sagt er, waren dafür, desgleichen viele Independenten und eine Menge ehrenwerter Mitglieder des Unterhauses, seine erklärten Freunde, die sämtlich bereit waren, seine Partei gegen die Presbyterianer zu ergreifen, welche seine Vorhersagen nach Möglichkeit unterbinden wollten. Angesichts dieser Unterstützung setzte er seinen Plan in die Tat um, und als das Buch erschien, begab er sich mit einem anderen Astrologen namens Booker ins Hauptquartier des Parlamentsheeres, wo er von General Fairfax willkommen geheißen und bewirtet wurde. Der General äußerte sich sehr freundlich über das Buch und spielte auf einige der darin enthaltenen Prophezeiungen an. Er brachte seine Hoffnung zum Ausdruck, daß die astrologische Kunst mit den Gesetzen und Gottes Wort in Einklang stehe, setzte aber hinzu, er selbst verstehe sich darauf wenig. Am rechten Glauben der beiden Astrologen hegte er gleichwohl keinen Zweifel. Lilly

---

[1] Einen Astrologen und Almanachmacher, der von 1657 bis 1715 lebte. (Anm. d. Übers.)

versicherte ihm, die Kunst der Astrologie gehe mit den Lehren der Heiligen Schrift völlig konform, und sagte — unter Bezugnahme auf seine Kenntnisse der Planetenbewegungen — selbstbewußt den totalen Sieg des Parlamentsheeres über alle seine Feinde voraus. [...]

In Frankreich und Deutschland erfuhren Astrologen eher noch mehr Förderung als in England. Zwar wurden sie im frühen Mittelalter, unter Karl dem Großen und seinen Nachfolgern, den Hexen gleichgestellt und verfolgt — aber bereits Ludwig XI., dieser überaus abergläubische Mann, hielt sich eine große Anzahl von ihnen an seinem Hof. Katharina von Medici, nicht weniger abergläubisch, unternahm keine politische Aktion von einiger Bedeutung, ohne sie zu befragen. Sie bevorzugte dabei im wesentlichen ihre Landsleute, und während ihrer Regierungszeit wurde das Land von italienischen Hexern, Nekromanten und Wahrsagern überschwemmt. Der Hauptastrologe jener Jahre jedoch war ohne Zweifel der berühmte Nostradamus, Leibarzt von Katharinas Ehemann Heinrich II.

Michel Nostradamus wurde 1503 in Saint-Rémy-de-Provence geboren, als Sohn eines Notars. Erst mit über 50 Jahren brachte er es zu einigem Ansehen. Damals, um das Jahr 1556, begann sein berühmtes Buch *Centuries,* eine Sammlung von Versen in dunkler, oft unverständlicher Sprache, Aufsehen zu erregen. Es wurde bald dermaßen leidenschaftlich diskutiert, daß der König beschloß, einen so kenntnisreichen Mann in seine Dienste zu nehmen, und ihn zum Leibarzt ernannte. Im Vorwort der *Vraies Centuries* (Amsterdam 1668) findet sich eine biographische Anmerkung, der wir entnehmen können, daß Nostradamus mit seinem königlichen Herrn oft Gespräche über die Geheimnisse der Zukunft führte und, über sein normales Honorar für ärztliche Betreuung hinaus, mehrmals bedeutende Geschenke erhielt. Nach dem Tod Heinrichs II. zog er sich an seinen Geburtsort zurück, wo ihm Karl IX. 1564 einen Besuch abstattete. Auch der neue König war so sehr voller Bewunderung für Nostradamus' außergewöhnliches Wissen um Dinge, die sich während der nächsten 100 Jahre nicht nur in Frankreich, sondern in der ganzen Welt ereignen sollten, daß er ihn zum Staatsrat und erneut zum Leibarzt ernannte und ihn insgesamt mit königlicher Großzügigkeit behandelte. »Kurz und gut«, schließt sein Biograph, »ich würde zu weitschweifig, wenn ich alle die Ehrungen aufzählen wollte, die ihm zuteil wurden, und alle die edlen und gelehrten Männer beim Namen nennen wollte, die wirklich aus allen Weltgegenden zu seinem Hause kamen, um mit ihm Zwiesprache zu halten, als wäre er ein Orakel. Es ist eine Tatsache: Viele Fremde kamen ausschließlich nach Frankreich, um ihn zu konsultieren.«

Nostradamus' Prophezeiungen sind in mehr als 1000 Strophen zu je vier Zeilen niedergelegt, und sie sind ganz genauso dunkel und schwer verständlich wie die Orakel der Alten. Sie sind ihrer zeitlichen wie räumlichen Dimension nach so allgemein, daß sie sich fast immer mit irgendwelchen Inhalten füllen lassen, die sich im Verlauf der folgenden Jahrhunderte zugetragen haben. Mit etwas Findigkeit [...] lassen sich leicht Ereignisse finden, auf die sie zutreffen.[1]

---

[1] Machen wir einen Versuch. In der II. Centurie, Prophezeiung 66, heißt es:

»Aus großen Gefahren ist der Gefangene geflohen;
In kurzer Zeit hat das Geschick sich großartig gewendet:
Im Palast wird das Volk ergriffen,
Unter guten Vorzeichen die Stadt belagert.«

(»Par grands dangiers le captif eschapé,
Peu de temps grand a fortune changée:
Dans le palais le peuple est attrapé,
Par bon augure la cité assiégée.« — Zitiert nach: *Prophéties de Michel Nostradamus. Texte intégral publié en 1611*, Paris 1939, S. 42)

»Was ist dies anders«, mag ein Nostradamus-Gläubiger da ausrufen, »als die Flucht Napoleons von Elba, die Wendung seines Schlachtenglücks und die Belagerung von Paris durch die Alliierten?«

Nostradamus ist bis heute in Frankreich überaus populär — ebenso in der belgischen Wallonie, wo alte Bäuerinnen sein Buch beharrlich und vertrauensvoll immer wieder zu Rate ziehen. Katharina von Medici war nicht die einzige ihres Geschlechts, die Astrologen beschäftigte. Zu Beginn des 15. Jahrhunderts lebte in Florenz ein Mann namens Basile, der in ganz Italien für seine Fähigkeit bekannt war, das Dunkel der Zukunft zu durchdringen. Es wird berichtet, daß dieser Basile Cosimo de Medici, der damals noch ein Privatmann war, vorhersagte, er werde zu hohen Würden kommen, da der Aszendent seiner Nativität die gleichen günstigen Aspekte aufweise wie der Julius Cäsars und der Kaiser Karls V.[1] Ein anderer Astrologe sagte den Tod des Fürsten Alessandro de Medici voraus — der dann so genau auf die prognostizierte Minute und unter allen vorhergesagten Umständen eintrat, daß man den Astrologen verdächtigte, selbst maßgeblich zur Erfüllung seiner Prophetie beigetragen zu haben. Es war damals indes gar nicht ungewöhnlich, daß Burschen wie dieser zu derartigen Mitteln griffen, um ihr Ansehen zu erhalten. Der ›weise Mann‹ hatte selbstbewußt verkündet, der Fürst werde durch die Hand seines eigenen Freundes sterben, einer

Noch ein Versuch. III. Centurie, Prophezeiung 98:

»Zwei königliche Brüder werden sich so befehden,
Daß zwischen ihnen ein tödlicher Krieg ausgetragen wird:
Jeder von ihnen wird feste Plätze besetzen;
Ihr großer Kampf wird um Herrschaft und Leben gehen.«

(»Deux royals freres si fort guerroyeront,
Qu'entre eux sera la guerre si mortelle:
Qu'un chacun places fortes occuperont,
De regne et vie sera leur grande querelle.« — *Ibid.*, S. 62)

Ein wiedererstandener Lilly hätte mit dieser Prophezeiung keine Schwierigkeiten; sie wäre für ihn, um einen vulgären Ausdruck zu benutzen, klar wie Kloßbrühe: Hatte der Astrologe nicht Dom Miguel und Dom Pedro, die feindlichen Brüder auf den Thronen Portugals und Brasiliens, im Blick, als er diese Strophe schrieb, die so viel klarer erscheint als die übrigen?

[1] Vgl. Cohausen, Joannes Henricus, *Hermippus Redivivus or the sage's triumph over old age and the grave.* London 1744, S. 142.

Person von schlanker Körperkonstitution, schmalem Gesicht, dunkler Hautfarbe und bemerkenswert großer Schweigsamkeit. Eben dies geschah: Alessandro wurde zu Hause von seinem Vetter Lorenzo getötet, dessen Gestalt exakt der obigen Beschreibung entsprach. Der Autor des *Hermippus Redivivus,* der diese Geschichte mitteilt, neigt zu der Überzeugung, daß der Astrologe keinerlei Mitschuld an dem Verbrechen trug, sondern von einem Freund des Fürsten benutzt wurde, um diesen vor der ihm drohenden Gefahr zu warnen.

Eine noch viel bemerkenswertere Geschichte wird von einem Astrologen namens Antiochus Tibertus erzählt, der im 15. Jahrhundert in der Romagna lebte.[1] Zu dieser Zeit hatten alle kleinen Fürsten Italiens solche Männer in ihren Diensten, und Tibertus wurde, nachdem er in Paris erfolgreich Mathematik studiert und danach einige Prognosen von beachtlichem Scharfsinn abgegeben hatte, am Hof Pandolfo Malatestas, des Tyrannen von Rimini, angestellt. Sein Ruf war bald so bedeutend, daß sein Studierzimmer von Besuchern überlaufen wurde — teils von Personen hohen Ranges, teils von ratsuchenden Bürgern — und er in kurzer Zeit ein beachtliches Vermögen erwarb. Trotz dieser glänzenden Voraussetzungen verlief sein Leben erbärmlich, und er endete auf dem Schafott.

Die folgende Geschichte kam erst nach seinem Tode in Umlauf und wurde von späteren Astrologen gern und oft als unwiderleglicher Beweis für die Seriosität ihrer Wissenschaft zitiert. Man sagte, Tibertus habe lange vor seinem Ableben drei erstaunliche Prophezeiungen ausgesprochen: über sich selbst, über einen seiner Freunde und über seinen Schutzherrn Pandolfo Malatesta. Zuerst erfolgte die Prophezeiung über seinen Freund Guido di Bogni, einen der größten Con-

---

[1] Antoine Varillas, *Les Anecdotes de Florence, ou l'Histoire secrète de la maison de Medicis.* Den Haag 1685, S. 318.

dottieri jener Zeit. Dieser war extrem begierig danach, seine Zukunft zu erfahren, und bedrängte Tibertus so lange, bis er die Sterne zu Rate zog und die Handlinien seines Freundes untersuchte. Danach teilte er diesem mit sorgenvoller Miene mit, nach allen Regeln der Astrologie und der Chiromantie stehe fest, daß er von seinem besten Freund in falschen Verdacht gebracht und deshalb sein Leben verlieren werde. Darauf fragte Guido den Astrologen, ob er auch sein eigenes Schicksal vorhersagen könne. Tibertus zog aufs neue die Sterne zu Rate und kam zu dem Ergebnis, von Ewigkeit her stehe fest, daß er seine Tage auf dem Schafott enden werde. Als nun Malatesta diese so unwahrscheinlichen und allem gegenwärtigen Anschein widersprechenden Prophezeiungen hörte, wollte er sein Schicksal ebenfalls wissen; dabei ersuchte er den Astrologen, nichts vor ihm zu verbergen, wie ungünstig es auch sein möge. Tibertus willigte ein und eröffnete seinem Schutzherrn, damals einer der erfolgreichsten und mächtigsten Fürsten Italiens, er werde großen Mangel leiden und am Ende wie ein Bettler im Armenspital von Bologna sterben.

In allen drei Fällen traf die Prophezeiung ein. Guido di Bogni wurde von seinem eigenen Schwiegervater, dem Grafen Bentivoglio, bezichtigt, ein verräterisches Komplott zur Übergabe Riminis an die päpstliche Armee geschmiedet zu haben, und während eines Abendessens, zu dem ihn Malatesta scheinbar freundschaftlich eingeladen hatte, auf dessen Befehl ermordet. Gleichzeitig wurde der Astrologe ins Gefängnis geworfen, weil man ihn verdächtigte, in das Komplott verwickelt zu sein. Er versuchte wohl zu entfliehen und hatte sich bereits aus seinem Zellenfenster in den Stadtgraben abgeseilt, als die Wachen ihn entdeckten. Malatesta, dem dies gemeldet wurde, gab umgehend Order, ihn am nächsten Morgen zu hängen. Der Tyrann hatte zu dieser Zeit keine Erinnerung mehr an die frühere Weissagung, und seine bisherige Karriere war nicht dazu angetan, ihn zu beunruhigen. Aber die Geschichte arbeitete insgeheim daran, jene zu erfüllen. Auch ohne Guido di Bognis Mitwirkung gab es eine Konspiration zur Übergabe Riminis an den Papst. Obwohl alle Maßnahmen getroffen wurden, dies zu verhindern, wurde die Stadt vom Herzog von Valentinois eingenommen. Malatesta konnte, mit knapper Not, verkleidet aus seinem Palast entfliehen, wurde von Ort zu Ort gejagt, von allen seinen früheren Freunden und am Ende sogar von den eigenen Kindern im Stich gelassen. Als er in Bologna von einer langwierigen Krankheit ergriffen wurde, war niemand mehr bei ihm, der ihn hätte pflegen können. So schaffte man ihn ins Armenspital, wo er starb.

Diese Geschichte klingt bemerkenswert. Was jedoch das Interesse an ihr schmälern dürfte, ist die Tatsache, daß sie erst *nach* den prophezeiten Ereignissen aufkam.

Begeben wir uns aber jetzt wieder nach Frankreich. Einige Wochen vor der Geburt Ludwigs XIV. nahm ein Astrologe aus Deutschland, den der Marschall Bassompierre und andere Hofleute hatten holen lassen, Quartier in Versailles, um jederzeit das Horoskop für den künftigen Herrscher Frankreichs stellen zu können. Als die Königin in den Wehen lag, wurde er in ein angrenzendes Gemach geführt, um den Zeitpunkt der Geburt genau und umgehend notieren zu können. Das Resultat seiner Beobachtungen waren die drei Worte *diu, dure, feliciter* — was bedeuten sollte, daß der neugeborene Prinz lang, mühevoll, aber ruhmreich leben und regieren werde. Daß die Weissagung so insgesamt günstig ausfiel, wurde von einem Astrologen erwartet, der schließlich sein Brot verdienen mußte und überdies dem Hof angehörte. Später wurde eine Gedenkmünze geschlagen, auf der die Nativität des Prinzen und dieser als Lenker von Apollons Triumphwagen dargestellt war — mit der Inschrift: *Ortus solis Gallici* (Der Aufgang der gallischen Sonne).

Die beste Rechtfertigung der Astrologie hat der berühmte Astronom Johannes Kepler gegeben, der diese Kunst selbst unfreiwillig praktizierte. Von seinen Freunden des öfteren um Horoskope gebeten, erteilte er denjenigen, die er mit solcher Offenheit nicht zu verletzen glaubte, in der Regel eine Absage; in anderen Fällen paßte er sich der vorherrschenden Verblendung an. Im Begleitschreiben zu einem Exemplar seiner *Ephemerides,* das er Gerlach sandte, bemerkte er, es handle sich »um nichts anderes als wertlose Mutmaßungen«, mit denen er sich aber habe beschäftigen müssen, um nicht Hungers zu sterben. »Ihr neunmalklugen Philosophen«, ruft er in seinem *Tertius interveniens* aus: »Ihr tadelt diese Tochter der Astronomie ganz zu Unrecht! Wißt ihr nicht, daß sie die Mutter mit ihren Zaubersprüchen am Leben halten muß? Der karge Lohn der Astronomen würde ihm kaum sein täglich Brot verschaffen, gäbe es nicht die stetige Hoffnung der Menschen, ihre Zukunft in den Sternen zu lesen.«

Die *Nekromantie* war nach der Astrologie die am meisten praktizierte Pseudowissenschaft, mit deren Hilfe man das Dunkel der Zukunft zu durchdringen suchte. Das älteste verbriefte Beispiel dafür ist die Geschichte vom Weibe von Endor und Samuels Geist. Nahezu alle Völker der Antike glaubten, ihrem Körper entstiegene Seelen zur Preisgabe der erhabenen Geheimnisse zwingen zu können, die Gott ihnen enthüllte. Dem Kenner klassischer Schriften fallen sogleich vielerlei Anspielungen auf dieses Thema ein. Allerdings wurde die Kunst nirgendwo offen betrieben. Die Behörden sahen sie in allen Fällen als besonders schweres Verbrechen an. Während Astrologen gefördert, umworben und belohnt wurden, verurteilte man Nekromanten fast immer zum Scheiterhaufen oder zum Galgen. Roger Bacon, Albertus Magnus, Arnald von Villanova und viele andere wurden von der öffentlichen Meinung ihrer Zeit der Beschäftigung mit diesen gottlosen Dingen bezichtigt. Und wer einmal unter Anklage stand, hatte es, angesichts tiefverwurzelter Wahnvorstellungen, überaus schwer, diese Anklage zu widerlegen. Daß die Nekromantie sich gleichwohl großer Gunst erfreute, erhellt schon aus der enormen Zahl ihrer Vertreter, die sie unerachtet der Gefahr zu allen Zeiten und in allen Ländern praktizierten.

Geomantie, die Kunst, aus Linien, Kreisen und anderen geometrischen Figuren, die man auf die Erde zeichnet, die Zukunft vorherzusagen, wird in asiatischen Ländern noch heute ausgiebig betrieben, ist aber in Europa fast unbekannt.

Das *Augurium*, die Wahrsagung aus Flugverhalten und Eingeweiden der Vögel, welche vorzugsweise von den Römern betrieben wurde, hat sich in Europa in dieser Form überlebt, wird aber noch heute sehr fleißig von den widerwärtigen Thags in Indien praktiziert.

Die eigentliche *Weissagung* (Divination), von der es vielerlei Arten gibt, erfreut sich eines beständigeren Rufs. Sie hat den Geist der Menschen seit den frühesten Perioden der Geschichte beherrscht und ist aller Wahrscheinlichkeit nach so alt wie die Zeitrechnung selbst. Juden, Ägypter, Chaldäer und Perser haben sie ebenso gekannt wie Griechen, Römer und alle modernen Völker; auch den unzivilisierten Stämmen in der Wildnis Afrikas und Amerikas ist sie nicht unbekannt. Die heute in Europa praktizierten Formen der Weissagung sind vorwiegend Kartenlegen sowie Handlinien- und Kaffeesatzlesen. Sie werden nur noch von Zigeunern professionell betrieben — aber es gibt Tausende, ja Zehntausende von einfachen Familien, in denen die Hausfrau (manchmal auch der Hausmann) im Kaffeesatz zu ergründen sucht, ob die nächste Ernte gut ausfällt oder die Sau viele Ferkel wirft, ob die Tochter unter die Haube kommt und ob der Mann ihrer Wahl schwarz oder blond, reich oder arm, nett oder garstig ist. Das heute so beliebte Kartenlegen ist natürlich eine relativ junge Kunst, schreibt man Spielkarten doch ein Alter von kaum mehr als 400 Jahren zu. Das Handlinienlesen, von dessen Wahrheit jedes zweite Bauernmädchen tief überzeugt ist, ist dagegen wesentlich älter; schon die Ägypter zur Zeit der Erzväter scheinen es gekannt zu haben — ebenso wie die Weissagung aus dem Becher, welche der Bibel zufolge von Joseph praktiziert wurde. Auch die Weissagung mit der Wünschelrute war den Ägyptern geläufig; in späteren Zeiten behauptete man, damit verborgene Schätze entdecken zu können. Die Onomantie, die das Schicksal eines Menschen aus den Buchstaben seines Namens und deren möglichen Umstellungen vorhersagen will, ist eine vergleichsweise moderne Form der Weissagung, hat aber nur wenige Anhänger.

Die folgende Liste der früher üblichen Formen von Weissagung findet sich in Gaules *Mag-Astro-Mancer*[1] (zitiert nach Hones *Jahrbuch,* London 1829, S. 1517):

Akromantie: Weissagung mit Hilfe der Luft;
Alektromantie: Weissagung mit Hilfe von Hähnen;
Alphitomantie: Weissagung mit Hilfe von Mehl oder Kleie;
Anthropomantie: durch Beobachtung menschlicher Eingeweide;
Arithmantie: mit Hilfe von Zahlen;

---

[1] John Gaule. *The Mag-Astro-Mancer, or, The Magicall-Astrologicall-Diviner posed and puzzled.* 4 Bde., London 1652.

Astragalomantie: mit Hilfe von Würfeln;
Astromantie: durch Beobachtung der Sterne;
Axinomantie: mit Hilfe von Sägen;
Botanomantie: durch Beobachtung von Pflanzen;
Chalkomantie: mit Hilfe von Gefäßen aus Messing oder anderem Metall;
Chartomantie: durch Betrachtung von Briefen, besonders Liebesbriefen;
Chiromantie: mit Hilfe der Handlinien;
Dämonomantie: mit Hilfe des Teufels und böser Geister;
Daktylomantie: mit Hilfe von Ringen;
Gastromantie: mit Hilfe von Geräuschen aus und Malen auf dem Bauch;
Geomantie: mit Hilfe von Figuren auf der Erde;
Gyromantie: mit Hilfe von Kreisen;
Hydromantie: mit Hilfe des Wassers;
Ichthyomantie: durch Beobachtung von Fischen;
Idolomantie: mit Hilfe von Idolen, Bildern und Figuren;
Kapnomantie: durch Beobachtung des Rauchs;
Katoptromantie: mit Hilfe von Brillengläsern;
Kephaleonomantie: durch Beobachtung der Köpfe von Eseln;
Keromantie: durch Beobachtung schmelzenden Wachses;
Kleromantie: mit Hilfe von Losen;
Knissomantie: durch Beobachtung des Weihrauchs;
Koskinomantie: mit Hilfe von Sieben;
Kristallomantie: mit Hilfe von Kristallen;
Krithomantie: mit Hilfe von Getreidekörnern;
Lampadomantie: mit Hilfe von Kerzen und Lampen;
Lekanomantie: mit Hilfe von Wasserbecken;
Lithomantie: durch Beobachtung von Steinen;
Logarithmantie: mit Hilfe von Logarithmen;
Macharomantie: mit Hilfe von Messern und Schwertern;
Önomantie: durch Beobachtung der Weinhefe;
Omphalomantie: durch Beobachtung des Nabels;
Onchyomantie: durch Beobachtung der Nägel;

Oneiromantie: durch Deutung von Träumen;
Onomantie: mit Hilfe von Namen;
Ornithomantie: durch Beobachtung von Vögeln;
Podomantie: durch Betrachtung der Fußstellung;
Psychomantie: durch das Studium von seelischen Einstellungen, Gefühlen und Anlagen;
Pyromantie: mit Hilfe des Feuers;
Skiomantie: durch Beobachtung von Schatten;
Spatilomantie: mit Hilfe von Haut, Knochen u. a.
Stereomantie: durch Beobachtung der Elemente;
Sternomantie: mit Hilfe von Malen an Brust und Bauch;
Sykomantie: mit Hilfe von Feigen;
Tephromantie: durch Betrachtung der Asche;
Theomantie: mit Hilfe der Offenbarung des Heiligen Geistes und der Bibel;
Theriomantie: durch Beobachtung des Viehs;
Tyromantie: mit Hilfe von Käse.

Oneiromantie, die Kunst der Traumdeutung, ist ein Relikt aus ältesten Zeiten, das sich durch alle moralischen und physischen Veränderungen hindurch erhalten hat. Aufzeichnungen aus fünf Jahrtausenden enthalten zahlreiche Zeugnisse für den weltweit verbreiteten Glauben, mit einigem Geschick könne man die Zukunft in den Träumen lesen. Welche Regeln der Kunst in älteren Zeiten zugrunde lagen, ist nicht bekannt; in unserer Zeit soll — so sagen zumindest alle christlichen Klugredner — eine schlichte Regel das ganze Geheimnis enthüllen: die Regel, Träume seien aus *Gegensätzen* zu erklären. Demzufolge hätte man etwas Wertvolles zu gewinnen, wenn man von wertlosem Dreck träumt; ständen Nachrichten von Lebenden zu erwarten, wenn man von Toten träumt; würde ein Traum von Gold und Silber auf die Gefahr hindeuten, beides zu verlieren, und der Traum, man habe viele Freunde, auf die Möglichkeit einer Verfolgung durch viele Feinde. Aber die Regel läßt sich nicht auf alle Fälle anwenden. Z. B. verheißt ein Traum von kleinen Schweinchen Glück, aber einer von fetten Ochsen Unglück. Träumt man von einem ausfallenden Zahn, so kann man sicher sein, in Kürze einen Freund zu verlieren, und ein brennendes Haus im Traum signalisiert womöglich bald zu erwartende Nachrichten aus einem fremden Land. Wer von Ungeziefer träumt, muß mit Krankheit in der Familie rechnen; wem Schlangen begegnen, muß gewärtig sein, daß gute Freunde im Lauf der Zeit zu gehässigen Feinden werden. Eine Bestätigung der Regel ist die Tatsache, daß es stets großes Glück verheißt, wenn man sich im Traum von Kopf bis Fuß in Schmutz und Schlamm wälzt. Gleichermaßen bedeutet klares Wasser Kummer und Gram. Wer jedoch träumt, er gehe nackt über öffentliche Straßen und finde kein Kleidungsstück, um sich gegen die gaffende Menge abzuschirmen, muß mit großem Ärger, Ungemach und Elend rechnen.

In vielen Teilen Großbritanniens, aber auch auf dem Kontinent und in Amerika findet man noch heute ältere Frauen, deren Traumdeutungen so sehr bewundert werden, als wären sie Orakel. Auf dem flachen Lande ist es nicht unüblich, daß die Mitglieder der Familie sich am Frühstückstisch ihre Träume erzählen und mit angenehmen oder unangenehmen Erwartungen den Tag beginnen — je nachdem, wie jene gedeutet werden. Da gibt es keine blühende Blume und keine reifende Frucht, die, wenn sie im Traum erscheint, nicht eine gute oder böse Vorbedeutung hätte. Auch jeder geträumte Baum in Feld und Wald nimmt Einfluß auf das Schicksal der Sterblichen. Eschen bedeuten lange Reisen, Eichen ein langes Leben in Wohlstand. Wer im Traum Baumrinde abschält, hat den Verlust seines guten Rufs, einen schmerzlichen Todesfall in der Familie oder aber mehr Glück und Erfolg zu gewärtigen — je nachdem, ob es sich um eine Jungfrau, eine verheiratete Frau oder einen Mann handelt. Von einem unbelaubten Baum zu träumen bedeutet große Sorge — von einem Stamm ohne Äste: Verzweiflung und Selbstmord. Der Holunder verheißt dem Träumer Glück, noch mehr aber der Feuerbaum, der auf jede Art von Luxus und Reichtum hindeutet. Die Linde kündigt eine bevorstehende Seereise an, die Eibe Krankheit für Jüngere und Tod für die Alten.[1]

Über die wichtigsten Pflanzen und Früchte, denen Zukunftsbotschaften innewohnen sollen, gibt die folgende, nach bewährten Quellen zusammengestellte Liste Auskunft:

Ackermennig kündigt Krankheit in der Familie an.

Aloe ohne Blüte läßt ein langes Leben erwarten, mit Blüte eine Erbschaft.

Anemone steht für Liebe.

Ampherblätter propheien ein Geschenk vom Lande.

Artischocken zeigen an, daß man binnen kurzem von jemandem eine Gunst erfährt, dem man dies am wenigsten zugetraut hätte.

Aurikeln in Beeten bezeichnen Glück und in Töpfen Heirat; sie zu sammeln kündet baldigen Witwenstand an.

Blumenkohl läßt erwarten, daß alle Freunde sich zurückziehen werden, daß man in Armut versinkt und niemanden findet, der Mitleid hat.

Eibenfrüchte prophezeien beiden Geschlechtern, daß sie ihren guten Ruf verlieren werden.

---

[1] Man staunt wirklich über die starke Nachfrage, die in England ebenso wie in Frankreich nach Traumbüchern und ähnlichem Schund besteht. Zwei von diesen Büchern erfreuen sich in England einer außerordentlichen Popularität und haben allein in London mehr als 50 Auflagen erlebt — von Nachdrucken in Manchester, Edinburgh, Glasgow und Dublin ganz zu schweigen. Das eine heißt *Mother Bridget's Dream-Book and Oracle of Fate,* das andere ist der *Norwood Gipsy*. Nach Angaben eines gut unterrichteten Beobachters der Szene werden pro Jahr, zu einem Preis zwischen 1 und 6 Pence, mindestens 11000 dieser Bücher verkauft — vorwiegend an Dienstmädchen und ungebildete Leute; während der letzten 30 Jahre habe die jährliche Verkaufsziffer jedenfalls niemals niedriger gelegen. Damit käme man auf 330000 verkaufte Exemplare in diesem Zeitraum.

Feigen im grünen Zustand zeigen Schwierigkeiten an; getrocknete bedeuten Geld für die Armen und Heiterkeit für die Reichen.
Gelbe Blumen aller Art stehen für Eifersucht,
Ginsterblüten für baldigen Familiennachwuchs.
Granatäpfel prophezeien den noch Alleinlebenden eine glückliche Heirat und den in Zwietracht lebenden Eheleuten Versöhnung.
Heidelbeeren deuten auf einen angenehmen Ausflug hin.
Lilien kündigen Freude an, Wasserlilien aber Gefahr vom Meer her.
Narzissen: Träumt ein Mädchen von ihnen, so hat sie dies als Warnung durch ihren guten Engel zu verstehen: Sie soll mit ihrem Liebsten möglichst nicht in einen Wald oder an einen dunklen, fernen Ort gehen, wo niemand ihr Schreien hören kann. Wehe ihr, wenn sie die Warnung nicht beachtet!
Quitten lassen angenehme Gesellschaft erwarten.
Rosen stehen für glückliche Liebe, in die sich aber anderweitige Sorgen mischen können.
Sauerklee kündigt dem Träumer an, daß er bald all seinen Scharfsinn einsetzen muß, um einem großen Unglück zu entgehen.
Sonnenblumen bedeuten, daß man in seinem Stolz tief gekränkt werden wird.
Spargel im Bund sind ein Omen für Tränen; sieht man sie im Traum aber wachsen, so bedeuten sie großes Glück.
Stiefmütterchen sind ein Omen für Herzweh.
Veilchen verkünden den Ledigen Übles, den Verehelichten Freude.
Zitronen deuten auf Trennung hin.

Man sollte beachten, daß die Regeln für die Deutung von Träumen durchaus nicht universell gelten. Die Wangen eines Hirtenmädchens in England mögen am

Morgen vor Vergnügen glühen, wenn es in der vergangenen Nacht von einer Rose geträumt hat — aber aus dem nämlichen Grund kann die normannische Bäuerin Furcht vor Mißerfolg und Sorge empfinden. Der Schweizer, der von einer Eiche träumt, kann die Freude des Engländers über eben diesen Traum nicht teilen, hat er doch die Vorstellung, so vor einem überwältigenden Elend gewarnt zu werden, das aus nichtigem Anlaß über ihn hereinbrechen könnte.

Auf solche Weise also quälen sich die Unwissenden und die Leichtgläubigen; so werfen sie ihre Netze aus, um sich Verdruß einzufangen, und verbringen ihr Leben zwischen wertlosen Hoffnungen und wahrhaft schlimmen Ängsten.

Omina. Unter den übrigen Mitteln der Selbstbeunruhigung, auf die die Menschen in ihrer eitlen Hoffnung verfallen sind, die Zukunft enthüllen zu können, nehmen Vorzeichen und Omina einen beachtlichen Platz ein. Es gibt kaum eine Naturerscheinung, die nicht als Indiz für ein gutes oder schlechtes Ereignis in der Zukunft herhalten muß. Dabei sind die schlimmen durchaus in der Überzahl — wir entwickeln ja stets mehr Scharfsinn, wenn es darum geht, uns zu peinigen, als bei der Entdeckung von angenehmen Dingen in unserer Umwelt. Wir verlassen unseren angestammten Lebensweg, um es uns unbequem zu machen; da uns der Kelch des Lebens nicht bitter genug schmeckt, mischen wir zusätzlich überflüssiges Gift hinein oder beschwören entsetzliche Dinge, die gar nicht existieren würden, wenn wir sie uns nicht ausdächten. »Wir leiden«, sagt Joseph Addison[1], »durch unwichtige Nebensachen genauso wie durch wirkliches Unglück. Ich habe es erlebt, wie Sternschnuppen manchem die Nachtruhe zunichte machen können und wie ein verliebter

[1] In: *Spectator* Nr. 7 vom 8.3.1710.

Mann bleich wurde und den Appetit verlor, bloß weil ein Geflügelknochen abbrach. Ein Waldkauz um Mitternacht hat eine Familie mehr in Aufregung versetzt als eine ganze Räuberbande und eine Grille mehr Schrecken erregt als ein brüllender Löwe. Nichts ist so unbedeutend, daß es einer von Omina und Vorzeichen überreizten Phantasie nicht auch als bedrohlich erscheinen könnte. Ein rostiger Nagel oder eine krumme Stecknadel kann so unversehens wundersame Dimensionen annehmen.«

In den 130 Jahren seit diesem Artikel sind manche Irrtümer in sich zusammengefallen. Viele Verrücktheiten und Wahnvorstellungen hat der Fortgang der Zeit beseitigt — aber *diese* sind nahezu unversehrt erhalten geblieben, verängstigen weiterhin schlichte Gemüter und verbittern ihnen das Leben. Der Glaube an Omina ist ja nicht auf arme, uninformierte Leute beschränkt. Von einem General an der Spitze einer ruhmreichen Armee ist bekannt, daß er aufs höchste beunruhigt war, als er im Kerzenlicht ein Leichentuch zu sehen meinte. Und von gelehrten, durch ihre Schriften verdientermaßen zu höchsten Ehren gekommenen Männern weiß man, daß sie zu mitternächtlicher Stunde ihre Kinder um sich versammelten und wahrhaftig fürchteten, eines könne ihnen weggeschnappt werden — nur weil irgendwo ein Straßenköter den Mond anheulte. Auch Personen, die bereitwillig zugeben, daß der Glaube an Omina eines vernünftigen Menschen unwürdig ist, haben bekannt, daß sie außerstande sind, der Todesfurcht Herr zu werden, die sie befällt, wenn die ›Totenuhr‹ (ein harmloses Insekt) in der Wand tickt oder wenn ein längliches Stück Kohle aus dem Feuer fliegt.

Aber es gibt noch viele weitere ›böse Vorzeichen‹, die einfache Gemüter in Angst und Schrecken versetzen. Werden sie z. B. von einem plötzlichen Frösteln ergriffen, so sind sie überzeugt, daß im selben Moment ein Feind über die Stelle geht, die eines Tages ihr Grab sein wird. Sehen sie beim ersten Ausgang am Morgen eine Sau über den Weg laufen, so ist das ein Omen für Unglück an diesem Tag; das gleiche gilt für einen Esel. Sehr ungünstig ist es zudem, unter einer angelehnten Leiter durchzugehen, am St.-Michaels-Tag den Gänsebraten zu vergessen, einen Käfer zu zertreten oder die Zwillingsnuß zu essen, die man manchmal in einer Schale findet. Und übel wird es dem Unglücksraben ergehen, der unabsichtlich Salz verschüttet: Jedes Korn bringt ihm einen Tag Sorge.

Sitzen dreizehn Personen bei Tisch, wird eine von ihnen binnen Jahresfrist sterben, und alle übrigen werden unglücklich sein. Dies ist von allen bösen Omina das böseste. Der witzige Dr. Kitchener pflegte zu bemerken, er kenne nur einen Fall, in dem es wirklich ungünstig sei, wenn dreizehn Personen beim Dinner säßen: den Fall, daß das Dinner nur für zwölf Personen angerichtet sei. Wiewohl es ihrem Seelenfrieden förderlich wäre, ist die große Mehrheit der Zeitgenossen leider nicht bereit, diese weise Sicht der Dinge zu teilen. In fast allen Ländern Europas herrscht der gleiche Aberglaube vor — bis zu dem Extrem, die Zahl 13 generell als ominös zu betrachten. Das kann so weit gehen, daß man von dreizehn Münzen, die man in der Tasche findet, die letzte wegwirft, als wäre sie vergiftet. In einem hinreißenden Lied hat der kluge Béranger[1] diesen erniedrigenden Aberglauben aus poetischer Sicht thematisiert und daraus, wie es seine Art ist, ein Lehrstück von ursprünglicher Weisheit gemacht. Er sitzt beim Abendessen, verschüttet das Salz, entdeckt zu allem Überfluß, daß er der dreizehnte Gast ist, und ergeht sich in Visionen von Krankheit, Leiden und Sterben — bis der Tod zu seinem jähen Erschrecken per-

[1] Pierre Jean de Béranger (1780–1857), franz. Liederdichter. (Anm. d. Übers.)

sönlich erscheint. Aber er kommt nicht als der grimme Feind, als sensenbewehrtes Gerippe, sondern als Lichtengel, der als solcher zeigt, wie närrisch es ist, sich mit der Furcht vor dem nahen Tod zu peinigen, ist dieser doch kein Feind, sondern der Freund des Menschen, der uns aus der Fesselung an den vergänglichen Körper befreit.

Könnten die Menschen doch in dieser Weise dem Tod entgegensehen und bis zum unvermeidlichen Erscheinen des Lichtengels gut und weise leben! Wieviel Gram und Sorge würden sie sich damit ersparen!

Eines der bekanntesten *guten* Omina ist es, einem scheckigen Pferd zu begegnen. Zwei Schecken sind noch besser — und wenn man bei dieser Gelegenheit dreimal ausspuckt und sich etwas wünscht, so geht der Wunsch binnen drei Tagen in Erfüllung. Es soll auch Glück bringen, wenn man seine Strümpfe verkehrt herum anzieht. Tut man es aber mit Absicht, bringt es Unglück. Zweimaliges Niesen läßt viel Glück erwarten, aber beim drittenmal verliert das Omen seine Kraft, und das Glück bleibt aus. Wem ein fremder Hund folgt, der schwanzwedelnd Anschluß sucht, dem steht sehr großer Reichtum bevor; das gleiche gilt für einen fremden Kater, der sich ins Haus einschmeicheln will. Aber eine Katze, die sich so verhält, bringt Unglück. Den Besitzer eines Gartens, in dem sich ein Bienenschwarm niederläßt, erwarten hohe Ehren und große Freuden.

Auch jedes Jucken des Körpers kann Einblicke in die Zukunft vermitteln, wenn man es nur aufmerksam verfolgt. Juckt das Auge oder die Nase, so steht baldiger Ärger ins Haus; juckt der Fuß, steht eine neue Freundschaft bevor. Jucken an der rechten Hand bedeutet, daß man bald Geld bekommt; an der linken: daß man genötigt sein wird, es auszugeben.

Damit wollen wir die Liste der ausgewählten Omina abschließen. Ihre vollständige Wiedergabe würde den Leser teils ermüden, teils anöden. Aber noch nutzloser wäre es, die entsprechenden Wahnvorstellungen aufzulisten, die unter *orientalischen* Völkern verbreitet sind. Eine solche Liste käme jenem umfassenden Katalog der Verwünschungen gleich, der jedem Leser des *Tristram Shandy* vertraut ist. Kein Fluch, keine Verwünschung ist vorstellbar, die dort nicht verzeichnet wäre. Ebenso ist keine Körper- oder Gemütsbewegung denkbar, die im Orient nicht zu bestimmten Zeiten eine bestimmte Bedeutung hätte. Jeder Naturgegenstand, jede natürliche Gestalt, selbst die der Wolken, jede Wetterveränderung, jede Farbe und jeder Ton — ob von Menschen oder Tieren, von Vögeln, Insekten oder leblosen Dingen — ist ein Omen. Nichts ist so nebensächlich oder belanglos, daß es nicht eine Hoffnung erwecken könnte, an die man sich klammern kann — oder eine Furcht, mit der man sich den Alltag erschweren kann.

Aus dem Glauben an Omina resultiert die sehr alte Vorstellung, es gebe bestimmte Tage, an denen der Blick in die Zukunft leichter sei als an anderen. Die folgenden wörtlichen Auszüge aus dem weitverbreiteten *Dream and Omen Book* der Mutter Bridget geben einen Eindruck vom Volksglauben im gegenwärtigen England:

»*Neujahr:* Trinkt eine Jungfrau beim Zubettgehen einen Schoppen kaltes Quellwasser, in dem ein Amulett — bestehend aus dem Dotter eines Hühnereis, den Beinen einer Spinne und der zerstampften Haut eines Aals — aufgelöst ist, so wird sich ihr künftiges Schicksal ihr im Traum enthüllen. Der Zauber ist unwirksam, wenn er an einem andern Tag probiert wird.

Valentinstag: Geht eine ledige Frau sehr früh aus ihrer eigenen Tür und ist die erste Person, die sie trifft, eine Frau, so wird sie in diesem Jahr nicht heiraten; trifft sie aber einen Mann, so wird sie binnen drei Monaten verheiratet sein.

Mariä Verkündigung: Der folgende Zauber kann an diesem Tag mit einigem Erfolg versucht werden: Ziehe 31 Nüsse auf eine Schnur, die aus rotem Kammgarn und blauer Seide geflochten ist, binde diese Schnur beim Zubettgehen um den Hals und sprich mehrmals folgende Verse:

> Wissen möcht ich dies allein:
> Wer wird mein Geliebter sein?

Kurz nach Mitternacht wird der Geliebte dir im Traum erscheinen, und du wirst gleichzeitig die wichtigsten Ereignisse deines zukünftigen Lebens erfahren.

15. Juli: Wähle drei Dinge aus, die du am dringendsten wissen möchtest; schreibe sie mit einer neuen Feder auf ein Stück feines Velinpapier, von dem du vorher alle Ecken abschneiden und verbrennen mußt. Falte das Papier, verschließe es mit einem Liebesknoten und umwinde es mit drei Haaren von deinem Kopf. Lege es sodann drei aufeinanderfolgende Nächte lang unter dein Kopfkissen, und deine Wißbegierde wird gestillt werden.

Nacht vor *St. Markus:* Begib dich zum nächsten Kirchhof, sobald die Uhr zwölf schlägt, nimm von einem Grab an der Südseite der Kirche drei Grasbüschel (je länger und üppiger, desto besser) und lege sie unter dein Kopfkissen, wenn du zu Bett gehst. Dabei wiederhole dreimal angelegentlich die folgenden Verse:

> Die Nacht vor St. Markus trägt Segen viel.
> So bring auch mein Hoffen, mein Bangen zum Ziel.
> Laß mein Schicksal mich wissen, ob Wohl oder Weh;
> Ob hoch mein Stand, ob im Elend ich geh;
> Ob ich ledig bleib oder Brautkranz trag —
> Und was sonst mein Stern mir bestimmen mag.

Solltest du in dieser Nacht keinen Traum haben, wirst du ledig bleiben und ein elendes Leben führen. Träumst du von Blitz und Donner, so wird dein Leben voller Schwierigkeiten und Sorgen sein.

Nacht vor *Lichtmeß:* In dieser Nacht (der Reinigung der Jungfrau Maria) müssen sich drei, fünf, sieben oder neun junge Mädchen in einem quadratischen Zimmer versammeln. In jeder Ecke des Zimmers muß ein Bündel mit wohlriechenden Kräutern hängen, darunter Weinraute und Rosmarin. Dann muß ein Kuchenteig aus Mehl, Olivenöl und weißem Zucker gerührt werden, zu dem alle Mädchen gleiche Anteile beisteuern. Der

Teig ist anschließend in gleich große Stücke aufzuteilen, und jedes Mädchen muß ihr Stück mit ihren Initialen kennzeichnen. Nun müssen die Stücke eine Stunde lang im Ofen gebacken werden. Während dieser Zeit darf keines der Mädchen ein Wort sprechen, und alle müssen mit gekreuzten Armen und Beinen auf dem Boden sitzen. Nach dem Backen muß jede ihr Stück in einen Bogen Papier einwickeln, auf den sie Verse aus dem Hohenlied Salomos über die Liebe geschrieben hat. Legt sie dieses Päckchen unter ihr Kopfkissen, so wird sie wahr träumen. Sie wird ihren zukünftigen Gemahl und jedes ihrer Kinder sehen, und sie wird wissen, ob ihre Familie arm oder reich sein wird, ein Segen für sie oder eine Last.

Sommersonnenwende: Nimm drei Rosen, halte sie in Schwefelrauch und begrabe genau um drei Uhr die erste unter einer Eibe und die zweite in einem neu aufgeworfenen Grab. Die dritte lege drei Nächte lang unter dein Kopfkissen und verbrenne sie dann in einem Holzkohlenfeuer. Während dieser drei Nächte wirst du dein künftiges Schicksal träumen, und der Mann, den du einmal heiraten wirst, wird keine Ruhe finden, bis er dich besucht und gesehen hat. Überdies wirst du ihn ständig in seinen Träumen heimsuchen.

Johannisabend: Mache ein Nadelkissen aus allerbestem schwarzem Samt (eine geringere Qualität ist unwirksam) und sticke auf der einen Seite deinen Namen in voller Länge auf, aber mit den kleinsten Nadeln, die erhältlich sind (andere sind unwirksam). Auf die andere Seite sticke mit sehr großen Nadeln ein Kreuz auf und fasse es mit einem Kreis ein. Stecke das Kissen in deinen Strumpf, wenn du ihn abends auszieht, und hänge den Strumpf am Fußende deines Bettes auf. In der Nacht wird dein ganzes zukünftiges Leben im Traum an dir vorüberziehen.

Erster Neumond des Jahres: Nimm einen Schoppen klares Quellwasser und füge das Weiße vom Ei einer weißen Henne, ein Glas weißen Wein, drei weiße Mandeln und einen Eßlöffel weißes Rosenwasser hinzu. Trinke diese Mischung vor dem Zubettgehen in nicht mehr als drei Zügen und wiederhole die folgenden Verse dreimal sehr deutlich, aber nicht so laut, daß andere sie hören können:

> Träum ich nachts, ich tränke Born,
> Bleib ich arm und gar verlor'n.
> Träum ich nachts, ich tränke Bier,
> Mittelmaß begegnet mir.
> Träum ich nachts, ich tränke Wein,

Werd ich reich und glücklich sein.
Stärk'rer Trunk bringt Freude groß —
Schicksalstraum, enthüll mein Los!

29. Februar: Dieser Tag, weil er nur einmal in vier Jahren im Kalender erscheint, ist besonders günstig, um einen Blick in die Zukunft zu erhaschen — besonders für junge Mädchen, die angstvoll darauf brennen, Erscheinung und Charakter ihres künftigen Gemahls kennenzulernen. Dazu mußt du folgenden Zauber anwenden: Du steckst 27 der kleinsten Nadeln, die erhältlich sind, in ein Talglicht — immer drei und drei zusammen. Dann zündest du das Licht am falschen Ende an und steckst es auf einen Kerzenhalter aus Ton, welcher dem Grabe einer Jungfrau entnommen ist. Den Kerzenhalter stellst du Schlag zwölf Uhr auf die linke Ecke des Kaminsimses und gehst unverzüglich zu Bett. Wenn das Licht abgebrannt ist, nimmst du die Nadeln und tust sie in deinen linken Schuh. Bevor neun Nächte verstrichen sind, wird dein Schicksal dir enthüllt sein.«

Dies war ein kurzer Überblick über die verschiedenen Formen der Wahrsagerei, wie sie besonders in neueren Zeiten praktiziert wurden und werden. Die Hauptmerkmale dieses Wahns scheinen in allen Ländern ähnlich zu sein; doch bewirken Nationalcharakter und nationale Eigenheiten gewisse Unterschiede in der Deutung. Der Bergbewohner sieht in den Naturerscheinungen, die er täglich erlebt, bedeutsame Hinweise auf die Zukunft; der Bewohner der Ebenen verhält sich entsprechend. Beide sind vom gleichen Geist, vom gleichen Wunsch erfüllt: wissen zu wollen, was eine unendliche Barmherzigkeit uns gnädig verhüllt hat. Die Wahrscheinlichkeit ist nicht sehr groß, daß die Neugier der Menschheit auf diesem Feld je verschwinden wird. Tod und Unglück sind die ewigen Schreckgespenster der Schwachen im Geiste, der Irreligiösen und Unwissenden — und solange sie auf der Welt sind, wird es nutzlos bleiben, wenn die Theologen gegen ihre Gottlosigkeit wettern und die Philosophen ihre Borniertheit beklagen. Immerhin hat der Grad dieses

Wahns stark abgenommen. Wahrsager und Propheten haben viel von ihrem früheren Kredit eingebüßt und treiben ihr Gewerbe allenfalls im verborgenen, kaum noch im Lichte der Öffentlichkeit. Man kann darin ein Signal der Hoffnung sehen.

DIE MAGNETISEURE

Der wundersame Einfluß der Einbildung auf die Heilung von Krankheiten ist wohlbekannt. Eine Handbewegung oder ein Augenzwinkern des Arztes kann bei schwachen, leichtgläubigen Patienten einen Anfall auslösen; eine aus Brot gedrehte Pille wirkt, nimmt man sie nur mit dem nötigen Glauben ein, oft besser als alle Mittel im Arzneibuch. 1625 heilte der Prinz von Oranien, als während der Belagerung Bredas in seinem Heer der Skorbut ausbrach und alle sonstigen Mittel versagten, seine Soldaten durch einen Akt menschenfreundlicher Kurpfuscherei, die er mit Wissen der Ärzte an ihnen praktizierte.[1] Hunderte von Beispielen ähnlicher Art lassen sich anführen, besonders aus der Geschichte des Hexenwesens. Mummenschanz, absonderliche Gebärden und barbarischer Jargon der Hexen und Hexenmeister schüchterten nervöse und leichtgläubige Frauen ein und lösten all jene Symptone der Hysterie und ähnlicher Zustände bei ihnen aus, die wir heute so gut verstehen, die jedoch damals — nicht nur von den Opfern und der Öffentlichkeit, sondern auch von den Akteuren selbst — als Werk des Teufels betrachtet wurden.

Als die Alchimie in Verruf zu kommen begann und die Aufklärung ihre Stimme immer vernehmlicher gegen sie erhob, erschien plötzlich ein neues Wahnsystem,

---

[1] Wie Van der Mye in seinem Bericht über die Belagerung Bredas (Antwerpen 1627) mitteilt, sandte der Prinz den Ärzten zwei oder drei kleine Phiolen mit einem Absud von Kamille, Wermut und Kampfer und wies sie an, so zu tun, als handle es sich um eine Medizin von größtem Wert und äußerster Rarität, die der Prinz unter gewaltigen Gefahren und Schwierigkeiten aus dem Orient habe herbeischaffen lassen und die so stark sei, daß zwei Tropfen genügten, um einer ganzen Gallone Wasser ihre Heilkraft mitzuteilen. Die Soldaten hatten Vertrauen zu ihrem Feldherrn, nahmen die Medizin mit gläubigen Blicken ein und genasen schnell. Danach bedrängten sie ihren Wohltäter in Massen, priesen seine Genialität und überschütteten ihn mit Beweisen ihrer Dankbarkeit.

das sich der Macht der Einbildung bediente. Es fand sogleich Zulauf aus den Reihen der Alchimisten. Viele von ihnen entsagten ihren früheren Ideen und wurden *Magnetiseure*. Man sprach zunächst vom ›mineralischen‹, später vom ›tierischen‹ Magnetismus; unter diesem Namen lebt der Wahn bis in unsere Tage, und Tausende von Genasführten sind ihm zum Opfer gefallen.

Die mineralischen Magnetiseure, legitime Vorläufer der modernen Kurpfuscher, sind hier also an erster Stelle zu behandeln. Wir beginnen mit Paracelsus, dessen Rolle als Vorläufer der Rosenkreuzer bereits erörtert wurde. Er war, wie erwähnt, gleich den meisten namhaften Adepten Arzt und gab vor, nicht nur Gold machen und Unsterblichkeit verleihen, sondern auch alle Krankheiten heilen zu können. In dieser medizinischen Funktion war er der erste, der dem Magneten okkulte und wundertätige Wirkungen zuschrieb. Der Magnet war nach seiner ernsthaften Überzeugung der Stein der Weisen und sollte, wenn er schon nicht Metalle transmutieren konnte, zumindest alles menschliche Leiden mildern und den Alterungsprozeß aufhalten können. Von dieser Überzeugung erfüllt, bereiste Paracelsus jahrelang Persien und Arabien, um den in orientalischen Mythen so oft erwähnten Magnetberg zu finden. In seiner Baseler Zeit nannte er eines seiner Geheimmittel ›Azoth‹: einen Stein oder Kristall, von dem er behauptete, er habe magnetische Eigenschaften und könne Epilepsie, Hysterie und Krampfleiden heilen. Paracelsus fand bald Nachahmer. Sein Ruhm verbreitete sich weit — und damit auch seine bizarre Vorstellung vom Magnetismus. Dessen Ursprung liegt *hier,* auch wenn moderne Experten dies leugnen. Von Paracelsus läßt sich die Tradition des mineralischen Magnetismus bis zu Mesmer verfolgen, welcher dem Wahn dann eine neue Richtung gab.

Paracelsus rühmte sich der Fähigkeit, Krankheiten mit Hilfe des Magneten aus dem Körper herausziehen und in die Erde ›transplantieren‹ zu können. Dies sollte auf sechs verschiedene Weisen möglich sein. Wir geben hier nur eine von ihnen wieder, um das Prinzip zu verdeutlichen:

Leidet eine Person an einer Krankheit — gleichgültig, ob lokal oder allgemein —, so soll ein Magnet gründlich mit Mumie (aus balsamierten Menschenkörpern gewonnener Substanz) eingerieben und in fruchtbare Erde gelegt werden. Diese Erde ist sodann mit dem Samen einer Pflanze zu besäen, die eine gewisse Ähnlichkeit oder Gleichartigkeit mit der Krankheit hat, gut zu sieben, in ein irdenes Gefäß zu füllen und täglich mit dem Wasser zu begießen, in dem der kranke Körper oder Körperteil gewaschen wurde. So wird die Krankheit aus dem Körper in die Saat transplantiert. Nach ihrem Aufgehen ist diese ins Freiland auszupflanzen, und die Krankheit wird in dem Maße abnehmen, wie die Jungpflanzen wachsen. Wenn sie ihre natürliche Größe erreicht haben, ist die Krankheit völlig verschwunden.[1]

Athanasius Kircher, dessen Hader mit den Alchimisten viele ihrer Betrügereien ans Licht brachte, glaubte fest an die Wirksamkeit des Magneten. Als er eines Tages

---

[1] Vgl. Fernando Parkhurst, *Medicina Diastatica; or Sympathicall Mummie, abstracted from the Work of Paracelsus, and translated out of the Latin*, London 1653, S. 2 u. 7 (zitiert in: *Foreign Quarterly Review* XII [1834], S. 415).

›Mumie‹ existierte in mehreren Arten und wurde in der magnetischen Medizin eifrig benutzt. Paracelsus zählt sechs verschiedene Arten auf, von denen die ersten vier sich nach ihrer Zusammensetzung und ihrer Herkunft von den Völkern unterscheiden, die sie zur Konservierung ihrer Toten benutzten: ägyptische, arabische, jüdische und lybische Mumie.

Der fünften Art sagt er besondere Heilkräfte nach; sie entstammt den Körpern gehängter Verbrecher und soll auf milde Art sikkativ wirken, »die wässrige Substanz tilgen, ohne die ätherische und spirituelle zu zerstören, welche die Himmlischen so sehr schätzen und durch ständige Zuflüsse und Anstöße stärken, so daß man sie mit Fug und Recht himmlische Mumie nennen kann«. — In ähnlichem Sinne heißt es in Zedlers *Universal-Lexicon aller Wissenschaften und Künste*, Bd. 22, Leipzig und Halle 1739, Sp. 743: »So man aber zum Gebrauch der Artzney eine rechte Menschen-Mumie haben wolte, solte man einen geraden, gesunden wohlgestalten Menschen, welcher seiner Missetat halben zum Tode ohnedem verurtheilet wäre, nehmen, solchen mit Myrrhen, Saffran, Aloe, und anderen Specereyen, würtzen und ausfüllen, und sich zu bequemer Zeit durcheinander digerieren lassen. Solche würde eine rechte und taugliche Menschen-Mumie werden.«

Die sechste Art Mumie soll aus Korpuskeln bestehen, feinsten spirituellen Teilchen, welche der lebende Körper abstrahlt; es ist allerdings schwer, eine klare Vorstellung von dieser Substanz und der Art ihrer Herstellung zu erhalten.

zu einem Patienten mit einem Bruchleiden gerufen wurde, wies er den Mann an, einen kleinen pulverisierten Magneten einzunehmen, während er selbst einen Umschlag mit Eisenfeilspänen auf die externe Geschwulst aufbrachte. Er erwartete, der Magnet werde, wenn er seinen inwendigen Platz gegenüber dem Umschlag eingenommen habe, das Eisen und mit ihm die Geschwulst nach innen ziehen; so werde diese rasch und sicher beseitigt.

Mit der weiteren Ausbreitung der Magnetismustheorie kam die Vorstellung auf, Wunden brauchten lediglich mit irgendeiner metallischen Substanz belegt zu werden, um anschließend durch einen Magneten geheilt werden zu können. Im Laufe der Zeit griff diese Wahnidee immer mehr um sich — bis zu der Vorstellung, es genüge, ein Schwert zu magnetisieren, um jede Verletzung zu kurieren, die dasselbe Schwert verursacht habe! Diese Vorstellung führte zur Erfindung der berühmten ›Waffensalbe‹, die in der Mitte des 17. Jahrhunderts so viel Aufsehen erregte. Das folgende Rezept einer solchen Salbe stammt von Paracelsus; sie sollte alle durch scharfe Waffen verursachten Wunden heilen, sofern jene nicht das Herz, das Gehirn oder die Arterien durchbohrt hätten:

»Nimm je eine Unze von der Flechte, die auf dem Kopf eines gehängten Diebes wächst, von echter Mumie und von warmem Menschenblut; dazu zwei Unzen Menschentalg und je zwei Drachmen Leinöl, Terpentin und armenische Heilerde. Verquirle alles gut in einem Mörser und bewahre die Salbe in einer länglichen, schmalen Urne auf.«

Mit dieser Salbe sollte die mit Blut aus einer Wunde benetzte Waffe sorgfältig eingerieben und an einen kühlen Ort gelegt werden. Inzwischen war die Wunde ordentlich mit sauberem Wasser auszuwaschen, mit einem reinlichen weißen Leinenlappen zu bedecken und einmal täglich zu öffnen, um sie von Eiter und anderen Ausflüssen zu reinigen. Am Erfolg dieser Behandlung, versichert der Autor des einschlägigen Artikels ›Animal Magnetism‹ im XII. Band der *Foreign Quarterly Review,* könne nicht der leiseste Zweifel bestehen; »denn noch heute folgen die Wundärzte genau der gleichen Methode — mit dem einen Unterschied, daß sie nicht auch die Waffe einreiben«.

Die Waffensalbe sorgte längere Zeit für Furore auf dem Kontinent, und viele erhoben eifrig den Anspruch, sie erfunden zu haben. Dr. Fludd, der Rosenkreuzer, den wir bereits als Alchimisten kennengelernt haben, machte alle Anstrengungen, sie in England einzuführen. Er wandte sie in mehreren Fällen erfolgreich an — was nicht verwundern kann, da er sich nicht darauf beschränkte, vor seinen Patienten mit ihrer überragenden Wirksamkeit zu prahlen, sondern auch jene einfachen, aber viel wichtigeren Heilmethoden wie Reinigen, Bandagieren u.a. nie vergaß, die nach aller Erfahrung oft für den Heilungszweck ausreichen. Überdies behauptete er, der Magnet stelle bei richtiger Anwendung ein Heilmittel für alle Krankheiten dar; da der Mensch aber wie die Erde einen Nordpol und einen Südpol habe, könne der Magnetismus nur wirken, wenn der Körper eine nördliche Position einnehme. [...]

Zur gleichen Zeit wurde noch eine weitere sehr eigentümliche Vorstellung von Kraft und Möglichkeiten des Magnetismus vertreten: Man glaubte, es sei möglich, den menschlichen Körper mit einem ›Sympathie-Alphabet‹ auszustatten, mit dessen Hilfe Menschen blitzschnell miteinander kommunizieren könnten, auch wenn Tausende von Meilen zwischen ihnen lägen. Man schnitt z. B. aus dem rechten Arm zweier Personen je ein Stück Fleisch und verpflanzte es noch warm und blutend auf die entsprechende Stelle am Arm der je anderen Person. Das Stück wuchs dort ein, bewahrte sich aber — so die Vorstellung — stets so viel Verbundenheit mit seinem Ursprungsarm, daß sein alter Besitzer jede Schädigung fühlte, die ihm widerfuhr. Auf diese transplantierten Stücke wurden die Buchstaben des Alphabets tätowiert; sollte nun eine Kommunikation erfolgen, so brauchte eine der beiden Personen lediglich mit einer magnetischen Nadel leicht in ihren Arm zu stechen, und augenblicklich fühlte die andere, auch wenn sie sich jenseits des Atlantiks aufhielt, daß der Telegraph in Tätigkeit war. Jetzt konnte Buchstabe für Buchstabe mit der Nadel markiert werden, und die andere Person empfing die beabsichtigte Mitteilung.

Ein Zeitgenosse Fludds war der nicht weniger berühmte Valentine Greatraks. Er hat nie vom Magnetismus gesprochen, auch keinen Anspruch auf die Erfindung einer ähnlichen Theorie erhoben, jedoch ein Verfahren praktiziert, das dem tierischen Magnetismus unserer Tage viel näher steht als dem mineralischen, der damals so sehr in Mode war. Greatraks war der Sohn eines vornehmen Iren in der Grafschaft Cork und verfügte über Besitz und gute Bildung. In jungen Jahren bereits verfiel er in eine Art melancholische Zerrüttung. Später überkam ihn eine seltsame Überzeugung, die ihn weder im wachen noch im schlafenden Zustand verlassen wollte: Er fühlte sich von Gott mit der Macht ausgestattet, die Skrofeln (eine Drüsenkrankheit) zu heilen. Er teilte diese Überzeugung seiner Frau mit, die ihm ziemlich offen erklärte, er sei ein Narr. Dadurch verunsichert, beschloß er, wenigstens einen Versuch mit der vermuteten Macht zu unternehmen. Er begab sich einige Tage später zu einem gewissen William Maher in Salterbridge (Grafschaft Waterford), der an schwerer Skrofulose an Augen, Wangen und Kehlkopf litt. Diesem tief gläubigen Mann legte er die Hände auf, strich ihm über den Kopf und betete dabei inbrünstig. Er hatte die Freude, nach wenigen Tagen Zeuge einer bemerkenswerten Besserung zu sein; als er noch andere Heilmittel einsetzte, verschwand die Krankheit ganz.

Dieser Erfolg bestärkte Greatraks in der Überzeugung von seinem göttlichen Auftrag. Bald hatte er die Eingebung, er sei auch zur Heilung des Wechselfiebers berufen. Mit der Zeit kamen Epilepsie, Eiterbeulen, Schmerzen und Lahmheit hinzu. Die ganze Grafschaft Cork war in Aufruhr über diesen erstaunlichen Arzt, der besonders dort große Wohltaten wirkte, wo die Krankheit durch Hypochondrie und Depression verstärkt wurde. Seinem eigenen Bericht[1] zufolge kamen von nah und fern so viele Menschen zu ihm, daß er keine Zeit mehr hatte, sich um seine persönlichen Geschäfte zu kümmern oder die Gesellschaft von Familie und Freunden zu genießen. Allein drei Tage der Woche war er gezwungen, von sechs Uhr morgens bis sechs Uhr abends in einer Ecke zu sitzen und Hände aufzulegen. Schließlich wurden die Menschenmassen, die zu ihm drängten, so groß, daß nicht einmal mehr die Nachbargemeinden sie beherbergen konnten. Daher verlegte er seinen Wohnsitz in die Stadt Youghal — aber auch dort hielt der Andrang der Kranken aus allen Teilen Irlands und sogar aus England unvermindert an, so daß die Behörden fürchteten, sie könnten die Stadt mit ihren Krankheiten infizieren. Manche von diesen armen Leichtgläubigen produzierten Anfälle, sobald sie Greatraks nur sahen, und er verschaffte ihnen Linderung, indem er ihnen über das Gesicht strich und dabei Gebete murmelte. Er selbst versichert, die bloße Berührung seines Handschuhs habe Schmerzen vertrieben und bei einer Gelegenheit mehrere Teufel oder böse Geister aus einer Frau fahren lassen, die diese Tag und

---

[1] *A Brief Account of Mr. Valentine Greatraks, and divers of the strange cures by him lately performed. Written by himself in a letter addressed to the Honourable Robert Boyle Esq.*, London 1666.

Nacht gepeinigt hatten. »Jeder dieser Teufel«, sagt er, »drohte sie zu ersticken, wenn er in ihren Hals kam.« Uns Heutigen ist sonnenklar, daß die Klagen dieser Frau rein hysterischer Natur waren.

Die Geistlichkeit der Diözese Lismore, die Greatraks' Anmaßungen offenbar besser durchschaute als ihre Pfarrkinder, mißbilligte das Treiben dieses neuen Propheten und Wunderheilers mit Entschiedenheit. Sie zitierte ihn vor das Diözesangericht und untersagte ihm mit sofortiger Wirkung jede Art von Handauflegung. Aber er scherte sich nicht um die Kirche. Er war überzeugt, seine Kräfte unmittelbar vom Himmel zu beziehen, und fuhr fort, Anfälle durch Handauflegen zu beseitigen — fast genau nach der Art moderner Magnetiseure. Schließlich strahlte sein Ruhm so weit, daß Lord Conway ihn bat, umgehend nach London zu kommen und die Kopfschmerzen zu heilen, an denen seine Frau bereits seit Jahren litt und die die führenden Ärzte des Landes bisher nicht hatten heilen können.

Greatraks nahm die Einladung an und versuchte seine Manipulationen und Gebete jetzt an Lady Conway. Er konnte ihr jedoch keinerlei Erleichterung verschaffen. Die Schmerzen der bedauernswerten Lady hatten andere, ernstere Ursachen und waren weder durch Glauben noch lebhafte Einbildung zu beeinflussen. Greatraks wohnte einige Monate im Haus der Conways in Ragley (Warwickshire) und praktizierte auf ähnliche Weise wie zuvor in Irland. Später begab er sich nach London und bezog ein Haus in Lincoln's Inn-Fields. Es wurde bald zum täglichen Wallfahrtsziel aller nervösen und leichtgläubigen Damen der Hauptstadt. Saint-Evremond hat im zweiten Band seiner Miszellen[1] einen sehr amüsanten Bericht von Greatraks' Londoner Zeit gegeben — unter dem Titel ›Der

---

[1] Charles de Marguetel de Saint-Denis, Seigneur de Saint-Evremond, *Miscellaneous Essays by Monsieur St. Evremond, translated out of French*. 2 Bde., London 1692–94.

irische Prophet‹. Niemand hat diesen frühen Magnetiseur anschaulicher geschildert als er:

»Als M. de Comminges Gesandter Seiner Allerchristlichsten Majestät beim König von Großbritannien war, kam ein irischer Prophet nach London, der sich als großer Wunderheiler ausgab. Mehrere Standespersonen baten M. de Comminges daraufhin, ihn in sein Haus einzuladen, um Zeugen seiner Wunder werden zu können. Einerseits um diesen Wünschen seiner Freunde zu willfahren, zum andern, weil er selbst neugierig war, ließ M. de Comminges Greatraks mitteilen, er würde sich freuen, ihn bei sich zu sehen.

Binnen kurzem hatte sich das Gerücht vom Kommen des Propheten in der ganzen Stadt verbreitet, und die Residenz des Gesandten quoll über von Kranken, die vertrauensvoll auf eine schnelle Heilung hofften. Sie alle ließ der Ire eine beträchtliche Zeit warten, erschien aber schließlich, als ihre Ungeduld auf dem Höhepunkt war, mit ernster, unpathetischer Miene, welche nicht verriet, daß er ein Scharlatan war. M. de Comminges hatte sich vorgenommen, ihn peinlich genau zu befragen und mit ihm über all die Dinge zu diskutieren, die er bei Van Helmont und Bodin gelesen hatte — war aber, zu seinem großen Bedauern, dazu nicht in der Lage, denn die Menge stand so dicht und die auf Heilung hoffenden Krüppel drängten so ungestüm nach vorn, daß die Diener sie nur mit Mühe im Zaum halten konnten.

Der Prophet verkündete, alle Krankheiten rührten von bösen Geistern her. Jedes Gebrechen stelle einen Fall diabolischer Besessenheit dar. Man stellte ihm einen Mann vor, der an Gicht und Rheumatismus so schweren Grades litt, daß die Ärzte ihn nicht hatten heilen können. ›Ah‹, sagte der Wundertäter, ›ich habe viele von diesen Geistern gesehen, als ich noch in Irland war. Es sind Wassergeister, die kaltes Frösteln bringen und unsere armen Körper mit fiebrigen Säften überschwemmen.‹ Dann wandte er sich an den Mann: ›Böser Geist, der du deinen Wohnort in den Wassern verlassen und diesen erbarmungswürdigen Körper befallen hast: Ich befehle dir, deinen neuen Aufenthalt zu verlassen und an deinen alten Ort zurückzukehren!‹ Darauf durfte der Kranke gehen, und ein anderer wurde herbeigewinkt. Dieser klagte, er werde von üblen Blähungen heimgesucht. In Wirklichkeit sah er wie ein Hypochonder aus, einer dieser zunächst in der Einbildung, dann oft genug auch wirklich Leidenden. ›Luftgeist‹, sprach der Ire, ›ich befehle dir: Kehre zurück in die Luft und zu deiner natürlichen Berufung, Stürme auszulösen; höre auf, Winde in diesen unglücklichen Körper zu schicken!‹ Der Mann wurde sofort weggebracht, um Platz für einen dritten zu schaffen, der nach Ansicht des Propheten nur von einem so winzig kleinen Kobold geplagt wurde, daß er seinem Befehl keinen Augenblick widerstehen werde. Greatraks gab vor, diese Art Kobolde an gewissen Zeichen zu erkennen, die der Allgemeinheit verborgen blieben; sie richteten selten großen Schaden an und seien immer sehr unterhaltsam. Hörte man ihn reden, so konnte man glauben, daß er über Geister alles wußte — ihre Namen, ihren Rang, ihre Anzahl, die ihnen zugewiesenen Aufgaben; er rühmte sich auch, mit ihren Ränken und Machenschaften besser vertraut zu sein als mit den Angelegenheiten der Menschen. Es ist unglaublich, welche Reputation diesem Mann in kurzer Zeit zuwuchs. Katholiken wie Protestanten von nah und fern suchten ihn auf — alle in dem Glauben, er besitze überirdische Kräfte.«

Nachdem er noch eine eher zweifelhafte Geschichte von einem Ehepaar eingestreut hat, das Greatraks anfleht, er solle sie vom bösen Geist der Zwietracht befreien, der sich zwischen beiden eingenistet habe, faßt Saint-Evremond die Wirkung des Iren auf einfache Gemüter so zusammen:

»Das Vertrauen in ihn war so groß, daß die Blinden phantasierten, sie sähen das Licht; die Tauben, sie hörten; die Lahmen, sie gingen aufrecht und gebrauchten alle ihre Glieder. Die Vorstellung der Gesundheit ließ die Leidenden eine Zeitlang ihre Krankheit vergessen. Die Phantasie, in den aus Neugier Zusammengeströmten ebenso lebendig wie in den Kranken, gaukelte jenen eine falsche Wirklichkeit vor und diesen eine falsche Heilung. So viel Macht hatte der Ire über die Seelen, und so viel Einfluß hatte die Seele auf den Körper. Man sprach in London über nichts anderes als über Greatraks und seine Wunder — und diese Wunder wurden von so anerkannten Autoritäten bekräftigt, daß die verwirrten Massen sie fast blind glaubten, während aufgeklärte Leute nicht wagten, sie aus besserer Einsicht in Zweifel zu ziehen. Die öffentliche Meinung — schüchtern und befangen, wie sie war — respektierte den autoritativ auftrumpfenden und offenkundig solid beglaubigten Irrtum. Wer den Wahn durchschaute, behielt seine Meinung für sich, weil es zwecklos war, Leute, die voller Vorurteile waren und in blinder Bewunderung schwelgten, mit Zweifeln zu konfrontieren.« [...]

Zu Beginn des 18. Jahrhunderts wurde die Aufmerksamkeit Europas auf einen sehr ungewöhnlichen Fall von Schwärmerei gelenkt, durch den die tierischen Magnetiseure sich ebenfalls in ihrer Theorie bestätigt sahen. Man nannte die Schwärmer *Convulsionnaires de Saint-Medard,* weil sie sich auf diesem Pariser Friedhof in großer Zahl um das Grab ihres Idols, des jansenistischen Diakons François de Pâris, zu versammeln pflegten; dort lehrten sie sich gegenseitig, wie man in Zuckungen verfiel.[1] Sie glaubten, der Diakon Pâris werde alle ihre Gebrechen heilen, und die Zahl der hysterischen Frauen und geistesschwachen Personen aller Art, die von fern und nah zu dem Grab drängten, wuchs dermaßen an, daß alle Straßen in seiner Umgebung verstopft waren.

Gewöhnlich ging es bei ihren Auftritten so zu, daß die Mehrheit sich gegenseitig zu einem Höhepunkt der Erregung trieb und dann in konvulsivische Anfälle verfiel, während eine Minderheit sich Leiden und Torturen aussetzte, die bei anderer Gelegenheit zum Tode geführt hätten. Die Szenen, die sich abspielten, waren ein Skandal für Zivilisation und Religion — eine seltsame Mischung von Obszönität, Widersinn und Aberglauben. Einige beteten auf den Knien am Grab des Diakons; andere kreischten und veranstalteten einen Höllenlärm. Besonders die Frauen taten sich hervor: Konnte man in einer Ecke des Friedhofs einen Haufen von ihnen in konvulsivischer Verzückung erblicken, so gaben sich in einer anderen Ecke weitere, erregt bis zu höchster Tollheit, grober Unzucht hin, während wieder andere ein krankhaftes Vergnügen darin fanden, geschlagen und getreten zu werden. Montègre[2] berichtet von einer dieser Frauen, sie sei von solchen Mißhand-

---

[1] Vgl. Henri Joseph du Laurens, *Mathieu oder Die Ausschweifungen des menschlichen Geistes.* Nördlingen 1988. Kap. 6. (Anm. d. Übers.)

[2] Antoine François Jenin de Montègre, Artikel ›Convulsionnaires‹ in: *Dictionnaire des Sciences Medicales.* Brüssel 1828 ff.

lungen derart hingerissen gewesen, daß nur die allerhärtesten Schläge sie noch zufriedenstellen konnten. Ein Bursche von herkulischen Kräften schlug sie mit einer schweren Eisenstange, so fest er konnte, während sie ihn fortwährend zu noch größerer Anstrengung antrieb. Je härter er schlug, desto lieber war es ihr. »Das tut gut, Bruder«, schrie sie, »das tut gut. Oh, wie herrlich das ist! Wieviel Gutes tust du mir! Sei mutig, Bruder, sei mutig — schlag mich härter, immer härter!« Carré de Montgeron[1] berichtet vom Fall einer Frau, die er selbst auch durch 60 Schläge mit einem schweren Schmiedehammer nicht zufriedenstellen konnte. Um die Wucht der Schläge zu unterstreichen, betont er, er habe denselben Hammer benutzt, um mit Schlägen gleicher Stärke eine Steinmauer zum Einsturz zu bringen; beim 25. Schlag sei sie zusammengebrochen. Eine andere Frau habe sich furchtlos auf ein glühendes Kohlenbecken gelegt und sich deshalb den Beinamen ›Salamander‹ gegeben; wieder andere hätten sich selbst kreuzigen wollen.

Deleuze hat in seiner Geschichte des tierischen Magnetismus[2] zu beweisen versucht, daß dieser schwärmerische Wahnsinn vom Magnetismus ausgelöst wurde und daß diese Fanatiker sich gegenseitig magnetisierten, ohne es zu merken. Er hätte ebensogut behaupten können, auch der Fanatismus des hinduistischen Eiferers, der die Arme so lange waagerecht ausstreckt, bis die Sehnen absterben, oder die Hände so lange zu Fäusten ballt, bis die Nägel ihm aus dem Handrücken herauswachsen, sei eine Wirkung des Magnetismus!

Dieser war in den folgenden 60–70 Jahren fast ausschließlich auf Deutschland beschränkt. Verständige und gelehrte Männer wandten ihr Interesse den Eigen-

---

[1] Louis Basile Carré de Montgeron, *La vérité des miracles opérés par l'intercession de M. de Pâris.* Utrecht 1737.

[2] Joseph Philippe François Deleuze, *Histoire critique du magnétisme animal.* Paris 1813.

schaften des Magneteisensteins zu. Maximilian Hell, Jesuit und Professor der Astronomie in Wien, führte mit Erfolg magnetische Kuren durch. Um 1771/72 erfand er Stahlplatten von besonderer Form, die am nackten Körper des Patienten fixiert wurden und spezifisch auf diverse Krankheiten wirken sollten. 1774 teilte er seine Ideen Franz Anton Mesmer mit, der sie verbesserte und zu einer eigenständigen Theorie systematisierte. Damit wurde er zum Begründer des tierischen Magnetismus.

Unter den Feinden Mesmers war es stets Mode, ihn von vornherein als prinzipienlosen Abenteurer abzuqualifizieren, während seine Anhänger ihn als Erneuerer des Menschengeschlechts in den Himmel hoben. In ganz ähnlichen Worten, wie sie die Rosenkreuzer für die Begründer ihrer Bewegung verwenden, wurde er der Entdecker des Geheimnisses genannt, das den Menschen in engere Verbindung mit seinem Schöpfer bringe, der Befreier der Seele von den erniedrigenden Banden des Fleisches und von den Schranken des Raumes und der Zeit. Eine sorgfältige Überprüfung seiner Behauptungen und des Beweismaterials, das zu deren Bekräftigung angeführt wird, dürfte rasch zeigen, welche Auffassung die richtigere ist. Daß er in diesem Buch seinen Platz findet und unter den Flamels, Agrippas, Borris und Cagliostros figuriert, deutet darauf hin, daß der Autor ihn als einen Mann betrachtet, der sich selbst Illusionen hingab und dadurch zum Medium der Täuschung anderer wurde.

Franz Anton Mesmer wurde am 23. Mai 1734 in der Nähe von Radolfzell am Bodensee geboren. Nach Studien der Mathematik, Physik, Theologie und Jurisprudenz wandte er sich der Medizin zu und verfaßte seine Inauguraldissertation 1766 *Über den Einfluß der Planeten auf den menschlichen Körper*. Die Arbeit, ganz im Stil der alten Astrologen-Ärzte gehalten, wurde nicht nur beifällig aufgenommen, sondern brachte ihm auch Spott ein. Schon in ihr finden sich Andeutungen seiner späteren Theorie — etwa, wenn er behauptet: »Die Sonne, der Mond und die Fixsterne affizieren sich wechselseitig auf ihren Bahnen; sie verursachen und steuern nicht nur die Gezeiten der Meere, sondern auch den ständigen Wechsel in der Atmosphäre und affizieren in ähnlicher Weise alle organisierten Körper durch ein feines und bewegliches Fluidum, welches das Universum durchdringt und alle Dinge in wechselseitige Verbindung und Harmonie bringt.« Diese Affektion erfolge besonders über das Nervensystem und erzeuge zwei Zustände: »Intension« und »Remission«, die möglicherweise für die bei verschiedenen Krankheiten beobachtbaren zyklischen Verläufe verantwortlich seien. Als Mesmer einige Jahre später den Pater Hell traf, wurde er durch dessen Mitteilungen in seinen Überzeugungen bestärkt. Um aber ganz sicherzugehen, bat er Hell um Überlassung einiger magnetischer Platten, mit denen er experimentieren wollte.

Der Erfolg seiner Experimente erstaunte ihn. Das Vertrauen der Patienten, die die Platten am Körper trugen, wirkte wahre Wunder. Mesmer berichtete Hell davon, und dieser bezeichnete sie öffentlich als Folgen seiner eigenen genialen Erfindung, Mesmer dagegen als medizinischen Assistenten, der in seinem Auftrag arbeite. Das empfand der so Abqualifizierte natürlich als Kränkung, sah er sich doch als die bei weitem bedeutendere Persönlichkeit. Er beanspruchte die Erfindung als seine eigene, bezichtigte Hell des Vertrauensbruchs und brandmarkte ihn als niederträchtiges Subjekt, das seinen Mangel an Originalität durch Ausbeutung fremder Erfindungen wettzumachen suche. Das mochte wiederum Hell nicht auf sich sitzen lassen, schoß zurück, und schon war ein sehr hübscher Streit im Gange, der den Wiener Literaten monatelang Gesprächsstoff lieferte. Am Ende siegte Hell. Mesmer indes, keineswegs entmutigt, hielt an seinen Auffassungen fest — und stolperte eines Tages fast über die Theorie des tierischen Magnetismus.

Unter seinen Patienten war eine junge Dame namens Gabriela Österlin, die unter Krämpfen litt. Ihre Anfälle erfolgten periodisch und gingen einher mit Blutandrang zum Kopf, Delirieren und tiefer Ohnmacht. Diese Symptome erklärte Mesmer mit seiner Theorie vom planetarischen Einfluß; er glaubte überdies die Perioden der Intension und der Remission vorhersagen zu können. War so der Ursprung der Krankheit hinreichend geklärt — wie konnte sie geheilt werden? Mesmer kam die Idee, es müsse möglich sein, zwischen den irdischen Körpern eine ähnliche Wechselwirkung zu ermitteln, wie sie zwischen den himmlischen bestand, dann, wenn diese Wirkung zweifelsfrei feststand, auf künstliche Weise Gezeitenzyklen wie die obengenannten zu erzeugen und so die Krankheit zu beeinflussen. Er überzeugte sich rasch, daß jene Wechselwirkung wirklich existierte. Und er ging noch einen Schritt weiter. Hatte er bisher gemeint, der therapeutische Effekt der Hellschen Platten hänge von deren Form ab, so fand er jetzt, daß er diesen Effekt auch ganz ohne sie erreichen konnte, wenn er nur seine Hände am Körper der Patientin entlang — vom Kopf zu den Füßen hin — bewegte; dabei war es nicht einmal nötig, sie zu berühren.

Damit war Mesmers Theorie fertig. Er schrieb einen Bericht über seine Entdeckung, sandte ihn an alle gelehrten Gesellschaften Europas und bat um Überprüfung. Aber außer der Akademie der Wissenschaften in Berlin antwortete ihm niemand, und *deren* Antwort war in keiner Weise schmeichelhaft für ihn und sein System. Doch Mesmer war nicht entmutigt. Er hielt an seiner These fest, daß die magnetische Materie oder das »Universalfluidum« das ganze All durchdringe, daß jeder menschliche Körper es im Überfluß enthalte und dadurch mit jedem andern kommunizieren könne, wenn er nur seinen Willen anstrenge. An einen Wiener Freund schrieb er:

»Ich habe beobachtet, daß das magnetische Fluidum fast das gleiche ist wie das elektrische und sich wahrscheinlich auch auf gleiche Weise ausbreitet, nämlich vermittels sich berührender Körper. Stahl ist nicht die einzige Substanz, die sich hierfür eignet. Auch Papier, Brot, Wolle, Seide, Steine, Leder, Glas, Holz, Menschen und Hunde — kurz gesagt: alles, was ich berührte, habe ich in solchem Grade magnetisieren können, daß diese Substanzen die gleiche Wirkung auf erkrankte Personen hatten wie Magneteisenstein. Töpfe und Krüge habe ich in gleicher Weise mit magnetischer Materie aufgeladen wie mit Elektrizität.«

Mesmers weiterer Aufenthalt in Wien war weniger angenehm, als er gehofft hatte. Seine Thesen stießen auf Verachtung oder Indifferenz, und der Fall der Demoiselle Österlin machte ihn mehr berüchtigt als berühmt. Er beschloß, sein Tätigkeitsfeld zu wechseln, und begab sich nach Schwaben, später in die Schweiz. Hier traf er den berühmten Jesuitenpater Gaßner, der sich wie Valentine Greatraks mit Teufelsaustreibung und Handauflegen beschäftigte. Auch bei Gaßner verfielen zartbesaitete junge Damen in Zuckungen, wenn er sich ihnen nur näherte, und Hypochonder phantasierten, sie seien geheilt; auch sein Haus war tagtäglich von Lahmen, Blinden und Hysterikern belagert. Mesmer erkannte die Effizienz der Gaßnerschen Kuren sofort an und erklärte, sie seien das evidente Resultat der von ihm gerade entdeckten magnetischen Kräfte. Er führte an einigen Patienten Gaßners seine Manipulationen durch und erzielte vergleichbare Wirkungen. In Züricher und Berner Armenhospitälern versuchte er sich ebenfalls mit seinen Händen und hatte nach seinem eigenen, aber von niemandem sonst bestätigten Bericht Erfolg bei einem Fall von Augenentzündung. Er verfaßte Denkschriften über seine Kurergebnisse, mit denen er nach Wien zurückkehrte — in der Hoffnung, seine Gegner zum Schweigen oder mindestens dazu bringen zu können, seine neuerworbene Reputation zu respektieren und seine Lehren aufmerksamer zu prüfen.

Aber dieser zweite Auftritt in der Hauptstadt verlief nicht günstiger als der erste. Mesmer versuchte seine Methode an einem Fräulein Paridis, das ganz blind und von Konvulsionen heimgesucht war. Er magnetisierte die Dame mehrere Male und erklärte sie danach für geheilt; sei sie dies aber nicht, so liege der Fehler bei ihr und nicht bei ihm. Barth, ein hervorragender Ophthalmologe jener Zeit, untersuchte sie daraufhin und fand sie blind wie zuvor; auch die Konvulsionen hatten nach Auskunft ihrer Familie nicht nachgelassen. Doch Mesmer insistierte: Sie sei geheilt. Wie jener französische Philosoph[1] mochte er den Tatsachen nicht erlauben, seiner Theorie zu widersprechen. Er sprach von einem Komplott gegen ihn und behauptete, die Paridis heuchele auf Betreiben ihrer Familie Blindheit, um seinen Ruf herabzuwürdigen.

Immerhin hatte er jetzt endgültig erkannt, daß Wien nicht der geeignete Schauplatz für ihn war. Paris, das eitle, verderbte, genußsüchtige, stets auf Neuigkeiten gierige Paris allein bot die einem Philosophen wie ihm gemäße Szenerie. Dorthin begab er sich folglich im Jahre 1778. Er begann seine Pariser Karriere bescheiden, indem er zunächst sich und seine Theorie den führenden Ärzten vorstellte. Die Aufnahme war an-

---

[1] Dieser Philosoph, über dessen Namen wir nicht informiert sind, hatte eine überaus stimmige Theorie zu irgendeinem Thema entwickelt, auf die er nicht wenig stolz war. »Aber die Tatsachen, mein Lieber«, sagte sein Freund; »die Tatsachen stimmen mit deiner Theorie nicht überein.« »Ach, wirklich?« entgegnete der Philosoph und zuckte die Achseln; »nun, desto schlimmer für die Tatsachen!«

fangs mäßig; man neigte mehr dazu, ihn zu verlachen als zu fördern. Aber er war ein Mann von großem Selbstvertrauen und unüberwindlicher Beharrlichkeit. Er mietete ein prächtiges Haus, das allen offenstand, welche einen Versuch mit der neuen Naturkraft machen wollten. Schließlich wurde Charles d'Eslon, ein berühmter Arzt, sein Anhänger — und von diesem Moment an war der tierische Magnetismus oder, wie man auch sagte, der ›Mesmerismus‹ *en vogue*. Die Damen waren entzückt von ihm, und ihr bewunderndes Geschwätz trug seinen Ruhm in alle Kreise der Gesellschaft. Mesmer wurde zu ihrem Liebling. Ob hoch oder niedrig, arm oder reich, leichtgläubig oder skeptisch — alles eilte herbei, um sich von den Kräften dieses Magiers zu überzeugen, der so Großartiges versprach. Natürlich wußte Mesmer am besten um die Macht der Einbildung; daher unterließ er nichts, was die Wirkung des magnetischen Zaubers steigern konnte. In ganz Paris war kein Haus so reizend eingerichtet wie das von Monsieur Mesmer. Reichbemalte Fenster ließen ein indirektes, sakrales Licht in die ausgedehnten Salons fallen, deren Wände fast völlig mit Spiegeln bedeckt waren; Orangenblütenduft füllte die Korridore; Räucherwerk der teuersten Art brannte in antiken Schalen auf den Kaminsimsen; aus weiter entfernten Zimmern drang melodiös klagende Äolsharfenmusik, und bisweilen stahl sich eine süße Frauenstimme sanft in die geheimnisvolle Stille, die das Haus und seine Besucher beherrschte. »Wie entzückend ist dies alles!« riefen alle Damen von Paris, während sie — auf der Suche nach immer neuen erregenden Vergnügungen — Mesmers Haus bedrängten. »Wie wunderbar!« raunten die Möchtegern-Philosophen, die alles glaubten, wenn es nur eben im Modetrend lag. »Wie amüsant!« seufzten die müden Roués, die den Kelch der Sinnenlust bis zur Neige geleert hatten und danach gierten, hübsche

Frauen in konvulsivischer Verzückung zu sehen, um durch diesen Anblick vielleicht neue Formen des Lustgewinns zu erfahren.

Sie alle wurden Zeugen der folgenden Szene: Inmitten des größten Salons stand ein ovales Gefäß, etwa vier Fuß lang und einen Fuß tief. In ihm lag, strahlenförmig gruppiert und mit dem Hals nach außen weisend, eine Anzahl von Weinflaschen, gefüllt mit magnetisiertem Wasser und gut verschlossen. Dann wurde so lange normales Wasser in das Gefäß geschüttet, bis die Flaschen bedeckt waren, und darauf Eisenfeile verteilt, um die magnetische Wirkung zu steigern. Danach wurde das Gefäß, das *Baquet* hieß, mit einem eisernen Deckel verschlossen. Der Deckel wies viele Bohrungen auf, aus denen bewegliche, mit den Flaschen verbundene Eisenruten ragten, die die Patienten mit dem leidenden Körperteil in Verbindung bringen mußten. Nachdem dies geschehen war, hatten sie sich um das *Baquet* zu setzen, ihre Knie so fest wie möglich gegen die ihrer Nachbarn zu pressen und deren Hände zu ergreifen, damit der Fluß des magnetischen Fluidums von einer Person zur andern erleichtert wurde.

Nun erschienen die Hilfsmagnetiseure — gewöhnlich kräftige, hübsche junge Männer —, um das Wunderfluidum von ihren Fingerspitzen in die Körper der Patient(inn)en strömen zu lassen. Sie postierten sich zwischen deren Knien, strichen ihnen in Richtung der Nervenbahnen sanft die Wirbelsäule hinunter, massierten zart die Brüste der Damen und brachten sie dabei aus der Fassung, indem sie sie unverwandt anstarrten, um sie auch durch ihren Blick zu magnetisieren. Während all dieser Zeit herrschte absolute Stille, unterbrochen nur von wenigen abgerissenen Takten auf der Harmonika, dem Pianoforte oder der melodiösen Stimme einer verborgenen Opernsängerin, die in langen Intervallen auf- und abschwoll. Allmählich begannen die Wangen der Damen zu glühen; ihre Phantasie entflammte, und sie verfielen, eine nach der andern, in konvulsivische Anfälle. Einige schluchzten und rauften sich die Haare; andere lachten, bis ihnen die Tränen kamen; wieder andere kreischten, heulten und tobten — bis am Ende alle bewußtlos oder der Bewußtlosigkeit nahe waren.

Das war der Wendepunkt. Nun, auf dem Gipfel der Raserei, erschien der Hauptakteur selbst auf der Szene. Er winkte, wie Prospero im *Sturm,* mit der Hand, um neue Wunder zu wirken. Bekleidet mit einer langen, reichlich mit goldenen Blumen bestickten lila Robe, in der Hand einen weißen Magnetisierstab, schritt er so ernst und feierlich durch den Raum wie ein orientalischer Kalif. Er ließ die noch nicht Bewußtlosen vor dem Blick seines Auges erschauern, und die Heftigkeit ihrer Symptome schwand. Er strich den Bewußtlosen mit den Händen über die Augenbrauen und die Wirbelsäule hinunter; er zeichnete ihnen mit seinem langen weißen Stab Figuren auf Brust und Bauch und brachte sie so ins Leben zurück. Sie waren jetzt ruhig, fügten sich seiner Macht und erklärten, Ströme von Kälte oder heißem Dampf flössen durch ihren Körper, wenn er seinen Stab oder seine Finger vor ihnen bewegte.

»Man kann sich unmöglich«, schreibt Dupotet, »das Aufsehen vorstellen, das Mesmers Experimente in Paris erregten. Bei keiner theologischen Kontroverse in der Frühzeit der katholischen Kirche wurde mit größerer Erbitterung gestritten.«[1] Mesmers Gegner leugneten seine Heilerfolge; einige nannten ihn einen Scharlatan, andere einen Narren und wieder andere (wie der Abbé Fiard) einen Mann, der sich dem Teufel verkauft habe. Seine Freunde waren ebenso überschwenglich in der Lobpreisung wie seine Feinde in der Verdammung. Paris wurde von Pamphleten pro und contra Mesmer

---

[1] Jean Dupotet de Sennevoy, *An introduction to the study of animal magnetism.* London 1838.

überschwemmt. Die Königin erklärte sich für ihn, und die Spitzen der Gesellschaft folgten ihr.

Auf Anraten d'Eslons verlangte Mesmer eine Überprüfung seiner Theorie durch die Medizinische Fakultät. Er benannte dafür 24 ausgewählte Patienten, von denen 12 durch ihn nach der magnetischen, die übrigen 12 durch die Fakultät nach althergebrachter Methode behandelt werden sollten. Überdies forderte er, daß die Regierung, um Dispute im Keim zu ersticken, eine Reihe von nichtmedizinischen Persönlichkeiten benennen solle, die bei den Experimenten zugegen wären, und daß die Überprüfung nicht den Ursachen der von ihm hervorgerufenen Effekte, sondern der Frage gelten solle, ob diese Effekte faktisch bei der Heilung *jeder* Krankheit aufträten. Die Fakultät jedoch weigerte sich, unter solchen Bedingungen eine Überprüfung durchzuführen, und so fiel die Sache ins Wasser.

Nun schrieb Mesmer an Marie Antoinette, um durch ihren Einfluß in den Genuß staatlicher Protektion zu kommen. Er erbat ein Schloß samt zugehörigen Ländereien und ein ausreichendes Einkommen, um seine Experimente mit der nötigen Muße und ohne Störung durch seine Feinde fortsetzen zu können. Er nannte es die Pflicht der Regierung, Männer der Wissenschaft zu unterstützen, und brachte seine Befürchtung zum Ausdruck, er könne, wenn er nicht mehr Förderung erfahre, gezwungen sein, seine Entdeckung in ein anderes Land mitzunehmen, wo man ihn mehr zu würdigen wisse. »In den Augen Eurer Majestät«, schrieb er, »sind vier- oder fünfhunderttausend Livres keine große Sache, wenn sie für einen guten Zweck verwandt werden. Wohlfahrt und Glück Ihres Volkes bedeuten Ihnen alles. Meine Entdeckung verdient mit jener Freigebigkeit aufgenommen und belohnt zu werden, wie sie einer Monarchin würdig ist, in deren Dienst ich treten würde.«

Schließlich bot ihm die Regierung ein Jahrgeld von 20000 Livres und das Kreuz des St. Michaelsordens an, wenn er seine Entdeckung einem vom König bestellten Ärztegremium mitteilen würde. Diese Bedingung mochte Mesmer nicht akzeptieren; er fürchtete einen für ihn ungünstigen Bericht der Ärzte an den König. Er brach die Verhandlungen mit der Regierung ab und erklärte, er verachte Geld und wünsche die sofortige Anerkennung seiner Entdeckung. Dann zog er sich, von Widerwillen gepackt, nach Spa zurück und gab vor, seine zerrüttete Gesundheit mache eine Wasserkur nötig.

Nunmehr lud die Medizinische Fakultät ihr Mitglied d'Eslon vor und verlangte, er solle ein für allemal der Theorie des tierischen Magnetismus abschwören; andernfalls werde er aus der Fakultät ausgeschlossen. D'Eslon dachte nicht an Widerruf; er sprach von neuen Geheimnissen, die er entdeckt haben wollte, und forderte weitere Untersuchungen. So wurde am 12. März 1784 eine Königliche Kommission aus Mitgliedern der Fakultät und eine weitere aus Mitgliedern der Akademie der Wissenschaften berufen, um diese Phänomene zu untersuchen und darüber zu berichten. In der ersten Kommission saßen die führenden Ärzte von Paris, in der zweiten so berühmte Männer wie Benjamin Franklin, der Chemiker Lavoisier, der Arzt Guillotin und der Astronom Bailly. Mesmer wurde förmlich eingeladen, vor diesen Körperschaften zu erscheinen. Er zögerte seinen Auftritt jedoch Tag für Tag hinaus, mit immer neuen Vorwänden. D'Eslon hingegen bekannte sich offen zu der neuen Lehre und den von Mesmer entdeckten Phänomenen, wohnte auch den Sitzungen und den veranstalteten Experimenten regelmäßig bei. In dem von Bailly verfaßten Kommissionsbericht heißt es zu diesem Punkt:

»Die erkrankten Personen sind in großer Zahl und in mehreren Reihen rund um das *Baquet* angeordnet und empfangen den

Magnetismus auf folgenden Wegen: durch die Eisenstäbe, die ihn vom *Baquet* zu ihnen befördern; durch die Schnüre, die um ihre Körper gewunden sind; durch Berührungen der Finger, die ihnen den Magnetismus ihrer Nachbarn zuführen, und durch die Klänge eines Pianofortes oder einer angenehmen Stimme, die ihn in der Luft verbreiten. Überdies werden die Patienten direkt durch Hand und Stab des Magnetiseurs magnetisiert, der beide langsam vor ihrem Gesicht, über oder hinter ihrem Kopf und über die erkrankten Körperteile bewegt und sie dabei fest ansieht. Vor allem aber geschieht die Magnetisierung durch Handauflegen und den Druck der Finger auf Bauchhöhle und Abdomen; dieser Druck wird oft für lange Zeit, manchmal für mehrere Stunden, aufrechterhalten.

Die Patienten offenbaren währenddessen sehr unterschiedliche Zustandsbilder — je nach ihrer individuellen Verfassung. Einige sind ruhig, gelassen und zeigen keine Wirkung. Andere husten, spucken, empfinden leichte Schmerzen, lokale oder generalisierte Hitze und haben Schweißausbrüche. Wieder andere sind erregt und werden von Konvulsionen heimgesucht. Diese Konvulsionen sind bemerkenswert sowohl in bezug auf die Zahl der von ihnen Betroffenen wie auf ihre Dauer und Intensität. Sobald ein Patient konvulsivisch zu zucken beginnt, werden mehrere andere gleichfalls affiziert. Die Kommission hat beobachtet, daß einige dieser Konvulsionen mehr als drei Stunden andauerten. Sie gehen oft mit trüben, zähflüssigen Auswürfen einher, deren Erzeugung heftige Anstrengung erfordert. Auch Blutspuren sind in diesen Auswürfen beobachtet worden. Charakteristisch für die Konvulsionen sind jähe, unwillkürliche Bewegungen aller Gliedmaßen und des Körpers im ganzen; Kontraktionen des Halses, hüpfende Bewegungen von Bauchhöhle und Epigastrium; glanzlose, unstete Augen; durchdringende Schreie, Weinen, Seufzen und unkontrolliertes Lachen. Davor oder danach ist ein Zustand der Mattigkeit, der Träumerei, der Melancholie oder bisweilen der Schläfrigkeit zu beobachten. Dann löst das kleinste plötzliche Geräusch Schaudern und Zittern aus; man hat auch bemerkt, daß schon ein Taktwechsel bei den auf dem Pianoforte gespielten Weisen von starkem Einfluß auf die Patienten war. Eine Steigerung des Tempos, eine lebhaftere Melodie erregte sie mehr und verstärkte die Heftigkeit ihrer Konvulsionen.

Nichts ist erstaunlicher als der Anblick dieser Konvulsionen. Wer sie nicht gesehen hat, kann sich keine Vorstellung davon machen. Der Zuschauer ist in gleicher Weise verwundert über die tiefe Ruhe eines Teils der Patienten wie über die Erregtheit der anderen, über die verschiedenartigen Vorfälle, die sich ständig wiederholen, wie über die Sympathien, die sich manifestieren. Einige der Patienten scheinen all ihre Aufmerksamkeit nur ihresgleichen zuzuwenden; sie stürzen mit offenen Armen aufeinander zu, lächeln, besänftigen einander, offenbaren alle Merkmale der Liebe und Zuneigung. Alle unterliegen der Macht des Magnetiseurs. Gleichgültig, in welchem Grad der Versunkenheit sie sich befinden mögen — der Klang seiner Stimme, sein Blick, seine Handbewegung bringt sie ins Bewußtsein zurück. Von den beobachteten Patienten waren die weitaus meisten Frauen; Männer waren sehr selten.[1]

Die Untersuchungen dauerten fünf Monate lang an. Sie hatten kaum begonnen, als sich Mesmer, besorgt über den Verlust an Profit und Ansehen, entschloß, nach Paris zurückzukehren. Einige Patienten von Rang und Vermögen, enthusiastische Anhänger seiner Lehre, waren ihm nach Spa gefolgt. Einer von ihnen, ein gewisser Bergasse, machte den Vorschlag, eine Subskription für 100 Teilnehmer zu je 100 Louisdor zu eröffnen; dafür sollte der Meister die Subskribenten in die Geheimnisse seiner Lehre einweihen und ihnen gestatten, jedweden Gebrauch von den erworbenen Kenntnissen zu machen. Mesmer machte sich den Vorschlag sogleich zu eigen, und die Verblendung unter seinen Anhängern war so stark, daß die Zahl von 100 Zeichnern in wenigen Tagen weit übertroffen wurde: Am Ende erbrachte die Subskription keine geringere Summe als 140 000 Louisdor!

Mit diesem Vermögen kehrte Mesmer nach Paris zurück und nahm seine Sitzungen wieder auf, während die königliche Kommission ihre Untersuchungen fortsetzte. Gleichzeitig wurde der ›Mesmerismus‹ von seinen Bewunderern im ganzen Land verbreitet, und in vielen größeren Städten entstanden *Sociétés d'har-*

---

[1] *Rapport des commissaires de la faculté de médecine et de l'académie des sciences sur le magnétisme animal par Mr. Bailly.* Paris 1784.

monie, die sich die Heilung aller Krankheiten mit Hilfe des Magnetismus zum Ziel setzten. Einige dieser Gesellschaften erregten Skandal, weil ihnen lasterhafte Männer mit unnatürlichen Neigungen angehörten, die ein perverses Vergnügen dabei fanden, junge Mädchen in konvulsivischen Zuständen zu beobachten. Viele vorgebliche Magnetiseure galten zu dieser Zeit als notorische Libertins, die den Magnetismus als Mittel zur Befriedigung ihrer Begierden ansahen.

Schließlich veröffentlichten die königlichen Kommissare, unter Federführung des ebenso illustren wie unglücklichen Bailly, ihren Bericht. Er ist ein leuchtendes Beispiel für klare Beweisführung und strenge Unparteilichkeit. Nach einer detaillierten Beschreibung der diversen Experimente und ihrer Ergebnisse kommt er zu dem Schluß, daß der einzige Beweis zugunsten des tierischen Magnetismus dessen Wirkung auf den menschlichen Körper sei, daß diese Wirkung aber auch ohne Streichungen und andere Manipulationen hergerufen werden könne; daß alle Manipulationen, Streichungen und Zeremonien gänzlich ohne Wirkung blieben, wenn sie ohne Wissen des Patienten ausgeübt würden, und deshalb nicht der tierische Magnetismus, sondern die *Einbildung* als ursächlich für die Phänomene anzusehen sei.

Dieser Bericht ruinierte Mesmers Ruf in Frankreich gründlich. Er verließ Paris kurze Zeit später mit den 140000 Louisdor aus der erwähnten Subskription, zog sich in sein Heimatland zurück und starb dort 1815, im beachtlichen Alter von 81 Jahren. Aber die Saat, die er ausgestreut hatte, ging auf, erblühte und trug Früchte in der angenehmen Wärme der Leichtgläubigkeit. Nachahmer erschienen in Frankreich, Deutschland und England — überspannter noch als ihr Meister und mit Kräften prahlend, von denen Mesmer selbst nie geträumt hatte. Auch Cagliostro profitierte vom allgemeinen Wahn und ließ sich als Meister der okkulten Wissenschaften feiern. Aber seine Entdeckungen waren nicht vergleichbar mit jenen des Marquis de Puységur und des Chevalier Barbarin — ehrbarer Männer, die zuerst sich selbst betrogen, bevor sie anfingen, andere zu betrügen.

Armand Marie Jacques de Chastenet, Marquis de Puységur, Besitzer beachtlicher Ländereien bei Soissons, war einer der Zeichner von Mesmers Subskription. Nach dessen Rückzug aus Frankreich begab er sich, zusammen mit seinem Bruder, auf seinen Landsitz Buzancy, um den tierischen Magnetismus an seinen Pächtern zu erproben und die Landbevölkerung von Krankheiten aller Art zu kurieren. Er war ein Mann von großer Einfachheit und Güte, der die Kranken, die ihn umschwärmten, nicht nur magnetisierte, sondern auch noch durchfütterte. Im Umkreis von 20 Meilen galt er als ein mit fast göttlichen Kräften begnadeter Mann. Seine große Entdeckung (wie er es nannte) machte er per Zufall. Eines Tages hatte er seinen Gärtner magnetisiert, der danach in tiefen Schlaf gefallen war. Als er den Schlafenden so betrachtete, kam ihm der Gedanke, er könne ihm eine Frage stellen, wie man sie auch an Somnambule richtet. Er fragte — und der Mann antwortete mit beachtlicher Klarheit und Präzision. Puységur war angenehm überrascht; er setzte seine Versuche fort und fand, daß die Seele des Schläfers im magnetischen ›Somnambulismus‹ erweitert, in intimem Kontakt mit der ganzen umgebenden Natur und speziell mit ihm, Puységur, sei. Er fand überdies, daß alle weiteren Manipulationen überflüssig waren und daß er seinen Willen auf den Patienten übertragen konnte, ohne zu sprechen oder irgendein Zeichen von sich zu geben — daß er ›von Seele zu Seele‹ mit ihm kommunizieren konnte, ohne auf irgendwelche physischen Manipulationen zurückzugreifen.

Gleichzeitig mit dieser wundersamen Entdeckung machte er noch eine weitere, die ein ähnlich bezeichnendes Licht auf seine Persönlichkeit fallen läßt. Wie Valentine Greatraks fand er es anstrengend, alle zu magnetisieren, die zu ihm kamen; wie dieser hatte er kaum Zeit für jenes Maß an Ruhe und Erholung, das der Körper unabdingbar braucht. In solcher Not verfiel er auf einen listigen Ausweg. Er hatte Mesmer davon reden hören, man könne auch Holzstücke magnetisieren. Sollte er nicht fähig sein, einen ganzen Baum zu magnetisieren? Gesagt, getan: Da gab es eine stattliche Ulme auf dem Dorfanger von Buzancy, unter der die Landmädchen bei festlichen Anlässen zu tanzen und die alten Männer an warmen Sommerabenden ihren *vin de pays* zu trinken pflegten. Auf diesen Baum schritt der Marquis zu und magnetisierte ihn, indem er ihn zunächst mit den Händen bestrich und dann einige Schritte zurücktrat, um Ströme magnetischen Fluidums von den Zweigen zum Stamm und vom Stamm zu den Zweigen zu lenken. Danach ließ er rund um den Baum Sitzplätze aufstellen und Schnüre an ihm befestigen, die bis zu diesen Sitzen reichten. Hatten die Patienten darauf Platz genommen, so mußten sie die Schnüre um die leidenden Körperteile winden und sich fest an den Händen halten, um einen geschlossenen Stromkreis für das Fluidum zu bilden.[1] [...]

Unter den zahlreichen Menschen, die durch Berichte über derlei ungewöhnliche Ereignisse nach Buzancy gelockt wurden, war auch der Steuereinnehmer Cloquet, ein Mann mit schier unersättlichem Appetit auf Übernatürliches. Er glaubte bereitwilligst alles, was ihm der Marquis erzählte. Sein Bericht über das, was er in Buzancy sah und für bare Münze nahm, ist ein interessantes Indiz für das Umsichgreifen des Wahns.

---

[1] Armand Marie Jacques de Chastenet, Marquis de Puységur, *Mémoires pour servir à l'histoire et à l'établissement du magnétisme animal*. 3e édition, Paris 1820.

Cloquet zufolge schienen die Patienten in magnetisiertem Zustand in tiefen Schlaf versunken; ihre physischen Fähigkeiten erschienen zugunsten der intellektuellen suspendiert. Sie hielten die Augen geschlossen; ihr Gehörsinn war ausgeschaltet. Sie erwachten allein durch die Stimme des Magnetiseurs. »Berührte jemand«, schreibt Cloquet, »einen Patienten im Zustand der Krisis oder auch nur den Stuhl, auf dem er saß, so bereitete ihm das große Schmerzen und Leiden und ließ ihn augenblicklich in Konvulsionen verfallen. Während der Krisis besitzen die Patienten eine ungewöhnliche, übernatürliche Kraft; wird ihnen ein anderer Patient präsentiert, so können sie fühlen, welcher Körperteil bei diesem erkrankt ist — selbst wenn sie nur mit der Hand über seine Kleidung streichen.« Eine weitere Besonderheit, so Cloquet, bestand darin, daß diese Krankheiten entdeckenden Somnambulen ins Innere des Magens sehen und Mittel gegen die Krankheiten benennen konnten, jedoch absolut nichts erinnerten, nachdem der Magnetiseur es für sinnvoll gehalten hatte, sie zu entzaubern. Die Zeitspanne zwischen dem Eintauchen in die Krisis und dem Erwachen aus ihr war aus dem Gedächtnis gelöscht. Der Magnetiseur hatte nicht nur die Macht, zu bewirken, daß er von den Somnambulen gehört wurde; er konnte sie auch dahin bringen, einem bloßen Wink seines Fingers zu folgen, obwohl sie die ganze Zeit über die Augen geschlossen hielten.[1]

Während der Marquis de Puységur mit Hilfe seiner Ulme experimentierte, erschien ein Magnetiseur anderer Qualität in Lyon: der Chevalier de Barbarin. Dieser Herr glaubte, daß allein die Anstrengung des Willens, ohne alles Brimborium mit Magnetisierstäben und *Baquets,* genüge, um Patienten in magnetischen Schlaf sinken zu lassen. Er versuchte es und hatte Erfolg. Er saß

---

[1] Vgl. Dupotet de Sennevoy, *op. cit.,* S. 73.

lediglich am Bett seiner Patienten und stellte sich konzentriert vor, sie würden magnetisiert — und schon befanden sie sich in einem Zustand, der dem von Puységur beobachteten sehr ähnlich war. Im Laufe der Zeit erschienen, verstreut über das Land, zahlreiche Magnetiseure, die sich auf Barbarin als ihr Vorbild beriefen und deshalb Barbarinisten genannt wurden; man sagte ihnen bemerkenswerte Heilerfolge nach. In Schweden und Deutschland griff diese Art Schwärmerei rasch um sich. Ihre Vertreter wurden dort ›Spiritualisten‹ genannt, um sie von den Gefolgsleuten Puységurs zu unterscheiden, die man ›Experimentalisten‹ nannte. Sie vertraten die These, daß alle Effekte des tierischen Magnetismus, die Mesmer als Folgen des in der Natur verbreiteten magnetischen Fluidums angesehen hatte, vom Einfluß einer menschlichen Seele auf eine andere Seele herrührten. Sei erst einmal eine Verbindung zwischen einem Magnetiseur und seinem Patienten hergestellt worden, so könne jener seinen Einfluß auf diesen auch über Entfernungen von mehreren hundert Meilen ausüben — durch bloße Willensanstrengung. Einer der Spiritualisten hat den glücklichen Zustand eines magnetisierten Patienten so beschrieben:

»In einem solchen Menschen ist der tierische Instinkt bis zum höchstmöglichen Grad entwickelt, welcher in dieser Welt möglich ist. Der *clairvoyant* ist reine Anima, ohne irgendeine Beimischung von Materie. Seine Wahrnehmungen sind die eines Geistes. Er ist Gott ähnlich: Sein Auge durchdringt alle Geheimnisse der Natur. Wenn sich seine Aufmerksamkeit auf einen Gegenstand dieser Welt richtet — ob auf seine Krankheit, seinen Tod, seine Lieben, seine Freunde, seine Verwandten oder seine Feinde —, so sieht er ihn in Aktion, dringt ein in die Ursachen und Folgen dieser Aktion, ist gleichzeitig Arzt, Prophet und Theologe.«[1]

---

[1] Vgl. *Foreign Review and Continental Miscellany* V (1830), S. 113.

Betrachten wir jetzt die Fortschritte dieser obskuren Lehre in England. 1788 erschien John Boniot de Mainauduc, ein Schüler Mesmers und später d'Eslons, in Bristol und hielt Vorlesungen über den Magnetismus. Sein Erfolg war außerordentlich. Personen von Rang und Vermögen eilten von London nach Bristol, um sich von Mainauduc magnetisieren oder unterrichten zu lassen. In George Winters Geschichte des tierischen Magnetismus[1] werden sie aufgelistet: »Es handelte sich um insgesamt 127 Personen; unter ihnen waren ein Herzog, eine Herzogin, eine Marquise, ein Graf, zwei Gräfinnen, drei Barone, drei Baroninnen, ein Bischof, fünf Exzellenzen, sieben MPs, ein Geistlicher, neun Ärzte und 92 sonstige Herrschaften von Rang und Ansehen.«

Später ging Mainauduc nach London, wo er ähnlichen Erfolg hatte. Er erließ einen Aufruf an die Damen, sich zu einer »Hygieia-Gesellschaft« zusammenzuschließen, rühmte darin die großen Heilerfolge des tierischen Magnetismus und nahm für sich in Anspruch, diesen als erster in England eingeführt zu haben. Sein Aufruf schließt wie folgt:

»Als Heilmethode ist er nicht auf ein Geschlecht und auf höher Gebildete beschränkt. Da das schöne Geschlecht allgemein der mitfühlendste Teil der Schöpfung und ganz unmittelbar von Problemen der Gesundheit und ihrer Pflege betroffen ist, möchte ich Sie, meine Damen — auch als Ausdruck des Dankes für die Unterstützung, die Sie mir als Arzt bei der Geburtshilfe haben zuteil werden lassen —, nach besten Kräften in die Lage versetzen, zusätzlich wertvoll und nützlich für die Gemeinschaft zu sein. Unter diesem Gesichtspunkt sehe ich die Gründung der Hygieia-Gesellschaft, die mit derjenigen von Paris verschmolzen werden könnte. Sobald sich 20 Damen bei mir gemeldet haben, werde ich den Tag der ersten Sitzung in meinem Hause bestimmen. Sie brauchen dann nur noch 15 Guineen mitzubringen, welche den gesamten Aufwand abdecken werden.«[2]

---

[1] George Winter, *Animal magnetism; history of its original progress and present state.* Bristol 1801.
[2] *The lectures of John Boniot de Mainauduc.* London 1798, S. 230.

Hannah More hat Mainaucs Sitzungen — in einem Brief an Horace Walpole vom September 1788 — »teuflischen Mummenschanz« genannt und die Erwartung geäußert, er werde (ähnlich wie seinerzeit Mesmer in Paris) 10000 Pfund damit verdienen. Ein Mann namens Holloway nutzte die allgemeine Verblendung ähnlich aus: Er hielt in London eine Vorlesungsreihe über tierischen Magnetismus und nahm jedem seiner Hörer 5 Guineen ab. Der Maler Philippe Jacques de Loutherbourg und seine Frau mochten da nicht zurückstehen; sie begannen den Magnetismus in ihrem Haus in Hammersmith zu praktizieren und erreichten es, daß sich oft mehr als 3000 Menschen vor ihrer Tür drängten, von denen nur ein Bruchteil Einlaß erhielt — zum Preis von 1 bis 3 Guineen. Die Loutherbourghs arbeiteten, wie Valentine Greatraks, mit Handauflegen und gaben vor, in göttlichem Auftrag zu handeln. Ein Bericht über ihre ›Wunder‹, wie man sagte, erschien 1789 unter dem Titel: *Eine Aufzählung der neuen Kuren, die Mr. und Mrs. de Loutherbourg in Hammersmith Terrace ohne Medizin durchgeführt haben, von einer Verehrerin des Lammes Gottes.*[1]

Diese »Verehrerin des Lammes Gottes« war eine halbverrückte Frau namens Mary Pratt, die für die Loutherbourgs eine derartige Verehrung empfand, daß sie sie fast anbetete. Ihre Flugschrift trägt als Motto einen Vers aus dem 13. Kapitel der *Apostelgeschichte:* »Sehet, ihr Verächter, und verwundert euch und werdet zunichte! Denn ich tue ein Werk zu euren Zeiten, welches ihr nicht glauben werdet, so es euch jemand erzählen wird [... *though* a man *declare it unto you*].« Da sie überzeugt war, daß die Kuren des Malers einen zutiefst religiösen Charakter hätten, hielt sie eine *Frau* für geeigneter, sie zu propagieren, hatte doch der Apostel

---

[1] *A list of New Cures performed by Mr. and Mrs. de Loutherbourg, of Hammersmith Terrace, without Medicine; by a Lover of the Lamb of God. Dedicated to His Grace the Archbishop of Canterbury.* London 1789.

erklärt, ein *Mann* sei unfähig, den Unglauben der Menschen zu überwinden. Sie behauptete, die Loutherbourgs hätten zwischen Weihnachten 1788 und Juli 1789 2000 Kranke geheilt, nachdem sie »treffliche Empfänger göttlicher Botschaften geworden waren; durch himmlischen, göttlichen Einfluß, der seinen Ursprung in Gott selbst hat, sind sie durch Seine göttliche Majestät höchst gnädig mit der Fähigkeit gesegnet worden, allen Heilung zu bringen, seien es nun Taube, Stumme, Blinde, Lahme oder Hinkende«.

In ihrer Widmung fleht die Pratt den Erzbischof von Canterbury an, eine neue Form des Gebets zu schaffen, mit dem in allen Kirchen und Kapellen für die Erhaltung dieser unschätzbar wertvollen Menschen und ihrer Fähigkeiten gebetet werden solle. Überdies ersucht sie alle Richter und Behördenvertreter dringlich, Mr. und Mrs. de Loutherbourg ihre Aufwartung zu machen, um mit ihnen die sofortige Errichtung eines großen Hospitals mit angeschlossenem »Teich Bethesda« zu beraten. Über das lächerliche Geschwätz dieses alten Weibes waren alle Magnetiseure höchst verärgert, und Loutherbourg selbst scheint London verlassen zu haben, um ihm auszuweichen. Nichtsdestotrotz setzte er, zusammen mit seiner Frau, den phantastischen Unfug fort, welcher der armen Schwärmerin den Kopf verdreht hatte, und täuschte auch Menschen, die mehr Verstand zu haben schienen als sie.

In den nächsten Jahren erregte der Magnetismus dann relativ wenig Aufsehen in England. Erst 1798 gab es einen erneuten Versuch, den Glauben an ihn wiederzubeleben — allerdings weniger an den tierischen als an den mineralischen Magnetismus. Ein gewisser Benjamin Douglas Perkins, Amerikaner und praktizierender Chirurg in London, erfand die berühmten ›Metallfühler‹ und erhielt ein Patent auf sie. Er behauptete, diese Fühler — bestehend aus zwei stark magnetisierten Metallstücken und insoweit den zuerst von Hell aufgebrachten Stahlplatten ähnelnd — heilten Gicht, Rheumatismus, Schlagfluß und fast alle Krankheiten des Knochengerüstes, sofern sie äußerlich an die kranke Stelle gebracht und sacht darüberhin bewegt würden. Bald waren die phantastischsten Geschichten über sie im Umlauf, und die Presse stöhnte über das Unmaß der einschlägigen Flugschriften, die die heilkräftigen Wirkungen der Fühler priesen. Man verkaufte sie für 5 Guineen pro Paar, und Perkins wurde schnell reich. Gichtkranke vergaßen ihre Schmerzen in Gegenwart des neuen Wunderheilmittels; der Rheumatismus floh, wenn es in der Nähe war, und Zahnschmerzen, die oft durch den bloßen Anblick des Zahnarztes kuriert werden, verschwanden, wenn Perkins mit seinen Wunderfühlern anrückte. Die wohltätige *Society of Friends,* deren Mitglied er war, setzte sich leidenschaftlich für seine Erfindung ein. Im Bestreben, auch die Armen, die weder 5 Guineen noch 5 Schilling hatten, um die Perkinsschen Fühler zu bezahlen, an deren Segnungen zu beteiligen, stiftete sie eine große Summe und baute ein Hospital, die *Perkinean Institution,* wo jeder sich kostenlos magnetisieren lassen konnte. Innerhalb weniger Monate waren die Metallfühler in allgemeinem Gebrauch und ihr glücklicher Erfinder im Besitz von 5000 Pfund.

Eines Tages hatte John Haygarth, ein renommierter Arzt in Bath, der sich mit der Rolle der Einbildung bei der Heilung von Krankheiten beschäftigte, einen Einfall, wie man den wirklichen Wert der Perkinsschen Fühler überprüfen könne. Perkins' Heilerfolge schienen freilich so gesichert, daß man sie kaum in Zweifel zu ziehen wagte. Auch Haygarth zweifelte nicht an ihnen. Gleichwohl entlarvte er auf einfache, unauffällige Weise die Verblendung, der so viele Menschen im Umgang mit den Metallfühlern unterlagen: Er schlug seinem Kollegen Falconer die Herstellung *hölzerner* Fühler vor, die aber so bemalt werden sollten, daß sie stählernen glichen; dann könne man sehen, ob sie die gleichen Effekte hervorriefen. Fünf Patienten des Hospitals von Bath wurden ausersehen, bei den Versuchen mitzuwirken. Vier von ihnen litten stark an chronischem Rheumatismus in Fußknöcheln, Knien, Handgelenken und Hüften; der fünfte war seit Monaten mit Gicht geplagt. An dem für das Experiment festgesetzten Tag trafen sich Haygarth und seine Freunde im Hospital; die fiktiven Fühler wurden in aller Feierlichkeit herbeigebracht und den Patienten angelegt. Vier von ihnen erklärten ihre Schmerzen augenblicklich für gebessert; drei von diesen fühlten sich darüber hinaus insgesamt in viel besserer Verfassung als zuvor. Einer empfand Wärme in den Knien und meinte, er könne jetzt quer durch den Raum gehen. Er versuchte dies auch und hatte Erfolg, obwohl er sich am Tag zuvor nicht hatte rühren können. Der Gichtkranke fühlte seine Schmerzen rasch schwächer werden und war neun Stunden lang ohne Beschwerden; dann kam der nächste Anfall. Am nächsten Tag wurden den Patienten die *stählernen* Fühler angelegt, und sie beschrieben ihren Zustand auf nahezu gleiche Weise.

Um noch sicherer zu gehen, wiederholte Haygarth das Experiment einige Wochen später in einem Bristoler Krankenhaus. Versuchsperson war ein Mann mit so schwerer rheumatischer Affektion der Schulter, daß er außerstande war, die Hand vom Knie zu erheben. Auch ihm wurden die unechten Fühler angelegt. Um die Ernsthaftigkeit der Situation zu unterstreichen, zog gleichzeitig einer der beteiligten Ärzte eine Stoppuhr aus der Tasche, um die Zeit exakt zu messen, während ein anderer mit Papier und Feder bereitstand, um jeden Wechsel der Symptomatik akribisch festzuhalten. In weniger als vier Minuten fühlte der Mann sich so stark gebessert, daß er seine Hand mehrere Zoll über das Knie erheben konnte, ohne daß Schmerzen in der Schulter auftraten!

Über diese Experimente veröffentlichte Haygarth einen Bericht[1], der Perkins den wissenschaftlichen Todesstoß versetzte. Zwar probierten dessen Freunde und Förderer, weil sie nicht zugeben wollten, getäuscht worden zu sein, die Fühler jetzt an Schafen, Rindern und Pferden und behaupteten, diese Tiere fühlten eine merkliche Besserung ihres Befindens bei der Anwendung metallischer, nicht aber hölzerner Fühler — aber niemand glaubte ihnen mehr. Die *Perkinean Institution* geriet in Vergessenheit; Perkins selbst verließ England und ging nach Amerika. Die 10000 Pfund, die er mitnahm, ermöglichten ihm einen angemessenen Lebensabend in Philadelphia.

Der Magnetismus hatte sich in England für eine Zeitlang diskreditiert. In Frankreich ließ die Revolution den Menschen keine Muße, sich mit ihm zu beschäftigen. Die *Sociétés d'harmonie* in Straßburg und anderen großen Städten bestanden noch eine Weile fort, bis die Aufmerksamkeit ihrer Mitglieder auf wichtigere Dinge gelenkt wurde und sie eines nach dem andern austraten. Aus den zwei führenden Nationen Europas auf diese Weise vertrieben, suchte das Wahnsystem Zuflucht bei den verträumten Philosophen Deutschlands. Hier wurden die Wunder des magnetischen Schlafs von Tag zu Tag wundersamer; die Patienten erwarben die Gabe der Prophetie; ihre Visionen erstreckten sich über den ganzen Erdball; sie konnten mit Fingern und Zehen hören und sehen; sie konnten unbekannte Sprachen sprechen und verstehen, wenn sie sich nur das Lehrbuch auf den Bauch legten. Unwissende Bauern, waren sie erst einmal erfüllt vom

---

[1] John Haygarth, *Of the imagination, as a cause and as a cure of disorders of the body; exemplified by fictitious tractors and epidemical convulsions.* Bath 1800.

Mesmerschen Universalfluidum, konnten göttlicher philosophieren als der göttliche Platon, sich über die Mysterien des Geistes eloquenter verbreiten als die profundesten Metaphysiker und die kniffligsten Probleme der Theologie so leicht lösen wie andere Menschen ihre Schuhschnallen!

In den ersten zwölf Jahren unseres Jahrhunderts war vom tierischen Magnetismus wenig zu hören. Selbst die Deutschen vergaßen ihre luftigen Phantasien, als Napoleons Kanonen und die wechselnden Schicksale ihrer Königreiche sie auf den Boden der Tatsachen zurückholten. Die Lehre drohte im Dunkel der Vergessenheit unterzugehen — bis Deleuzes *Histoire critique*[1] ihr 1813 neue Impulse gab. Zeitungen, Flugschriften und Bücher begannen aufs neue, über die Wahrheit oder Falschheit zu streiten, und viele hervorragende Ärzte nahmen ihre Überprüfung wieder auf, um die Wahrheit ans Licht zu bringen.

Die in Deleuzes vielgerühmter Abhandlung aufgestellten Thesen lassen sich wie folgt resümieren[2]:

Dem menschlichen Körper entströmt kontinuierlich ein Fluidum, das eine Atmosphäre um ihn bildet, aber, da es keine bestimmte Fließrichtung hat, keine wahrnehmbaren Wirkungen auf andere Individuen ausübt. Es kann jedoch *willentlich* gesteuert werden und strömt dann in eine bestimmte Richtung; die Stärke seiner Strömung hängt von dem Maß an Energie ab, über das jeder Mensch verfügt. Seine Bewegung ist der der Funken vergleichbar, die von brennenden Gegenständen wegfliegen; auch hier gibt es individuelle Unterschiede. Das Fluidum kann hohe Grade der Konzentration erreichen. Der Wille des Magnetiseurs kann es durch eine wiederholte Bewegung der Hand in eine bestimmte Richtung lenken — auch zu einem Baum, der mit ihm angefüllt wird. Die meisten Personen fühlen, wenn das Fluidum, gelenkt vom Willen des Magnetiseurs, aus dessen Körper in sie einströmt, eine Hitze- oder Kältesensation; dabei braucht dieser sie nicht einmal zu berühren. Einige verfallen, wenn sie genügend Fluidum

---

[1] Joseph Philippe François Deleuze, *Histoire critique de magnétisme animal*. Paris 1813.

[2] Wir folgen hier dem klaren und leidenschaftslosen Artikel über das Thema im V. Jahrgang der *Foreign Review* (1830), S. 96ff.

in sich haben, in einen Zustand des Somnambulismus oder der magnetischen Ekstase. In diesem Zustand sehen sie das Fluidum den Magnetiseur wie einen Lichthof umgeben; es fließt ihm in leuchtenden Strömen aus Mund, Nase, Kopf und Händen, riecht sehr angenehm und hat einen appetitlichen Geschmack.

Man sollte meinen, mit diesen ›Thesen‹ sollte es ein Mediziner genug sein lassen, der als geistig gesund gelten möchte. Aber sie sind erst ein kleiner Teil dessen, was Monsieur Deleuze an wundersamen Dingen insgesamt zu berichten weiß. Hier eine Kostprobe:

»Im Zustand des Somnambulismus erfährt die magnetisierte Person eine erstaunliche Steigerung ihrer Fähigkeiten. Mehrere äußere Organe, speziell die des Sehens und des Hörens, werden als äußere inaktiv, aber die mit ihnen verknüpften Sinnesfunktionen werden nach innen gewendet. Das magnetische Fluidum selbst übernimmt das Sehen und Hören und übermittelt die Sinneseindrücke ohne Einschaltung von Nerven u.a. direkt an das Gehirn. Deshalb vermag der Somnambule, obwohl seine Augen und Ohren geschlossen sind, nicht nur zu sehen und zu hören; er sieht und hört sogar besser als im Wachzustand. Er untersteht vollständig dem Willen des Magnetiseurs, auch wenn dieser Wille nicht explizit geäußert wird. Er sieht ins Innere seines Körpers und zugleich in das geheimste Gefüge all der Körper, die in magnetische Verbindung mit ihm gebracht werden können. Gewöhnlich sieht er nur jene Teile, die krank und in Unordnung sind, und verordnet ihnen intuitiv ein Heilmittel. Er hat prophetische Visionen und Sensationen, die im allgemeinen wahr, bisweilen aber auch trügerisch sind. Er vermag sich mit erstaunlicher Eloquenz und Leichtigkeit auszudrücken, ist übrigens auch nicht frei von Eitelkeit. Wird er vom Magnetiseur klug angeleitet, so kann er aus eigenem Antrieb für eine gewisse Zeit ein vollkommeneres Wesen werden; wird er aber schlecht geführt, so verirrt er sich leicht und phantasiert.«

Deleuze zufolge kann jeder Magnetiseur werden und die besagten Wirkungen hervorrufen, wenn er sich nur an folgende Bedingungen und Regeln hält:

»Vergessen Sie eine Zeitlang all Ihre Kenntnisse der Physik und der Metaphysik. Halten Sie alle denkbaren Einwände von Ihrem

Geist fern. Unterlassen Sie in den ersten sechs Wochen jedes Räsonnieren. Stellen Sie sich vor, es stehe in Ihrer Macht, die Krankheit zu packen und hinwegzufegen. Haben Sie den aktiven Wunsch, Gutes zu tun; glauben Sie fest an die Kraft des Magnetismus und vertrauen Sie sich vollständig bei seiner Anwendung. Kurz gesagt: Vertreiben Sie alle Zweifel; streben Sie nach Erfolg; seien Sie klar, einfach und aufmerksam.«

Man könnte es auch so sagen: Seien Sie sehr leichtgläubig und verbohrt; lassen Sie all Ihre Erfahrungen hinter sich; hören Sie nie auf die Vernunft — und Sie sind ein Magnetiseur nach Monsieur Deleuzes Geschmack. — Aber es geht noch weiter:

»Halten Sie, nachdem Sie sich in diesen Zustand versetzt haben, alle Personen von dem Patienten fern, die den Heilerfolg stören könnten; lassen Sie allein die unbedingt nötigen Augenzeugen anwesend sein — am besten nur eine einzige Person. Bringen Sie die Anwesenden dazu, sich nicht mit Ihren Verrichtungen und den aus ihnen resultierenden Wirkungen zu befassen; bitten Sie sie vielmehr, sich mit Ihnen in dem Wunsch zu vereinen, daß dem Patienten Gutes geschehe. Kleiden Sie sich so, daß Ihnen weder zu warm noch zu kalt ist und die Freiheit Ihrer Bewegungen in keiner Weise eingeschränkt wird. Treffen Sie Vorkehrungen, um Störungen der Sitzung zu verhindern. Fordern Sie Ihren Patienten auf, sich so bequem wie möglich zu setzen, und nehmen Sie dann ihm gegenüber Platz — aber so, daß Sie etwas höher als er zu sitzen kommen. Seine Knie sollen zwischen den Ihren sein und Ihre Füße neben den seinen.

Ersuchen Sie ihn, sich Ihnen anzuvertrauen, an nichts zu denken — auch nicht an die möglichen Wirkungen der Kur —, alle Furcht abzulegen, sich der Hoffnung hinzugeben und sich auch nicht beirren oder entmutigen zu lassen, wenn die magnetische Kur sein Unwohlsein vorübergehend verstärken sollte. Nachdem Sie sich gesammelt haben, nehmen Sie seine Daumen so zwischen Ihre Finger, daß die innere Seite Ihres Daumens mit der inneren Seite des seinen Kontakt hat. *Dann fixieren Sie Ihre Augen auf ihn!* In dieser Position müssen Sie zwei bis fünf Minuten verharren — mindestens so lange, bis in Ihrem und seinem Daumen ein gleiches Maß an Wärme erreicht ist. Dann ziehen Sie Ihre Hände zurück, drehen sie, bis ihr Inneres nach außen weist, heben sie bis in Kopfhöhe an und legen sie dem Patienten auf die Schultern. Dort lassen Sie sie eine Minute ruhen und bewegen sie dann sehr leicht und sanft an seinen Armen entlang, bis zum Ende der Finger. Diese Bestreichung wiederholen Sie fünf- bis sechsmal; dabei bewegen Sie die Hände jedesmal etwas von seinem Körper weg und drehen sie leicht, bevor Sie sie aufs neue erheben. Danach legen Sie sie auf den Kopf des Patienten, lassen sie dort einen Moment liegen und bewegen sie dann seinem Gesicht entlang abwärts bis zur Magengrube — aber im Abstand von drei bis fünf Zentimetern! Dort verharren Sie zwei Minuten und legen ihm dabei Ihre Daumen in die Magengrube, während die übrigen Finger unterhalb der Rippen aufliegen. Dann fahren Sie in der Abwärtsbewegung fort und bestreichen seine Beine bis zu den Knien — noch besser aber, wenn das in Ihrer Position möglich ist, bis zu den Fußzehen.

Die ganze Bestreichung wiederholen Sie mehrmals während der Sitzung. Von Zeit zu Zeit können Sie Ihrem Patienten auch näherrücken, um Ihre Hände hinter seine Schultern zu bringen und sie dort langsam abwärts zu bewegen: über das Rückgrat, das Gesäß und die Oberschenkel bis zu Kniekehlen und Fersen. Nach den ersten Bestreichungen können Sie übrigens darauf verzichten, die Hände auf seinen Kopf zu legen. Beginnen Sie bei den Schultern und bestreichen Sie die Arme, danach den übrigen Körper.«

So weit die Magnetisier-Empfehlungen des Joseph Philippe François Deleuze. Daß sensible, phantasievolle und nervöse Frauen, wenn sie diesen Praktiken unterworfen wurden, in konvulsivische Zuckungen verfielen, wird bereitwillig auch der hartgesottenste Gegner des tierischen Magnetismus glauben. *Jede* schwache Frau, besonders wenn sie zur Hysterie prädisponiert ist und an die Wirkung der Therapie glaubt, wird Anfälle produzieren, wenn sie derart unnatürlich sitzen muß und durch den starren Blick eines Burschen aus der Fassung gebracht wird, der ihre Knie mit den seinen umklammert und ihr an den unterschiedlichsten Körperteilen ›Bestreichungen‹ verabfolgt. Es gibt Tausende von Belegen dafür, daß diese Manipulationen tatsächlich solche Effekte hervorgerufen haben. Aber sind diese Beispiele Bestätigungen der Mesmerschen Lehre? Beweisen sie die Existenz des magnetischen Fluidums? Man muß weder den Magnetismus bemühen noch Geister beschwören, um glaubhaft zu machen, daß Stille, Monotonie und längeres Liegen in einer Lage Schläfrigkeit fördern — ebenso wie Erregung, Nachahmung und eine starke Einbildung in einem schwachen Körper Konvulsionen!

Deleuzes Buch wurde in Frankreich als Sensation empfunden. Es lenkte die Aufmerksamkeit von neuem und verstärkt auf das Studium des ›Mesmerismus‹. Ein Jahr nach ihm begann die Zeitschrift *Annales du magnétisme animal* zu erscheinen, kurz darauf die *Bibliothèque du magnétisme animal*. Zur gleichen Zeit etwa begann der Abbé Faria, ›der Mann der Wunder‹, zu magnetisieren, und da man glaubte, er habe mehr Mesmersches Fluidum und einen stärkeren Willen zur Verfügung als die meisten Menschen, hatte er großen Erfolg. Seine Experimente sind ein überzeugender Beweis dafür, daß die Einbildung alles und das vorgebliche Fluidum nichts zu den Resultaten beiträgt, die mit so viel Dreistigkeit als Zeugnisse für die neue Wissenschaft ausgegeben wurden und werden. Faria setzte seine Patienten in einen Lehnstuhl, ließ sie die Augen schließen und sprach im Kommandoton nur ein einziges Wort: »Schlafen!« Er bediente sich keiner zusätzlichen Manipulationen, benutzte weder ein *Baquet* noch einen Leiter für das Fluidum — und dennoch fielen Hunderte von Patienten in somnambulen Schlaf. Er selbst spricht von 5000 Fällen von Somnambulismus als Ergebnissen seiner Methode. Dabei war es bisweilen nötig, das Kommando drei- bis viermal zu wiederholen; war der Patient dann immer noch wach, so entzog sich der Abbé dieser Schwierigkeit, indem er ihn aus dem Stuhl entließ und für nicht behandelbar erklärte.

An dieser Stelle sollte mit Nachdruck darauf hingewiesen werden, daß die Magnetiseure nicht behaupten, ihr Fluidum sei von universeller Wirksamkeit. Starke und gesunde Individuen können nicht magnetisiert werden. Das gleiche gilt für ungläubige und solche Menschen, die über die Sache nachdenken. Magnetisiert werden kann, wer fest an die Lehre glaubt und wer einen schwachen Körper und einen schwachen Geist hat. Und für den Fall, daß auch Individuen aus *dieser* Gruppe dem magnetischen Zauber widerstehen, haben die Apostel der Lehre die Auskunft bereit, es gebe Zeiten, in denen selbst sie nicht behandelbar seien; die Anwesenheit eines Spötters oder Skeptikers könne die Stärke des Fluidums beeinträchtigen und seine Wirksamkeit zerstören. In Deleuzes Instruktionen für den Magnetiseur heißt es ausdrücklich: »Magnetisieren Sie nie in Gegenwart neugieriger Personen.«

Damit schließen wir das Thema ab. Es macht wenig Sinn, die Geschichte des tierischen Magnetismus noch weiter auszudehnen — besonders in einer Epoche, da sich tagtäglich so viel ereignet, was die gelehrtesten, unparteiischsten und wahrheitsliebendsten Köpfe der Menschheit beunruhigt und verwirrt, obzwar an seiner Realität füglich nicht zu zweifeln ist. So viel sollte indes deutlich geworden sein: Mag der Magnetismus auch Elemente von Wahrheit enthalten — noch stärker fallen an ihm Irrtum, Mißverständnis und Übertreibung ins Auge. Insofern kann man wohl kaum sagen, die Betrachtung seiner Geschichte von den ersten Anfängen an sei nutzlos gewesen. »Der Magnetismus«, heißt es in Baillys Kommissionsbericht von 1784, »ist für die Philosophie, die ihn bekämpft, nicht völlig ohne Nutzen: Er ist ein weiteres erwähnenswertes Element im Gesamt der Irrtümer des menschlichen Geistes und ein gewichtiges Zeugnis für die Macht der Einbildung.« Auf das weitverzweigte Problem der Einwirkung des Geistes auf die Materie — ein Problem, das der menschliche Intellekt in seiner Gesamtheit wohl niemals ausloten wird — hat er immerhin ein schwaches, undeutliches Licht geworfen. Er repräsentiert einen weiteren Beweis für die Macht des unbesiegbaren Willens und die relative Ohnmacht der Materie.

DAS MISSISSIPPI-PROJEKT

> Some in clandestine companies combine;
> Erect new stocks to trade beyond the line;
> With air and empty names beguile the town,
> And raise new credits first, then cry 'em down;
> Divide the empty nothing into shares,
> And set the crowd together by the ears.
>
> Defoe

Das große Projekt der Jahre 1719/20 ist so eng mit Charakter und Karriere eines einzigen Mannes verknüpft, daß eine Geschichte des Mississippi-Wahnsinns nicht besser eingeleitet werden kann als durch eine Lebensskizze seines bedeutenden Urhebers John Law.

Die Historiker sind noch immer zerstritten über der Frage, ob Law ein Schurke genannt zu werden verdient oder ein Verrückter. Beide Epitheta sind ihm zu seinen Lebzeiten reichlich zuteil geworden, als die unheilvollen Konsequenzen seiner Projekte noch tief im allgemeinen Bewußtsein waren. Doch die Nachwelt hat diese Verdammungsurteile relativiert und erkannt, daß Law weder Schurke noch Verrückter im landläufigen Sinne war. Stärker als er andere täuschte, wurde er selbst getäuscht; mehr als er selber sündigte, wurde an ihm gesündigt.

Law war durch und durch vertraut mit der Kredittheorie und ihren Prinzipien und kannte sich in monetären Fragen besser aus als jeder seiner Zeitgenossen. Wenn sein System trotzdem mit einem so fürchterlichen Zusammenbruch endete, war dies weniger sein eigener Fehler als der der Menschen in seiner Umgebung. Er konnte nicht voraussehen, in welchem Abgrund hemmungsloser Habgier eine ganze Nation versinken würde — nicht wissen, daß Vertrauen in gleicher Weise wie Mißtrauen *ad infinitum* wachsen und Hoffnung genauso übersteigert werden kann wie Furcht. Wie hätte er vorhersagen können, daß die Franzosen, wie der Mann in der Fabel, in ihrer wahnsinnigen Gier die fruchtbare Gans schlachten würden, die er gerade dazu gebracht hatte, so viele goldene Eier zu legen? Sein Schicksal ähnelt dem des wagemutigen Bootsmanns, der erstmals vom Erie- zum Ontariosee ruderte. Breit und sanft war der Strom, als er ablegte; rasch und bequem kam er vorwärts. Was hätte ihn auf seinem Wege aufhalten können? Aber wehe ihm! Jäh näherte sich der Katarakt. Zu spät erkannte er, daß die Flut, die ihn so erfreulich schnell vorwärtsgetrieben hatte, sein Verderben war. Vergeblich seine Anstrengung, sich dem Absturz entgegenzustemmen — die Strömung war zu stark, und er trieb den schrecklichen Fällen von Sekunde zu Sekunde näher. Dann passierte es: Er stürzte über die scharfkantigen Felsen, die Wassermassen mit ihm. *Er* wurde mit seinem Boot in Stücke gerissen; die Wasser aber, eben noch wie toll wirbelnd und gischtend, wogten und schäumten noch eine Weile vor sich hin und flossen dann so ruhig weiter wie zuvor. Genauso war es mit John Law und dem Volk der Franzosen. Er war der Bootsmann; sie waren die Wasser.

Law wurde 1671 in Edinburgh geboren. Sein Vater, jüngerer von zwei Söhnen einer alten Familie in Fife, wurde Goldschmied und Bankier und brachte es in diesem Gewerbe zu so beachtlichem Wohlstand, daß er sich einen unter seinen Landsleuten verbreiteten Wunsch erfüllen konnte: die Erweiterung seines Familiennamens durch einen Zusatz, der ihn als Grundherrn auswies. Er kaufte die Grundherrschaften Lauriston und Randleston am Firth of Forth und an der Grenze zu West- und Midlothian und nannte sich von nun an Law of Lauriston. Sein ältester Sohn, dem das vorliegende Kapitel gewidmet ist, trat mit 14 Jahren ins Kontor seines Vaters ein und bemühte sich drei Jahre lang nach Kräften um Einsicht in das damals in Schottland praktizierte Bankwesen. Er hatte stets eine starke Vorliebe für Zahlen gezeigt und schon in zartem Alter seine mathematischen Fähigkeiten unter Beweis gestellt. Mit 17 Jahren war er hochaufgeschossen, muskulös und von kräftigem Körperbau; sein Gesicht, obwohl stark von Pockennarben entstellt, war von angenehmem Ausdruck und voller Intelligenz. Doch begann er nun seine Pflichten zu vernachlässigen, wurde eingebildet und legte in der Kleidung eine beträchtliche Extravaganz an den Tag. Die Damen vergötterten ihn und nannten ihn ›Beau Law‹, während die Männer, denen sein geckenhaftes Benehmen auf die Nerven ging, ihm den Spitznamen ›Dandy John‹ anhängten. Als sein Vater im selben Jahr (1688) starb, erschien er überhaupt nicht mehr im Kontor, das ihm so lästig geworden war. Mit den Erträgen der väterlichen Ländereien bei Lauriston im Rücken begab er sich nach London, um die große Welt kennenzulernen.

Law war sehr jung, sehr eitel, gutaussehend, ziemlich reich und völlig ohne Aufsicht. Kein Wunder, daß er sich sogleich nach seiner Ankunft in der Hauptstadt der Ausschweifung in die Arme warf. Er begann regelmäßig Spielhöllen zu besuchen — ging dort aber planmäßig vor und schaffte es mit Hilfe eines komplizierten Systems der Chancenmaximierung, beachtliche Summen zu gewinnen. Alle Mitspieler neideten ihm sein Glück, beobachteten sein Spiel genau und begannen seine Methode zu kopieren. Auch bei galanten Affären hatte er Erfolg. Damen der ersten Kreise neigten sich dem hübschen, jungen, reichen, witzigen, zuvorkommenden Schotten mit huldvollem Lächeln zu.

Doch alle diese Erfolge bereiteten nur den Weg für herbe Rückschläge. Nach neun Jahren dieses liederlichen Lebens mit seinen gefährlichen Attraktionen war

Law zum hoffnungslosen Spieler geworden. Mit wachsender Spielleidenschaft schwand die Vorsicht. Starke Verluste waren nur durch noch größere Wagnisse wettzumachen, und eines unglücklichen Tages verlor er so viel, daß er sein Familienerbe belasten mußte, um die Schuld zu begleichen. Auch seine Amouren brachten ihm Verdruß. Eine Affäre (oder war es nur ein kleiner Flirt?) mit Miss Elizabeth Villiers, nachmals Gräfin Orkney, trug ihm den Zorn eines Mr. Whilston ein, der ihn zum Duell forderte. Law akzeptierte und hatte das zweifelhafte Glück, seinen Gegner zu erschießen. Noch am selben Tag wurde er verhaftet und unter Mordanklage gestellt. Das Gericht befand ihn schuldig und verurteilte ihn zum Tode, wandelte dieses Urteil später aber in eine Geldstrafe um, weil die Straftat nur als Körperverletzung mit Todesfolge zu qualifizieren war. Auf Einspruch eines Bruders des Getöteten ordnete das Oberhofgericht jedoch die Fortdauer der Haft an — aus welcher Law gleichwohl unter nie geklärten Umständen entkam. Jetzt wurde er öffentlich in den Gazetten ausgeschrieben und eine Belohnung für seine Ergreifung ausgesetzt. Der Steckbrief beschrieb ihn als »Captain John Law, schottischer Herkunft, 26 Jahre alt, ca. 6 Fuß groß, schwarzhaarig, schlank, wohlgestaltet, mit auffallenden Pockennarben im Gesicht, großer Nase, breit und laut sprechend«. Da dieser Steckbrief eher eine Karikatur als eine Beschreibung des Gesuchten darstellt, kann man vermuten, daß seine Verbreitung dessen Flucht mehr förderte als erschwerte.

Law erreichte jedenfalls glücklich das Festland, begab sich drei Jahre lang auf Reisen und studierte das Geld- und Bankwesen der bereisten Länder gründlich. Einige Monate lang verweilte er in Amsterdam und spekulierte nicht ohne Erfolg in Staatspapieren. Er verbrachte die Tage mit ökonomischen Studien und die Nächte in Spielhöllen. Es gilt als sicher, daß er im Jahre 1700 nach Edinburgh zurückkehrte und hier seine Schrift *Proposals and reasons for constituting a council of trade in Scotland* veröffentlichte, die jedoch ohne Beachtung blieb.

Kurze Zeit später legte er einen Plan zur Gründung einer ›Landbank‹, d.h. einer Bodenkreditbank, vor.[1] Die Summe der von dieser Bank zu begebenden Noten sollte wertmäßig niemals den Wert aller Ländereien Schottlands (bei üblichen Erträgen) übersteigen; ihr Erwerb sollte mit dem Recht verbunden sein, innerhalb einer bestimmten Frist in den Besitz eines entsprechenden Stückes Grund und Boden einzutreten. Der Plan sorgte für eine breite Diskussion im schottischen Parlament, und eine *Squadrone* genannte Partei, die Law für seine Sache interessiert hatte, brachte einen Antrag zur Errichtung einer solchen Bank ein. Schließlich verabschiedete das Parlament aber doch eine Resolution, derzufolge jede Art von Papierwährung als für die Nation untaugliches Mittel verworfen wurde.

Nach diesem Fehlschlag und dem gleichzeitigen Scheitern seiner Bemühungen, in der Whilston-Affäre begnadigt zu werden, wechselte Law erneut zum Kontinent über und nahm seine alten Spielergewohnheiten wieder auf. 14 Jahre lang streifte er durch Flandern, Holland, Deutschland, Ungarn, Italien und Frankreich und erwarb dabei intime Kenntnisse von den Quellen des Handels und des Reichtums dieser Länder. Mehr und mehr wurde er in der Überzeugung bestärkt, daß kein Land prosperieren könne, ohne zur Papierwährung überzugehen. Während all dieser Zeit scheint er sich vorwiegend durch Spielgewinne am Leben erhalten zu haben. In jeder namhaften Spielhölle der europäischen Hauptstädte war er bekannt und geschätzt.

---

[1] Der zeitgenössische Witz machte daraus bald eine *Sandbank*, auf der das Staatsschiff stranden werde.

Keiner beherrschte die Tricks und Finessen des Glücksspiels besser als er. Nach Auskunft der *Biographie universelle* wurde er einmal aus Venedig und ein anderes Mal aus Genua ausgewiesen, weil die Behörden dieser Städte seinen üblen Einfluß auf die Jugend fürchteten. Auch in Paris machte er sich unliebsam bemerkbar, und der Polizeichef d'Argenson sandte ihm einen Ausweisungsbefehl — der aber nie vollstreckt wurde, weil Law zuvor in den Salons die Bekanntschaft des Herzogs von Vendôme, des Prinzen von Conti und vor allem des liederlichen Herzogs Philipp von Orléans gemacht hatte, welcher in seinem Leben noch eine so bedeutsame Rolle spielen sollte. Philipp war von Witz und Lebhaftigkeit des schottischen Abenteurers ebenso angetan wie dieser von der Liebenswürdigkeit eines Fürsten, der sein Gönner zu werden versprach. Man traf sich öfter bei gesellschaftlichen Anlässen, und Law nutzte jede Gelegenheit, den Herzog mit seinen monetären Theorien vertraut zu machen.

Kurz vor dem Tode Ludwigs XIV. oder, wie einige meinen, schon 1708 präsentierte er dem ›Generalkontrolleur‹ (=Finanzminister) Desmarets einen Finanzplan. Der König soll bei dieser Gelegenheit gefragt haben, ob der Autor des Plans Katholik sei, und als dies verneint wurde, jedes Interesse an ihm verloren haben.[1]

Nun versuchte Law sein Glück in Italien. Den Herzog Viktor Amadeus von Savoyen suchte er für sein altes Projekt einer ›Landbank‹ zu gewinnen. Aber der Herzog antwortete ihm, sein Herrschaftsgebiet sei für die Verwirklichung eines so umfangreichen Projekts

---

[1] Diese Anekdote, die sich in der Korrespondenz der Liselotte von der Pfalz, Herzogin von Orléans und Mutter des nachmaligen Regenten, findet, wird von Lord John Russell in seiner *History of the principal States of Europe from the Peace of Utrecht* (London 1826) ohne nähere Begründung in Zweifel gezogen. Aber es steht außer Frage, daß Law Desmarets einen Finanzplan vorgelegt und Ludwig sich geweigert hat, ihn zur Kenntnis zu nehmen. Der in der Anekdote genannte Grund für diese Weigerung steht völlig im Einklang mit dem Charakter dieses bigotten und tyrannischen Monarchen.

zu klein, und er sei ein zu armer Potentat, um sich ruinieren zu lassen. Er riet Law statt dessen, sich noch einmal an den König von Frankreich zu wenden; aus seiner Kenntnis der französischen Mentalität sei er sicher, daß die Franzosen für einen nicht nur so neuen, sondern auch so einleuchtenden Plan zu begeistern seien.

Ludwig XIV. starb 1715. Da sein Thronerbe ein Kind von erst sieben Jahren war, übernahm der Herzog von Orléans das Ruder des Staatsschiffs als Regent. Nun war Law in einer sehr viel günstigeren Position. Seine Zeit war gekommen; eine Flutwelle des Erfolgs trug ihn vorwärts. Der Regent war nicht nur sein Freund; er war auch bereits vertraut mit seinen Theorien und Thesen und überdies geneigt, ihn bei seinen Bemühungen zu unterstützen, das während der langen Regierungszeit des extravaganten Sonnenkönigs ruinierte Vertrauen im Lande wiederherzustellen.

Zunächst entlud sich der Volkszorn. Kaum lag der König im Grab, da trat der so lang unterdrückte Haß auf ihn und sein Andenken offen zutage. Der zu seinen Lebzeiten von einem in der Geschichte beispiellosen Exzeß der Speichelleckerei Umgebene wurde jetzt als Tyrann, als Scheinheiliger, als Plünderer verflucht. Seine Statuen wurden beschädigt und verunstaltet; seine Bildnisse wurden niedergerissen, während der Pöbel Verwünschungen ausstieß; sein Name wurde zum Synonym für Selbstsucht und Unterdrückung. Seine ruhmreichen Waffengänge waren vergessen; was blieb, war die Erinnerung an Niederlagen, Prunksucht und Grausamkeit.

Die Finanzen des Landes befanden sich in äußerster Zerrüttung. Ein verschwenderischer, korrupter Monarch, dessen Neigung zur Korruption von beinahe jedem Beamten nachgeahmt wurde, hatte Frankreich an den Rand des Ruins gebracht. Die Staatsschulden beliefen sich auf 3 Milliarden Livres, die Staatseinnahmen auf 145 und die Ausgaben der Regierung auf 142 Millionen per annum. Das heißt, zur Zahlung der Zinsen für die 3 Milliarden waren gerade 3 Millionen übrig.

Erste Aufgabe des Regenten war es folglich, ein Heilmittel für eine Krankheit dieses Ausmaßes zu finden. Umgehend wurde der Staatsrat einberufen, um das Problem zu untersuchen. Der Herzog von Saint-Simon meinte, das einzige, was eine Revolution abwenden und Remedur schaffen könne, sei eine ebenso kühne wie gefährliche Maßnahme: die Einberufung der Generalstände und die Erklärung des Staatsbankrotts. Der Herzog von Noailles, ein stets auf Ausgleich bedachter, vollendeter Höfling, der jeder Art Ärger oder Beunruhigung abhold war, machte gegen diese Idee all seinen Einfluß geltend. Er nannte Saint-Simons Vorschlag ebenso unredlich wie ruinös. Der Regent war derselben Meinung, und so kam dieses verzweifelte Mittel nicht nur Anwendung.

Die am Ende beschlossenen Maßnahmen, wiewohl sie Abhilfe schaffen sollten, steigerten das Übel nur. Die erste war zugleich die unehrlichste und brachte dem Staat keinerlei Vorteil: Man ordnete eine Umprägung an, durch die die Währung um ein Fünftel abgewertet wurde. Das heißt, wer 1000 Gold- oder Silberstücke zur Münze brachte, erhielt Münzen mit gleichem Nennwert, aber nur noch vier Fünfteln Edelmetallanteil zurück. Durch diesen Trick verschaffte sich die Schatzkammer 72 Millionen Livres, aber alle Handelsvereinbarungen mit dem Ausland gerieten durcheinander. Eine geringfügige Steuersenkung dämpfte die hierüber ausbrechenden Klagen. Und im Angesicht dieses bescheidenen Augenblicksvorteils wurde das in der Zukunft abzusehende Desaster vergessen.

Als nächstes wurde ein Staatsgerichtshof eingesetzt, um die Betrügereien der Kreditvermittler und der

Steuerpächter zu untersuchen. Steuereinnehmer sind in keinem Land sehr beliebt, aber die französischen Einnehmer dieser Epoche waren zu Recht besonders verhaßt. Sobald man begann, diese *maltôtiers* genannten Generalpächter mit ihren Heeren von Untergebenen für ihre Missetaten zur Rechenschaft zu ziehen, wurde die Nation von überschwenglicher Freude ergriffen. Der Gerichtshof wurde mit außerordentlichen Vollmachten ausgestattet. Er setzte sich zusammen aus den Präsidenten und Räten des Parlaments, den Richtern des Appellationshofes und Beamten des Rechnungshofes; den Vorsitz führte der Finanzminister. Wer Informationen über Straftaten hatte, wurde mit einem Fünftel der Geldstrafen und Konfiskationen belohnt, wenn er sie weitergab. Ein Zehntel der von Straftätern versteckten Vermögenswerte wurde denen versprochen, die Hinweise zu ihrer Auffindung lieferten.

Die Verbreitung des Edikts zur Einsetzung des Gerichtshofes verursachte unter den Betroffenen eine Panik, deren Ausmaß nur mit der Annahme erklärt werden kann, daß ihre Veruntreuungen riesig waren. Aber sie konnten nicht auf Sympathie rechnen. Das Resultat der Untersuchungen rechtfertigte ihre Verfolgung. Die Bastille erwies sich bald als zu klein zur Aufnahme der Verurteilten, und auch in der Provinz wimmelten die Gefängnisse von Schuldigen oder Verdächtigen. Den Gastwirten und Postmeistern wurde befohlen, flüchtigen Gesuchten keine Pferde auszuhändigen; wer sie beherbergte oder ihre Flucht begünstigte, hatte mit empfindlichen Geldstrafen zu rechnen. Die einen wurden an den Pranger, die anderen auf die Galeeren geschickt; wer nur leichte Schuld auf sich geladen hatte, kam mit einer Gefängnis- oder Geldstrafe davon. Nur einer wurde zum Tode verurteilt: Samuel Bernard, ein reicher Bankier und Generalpächter in der fernen Provinz. Man kann das Ausmaß der illegalen Profite dieses Mannes an der Tatsache ermessen, daß er für seine Freilassung 6 Millionen Livres anbot! Aber dieser Bestechungsversuch scheiterte, und Bernard wurde hingerichtet.

Andere, die womöglich noch schuldiger waren, hatten mehr Glück. Bei Konfiskationen, die wegen des Verdachts der Veruntreuung von Vermögenswerten angeordnet wurden, kam oft weniger Geld zutage als durch Geldstrafen. Die Strenge der Behörden ließ allmählich nach, und am Ende wurden alle Straftäter unterschiedslos nur noch mit Geldstrafen belegt. Aber die Verwaltung war so durchgängig korrupt, daß das Land nur wenig von den Summen profitierte, die auf diese Weise in die Staatskasse flossen. Höflinge, ihre Frauen und ihre Mätressen leiteten den größten Teil der Einnahmen in ihre eigenen Schatullen. Ein Bankier war, entsprechend seinem Vermögen und dem Umfang seiner Schuld, zu 12 Millionen Livres Strafe verurteilt worden. Der Graf ***, ein Mann von einigem Gewicht in der Regierung, suchte ihn auf und bot ihm an, gegen Zahlung von 100000 Livres den Erlaß der Strafe zu erwirken. »Sie kommen zu spät, *mon ami*«, entgegnete der Finanzier; »Ihre Gattin wird mir diesen kleinen Dienst für 50000 erweisen.«[1]

Auf die beschriebene Art und Weise kamen etwa 180 Millionen Livres zusammen, von denen 80 für den Schuldendienst der Regierung verwandt wurden. Der Rest versickerte in den Taschen der Höflinge. »Jeden Tag«, schrieb Mme. de Maintenon in einem ihrer Briefe, »hören wir von irgendwelchen neuen Zuwendungen

---

[1] Diese Anekdote findet sich in Yves-Joseph La Mottes *Vie de Philippe d'Orléans, régent du royaume pendant la minorité de Louis XV*, London 1736. Sie erschiene authentischer, enthielte sie auch die Namen des unredlichen Bankiers und des noch unredlicheren Ministers. Aber La Mottes Buch zeichnet die gleiche Nachlässigkeit aus wie die meisten französischen Biographien und Memoiren dieser Zeit: Sie sind es zufrieden, wenn eine Anekdote nur gut erfunden ist, und überlassen die Frage nach der Wahrheit späterer Betrachtung.

des Regenten. Das Volk murrt sehr über diese Art, das Geld der Betrüger zu verwenden.« Im Volk, das nach dem Abklingen der ersten Entrüstung oft Sympathie für die Verfolgten zeigte, wuchs der Unmut darüber, daß so viel Strenge so wenig Wirkung gehabt haben sollte. Man durchschaute nicht, daß die Justiz nur eine Schurkenbande ausraubte, um eine andere zu bereichern.

Nach wenigen Monaten waren die am meisten Schuldigen bestraft, und der Staatsgerichtshof sah sich nach Opfern in niedrigeren Klassen der Gesellschaft um. Die weiterhin ausgelobten Prämien für Informanten lockten auch gemeine Denunzianten an, und so sahen sich bald ehrliche Händler und Kaufleute unter der Anklage des Betrugs und des Wuchers. Sie alle mußten dem Gericht ihre wirtschaftlichen Verhältnisse offenlegen, um ihre Unschuld zu beweisen. Dadurch wuchs die allgemeine Unzufriedenheit noch mehr, und nach Ablauf eines Jahres fand es die Regierung ratsam, die noch laufenden Verfahren auszusetzten. Der Staatsgerichtshof wurde wieder abgeschafft und eine allgemeine Amnestie für die noch nicht Angeklagten erlassen.

Jetzt, mitten in der allgemeinen finanziellen Konfusion, erschien John Law auf der Szene und präsentierte dem Regenten seine Pläne. Man kann sicher sein, daß niemand den beklagenswerten Zustand besser kannte als dieser; ebenso sicher ist freilich, daß niemand mehr Abneigung hatte, gegen diesen Zustand etwas zu tun. Philipp verabscheute seine Pflichten, signierte offizielle Dokumente, ohne sie zu lesen, und wälzte auf andere ab, was er selbst hätte tun müssen. Die von seinem Amt untrennbaren Mühen bedrückten ihn. Er sah wohl, daß etwas getan werden mußte — doch eben dafür fehlte ihm die Energie, aber auch die Bereitschaft, seine Bequemlichkeit und sein Vergnügen den Staatsgeschäften zu opfern. So ist es nur zu verständlich, daß er mit viel Wohlwollen den gewaltigen, aber offenbar leicht realisierbaren Projekten sein Ohr lieh, die dieser geschickte und ihm von früher her bekannte und geschätzte Abenteurer vor ihm entfaltete.

Laws Empfang bei Hofe war überaus herzlich. Er brachte zwei Denkschriften mit, in denen der Niedergang des Staates auf die unzureichende Menge des umlaufenden, mehrfach abgewerteten Bargeldes zurückgeführt wurde. Eine reine Metallwährung ohne Unterstützung durch Papiergeld sei den Bedürfnissen einer Handelsnation völlig inadäquat; die Beispiele Großbritanniens und Hollands bewiesen dies. Um in Frankreich, das so tief darniederliege, das Vertrauen wiederherzustellen, möge man ihm, Law, erlauben, eine Bank zu gründen, die die Verwaltung der königlichen Einnahmen übernehmen und Banknoten begeben solle, die einerseits durch diese, andererseits durch Grund und Boden gedeckt wären. Die Bank sollte im Namen des Königs verwaltet, aber von einer Aufsichtsbehörde kontrolliert werden, deren Mitglieder durch die Generalstände zu berufen seien.

Während diese Denkschriften zirkulierten und beraten wurden, übersetzte Law seinen Essay über Geld und Handel[1] ins Französische und unternahm alles, um seinen Leumund als Finanzier im Lande zu verbreiten. Man begann über ihn zu sprechen. Die Vertrauten des Regenten priesen ihn allüberall, und jedermann erwartete große Dinge von ›Monsieur Lass‹.[2]

Am 5. Mai 1716 erging ein königliches Edikt, das Law zusammen mit seinem Bruder zur Gründung einer *Banque générale* autorisierte, deren Noten auch zur

---

[1] J.L., *Money and trade considered with a proposal for supplying the nation with money.* Edinburgh 1705.

[2] So sprachen die Franzosen seinen Namen aus, um das ungallische *aw* zu vermeiden. Nach dem Scheitern seiner Pläne erklärten Witzbolde, die Nation sei seiner müde: *lasse de lui,* und empfahlen, ihn in Zukunft ›Monsieur Hélas‹ zu nennen.

Bezahlung von Steuern zugelassen waren. Das Kapital der Bank betrug 6 Millionen Livres, aufgeteilt in 12 000 Aktien à 500, die zu einem Viertel mit Hartgeld und zu drei Vierteln mit *billets d'état* (den ›Staatsscheinen‹, die die Regierung zur Besicherung der von Ludwig XIV. hinterlassenen Staatsschulden ausgab) erworben werden konnten. Man hielt es nicht für ratsam, ihm alle in seinen Denkschriften reklamierten Privilegien zu übertragen, bevor das Projekt sich als zuverlässig und nützlich erwiesen hatte.

Jetzt war Law auf der breiten Heerstraße des Erfolges. 30 Jahre Erfahrung und Studium standen ihm bei der Leitung seiner Bank zu Gebote. Die von dieser emittierten Noten waren ›zahlbar bei Sicht‹ und gegen Hartgeld von festgelegtem Silbergehalt konvertierbar. Letzteres war ein politisches Meisterstück und hatte zur Folge, daß die Banknoten von Anfang an mehr wert waren als das Edelmetall. Dazu trug auch das unkluge Taktieren der Regierung bei, durch welches das Hartgeld in ständiger Abwertungsgefahr war. 1000 Silberlivres konnten an einem Tag ihren Nominalwert haben und am nächsten nur noch fünf Sechstel davon — die Noten der *Banque générale* dagegen behielten ihren ursprünglichen Wert. Law erklärte öffentlich, jeder Bankier verdiene den Tod, wenn er Emissionen ohne ausreichende Deckung begebe. Das ließ seine Banknoten in der allgemeinen Achtung noch weiter steigen und führte dazu, daß sie bald 1 Prozent über pari gehandelt wurden.

Es dauerte nicht lange, bis der Handel den frischen Wind der Konjunktur spürte. Die darniederliegende Wirtschaft begann ihr Haupt zu erheben; die Steuern wurden regelmäßiger und mit weniger Murren gezahlt, und das Vertrauen festigte sich in einem Maße, das zu den schönsten Hoffnungen Anlaß gab. Im Verlauf eines Jahres stiegen die Noten der *Banque générale* 15

Prozent über pari, während die *billets d'état* nur noch 78 ½ Prozent ihres Nominalwerts hatten. Law stand im Vergleich zur Regierung glänzend da, wurde im ganzen Königreich bewundert und genoß täglich mehr Kredit. Seine Bank eröffnete etwa zur gleichen Zeit Filialen in Lyon, La Rochelle, Tours, Amiens und Orléans.

Philipp scheint über diese Erfolge maßlos erstaunt gewesen zu sein und sich seine eigenen Gedanken gemacht zu haben: Wenn das Papiergeld die Metallwährung so fabelhaft ergänzen konnte — wieso sollte es sie nicht vollständig *ersetzen* können? Dieser fundamentale Denkfehler ließ ihn später verhängnisvolle Entscheidungen treffen. Bis es aber so weit kommen konnte, nahm Law das berühmt-berüchtigte Projekt in Angriff, das die Nachwelt vor allem andern mit seinem Namen verbindet: Er schlug dem Regenten (der ihm nichts abschlagen konnte) die Gründung einer Aktiengesellschaft vor, die das ausschließliche Handelsprivileg am Mississippi und in der westlich von ihm gelegenen Kolonie Louisiana haben sollte, wo man große Edelmetallvorräte vermutete. Die Gesellschaft sollte sich aus den Profiten ihres Handelsmonopols selbst tragen und überdies das exklusive Recht haben, Steuern einzutreiben und Geld zu schlagen. Der Staatsrat billigte Laws Vorschlag und autorisierte am 28. August 1717 die Gründung der *Compagnie d'Occident*. Die Gesellschaft verfügte über ein Kapital von 100 Millionen Livres, aufgeteilt in 200 000 Aktien à 500, die vollständig in *billets d'etat* erworben werden konnten, obwohl diese damals schon zwei Drittel ihres Nominalwerts verloren hatten.

Nun war es soweit: Die Nation wurde vom Spekulationsfieber ergriffen. Laws Bank hatte so viel Gutes bewirkt, daß jede Art Zukunftsversprechen von seiner Seite bereitwillig geglaubt wurde. Jeden Tag fertigte der Regent neue Privilegsurkunden für den so augenscheinlich vom Glück Gesegneten aus. Die *Banque générale* erhielt das Tabakmonopol und das ausschließliche Recht zur Läuterung von Gold und Silber; schließlich wurde sie zur Königlichen Bank von Frankreich erhoben. Geblendet vom Erfolg, vergaßen Philipp wie Law die Maxime, die der letztere früher so lauthals proklamiert hatte: daß jeder Bankier den Tod verdiene, der Banknoten ohne die notwendige Deckung emittiere. Sobald die Bank von einer privaten zu einer staatlichen Institution geworden war, ließ der Regent Noten im Wert von 1 Milliarde Livres drucken. Der erste Schritt weg von einer soliden Geldpolitik war getan — und Law war dafür nicht einmal primär zu tadeln. Unter seiner Ägide hatten die Emissionen 60 Millionen nie überstiegen. Wir wissen nicht, ob oder wie sehr er sich der ungesunden Aufblähung widersetzte, müssen jedoch, da dieser Kurswechsel sich unter staatlicher Verantwortung vollzog, in erster Linie Philipp von Orléans dafür die Schuld geben.

Law machte jedenfalls die Erfahrung, daß er unter einem despotischen Regime lebte. Noch fehlte ihm die Einsicht, in welch verderblichem Maße ein solches Regime Einfluß auf ein so labiles Gefüge wie das Kreditwesen nehmen konnte. Aber der Regent hatte ihn bereits auf einen Kurs gezwungen, den seine eigene Vernunft nicht gutheißen konnte. Dennoch trug er ihn aus sträflicher Charakterschwäche mit und ließ es zu, daß das Land mit Papiergeld überschwemmt wurde, dessen Wert früher oder später zwangsläufig fallen mußte. Man kann dies nur mit der Annahme erklären, daß sein außerordentlicher Erfolg ihn geblendet und ihm den Blick auf den Tag verstellt hatte, an dem die Alarmglocken klingeln mußten.

Ein erstes Zeichen setzte das Parlament von Paris: Es hatte den Ausländer von Anfang an argwöhnisch beobachtet und seine Pläne in Zweifel gezogen. Je mehr sein Einfluß wuchs, desto stärker wurde dieser Argwohn — etwa, als der Regent den Kanzler d'Aguesseau auf kränkende Weise entließ, weil er die unmäßige Zunahme der Geldmenge und den permanenten Wertverlust der Edelmetalle kritisiert hatte. Als dann auch noch d'Argenson, ein Günstling Philipps, die vakante Kanzlerstelle erhielt und obendrein Finanzminister wurde, wuchs die Feindseligkeit des Parlaments noch mehr. Denn die erste Amtshandlung des neuen Ministers führte zu weiterer Geldverschlechterung: Um die *billets d'état* abzuschaffen, ordnete er an, daß jedem, der 4000 Livres in Hartgeld und 1000 in *billets d'état* zur Münze bringe, 5000 Livres in Hartgeld auszuzahlen seien. D'Argenson brüstete sich dieser Heldentat, aus 4000 alten, größeren Livres 5000 neue und kleinere gemacht zu haben, gewaltig, weil er von den wahren Grundsätzen des Kredits und des Warenverkehrs keine Ahnung hatte und nicht abschätzen konnte, welchen Schaden er *beiden* zufügte.

Das Parlament dagegen erkannte sogleich, wie unklug und gefährlich die Maßnahme war, und erhob wiederholt Einspruch beim Regenten. Dieser weigerte sich, auf die ›Remonstrationen‹ einzugehen — bis das Parlament in kühner und ganz unüblicher Überschreitung seiner Befugnisse dekretierte, daß nur noch Hartgeld mit dem alten Feingehalt angenommen werden dürfe. Daraufhin veranstaltete Philipp ein *lit de justice*: Er ließ den minderjährigen König im Parlament erscheinen und das Dekret annullieren. Das Parlament hielt dagegen und verabschiedete ein zweites Dekret. Auch dieses wurde per *lit de justice* annulliert. Aber nun war im Parlament kühner Oppositionsgeist erwacht. Es erließ, unter dem Datum des 12. August 1718, ein drittes Dekret, durch das Laws Bank untersagt wurde, in irgendeiner Form, ob direkt oder indirekt, bei der

Verwaltung der Staatssteuerkasse Profite zu machen; zugleich wurde allen Ausländern bei schwerer Strafe verboten, sich in eigenem oder fremdem Namen in die Leitung der Staatsfinanzen einzumischen. Denn das Parlament sah Law als Urheber allen Übels an, und einige seiner Räte gingen in ihrer Feindseligkeit so weit, daß sie vorschlugen, ihn vor Gericht zu ziehen und nach seiner Verurteilung am Tor des Justizpalastes aufzuknüpfen.

Law hatte allen Grund, beunruhigt zu sein. Er eilte zum Palais Royal, der Residenz des Regenten, befahl sich dessen Schutz und bat ihn dringend, das Parlament durch geeignete Maßnahmen zur Botmäßigkeit zu zwingen. Er rannte offene Türen ein. Philipp suchte, auch wegen der öffentlichen Diskussion um die Legitimierung des Herzogs von Maine und des Grafen von Toulouse als Söhne Ludwigs XIV., nur nach einem Anlaß, das Parlament zu disziplinieren. Das gelang schließlich auch, nachdem man den Präsidenten und zwei der Räte verhaftet und in weit entfernte Gefängnisse verbracht hatte.

So war die erste dunkle Wolke über Laws Plänen glücklich vorübergezogen. Befreit von persönlicher Gefährdung, konnte er seine Aufmerksamkeit wieder ganz seiner *Compagnie d'Occident* zuwenden, deren Aktien übrigens trotz der Querschüsse des Parlaments rasch im Wert gestiegen waren. Im Mai 1719 erging ein königliches Edikt, das der Mississippigesellschaft auch das Handelsmonopol für (›Ost‹-)Indien, China, die Südsee und alle Besitzungen der von Colbert gegründeten *Compagnie des Indes orientales* übertrug. Diese gewaltige Ausweitung ihrer Aktivitäten führte dazu, daß sie sich von jetzt an einfach *Compagnie des Indes* nannte und ihr Kapital um 25 Millionen Livres (50 000 Aktien à 500) erweiterte. Angesichts der glänzenden Aussichten, die sich ihm nunmehr eröffneten, versprach

Law eine jährliche Dividende von 200 Livres pro 500-Livres-Aktie — was faktisch einem Gewinn von 200 Prozent entsprach, da die Aktien mit *billets d'état* zum Nominalwert erworben werden konnten, diese aber nur noch ein Fünftel wert waren.

Nun kannte die Spekulationswut, die schon vorher nach Kräften angefacht worden war, keine Grenzen mehr. Für die 50000 neuen Aktien gab es 300000 Zeichnungsanträge, und Laws Haus in der Rue Quincampoix wurde von morgens bis abends von Zeichnungswilligen belagert. Da man sie unmöglich alle zufriedenstellen konnte, dauerte es mehrere Wochen, bis die Liste der neuen Aktionäre erschien — Wochen, in denen die allgemeine Ungeduld bis zur höchsten Tollheit anwuchs. Herzöge, Markgrafen und Grafen warteten samt ihren Herzoginnen, Marquisen und Gräfinnen jeden Tag stundenlang vor dem Haus von ›Monsieur Lass‹ auf das Resultat. Schließlich mieteten sie, um dem Gedränge des Pöbels zu entgehen, der sich zu Tausenden in den Straßen herumtrieb, Wohnungen in benachbarten Häusern an, um ständig dem Tempel nahe zu sein, von dem aus der neue Plutus den Reichtum austeilen würde. Jeden Tag stieg der Kurs der alten Aktien weiter an, und die Neuzeichnungen wurden, beflügelt von den goldenen Träumen der ganzen Nation, so zahlreich, daß es ratsam erschien, nicht weniger als 300000 weitere Aktien zu 5000 (!) Livres aufzulegen. Der Regent sah die Chance, mit Hilfe des allgemeinen Enthusiasmus die gesamte Staatsschuld abzutragen, und ließ Banknoten über weitere 1,5 Milliarden Livres emittieren. Aber die Profitgier der Nation war so groß, daß auch das Dreifache jener Summe gezeichnet worden wäre, wenn die Regierung es zugelassen hätte.

Jetzt war Law auf dem Zenit seines Ruhms und Reichtums angelangt, und das Volk der Franzosen bewegte sich auf den Zenit seiner Verblendung zu. Alle Klassen der Gesellschaft waren besessen von der Vision grenzenlosen Wohlstands. Alle nennenswerten Mitglieder der Aristokratie — mit Ausnahme des Herzogs von Saint-Simon und des Marschalls Villars — waren in Spekulationsgeschäften engagiert. Menschen jeden Alters, Geschlechts und Ranges verfolgten Anstieg und Fall der Mississippi-Aktienkurse. Die Rue Quincampoix war zum Tummelplatz der Spekulanten geworden, und da sie eine schmale, unübersichtliche Straße war, kam es wegen des übermäßigen Verkehrsaufkommens fortwährend zu Unfällen. Häuser, die dort normalerweise 1000 Livres Jahresmiete abwarfen, brachten es jetzt auf 12000 bis 16000. Ein Flickschuster verdiente *am Tag* 200 Livres, weil er seine Werkstatt vermietete und Schreibmaterial an Börsenmakler und ihre Kunden verkaufte. Man erzählte sogar von einem Buckligen, der beachtliche Summen verdiente, indem er seinen Buckel als Schreibpult für Spekulanten feilbot! Zu der Menge der Profitgierigen kam eine noch größere Menge von Sensationslüsternen — ganz zu schweigen von den Dieben und Dirnen von Paris, die von diesem Platz besonders stark angezogen wurden und ständig für Unruhe und Belästigung sorgten. Bei Einbruch der Dunkelheit war es öfter nötig, einen Trupp Soldaten zur Räumung der Straße einzusetzen.

Als es Law in der Rue Quincampoix zu ungemütlich wurde, verzog er an die Place Vendôme. Doch die Spekulantenmeute folgte ihm auf dem Fuße, und bald ging es auch auf diesem geräumigen Platz zu wie auf einem Markt. Buden und Zelte wuchsen aus dem Boden, in denen teils Geschäfte getätigt, teils Erfrischungen verkauft wurden; Roulettetische wurden aufgebaut, an denen notorische Spieler ihre goldene oder vielmehr papierene Ernte einfuhren. Boulevards und öffentliche Parks lagen verlassen, denn in seiner Freizeit spazierte man vorzugsweise zur Place Vendôme, um etwas zu erleben. Bald herrschte ein solcher Lärm, daß der Kanzler d'Argenson, der hier seine Residenz hatte, sich beim Regenten und beim Magistrat beschwerte: Er sei außerstande, die Advokaten anzuhören. Als man sich an Law wandte, versprach dieser Abhilfe und trat in Verhandlungen mit dem Prinzen von Carignan, Besitzer des Hôtel de Soissons, eines herrschaftlichen Gebäudes mit mehreren Morgen parkähnlicher Gärten. Es kam zu einem Vertrag, dem zufolge Law für einen enormen Preis Eigentümer des Gebäudes wurde, während sich der Prinz die prächtigen Gärten als Einnahmequelle offenhielt. Sobald Law sein neues Domizil bezogen hatte, erging ein Edikt, das jedermann anwies, Aktien nur noch in den Gärten des Hôtel de Soissons zu kaufen oder zu verkaufen. Dort errichtete man unter Bäumen etwa 500 Zelte, in denen sich das Spekulationsgeschäft künftig abspielte. Es war ein buntes Bild, das sich den Parisern dort bot: die lustigen Bänder und Banner an den Zelten; die geschäftige, hin- und herwogende Menge; das unaufhörliche Gesumm der Stimmen, vermischt mit Musik und anderen Geräuschen; die eigentümliche Mixtur aus Geschäft und Amusement in den Gesichtern der Menge — ein Bild, das sie blendete und hinriß. Carignan verdiente glänzend an der Verblendung. Jedes Zelt brachte 500 Livres Pacht pro Monat; das bedeutete bei 500 Zelten einen *monatlichen* Profit von 250000 Livres!

Nur wenige Menschen blieben von der allgemeinen Verblendung verschont. Einer von ihnen war der alte Marschall Villars. Jedesmal, wenn das Thema zur Sprache kam, redete er sich in Rage; so sehr ärgerte ihn die Tollheit, die seine Landsleute ritt. Als der cholerische alte Herr eines Tages in seiner Kalesche die Place Vendôme passierte, ließ er seinen Kutscher halten, streckte den Kopf durchs Fenster und wetterte eine geschlagene halbe Stunde lang über die »widerliche Geldgier« der Spekulanten. Das war nicht sehr weise, und der Marschall erntete auch von allen Seiten nur Zischen, Gelächter und Scherze. Als dann noch harte Gegenstände in seine Richtung zu fliegen begannen, zog er es vor, seinen Kopf einzuziehen und weiterfahren zu lassen. Er hat diesen Versuch nie wiederholt.

Dann gab es da noch zwei nüchterne, ruhige, philosophische *hommes de lettres*: Antoine Houdar de la Motte und Abbé Jean Terrasson, die sich gegenseitig dafür beglückwünschten, daß wenigstens sie von dieser sonderbaren Verrücktheit frei waren. Wenig später geschah es, daß der würdige Abbé gerade das Hôtel de Soissons mit einem Paket frisch gekaufter Mississippi-Aktien verließ, als sein Freund De la Motte sich anschickte, es in gleicher Absicht zu betreten. »Was?« fragte der Abbé lächelnd, »*Sie* hier?« »Warum nicht?« gab der andere zurück; »aber wie kommen *Sie* hierher?« Wann immer die beiden Herren sich in der folgenden Zeit begegneten, sprachen sie über Philosophie, Wissenschaft und Religion — doch niemals über den Mississippi; dazu fehlte ihnen der Mut. Als aber das Thema von dritter Seite dann doch erwähnt wurde, waren sie sich schnell einig, daß niemand Dinge geloben solle, die seinem praktischen Tun zuwiderliefen, und daß es keine Extravaganz gebe, deren nicht auch die Weisesten fähig seien.

Law, der neue Plutus, war jetzt unversehens zum wichtigsten Mann im Staat geworden. Die Vorzimmer des Palais Royal waren verlassen; Adlige, Richter, Bischöfe, Armee- und Seeoffiziere, Damen und Herren von Rang und Art — kurz: alles, was nach Herkunft und sozialer Stellung zu den ersten Kreisen gehörte, drängte zum Hôtel de Soissons, um bei ›Monsieur Lass‹ Mississippi- oder Indien-Aktien zu zeichnen. Man verschmähte kein Manöver, keinen Trick und

Kniff, um Zugang zu ihm zu erhalten. Angehörige des Hochadels, deren Würde aufs schwerste gekränkt worden wäre, hätte der Regent sie eine halbe Stunde antichambrieren lassen, warteten geduldig bis zu sechs Stunden, um *ihn* zu sehen — zahlten seinen Dienstboten horrende Trinkgelder für die bloße Meldung ihrer Namen. Damen von Rang setzten all ihren Liebreiz und ihr betörendstes Lächeln für das gleiche Ziel ein, mußten sich aber oft zwei Wochen lang gedulden, bevor sie eine Audienz erhielten. Folgte Law einer Einladung, drängten sich die Damen manchmal so sehr an ihn heran und flehten ihn an, ihre Namen auf die Zeichnungsliste zu setzen, daß er, ganz im Gegensatz zu seiner sonstigen Galanterie, genötigt war, sie gewaltsam beiseite zu stoßen.

Und was wurde nicht alles versucht, um eine Begegnung mit ihm zu erzwingen! Einmal hatte eine Dame mehrere Tage lang im Hôtel de Soissons gewartet und schließlich voller Verzweiflung den Versuch aufgegeben, Law dort zu treffen. Aber sie war erfinderisch: Sie befahl ihrem Kutscher, bei ihren Ausfahrten genauestens nach ›Monsieur Lass‹ Ausschau zu halten und sofort, wenn er seiner ansichtig werde, die Kutsche gegen den Bordstein zu lenken und umkippen zu lassen. Der Kutscher versprach Gehorsam, und nach drei Tagen ziellosen Umherfahrens — während welcher unsere Dame unablässig betete, es möge die Gelegenheit zum Umkippen kommen — wurde der Gesuchte endlich gesichtet. Die Glückliche riß an der Klingelschnur: »Laß sie kippen!« schrie sie; »um Gottes willen, laß sie kippen!« Folgsam lenkte der Kutscher gegen den Bordstein; die Dame stieß spitze Schreie aus; das Gefährt stürzte um, und Law, der nur einen Unfall gesehen hatte, eilte herbei, um Hilfe zu leisten. Er ließ das ›Unfallopfer‹ ins Hôtel de Soissons bringen, wo es, nachdem der erste Schreck überwunden war, unter vielen

Entschuldigungen seine List gestand. Law lächelte und trug die Dame als Zeichnerin eines Pakets von Indien-Aktien in seine Liste ein. — Eine andere Geschichte wird von einer Mme. de Boucha erzählt, die erfahren hatte, daß Law in einem bestimmten Haus zum Essen weilte. Sie ließ ihre Kutsche dorthin lenken, stieg aus und fing an, »Feuer, Feuer!« zu schreien. Die tafelnde Gesellschaft, darunter Law, stürzte ins Freie — sah aber kein Feuer, sondern nur eine einzelne Dame, die in großer Eile auf den letzteren zustrebte. Law durchschaute den Trick sofort und machte sich aus dem Staube.

Solche Anekdoten gibt es in großer Zahl. Sie mögen teilweise übertrieben sein, spiegeln aber doch eindrucksvoll den Geist jener seltsamen Jahre.[1] Zum Beispiel soll der Regent eines Tages in Gegenwart von d'Argenson, Abbé Dubois und anderen geäußert haben, er suche eine Dame im Rang zumindest einer Herzogin als Hofdame für seine Tochter in Modena, wisse aber gar nicht, wo er sie finden solle. »Aber, Monseigneur«, habe er zur Antwort erhalten, »ich kann Ihnen sagen, wo Sie alle Herzoginnen von Frankreich finden können: im Hause von Monsieur Lass. Da sitzen sie eine neben der andern im Vorzimmer.«

Pierre Chirac, ein berühmter Arzt, hatte Aktien zu einem ungünstigen Zeitpunkt gekauft und war eifrig bestrebt, sie wieder loszuwerden. Aber der Kurs fiel während der nächsten drei Tage weiter, und der Arzt geriet zunehmend in Panik. In diesem Zustand wurde er plötzlich zu einer Dame gerufen, die sich unwohl fühlte. Er fuhr zu ihrem Haus, wurde in ihren Salon geleitet und fühlte ihr sogleich den Puls. »Er fällt, er fällt! Guter Gott, er fällt immer weiter«, murmelte er

---

[1] Der neugierige Leser findet eine dieser Anekdoten über die Begierde französischer Damen nach der Gesellschaft Laws in einem Brief der Liselotte von der Pfalz (vgl. *Fragments of original letters of Madame Charlotte Elisabeth of Bavaria, duchess of Orleans*. London 1790, Bd. 2, S. 274). Je nachdem, ob er sehr schamhaft ist oder das Gegenteil, wird er darüber erröten oder schmunzeln.

dabei — woraufhin die Dame, die ihm zunächst angstvoll zugesehen hatte, auf die Füße sprang und um Hilfe klingelte. »Ich sterbe! Ich sterbe!« schrie sie. »Er fällt und fällt und fällt!« »Was fällt?« fragte der Doktor erstaunt. »Mein Puls — und ich muß sterben!« »Beruhigen Sie sich, Madame«, sagte Chirac, »ich spreche vom Aktienkurs. Die Wahrheit ist: Ich habe viel verloren und bin so durcheinander, daß ich kaum noch weiß, was ich rede.«

Mit den Kursen war es wirklich verrückt. Manchmal stiegen sie im Verlauf weniger Stunden um 10 bis 20 Prozent, und viele einfache Leute, die am Morgen arm erwacht waren, hatten beim Zubettgehen Geld in Fülle. Ein Großaktionär sandte, weil er sich unpäßlich fühlte, seinen Diener aus, 250 Aktien à 8000 Livres zu kaufen; das war der am Vorabend notierte Kurs. Als der Diener im Jardin de Soissons ankam, stand der Kurs bei 10000. Da überwies er ganz kaltblütig die Differenz von $2000 \times 250 = 500000$ Livres auf sein eigenes Konto, brachte seinem Herrn den Rest und quittierte den Dienst. Das gleiche tat Laws Kutscher, der so viel gewonnen hatte, daß er sich jetzt selbst spazierenfahren lassen konnte. Der verblüffte Law konnte gerade noch erreichen, daß er ihm zwei seiner früheren Kollegen als Ersatz präsentierte und ihm versicherte, jeder von ihnen sei so tüchtig wie er selbst; Law möge wählen, welchen er wolle. Er selbst, der Ex-Kutscher, werde dann den andern nehmen. Selbst Küchenmädchen und Lakaien wurden über Nacht reich — und begingen im Vollgefühl ihres plötzlichen Wohlstands die peinlichsten Fauxpas. Indem sie Sprache und Manieren ihres alten Standes beibehielten, während sie im Prunk des neuen einherschritten, zogen sie das Mitleid der Empfindsamen, die Verachtung der Besonnenen und das Gelächter aller auf sich. Noch verachtenswerter aber waren Geldgier, Narrheit und Erbärmlichkeit der höheren

Ränge der Gesellschaft. Ein einziges Beispiel aus den Memoiren des Herzogs von Saint-Simon mag dies illustrieren. Ein gewisser André, ein Mann ohne Charakter und Bildung, hatte in unglaublich kurzer Zeit durch geschickte Spekulationen enorme Summen erworben. Jetzt begann er sich seiner niederen Herkunft zu schämen. Er bemühte sich eifrig um Kontakte zum Adel. Die Tatsache, daß er eine dreijährige Tochter hatte, brachte ihn auf den Gedanken, in Verhandlungen mit der verarmten Aristokratenfamilie d'Oyse zu treten, um dieses Kind zu bestimmten Konditionen mit einem Mitglied der Familie zu verheiraten. Schändlicherweise ging der 30jährige Marquis d'Oyse auf den vorgeschlagenen Kuhhandel ein und erklärte sich selbst bereit, das Kind im Alter von 12 Jahren zu heiraten, sofern der Vater ihm 100000 Livres auf die Hand und 20000 pro Jahr bis zum Zeitpunkt der Hochzeit zahle. Man schloß einen förmlichen Kontrakt, in dem sich der Spekulant des weiteren verpflichtete, seiner Tochter am Tage der Hochzeit mehrere Millionen als Mitgift zu überschreiben. Der Herzog von Brancas, Oberhaupt der Familie, war an Verhandlungen und Profiten vollauf beteiligt. Saint-Simon, für den diese Angelegenheit nur eine amüsante Anekdote war, fügte hinzu, die Leute hätten damals nicht mit Kritik an »dieser wunderschönen Hochzeit« gespart, und schließt seinen Bericht mit der Bemerkung, das Projekt habe sich einige Monate später zerschlagen, als Law gestürzt und der ehrgeizige Monsieur André ruiniert war. Ob der noble Marquis die schon erhaltenen 100000 Livres zurückgegeben hat, wurde nie bekannt.

Konnte man über derartige Vorfälle, wie widerwärtig das Verhalten der beteiligten Personen auch sein mochte, vielleicht noch schmunzeln — bei anderen hörte der Spaß auf: bei den täglichen Raubüberfällen, die sich auf den Straßen zutrugen, weil die Menschen oft hohe Geldbeträge mit sich führten, und erst recht bei den immer häufigeren Mordanschlägen. Besonders ein Mordfall erregte in ganz Frankreich Aufsehen — nicht nur wegen der Ungeheuerlichkeit des Verbrechens, sondern auch wegen der gesellschaftlichen Stellung und der vorzüglichen Beziehungen des Mörders.

Graf Hoorn, ein Nachfahr des berühmten niederländischen Feldherrn und verwandt mit den zum europäischen Hochadel gehörigen Familien der Arenberg, Ligne und Montmorency, war ein junger Mann von liederlichem Charakter und ebenso extravagant wie skrupellos. Zusammen mit zwei Kumpanen von ähnlicher Wesensart, einem piemontesischen Offizier namens Mille und einem Flamen namens Destampes oder Lestang, entwickelte er den Plan, einen sehr reichen Makler auszurauben, von dem bekannt war, daß er stets größere Summen in den Taschen trug. Unter dem Vorwand, eine gewisse Zahl von Aktien der *Compagnie des Indes* von ihm kaufen zu wollen, verabredete sich der Graf mit diesem Mann in einem *cabaret,* einer Kaschemme nahe der Place Vendôme. Der ahnungslose Makler erschien ebenso pünktlich wie Hoorn und seine Komplicen, die sich als dessen enge Freunde ausgaben. Man hatte sich gerade einige Minuten unterhalten, als der Graf sich plötzlich auf sein ausersehenes Opfer warf, ihm drei Dolchstöße versetzte und seine Brieftasche an sich riß, in der Mississippi- und Indienpapiere im Kurswert von mehr als 100000 Livres steckten. Als der Makler schon am Boden lag, stürzte sich zu allem Überfluß Mille, der Piemontese, auf ihn und stach so lange zu, bis er mit Sicherheit tot war. Vorher freilich hatte der Unglückliche noch um Hilfe rufen können, und so eilten, während er sein Leben aushauchte, die Gäste des *cabaret* herbei und hielten Mille und Hoorn fest, während Lestang, der an der Treppe Schmiere gestanden hatte, entkommen konnte.

Dieses Verbrechen, am offenen Tag und in einem öffentlichen Lokal begangen, löste in ganz Paris Bestürzung aus. Schon am folgenden Tag wurde den Mördern der Prozeß gemacht. Da der Tatbestand so klar war, wurden beide für schuldig befunden und zum Tode durch Brechen der Knochen auf dem Rad verurteilt. Das Urteil war kaum gesprochen, da erschienen die adligen Verwandten des Grafen Hoorn bereits in den Vorzimmern des Regenten, um für diesen »armen, fehlgeleiteten« jungen Mann, den sie überdies für wahnsinnig erklärten, um Gnade zu bitten. Philipp ging ihnen aus dem Wege, solange er konnte, entschied dann aber, bei einem so widerwärtigen Verbrechen müsse die Gerechtigkeit ihren Lauf nehmen. Die Aufdringlichkeit dieser einflußreichen Bittsteller war jedoch so leicht nicht zu besiegen. Sie stellten sich dem Regenten unübersehbar in den Weg, flehten ihn an, ihr Haus von der Schande einer öffentlichen Hinrichtung zu verschonen — und vergaßen dabei auch nicht den dezenten Hinweis auf die Versippung der Hoorn mit dem erlauchten Hause Orléans. Die Person des Regenten selbst werde diskreditiert, wenn einer seiner Verwandten durch die Hand eines ordinären Henkers sterbe. Es spricht für Philipp, daß er in diesem Fall hart blieb und das letzte Argument mit den Worten: »Entehrend ist die Untat, nicht die Marter!« parierte. Er fügte hinzu, er sei bereit, die mit der Strafe verbundene Schande, wie groß sie auch sei, mit den übrigen Verwandten zu teilen.

Aber selbst ein solches Machtwort vermochte die Sippe nicht zu stoppen. Sie schaltete jetzt den Herzog von Saint-Simon ein, einen vom Regenten hochgeschätzten Mann, um vielleicht auf diesem Umweg doch noch zum Ziel zu kommen. Der Herzog war Aristokrat durch und durch und daher schockiert von der Vorstellung, ein adliger Mörder solle den gleichen Tod sterben wie ein gewöhnlicher, plebejischer Schurke. Er führte dem Regenten vor Augen, wie unklug es wäre, sich eine so zahlreiche, wohlhabende und mächtige Familie zum Feind zu machen. Überdies, fügte er hinzu, gebe es in Deutschland, wo das Haus Arenberg weitläufige Besitzungen habe, ein Gesetz, nach dem kein Verwandter eines Geräderten ein öffentliches Amt bekleiden dürfe, bevor eine ganze Generation nachgewachsen sei. Man solle die Strafe daher zumindest in Enthauptung verwandeln, eine allgemein als weniger schändlich geltende Art der Exekution. Dieses Argument mochte Philipp gelten lassen und war im Begriff zuzustimmen, als Law, dem das Schicksal des Ermordeten sehr naheging, sich einmischte und ihn bestimmte, bei der früheren Entscheidung zu bleiben.

Jetzt blieb für die Sippe nur noch ein letzter Ausweg. Der Prinz von Robec-Montmorency fand Mittel und Wege, in den Kerker des Kriminalgerichts einzudringen, wo er Hoorn einen Giftbecher offerierte und ihn dringend ersuchte, der Familie die Schande des Gerädertwerdens zu ersparen. Der Graf wandte sich ab und verweigerte die Annahme des Bechers, auch als Montmorency ihn immer heftiger bedrängte. »Stirb, feige Memme, wie du willst!« schrie der Prinz beim Hinausgehen; »du taugst allein dazu, in Schmach zu enden.«

Auch Hoorn selbst erschreckte die Vorstellung, gerädert zu werden, und er kam beim Regenten um Enthauptung ein. Law freilich, der auf diesen mehr Einfluß hatte als jeder andere (mit Ausnahme seines Beichtvaters, des berüchtigten Abbé Dubois), sorgte dafür, daß er mit diesem Wunsch ebensowenig durchkam wie seine Verwandten. Sechs Tage nach ihrem Verbrechen wurden der Graf und sein Komplice auf der Place de Grève aufs Rad geflochten und durch Brechen der Knochen hingerichtet. Der dritte Mörder, Lestang, wurde nie gefaßt.

Diese prompte und strenge Sühne war ganz im Sinne des Pariser Volks. Eine Welle der Sympathie trug den Regenten und erfaßte auch Law, weil er sich dem Gnadenerweis für ein Mitglied des verhaßten Adels widersetzt hatte. Reiche Spekulanten indes, wenn sie beraubt oder gar ermordet wurden, konnten nicht auf Sympathie rechnen. Der Niedergang der öffentlichen Moral, sosehr er auch zuvor schon augenfällig gewesen war, hatte sich rapid beschleunigt, seitdem er auch das Bürgertum durchdrang, das sich bisher gegenüber der offenen Lasterhaftigkeit der herrschenden Stände und der eher versteckten Kriminalität der kleinen Leute eine relative Integrität bewahrt hatte. Jetzt breitete sich die Spekulationswut mit all ihren verderblichen Folgen in der ganzen Gesellschaft aus und korrumpierte jede öffentliche und nahezu jede private Moral.

Andererseits wurden, solange das Vertrauen Bestand hatte, Handel und Gewerbe kräftig beflügelt. Das Land blühte auf. Besonders in Paris war das zu spüren. Aus allen Himmelsrichtungen strömten Fremde in die Hauptstadt — nicht nur um Geld zu verdienen, sondern auch, um es auszugeben. Liselotte von der Pfalz beziffert die Zunahme der Pariser Bevölkerung in diesen wenigen Jahren auf 305 000 Seelen. Hausbesitzer sahen sich genötigt, in Dachkammern, Küchen und sogar Ställen zusätzliche Betten aufzustellen, um der Nachfrage nach Wohnraum Herr zu werden. Auf den Straßen drängten sich so viele Kutschen und Fahrzeuge aller Art, daß man nur noch Schritt fahren konnte, wollte man größere Unfälle vermeiden. Im ganzen Land arbeiteten die Webereien auf Hochtouren, um kostbare Spitzen, Tuche, Seiden- und Samtstoffe zu fertigen, deren Preis mit dem Kurs der Aktien steil anstieg. Das gleiche galt für Lebensmittel. Brot, Fleisch und Gemüse erzielten Preise, wie sie nie zuvor bekannt gewesen waren. Aber auch die Löhne stiegen rasant an.

Der Handwerker, der vorher 15 Sous am Tag verdient hatte, bekam jetzt 60. In allen Vierteln entstanden neue Häuser. Die Hauptstadt erstrahlte, wie das ganze Land, im Glanz einer trügerischen Prosperität, die die Augen der Menschen so sehr blendete, daß niemand die dunklen Sturmwolken am Horizont sehen konnte, die nur allzu rasch und bedrohlich näher zogen.

Vorerst freilich erschien diese erstaunliche Wendung der Dinge wie pure Zauberei. Der Magier selbst, der sie mit seinem Zauberstab bewirkt hatte, partizipierte kräftig am allgemeinen Boom. Seine Frau und seine Tochter wurden in den höchsten Adelskreisen hofiert, und Erben herzoglicher und fürstlicher Häuser bemühten sich um ihre Protektion. Law kaufte sich zwei ansehnliche Grundherrschaften in der Provinz und trat in Verhandlungen mit der Familie des Herzogs von Sully, um die Würde eines Marquis von Rosny zu erwerben. Seine protestantische Religion stellte dabei ein gewisses Hindernis dar, aber der Regent wußte sogleich Rat: Er werde ihn, versprach er, zum Generalkontrolleur der Finanzen machen, wenn er sich öffentlich zum katholischen Glauben bekenne. Law hatte nie mehr Religion besessen, als das unter Spekulanten üblich ist. Er stimmte dem Vorschlag sogleich zu, und der Abbé de Tencin vollzog in der Kathedrale von Melun vor großem Publikum die Komödie seiner Bekehrung.[1] Am nächsten Tag wurde er sogar noch zum ehrenamtlichen

---

[1] Bei dieser Gelegenheit machte folgendes Spottgedicht die Runde:

>»Foin de ton zèle séraphique,
>Malheureux Abbé de Tencin,
>Depuis que Lass est catholique,
>Tout le royaume est capucin.«

(Etwa: »Das ist die Frucht deines seraphischen Eifers,
Unglückseliger Abbé de Tencin:
Seit Law katholisch wurde,
Ist das ganze Land arm wie Kapuzinermönche.«)

Presbyter des Kirchspiels Saint-Roch ernannt und spendete bei dieser Gelegenheit 500000 Livres in die Gemeindekasse.[1]

Zu diesem Zeitpunkt, um die Jahreswende 1719/20, war er bei weitem der einflußreichste Mann im Staat. Der Regent hatte so viel Vertrauen in seinen Scharfsinn und den Erfolg seiner Projekte, daß er ihn in jeder Angelegenheit von einiger Tragweite konsultierte. Dabei hatte der Erfolg ihn in keiner Weise verblendet; noch immer war er der einfache, leutselige, empfindsame Mensch, als den jedermann ihn kannte. Seine Galanterie blieb, zum hellen Entzücken des schönen Geschlechts, in ihrer Art so freundlich, *gentlemanlike* und respektvoll, daß kein Verehrer daran Anstoß nehmen konnte. Hochmut zeigte er allenfalls gegenüber jenen kriecherischen Aristokraten, die ihn mit ihren Schmeicheleien überhäuften, bis es widerlich wurde. Oft machte er sich einen Spaß daraus zu beobachten, wie lange sie ihm für eine einzige Gunst die Cour machten. Zu seinen Landsleuten hingegen war er, wenn sie Paris besuchten und sich um ein Gespräch mit ihm bemühten, überaus höflich und aufmerksam. Archibald Campbell etwa, Graf von Islay und später Herzog von Argyle, sprach an der Place Vendôme bei ihm vor und wurde sogleich durch ein Vorzimmer geleitet, das mit zahlreichen, schon seit langem auf Audienz wartenden Repräsentanten des höchsten Adels gefüllt war. Er fand Law in seiner Bibliothek, beschäftigt mit einem Brief an den Gärtner seines väterlichen Gutes Lauriston, in dem es um die Anpflanzung bestimmter Kohlarten ging. Der Graf blieb eine geraume Zeit bei seinem Landsmann, spielte eine Partie Pikett mit ihm und verließ ihn dann, bezaubert von seiner Ungezwungenheit, Verständigkeit und Lebensart.

---

[1] Nicht immer übrigens prahlte er so mit seiner Wohltätigkeit. Er verschenkte im stillen oft große Summen, und wer sich in wirklicher Not an ihn wandte, bat nie vergebens.

Unter den Adligen, die infolge der verbreiteten Leichtgläubigkeit große Summen gewannen, mit denen sie ihre ruinierten Besitztümer sanieren konnten, sind erwähnenswert die Herzöge von Bourbon, Guise, Chaulnes, Antin und La Force[1], die Prinzen von Rohan, Poix und Léon sowie der Marschall d'Estrées. Besonders Bourbon, ein Sohn Ludwigs XIV. und der Madame de Montespan, war im Mississippigeschäft erfolgreich. Er baute mit den Gewinnen das königliche Schloß von Chantilly in ungewöhnlich aufwendiger Weise um und fügte ihm, da er ein Pferdenarr war, einen in ganz Europa bewunderten Stalltrakt an, für den er aus England 150 der edelsten Rassepferde importierte. Überdies kaufte er sich große Ländereien in der Picardie und war schließlich im Besitz fast aller wertvollen Böden zwischen Somme und Oise.

Angesichts dieses Wohlstandes darf es nicht verwundern, daß Law von allen Schichten der Bevölkerung geradezu angebetet wurde. Kein Monarch wurde je mehr umschmeichelt als er. Dichterlinge und Winkelliteraten überschütteten ihn mit gereimtem Lob. Er wurde gefeiert als Retter Frankreichs, als Schutzgottheit des Landes. Was immer er sagte, galt als geistvoll; in seinen Blicken sollte stets Güte, in seinen Taten nur Weisheit sein. Fuhr er aus, so umdrängte eine so unübersehbare Menschenmenge seine Kutsche, daß der Regent ihm eine ständige berittene Eskorte zuteilen mußte, um die Straßen freizumachen.

Nie zuvor hatte Paris so viel Eleganz und Luxus gekannt. Statuen, Bilder und Gobelins wurden in großer Zahl importiert und fanden rege Nachfrage. All

---

[1] Henri, Duc de la Force, verdiente beträchtliche Summen nicht nur durch Aktienspekulation, sondern auch durch den Handel mit Porzellan, Gewürzen u. a. Im Parlament von Paris wurde daraufhin des längeren über die Frage beraten, ob er auf diese Weise nicht seine Pairswürde verwirkt habe. Sie wurde verneint. Zur gleichen Zeit erschien eine Karikatur, die den Herzog als vierschrötigen Gepäckträger zeigt, beladen mit einem überdimensionalen Gewürzballen. Sie trug die Überschrift: ADMIREZ LA FORCE!

jene hübschen Kleinigkeiten der Innendekoration und Ornamentik, auf deren Herstellung sich die Franzosen so vortrefflich verstehen, waren nicht länger der Aristokratie vorbehalten, sondern fanden sich jetzt auch reichlich in Häusern der Kaufleute und der Mittelschicht allgemein. Kostbarster Schmuck wurde nach Paris gebracht, weil die Hauptstadt als günstigster Umschlagplatz galt — so der nach Philipp von Orléans genannte *Régent,* ein berühmter Diamant, der lange Zeit die Krone Frankreichs zierte.

Die Geschichte dieses Steines ist interessant. Sie zeigt, daß Philipp an dem allgemeinen Aufschwung weniger partizipiert haben dürfte als manche seiner Untertanen. Als der Diamant ihm zuerst angeboten wurde — zum Preis von 2 Millionen Livres —, weigerte er sich, ihn zu kaufen, obwohl er ihn mehr begehrte als alles andere. Er sagte zur Begründung, seine Pflicht gegenüber dem Land verbiete ihm, lediglich für ein Juwel eine solche Summe aus der öffentlichen Kasse zu nehmen. Diese triftige und ehrenwerte Erklärung bestürzte alle Damen des Hofes, und einige Tage lang war dort nichts zu hören als lebhaftes Bedauern darüber, daß ein so rarer Edelstein jetzt vielleicht nicht in Frankreich zu halten sei, weil niemand die Kaufsumme aufbringen könne. Man bestürmte den Regenten unaufhörlich, aber er blieb standhaft. Schließlich legte sich der Herzog von Saint-Simon ins Mittel und beschwatzte ihn, von Law sekundiert, so lange, bis er zustimmte und es dem letzteren überließ, die nötigen Mittel aufzubringen. Der Besitzer des Steines ließ sich die Zahlung der 2 Millionen innerhalb einer festgesetzten Frist zusichern und dazu 5 Prozent der Summe an Zinsen bis zum Zeitpunkt der Zahlung; außerdem fielen ihm die wertvollen Abfallstücke beim Schliff zu. In seinen Memoiren berichtet Saint-Simon mit viel Behagen von seiner eigenen Rolle bei dieser Transaktion. Er beschreibt den Diamanten als groß wie eine Reineclaude, nahezu rund, vollkommen weiß, von reinstem Wasser und mehr als 500 Karat schwer — und fügt dann, merklich amüsiert, hinzu, er rechne es sich als beträchtliches Verdienst an, den Regenten zu einem so großartigen Kauf überredet zu haben. Mit anderen Worten: Er ist stolz darauf, daß es ihm gelang, das Staatsoberhaupt zu einer Verletzung seiner Amtspflicht und dazu zu verleiten, für einen Klunker eine horrende Summe aus öffentlichen Mitteln zu zahlen.

Der Erfolg des Lawschen ›Systems‹ dauerte bis in die ersten Monate des Jahres 1720 fort. Die Warnungen des Parlaments, eine zu große Papiergeldmenge führe das Land in den Bankrott, wurden nicht beachtet. Der Regent, der von Geld und Kredit nichts verstand, war davon überzeugt, daß ein derart segensreiches System niemals scheitern könne; hätten 500 Millionen in Papier großen Nutzen gebracht, so müßten weitere 500 noch mehr Nutzen bringen. Diesen Irrtum hat Law nie ernsthaft zu korrigieren versucht. Die unglaubliche Habgier in allen Volksschichten nährte die Verblendung weiter. Je höher der Kurs der Indien- und Mississippi-Aktien stieg, desto mehr Banknoten wurden gedruckt. Das Gebäude, das so emporwuchs, läßt sich durchaus mit dem prächtigen Palast vergleichen, den Potemkin, jener fürstliche Barbar in Rußland, aufführen ließ, um seine kaiserliche Gönnerin zu überraschen und zu delektieren: Gewaltige Eisblöcke wurden aufeinandergeschichtet; ionische Säulen aus Eis, von Meistern der Handwerkskunst geformt, bildeten eine Säulenhalle, und über dieser erstrahlte eine Kuppel aus dem gleichen Material in der Sonne, die nur die Kraft hatte, sie zu vergolden, nicht aber sie zum Schmelzen zu bringen. Von weitem glitzerte der Bau wie ein Palast aus Kristallen und Diamanten — aber *eine* warme Brise aus dem Süden ließ ihn dahinschwinden, bis nicht einmal mehr kleinste Bruchstücke übrig waren. Ebenso erging es Law und seinem Papiergeldsystem. Sobald der Wind des allgemeinen Mißtrauens es anblies, fiel es in sich zusammen, und niemand war da, der es wieder hätte aufrichten können.

Schon bald nach der Jahreswende 1719/20 geschahen Dinge, die Law hätten warnen müssen. Der Prinz von Conti, gekränkt durch Laws Weigerung, ihm neu emittierte Indien-Aktien zum Vorzugskurs zu überlassen, wies seine Bank an, die Aktien mit Hartgeld zu bezahlen. Da es sich um eine sehr große Summe handelte, waren drei Wagen erforderlich, um die Münzen zu transportieren. Law beschwerte sich umgehend beim Regenten und wies ihn nachdrücklich auf das Unheil hin, das hereinbrechen müsse, wenn dieses Beispiel Nachahmer finde. Diesmal erkannte Philipp die Lage klar. Er zitierte Conti zu sich und befahl ihm, unter Androhung seines höchsten Mißfallens, zwei Drittel des Hartgeldes an die betreffende Bank zurückzuzahlen. Diesem despotischen Befehl mußte der Prinz nachkommen. Zu Laws Glück war er sehr unpopulär; jedermann verabscheute seinen Geiz und seine Gemeinheit und empfand Genugtuung über das Verhalten des Regenten. Man muß sich aber dennoch wundern, daß dieses Warnsignal weder Law noch Philipp dazu brachte, die Notenemissionen einzuschränken. Denn was Conti als Racheakt praktiziert hatte, wurde nun immer öfter von anderen nachgeahmt, weil sie mißtrauisch geworden waren. Den scharfsinnigeren unter den Spekulanten und Maklern war seit längerem klar, daß die Kurse nicht unendlich steigen konnten. Bourdon und La Richardière, zwei Finanziers, die sich durch ihren Einsatz bei der Abwicklung der Staatsschulden einen Namen gemacht hatten, konvertierten ihre Banknoten *peu à peu* und in aller Stille in Hartgeld und schafften dieses direkt ins Ausland. Sie kauften überdies an

Gold- und Silbergeschirr sowie Juwelen, was sie tragen konnten, ohne aufzufallen, und schickten es nach England und Holland. Vermalet, ein Spekulant, der den heraufziehenden Sturm roch, verschaffte sich Gold- und Silbermünzen im Wert von fast 1 Million Livres, packte sie auf einen Bauernwagen und bedeckte sie mit Heu und Kuhmist. Dann zog er einen schmutzigen Bauernkittel an und trieb seine Kühe mit ihrer kostbaren Ladung nach Belgien. Dort fand er Mittel und Wege, sie nach Amsterdam zu transferieren.

Bis dahin hatte niemand Schwierigkeiten gehabt, wenn er zur Befriedigung spezieller Wünsche Hartgeld beschaffen wollte. Aber als das Beispiel immer mehr Schule machte, war eine Verknappung unvermeidlich. Die wachsende Hartgeldknappheit wurde allenthalben beklagt und auf ihre Ursachen zurückverfolgt. Der Staatsrat debattierte über Gegenmaßnahmen. Law, nach seiner Ansicht befragt, schlug vor, das Hartgeld per Edikt um 5 Prozent gegenüber dem Papiergeld abzuwerten. Das Edikt erging sogleich, wurde aber kaum beachtet. Daraufhin erging ein zweites, das die Abwertung auf 10 Prozent steigerte. Die Banken wurden überdies angewiesen, nur noch bis zu 100 Livres in Gold und 1000 in Silber auszuzahlen. Aber alle diese Maßnahmen vermochten das Vertrauen in die Papierwährung nicht wiederherzustellen. Die Transferierung des wertvollen Metalls nach England und Holland hielt an. Was im Lande blieb, wurde sorgfältig gehortet oder versteckt — bis die Knappheit so groß war, daß der Handel in Gefahr geriet.

In solcher Notlage wagte Law den kühnen Schritt, das Hartgeld ganz zu verbieten. Das entsprechende Edikt vom 27. Februar 1720 sollte den Kredit des Papiergeldes wiederherstellen. Doch es zerstörte ihn ein für allemal. Das Land war am Rande einer Revolution. Das Edikt verbot nämlich außerdem den Besitz von mehr als 500 Livres Hartgeld; was diesen Betrag überstieg, sollte eingezogen und der Besitzer überdies zu einer hohen Geldbuße verurteilt werden. Ferner wurde der Ankauf von Tafelsilber, Schmuck und Edelsteinen verboten. Wer von Übertretungen des Edikts Kenntnis hatte und sie meldete, sollte die Hälfte der konfiszierten Werte als Belohnung erhalten.

Gegen diesen unerhörten Akt der Tyrannei erhob sich ein einziger Aufschrei. Trotzdem fanden sich genug Denunzianten, die bis in die intimsten Bereiche der Familien vordrangen. Die ehrbarsten Männer sahen sich öffentlich an den Pranger gestellt — wegen des ›Verbrechens‹, ein paar Louisdor zuviel in Besitz zu haben. Dienstboten verrieten ihre Herrschaft; Nachbarn spionierten einander gegenseitig aus; Festnahmen und Konfiskationen häuften sich dermaßen, daß die Gerichte außerstande waren, der Fülle der Prozesse Herr zu werden. Es genügte, daß ein Denunziant äußerte, er *vermute,* diese und jene Person halte Geld versteckt, um sogleich einen Durchsuchungsbefehl zu erlassen. Lord Stair, der britische Gesandte, äußerte in diesem Zusammenhang, er zweifle nicht länger an Laws Konversion zum Katholizismus, habe dieser doch jetzt die Inquisition neu begründet und zuvor zahlreiche Beweise für seinen Glauben an die Transsubstantiation geliefert (d.h. die Verwandlung von Gold in Papier).

Philipp von Orléans und der unglückselige Law waren nun die bestgehaßten Menschen in Frankreich. Niemand wollte mehr Papiergeld annehmen, wenn es sich irgend vermeiden ließ; andererseits war Metallgeld über den Betrag von 500 Livres hinaus kein gesetzliches Zahlungsmittel mehr. »Niemals«, sagt Duclos in seinen *Geheimen Memoiren*[1]*,* »gab es eine so unberechenbare Regierung; niemals lag so viel wahnwitzige Ty-

---

[1] Charles Pinot Duclos, *Mémoires secrets sur le règne de Louis XIV, la régence et le règne de Louis XV.* 2 Bde., Paris 1791.

rannei in so schwachen Händen. Niemand, der die Schrecknisse dieser Zeit als Augenzeuge erlebte und später auf sie zurückblickte wie auf einen bösen Traum, kann verstehen, warum keine spontane Revolution ausbrach und beide, Law wie den Regenten, verschlang. Beide lösten nur noch Schrecken aus — aber die Franzosen begnügten sich mit Lamentieren. Sie zeigten lediglich eine düstere, ängstliche Verzweiflung, eine törichte Bestürzung und waren letztlich zu feige für ein mutiges Verbrechen.« Gleichwohl gibt es Anzeichen dafür, daß ein Volksaufstand geplant war. Man verfaßte revolutionäre Aufrufe, die an Mauern plakatiert und als Handzettel an prominente Persönlichkeiten verschickt wurden. In den *Mémoires de la régence*[1] findet sich das folgende Beispiel:

> »Monsieur, Madame, eine neue Bartholomäusnacht wird am Ende dieser Woche stattfinden, wenn die Dinge sich nicht ändern. Sie und Ihre Dienstboten werden ersucht, am Samstag und am Sonntag Ihr Haus nicht zu verlassen. Gott bewahre Sie vor den Flammen! Unterrichten Sie Ihre Nachbarn.
>
> Paris, den 25. Mai 1720«

Doch aus dem Aufstand wurde nichts. Die ungeheure Zahl der Spitzel in der Hauptstadt machte die Menschen mißtrauisch gegeneinander, und außer einigen kleineren Tumulten am Abend geschah nichts, was den öffentlichen Frieden gestört hätte.

Der Kurs der Mississippi-Aktien war inzwischen rapid gefallen, und die früher gängigen Geschichten vom immensen Reichtum dieser Region wurden nur noch von wenigen geglaubt. Daher unternahm man einen

---

[1] Le chevalier de Piossens, *Mémoires de la régence de S. A. R. le duc d'Orléans durant la minorité de Louis XV, roi de France.* 3 Bde., Den Haag 1729.

letzten Versuch, wenigstens das Vertrauen in das Mississippi-Projekt zurückzugewinnen: Die Regierung veranstaltete wie in Kriegszeiten eine Zwangsrekrutierung aller armen Teufel von Paris — wenigstens 6000 an der Zahl —, um sie, versehen mit Kleidung und Werkzeugen, nach dem heutigen New Orleans zu verschiffen; dort sollten sie in den vorgeblich reichhaltigen Goldminen arbeiten. Sie mußten tagelang mit ihren Piken und Schaufeln durch die Straßen der Hauptstadt paradieren und wurden dann in kleinen Abteilungen zu den Einschiffungshäfen gebracht. Aber zwei Drittel kamen dort nie an, sondern zerstreuten sich über das Land, verkauften ihre Werkzeuge und kehrten zu ihrem alten Leben zurück. Schon nach drei Wochen war die Hälfte von ihnen wieder in Paris. Immerhin führte die Aktion zu einem leichten Anstieg der Mississippi-Aktienkurse. Noch einmal hofften einige besonders Leichtgläubige, dort unten entstehe Eldorado, und bald werde Frankreich von Gold- und Silberbarren überschwemmt.

In einer konstitutionellen Monarchie hätte man sicher zuverlässigere Mittel gefunden, um das öffentliche Vertrauen wiederherzustellen. Wie anders waren die Maßnahmen, die man kurze Zeit später in England ergriff, um mit den üblen Folgen einer ähnlichen Verblendung fertig zu werden! In Frankreich wurde die Bekämpfung des Unheils dessen eigenen Urhebern überlassen. Der unumschränkte Wille des Regenten, der auf seine Art sicher das Beste aus der Situation zu machen suchte, führte das Land nur noch tiefer in die Misere. Seine Anordnung, Zahlungen ab sofort *nur* noch in Papiergeld vorzunehmen, hatte zur Folge, daß zwischen Anfang Februar und Ende Mai neue Banknoten im Nennwert von mehr als 1,5 Milliarden Livres gedruckt werden mußten. Doch auch diese wahnsinnige Vermehrung der Geldmenge konnte das Vertrauen in das nunmehr unkonvertierbare Papier nicht zurückzaubern.

Lambert, der Präsident des Parlaments von Paris, sagte dem Regenten ins Gesicht, er besitze lieber 100 000 Livres in Gold oder Silber als 5 Millionen in Noten der Königlichen Bank!

Wenn dies ein Ausdruck der allgemeinen Stimmung war, so verschlimmerte die übermäßige Notenemission das Übel nur, weil sie die Disparität zwischen Metall- und Papierwährung weiter verstärkte. Sosehr man die erstere von Staats wegen abzuwerten trachtete — ihr Wert stieg mit jedem Versuch, ihn zu drücken. Im Februar erschien es angezeigt, die Königliche Bank mit der *Compagnie des Indes* zu verschmelzen; das entsprechende Edikt wurde vom Parlament registriert. Der Staat bürgte weiterhin für die Noten der Bank, die fortan nur noch auf Anweisung des Staatsrates emittiert werden durften. Alle Profite der Bank seit dem Zeitpunkt, da sie zu einer nationalen Institution geworden war, wurden der *Compagnie* übereignet. Diese Maßnahme ließ den Kurs der Mississippi- und anderer Aktien kurzzeitig ansteigen, war aber nicht geeignet, das öffentliche Vertrauen auf eine dauerhafte Grundlage zu stellen.

Anfang Mai gab es eine Sitzung des Staatsrates, bei der Law, sein Rivale d'Argenson und alle Minister anwesend waren. Man hatte errechnet, daß der Gesamtbetrag der zirkulierenden Banknoten bei 2,6 Milliarden Livres lag, der des Hartgeldes aber nur bei weniger als der Hälfte dieses Betrages. Die Ratsmehrheit sah es als unumgänglich an, diese Disparität zu beseitigen. Einige schlugen vor, den Wert der Banknoten bis zu dem der Münzen zu vermindern; andere wollten deren Nominalwert so weit anheben, daß sie pari mit den Noten standen. Law soll beiden Vorschlägen opponiert, aber niemanden überzeugt haben. Es wurde beschlossen, die Banknoten 50 Prozent abzuwerten. Das entsprechende Edikt erging am 21. Mai und bestimmte, daß sowohl die Aktien der *Compagnie des Indes* als auch die Noten der Königlichen Bank kontinuierlich abgewertet werden sollten, bis sie am Ende des Jahres die Hälfte ihres derzeitigen Wertes erreicht hätten. Aber das Parlament weigerte sich, das Edikt zu registrieren, so daß es nicht in Kraft treten konnte. Die Folge war ein neuerlicher Aufschrei, und bald herrschte eine so explosive Stimmung, daß das einzige Mittel, sie zu beruhigen, die Rücknahme des Staatsratsbeschlusses zu sein schien. So erging denn eine Woche später ein weiteres Edikt, das den Banknoten ihren ursprünglichen Wert zurückgab.

Am selben Tag, man schrieb den 27. Mai, stoppte die Bank die Auszahlung von Hartgeld. Law und d'Argenson wurden aus der Regierung entlassen. Der schwache, schwankende, hasenherzige Regent schrieb jenem alle Schuld am derzeitigen Unheil zu und weigerte sich sogar, als er im Palais Royal vorsprach, ihn zu empfangen — ließ ihn jedoch bei Einbruch der Dunkelheit wieder holen und durch eine Geheimtür in den Palast bringen, wo er sich in aller Form für die Strenge entschuldigte, mit der er ihn in der Öffentlichkeit habe behandeln müssen. Und um die Caprice auf die Spitze zu treiben, nahm er ihn zwei Tage später öffentlich mit in die Oper, ließ ihn in der königlichen Loge an seiner Seite sitzen und behandelte ihn vor allem Volk mit größter Aufmerksamkeit. Aber diese Laune hätte um ein Haar böse Folgen gehabt — so tief ging der allgemeine Haß bereits. Als Law nämlich von der Oper zurückkehrte, wurde seine Karosse bei der Einfahrt in den Hof seines Hauses mit Steinen beworfen; hätte der Kutscher nicht die Pferde zu höchstem Tempo angetrieben und ein Bedienter gleichzeitig das Tor geschlossen, man hätte Law wahrscheinlich herausgezerrt und gelyncht. Als seine Frau und seine Tochter am nächsten Tag vom Rennen kamen, erging es ihnen nicht besser.

Law unterrichtete den Regenten von diesen Vorfällen und bekam umgehend ein starkes Detachement Schweizer zu seinem persönlichen Schutz zugewiesen, das Tag und Nacht im Hof seiner Residenz postiert blieb. Zuletzt freilich konnte er sich auch unter militärischem Schutz nicht mehr sicher fühlen und übersiedelte ins Palais Royal.

Nun holte man den früheren Kanzler d'Aguesseau, der 1718 wegen seiner Opposition gegen Laws Projekte in Ungnade gefallen war, wieder in die Regierung, um mit seiner Hilfe das öffentliche Vertrauen zu verbessern. Sehr spät erst hatte Philipp erkannt, daß er einen der fähigsten, vielleicht den einzigen wirklich ehrbaren Mann dieser korrupten Ära mit unbilliger Härte und grundlosem Mißtrauen behandelt hatte. D'Aguesseau hatte sich nach seiner Entlassung auf sein Landgut bei Fresnes zurückgezogen und über ebenso ernsthaften wie vergnüglichen philosophischen Studien die Intrigen des unwürdigen Hofes vergessen. Law selbst und der Höfling Conflans wurden mit einer Postkutsche nach Fresnes entsandt, um den Ex-Kanzler nach Paris zurückzuholen. Gegen den Rat seiner Freunde, die es als böses Omen ansahen, daß der Rückruf ausgerechnet von Law überbracht wurde, erklärte sich d'Aguesseau bereit, dem Ruf zu folgen und an der Bekämpfung der Krise mitzuarbeiten. Gleich nach seiner Ankunft in Paris brachte er den Finanzrat mit dem Parlament ins Gespräch und erwirkte die Aufhebung des Edikts, daß niemand mehr als 500 Livres Hartgeld besitzen durfte. Um die zirkulierende Geldmenge zu reduzieren, wurden 25 Millionen neue Banknoten zu lediglich 10 Livres (mit Ausgabekurs 102,5 Prozent) emittiert und zu deren Deckung die Steuereinnahmen der Stadt Paris bestimmt. Eine große Menge alter Noten wurde eingezogen und vor dem Rathaus öffentlich verbrannt. Am 10. Juni wurde die Königliche Bank, ausgestattet mit einer, wie es schien, hinreichenden Menge konvertierbaren Silbergeldes, wieder eröffnet.

Diese Maßnahmen bewirkten vor allem eines: Die Pariser erschienen in hellen Haufen vor der Bank, um ihre Scheine in Münzgeld umzutauschen. Als das Silber knapp wurde, griff man auf Kupfer zurück — was aber nur von wenigen beklagt wurde. Immerhin sah man jetzt ständig bedauernswerte Gestalten, die sich mit schweren Säcken durch die Straßen quälten; dabei enthielten diese manchmal weniger als den Gegenwert von 50 Livres! Bald drängten so viele Menschen zur Bank, daß kaum mehr ein Tag verging, ohne daß jemand zu Tode gedrückt wurde. Am 9. Juli mußten die zur Bewachung der Bank abgestellten Soldaten die Zufahrtsstraße sperren, bewirkten mit dieser Maßnahme aber nur, daß die Menge in Wut geriet und mit Steinen zu werfen begann. Das erregte wiederum die Soldaten so sehr, daß sie zu schießen drohten. Als einer von ihnen am Kopf getroffen wurde, feuerte er in die Menge. Ein Randalierer brach tot zusammen; ein zweiter wurde schwer verwundet. Schon befürchtete man einen allgemeinen Sturm auf die Bank — da wich die Menge vor den aufgepflanzten Bajonetten der Soldaten zurück und gab ihrem Unwillen lediglich mit Murren und Zischen Ausdruck.

Eine Woche später, am 17. Juli, wurden in kurzer Zeit 15 Menschen vor den Toren der Bank erdrückt. In maßloser Wut legte die Menge drei der Leichen auf Bahren und trug sie, etwa 8000 an der Zahl, zum Park des Palais Royal, damit der Regent das Unglück selbst betrachten könne, das er und Law über das Land gebracht hatten. Laws Kutscher, der im Hof des Palastes auf seinem Kutschbock saß, war so unvorsichtig, hörbar zu äußern, die Demonstranten, die da seinen Herrn schmähten, seien sämtlich Lumpen und verdienten gehängt zu werden. Binnen Sekunden wurde er ergriffen und erbärmlich verprügelt; die Kutsche schlug der Mob — in der Annahme, Law selbst sitze darin — kurz und klein. Doch als dann Militär erschien, zerstreute man sich schnell, zumal der Regent gleichzeitig hatte mitteilen lassen, die drei Leichen würden auf seine Kosten mit Anstand beerdigt. Zur selben Zeit tagte das Parlament, und als der Tumult unüberhörbar geworden war, erbot sich der Präsident selbst, hinauszugehen und nach dem Rechten zu sehen. Bei seiner Rückkehr teilte er den Räten mit, der Mob habe soeben Laws Kutsche in Stücke geschlagen. Daraufhin erhoben sich alle Räte gleichzeitig und gaben mit lauten Rufen ihrer Freude Ausdruck; ein besonders Eifriger unter ihnen soll gar gerufen haben: »Und Law selbst? Wurde er auch in Stücke geschlagen?«[1]

Viel hing jetzt zweifellos vom Vertrauen in die *Compagnie des Indes* ab, die der Nation für eine so immense Summe zu bürgen hatte. Im Staatsrat war man der Ansicht, jedes Privileg, das erforderlich sei, damit sie ihren Verpflichtungen nachkommen könne, müsse dieses Vertrauen stärken. Man schlug daher vor, der *Compagnie* das Monopol für den überseeischen Handel zu übertragen, und der Regent erließ ein entsprechendes Edikt. Unglücklicherweise hatte man übersehen, daß eine solche Maßnahme alle im Überseehandel Tätigen ruinieren mußte. Kaum hatte die Nation von dem geplanten Monopol Wind bekommen, da hagelte es Petitionen an das Parlament, man solle dort die Registrierung des Edikts verweigern. Dies geschah dann auch.

---

[1] Bei Liselotte von der Pfalz liest sich diese Anekdote etwas anders. Ihr zufolge war der Präsident dermaßen begeistert, daß er unversehens ins Reimen verfiel:

»Messieurs! Messieurs! bonne nouvelle!
La carrosse de Lass est réduit en cannelle!«

(Etwa: »Ihr Herren, hört! Welch prächt'ge Posse:
Zertrümmert ganz ist Lass' Karosse!«)

Welche Version immer die richtige sein mag — der Würde eines obersten Gerichts ist ein solcher Gefühlsausbruch kaum angemessen.

Der Regent sah in solcher Reaktion nur den Versuch, die Flamme des Aufruhrs zu schüren, und verbannte das Parlament erst nach Blois, dann — auf Intervention d'Aguesseaus — nach Pontoise. Von dort aus taten die Räte alles, um Philipp Trotz zu bieten. Zugleich versuchten sie ihr temporäres Exil so angenehm wie möglich zu machen. Der Präsident gab elegante Soupers, zu denen er die lebenslustigsten und geistreichsten Vertreter der Pariser Gesellschaft einlud. Jeden Abend konnten sich die Damen beim Ball ergötzen. Die sonst so ernsthaften und feierlichen Richter und Räte trafen sich zum Kartenspiel und zu anderen Zerstreuungen und führten mehrere Wochen lang ein Leben voll extravaganter Vergnügungen — einzig um dem Regenten drastisch vor Augen zu führen, daß die Verbannung sie in keiner Weise beeindrucke und daß sie, wenn sie nur wollten, aus Pontoise eine angenehmere Residenz machen konnten als Paris. [...]

Unter den zahlreichen Karikaturen, die damals erschienen sind und die ebenso klar wie die schon geschilderten Ereignisse belegen, daß die Nation jetzt aus ihrem Wahn erwacht war, befand sich eine, deren Faksimile in den *Mémoires de la régence* erhalten ist. Piossens, deren Autor, hat sie so beschrieben:

»Die ›Göttin der Aktien‹ fährt in ihrem Triumphwagen, den die Göttin der Torheit lenkt. Gezogen wird der Wagen von Personifikationen der Mississippigesellschaft (mit Holzbein), der Südseegesellschaft, der Bank von England, der Westsenegalgesellschaft und verschiedener Assekuranzen. Damit der Wagen nicht zu schnell rollt, sind die Agenten dieser Gesellschaften, die man an ihren langen Fuchsschwänzen und ihrem gerissenen Augenausdruck erkennt, um die Speichen der Räder gewunden, auf welchen wiederum die Namen verschiedener Aktienfonds verzeichnet sind, zusammen mit ihrem jeweiligen Kurs: hoch, wenn die Speiche oben — niedrig, wenn sie unten steht. Zermalmt unter den Rädern des Wagens liegen Waren, Kladden und Hauptbücher des ehrbaren Handels. Hinter dem Wagen läuft eine riesige Zahl von Menschen jeden Alters, Geschlechts und Standes, die laut nach Fortuna rufen und miteinander um die Aktien kämpfen, die die Göttin so überreichlich auf sie hinabwirft. In den Wolken sitzt ein Dämon und produziert Seifenblasen, die ebenfalls Objekte der Bewunderung und Begierde der Menge sind; einige sind auf den Rücken anderer gesprungen, um eine Seifenblase zu erhaschen, bevor sie platzt. Direkt auf dem Weg, den der Wagen nehmen muß, steht ein hohes Gebäude, das die Durchfahrt behindert. Es hat drei Türen, deren eine der Wagen passieren muß, wenn er seinen Weg fortsetzen will — und mit ihm die Menge. Über der ersten Tür steht: ›Irrenanstalt‹, über der zweiten: ›Krankenhaus‹ und über der dritten: ›Bettlerasyl‹.«

Eine andere Karikatur zeigte Law in einem großen Kessel sitzend, den die Flammen des Massenwahns am Kochen halten — auch er umgeben von einer gewaltigen Menschenmenge, die dabei ist, ihn mit Gold und Silber zu füllen und zugleich freudig und dankbar Papierschnipsel aufzufangen, die Law ihnen mit vollen Händen zuwirft.

Solange die allgemeine Erregung anhielt, tat Law gut daran, sich nicht unbewacht auf den Straßen zu zeigen. In den Räumen des Palais Royal, die der Regent ihm zugewiesen hatte, war er vor Angriffen sicher; wenn er sie verließ, dann entweder inkognito oder in einer der königlichen Karossen und machtvoll eskortiert. Wie sehr das Volk ihn inzwischen verabscheute, zeigt eine amüsante Anekdote, die zugleich deutlich macht, wie es ihm ergangen wäre, hätte man ihn gefaßt. Ein gewisser Boursel befuhr mit seiner Kutsche die Rue Saint-Antoine, als ein Mietwagen die Straße blockierte und ihn am Weiterfahren hinderte. Boursels Lakai verlangte ungeduldig, der Mietkutscher möge den Weg freigeben, und versetzte ihm, als er sich weigerte, eine Maulschelle. In kürzester Zeit rottete sich eine Menschenmenge um die beiden Wagen zusammen. Nun stieg Boursel selbst aus, um die Sache zu regeln. Der Mietkutscher glaubte sich jetzt von zwei Gegnern attackiert und besann sich eines Mittels, wie er sich beider entledigen konnte: »Hilfe, Hilfe! Mörder!« schrie er, so laut er konnte; »Lass und sein Diener wollen mich umbringen! Hilfe, Hilfe!« Sofort begann die Menge Steine aufzulesen, um sich auf direkte Weise an dem vermeintlichen Law zu rächen, während gleichzeitig aus allen Läden in der Umgebung weitere Menschen eilten, bewaffnet mit Knüppeln und anderen Schlagwerkzeugen. Es war ein glücklicher Umstand für Boursel und seinen Diener, daß die Tür der nahegelegenen Jesuitenkirche weit offenstand; dorthinein rannten sie angesichts der drohenden Gefahr, so schnell sie konnten. Aber die Menge verfolgte sie noch in die Kirche und würde sie auch hier übel zugerichtet haben, hätten sie sich nicht in letzter Sekunde in die Sakristei geflüchtet und diese von innen verschlossen. Den Priestern gelang es dann, den Mob zum Verlassen der Kirche zu bewegen. Da die Volkswut aber ein Ventil brauchte, nahm man sich Boursels Kutsche vor, die noch immer an ihrem alten Platz stand, und schlug sie kurz und klein.

Die neu emittierten 10-Livres-Noten, auch wenn sie durch die städtischen Steuern und Abgaben von Paris besichert waren und 2,5 Prozent über pari standen, erfreuten sich bei den Mississippi-Aktionären keiner großen Beliebtheit. Sie wurden nur sehr zögernd erworben und eingetauscht; man hielt sich lieber (und immer noch) an die fallenden Aktien der *Compagnie* und hoffte auf eine glückliche Wendung der Dinge. Am 15. August erging, um den Erwerb der kleinen Scheine zu beschleunigen, ein Edikt, durch das die Auszahlung aller Noten im Nennwert zwischen 1000 und 10000 Livres eingestellt wurde; sie sollten nur noch für den Erwerb von Lebensrenten, die Begleichung von Bankverbindlichkeiten und die Abzahlung schon vereinbarter Raten für Aktien der *Compagnie* zugelassen sein.

Im Oktober wurden diese Scheine durch ein neues Edikt zum Stichtag 30. November ganz aus dem Verkehr gezogen. Die Verwaltung der Münze, die Steuereintreibung und alle anderen Privilegien wurden der *Compagnie des Indes* abgenommen. Diese wurde so zu einer rein privaten Aktiengesellschaft. Laws System war damit der Todesstoß versetzt worden; die zentralen Machtmittel waren jetzt in der Hand seiner Feinde. Er hatte keinen Einfluß im Finanzrat mehr, und seine Gesellschaft war von nun an völlig außerstande, ihre Verpflichtungen zu erfüllen. Viele von jenen, die man illegaler Profite während der Zeit der höchsten Verblendung verdächtigte, wurden zur Rechenschaft gezogen und zu empfindlichen Geldstrafen verurteilt. Ein Verzeichnis aller nominellen Aktieninhaber wurde erstellt; wer bereits Aktien der *Compagnie* besaß, mußte sie dort deponieren, statt sie veräußern zu dürfen; wer nur auf der Zeichnungsliste stand, ohne schon gekauft zu haben, wurde gezwungen, jede gezeichnete 500-Livres-Aktie zum Kurs von 13 500 (!) zu erwerben. Statt diese enorme Summe für ein Papier hinzulegen, das inzwischen unter pari stand, rafften viele der Inhaber ihre Vermögenswerte zusammen und suchten Zuflucht im Ausland. Sogleich ergingen Befehle an alle Grenz- und Hafenorte: Reisende, die das Königreich zu verlassen beabsichtigten, seien so lange in Gewahrsam zu nehmen, bis sichergestellt sei, daß sie weder Juwelen oder Gold- und Silbergeschirr mit sich führten noch wegen betrügerischer Spekulationsgeschäfte gesucht würden. Wem die Flucht gelang, der wurde in Abwesenheit zum Tode verurteilt; wer blieb oder beim Fluchtversuch gefaßt wurde, sah sich oft völlig willkürlichen Gerichtsverfahren ausgesetzt.

Auch Law faßte in einem Moment der Verzweiflung den Entschluß, dieses Land, in dem sein Leben nicht mehr sicher war, zu verlassen. Zunächst bat er nur um

Erlaubnis, sich aus Paris auf eines seiner Landgüter zurückziehen zu dürfen — ein Ersuchen, dem der Regent bereitwillig stattgab. Man muß wissen, daß Philipp die ungünstige Wendung, die die Dinge genommen hatten, sehr naheging; im Grunde seines Herzens war er nach wie vor von Richtigkeit und Effizienz des Lawschen Finanzsystems überzeugt. Er hatte ein offenes Auge für seine eigenen Fehler und suchte während der wenigen Jahre, die ihm noch beschieden waren, immer wieder nach einer Gelegenheit, das System auf einer gesünderen Basis zu rekonstruieren. Bei seinem letzten Gespräch mit Law soll er gesagt haben: »Ich bekenne, daß ich viele Fehler begangen habe. Ich beging sie, weil ich ein Mensch bin, und Menschen können irren. Aber ich versichere Ihnen feierlich, daß keiner meiner Fehler niederträchtigen oder unehrlichen Motiven entsprang und daß sich auch in meinem sonstigen Verhalten keines dieser Motive findet.«

Zwei oder drei Tage nach Laws Abreise aus Paris sandte Philipp ihm einen sehr freundlichen Brief und bot ihm an, das Königreich zu jedem beliebigen Zeitpunkt zu verlassen; seine Pässe würden ihm ausgefertigt. Überdies könne er über jede Geldsumme verfügen, die er benötige. Law schlug das letztere Angebot höflich aus, nahm das andere aber dankend an und beschloß, sich zunächst nach Brüssel zu begeben. Er benutzte eine Kutsche der Mme. de Prie, Mätresse des Herzogs von Bourbon, und bekam eine Eskorte von sechs Berittenen. Von Brüssel reiste er nach Venedig weiter, wo er sich mehrere Monate lang aufhielt. Hier wurde er mit größter Neugier bestaunt. Man hielt ihn für den Besitzer ungeheurer Schätze — eine sehr irrige Auffassung, denn für einen Mann, der den größten Teil seines Lebens ein quasi professioneller Spieler gewesen war, hatte er es mit bemerkenswertem Edelmut immer vermieden, sich auf Kosten einer ruinierten

Nation zu bereichern. Zu keinem Zeitpunkt hatte er an der Richtigkeit des Mississippi-Projekts und an seiner Überzeugung gezweifelt, daß es Frankreich zur reichsten und mächtigsten Nation Europas machen werde. Alle seine Gewinne hatte er in französischen Grundbesitz investiert — ein sicherer Beweis für seinen Glauben an die Solidität seiner Pläne. Er hatte weder Tafelsiber noch Juwelen gehortet und niemals, wie manche Spekulanten, Geld ins Ausland transferiert. Alles, was er hatte, steckte — mit Ausnahme eines Diamanten im Wert von 150000 Livres — in französischem Grund und Boden; als er das Land verließ, war er fast so arm wie ein Bettler. Dieses Faktum allein sollte sein Andenken vor der Anschuldigung bewahren, ein Schurke gewesen zu sein, die so oft ungerechterweise gegen ihn erhoben wurde.

Kaum war die Nachricht von seiner fluchtartigen Abreise bekannt geworden, da wurden auch bereits seine Ländereien und seine wertvolle Bibliothek beschlagnahmt. Eine Lebensrente für seine Frau und seine Kinder von 200000 Livres p.a., die er für 5 Millionen erworben hatte, wurde gepfändet — obwohl ein Sonderedikt, ergangen in den Tagen seines Ruhms, eben dies ausdrücklich untersagt hatte. Es herrschte eine allgemeine Erbitterung darüber, daß es Law gelungen war zu entkommen. In bemerkenswerter Einmütigkeit wünschten Volk und Parlament ihn am Galgen. Die wenigen, die unter der ökonomischen Revolution nicht gelitten hatten, jubelten, daß der ›Scharlatan‹ das Land verlassen hatte; wessen Vermögen betroffen war — und das war die deutliche Mehrheit —, mochte insgeheim bedauern, daß seine intime Kenntnis der Ursachen für die gegenwärtige Notlage nicht mehr zur Verfügung stand, um Wege aus der Krise zu weisen.

Bei einer gemeinsamen Sitzung des Finanzrates und des Generalrates der Regentschaft wurde ermittelt, daß die Gesamtsumme der zirkulierenden Banknoten bei 2,7 Milliarden lag. Der Regent wurde aufgefordert zu erklären, warum die Datierung ihrer Emissionen und der Edikte, die diese Emissionen autorisierten, oft voneinander abwichen. Er hätte die Verantwortung für diese Abweichungen gefahrlos auf sich nehmen können, zog es aber vor, sie teilweise auf einen Abwesenden abzuwälzen: Es sei Law gewesen, der zu verschiedenen Zeiten eigenmächtig insgesamt 1,2 Milliarden emittiert habe; als er, Philipp, von diesen vollendeten Tatsachen erfahren habe, sei ihm nichts weiter übriggeblieben, als die entsprechenden Edikte auszufertigen. Es hätte ihm besser angestanden, die Wahrheit zu sagen und zuzugeben, daß Law vor allem durch *seine* Ungeduld und Extravaganz dazu getrieben wurde, die Grenzen einer vernünftigen Geldpolitik zu überschreiten.

Weiterhin wurde ermittelt, daß die Staatsschuld am 1. Januar 1721 3,1 Milliarden Livres betragen würde, zu verzinsen mit 80 Millionen pro Jahr. Man setzte eine Kommission ein, die das Vermögen aller Staatsgläubiger untersuchen sollte. Diese wurden in fünf Klassen eingeteilt. Den ersten vier Klassen rechnete man jene zu, die Urkunden über den Erwerb ihrer Effekten vorlegen konnten — der fünften diejenigen, welche nicht belegen konnten, daß ihre Transaktionen *bona fide* abgewickelt worden waren. Ihr Vermögen sollte eingezogen, das der übrigen vier Klassen einer äußerst strengen, argwöhnischen Prüfung unterzogen werden. Ein schließlich erschienener Bericht der Kommission riet der Regierung, von den Erträgen der Wertpapiere 26 Millionen Livres einzuziehen, weil den Besitzern zahlreiche Betrügereien nachgewiesen werden konnten. Ein entsprechendes Edikt wurde ausgefertigt und auch vom Parlament registriert.

Danach wurde ein Gerichtshof eingesetzt, der den Namen *Chambre d'arsénal* trug; er sollte den Amtsmißbrauch im Finanzministerium während der letzten unglücklichen Jahre untersuchen. Ein Requetenmeister (einer der höchsten Beamten) namens Falhonet hatte sich, in Zusammenarbeit mit dem Abbé Clément und zwei Schreibern in beider Diensten, verschiedener Veruntreuungen schuldig gemacht und dem Fiskus mehr als 1 Million Livres entzogen. Die beiden ersteren wurden zum Tode durch Enthaupten verurteilt; die letzteren sollten gehenkt werden. Diese Strafen wurden später in lebenslange Einkerkerung in der Bastille umgewandelt. Man entdeckte noch weitere Akte der Untreue, die mit Geld- und Gefängnisstrafen geahndet wurden.

Marc-René d'Argenson teilte mit John Law und Philipp von Orléans die Unpopularität, welche alle erfaßt hatte, die während des Mississippiwahnsinns exponierte Stellungen innehatten. Er wurde, wie schon erwähnt, in seiner Funktion als Kanzler von Frankreich durch d'Aguesseau abgelöst, behielt aber den Titel eines Siegelbewahrers und hatte weiterhin Zugang zu den Sitzungen des Staatsrates. Er zog es jedoch vor, eine Weile aus Paris zu verschwinden und auf seinem Landsitz die weitere Entwicklung abzuwarten. Doch dieses beschauliche Leben entsprach nicht seiner Natur. Er wurde unzufrieden, launisch und schwermütig; eine Krankheit, die ihm seit langem schon zu schaffen gemacht hatte, verschlimmerte sich immer mehr, und binnen eines einzigen Jahres war er tot. Der Haß des Volks von Paris aber verfolgte ihn bis ins Grab: Als sich der Leichenzug auf dem Weg zur Grabstätte der Familie in der Kirche Saint-Nicolas-du-Chardonnet befand, sah er sich vor der Kirche einer aufgebrachten, tobenden Menge gegenüber. Die beiden Söhne d'Argensons, die den Zug anführten, konnten sich mit knapper Not in eine Seitenstraße flüchten — sonst wären sie gelyncht worden.

Laws weitere Geschichte ist schnell erzählt. Er nährte zunächst eine gewisse Hoffnung, angesichts des allgemeinen Desasters nach Frankreich zurückgerufen zu werden, um die Lage zu stabilisieren. Doch der Tod des Regenten, den am 2. Dezember 1723 plötzlich der Schlag traf, als er mit seiner Mätresse am Kamin plauderte, beraubte ihn dieser Hoffnung. Wie früher war er gezwungen, sein Leben wieder als Spieler zu fristen. Mehr als einmal mußte er seinen Diamanten versetzen, den letzten Überrest seines strahlenden Reichtums, konnte ihn durch geschicktes Spiel aber immer wieder einlösen. Als seine Gläubiger ihm in Rom nachstellten, entwich er nach Kopenhagen. Dort erhielt er von der britischen Regierung die Erlaubnis, in sein Heimatland zurückzukehren (in der Duellaffäre Whilston war er schon 1719 begnadigt worden). Die Tatsache, daß er mit dem Flaggschiff der Admiralität heimkehren durfte, führte zu einer kurzen Debatte im Oberhaus. Graf Coningsley beklagte, daß man einen Mann, der nicht nur seinem Land, sondern auch seiner Religion abgeschworen habe, so viel Ehre erweise; zu einer Zeit, da England durch die schändlichen Praktiken des Südsee-Direktoriums beunruhigt werde, sei seine Anwesenheit keine geringe Gefahr. Der Graf kündigte einen Antrag in dieser Sache an, fand aber kaum Resonanz, weil kein anderes Mitglied des Hohen Hauses seine Befürchtungen teilte. Law blieb vier Jahre in England und begab sich dann wieder nach Venedig, wo er in sehr dürftigen Verhältnissen am 29. März 1729 starb. Sein Grabstein trägt die Inschrift:

>»Ci gît cet Ecossais célèbre,
>Ce calculateur sans égal,
>Qui, par les règles de l'algèbre,
>A mis la France à l'hôpital.«[1]

[1] Etwa: »Hier ruht der berühmte Mann aus Schottland,
Dieser unvergleichliche Rechner,

Johns Bruder William Law, der an der Leitung sowohl der *Banque générale* wie der Mississippigesellschaft beteiligt gewesen war, wurde in der Bastille gefangengesetzt, weil man ihn der Veruntreuung verdächtigte. Als sich dieser Verdacht aber nicht belegen ließ, wurde er nach 15 Monaten wieder freigelassen. Er gründete eine Familie, die noch heute unter dem Namen »Marquis de Lauriston« in Frankreich lebt.

Im nächsten Kapitel findet sich ein Bericht über den Wahnsinn, der zur gleichen Zeit und unter sehr ähnlichen Umständen die Bürger Englands ergriff, jedoch dank der Energie und Weitsicht einer konstitutionellen Regierung mit weitaus weniger desaströsen Folgen endete als jener in Frankreich.

Der nach den Regeln der Algebra
Ganz Frankreich an den Tropf brachte.«

DER SÜDSEESCHWINDEL

> At length corruption, like a general flood,
> Did deluge all; and avarice creeping on,
> Spread, like a low-born mist, and hid the sun.
> Statesmen and patriots plied alike the stocks,
> Peeress and butler shared alike the box;
> And judges jobbed, and bishops bit the town,
> And mighty dukes packed cards for half-a-crown:
> Britain was sunk in lucre's sordid charms.
>
> Pope

Die *South-Sea Company* wurde 1711 von dem berühmten Robert Harley, Graf von Oxford, gegründet. Mit der Gründung wollte Harley das Vertrauen der Öffentlichkeit wiederherstellen, das durch die Entlassung des Whig-Ministeriums gelitten hatte, und die Tilgung der Heeres-Schuldverschreibungen und anderer Teile der schwebenden Staatsschuld vorbereiten, die sich insgesamt auf nahezu 10 Millionen Pfund belief. Eine Gesellschaft von Kaufleuten, zu diesem Zeitpunkt noch ohne Namen, übernahm diese Schuld, und die Regierung erklärte sich für eine gewisse Zeit zur Zahlung von 6 Prozent Zinsen bereit. Um diese Zinsen, 600000 £ per annum, zu beschaffen, wurden die Zölle auf Wein, Essig, indische Waren, gewirkte Seide, Tabak, Fischbein und andere Artikel auf unbestimmte Zeit verlängert. Der Gesellschaft, durch Parlamentsbeschluß gesetzlich konstituiert, wurde das Monopol für den Südseehandel zugestanden, woraufhin sie den Namen annahm, unter welchem sie seitdem bekannt ist. Harley rechnete sich seinen persönlichen Anteil an dieser Transaktion hoch an, und wer ihm schmeicheln wollte, nannte das Projekt nur ›Robert Harleys Meisterstück‹.

Schon in dieser frühen Phase ihrer Geschichte gab es innerhalb der Gesellschaft, aber auch in der Öffentlichkeit, die phantastischsten Vorstellungen von den maßlosen Reichtümern an der Westküste Südamerikas. Jeder hatte schon von den Gold- und Silberminen Perus und Mexikos gehört; jeder hielt sie für unerschöpflich und glaubte, man brauche nur die Manufakturwaren Englands dorthin zu schicken und werde ihren Gegenwert von den Eingeborenen hundertfach in Gold- und Silberbarren zurückerhalten. Ein emsig weitergereichter Bericht, demzufolge Spanien an den Küsten Chiles und Perus vier Handelshäfen abzutreten bereit war, steigerte die allgemeine Zuversicht noch mehr, und für viele Jahre waren die Aktien der *South-Sea Company* überaus begehrt.

Die Wahrheit freilich war anders: Philipp V. von Spanien dachte gar nicht daran, den Briten an den Küsten Spanisch-Amerikas freien Handel zu ermöglichen. Es kam zu Verhandlungen, deren einziges Resultat der *Asiento* war: das Privileg, die Kolonien 30 Jahre mit Negersklaven zu versorgen und einmal pro Jahr ein nach Tonnage und Ladung genau limitiertes Schiff zu Handelszwecken nach Mexiko, Peru oder Chile zu schicken — dies freilich unter der harten Auflage, daß der König von Spanien das Recht hatte, ein Viertel der Erträge zu kassieren und den Rest mit einer fünfprozentigen Steuer zu belegen. Das war eine herbe Enttäuschung für den Grafen von Oxford und seine Tory-Partei, die in Zukunft noch öfter, als ihnen lieb war, an das Horaz-Wort erinnert wurden: »*Partiriunt montes, nascetur ridiculus mus.*«[1]

Das Vertrauen der Öffentlichkeit in die *South-Sea Company* war jedoch ungebrochen. Harley erklärte, Spanien werde, zusätzlich zu dem jährlichen Schiff,

---

[1] »Die Berge kreißen, zur Welt kommt eine lächerliche Maus.« (Horaz, *Ars poetica* 139) (Anm. d. Übers.)

zwei weitere erlauben, um während des ersten Jahres Waren auszuführen; er ließ dazu eine Liste veröffentlichen, in der triumphierend alle Häfen aufgeführt waren, die offen für den Handel mit Großbritannien sein sollten. Aber die erste Fahrt des jährlichen Schiffes erfolgte erst 1717, und im folgenden Jahr kam der Handel, wegen des Bruchs mit Spanien durch die Bildung der Quadrupelallianz (zwischen England, Frankreich, Deutschland und den Niederlanden), bereits zum Erliegen.

Bei der Eröffnung der Parlamentssession von 1717 wies der König pointiert auf die Staatsverschuldung hin und empfahl angemessene Schritte zu ihrer Reduzierung. Die beiden führenden monetären Körperschaften: die *South-Sea Company* und die Bank von England unterbreiteten dem Parlament daraufhin Vorschläge. Die *Company* bat um Erhöhung ihres Aktienkapitals von 10 auf 12 Millionen — durch Neuemission oder ähnliches — und erklärte sich mit 5 Prozent Zinsen für die *gesamte* Summe einverstanden. Die Bank machte ähnlich vorteilhafte Vorschläge. Das Unterhaus debattierte einige Zeit und verabschiedete dann drei Gesetze: die *South-Sea Act,* die *Bank Act* und die *General Fund Act.*

Durch die *South-Sea Act* wurden die Vorschläge der *Company* akzeptiert, welche sich überdies bereithielt, 2 Millionen Pfund vorzuschießen, um die Staatsschuld abzulösen, die aus der Auflegung von vier Lotterieanleihen im neunten und zehnten Regierungsjahr der Königin Anna entstanden war. — Durch die *Bank Act* erhielt die Bank von England für die Summe von 1,775 Millionen Pfund, welche der Staat ihr schuldete, niedrigere Zinsen; sie mußte sich zudem bereit erklären, kurzfristige Schatzwechsel bis zum Betrag von 2 Millionen Pfund abzutreten und dafür eine Annuität von 100000 Pfund bei einjähriger Kündigungsfrist hinzunehmen. Ferner sollte sie im Falle der Not bis zu 2,5 Millionen Pfund gegen fünfprozentige Verzinsung vorschießen. — Die *General Fund Act* schließlich listete die diversen Fehlbeträge auf, die mit Hilfe der aus den zuvor genannten Quellen fließenden Mittel ausgeglichen werden sollten.

Auf diese Weise war der Name der *South-Sea Company* nun ständig in der öffentlichen Diskussion. Mochte ihr Handel mit den Ländern Südamerikas auch wenig oder gar nichts zur Steigerung der Staatseinnahmen beitragen — sie florierte weiterhin als finanzkräftige Körperschaft. Ihre Aktien waren nach wie vor sehr begehrt, und ihre Direktoren, die so unversehens Karriere gemacht hatten, begannen nach neuen Feldern Ausschau zu halten, wo sie ihren Einfluß geltend machen konnten. Das Mississippi-Projekt John Laws, das die Franzosen so sehr blendete und in Atem hielt, brachte sie auf die Idee, ein ähnliches Spiel auch in England zu versuchen. Der absehbare Fehlschlag von Laws Plänen konnte sie von dieser Idee kaum abbringen. Sie hielten sich für viel klüger und waren sicher, seine Fehler vermeiden, ihr eigenes Projekt auf Dauer stellen und sich das Vertrauen der Öffentlichkeit im höchstmöglichen Maße erhalten zu können.

Als Laws Projekte eben auf dem Gipfel ihrer Popularität angekommen waren und die Menschen in rasender Begierde, sich zu ruinieren, zu Tausenden in die Rue Quincampoix drängten, legten die *South-Sea*-Direktoren dem Parlament ihren famosen Plan zur Tilgung der Staatsschuld vor. Visionen von unermeßlichem Reichtum beflügelten die Phantasie in den beiden führenden Ländern Europas. Die Briten begannen mit dieser extravaganten Tour etwas später als die Franzosen, waren aber, sobald das Delirium auch sie ergriffen hatte, fest entschlossen, sich darin nicht übertreffen zu lassen. Am 22. Januar 1720 konstituierte sich das

Unterhaus als ›Komitee des ganzen Hauses‹, um jenen Teil der Thronrede des Königs zu beraten, der einmal mehr den öffentlichen Schulden gewidmet war, und um die Vorschläge der *South-Sea Company* zur Senkung und Tilgung dieser Schulden zu prüfen. Der Vorschlag führte, gegliedert nach mehreren Rubriken, ausführlich alle Staatsschulden in einer Gesamthöhe von 30 981 712 Pfund auf, welche die *Company* zu übernehmen wünschte — gegen eine Verzinsung von 5 Prozent p. a., fest bis 30. 6. 1727; nach diesem Zeitpunkt konnten sie, bei einer Verzinsung von nur noch 4 Prozent, amortisiert werden. Der Vorschlag wurde mit viel Wohlwollen zur Kenntnis genommen. Aber die Bank von England hatte im Unterhaus zahlreiche Freunde, die darauf drängten, diese Institution an den zu erwartenden Gewinnen teilhaben zu lassen. Sie wiesen in beredten Worten darauf hin, daß die Bank dem Staat in überaus schwierigen Zeiten hervorragende Dienste geleistet habe und es verdiene — für den Fall, daß bei Transaktionen solcher Art Gewinne anfielen —, den Vorzug vor einer Gesellschaft zu erhalten, die bisher rein gar nichts für die Nation geleistet habe. Auf diesen Vorstoß hin wurde die Beratung für fünf Tage unterbrochen, um der Bank Gelegenheit zur Ausarbeitung eines eigenen Vorschlags zu geben. Das mußte die *Company* alarmieren; voller Furcht, die Konkurrenz könnte dem Staat noch vorteilhaftere Konditionen bieten, revidierte sie ihren eigenen Vorschlag in einigen Punkten, um ihn akzeptabler erscheinen zu lassen. Die Hauptänderung bestand in der Klausel, daß die Regierung ihre Schulden bereits nach Ablauf von vier (anstatt sieben) Jahren amortisieren konnte. Die Bank mochte sich mit diesem Vorschlag nicht gern unterbieten lassen und revidierte ihr Angebot ebenfalls. So lagen jetzt von jedem der Konkurrenten zwei Vorschläge auf dem Tisch, und das Unterhaus setzte seine Beratung fort. Robert Walpole war der Hauptredner zugunsten der Bank; John Aislabie, der Schatzkanzler, machte sich zum Advokaten der *South-Sea Company*. Am 2. Februar fand die Mehrheit des Hauses, der Vorschlag der *Company* sei vorteilhafter für das Land, und brachte eine entsprechende Gesetzesvorlage auf den Weg.

Nun war die Börse in fieberhafter Erregung. Die Aktien der *Company*, die am Vortag noch auf 130 standen, stiegen, während die Vorlage ihren Weg durch die parlamentarischen Gremien nahm, mit erstaunlicher Schnelligkeit auf 300. Walpole war der einzige Redner, der unerschrocken gegen die Vorlage sprach. Er warnte mit eindringlichen und feierlichen Worten vor ihren negativen Folgen. Sie werde »die gefährliche Praxis der Spekulation fördern und den Geist der Nation von Handel und Industrie ablenken. Sie wird einen gefährlichen Köder auslegen, um die Unvorsichtigen in den Ruin zu locken; sie wird sie die Erträge ihrer Arbeit vergessen lassen um der Aussicht auf einen imaginären Reichtum willen. Das Hauptprinzip des Plans ist ein Übel ersten Ranges: Man treibt die Aktienkurse künstlich nach oben, indem man eine allgemeine Verblendung erzeugt und aufrechterhält, indem man Dividenden aus Kapitalien verspricht, die gänzlich irreal sind.« Und mit prophetischem Scharfsinn fügte er hinzu, die Direktoren der *Company* wären, sollte der Plan erfolgreich sein, die Herren der Regierung, eine neue, absolutistische Aristokratie innerhalb des Königreichs, die auch die Beschlüsse der Legislative kontrollieren könne. Scheitere er aber — wovon er, Walpole, überzeugt sei —, so seien die Folgen allgemeine Unzufriedenheit und wirtschaftlicher Niedergang. Der Wahn werde so tief gehen, daß die Menschen am Tage X wie aus einem bösen Traum aufschrecken und sich fragen würden, ob dies alles wahr sein könne.

Doch all diese Eloquenz war vergebens. Walpole wurde ein falscher Prophet geheißen, ein krächzender Rabe, der ständig von bösen Vorzeichen unke. Seine Freunde freilich verglichen ihn mit Kassandra und warnten: Das Unheil, das er vorhersage, werde erst geglaubt werden, wenn es vom Herzen eines jeden Besitz ergriffen habe und ihm aus dem eigenen Spiegel entgegenstarre. Aber kaum jemand wollte das hören. Hing das Haus früher mit höchster Aufmerksamkeit an Walpoles Lippen, so leerten sich jetzt die Bänke, wenn er sich anschickte, über die *South-Sea Company* zu sprechen.

Das Gesetzgebungsverfahren dauerte zwei Monate. Während dieser Zeit machten das Direktorium der *Company* und speziell sein Vorsitzender Sir John Blunt alle Anstrengungen, den Kurs der Aktien zu steigern. Die wildesten Gerüchte wurden in die Welt gesetzt: Es werde Verträge zwischen England und Spanien geben, auf deren Grundlage der Freihandel mit allen spanischen Kolonien garantiert wäre. Aus den Minen von Potosi werde so viel Silber nach England gebracht werden, daß es am Ende so reichlich vorhanden wäre wie Eisen. Die Einwohner von Mexiko würden mit Kattun und Wolle aus England versorgt werden und dafür ihre Goldminen leeren. Die Südsee-Handelsgesellschaft werde die reichste AG aller Zeiten sein, und der Erwerb jeder 100-Pfund-Aktie werde ihrem Besitzer jährlich ein Vielfaches an Rendite bringen. Schließlich war der Kurs mit Hilfe solcher Gerüchte auf 400 hochgetrieben worden, pendelte sich dann aber bei 330 ein. Dort stand er auch noch, als die Vorlage das Unterhaus mit einer Mehrheit von 172:55 passierte.

Im Oberhaus wurde sie mit beispielloser Eile durchgepeitscht: Am 4. April 1720 fand die erste Lesung statt, am 5. die zweite; am 6. wurde sie an die Ausschüsse überwiesen; am 7. lag sie dem Plenum erneut vor und wurde angenommen. Auch hier gab es einige warnende Stimmen, doch die große Mehrheit der Lords wollte sie nicht hören. Das Spekulationsfieber hatte sie genauso gepackt wie die Gemeinen. Lord North and Grey sagte, die Vorlage sei in ihrem Wesen ungerecht und fatal in ihren Folgen; sie laufe darauf hinaus, die Wenigen zu bereichern und die Vielen verarmen zu lassen. Ihm folgte der Herzog von Wharton, der aber nur die Argumente Walpoles im Unterhaus wiederholte und daher weniger Aufmerksamkeit fand als Lord North and Grey. Graf Cowper verglich die Bill mit dem Trojanischen Pferd: Wie dieses sei sie mit großem Pomp und Freudengeschrei eingeführt und aufgenommen worden, trage jedoch Verrat und Zerstörung in sich. Der Graf von Sunderland bemühte sich, auf alle Einwände zu antworten. Als man zur Abstimmung schritt, erwiesen sich nur 17 Peers als Gegner, aber 83 als Befürworter des Projekts. Noch am selben Tag erhielt die Bill die königliche Genehmigung und damit Gesetzeskraft.

Zu diesem Zeitpunkt schien die gesamte Nation aus Börsenspekulanten zu bestehen. Der Zugang zur Börse, die Exchange Alley, war tagtäglich von Massen blockiert, und in Cornhill (einer Straße, die an der Börse entlangführt), stauten sich unzählige Wagen. Alle wollten Aktien kaufen. In einem Lied, das damals viel gesungen wurde, hieß es:

> »Then stars and garters did appear
> Among the meaner rabble;
> To buy and sell, to see and hear
> The jews and gentiles squabble.
>
> The greatest ladies thither came
> And plied in chariots daily,
> Or pawned their jewels for a sum
> To venture in the Alley.«[1]

---

[1] *A South-Sea Ballad; or, Merry Remarks upon Exchange-Alley Bubbles.*
(Etwa: »Dann erschienen Prominente und Ordensträger
Unter dem niederen Volk (der Börsenjobber),

Der unmäßige Durst nach Gewinnen, der alle Schichten der Gesellschaft ergriffen hatte, war in der Südsee allein nicht zu stillen. Andere Projekte, andere Firmen schossen aus dem Boden, zum Teil verrücktester Art. Die Kurszettel wurden immer länger und die Aktienumsätze immer gewaltiger. Jedes Mittel war recht, um die Kurse künstlich in die Höhe zu treiben.

Aber entgegen den Erwartungen *fielen* die *South-Sea*-Aktien, als die Bill die königliche Genehmigung erhalten hatte. Am 7. April standen sie nur noch auf 310, am folgenden Tag auf 290. Die Direktoren waren gerade mit der Ausrechnung ihrer Rendite beschäftigt, und es war unwahrscheinlich, daß sie den Aktien erlauben würden, den ihnen angemessenen Kurs zu finden. Umgehend und emsig machten sich ihre Beauftragten ans Werk: Jeder am Erfolg des Projekts Interessierte hatte bald einen Haufen von Zuhörern um sich, denen er von den Reichtümern Südamerikas vorschwärmte. Dann kam ein neues, mit größter Dreistigkeit weitergetragenes Gerücht auf: Graf Stanhope, hieß es, hatte in Frankreich Vorschläge der spanischen Regierung für einen Austausch Gibraltars und Port Mahons (auf Menorca, damals britisch) gegen einige Plätze an der Küste Perus erhalten, durch deren Ausbau der Südseehandel gesichert und erweitert werden konnte. Überdies sollte die *Company* statt eines einzigen Schiffes so viele bauen und chartern können, wie sie wollte, um mit jenen Häfen Handel zu treiben, und kein ausländischer Potentat sollte das Recht haben, Anteile vom Profit aus diesem Handel zu erhalten.

> Um zu kaufen und zu verkaufen, zu sehen und zu hören,
> Wie die Spekulanten durcheinanderschrien.
>
> Die feinsten Damen kamen täglich
> Dorthin in ihren Wagen;
> Oder sie versetzten ihren Schmuck,
> Um an der Börse zu spekulieren.«)

Mit einer neuen Weise versehen, nannte man das Lied auch: »*The Grand Elixir; or, the Philosopher's Stone discovered*«.

Jetzt stieg der Kurs schnell. Am 12. April, fünf Tage nachdem die Vorlage Gesetz geworden war, emittierten die Direktoren 1 Million neue Aktien zum Eröffnungskurs von 300 pro 100-Pfund-Aktie. In wenigen Tagen stiegen die Stammaktien auf 340, und die Neuemissionen wurden zum Doppelten des Subksriptionspreises gehandelt. Um den Kurs noch höher zu treiben, wurde bei einer Sitzung des Direktoriums beschlossen, die Mittsommerdividende auf 10 Prozent festzusetzen, in deren Genuß auch die Neuzeichner kommen sollten. Dieser Beschluß erfüllte seinen Zweck vollkommen: Die Verblendung der geldgierigen Menschen steigerte sich noch weiter. Die Direktoren legten eine zweite Subskription auf — zum Kurs von 400. In wenigen Stunden waren anderthalb Millionen Aktien zu diesem Kurs gezeichnet.

Gleichzeitig schossen überall weitere Aktiengesellschaften aus dem Boden. Sie wurden bald nur noch *bubbles*[1] genannt — der passendste Name, den die Phantasie ersinnen konnte. Das einfache Volk ist ja bei der Erfindung von Spitznamen oft sehr treffsicher, und *bubbles* trifft diese Neugründungen überaus genau. Einige von ihnen bestanden nicht länger als eine oder zwei Wochen, dann hörte man nichts mehr von ihnen; andere hielten nicht einmal diese kurze Zeitspanne durch. Jeder Abend gebar neue Pläne, jeder Morgen neue Projekte. Die höchsten Spitzen des Adels jagten ebenso eifrig hinter Gewinnen her wie die unverdrossensten Jobber an der Börse. Der Prince of Wales wurde Präsident einer AG und soll durch seine Spekulationen 40000 £ eingestrichen haben. Der Herzog von Bridgewater startete ein Projekt zur Verschönerung Londons und Westminsters, der Herzog von Chandos

---

[1] Wörtlich ›(Luft-)Blase‹, im weiteren Sinne ›Brodeln‹, ›Rauschen‹, aber auch ›leerer Schein‹, ›Schwindel‹. In manchen deutschen Darstellungen ist von der ›Südseeblase‹ die Rede. (Anm. d. Übers.)

ein weiteres. Es gab mehr als 100 Projekte dieser Art, eines überspannter und irrealer als das andere — »erdacht und gefördert von gerissenen Schurken« (wie ein Zeitgenosse formulierte), »weiterverfolgt von habgierigen Narren und im Effekt genau das, was der Volksmund ihnen nachsagte: Schwindel und Betrug«. Man hat errechnet, daß mit diesen unseriösen Praktiken, die manchen Narren bettelarm und manchen Schurken unverschämt reich machten, nahezu anderthalb Millionen Pfund gewonnen und verloren wurden.

Gewiß gab es unter diesen Projekten auch solche, die sinnvoll waren und in ruhigeren Zeiten mit Gewinn für alle Beteiligten hätten verfolgt werden können. Aber auch sie wurden lediglich auf den Weg gebracht, um das Spekulationsfieber anzuheizen; so lebten sie, nach der übereilten Emission ihrer Aktien, meist nur kurze Zeit. Maitland teilt uns in seiner *Geschichte Londons* ganz ernsthaft mit, daß es einen vielseitig unterstützten Plan zur Gründung einer Gesellschaft gab, die »Dielenbretter aus Sägespänen herstellen« sollte. Ähnlich unsinnige Unternehmungen gab es in Fülle; sie existierten nur wenige Tage und rissen Hunderte mit in den Ruin. Eine von ihnen wollte das *Perpetuum mobile* herstellen (Kapital: 1 Million); eine andere wurde gegründet »zur Förderung der Pferdezucht in England, zur Verbesserung des Pfarr- und Kirchenlandes und zum Um- und Neubau von Pfarrhäusern«. Daß die Geistlichkeit, die am letzteren Unternehmenszweck ein vorrangiges Interesse gehabt haben dürfte, sich auch für den ersten erwärmt haben sollte, ist wenig wahrscheinlich; es macht nur Sinn, wenn man annimmt, daß das Projekt von einer Gruppe fuchsjagdbegeisterter Pastoren ins Werk gesetzt wurde (eine damals nicht eben seltene Kombination). Natürlich waren auch die Anteilscheine dieser AG rasch subskribiert.

Die absurdeste Gründung aber war die einer »Gesellschaft zur Durchführung eines überaus nützlichen Unternehmens, das aber noch niemand kennt«. Gäbe es nicht die von zahlreichen Zeugen beglaubigte Tatsache, man könnte unmöglich glauben, daß irgendein Mensch von einem solchen Unfug düpiert werden konnte. Der geistvolle Mann, der diesen kühnen und erfolgreichen Angriff auf die allgemeine Leichtgläubigkeit ritt, erklärte in seiner Werbeschrift lediglich, das benötigte Kapital sei eine halbe Million, aufgeteilt in 5 000 Aktien à 100 £; Anzahlung 2 £ pro Aktie. Jeder Zeichner, der die Anzahlung hinterlege, habe jährlich Anspruch auf 100 £ pro Aktie. Er ließ sich nicht zu Auskünften darüber herbei, woher diese immense Rendite kommen sollte, versprach aber, binnen eines Monats genauere Einzelheiten mitzuteilen und zur Zahlung der restlichen 98 £ aufzufordern. Am nächsten Morgen um 9 Uhr eröffnete dieser prächtige Mann ein Büro in Cornhill. Massen von Menschen belagerten seine Tür, und als er um 15 Uhr schloß, waren nicht weniger als 1 000 Aktien gezeichnet und die Anzahlungen dafür geleistet worden. Er hatte also in sechs Stunden 2 000 Pfund verdient. Als philosophische Natur begnügte er sich mit diesem Gewinn, setzte zum Kontinent über und ward nie mehr gesehen.

Ein anderer, sehr erfolgreicher Betrug war der mit den *Globe Permits*. Es handelte sich um nichts weiter als viereckige Spielkarten mit dem Aufdruck eines wächsernen Siegels; dieses enthielt eine Abbildung des Aushängeschilds der *Globe Tavern* in der Nähe der Exchange Alley. Die Besitzer der Karten erfreuten sich keines anderen Vorteils als der Genehmigung, in irgendeiner unbestimmten Zukunft Aktien einer neuen Segeltuch-Manufaktur zeichnen zu dürfen, die ein Mann, dem damals eine glückliche Hand nachgesagt wurde, gerade plante (er war später in die Unterschlagungen des

South-Sea-Direktoriums verwickelt). Diese *Permits* wurden Stück für Stück zum Preis von 60 Guineen verkauft. Standespersonen beiderlei Geschlechts waren an solchen Schwindel-Transaktionen beteiligt. Die Herren trafen ihre Makler in den Tavernen und Kaffeehäusern, die Damen in Putzmacher- und Kurzwarengeschäften. Viele dieser Herrschaften glaubten nicht an die Machbarkeit der Projekte; ihnen genügte es, wenn die Aktien zügig durch zweifelhafte Manipulationen über pari getrieben wurden, damit sie sie schnellstmöglich an die wirklich Leichtgläubigen weiterverkaufen konnten. Die Konfusion ging so weit, daß Aktien derselben Unternehmung am einen Ende der Exchange Alley um 10 Prozent höher gehandelt wurden als am andern. Sensible Zeitgenossen nahmen die ungewöhnliche Verblendung der Menschen mit Sorge und Beunruhigung zur Kenntnis. Jonathan Swift etwa schrieb zu dieser Zeit sein satirisches Gedicht *The Bubble*. Er vergleicht darin die Exchange Alley mit einem Tiefseegraben in der Südsee, auf welchem die Geblendeten in lecken Booten so lange herumirren, bis sie versinken und von den Haien gefressen werden:

»Subscribers here by thousands float
And jostle one another down,
Each paddling in his leaky boat,
And here they fish for gold and drown.

Now buried in the depths below,
Now mounted up to heaven again,
They reel and stagger to and fro,
At their wits' end, like drunken men.

Meantime, secure on Garraway cliffs,
A savage race, by shipwrecks fed,
Lie waiting for the foundered skiffs
And strip the bodies of the dead.«[1]

---

[1] *The Poems of Jonathan Swift*. Vol. I, Oxford 1958, S. 256. — »Garraway cliffs« ist eine Anspielung auf *Garraway's*, ein Kaffeehaus, in dem viele Spekulationsgeschäfte getätigt wurden. (Anm. d. Übers.)

Mit solcherlei Warnungen stand Swift nicht allein. Innerhalb und außerhalb des Parlaments gab es eine Reihe skeptischer Beobachter, die den drohenden Ruin klar voraussahen. Robert Walpole hörte nicht auf, seine düsteren Prophezeiungen zu wiederholen. Seine Befürchtungen wurden von jener Minderheit der noch Vernünftigen geteilt und gaben auch der Regierung zu denken. Am 11. Juni, dem letzten Tag der Parlamentssession, erließ der König eine Proklamation, die alle betrügerischen Projekte zu öffentlichen Ärgernissen erklärte und mit strafrechtlicher Verfolgung bedrohte; allen Maklern wurde, bei Strafe von 500 Pfund, der Handel mit ihren Anteilscheinen verboten. Trotzdem gab es weiterhin kriminelle Spekulanten, die sie anboten, und irregeführte Menschen, die sie kauften. Am 12. Juli faßten die obersten Richter in geheimer Sitzung den Beschluß, eine Reihe von Petitionen um Patente und Privilegien abzulehnen und alle Schwindelfirmen aufzulösen. Dieser Gerichtsbeschluß, samt einer Liste jener schändlichen Projekte, mag auch jetzt noch von Interesse sein — bricht doch auch heute von Zeit zu Zeit die Tendenz durch, ähnlichen Praktiken zu frönen:

»In der Ratskammer zu Whitehall, am 12. Tag des Monats Juli. Anwesend: Ihre Exzellenzen die Lordrichter, zur Beratung versammelt.

Ihre Exzellenzen die Lordrichter haben in ihrer Beratung die vielerlei Unannehmlichkeiten erwogen, die der Allgemeinheit aus einer Reihe von Projekten zur Beschaffung von Aktienkapital zu verschiedenartigen Zwecken erwachsen sind, und die Tatsache in Betracht gezogen, daß viele Untertanen Seiner Majestät zur Preisgabe ihres Geldes verlockt wurden, indem man ihnen falsche Zusagen hinsichtlich der Bewilligung ihrer Petitionen um Patente und Privilegien machte.

Um solchen Täuschungen ein Ende zu setzen, haben Ihre Exzellenzen [...] die folgenden Gesellschaften [...] für ungesetzlich erklärt und aufgelöst:

1. Zum Import von schwedischem Eisen.
2. Zur Versorgung Londons mit Kohlen aus dem Meer (Kapital: 3 Millionen).
3. Zum Bau und Umbau von Häusern in ganz England (Kapital: 3 Millionen).
4. Zur Herstellung von Nesseltuch.
5. Zur Betreibung und Verbesserung der britischen Alaunsiedereien.
6. Zur zügigen Besiedelung der Inseln Blanco und Sal Tartagus.
7. Zur Versorgung der Stadt Deal (Kent) mit frischem Wasser.
8. Zum Import flandrischer Spitze.
9. Zur Verbesserung von Böden in Großbritannien (Kapital: 4 Millionen).
10. Zur Förderung der Pferdezucht in England, zur Verbesserung des Pfarr- und Kirchenlandes und zum Um- und Neubau von Pfarrhäusern.
11. Zur Herstellung von Eisen und Stahl in Großbritannien.
12. Zur Verbesserung des Bodens in der Grafschaft Flint (Kapital: 1 Million).
13. Zum Ankauf von Bauland (Kapital: 2 Millionen).
14. Zum Handel mit Haar.
15. Zur Errichtung von Salinen auf Holy Island (Kapital: 2 Millionen).
16. Zum Kauf und Verkauf von Grundstücken und zum Geldverleih auf Hypothek.
17. Zur Durchführung eines überaus nützlichen Unternehmens, das aber noch niemand kennt.
18. Zur Pflasterung der Straßen in London (Kapital: 2 Millionen).
19. Zur Ausrichtung von Begräbnissen in allen Teilen Großbritanniens.
20. Zum Kauf und Verkauf von Ländereien sowie zum Geldverleih gegen Zinsen.
21. Zum Betrieb der königlichen Fischereiflotte in Großbritannien (Kapital: 10 Millionen).
22. Zur Versicherung von Seemannsheuern.
23. Zur Errichtung von Leihhäusern für die Unterstützung und Förderung der Fleißigen (Kapital: 2 Millionen).
24. Zum Kauf und zur Verbesserung von Pachtland (Kapital: 4 Millionen).
25. Zur Einfuhr von Pech, Teer und anderen Schiffsvorräten aus Schottland und Amerika.
26. Zum Betrieb eines Kleider-, Filz- und Dachpfannenhandels.

27. Zum Kauf und zur Verbesserung eines Rittergutes mit Hoheitsrechten in Essex.
28. Zur Versicherung von Pferden (Kapital: 2 Millionen).
29. Zur Ausfuhr von Wollmanufakturwaren und zur Einfuhr von Kupfer, Messing und Eisen (Kapital: 4 Millionen).
30. Zur Errichtung einer großen Armenklinik (Kapital: 3 Millionen).
31. Zur Errichtung von Mühlen und zum Kauf von Bleiminen (Kapital: 2 Millionen).
32. Zur Verbesserung der Kunst der Seifenherstellung.
33. Zum Bau einer Siedlung auf der Insel Santa Cruz.
34. Zum Bau von Senkgruben und Bleierzschmelzen in Derbyshire.
35. Zur Herstellung von Glasflaschen und anderem Glas.
36. Zur Herstellung des *Perpetuum mobile* (Kapital: 1 Million).
37. Zur Verbesserung von Gärten.
38. Zur Versicherung und Steigerung von Mitgiften.
39. Zur Eintragung und Ladung von Gütern bei der Zollbehörde und zur Vermittlung von Geschäften für Kaufleute.
40. Zum Betrieb einer Wollmanufaktur in Nordengland.
41. Zur Einfuhr von Walnußbäumen aus Virginia (Kapital: 2 Millionen).
42. Zur Herstellung von Manchesterwaren aus Zwirn und Baumwolle.
43. Zur Herstellung von Joppa- und Castilseife.
44. Zur Verbesserung der Schmiedeeisen- und Stahlmanufaktur in diesem Königreich (Kapital: 4 Millionen).«
[...]

Neben diesen Schwindelfirmen wurden — der Gerichtsentscheidung und dem Spott des noch vernünftigen Teils der Öffentlichkeit zum Trotz — täglich neue gegründet. Die Druckereien warfen immer neue Karikaturen auf den Markt, und die Zeitungen wimmelten von Epigrammen und Satiren über die vorherrschende Narretei. Ein geistreicher Kartenhersteller brachte ein (heute äußerst rares) Südsee-Kartenspiel heraus, in welchem jede Karte in einer Ecke die übliche Figur und in der andern die Karikatur einer Schwindelfirma mit den dazu passenden Versen aufweist. Eine der berüchtigtsten dieser Firmen war die *Puckle's Machine Company*, die sich der Herstellung viereckiger Kanonen- und Gewehrkugeln und einer totalen Revolution der Kriegskunst verschrieben hatte. Auf Pik Acht z. B. werden die Anmaßungen, mit denen sie die Gunst des Publikums zu gewinnen suchte, so karikiert:

> »A rare invention to destroy the crowd
> Of fools at home instead of fools abroad.
> Fear not, my friends, this terrible machine,
> They're only wounded who have shares therein.«[1]

Herz Neun enthält eine Karikatur der *English Copper and Brass Company*:

> »The headlong fool that wants to be a swopper
> Of gold and silver coin for English copper,
> May, in Change Alley, prove himself an ass,
> And give rich metal for adulterate brass.«[2]

Karo Acht schließlich spießte die *Gesellschaft für die Kolonisierung Neuschottlands* (in Kanada) so auf:

> »He that is rich and wants to fool away
> A good round sum in North America,
> Let him subscribe himself a headlong shearer,
> And asses' ears shall honour him or bearer.«[3]

In ähnlicher Weise stellte jede Karte des Spiels irgendein kriminelles Projekt vor und gab die darauf Hereingefallenen der Lächerlichkeit preis. Man hat übrigens

---

[1] Etwa: »Eine ungewöhnliche Erfindung, um die Menge der Narren
Zu Hause zu vernichten — anstelle der äußeren Feinde.
Fürchtet, Freunde, diese schreckliche Maschine nicht —
Nur Invaliden besitzen Aktien von ihr.«

[2] Etwa: »Der ungestüme Narr, der Gold und Silber
Für englisches Kupfer eintauschen möchte —
Mag er sich an der Börse als Esel erweisen,
Der edles Metall für falsches Messing gibt.«

[3] Etwa: »Der Reiche, der eine ansehnliche Summe
Verschwenden will in Nordamerika:
Mag er nur Hals über Kopf Aktien zeichnen —
Am Ende werden ihn oder den Aktieninhaber Eselsohren zieren.«

errechnet, daß die Gesamtsumme der für diese Projekte in Aussicht genommenen Fonds mehr als 300 Millionen Pfund betrug.

Aber kehren wir jetzt zu dem ungeheuren Südseeschlund zurück, der die Vermögen von so vielen Tausenden von Habgierigen und Leichtgläubigen verschlungen hat! Am 29. April 1720 war der Aktienkurs bei 500 angekommen, und etwa zwei Drittel der Staatsrentner hatten die Sicherheiten des Staates gegen die der *South-Sea Company* eingetauscht. Den ganzen Mai hindurch stieg der Kurs stetig an und erreichte am 28. des Monats 550. Dann machte er binnen vier Tagen einen gewaltigen Sprung von 550 auf 890. Jetzt glaubte man allgemein, er könne nicht noch weiter steigen, und viele ergriffen die Gelegenheit, ihre Bestände abzustoßen, um Gewinne zu realisieren. Zahlreiche Angehörige des Adels und des Hofes verkauften ebenfalls. Da nur wenige Kauflustige in der Exchange Alley erschienen, konnte die Folge nicht ausbleiben: Der Kurs fiel am 3. Juni von 890 auf 640. Das *Company*-Direktorium war alarmiert und erteilte seinen Agenten Kauforder. Nun wendete sich das Blatt. Gegen Abend dieses Tages war das Vertrauen wiederhergestellt und der Kurs auf 750 gestiegen. Auf diesem Stand blieb er, mit leichten Schwankungen, bis zum 22. Juni. Dann kam, nach neuen Kurspflegemaßnahmen, die zu schildern nutzlos und uninteressant wäre, ein weiterer Anstieg bis 1000 — man schrieb Anfang August. Aber nun war der Ballon voll aufgeblasen und kurz vor dem Bersten.

Viele Staatsrentner begannen Unmut über das Direktorium zu äußern und beschuldigten es der Parteilichkeit bei der Aufstellung der Subskriptionslisten für Neuemissionen. Weiteres Unbehagen erzeugte die Nachricht, daß Sir John Blunt, der Vorsitzende des Direktoriums, und einige seiner Mitglieder ihre Aktienpakete verkauften. Den ganzen August hindurch fiel der Kurs; am 2.9. notierten die Papiere nur noch mit 700.

Jetzt war Anlaß zu ernster Beunruhigung. Um einem noch weiteren Abbröckeln des öffentlichen Vertrauens so weit wie möglich entgegenzuwirken, berief das Direktorium zum 8. September eine Aktionärs-Hauptversammlung in die Tuchhändlerhalle ein. Schon um 9 Uhr an diesem Tag war die Halle brechend voll; die Cheapside, eine angrenzende Straße, war verstopft von Menschen, die keinen Einlaß fanden. Höchste Erregung herrschte. Das Direktorium und seine Parteigänger waren zahlreich vertreten. Sir John Fellowes, Vizegouverneur der *Company,* leitete die Versammlung. Er erinnerte an den Grund ihrer Einberufung, verlas die diversen Beschlüsse des Direktoriums und berichtete über dessen letzte Verhandlungen sowie über die Einnahmen aus ablösbaren und nicht ablösbaren Staatsschuldverschreibungen. Der Staatssekretär James Craggs jun. hielt eine kurze Rede, worin er das Verhalten der Direktoren lobte und betonte, die beste Garantie für die Verwirklichung des Projekts sei Einigkeit unter allen Beteiligten. Er schloß mit dem Antrag, dem Direktorium Dank und Anerkennung für sein besonnenes und geschicktes Management auszusprechen und es zu ermächtigen, alle Maßnahmen zu ergreifen, die es im Interesse und zum Nutzen der Gesellschaft für notwendig erachte. John Hungerford, der im Unterhaus wegen seines eifrigen Einsatzes für die *Company* aufgefallen war und im Verdacht stand, durch genaue Kenntnis der richtigen Verkaufstermine große Gewinne gemacht zu haben, nahm dies zum Anlaß für einen seiner prahlerischen Auftritte. Er habe, so begann er, Aufstieg und Fall, Niedergang und Wiederaufstieg mancher Körperschaften dieser Art erlebt, aber keine von ihnen habe in so kurzer Zeit so wundervolle Dinge vollbracht wie die *South-Sea Company*. Sie habe mehr getan, als die Krone, die Richterschaft und die Geistlichkeit je tun könnten: Sie habe alle Parteien in einem gemeinsamen Interesse vereint, allen inneren Zwist, alle Animositäten der Nation zum Verstummen gebracht, wo nicht beseitigt. Bereits wohlhabende Männer hätten durch den Anstieg ihrer Aktien ihr Vermögen gewaltig gesteigert; Grundbesitzer hätten erlebt, wie der Wert ihrer Ländereien sich verdoppelt, ja verdreifacht habe. Gleichzeitig habe die Spendenfreudigkeit zugunsten der Kirche zugenommen, und nicht wenige ehrwürdige Geistliche hätten durch das Projekt große Summen erhalten. Kurz, die Leitung der *Company* habe die ganze Nation reich und glücklich gemacht, und er hoffe nur, daß sie sich selbst dabei nicht vergessen habe. Bei diesem letzten Teil der Rede ließ sich hier und da ein Zischen vernehmen, war doch die Übertriebenheit dieser Lobhudelei nicht weit von Satire entfernt — doch die Direktoren, ihre Freunde und alle Gewinnler in der Halle spendeten warmen, fülligen Beifall. Der Herzog von Portland äußerte sich in ganz ähnlichem Sinn und drückte seine große Verwunderung darüber aus, daß irgendwer unzufrieden sein könne — natürlich hatte auch er Gewinne mitgenommen und war in ähnlicher Lage wie der fette Stadtrat in *Joe Miller's Jests*[1], der stets nach einem guten Essen die Hände über seinem Wanst zu falten und zu bezweifeln pflegt, daß es irgendwo in der Welt Hungernde gebe.

Im Laufe des Tages verabschiedete die Versammlung mehrere Resolutionen, die aber wenig Wirkung beim Publikum zeitigten. Am Abend war der Kurs auf 640 gefallen; am nächsten Tag stand er auf 540. Nun fiel er stetig weiter bis auf 400. In einem Brief des Unter-

---

[1] Scherz- und Anekdotensammlung von John Mottley, erschienen 1739 und benannt nach Joseph Miller (1684–1738), einem bekannten Schauspieler und Humoristen. (Anm. d. Übers.)

hausabgeordneten Broderick an Lordkanzler Middleton vom 13. September (abgedruckt in William Coxes Walpole-Biographie) heißt es:

»Unterschiedlich sind die Vermutungen, warum die *South-Sea*-Direktoren es duldeten, daß der Nebel so früh zerriß. Ich habe keine Zweifel, daß sie es um ihres eigenen Vorteils willen taten. Sie haben das Vertrauen der Öffentlichkeit so weit überstrapaziert, daß das Währungssystem sich außerstande erweist, dies zu ertragen. Sie haben bedenkenlos Neuemissionen aufgelegt und sich dabei auf die Verluste der Verblendeten gestützt, deren Vernunft durch Geldgier und die Hoffnung ausgeschaltet wurde, man könne aus Maulwurfshaufen Berge machen. Tausende von Familien werden an den Bettelstab kommen. Die Bestürzung ist unbeschreiblich, der Zorn riesengroß und die Lage so verzweifelt, daß ich keine Möglichkeit sehe, das Unglück abzuwenden. Ich habe keine Ahnung, was als nächstes zu tun wäre.«

Zehn Tage später, der Kurs war noch weiter gefallen, schreibt Broderick:

»Die *Company* ist bisher zu keiner Entscheidung gekommen. Sie steht im dichten Wald und weiß nicht, welchen Weg sie nehmen soll. Von mehreren Gentlemen, die dieser Tage in die Stadt kamen, erfuhr ich, daß der bloße Name *South-Sea Company* in allen Ländern Abscheu erregt. Sehr viele Goldschmiede haben bereits schließen müssen[1], und täglich werden weitere folgen. Ich habe Zweifel, ob ein Drittel — nein, ob ein Viertel von ihnen dies durchhalten wird. Vom ersten Tage an habe ich mein Urteil über die ganze Affäre auf den unbezweifelbaren Grundsatz gestützt, daß 10 Millionen (das sind mehr als die insgesamt zirkulierende Geldmenge) nicht 200 Millionen in Umlauf setzen können — denn bis zu dieser Höhe ist unser Kreditvolumen ausgedehnt. Und daß in dem Moment, da das Ganze — aus welchen Gründen immer — zweifelhaft wird, unsere großartige Staatsmaschinerie unweigerlich am Boden zerschellen muß.«

Bereits am 12. September hatten, auf ernsthafte Ermahnung von Staatssekretär Craggs, mehrere Konfe-

---

[1] Bis zur Gründung der Bank von England (1694), aber z.T. auch noch in den folgenden Jahrzehnten deponierten britische Geschäftsleute ihre Gold- und Silberbestände vorzugsweise bei Goldschmieden; diese gaben dafür *goldsmith's notes*, welche, als Vorläufer der Banknoten, den Charakter von Zahlungsmitteln hatten. Vgl. dazu Fernand Braudel, *Sozialgeschichte des 15. bis 18. Jahrhunderts*. München 1990, Bd. 1, S. 516. (Anm. d. Übers.)

renzen zwischen den Direktorien der *Company* und der Bank von England stattgefunden. Ein Gerücht, demzufolge die letztere sich bereit erklärt haben sollte, Schuldverschreibungen der *South-Sea Company* in Höhe von 6 Millionen zu übernehmen und in Umlauf zu bringen, ließ den Aktienkurs auf 670 hochschnellen. Als sich am Nachmittag aber die Haltlosigkeit des Gerüchts herausstellte, fiel er wieder auf 580, um sich später bei 400 einzupendeln.[1]

Nun hatte die Regierung allen Grund, alarmiert zu sein. Die *Company*-Direktoren konnten sich nicht mehr in den Straßen zeigen, ohne angepöbelt zu werden; ein Aufstand lag im Bereich des Möglichen. Man sandte Botschaften an den in Hannover weilenden König und erbat seine umgehende Rückkehr. Auch an Walpole, der sich auf seinen Landsitz zurückgezogen hatte, erging eine Botschaft: Er solle seinen wohlbekannten Einfluß bei der Bank von England einsetzen, um das Direktorium zur Annahme des Vorschlags zu bewegen, einen Teil der *South-Sea*-Schuldverschreibungen in Umlauf zu bringen.

Aber die Bank zeigte keinerlei Neigung, in die Affären der *Company* verwickelt zu werden. Sie fürchtete unüberwindbare Kalamitäten und begegnete allen Annäherungsversuchen mit ersichtlicher Ablehnung. Doch schließlich war es die gesamte Nation, die sie zur Hilfe anrief. Wer immer in der Handelspolitik über Einfluß verfügte, fühlte sich zu Ratschlägen aufgerufen. Walpole formulierte den Rohentwurf für einen

---

[1] Der Dichter John Gay hatte in diesem desaströsen Jahr von einem Freund einige *South-Sea*-Aktien geschenkt bekommen und wähnte sich schon als Besitzer von 20000 Pfund. Seine Freunde bestürmten ihn zu verkaufen, aber er träumte von hohem Ansehen und Glanz und mochte dieses Glück nicht vorzeitig zerstören. Daher rieten sie ihm, wenigstens so viel zu verkaufen, daß er pro Jahr 100 Pfund zum Leben habe; »so kannst du dir«, sagte einer von ihnen, »jeden Tag ein sauberes Hemd und eine Hammelschulter leisten«. Aber auch dieser Rat wurde mißachtet, und als Kapital und Rendite verloren waren, sank Gay in so tiefes Elend, daß er in wirkliche Lebensgefahr geriet. (Vgl. Samuel Johnson, *Lives of the Poets*. London 1804, S. 283 ff.)

Vertrag, der schließlich als Grundlage für weitere Verhandlungen akzeptiert wurde. Das dämpfte die öffentliche Unruhe etwas.

Am folgenden Tag, dem 20. September, fand erneut eine Hauptversammlung der *South-Sea Company* in der Tuchhändlerhalle statt. Man beschloß, das Direktorium zu Verhandlungen mit der Bank von England zu ermächtigen, um die Schuldverschreibungen der *Company* in Umlauf zu bringen oder zusammen mit der Bank andere geeignete Maßnahmen zu ergreifen. Einer der Sprecher nannte die außerordentliche Panik der Leute höchst überraschend; sie liefen in Angst und Schrecken umher und seien von der Phantasie eines Unglücks besessen, dessen Art und Umfang noch niemand kenne.

Zwei Tage später hielt auch die Bank von England ihre Hauptversammlung ab. Der Gouverneur berichtete über die verschiedenen Konferenzen des Direktoriums zum Thema *South-Sea Company* und fügte hinzu, man habe sich bisher zu keiner Entscheidung in der Lage gesehen. Daraufhin wurde ein Resolutionsentwurf präsentiert und einstimmig angenommen, der das Direktorium zu Verhandlungen mit der *Company* über die Schuldverschreibungen ermächtigte; in welcher Höhe, unter welchen Konditionen und für welche Zeit diese übernommen werden sollten, blieb ihm überlassen.

So hatten beide Seiten freie Hand, um zu tun, was sie im Sinne des öffentlichen Interesses als das Beste ansahen. Die Bank legte, um das Vertrauen der Öffentlichkeit zu stabilisieren, eine Subskription von 3 Millionen auf — zu den üblichen Konditionen: 15 % Depositum, 3 % Agio und 5 % Zins. Am frühen Morgen des Subskriptionstages war der Andrang der Zeichnungswilligen so stark, daß man glaubte, so werde es bis zum Abend weitergehen. Aber noch vor Mittag wendete sich das Blatt. Allen ergriffenen Maßnahmen zum Trotz fielen die *South-Sea*-Aktien rapid weiter. Die Schuldverschreibungen der *Company* genossen so wenig Kredit, daß ein Run auf die wichtigsten Goldschmiede und Bankiers einsetzte, von denen einige, die große Summen für *South-Sea*-Aktien ausgeliehen hatten, ihre Geschäftsräume schließen und untertauchen mußten. Die *Sword-Blade-Company,* bisher Hauptgeldgeber der *South-Sea-Company,* stoppte ihre Zahlungen. Da man dies nur als Beginn eines viel größeren Unglücks ansah, kam es zu einem weiteren Run auf die Bank selbst, die jetzt gezwungen war, das Geld, das sie am Morgen bei der Subskription eingenommen hatte, kurzfristig wieder auszuzahlen. Der nächste Tag (der 29.) war ein Feiertag, und die Bank hatte eine gewisse Zeit zum Atemholen. Sie widerstand dem Sturm, in dem ihre bisherige Rivalin, die *Company,* unterging. Denn deren Aktien fielen weiter — bis auf 135.

Nachdem somit deutlich geworden war, daß sie das öffentliche Vertrauen nicht wiederherstellen und dem ruinösen Trend Paroli bieten konnte, ohne Gefahr zu laufen, samt ihren Parteigängern hinweggeschwemmt zu werden, trat die Bank von dem gerade geschlossenen Agreement zurück. Es gab ja keine formelle Verpflichtung für sie; der sogenannte Bankvertrag war nur ein Rohentwurf mit Leerstellen für noch einzusetzende Klauseln und ohne Strafdrohung für den Fall der Nichterfüllung. »So konnte man«, mit den Worten der *Parlamentary History of England,* »binnen acht Monaten Aufstieg, Fortschritt und Niedergang dieses mächtigen Gebildes beobachten, das geheimnisvolle Kräfte zu einer wundervollen Höhe getrieben hatten, so daß die Augen und Erwartungen ganz Europas auf ihm ruhten, dessen Fundamente aber Betrug, Illusion, Leichtgläubigkeit und Verblendung hießen, so daß es zusammenfiel, als die hinterhältigen Transaktionen seines Direktoriums ans Licht kamen.«

Während dieser Zeitspanne, als die Wogen der Erregung hochschlugen und eine gefährliche Verblendung die Nation erfaßt hatte, wurden ihre Sitten merklich korrumpiert. Die parlamentarische Untersuchung, welche die Schuldigen an dem Debakel entlarven sollte, förderte Szenen der Infamie zutage, die in gleicher Weise der Moral der Missetäter wie der Vernunft des Volkes, in dem diese groß werden konnten, zur Schande gereichen. Es ist schon sehr lehrreich, diese Szenen nachzuzeichnen. Nationen dürfen ebensowenig wie Individuen mit der Illegalität kokettieren. Die Strafe wird sie früher oder später unweigerlich treffen. Tobias George Smollett, ein etwas später lebender Romancier des 18. Jahrhunderts, ist sehr im Unrecht, wenn er meint, »daß eine solche Ära für den historischen Schriftsteller unergiebig ist, weil kein Leser mit Gefühl und Phantasie durch Detaildarstellungen von derartigen Transaktionen anzusprechen ist, erlauben sie doch keinerlei Wärme, kein Kolorit, keine künstlerische Ausschmückung. Eine solche Darstellung wäre nichts als ein unbeseeltes Bild des geschmacklosen Lasters und der niedrigen Entartung«. Das Gegenteil ist der Fall — und Smollet selbst hätte dies entdecken können, wenn seine Mentalität es erlaubt hätte —: Das Thema kann so viel Interesse erregen, wie ein Romanschreiber sich nur wünschen kann. Gibt es etwa keine Wärme und kein Gefühl in der Verzweiflung eines ausgeplünderten Volks? Kein Leben, keine Beseeltheit in der Darstellung des Jammers Hunderter von verarmten und ruinierten Familien? In der Beschreibung der Reichen von gestern, die die Bettler von heute sind, der Verbannten und Ausgestoßenen, die einst mächtig und einflußreich waren? Wen rührten nicht die Selbstvorwürfe und Verwünschungen in allen Ecken und Enden des Landes? Ist es langweilig und belanglos, mitzuerleben, wie ein ganzes Volk plötzlich jede vernünftige

Kontrolle verliert, wie wild hinter einer goldenen Vision herläuft und sich hartnäckig wahrzunehmen weigert, daß sie nicht real ist — einer Hirschkuh gleich, die hinter einem Irrlicht herläuft, bis sie im Sumpf versunken ist? Gewiß wurde Geschichte oft in diesem falschen, unaufrichtigen Geist geschrieben. Intrigen unwürdiger Höflinge zur Erlangung der Gunst noch unwürdigerer Könige, mörderische Schlachten und Belagerungen wurden in epischer Breite dargestellt, noch und noch wiederholt mit aller Raffinesse des Stils und allem Charme der Phantasie — während Ereignisse, welche Moralität und Wohlfahrt eines Volkes aufs tiefste beeinflußten, kaum zur Kenntnis genommen wurden, als trocken und langweilig galten, als prosaisch und ohne Kolorit.

Während des Südseeschwindels bot England ein einzigartiges Schauspiel. Im öffentlichen Bewußtsein vollzog sich ein Prozeß ungesunder Gärung. Die Menschen waren nicht mehr zufrieden mit den langsamen, aber sicheren Erträgen bedachtsamen Fleißes. Die Hoffnung auf grenzenlosen Reichtum in unmittelbarer Zukunft machte sie achtlos und überheblich gegenüber dem Heute. Eine bis dahin unbekannte Prunksucht machte sich breit, verbunden mit auffallender moralischer Indifferenz. Die besitzergreifende Unverschämtheit dummer Menschen, die durch Glück im Spiel zu plötzlichem Wohlstand gelangt sind, trieb Männern von wirklicher Vornehmheit die Schamröte ins Gesicht. Aber man erinnerte sich ihrer auch, als die Verhältnisse sich gewandelt hatten. Bei der parlamentarischen Untersuchung schämten sich viele Direktoren ihrer Überheblichkeit mehr als ihrer Veruntreuungen. Einer von ihnen, der mit dem aufgeblasenen Stolz des Neureichen getönt hatte, er werde sein Pferd fortan nur noch mit Gold füttern, sah sich am Ende selbst beinahe auf Wasser und Brot gesetzt. Jeder hochnäsige

Blick, jede überhebliche Äußerung erhielt jetzt die verdiente Quittung und wurde hundertfach mit Armut und Demütigung zurückgezahlt.

Da der Stand der Dinge so beunruhigend war, verkürzte König Georg I. seinen Aufenthalt in Hannover und kehrte umgehend nach England zurück. Er kam am 11. November an und berief das Parlament auf den 8. Dezember ein. In der Zwischenzeit fanden in allen größeren Städten des Reiches öffentliche Versammlungen statt, bei denen man Petitionen an das Unterhaus verabschiedete, in welchen die Bestrafung der betrügerischen *South-Sea*-Direktoren gefordert wurde; sie hätten schließlich die Nation an den Rand des Ruins gebracht. Niemand schien auf den Gedanken zu kommen, daß die Nation selbst genauso zu tadeln war wie die *Company*. Niemand prangerte Leichtgläubigkeit und Habsucht der Leute an, ihre würdelose Profitgier, die alle edleren Seiten des Nationalcharakters überlagert hatte, oder ihre Verblendung, die sie mit hemmungsloser Ungeduld in das Netz hatte rennen lassen, das die Betrüger für sie aufgespannt hatten. Davon sprach niemand. Man sah sich als einfaches, ehrliches, hart arbeitendes Volk, ausgeplündert von einer Räuberbande, die ohne Erbarmen gehängt, zu Tode geschleift, geviertteilt gehörte.

Diese weitverbreitete Stimmung, in der Selbstkritik keinen Platz hatte, beherrschte auch die beiden Häuser des Parlaments. Noch bevor die Schuld der *South-Sea*-Direktoren offenkundig war, hallten sie wider vom Schrei nach Bestrafung. Vergeblich drückte der König in seiner Thronrede die Hoffnung aus, die Abgeordneten möchten sich auf ihre Besonnenheit, Ruhe und Entschlußkraft besinnen, um das rechte Heilmittel gegen die bestehende Malaise zu finden und anzuwenden. In der Debatte über die Thronrede schwelgten manche Sprecher geradezu in Beschimpfungen gegen das Direktorium. Lord Molesworth äußerte sich besonders drastisch:

»Es ist schon mehrfach gesagt worden: Kein Gesetz ist hart genug, um die Direktoren der *South-Sea Company* zu bestrafen, die man mit Fug und Recht als Urheber des derzeitigen Unglücks ansehen muß. Ich meine, daß das Haus in diesem Fall dem Beispiel der alten Römer folgen sollte, die kein Gesetz gegen den Vatermord kannten, weil ihre Gesetzgeber der Auffassung waren, kein Sohn könne so unnatürlich böse sein, daß er seine Hände mit dem Blut des eigenen Vaters besudle. So beschlossen sie, daß diese verruchte Tat bestraft werden sollte, sobald sie begangen war. Als gerechte Strafe betrachteten sie, daß der Mörder in einen Sack eingenäht und in den Tiber geworfen wurde. Ebenso sollte mit den Planern und Verantwortlichen des schändlichen Südseeprojekts verfahren werden! Sie sind die Mörder unseres Vaterlandes, und es wäre nur gerecht, wenn man sie genauso in Säcke einnähen und in die Themse werfen würde.«

Auch die meisten anderen Redner demonstrierten einen derartigen Mangel an Beherrschung und Besonnenheit. Nur Walpole äußerte sich moderater. Zuallererst müsse das Vertrauen der Öffentlichkeit wiederhergestellt werden. »Stünde die City von London in Brand, so würden alle klugen Leute zunächst helfen, die Flammen zu ersticken und die Ausbreitung der Feuersbrunst zu verhindern — und erst dann nach dem Brandstifter suchen. Auf das öffentliche Vertrauen wurde ein Anschlag verübt; es ist gefährlich verletzt worden und weist blutende Wunden auf. Man sollte zuerst nach einem schnell wirkenden Heilmittel suchen. Danach ist noch immer genug Zeit, nach dem Attentäter zu fahnden.« Am 9. Dezember wurde, als Antwort auf die Thronrede des Königs, ohne namentliche Abstimmung eine Adresse verabschiedet: Die Rede möge um eine Botschaft ergänzt werden, welche die Entschlossenheit des Hauses zum Ausdruck bringe, nicht nur nach Abhilfen für das nationale Desaster zu suchen, sondern auch dessen Urheber zu bestrafen.

Die parlamentarische Untersuchung schritt schnell voran. Die Direktoren wurden angewiesen, vor dem Hohen Hause umfassend Rechenschaft über ihr Geschäftsgebaren zu geben. Man war sich bald einig, daß die Kalamität primär den hinterhältigen Kniffen der Spekulanten zur künstlichen Anheizung der Aktienkurse entsprang und daß nichts der Wiederherstellung des öffentlichen Vertrauens dienlicher sein würde als ein Gesetz, das derart infame Praktiken für die Zukunft verbot. Nun erhob sich Walpole und teilte mit, daß auch er seit einiger Zeit über Maßnahmen nachdenke, um das öffentliche Vertrauen wiederherzustellen, und daß er dazu einen grundlegenden Plan entwickelt habe. Er wolle jedoch, bevor er diesen Plan darlege, wissen, ob die von ihm in Aussicht genommene Basis tragfähig sei. Konkret: Sollten die Subskription der Staatsschulden und der Hypothekenlasten, die Geldsubskriptionen und andere Kontrakte der *South-Sea Company* auf dem derzeitigen Stand verbleiben oder nicht? Diese Frage löste eine lebhafte Debatte aus. Schließlich entschied das Haus mit einer Mehrheit von 259 zu 117 Stimmen, daß alle diese Kontrakte auf dem momentanen Stand verbleiben sollten — es sei denn, sie wären zur Entlastung des jeweiligen Inhabers von einer Hauptversammlung der *Company* geändert oder im vorschriftsgemäßen Rechtsgang annulliert worden. Am nächsten Tag konstituierte sich das Parlament erneut als ›Komitee des ganzen Hauses‹, und Walpole legte seinen Plan dar. Er sah vor, daß je 9 Millionen vom Aktienkapital der *South-Sea Company* an die Bank von England und an die Ostindische Kompanie überstellt werden sollten — zu gewissen Konditionen. Der Plan wurde insgesamt günstig aufgenommen. Man beschloß, Vorschläge dieser beiden Körperschaften einzuholen. Dort gab es allerdings wenig Bereitschaft zur Hilfe, und auf den ad hoc einberufenen Hauptversammlungen stieß der Plan auf heftigen Widerstand. Schließlich einigte man sich aber doch auf Bedingungen, unter denen die Staatsschuldverschreibungen der *Company* übernommen werden sollten, und teilte diese dem Parlament mit. Daraufhin brachte Walpole eine Gesetzesvorlage ein, die sicher alle Hürden des Unter- und des Oberhauses nahm.

Eine zweite Vorlage sollte sicherstellen, daß das *South-Sea*-Direktorium samt Gouverneur, Vizegouverneur, Schatzmeister, Kassierer und Buchhaltern auf die Dauer von 12 Monaten am Verlassen des Landes gehindert, daß sein Vermögen offengelegt und daß Vorsorge getroffen wurde, dieses weder zu transferieren noch zu veräußern. Alle einflußreichen Abgeordneten unterstützten die Bill. William Shippen, der den Staatssekretär Craggs an seinem Platz sah und die für diesen nachteiligen Gerüchte glaubte, welche über seine Rolle in der *South-Sea*-Affäre kursierten, beschloß, ihm einen empfindlichen Denkzettel zu verpassen. Er sagte, es erfülle ihn mit Genugtuung, daß ein britisches Unterhaus zu seinem guten, alten Geist und zu der Kraft zurückgefunden habe, in solcher Einmütigkeit für das öffentliche Wohl zu wirken. Es sei sicher nötig, Personal und Vermögen des *South-Sea*-Direktoriums unter Aufsicht zu stellen, aber es gebe — und hier fixierte er den Staatssekretär angelegentlich — auch noch andere Personen in hoher Position, deren Namen zu gegebener Zeit zu nennen er nicht fürchte, die nicht weniger schuldig seien als die Direktoren. Hier erhob sich Craggs in großem Zorn und rief, wenn diese Anspielung sich auf ihn beziehe, so sei er bereit, jedermann innerhalb oder außerhalb des Hauses Satisfaktion zu geben, der seine Integrität in Zweifel ziehe. Nun ertönten von allen Seiten Ordnungsrufe. Mitten im größten Aufruhr erhob sich Lord Molesworth und brachte sein Erstaunen über die Kühnheit zum Ausdruck, mit der Mr. Craggs das gesamte Haus der Gemeinen herausfordere. Er selbst, mit über 60 etwas älter an Jahren, ziehe es vor, Mr. Craggs *innerhalb* des Parlaments zu antworten; er zweifle aber nicht daran, daß es um ihn herum eine Menge jüngerer Leute gebe, die Mr. Craggs auch außerhalb ohne Furcht entgegentreten würden. Wieder erschollen allenthalben Ordnungsrufe; fast alle Mitglieder des Hauses sprangen auf und schienen sich gegenseitig überschreien zu wollen. Vergeblich rief der *speaker* zur Ordnung. Der Tumult hielt mehrere Minuten an, während welcher Lord Molesworth und Craggs fast die einzigen waren, die Platz behielten. Schließlich wurden die Rufe in Craggs' Richtung so gebieterisch, daß dieser sich genötigt sah, der allgemeinen Stimmung Rechnung zu tragen und seinen unparlamentarischen Ausdruck zu erläutern. Er erklärte, mit dem Ausdruck »Satisfaktion geben« habe er nicht gemeint, er wolle sich schlagen, sondern, er wolle sein Verhalten verdeutlichen. Damit war dieser Punkt erledigt, und das Haus fuhr mit der Diskussion der Frage fort, in welchem Rahmen die Untersuchung der *South-Sea*-Affäre durchgeführt werden sollte: ob in einem Hauptausschuß oder in einem kleinen Sonderausschuß. Schließlich wurde ein geheimer Sonderausschuß von 13 Mitgliedern berufen, der das Recht haben sollte, Personen vorzuladen sowie Akten und Niederschriften anzufordern.

Das Oberhaus war genauso eifrig und eilfertig wie das Unterhaus. Der Bischof von Rochester verglich das Südseeprojekt mit einer Pestilenz. Der Herzog von Wharton meinte, jeder Respekt vor Personen sei hier fehl am Platze; er selbst sei bereit, seinen besten Freund fallenzulassen, wenn sich herausstellen sollte, daß er in die Sache verwickelt sei. Die Nation sei auf beschämende, zum Himmel schreiende Art und Weise ausgeplündert worden, und man solle bei der Bestrafung der Schuldigen bis zum Äußersten gehen. Lord Stanhope plädierte dafür, jeden Farthing im Besitz der Verantwortlichen, ob Direktoren oder andere, zu konfiszieren, um die nationalen Verluste wettzumachen.

Während all dieser Zeit war die öffentliche Erregung außerordentlich. In Coxes Walpole-Biographie ist zu lesen, daß die bloße Zugehörigkeit zum *South-Sea*-Direktorium damals als identisch mit Betrug und Gaunerei galt. Das Parlament erhielt Petitionen aus Grafschaften, Städten und Wahlbezirken in allen Teilen des Königreichs, die nach Gerechtigkeit für eine gekränkte Nation und nach Bestrafung der schurkischen Betrüger schrien. Jene Bedächtigeren, die, auch bei der Bestrafung der Schuldigen, nicht bis zum Äußersten gehen mochten, wurden der Komplizität geziehen, hatten Beschimpfungen zu erdulden und erhielten — in anonymen Briefen wie in offenen Zuschriften — schnelle Rache angedroht.

Die Beschuldigungen gegen Schatzkanzler Aislabie und Staatssekretär Craggs wurden bald so laut, daß das Oberhaus umgehend Ermittlungen gegen sie einzuleiten beschloß. Am 21. Januar 1721 ordnete es an, daß alle mit der *South-Sea*-Affäre befaßten Börsenmakler im Parlament Rechenschaft über alle Aktienkäufe, -verkäufe und -zeichnungen im Auftrag von Beamten des Schatzamtes geben sollten, die seit Michaelis (29. September) 1719 vorgenommen worden waren. Die Anhörung verstärkte den Verdacht, daß große Mengen von Aktien zum Nutzen des Schatzkanzlers umgesetzt worden waren. Fünf *South-Sea*-Direktoren wurden vom *Black Rod,* dem höchsten Dienstbeamten des Oberhauses, in Gewahrsam genommen. Einstimmig angenommen wurde ein von Earl Stanhope eingebrachter

Antrag, die Annahme oder Gewährung von Krediten zum Erwerb von Aktien ohne abschätzbare Gegenleistung in bar oder durch ausreichende Sicherheiten, ferner den Kauf von Aktien durch ein Direktoriumsmitglied oder einen Beauftragten der *South-Sea Company* zugunsten oder zum Nutzen eines Mitglieds der Regierung oder des Parlaments, solange dort die *South-Sea Bill* behandelt wurde, als notorische und gefährliche Bestechung zu verfolgen. Einige Tage später wurde eine weitere Entschließung verabschiedet; sie erklärte mehrere Direktoren und Angestellte der *Company,* die ihr privates Aktienpaket heimlich an diese veräußert hatten, des notorischen Betrugs und der Untreue für schuldig und nannte sie die Hauptverursacher der bestehenden Vertrauenskrise. Aislabie trat vom Amt des Schatzkanzlers zurück und ließ sein Parlamentsmandat bis zur Klärung der gegen ihn erhobenen Vorwürfe ruhen.

Währenddessen hatte Robert Knight, Schatzmeister der *Company* und Eingeweihter in alle Tricks und Geheimnisse der korrupten Direktoren, seine Bücher und Dokumente zusammengepackt und das Land fluchtartig verlassen. Er bestieg ein kleines Boot auf der Themse, das ihn zu einem eigens gecharterten Schiff brachte; mit diesem gelangte er sicher nach Calais. Als die Fluchtnachricht im Unterhaus eintraf, erregte sie große Erbitterung. Umgehend und einmütig wurden zwei Adressen an den König verabschiedet: Mit der ersten wurde er ersucht, eine Proklamation zur Ergreifung Knights, mit dem Angebot angemessener Belohnung, zu erlassen; die zweite suchte um sofortige Schließung der Häfen und wirksame Kontrolle der Küsten nach, um weitere Mitglieder der *Company* daran zu hindern, es Knight nachzutun. Kaum war die Tinte auf diesen Adressen getrocknet, wurden sie durch den Abgeordneten Methuen auch schon zum König gebracht. Am selben Abend erschien dessen Proklamation, durch welche 2000 Pfund für Knights Ergreifung ausgesetzt wurden.

Nun beschlossen die Gemeinen, daß die Türen des Hauses verschlossen und die Schlüssel auf den Tisch gelegt werden sollten. General Ross, ein Mitglied des geheimen Ausschusses, teilte dem Haus mit, daß man einen Abgrund der gemeinsten Schurkerei entdeckt habe, die der Teufel jemals ersann, um eine Nation zu ruinieren, und daß man dem Parlament zu gegebener Zeit dafür Beweise vorlegen werde. Um die laufenden Untersuchungen nicht zu gefährden, sei es unbedingt notwendig, weitere Direktoren und leitende Angestellte der *South-Sea Company* in Gewahrsam zu nehmen und ihre Akten sicherzustellen. Dies wurde auf Antrag einstimmig beschlossen. Sir Robert Chaplin, Sir Theodore Janssen, Jacob Sawbridge und Frederick Eyles, Mitglieder des Unterhauses und zugleich *South-Sea*-Direktoren, wurden aufgefordert, ihre Plätze einzunehmen und sich für ihre korrupten Praktiken zu verantworten. Janssen und Sawbridge leisteten der Aufforderung Folge und bemühten sich nach Kräften, ihre Unschuld nachzuweisen. Das Haus hörte sie geduldig an. Anschließend jedoch nahm es *nemine contradicente* einen Antrag an, der sie der notorischen Untreue beschuldigte und ihnen vorwarf, viele Untertanen Seiner Majestät geschädigt und das öffentliche Vertrauen schwer beeinträchtigt zu haben. Wegen dieser Vergehen wurden sie aus dem Parlament ausgestoßen und verhaftet. Chaplin und Eyles wurden vier Tage später gleichfalls ausgestoßen. Überdies beschloß man eine erneute Adresse an den König: Er möge seine Gesandten an anderen Höfen anweisen, sich für die Ergreifung und Auslieferung Knights einzusetzen, falls dieser in einem der betreffenden Herrschaftsgebiete Schutz suchen sollte. Der König war sofort einverstanden und setzte seine Boten nach allen Teilen des Kontinents noch in derselben Nacht in Marsch.

Unter den in Gewahrsam genommenen Direktoren war auch Sir John Blunt, den die Volksmeinung allgemein im Verdacht hatte, der Urheber und Vater des Südseeprojekts zu sein. Dieser Mann war, wie wir durch Popes *Epistel an Lord Bathurst* wissen, Dissenter mit überaus christlicher Lebensführung und dem oft verkündeten Selbstverständnis, ein innig gläubiger Mensch zu sein. Er predigte ständig gegen Luxus und Verderbnis seines Zeitalters, die Koruptheit des Parlaments und das Unglück des Parteiengezänks. Im besonderen galt seine Eloquenz der Geldgier hochrangiger und adliger Personen. Er war ursprünglich Geldmakler und wurde danach nicht nur irgendein Direktor, sondern der aktivste Manager der *South-Sea-Company*. Wir wissen nicht, ob es im Verlauf dieser Karriere war, daß er gegen die Geldgier der Großen zu eifern begann. Sicherlich hat er davon genug erlebt, um seine heftigen Bannflüche zu rechtfertigen — aber der Prediger hätte mehr Glaubwürdigkeit besessen, wäre er selbst von dem Laster frei gewesen, das er verdammte.

Blunt also wurde in Gewahrsam genommen, vor die Schranke des Oberhauses gebracht und einem langen Verhör unterzogen. Auf mehrere wichtige Fragen verweigerte er die Antwort — mit der Begründung, er sei bereits von einem Ausschuß des Unterhauses verhört worden und könne sich eventuell widersprechen, da er nicht alle seine dortigen Antworten erinnere. Diese Erklärung, eigentlich ein indirektes Schuldbekenntnis, löste einigen Tumult aus. Darauf wurde er erneut und in peremptorischer Form gefragt, ob er jemals Aktien, in welcher Menge auch immer, an ein Mitglied der Regierung oder des Parlaments veräußert habe, um die Verabschiedung der *South-Sea Bill* zu erleichtern.

Wieder verweigerte er die Antwort. Er sei bestrebt, erklärte er, dem Hohen Hause allen gebührenden Respekt zu erweisen, finde es aber unzumutbar, wenn man ihn zwinge, sich selbst zu belasten. Nach mehreren vergeblichen Versuchen, sein Gedächtnis aufzufrischen, entließ man ihn.

Es folgte eine hitzige Debatte zwischen Freunden und Gegnern der Regierung. Die letzteren behaupteten, die Verschlossenheit des Sir John Blunt komme der Regierung durchaus zupaß. Der Herzog von Wharton machte gegenüber Graf Stanhope eine entsprechende Bemerkung, die dieser leidenschaftlich zurückwies. Er sprach dabei in größter Erregung und mit solcher Vehemenz, daß er einen Blutandrang zum Kopf erlitt. Sein Unwohlsein verstärkte sich, und man legte ihm nahe, sich nach Hause zu begeben. Hier wurde er sogleich geschröpft und am nächsten Morgen zur Ader gelassen, doch sein Befinden besserte sich kaum. Gegen Abend wurde er schläfrig, drehte sich zur Wand und hauchte bald darauf sein Leben aus. Der plötzliche Tod dieses Staatsmanns stürzte die Nation in große Trauer. König Georg I. war außerordentlich betroffen, schloß sich mehrere Stunden in sein Kabinett ein und war untröstlich über den Verlust.

Der flüchtige Knight wurde in Tirlemont bei Lüttich von einem der Sekretäre des britischen Residenten in Brüssel festgehalten und in die Zitadelle von Antwerpen gebracht. Wiederholte Vorstellungen am österreichischen Hof zum Zwecke seiner Auslieferung blieben aber fruchtlos. Knight stellte sich unter den Schutz der Brabanter Stände und bat, dort vor Gericht gestellt zu werden. Er berief sich auf ein durch die *Joyeuse Entrée* (1356) garantiertes Privileg der Stände, jeden in ihrem Herrschaftsgebiet ergriffenen Kriminellen auch dort abzuurteilen. Auf dieses Recht pochten die Stände jetzt und verweigerten Knights Auslieferung an die

Briten. Bevor er aber in Brabant vor Gericht gestellt werden konnte, entwich Knight aus der Zitadelle.

Am 16. Februar legte der geheime Ausschuß dem Unterhaus seinen ersten Bericht vor. Er stellte dazu fest, daß seine Untersuchungen von zahlreichen Schwierigkeiten und Hindernissen begleitet waren: Jeder Verhörte hatte mit allen Mitteln versucht, die Absichten der Justiz zu durchkreuzen. In einer Reihe von Geschäftsbüchern waren falsche und/oder fiktive Eintragungen vorgenommen worden; in anderen waren Geldbeträge eingetragen, aber Leerstellen für die Namen der Effekteninhaber gelassen worden. Ausradierungen und Änderungen waren häufig zu beobachten, ebenso fehlende Seiten. Auch ganze Bücher von großer Wichtigkeit waren offenbar vernichtet oder beiseite geschafft worden. Gleich zu Beginn seiner Arbeit stellte der Ausschuß fest, daß die Materie der Untersuchungen sehr breit gefächert und vielschichtig war. Viele andere Personen waren überdies mit verschiedenartigsten Aufgaben betraut, um dem Recht zum Siege zu verhelfen, und agierten unter diesem Deckmantel z. T. in unverantwortlicher Weise.

Im einzelnen fand der Ausschuß, daß vor der Verabschiedung der *South-Sea Act* eine Eintragung über Aktien im Nennwert von 1259325 £ erfolgt war, die für 574500 £ verkauft wurden. Die Aktien waren durchgängig fingiert und wurden in der Absicht veräußert, die parlamentarische Behandlung der Vorlage zu erleichtern. Es fanden sich Eintragungen, denen zufolge sie an verschiedenen Tagen zu Preisen zwischen 150 und 325 £ pro 100-Pfund-Aktie verkauft worden waren. Überrascht von der Tatsache, daß die *Company* Aktien in solchem Umfang zu einem Zeitpunkt veräußert hatte, als sie noch gar nicht ermächtigt war, ihr Kapital zu erhöhen, beschloß der Ausschuß, diese ganze Transaktion äußerst sorgfältig zu prüfen.

Der Gouverneur, der Vizegouverneur und mehrere Direktoren wurden einem scharfen Kreuzverhör unterzogen. Es erwies sich, daß sich die *Company* zum Zeitpunkt jener Eintragungen nur im Besitz eines relativ kleinen Aktienpakets — im Wert von äußerstenfalls 30 000 Pfund — befand. Das größere Paket war zugunsten vorgeblicher Erwerber angelegt und gehalten worden, obwohl es zu keiner Zeit irgendeine Übereinkunft über Ausgabe oder Annahme der Aktien gegeben hatte. Von den angeblichen Käufern war der *Company* weder Bargeld gezahlt noch waren Depositen oder irgendwelche Sicherheiten hinterlegt worden. Wäre der Aktienkurs gefallen — was bei einer Ablehnung der Bill ja im Bereich des Möglichen lag —, so wäre den Käufern keinerlei Verlust entstanden. Wäre er aber gestiegen — was er durch den Erfolg des Projekts ja auch tat —, so wäre ihnen der Gewinn zugefallen. So geschah es dann wirklich: Nach der Annahme der Bill frisierte Knight die Abrechnung der Aktien, und die vorgeblichen Käufer erhielten die Differenz aus der Kasse der *South-Sea Company* ausgezahlt.

Diese fingierten Aktien, über die vornehmlich Blunt, Gibbon und Knight verfügten, wurden an eine Reihe von Regierungsmitgliedern sowie deren Freunde und Parteigänger verteilt, d.h. konkret: verschenkt. So erhielten der Graf von Sunderland 50 000, die Herzogin von Kendal 10 000, die Gräfin Platen 10 000, ihre beiden Nichten 10 000, der Minister Craggs 30 000, Charles Stanhope (einer der Sekretäre des Schatzamtes) 10 000 und die *Sword-Blade Company* 50 000 Pfund. Stanhope scheint auch die enorme Summe von 250 000 Pfund als Differenz zwischen früherem und späterem Aktienkurs erhalten zu haben — aber nicht direkt, sondern über die Maklerfirma Turner, Caswall & Co., welche übrigens in ihren Büchern seinen Namen teilweise tilgte und in Stan*gape* änderte. Schatzkanzler Aislabies Profite waren noch unglaublicher: Für ihn rechnete dieselbe Firma (deren Chefs zugleich zum *South-Sea*-Direktorium gehörten) die Summe von 794451 Pfund ab. Aislabie war es auch, der der *Company* den Rat gegeben hatte, ihre zweite Subskription über 1½ Millionen (statt über 1 Million) aufzulegen — aus eigener Machtbefugnis und ohne daß sie dafür eine Vollmacht hatte! Die dritte Subskription vollzog sich auf ähnlich schändliche Weise. Auf Aislabies Namen wurden 70000 Pfund abgerechnet, für Craggs senior 659000, für den Grafen von Sunderland 160000 und für Stanhope 47000.

Auf diesen Bericht folgten noch sechs, die aber weniger spektakulär sind. Am Ende des sechsten erklärte der Ausschuß sich für außerstande, seine Untersuchungen fortzuführen, solange Knight als der Hauptverantwortliche nicht gefaßt sei. Der erste Bericht wurde zum Druck gegeben und am übernächsten Tag beraten. Es entwickelte sich eine sehr emotionsgeladene Debatte, die in eine Serie von Resolutionen mündete: Das Verhalten der Direktoren und ihrer Komplicen in Parlament und Regierung wurde verurteilt; alle Schuldigen wurden aufgefordert, die entstandenen Schäden aus ihrem eigenen Vermögen zu begleichen; ihre Praktiken wurden für korrupt, infam und gefährlich erklärt, und eine Gesetzesvorlage zur Entlastung der Geschädigten wurde auf den Weg gebracht.

Charles Stanhope war der erste, der für seine Beteiligung an den kriminellen Transaktionen zur Rechenschaft gezogen wurde. Er versuchte sich damit herauszureden, daß er bereits seit einigen Jahren alles Geld in seinem Besitz von Knight habe verwalten lassen; er sei sicher, daß dieser für alle erworbenen Aktien Gegenleistungen in Geldwert erbracht habe. Über den bei Turner, Caswall & Co. verbuchten Spekulationsgewinn wisse er nichts; was immer dort geschehen sei, sei von ihm nicht autorisiert worden und damit außerhalb seiner Verantwortung. Die Maklerfirma spielte dieses Spiel mit und bekannte sich schuldig, Stanhopes Namen mißbräuchlich benutzt zu haben — dennoch war es für jeden unvoreingenommenen Menschen unbezweifelbar, daß Stanhope Gewinner einer Viertelmillion war, die die Firma für ihn bereithielt. Er wurde gleichwohl entlastet und freigesprochen, mit einer Mehrheit von nur drei Stimmen. Dieses Abstimmungsergebnis war von seinen Freunden mühsam erkämpft worden. Der Graf von Chesterfield etwa nahm sich die noch unschlüssigen Abgeordneten einzeln vor und bemühte all seine Eloquenz, um sie dahin zu bringen, daß sie entweder für Entlastung stimmten oder das Haus verließen. Auf diese Weise wurden viele einfältige Provinzabgeordnete ›umgedreht‹, und das besagte Ergebnis kam zustande. Es löste im ganzen Land größte Unzufriedenheit aus. In verschiedenen Teilen Londons kam es zu Zusammenrottungen bedrohlicher Art; die Furcht vor Aufständen ging allenthalben um, besonders weil man bei der Vernehmung eines noch ärgeren Delinquenten einen ähnlichen Ausgang erwartete.

John Aislabie, dessen hohes Amt mit seiner vielfältigen Verantwortung ihn zu besonderer Ehrlichkeit hätte anhalten müssen, wenn althergebrachte Grundsätze noch beachtet worden wären, wurde sehr zu Recht als der größte Kriminelle von allen betrachtet. Sein Fall wurde gleich nach Stanhopes Freispruch behandelt. Große Erregung herrschte, und die Hallen und Gänge des Unterhauses waren voller Menschen, die ungeduldig auf das Resultat warteten. Die Debatte dauerte einen ganzen Tag lang. Aislabie fand nur wenige Freunde — zu offenkundig und zu groß war seine Schuld, als daß irgendwer den Mut gehabt hätte, zu seinen Gunsten aufzustehen. Am Ende wurde ohne Gegenstimme festgestellt, Aislabie habe die kriminelle Durchführung des Südseeprojekts in Erwartung eigener exorbitanter Profite ermutigt und gefördert; er habe mit den Direktoren bei ihren verderblichen Praktiken gemeinsame Sache gemacht, zum Schaden des Handels und des öffentlichen Vertrauens im Königreich. Es wurde beschlossen, daß er wegen seiner Verbrechen unehrenhaft aus dem Haus der Gemeinen ausgestoßen, unter strenger Bewachung im Tower von London gefangengesetzt und ein ganzes Jahr lang, mindestens aber bis zum Ende der nächsten Parlamentssession, am Verlassen des Königreichs gehindert werden sollte; während dieser Zeit sollte er eine korrekte Aufstellung aller seiner Vermögenswerte vornehmen, damit diese zur Entlastung der durch seine Amtsvergehen Geschädigten verwandt werden könnten.

Dieses Urteil löste großen Jubel aus. Obwohl es eine halbe Stunde nach Mitternacht erging, sprach es sich in der City schnell herum. Manche Leute illuminierten ihr Haus, als Zeichen ihrer Freude. Als Aislabie am nächsten Morgen in den Tower gebracht wurde, versammelte sich dort eine Menschenmenge, um ihn zu beschimpfen und zu bewerfen. Als das nicht gelang, zündete man ein großes Freudenfeuer an und tanzte übermütig um es herum. Auch in anderen Stadtteilen flammten Freudenfeuer auf; ganz London war in Festtagsstimmung, und die Menschen gratulierten sich gegenseitig, als wären sie gerade einem großen Unglück entkommen. Die Wut über Stanhopes Freispruch war so riesig gewesen, daß man mit dem Schlimmsten hätte rechnen müssen, wäre Aislabie auf ähnliche Nachsicht gestoßen.

Um die allgemeine Genugtuung noch zu steigern, wurde Sir George Caswall von Turner, Caswall & Co. am nächsten Tag ebenso aus dem Unterhaus ausgestoßen, im Tower inhaftiert und zur Rückzahlung der 250000 Pfund verurteilt.

Als nächster war der Graf von Sunderland an der Reihe. Auch bei ihm wurden, wie bei Stanhope, große Anstrengungen gemacht, um die Anklage ins Leere laufen zu lassen. Da sie wesentlich auf den Aussagen beruhte, die man Sir John Blunt abgerungen hatte, wurde jetzt versucht, diesen als unglaubwürdig und unehrenhaft hinzustellen, wo es um die Ehre eines Peers und Mitglieds des *Privy Council* ging. Alle Parteigänger der Regierung scharten sich um den Grafen, da die allgemeine Auffassung dahin ging, daß ein Schuldspruch gegen ihn ein Tory-Ministerium an die Macht bringen würde. Am Ende wurde er mit 233 zu 172 Stimmen freigesprochen — aber das Land war von seiner Schuld überzeugt. Auch jetzt wurde wieder heftigster Unmut laut, und es kam zu bedrohlichen Zusammenrottungen, glücklicherweise aber nicht zu größeren Tumulten.

Am gleichen Tage verschied James Craggs senior. Am Morgen noch war sein Fall verhandelt worden, und man glaubte allgemein, daß er sich deshalb vergiftet habe. Aber schon vorher hatte er Grund zum Kummer gehabt: Sein Sohn, einer der Sekretäre des Schatzamtes, war vor fünf Wochen an den Pocken gestorben. Für diesen zärtlich geliebten Sohn, hatte er, auf nicht eben ehrliche Art, große Reichtümer gesammelt — und nun war eben der, für welchen er seine Ehre verschleudert und seinen Namen beschmutzt hatte, dahingegangen. Zu der Trauer kam die Befürchtung weiterer Enthüllungen; beides zusammen könnte einen Schlaganfall ausgelöst haben, der zum Tode führte. Craggs hinterließ ein Vermögen von anderthalb Millionen, das später zu Entschädigungszwecken konfisziert wurde.

Nach und nach wurden alle Direktoriumsmitglieder überprüft. Das Ergebnis war, daß aus ihrem Vermögen eine Summe von insgesamt 2014000 Pfund beschlagnahmt wurde, mit welcher der angerichtete Schaden teilweise ausgeglichen werden sollte. Jedem wurde, entsprechend seinem Verhalten und seinen materiellen Verhältnissen, ein gewisser Restbetrag zugestanden, mit dem er ein neues Leben beginnen konnte. Sir John Blunt wurden von seinem früheren Vermögen von 183 000 Pfund lediglich 5 000 gelassen, Sir John Fellowes 10 000 von 243 000, Sir Theodore Janssen 50 000 von 243 000, Edward Gibbon 10 000 von 106 000 und Sir John Lambert 5 000 von 72 000. Wer weniger tief verstrickt war, erfuhr mehr Entgegenkommen. Der Historiker Edward Gibbon, Enkel des so hart bestraften *South-Sea*-Direktors, hat in seiner Autobiographie eine interessante Beschreibung der damaligen Parlamentsuntersuchungen gegeben. Er gesteht selbst zu, nicht unvoreingenommen zu sein; da jedoch alle Autoren, deren Werken sich Hinweise auf die Ereignisse dieser schrecklichen Zeit entnehmen lassen, im gegenteiligen Sinn voreingenommen sind, verdienen die Aussagen des großen Historikers schon von dem Prinzip *audiatur et altera pars* her Beachtung. Gibbon schreibt:

»Im Jahre 1716 wurde mein Großvater zu einem der Direktoren der *South-Sea Company* gewählt. Seine Bücher weisen nach, daß er bereits vor Antritt dieses verhängnisvollen Amtes über ein selbständig erworbenes Vermögen von 60 000 £ verfügte. Aber dieses Vermögen ging im Kollaps des Jahres 1720 verloren, und alle Mühen der vergangenen 30 Jahre waren an einem einzigen Tage dahin. Was nun Nutzen oder Schaden des Südseeprojekts bzw. Schuld oder Unschuld meines Großvaters und der anderen Direktoren angeht, so bin ich weder ein kompetenter noch ein unparteiischer Richter. Aber nach heutigen Maßstäben muß man die hitzigen und willkürlichen Parlamentsuntersuchungen verurteilen, welche die Sache der Gerechtigkeit in den Schmutz zogen und auf so widerwärtige Weise dem Unrecht Vorschub leisteten.

Kaum nämlich war die Nation aus ihrem goldenen Traum erwacht, da schrie die Öffentlichkeit und selbst das Parlament bereits nach Opfern. Dabei war es allgemein anerkannt, daß die

Direktoren, auch wenn sie schuldig waren, durch kein bekanntes Gesetz des Landes belangt werden konnten. So setzte man zwar die ausfernden Ideen des Lord Molesworth nicht in die Tat um, führte jedoch ein rückwirkendes Gesetz ein, das Vergehen unter Strafe stellte, die zu dem Zeitpunkt, da sie begangen wurden, noch nicht als solche gegolten hatten. Man schränkte die persönlichen Rechte der Direktoren ein, und für ihr Erscheinen vor dem Untersuchungsausschuß wurden extreme Sicherheitsvorkehrungen getroffen. So gab man sie vorschnell öffentlicher Schande preis. Sie wurden vereidigt und gezwungen, präzise Angaben über ihr Vermögen zu machen, und es war ihnen nicht gestattet, auch nur den geringsten Teil ihrer Besitztümer zu veräußern oder zu übertragen. Nach geltendem Strafrecht ist es das Recht eines jeden Angeklagten, von seinem Verteidiger im Gerichtssaal befragt zu werden. Die Direktoren baten inständig darum, aber man verweigerte ihnen dieses Grundrecht — ihre Bedrücker, für die Beweise nicht von Belang waren, waren auch an einer Verteidigung nicht interessiert. Der ursprüngliche Vorschlag, den Direktoren ein Achtel ihres Vermögens für ihren künftigen Lebensunterhalt zu lassen, wurde verworfen, weil eine solche Zuweisung, gemessen am jeweils unterschiedlichen Ausmaß des Reichtums und der schuldhaften Verstrickung, den einen möglicherweise zu milde, den andern aber zu hart getroffen hätte. So wurden Charakter und Verhalten eines jeden gesondert geprüft. Anstatt nun aber diese Untersuchung mit der gebotenen Seriosität durchzuführen, entblödete sich eine zügellose Mehrheit nicht, das Schicksal und die Ehre von 33 Engländern in hitzigen Debatten abzuhandeln. Jedes noch so niederträchtige Mitglied des Ausschusses durfte seinem allgemeinen Ärger mit boshaften Einwürfen Luft machen oder aber seine persönlichen Animositäten in geheimen Abstimmungen abreagieren. Man beleidigte die Direktoren mit üblen Beschimpfungen und, um ihre Schmach noch zu verschlimmern, mit derben Scherzen. Man machte sich einen Spaß daraus, ihnen selbst Minimalbeträge von weniger als 1 £ vorzurechnen. Ein vager Bericht, demzufolge einer der Direktoren früher an einem andern Projekt beteiligt war, bei dem einige unbekannte Investoren ihre Gelder verloren hatten, wurde zum Beweis seiner Schuld in der *South-Sea*-Affäre herangezogen. Einer wurde aufgrund seiner laxen Bemerkung, er füttere seine Pferde mit Gold, völlig ruiniert; einem andern widerfuhr das gleiche, weil er eines Tages einem höheren Beamten des Schatzamtes eine höfliche Antwort verweigert hatte. Alle wurden in Abwesenheit und ohne Anhörung zu willkürlichen Geldstrafen und Bußen verurteilt, wodurch der größte Teil ihres Vermögens hinweggefegt wurde. Eine so dreiste Oppression kann kaum mit der Allmacht des Parlaments gerechtfertigt werden.

Für meinen Großvater gab es keinen Grund anzunehmen, daß ihm eine mildere Behandlung zuteil werden würde als seinen Kollegen. Seine Tory-Prinzipien und seine Verbindungen machten ihn den herrschenden Kreisen verhaßt; wo immer sein Name fiel, geschah es in verdächtigen Zusammenhängen. Angesichts seiner wohlbekannten Fähigkeiten konnte er weder Unwissenheit noch Irrtum für sich in Anspruch nehmen. Bereits während der ersten Verhandlungen gegen die *South-Sea*-Direktoren wurde er, als einer der ersten, in Gewahrsam genommen; die schließlich ausgesprochene hohe Geldstrafe erklärte ihn definitiv für eminent schuldig. Die Berechnung seines gesamten Vermögens ergab, wie er dem Unterhaus unter Eid vortrug, 106543 £ 5 s. 6 d., frühere Eigentumsübertragungen nicht mitgerechnet. Über die Höhe der ihm zu belassenden Summe gab es zwei unterschiedliche Anträge: Der eine lautete auf 15000, der andere auf 10000 für Mr. Gibbon. Der anschließenden Abstimmung zufolge blieb ihm jedoch lediglich die kleinere Summe.

Mit viel Geschick und Glaubwürdigkeit, welcher das Parlament ihn nicht hatte berauben können, baute mein Großvater auf diesen Ruinen das Gebäude für ein neues Vermögen. Die Mühen von 16 Jahren wurden reichlich belohnt. Ich für meinen Teil habe Grund genug zu glauben, daß dieses zweite Gebäude dem ersten in nichts nachstand.«

Nachdem die Direktoren bestraft waren, galt es, das Vertrauen der Öffentlichkeit wiederherzustellen. Walpoles diesbezüglicher Plan wurde als unzureichend verworfen. Man beschloß, das gesamte Kapital der *South-Sea Company* am Ende des Jahres 1720 zu errechnen: Es belief sich auf 37800000 Pfund, von denen aber nur 24500000 im Besitz der Aktionäre waren. Die verbleibenden 13300000 Pfund gehörten der *Company* in ihrer Eigenschaft als juristische Person und waren der Gewinn, den sie dem nationalen Wahn verdankte. Mehr als 8 Millionen von diesem Gewinn wurden beschlagnahmt und unter die Aktionäre aufgeteilt; das ergab eine Dividende von gut 33 £ pro 100-Pfund-Aktie. So wurden die Aktionäre spürbar entlastet. Man beschloß ferner, daß Personen, die von der *South-Sea Company* Kredite aus Kapitalanteilen erhalten hatten, welche zum Zeitpunkt der Vergabe bereits zugunsten der *Company* übertragen oder verpfändet waren, frei von allen Forderungen sein sollten, wenn sie 10 Prozent der Kreditsumme zurückzahlten. Auf diese Weise waren 11 Millionen verliehen worden, als die Aktienkurse unnatürlich hoch waren; 1 100 000 davon kamen jetzt, nachdem sie auf ihr normales Niveau gesunken waren, wieder zurück.

Aber es bedurfte einer langen Zeit, bis das öffentliche Vertrauen wieder vollständig hergestellt war. Die Wirtschaft hatte, Ikarus gleich, einen zu hohen Aufschwung genommen, und in der Überhitzung der Konjunktur war das Wachs ihrer Flügel geschmolzen; wie Ikarus war sie ins Meer abgestürzt und mußte, während sie im Wasser herumzappelte, zur Kenntnis nehmen, daß ihr eigentliches Element der feste Boden war. Niemals seitdem hat sie wieder so hoch zu fliegen versucht.

Dennoch hat es in Zeiten starker Prosperität mehrmals Tendenzen zu übertriebener Spekulation gegeben. Ist ein Projekt einmal erfolgreich, treten schnell weitere von ähnlicher Art auf den Plan. In einer handeltreibenden Nation wird der weitverbreitete Nachahmungstrieb sich immer wieder an solche Erfolge festklammern und viele profitsüchtige Menschen in einen Abgrund stürzen, aus dem sie sich nur unter Mühen befreien können. Schwindelfirmen wie die *South-Sea Company* blühten in dem berüchtigten Panikjahr 1825 für kurze Zeit auf. Dabei bescherte, wie 1720, die Gier dem Verbrechen eine reiche Ernte — aber beide mußten büßen, als der Tag der Abrechnung kam. Die Projekte des Jahres 1836 drohten zeitweise ähnlich desaströs zu enden; glücklicherweise wurde ein solches Ende aber noch abgewendet.

Das Südseeprojekt blieb bis 1845 das eindrucksvollste Beispiel für die Verblendung der Menschen durch kommerzielles Glücksspiel in der britischen Geschichte. Das vorliegende Buch war in erster Auflage bereits erschienen, als in jenem Jahr die große Eisenbahnmanie ausbrach.

DIE TULPOMANIE

>Quis furor, o cives!
>Lukan

Die Tulpe (benannt, wie man sagt, nach einem türkischen Wort für Turban) wurde um die Mitte des 16. Jahrhunderts in Westeuropa eingeführt. Konrad Gesner, der das Verdienst beansprucht, sie zu Ruhm und Ansehen gebracht zu haben — und kaum ahnen konnte, wieviel Aufruhr sie kurz darauf erregen würde —, will sie erstmals 1559 in einem Augsburger Garten gesehen haben. Der Garten gehörte dem gelehrten Ratsherrn Herwart, der sich zu jener Zeit einen großen Namen als Sammler seltener Exotika gemacht und die Tulpenzwiebeln von einem Freund in Konstantinopel erworben hatte, wo man schon seit langem eine Vorliebe für diese Blume hegte. Binnen zehn bis elf Jahren nach diesem Zeitpunkt wurden Tulpen von wohlhabenden Leuten, speziell in Holland und Deutschland, heftig begehrt. Reiche Amsterdamer sandten Kuriere direkt nach Konstantinopel, um die Zwiebeln zu erwerben, und zahlten die phantastischsten Preise dafür. In England wurden die ersten Tulpen im Jahre 1600 gepflanzt; man bezog sie aus Wien. Bis 1634 mehrte sich der Ruhm der Tulpe Jahr für Jahr, und schließlich galt es als Ausdruck schlechten Geschmacks, wenn ein Mann von einigem Wohlstand nicht eine Kollektion von Tulpen(zwiebeln) aufzuweisen hatte. Viele gelehrte Männer wie Pompejus de Angelis oder der berühmte Lipsius in Leiden, Autor des Traktats *De constantia*, waren leidenschaftliche Tulpenliebhaber. Die Tulpomanie ergriff bald auch die Mittelschichten der Gesellschaft; Kaufleute und Geschäftsinhaber, auch wenn sie nur über bescheidene Mittel verfügten, wetteiferten miteinander um seltene Varietäten und um die absurden Preise, die für sie bezahlt wurden. Von einem Haarlemer Kaufmann war bekannt, daß er die Hälfte seines Vermögens für eine einzige Zwiebel hingegeben hatte — aber nicht in der Absicht, sie mit Profit weiterzuverkaufen, sondern allein um sie von seinen Bekannten bewundern zu lassen.

Man sollte meinen, diese Blume habe einen speziellen Vorzug gegenüber anderen aufweisen müssen, der sie in den Augen eines so klugen Volkes wie der Holländer besonders wertvoll machte. Aber sie hat weder die Pracht noch den Duft der Rose und kann es an Schönheit nicht einmal mit der Gartenwicke aufnehmen; in puncto Haltbarkeit steht sie hinter beiden zurück. Gleichwohl singt der Dichter Abraham Cowley (1618 bis 1667) ihr Lob in höchsten Tönen:

> »The tulip next appeared, all over gay,
> But wanton, full of pride, and full of play;
> The world can't show a dye but here has place;
> Nay, by new mixtures, she can change her face;
> Purple and gold are both beneath her care,
> The richest needlework she loves to wear;
> Her only study is to please the eye
> And to outshine the rest in finery.«[1]

Dies ist zwar nicht sehr poetisch, aber die Darstellung eines Poeten. Beckmann hat die Tulpe in seiner *Geschichte der Erfindungen* exakter und in einer Prosa beschrieben, die gefälliger ist als Cowleys Poesie:

---

[1] Etwa: »Als nächste kam die prächtig bunte Tulpe daher,
Wollüstig schwelgend, voller Stolz und in herrlichem Farbenspiel;
Die Welt kennt keine Farbe, die sie nicht aufweist —
Ja, sie kann durch Kreuzungen ihr Aussehen sogar verändern.
Um Purpur und Gold schert sie sich weniger;
Sie zieht es vor, reichbestickte Roben zu tragen.
Ihr einziges Bestreben ist es, dem Auge zu gefallen
Und mit ihrem Staat alles zu überstrahlen.«

»Wenige Pflanzen nehmen durch Zufälle, Schwäche und Krankheiten so vielerley Farben, Zeichnungen und Gestalten an, als diese. Die natürliche ungekünstelte Tulpe ist fast einfärbig, grosblätterig und hat einen unverhältnißmäßig langen Stiel; erst dann, wann die Cultur sie geschwächt hat, wird sie den Blumenliebhabern schöner; alsdann verliehren die Blumenblätter die ursprünglichen starken Farben, werden blasser, bunter, kleiner, ihr Laub bekömt ein matteres oder sanfteres Grün, und die Meisterstücke der Cultur werden desto schwächlicher, je schöner sie werden, so daß sie sich bey aller künstlichen Wartung kaum fortpflanzen, kaum selbst erhalten können. So verschönert die Cultur das vierschrötige Bauermädgen zur schwächlichen Prinzessinn! so verfeinert Paris den starken Teutschen.«[1]

Viele Menschen leben in unbewußter Bindung an etwas, das ihnen viel Unbehagen bereitet — wie z. B. die Mutter, die ihr krankes, ewig leidendes Kind mehr liebt als ihre gesunderen Nachkommen. Dem gleichen Prinzip müssen wir die unverdienten Lobeshymnen zuschreiben, die an diese zarten Blüten verschwendet wurden. 1634 war die Gier der Holländer nach ihrem Besitz so sehr angewachsen, daß die reguläre Industrie des Landes vernachlässigt wurde und die gesamte Bevölkerung bis zur untersten Unterschicht sich dem Tulpenhandel hingab. Mit der Steigerung der Manie stiegen auch die Preise. 1635 wurde bekannt, daß mehrere Personen ein Vermögen von 100000 Gulden in den Erwerb von 40 Blumenzwiebeln investiert hatten. Es wurde schließlich notwendig, sie nach Gewicht zu verkaufen, wobei man als Einheit das *As,* ein kleines Gewicht unterhalb des Grans, zugrunde legte. Eine Tulpe der Sorte *Admiraal Liefken* von 400 As Gewicht wurde mit 4400 Gulden veranschlagt, eine *Admiraal van der Eyck* (446 As) mit 1260, eine *Schilder* (106 As) mit 1615 und eine *Viceroy* (400 As) mit 3000 Gulden.

Die kostbarste und begehrteste von allen war die *Semper Augustus.* Bei ihr wurde ein Preis von 5500

---

[1] Johann Beckmann, *Beyträge zur Geschichte der Erfindungen.* Leipzig 1783, Bd. I, S. 224.

Gulden für eine Zwiebel von 200 As als wohlfeil betrachtet; noch minderwertige Knollen erzielten 2000 Gulden. Anfang 1636 soll es in ganz Holland nur zwei Exemplare dieser Sorte im Handel gegeben haben — eine in Amsterdam, die andere in Haarlem. Die Begierde der Spekulanten, in ihren Besitz zu kommen, war so groß, daß einer von ihnen 12 Morgen Bauland für die Haarlemer Zwiebel bot. Die aus Amsterdam wurde für 4600 Gulden, ein neues Fuhrwerk, zwei graue Pferde und eine komplette Rüstung verkauft.

Abraham Munting, ein fleißiger Autor jener Zeit, der einen 1000-Seiten-Wälzer über die Tulpomanie schrieb[1], hat eine Liste der Artikel zusammengestellt, die wertmäßig dem Preis für eine einzige Zwiebel der raren Sorte *Viceroy* (2500 Gulden) entsprachen:

2 Last (= ca. 6 t) Weizen	448 fl.
4 Last Roggen	558 fl.
4 fette Ochsen	480 fl.
8 fette Schweine	240 fl.
12 fette Schafe	120 fl.
2 Oxhoft (= ca. 450 l) Wein	70 fl.
4 Tonnen (= ca. 600 l) Bier	32 fl.
2 Tonnen Butter	192 fl.
1000 Pfund Käse	120 fl.
1 komplettes Bett	100 fl.
1 Anzug	80 fl.
1 silberner Trinkbecher	60 fl.
Summe:	2500 fl.

Wer damals längere Zeit aus Holland abwesend war und zufällig auf dem Höhepunkt des Wahns zurückkehrte, konnte infolge seiner Unwissenheit in peinliche Verlegenheit geraten. Blainville gibt dafür ein amüsantes Beispiel. Ein wohlhabender Kaufmann, der nicht wenig stolz auf seine raren Tulpenvarietäten war, erhielt eines Tages eine Sendung sehr wertvoller Waren

---

[1] Abraham Munting, *Naauwkeurige beschrijving der aardgewassen*. Leiden und Utrecht 1696.

aus der Levante. Die Nachricht von der Ankunft der Sendung wurde ihm von einem Seemann überbracht, der zu diesem Zweck in seinem Kontor erschien, wo sich Waren aller Art stapelten. Der Händler, erfreut über die Nachricht, schenkte ihm einen leckeren Bückling für sein Frühstück. Nun hatte dieser Seemann anscheinend eine besondere Vorliebe für Zwiebeln — und als er auf dem Tresen des Kontors eine zwiebelähnliche Knolle liegen sah, die ihm zwischen so viel Samt und Seide ohne Zweifel deplaziert vorkam, steckte er sie heimlich in die Tasche: als würzige Beigabe zu seinem Bückling. Ungehindert verließ er das Kontor und begab sich zum Hafen, um sein Frühstück einzunehmen. Kaum war er jedoch draußen, da bemerkte der Kaufmann den Verlust seiner kostbaren *Semper Augustus,* die ihn 3 000 Gulden gekostet hatte. Im Nu war der gesamte Betrieb in hellem Aufruhr und suchte nach der wertvollen Zwiebel — vergebens. Der Kaufmann war verzweifelt und ließ ein zweites Mal alles absuchen — wieder ohne Erfolg. Endlich erinnerte sich jemand an den Seemann.

Auf den bloßen Verdacht hin rannte der Handelsherr auf die Straße. Seine gesamte Belegschaft folgte ihm. Der Seemann, dieses schlichte Gemüt, hatte keinen Gedanken darauf verwandt, sich zu verstecken. Man fand ihn, ruhig auf einer Taurolle sitzend und das letzte Ende seiner Zwiebel kauend. Nicht im Traum hatte er daran gedacht, daß er soeben ein Frühstück verzehrt hatte, für dessen Gegenwert eine komplette Schiffsmannschaft ein Jahr lang hätte verköstigt werden oder, wie der bestohlene Kaufmann selbst es ausdrückte, »der Prinz von Oranien und der gesamte Hof des *stadhouders* auf das erlesenste hätten schmausen können«. Antonius ließ Perlen in Wein auflösen, um auf das Wohl Kleopatras zu trinken; Sir Richard Whittington tat es ihm in närrischer Weise nach, um König

Heinrich V. zu delektieren; Sir Thomas Gresham trank einen in Wein aufgelösten Diamanten auf die Gesundheit der Königin Elisabeth, als sie die Königliche Börse eröffnete — aber das Frühstück dieses schelmischen Holländers war kaum weniger aufwendig. Er hatte gegenüber seinen verschwenderischen Vorgängern sogar noch einen Vorteil: *Ihre* Preziosen verbesserten Geschmack und Zuträglichkeit ihres Weines wohl kaum, während seine Tulpe mit dem Bückling sicher köstlich schmeckte. Nachteilig für ihn war dann freilich die Tatsache, daß er einige Monate im Gefängnis verbringen mußte, weil der Kaufmann ihn wegen Diebstahls verklagt hatte.

Eine andere Geschichte ist kaum weniger lustig. Ein englischer Reisender und Amateur-Botaniker hat sie erzählt. Er besichtigte eines Tages das Treibhaus eines reichen Holländers und sah dort eine Tulpenzwiebel liegen. In Unkenntnis ihres Handelswertes zog er sein Federmesser und entfernte, um sie eingehender untersuchen zu können, ihre Schalen sorgfältig von außen nach innen. Als er sie so auf die Hälfte ihrer ursprünglichen Größe reduziert hatte, zerschnitt er sie in zwei gleiche Teile. Während der ganzen Zeit machte er sich zahlreiche wissenschaftliche Notizen über die Beschaffenheit dieser unbekannten Knolle. Da trat plötzlich der Eigentümer herein, stürzte voller Wut auf ihn zu und fragte fassungslos, ob ihm klar sei, was er da tue. »Ich schäle eine höchst außergewöhnliche Zwiebel«, entgegnete der Naturforscher. »*Hondertduizend duivels*«, schrie der Holländer, »das ist eine *Admiraal van der Eyck!*« »Vielen Dank«, sagte der Reisende und nahm sein Notizbuch, um diese Auskunft festzuhalten; »gibt es diese Admirale häufig in Eurem Land?« »Verrecken sollt Ihr!« gab der andere schnaubend zurück und packte den erstaunten Diener der Wissenschaft am Kragen; »vorwärts zum Magistrat — dann werden wir weitersehen.« Und obwohl der Reisende protestierte, wurde er, gefolgt von einer großen Menschenmenge, zum Rathaus gebracht. Dort erfuhr er zu seiner Verblüffung, daß die Zwiebel, mit der er experimentiert hatte, 4000 Gulden wert war. Und ungeachtet aller Bemühungen, sein Verhalten verständlich zu machen, wurde er im Gefängnis festgehalten, bis er die zur Zahlung der Summe erforderlichen Sicherheiten gestellt hatte.

Die Nachfrage nach seltenen Tulpensorten stieg im Jahre 1636 so sehr an, daß an den Börsen von Amsterdam, Rotterdam, Haarlem, Leiden, Alkmaar, Hoorn und anderen Städten mit ihnen gehandelt wurde wie mit Aktien. Dieser Handel hatte anfangs durchaus glücksspielartige Züge. Die Börsenmakler, stets interessiert an neuen Spekulationsobjekten, stiegen ganz ins Tulpengeschäft ein und bedienten sich dabei all der wohlbekannten Kniffe, um Kursschwankungen zu erzeugen. Wie immer bei neuen Glücksspielen herrschte in der ersten Zeit starke Zuversicht, und alle gewannen. Die Tulpenjobber spekulierten auf steigende wie auf fallende Tulpen-›Aktien‹ und machten starke Profite, indem sie bei fallenden Preisen kauften und bei steigenden wieder verkauften. Viele wurden schlagartig reich. Ein goldener Köder schien verführerisch im Raum zu hängen, und einer nach dem andern drängte zur Tulpenbörse — wie die Fliegen zum Honigtopf.

Alle waren überzeugt, daß die Tulpenkonjunktur ewig dauern würde, daß die Wohlhabenden in allen Teilen der Welt in Holland Tulpen ordern und jeden gewünschten Preis dafür zahlen würden. Die Reichtümer Europas würden sich an den Gestaden der Zuiderzee konzentrieren und alle Arten der Armut aus Holland, diesem begnadeten Stück Erde, verschwinden. Adlige, Bürger, Bauern, Handwerker, Seeleute, Lakaien, Dienstmädchen, selbst Schornsteinfeger und alte Flickschneiderinnen handelten mit Tulpen. Alle liquidierten ihr Vermögen, um Investitionskapital zu haben. Häuser und Ländereien wurden für ruinös niedrige Preise zum Verkauf angeboten oder bei Geschäften auf der Tulpenbörse zur Zahlung abgetreten. Auch Ausländer wurden von diesem Wahnsinn mitgerissen. Aus allen Himmelsrichtungen floß Geld nach Holland. Allmählich begannen die Preise für lebensnotwendige Dinge wieder zu steigen: Häuser, Grund und Boden, Pferde, Fuhrwerke, auch Luxusgüter gewannen an Wert, und einige Monate lang erschien Holland wahrhaft wie das Vorzimmer des Plutus.

Die Tulpengeschäfte dehnten sich dermaßen aus und wurden so verwickelt, daß man es für nötig hielt, ein Gesetz zum Schutz der Händler auszuarbeiten. Notare, Sekretäre und Schreiber wurden angestellt, die sich ausschließlich mit dieser Art Geschäften befaßten. In manchen Städten waren Notare bis dahin kaum bekannt gewesen; jetzt gab es immerhin Tulpen-Notare. In kleineren Städten, die keine Börse hatten, wurde die am zentralsten gelegene Gastwirtschaft zum Schauplatz, auf dem Menschen aller Sozialschichten mit Tulpen handelten und ihren Handel oft mit prächtigen Gastmählern umrahmten. Solchen Tafeleien wohnten bisweilen 200 oder 300 Personen bei, und riesige Vasen mit Tulpen in voller Blüte wurden zu ihrem Ergötzen auf die Tische und Kredenzen gestellt und in regelmäßigen Intervallen während des Mahles ausgetauscht.

Irgendwann freilich begannen die etwas Vernünftigeren einzusehen, daß diese Verrücktheit nicht ewig dauern konnte. Wohlhabende Leute kauften die Blumenzwiebeln ja schon nicht mehr, um sie im Garten einzupflanzen, sondern allein, um sie mit Profit weiterzuverkaufen. Da würde am Ende jemand fürchterlich draufzahlen müssen. Als diese Überzeugung um sich griff, begannen die Preise zu fallen. Sie stiegen nie wieder. Das Vertrauen war zerstört, und eine allgemeine Panik ergriff die Händler. Es konnte z. B. passieren, daß A sich bereit erklärt hatte, von B 10 *Semper Augustus* zum Preis von 4000 Gulden pro Stück zu kaufen, lieferbar sechs Wochen nach Unterzeichnung des Kontrakts. B hielt die Zwiebeln auch zu dem festgesetzten Termin bereit, mußte aber erleben, daß der Preis zwischenzeitlich auf 300–400 Gulden gefallen war und A sich entweder weigerte, die Differenz zu bezahlen, oder von dem Kauf ganz zurücktrat. Aus allen Städten Hollands wurden plötzlich Insolvenzen gemeldet. Hunderte von Menschen, die noch wenige Monate zuvor gezweifelt hatten, ob es so etwas wie Armut in ihrem Land überhaupt gebe, fanden sich unversehens als Besitzer einer Handvoll Knollen wieder, die niemand kaufen wollte — selbst wenn sie sie für ein Viertel der Summe anboten, die sie selbst dafür gezahlt hatten. Wehklagen erhob sich allenthalben. Nachbarn beschuldigten sich gegenseitig. Die wenigen, die es geschafft hatten, reich zu werden, verbargen ihren Reichtum vor ihren Mitbürgern und investierten ihn in englische oder andere Staatspapiere. Viele von denen, die der Boom kurzzeitig aus einfachen Verhältnissen nach oben gespült hatte, wurden in die alte Niedrigkeit zurückgeworfen. Solide Kaufleute wurden fast an den Bettelstab gebracht, und mancher Sproß eines adligen Hauses sah sein Familienvermögen unheilbar ruiniert.

Als die erste Bestürzung abgeklungen war, kamen in mehreren Städten Tulpenaktionäre zu öffentlichen Sitzungen zusammen, um zu beraten, wie das Vertrauen der Öffentlichkeit wiederhergestellt werden könne. Man kam überein, Abordnungen aus allen Landesteilen nach Amsterdam zu entsenden, die zusammen mit der Regierung nach Auswegen aus der Misere suchen sollten. Doch die Regierung weigerte sich einzugreifen; sie riet den Aktionären vielmehr zu eigenen Initiativen.

Mehrere Sitzungen wurden zu diesem Zweck abgehalten, aber durch keine der hier vorgeschlagenen Maßnahmen konnte das Vertrauen der Menschen zurückgewonnen werden. Klagen und Vorwürfe waren in aller Munde, und die öffentlichen Sitzungen verliefen überaus stürmisch. Am Ende einigten sich die versammelten Aktionärsabordnungen in Amsterdam darauf, alle Kontrakte, die auf dem Höhepunkt der Manie bzw. vor November 1636 abgeschlossen worden waren, für null und nichtig zu erklären; bei den danach unterzeichneten sollten die Käufer von ihren Verpflichtungen befreit sein, wenn sie 10 Prozent des Kaufpreises an die Verkäufer zahlten.

Aber auch diese Entscheidung brachte keine Beruhigung. Die Verkäufer, die auf ihren Lagerbeständen saßen, waren natürlich unzufrieden, und die zum Kauf Verpflichteten fühlten sich ungerecht behandelt. Tulpen, die einmal 6000 Gulden wert gewesen waren, wurden jetzt z. B. für 500 angeboten; das bedeutete, daß die Abfindungssumme von 10 Prozent um 100 Gulden über dem aktuellen Marktwert lag. An allen Gerichten des Landes wurden Klagen über Kontraktbrüche anhängig gemacht. Doch die Gerichte weigerten sich, zu ›Glücksspielgeschäften‹ Stellung zu nehmen.

Die Sache wurde schließlich an die Generalstaaten im Haag verwiesen, und man hoffte vertrauensvoll, daß es der Weisheit dieses Hohen Hauses gelingen werde, geeignete Maßnahmen zur Wiederherstellung der Glaubwürdigkeit zu finden. Die Erwartungen waren sehr hochgespannt. Doch es kam nie zu einer Entscheidung. Die Deputierten berieten und berieten, und nach drei Monaten erklärten sie sich außerstande, ohne weitere Informationen eine endgültige Entscheidung zu treffen. Sie gaben jedoch den allgemeinen Rat, jeder Verkäufer solle unter Zeugen dem Käufer die Tulpen *in natura* anbieten; weigere sich dieser zu kaufen, so sollten sie in öffentlicher Auktion meistbietend versteigert werden und die ursprünglichen Kontraktpartner für die Differenz zwischen vereinbartem und tatsächlich erzieltem Preis einstehen. Einen solchen Vorschlag hatten bereits die Aktionärsabordnungen gemacht und erleben müssen, daß er unrealistisch war. Es gab kein Gericht in Holland, das bereit war, eine Zahlung zu erzwingen. Bei der Verhandlung einer in Amsterdam anhängigen Klage z. B. weigerten sich die Richter einstimmig, ein Urteil zu sprechen — mit der Begründung, Spielschulden seien keine Schulden im Sinne des Gesetzes.

Die Angelegenheit stagnierte. Die Regierung sah sich außerstande, geeignete Maßnahmen zu ergreifen. Die Unglücklichen, die zur Zeit des plötzlichen Konjunkturknicks größere Lagerbestände an Tulpenzwiebeln bereitgehalten hatten, mußten ihren Ruin so weise ertragen, wie sie konnten; die Glücklichen, die Profite gemacht hatten, durften sich ihrer weiterhin erfreuen. Die holländische Wirtschaft insgesamt erlitt einen schweren Schock, von dem sie sich erst nach vielen Jahren erholte.

Interessant ist, daß das Beispiel der Holländer in England teilweise nachgeahmt wurde. 1636 verkaufte man öffentlich Tulpenzwiebeln an der Londoner Börse. Die Makler machten gewaltige Anstrengungen, um ihren Kurswert auf die märchenhafte Höhe zu heben, die sie in Amsterdam erreicht hatten. Auch in Paris suchte man eine Tulpomanie zu entfesseln. In beiden Fällen gelang dies nur zum Teil. Gleichwohl tat das Vorbild seine Wirkung: Tulpen wurden überaus begehrt und erfreuten sich in gewissen Kreisen bald solcher Beliebtheit, daß ihr Preis seitdem stets höher lag als der anderer Gartenblumen. Aber auch die Holländer blieben ihrer Tulpenbegeisterung treu. Wie der wohlhabende Brite mit seinen edlen Rassepferden und seinen alten Gemälden prahlt, so brüstet sich der reiche Holländer mit seinen Tulpen.

Noch heute kann man, so seltsam es klingen mag, in England mit einer Tulpe mehr Geld machen als mit einer Eiche. Könnte man eine finden, so rar und so schwarz wie der Schwan Juvenals — ihr Preis entspräche dem von 12 Morgen Getreide. In Schottland, so berichtet die *Encyclopedia Britannica,* wurden gegen Ende des 17. Jahrhunderts bis zu 10 Guineen für eine Tulpenzwiebel bezahlt. Seitdem scheint ihr Preis gesunken zu sein, denn 1769 waren die beiden wertvollsten Sorten, *Don Quevedo* und *Valentinier,* nur noch 2 bzw. 2 ½ Guineen wert. Damit war jedoch wohl die Talsohle der Preisentwicklung erreicht. 1800 erreichte eine Zwiebel im Durchschnitt wieder 15 Guineen. 1835 wurde die Sorte *Miss Fanny Kemble* bei einer öffentlichen Auktion in London für 75 Guineen verkauft. Noch bemerkenswerter war der Preis einer Tulpe aus dem Besitz eines Gärtners in der Chelseaer King's Road: Sie war in seinem Katalog mit 200 Guineen ausgezeichnet.

DOSSIER

Über den Autor

Charles Mackay wußte erstaunlich früh, was er wollte: »Im Frühsommer des Jahres 1832«, schreibt er in seiner Autobiographie[1], »kam ein junger Mann, der eben sein 18. Lebensjahr vollendet hatte, von Brüssel nach London. Er hatte hochgespannte Hoffnungen, große Ambitionen, eine unverwüstliche Gesundheit und war phantastisch unerfahren. Er hatte wenige — sehr wenige — Pfund in der Tasche ... Dieser junge Mann war nach London gekommen, um seinen Weg in der Literatur und im Journalismus zu machen.«

Daß diese Selbstcharakterisierung als literarischer Selfmademan keine nachträgliche Kosmetik an der eigenen Biographie ist, wird glaubhaft, wenn man einen Blick auf Mackays vorangegangene Entwicklung wirft.

Geboren wurde er am 27. März 1814 in Perth (nahe Edinburgh), wo sein Vater George als Armeeleutnant a.D. mehr schlecht als recht lebte. Dieser Vater ist eine interessante Figur. Nur der Familientradition wegen und halbherzig Soldat, ruhelos, polyglott, recht gebildet, hat er den Sohn anscheinend zeitlebens fasziniert. Als 14jähriger Seekadett hatte er 1793 die Räumung Toulons durch die Briten erlebt, war kurz darauf für vier Jahre in französische Gefangenschaft geraten, hatte, aus dieser entflohen, Frankreich von Süden nach Norden und anschließend Deutschland von Stuttgart bis Cuxhaven durchwandert, war von der Royal Navy zur Army gewechselt, aus dem britischen Kriegszug nach Walcheren 1809 malariakrank zurückgekehrt und lebte nun, auf Halbsold gesetzt, in Perth. Er heiratete

[1] *Forty Years' Recollections of Life, Literature, and Public Affairs.* London 1877, Bd. I, S. 1.

1812, verlor seine junge Frau aber kurze Zeit nach Charles' Geburt und setzte bald darauf sein unstetes Leben fort.

Die Quasi-Verwaisung in sehr jungen Jahren war für Mackays Leben prägend. Sie förderte sicherlich seinen frühen Drang, auf eigenen Füßen zu stehen, und sein lebenslanges Freiheitsstreben. Günstige Umstände trugen dazu bei, daß er nicht, wie viele andere Waisenkinder, herumgestoßen wurde, sondern in entscheidenden Jahren Wärme und emotionale Fundierung erfuhr. George Mackay brachte ihn, bevor er Perth verließ, bei einem Sergeanten seines Regiments unter, dessen Frau, Grace Threlkeld, ihn unter ihre Fittiche nahm. »Während mein Vater weiter in der Welt herumstreifte, ohne Heim, in das er sein Kind hätte bringen können, nahm die gute Mrs. Threlkeld mich in ihr Haus und an ihr Herz und behandelte mich genauso und mit ebensoviel Liebe und Zuwendung, wie wenn ich ihr eigenes Kind gewesen wäre.«[1] Sie tat noch mehr: Sie lehrte ihn das Alphabet und »Hunderte« von schottischen Liedern. Später brachte sie ihn zu einer Korporalswitwe, wo er Lesen und Schreiben lernte.

1824 tauchte Vater George wieder auf, der jetzt in Brüssel lebte. Er fand, der inzwischen Zehnjährige gehöre nun auf eine richtige Schule, und meldete ihn am *Caledonian Asylum* in London an. Hier blieb Charles bis 1828. Er lernte begierig, zeigte Begabung für Mathematik und Naturwissenschaften, die die Lehrer auch zu fördern suchten, erlebte aber bald, daß »Poesie und Romandichtung mir den Weg verlegten, ihren Zauber über mich warfen und mein Herz völlig gefangennahmen«.[2] Er wurde ein »alles verschlingender Leser«, las Shakespeare, Milton, Pope, Scott, Byron und jede Art Lyrik. Mit 13 begann er selbst Gedichte

---

[1] *Ibid.*, S. 14.
[2] *Ibid.*, S. 20.

zu schreiben. Als sein Vater ihn 1828 nach Brüssel holte, um ihm die für eine militärische Laufbahn erforderliche höhere Schulbildung angedeihen zu lassen, »hing ich bereits fest und unwiderruflich der Literatur an, die bald und für immer meine Hauptbeschäftigung und mein Beruf werden sollte«.[1]

George Mackay hatte sich unterdessen in Brüssel als Sprachlehrer einen Namen gemacht und lebte in bescheidenem Wohlstand. Bei ihm und in der Schule lernte Charles Französisch und Deutsch; beide Sprachen beherrschte er bald fließend. Daneben brachte er sich selbst Italienisch und Grundkenntnisse des Spanischen bei.

Als die Idee einer militärischen Karriere — hinter der vornehmlich ein Onkel (Robert M.) im Generalsrang stand — endlich vom Tisch war (»Ich war nicht enttäuscht. Im Gegenteil, ich war froh, denn mein Herz hatte lange schon definitiv auf die literarische Karriere gesetzt«[2]), fanden Vater und Sohn einvernehmlich, jetzt müsse der letztere sein Leben selbst in die Hand nehmen. »Es bereitete mir die äußerste Befriedigung zu erleben, daß ich als Mann betrachtet wurde — *fit to fight my own battle*.«[3] Mit noch nicht 16 Jahren wurde er Sekretär des britischen Eisenhüttenbesitzers William Cockerill in Seraing bei Lüttich, dem er französisch-belgische Zeitungen auf Englisch vorlesen und die anfallende französische Korrespondenz besorgen mußte. Er fand genügend freie Zeit für seine Verse, die jetzt auch des öfteren im *Telegraph,* einer englischsprachigen Brüsseler Zeitung, abgedruckt wurden, und für vielfältige Übersetzungsversuche.

Am 25. August 1830 besuchten Vater und Sohn die denkwürdige Aufführung der Auber-Oper *La muette*

---

[1] *Ibid.*, S. 29.
[2] *Ibid.*, S. 35.
[1] *Ibid.*

de Portici in Brüssel, welche den unmittelbaren Anlaß zur belgischen Revolution und zur Abspaltung des Südteils der ›vereinigten‹ Niederlande bildete. Erstmals erlebte Mackay als unmittelbarer Zeitzeuge Geschichte an einem ihrer Brennpunkte. Die revolutionären Umwälzungen hatten für ihn zunächst die praktische Folge, daß die Gesundheit seines Arbeitgebers Cockerill, der jene leidenschaftlich ablehnte, sich rapid verschlechterte. Mehr als ein Jahr lang dämmerte er in halbbewußtem Zustand dahin, und seinem Sekretär blieb lediglich die Aufgabe, ihm untätig Tag für Tag Gesellschaft zu leisten. Diese Situation war für einen jungen Menschen mit großem Tatendrang auf Dauer unerträglich. Wie sehr sein Vater und Cockerills Söhne ihn auch beschworen, die glänzende Karriere nicht auszuschlagen, die ihn in der Firma erwarte — sein Entschluß war gefaßt: Er wollte Dichter sein und sonst gar nichts. So nahm er im Mai 1832 von den Cockerills Abschied und reiste, wie eingangs beschrieben, über Brüssel nach England.

Schon wenige Jahre nach seiner Ankunft in London machte er sich einen Namen als Lyriker; mit kaum 30 war er ein Begriff als politischer Journalist (radikal-liberaler Ausrichtung) und als eine wichtige Figur des literarischen Lebens.

Ein erster Band mit *Songs and Poems,* 1834 erschienen, machte John Black, den Herausgeber des *Morning Chronicle,* auf ihn aufmerksam. Er erhielt 1835 eine Stelle als Hilfsredakteur bei dem liberalen Blatt, damals die mächtigste Konkurrenz der konservativen *Times.* Seine Aufgabe war u. a. die Koordination der Parlamentsberichterstattung; so ergab sich von selbst der Kontakt zum seinerzeit fähigsten Parlamentsreporter Londons: dem zwei Jahre älteren Charles Dickens, der ebenfalls für den *Chronicle* arbeitete. Spätere Briefe Dickens' an Mackay spiegeln eine lose freundschaftliche Beziehung, die zumindest bis Mitte der vierziger Jahre anhielt.

Die Arbeit für den *Morning Chronicle* (bis 1844) ließ Mackay offenbar ausreichend Zeit für seine literarischen Neigungen; allerdings scheint er auch ein unermüdlicher und ehrgeiziger Arbeiter gewesen zu sein. An lyrischen Werken erschienen 1840 *The Hope of the World*, eine Dichtung im Stile Popes, und 1842 *The Salamandrine*, eine Romanze, die Motive der Rosenkreuzer aufgreift. Auf die letzteren war er bei der Arbeit an der ersten Auflage des vorliegenden Buches gestoßen, die dreibändig 1841 erschien — nach *History of London* (1838) und *The Thames and its Tributaries* (1840).

1842 schlug Mackay die Gründung eines Schriftstellerverbandes vor, »einer Vereinigung, die Autoren, Journalisten und Kritikern tägliche Begegnungen ermöglichen soll, damit sie sich im Lebenskampf helfen und einander beistehen können — untergebracht in einer Art literarischem Studienhaus oder Kolleg, das ein Schreibzimmer, einen Leseraum und eine Arbeitsbibliothek enthalten und gesellschaftliche oder berufliche Begegnungen ermöglichen sollte«; hier könnten auch »Übersetzer, Kopisten, Korrektoren und Literaten, die nicht genug Begabung zum Verfassen originaler Werke haben, ... ihre Wünsche und Fähigkeiten bekanntmachen und so Beschäftigungschancen erhalten, die anderswo nicht bestehen.«[1] — Der Vorschlag wurde nur von einem Teil der angeschriebenen Autoren gutgeheißen. Thomas Campbell signalisierte Unterstützung. Dickens, obzwar »im Prinzip ... herzlich« einverstanden, blieb skeptisch: Wie wolle man definieren, wer überhaupt ein Autor sei, und wie könne man verhindern, daß unmoralische, irreligiöse oder einfach nur dumme Mitglieder aufgenommen würden? Am Ende verlief der Plan im Sand.

[1] *Ibid.*, Bd. II, S. 168.

Zu dieser Zeit hatte Mackay bereits Kontakt zu namhaften Autoren: außer zu Dickens und Campbell (neben Scott und Burns sein hauptsächliches Vorbild als Liederdichter) z. B. zu Thackeray, Wordsworth, Bulwer-Lytton, de Quincey und Nathaniel Hawthorne. Es würde den Rahmen dieser Skizze sprengen, wollte man alle die z. T. amüsanten Geschichten wiedergeben, die er von diesen Schriftstellerkollegen zu berichten weiß: von einem Stegreif-Spottgedicht Thackerays (»unter seinen Freunden bekannt als der beste Improvisator seiner Zeit«) auf ihn, Mackay, selbst — über ein Frühstück mit Wordsworth (der ihn mit den Worten begrüßte: »Man sagt mir, Sie schreiben Gedichte. Ich habe nie eine Zeile von Ihnen gelesen und gedenke dies auch nicht zu tun.«) bis zu den häufigen Versuchen de Quinceys, ihn um einen Schilling für sein tägliches Glas Laudanum (eine Art Opium-Cocktail) anzubetteln.

Neben all seinen hauptstädtischen Aktivitäten hielt Mackay zeitlebens enge Verbindung zu dem Land, dem er durch familiäre Herkunft, Kindheitserfahrungen und literarische Vorbilder auf besondere Weise zugetan war: zu Schottland. Er fühlte sich stets als Schotte und setzte sich nach Kräften für schottische Belange ein. Als dem Komitee, das die Errichtung eines Scott-Denkmals in Edinburgh betrieb, im Frühjahr 1844 die Mittel ausgingen, wandte sich dessen Sekretär an Mackay, und diesem gelang es, über potente Geldgeber die fehlenden 3000 Pfund herbeizuschaffen. Als im Sommer desselben Jahres ein großes Burns-Festival in Ayr, dem Geburtsort des Dichters, stattfand, gehörte Mackay zu den Ehrengästen. Wenige Monate später verlegte er seinen Wirkungskreis ganz nach Schottland: Er kündigte beim *Morning Chronicle* und wurde leitender Redakteur der liberalen Zeitung *Glasgow Argus* (bis 1847).

In die Glasgower Zeit fallen zwei für Mackay bedeutsame Ereignisse: die Promotion des 32jährigen zum juristischen Ehrendoktor (LL.D.) der Universität Glasgow — »eine ungewöhnliche Ehrung für einen Liederdichter«[1] — und das Erscheinen der ersten Auflage seiner *Voices from the Crowd* (1846). Dabei handelt es sich um eine Sammlung von Gedichten, die zuvor unter Dickens' redaktioneller Verantwortung in den *Daily News* erschienen waren und später z.T. von dem Komponisten Henry Russell vertont wurden. »In dieser Form wurden sie in der ganzen Welt beliebt. Eines von ihnen, ›The Good Time Coming‹, war in 400000 Exemplaren verbreitet.«[2]

»Dr. Mackay, the song-writer«, wie man ihn von jetzt an allgemein nannte, wurde noch populärer, als er 1848 zur ersten illustrierten Zeitschrift überhaupt, der *Illustrated London News,* wechselte und sie ab 1851 mit einer regelmäßigen Musikbeilage ausstattete, die jedesmal eines seiner Gedichte samt zugehöriger Notation enthielt. Noch 1899 sagt *Chambers' Cyclopedia of English Literature*[3]: »Einige seiner Lieder sind hierzulande wie in Amerika so wohlvertraut wie Alltagsworte.«

Mackays Ruhm als Liederdichter scheint seine Bedeutung als politischer Publizist zeitweise überstrahlt zu haben. Heute, da das Pathos vieler seiner Gedichte eher befremdet[4] und ihre Zeitgebundenheit augenfällig

---

[1] Stanley J. Kunitz (Hrsg.), *British Authors of the Nineteenth Century.* New York 1936, S. 402.

[2] *Dictionary of National Biography.* Bd. XII, London 1909, S. 121f.

[3] Bd. II, S. 448.

[4] Einen Eindruck vom spezifischen Klang dieser Gedichte mag eine Strophe des ebenfalls überaus populären ›Cheer, Boys! Cheer!‹ vermitteln:

»Cheer, boys! cheer! no more of idle sorrow,
Courage, true hearts, shall bear us on our way!
Hope points before, and shows the bright to-morrow;
Let us forget the darkness of to-day.
So farewell, England! Much as we may love thee,
We'll dry the tears that we have shed before;
Why should we weep to sail in search of future?
So farewell, England! farewell evermore!
Cheer, boys! cheer! for England, mother England!

geworden ist, haben wir einigen Grund, über die Präzision, die Hellsichtigkeit mancher seiner Reportagen, Kommentare und Tagebuchnotizen zu staunen. Intuition, Neugier, Mobilität und gute Beziehungen befähigten ihn offenbar, immer dann an bestimmten Punkten zu sein, wenn sich dort historisch Entscheidendes zutrug.

Das gilt in erster Linie für das europäische Revolutionsjahr 1848. Im Dezember 1847 war er ›zufällig‹ in Paris und erhielt, aufgrund eines kritischen Artikels über König Louis Philippe im *Morning Chronicle,* eine Einladung zum Frühstück mit den Dichtern Béranger und Lamennais. Gesprächsthema war die »demokratische und soziale Republik«, die nach dem jetzigen Regime kommen müsse, nach Lamennais' Meinung binnen sechs Monaten. Daß eine bonapartistische Restauration ins Haus stehe, hielten die beiden Franzosen für ausgeschlossen, Mackay dagegen für durchaus möglich. Er hatte Louis Napoléon wenige Wochen zuvor beim Dinner in London getroffen und ihn äußern hören, mit der Rückführung der Gebeine Napoleons von St. Helena spiele Louis Philippe nur *sein* Spiel und verstärke die Sehnsucht der Franzosen nach dem Empire. Die Entwicklung in den nächsten drei Jahren bestätigte seine Erwartungen. Als er dann im Oktober 1851 mit einer Delegation des Lord Mayor von London wieder in Paris weilte, erlebte er die bonapartistische Stimmung aus nächster Nähe: Er hörte den ›Prinz-Präsidenten‹ halblaut zu einem *»Vive l'Empereur!«* schreienden Offizier sagen: »Schweigen Sie, mein Freund! Sie werden mich kompromittieren.«[1] Sechs Wochen später war Louis Napoléon Diktator und ein Jahr danach Kaiser.

> Cheer, boys! cheer! the willing strong right hand,
> Cheer, boys! cheer! there's work for honest labour —
> Cheer, boys! cheer! — in the new and happy land!«

[1] *Forty Years' Recollections* ..., Bd. II, S. 326.

Im Revolutionsmonat März 1848 schrieb Mackay in einem Gastkommentar des *Daily Telegraph* über ›Die Vereinigten Staaten von Europa‹[1]. Der Artikel spiegelt einen ungebrochenen Glauben an den Sieg der politischen Vernunft: »Die Welt ist wirklich in Bewegung, und sie bewegt sich in der richtigen Richtung ... Einmütig erklären sich alle Nationen gegen den Krieg. Einmütig verabscheuen sie das Blutvergießen. Einmütig sind sie erfüllt von den großen christlichen und demokratischen Idealen Freiheit, Gleichheit und Brüderlichkeit ... Ist nicht die Zeit gekommen, in der diese verschiedenen Nationen sich zu einer Heiligen Allianz der Völker vereinigen sollten — zu den Vereinigten Staaten von Europa?«[1] Als dann freilich die Chartisten im Namen von Freiheit, Gleichheit, Brüderlichkeit die bei der Wahlrechtsreform von 1832 unerfüllt gebliebenen Gleichheitshoffnungen der Arbeiter einklagten, verteidigte Mackay zwar ihr Demonstrationsrecht, scheint sich aber nie aktiv mit ihren Forderungen solidarisiert zu haben.

In der *Illustrated London News* kommentierte er in den folgenden Jahren u. a. die Hungerkatastrophen in Irland (1849 ff.), den Krimkrieg und das Mexiko-Abenteuer Napoleons III. Besondere Aufmerksamkeit erregten seine Reportagen über den amerikanischen Bürgerkrieg (ab 1862). Zu dieser Zeit hatte er die *London News* bereits wieder verlassen und besuchte Amerika als Sonderkorrespondent der *Times*. Er war seit gemeinsamen Londoner Tagen (Weltausstellung 1851) mit Horace Greeley, dem Herausgeber der *New York Tribune,* und William Seward, dem späteren Außenminister Lincolns, befreundet und bekam über beide schnell Kontakt mit dem politischen Establishment. Eindrucksvoll ist sein Bericht über den heute kaum noch vorstellbaren Ablauf eines Besuchs bei Präsident

[1] *Ibid.,* S. 41.

Lincoln: Er klingelte (!) an der Tür des Weißen Hauses; ein Diener öffnete und führte ihn ins obere Stockwerk, wo Lincoln gerade mit Seward konferierte. »›*Glad to see you*‹, *said the president.*«[1] Mackays Haltung gegenüber der Sezession brachte ihm übrigens nicht nur Zustimmung ein: Seiner radikalliberalen Position gemäß bekämpfte er die Sklaverei entschieden, trat aber zugleich für das Recht der Südstaaten ein, ihre Geschicke selbst zu bestimmen. So hielt er bei aller Bewunderung für Lincoln auch nach dem Ende des Krieges Kontakt zu Jefferson Davis, dem konföderierten Präsidenten, und verbrachte im Sommer 1869 einen Schottlandurlaub mit ihm.

Mackays letzte Jahrzehnte (seit etwa 1870) waren intensiven Studien der gälischen und keltischen Sprachen gewidmet, deren Ergebnis als Buch jedoch kaum beachtet wurde. Dies war freilich nicht sein erstes Mißerfolgserlebnis. Zwar hatten sich die meisten seiner lyrischen Werke — außer den schon genannten u. a. *Voices from the Mountain* (1847), *Egeria* (1850), *A Man's Heart* (1860) — gut verkauft, aber da er in den Augen der großen Mehrheit des literarischen Publikums auf das *song-writer*-Image festgelegt war, wurden seine historischen, politischen und literaturtheoretischen Arbeiten — nennen wir außer dem vorliegenden Buch noch *History of the Mormons* (1851), *Life and Liberty in America* (1859) und *Studies from the Antique* (1864) — nur von wenigen zur Kenntnis genommen.

So blickt Charles Mackay im Alter eher bitter und desillusioniert auf seine literarische Karriere zurück, die er mit so viel Elan begonnen hatte:

»Betrachte ich mein literarisches Werk im Rückblick, so wird mir peinlich bewußt, daß meine schlechtesten Arbeiten den meisten Beifall fanden und meine

---

[1] *Through the Long Day, or Memorials of a Literary Life during Half a Century*. London 1887, Bd. II, S. 211.

MEMOIRS

OF

EXTRAORDINARY POPULAR DELUSIONS

AND THE

Madness of Crowds.

By CHARLES MACKAY, LL.D.

AUTHOR OF "EGERIA," "THE SALAMANDRINE," ETC.

ILLUSTRATED WITH NUMEROUS ENGRAVINGS.

> N'en déplaise à ces fous nommés sages de Grèce,
> En ce monde il n'est point de parfaite sagesse;
> Tous les hommes sont fous, et malgré tous leurs soins
> Ne diffèrent entre eux que du plus ou du moins.
> BOILEAU.

VOL. I.

SECOND EDITION.

LONDON:

OFFICE OF THE NATIONAL ILLUSTRATED LIBRARY,
227 STRAND.

1852.

besten nur schwache oder gar keine Anerkennung. Balladen wie ›A Good Time Coming‹ oder ›Cheer, Boys! Cheer!‹, hingeworfen in einer hitzigen Aufwallung von einer oder zwei Stunden, wurden von Millionen bejubelt, gewissenhafte Arbeiten, die Jahre in Anspruch nahmen, dagegen nur von einigen Dutzend zur Kenntnis genommen.«[1] Mackay starb am 24. Dezember 1889 in London.

(Übersetzung: Kurt Jürgen Huch)

Aus dem Vorwort zur Ausgabe von 1852

Studieren wir die Geschichte der Völker, so finden wir, daß sie genauso ihre Grillen und Eigenheiten haben wie Individuen. Wie diese durchleben sie Phasen der Erregung und der Unbesonnenheit. Ganze Staaten leben plötzlich nur noch auf ein Ziel hin und werden bei dessen Verfolgung schier verrückt; Millionen von Menschen sind gleichzeitig von einer und derselben Wahnidee besessen und laufen ihr so lange nach, bis eine neue Narretei noch mehr Aufmerksamkeit auf sich zieht. Während die eine Nation quer durch alle Schichten unversehens von einem wilden Verlangen nach militärischem Ruhm ergriffen wird, wird die andere von religiösen Zweifeln umgetrieben — und keine kommt zur Vernunft, bevor sie Ströme von Blut vergossen und der Nachwelt eine reiche Ernte an Seufzern und Tränen hinterlassen hat.

Schon früh in der Geschichte verloren die Völker Europas den Verstand beim Gedanken an das Grab Jesu, und exaltierte Massen wälzten sich ins Heilige Land. Spätere Zeitalter waren verrückt vor Teufelsfurcht und brachten dem Hexenwahn Hunderttausende

[1] *Ibid.,* S. 394.

von Opfern dar. Etwa zur gleichen Zeit schlug die Idee des Steins der Weisen viele in ihren Bann und ließ sie bis dahin nie gekannte Torheiten begehen. Einen Feind durch langsam wirkendes Gift zu vernichten, galt in vielen Ländern Europas einmal als läßliche Sünde; auch wer vor dem Gedanken zurückschreckte, jemanden durch einen Stich ins Herz zu töten, fand nichts dabei, ihm Rattengift in die Suppe zu streuen. Damen von vornehmer Herkunft und feinen Manieren wurden vom Giftmordfieber ergriffen und machten es nachgerade salonfähig. Einige Wahnideen hielten sich, obwohl sie allenthalben in Verruf geraten sind, über Jahrhunderte, und zwar nicht nur bei den Barbarenvölkern, die sie ersonnen hatten, sondern auch bei zivilisierten und kultivierten Nationen: das Duellunwesen z. B. und der Glaube an Omina und die Weissagung der Zukunft. Werden sie dem Fortschritt des Wissens, der sie aus dem allgemeinen Bewußtsein tilgen möchte, Paroli bieten? Auch Geld ist oft die Ursache von Massenwahnphänomenen gewesen. Nüchterne Handelsnationen gaben sich plötzlich hemmungslosem Glücksspiel hin und riskierten fast ihre Existenz, wenn ein Stück Papier seinen Kurs änderte.

Das vorliegende Buch will die Geschichte der auffälligsten dieser Verblendungen nachzeichnen. Man wird sehen, daß Menschen Herdenwesen sind und auch so denken, daß sie herdenweise dem Wahn verfallen — aber nur langsam und einer nach dem andern wieder zu Verstand kommen.

Einige der behandelten Themen mögen dem Leser vertraut sein. Aus Gründen der Gerechtigkeit gegenüber dem Gegenstand des Buches konnte der Autor auf sie nicht völlig verzichten; er hofft jedoch, daß sich in ihrer Darstellung genug neue Details finden, um diese zur angenehmen Lektüre werden zu lassen. So sind die hier vorgelegten Berichte über den Südseeschwindel und den Mississippiwahn vollständiger und detailgetreuer als irgendwo sonst. [...]

Massenwahnerscheinungen zeigten sich so früh, verbreiteten sich so weit und waren von solcher Dauer, daß anstelle von zwei oder drei wenigstens 50 Bände erforderlich wären, um sie angemessen zu dokumentieren. So mag dieses Buch mehr als eine Blütenlese der Verblendungen denn als deren systematische Darstellung betrachtet werden — als lediglich ein Kapitel im großen und furchtbaren Buch der menschlichen Narretei, das noch geschrieben werden muß. [...]

(Übersetzung: Kurt Jürgen Huch)

Vorwort von Bernhard M. Baruch[1] zur Reprint-Ausgabe von 1932

Alle ökonomischen Bewegungen sind ihrem innersten Wesen nach massenpsychologisch motiviert. Graphiken und Statistiken sind gewiß unumgänglich, wenn wir nach zuverlässigen Orientierungspunkten suchen, um uns in der unruhigen Welt von heute zurechtzufinden. Aber ich lese keine dieser brillanten ökonomischen Dissertationen, die etwa die Mathematik der Preisbewegungen behandeln, als ginge es um geometrische Theoreme, ohne an Schillers Diktum zu denken, jeder Mensch sei als Individuum einigermaßen vernünftig; als Teil einer Masse jedoch werde er augenblicklich zum Dummkopf. In ähnliche Richtung weist Napoleons Maxime über militärische Massen: «Im Krieg verhält sich die Moral zur Physis wie 3:1.« Ohne eine solide Kenntnis des Denkens von Massen (das oft genug als Massen*wahn* erscheint) lassen unsere ökonomischen Theorien viel zu wünschen übrig. Sicherlich

---

[1] (1870–1965), New Yorker Großbankier, Börsenspekulant mit legendären Erfolgen, ökonomischer Berater Churchills und mehrerer US-Präsidenten. (Anm. d. Übers.)

ist dies eine weitgehend unfaßbare Größe — der Analyse kaum, der Führung noch weniger zugänglich; aber wir müssen etwas über sie wissen, wenn wir die laufenden Ereignisse richtig beurteilen wollen.

Ein Parteigänger einer großen organisierten Massenbewegung, der sonst wenig zum Argumentieren neigt, suchte diese Bewegung kürzlich im Gespräch zu rechtfertigen: »Haben Sie jemals erlebt, wie an einem windstillen Sommertag, vielleicht in einem Wald, Tausende von Mücken scheinbar bewegungslos im Sonnenlicht schweben? Ja? Haben Sie auch gesehen, wie der ganze Schwarm — in dem jede einelne Mücke einen wahrnehmbaren Abstand zu den übrigen hält — plötzlich ... sagen wir mal: einen Meter nach rechts oder nach links fliegt? Was veranlaßt sie dazu? Eine Brise? Ich sprach von einem *windstillen* Tag. Und dann kommt es vor — versuchen Sie sich zu erinnern! —, daß alle im nämlichen Gleichklang an den alten Platz zurückfliegen. Können Sie mir dieses Verhalten erklären? Nun sehen Sie: Große Massenbewegungen von *Menschen* sind sicherlich schwerer zu organisieren — einmal ins Leben gerufen, sind sie aber wesentlich effektiver.«

Vielleicht gibt es Entomologen, die das Verhalten der Mücken erklären und angeben können, warum Tausende einzelner Tiere diese einheitliche Bewegung vollführen. Ich selbst habe keine Erklärung dafür. Die periodische Migration einzelner Vogelarten, die unglaubliche Leistung der Flußaale bei ihrer Wanderung zum Sargassomeer, die eruptiv aus Innerasien hervorbrechende Westwanderung ganzer Völker im Ausgang der Antike, die Kreuzzugsbewegung, die mittelalterliche Erscheinung der massenhaften Tanzwut, aber auch (wenn wir uns näher auf dem ökonomischen Sektor umsehen) der Mississippi- und der Südseewahnsinn, die Tulpomanie, nicht zuletzt der Florida-Boom, die Spekulationswut des Jahres 1929 und ihre Folgen in den beiden letzten Jahren — all dies sind Phänomene massenhafter Aktion unter der Herrschaft von Triebkräften, die keine Wissenschaft je erforscht hat. Diese Kräfte können jeden statischen Zustand, jeden sogenannten Normaltrend unversehens aus dem Gleichgewicht bringen. Sie sollten deshalb bei einer tiefgründigen Betrachtung der Grundlagen der Weltwirtschaft nie außer acht gelassen werden.

Vor einigen Jahren schenkte mir ein Freund dieses Buch. Natürlich war ich, wie wohl jedermann, mit den reinen Fakten der hier beschriebenen Ereignisse in etwa vertraut. Aber ich wußte nichts von den erstaunlichen näheren Einzelheiten früherer Massenwahnphänomene. Sie werden hier so ansprechend, sorgfältig und umfassend dargestellt wie wohl nirgendwo sonst. Mackay erzählt. Er stellt keine Diagnosen. Auch andere Autoren, die massenpsychologische Zusammenhänge kommentiert haben, sind meines Wissens nicht zu Konklusionen gelangt. Aber der Wert all dieser Literaturbeiträge liegt darin, daß sie Kräfte beim Namen nennen, die zu allen Zeiten Faktoren — und, wie es scheint, zu manchen Zeiten *beherrschende* Faktoren — des Lebens der Völker und selbst der Rassen waren.

Nirgendwo bei Mackay werden Präventivmaßnahmen vorgeschlagen. Aber wenn jene Triebkräfte und die ersten Anzeichen ihres Wirkens genau bekannt und zum Gegenstand öffentlichen Nachdenkens würden, könnte dies zur Erkenntnis und vielleicht sogar zur Vermeidung der schlimmsten ihrer Wirkungen führen.

Bietet die Wissenschaft auch keine Heilmittel an, so gibt es doch vielleicht, wie in jedem primitiven, undurchschaubaren (und daher diabolischen) Wahnsystem, machtvolle Zauberformeln. Ich habe immer die Meinung vertreten, wir hätten viele Übel abwenden können, wenn wir in der jämmerlichen Ära der *New Economics,* die 1929 ihren Höhepunkt fand, immer wieder, selbst angesichts einer schwindelerregenden Preisspirale, gerufen hätten: »Aber zwei und zwei ist immer noch vier!« Und auch in der Phase allgemeiner Düsternis, in der dieses Vorwort geschrieben wird und in der viele sich fragen, ob denn der Niedergang niemals aufhört, ist das passende Abrakadabra: »Es war immer vier!«

Einiges von der soeben skizzierten Philosophie zeichnet meines Erachtens auch Mackays Buch aus und macht es so wertvoll. Es ist geeignet, in seinen Lesern eine tiefgehende und vitale Überzeugung vom Wert und von der Unveränderlichkeit jener einfachen Grundsätze menschlichen Verhaltens zu bewirken. Und dies, meine ich, ist gerade heute »ein Ziel, aufs innigste zu wünschen«.

New York City, Oktober 1932   B. M. Baruch

(Übersetzung: Kurt Jürgen Huch)

Nachbemerkung

In der Geschichte des Aberglaubens, bei der Ausbreitung von Sekten, im Mechanismus der Spekulation und beim Aufstieg von politischen Heilslehren — überall scheint das folgende Gesetz zu gelten: je unwahrscheinlicher ein Versprechen, desto leichter wird ihm Glauben geschenkt; je absurder eine Behauptung, desto mehr Anhänger wird sie finden.

Einer der ersten, denen das auffiel, war der viktorianische Journalist Charles Mackay. Er nahm sich vor, die epidemische Ausbreitung von Wahnvorstellungen zu untersuchen. Das Resultat war eine umfangreiche Kompilation, aus der hier eine Auswahl vorgelegt wird. Ganz abgesehen von ihrem anekdotischen Reiz erzählen diese Studien von einem Unterstrom der europäischen

Kulturgeschichte, der, wie sich am Spekulationsfieber der 1980er Jahre und an der gegenwärtigen Blüte esoterischer Wunderheiler zeigt, keineswegs versiegt ist. Mackays Originalität zeigt sich nicht zuletzt darin, daß er einen selten thematisierten Zusammenhang sichtbar macht. Nur ein kleiner Schritt nämlich trennt das klassische Terrain des sogenannten Aberglaubens — die Wahrsagerei, die Alchimie, den Okkultismus — vom Parkett der Börse und vom Wunder der »Geldschöpfung«, wie es jede Notenbank tagtäglich vollbringt. Daß die Nationalökonomie von diesem Nexus nichts wissen will, ist sicherlich einer der Gründe dafür, daß sie sich so oft blamiert.

Allerdings zeigen sich auch Mackays Grenzen. Seine Methode versagt dort, wo er sich nicht damit begnügt, zu erzählen. Eine eigentümliche Borniertheit kommt zum Vorschein, sobald er das Verhalten seiner Helden, seien sie Täter oder Opfer, zu erklären versucht. Stereotyp insistiert er auf zwei Motive, die das Rätsel des Wahns lösen sollen: einerseits auf der »Narretei«, worunter er Dummheit, Leichtgläubigkeit und Ignoranz versteht, andererseits auf dem »Betrug«, also der betrügerischen Absicht. Gegen sie zieht er mit beneidenswerter Naivetät zu Felde, und es schert ihn wenig, wenn dabei Autoren wie Paracelsus oder Jacob Böhme als Idioten oder platte Schwindler abgefertigt werden.

Gerade diese verkürzte Perspektive ist es jedoch, die Mackays Buch für den heutigen Leser denkwürdig macht. Es verkörpert in seltener Reinheit einen bestimmten Typus der »Aufklärung«, der historisch gescheitert, aber damit noch lange nicht aus der Welt geschafft ist. Indem er gegen veraltete Formen des Wahns eifert, erliegt dieser Don Quichote selber einer Wahnvorstellung, nämlich der Illusion, als genüge es, die Menschen über ihre »Narrheit« aufzuklären, und schon verschwände der Irrtum. Wie Schuppen fiele es den Opfern des Betrugs von den Augen, und dem Sieg der Vernunft stünde nichts mehr im Wege.

Heute, da die Aufklärung längst in den Kindergärten Einzug gehalten hat, ist es leicht, sich über Mackays Optimismus lustig zu machen. Inzwischen stellen sich bekanntlich gerade die promovierten Absolventen der säkularisierten Vernunft bei spirituellen Wochenendseminaren ein; Psychoanalytiker finden ihr Heil in indischen Weisheitslehren; und Manager von Weltkonzernen suchen, bevor sie ihre Investitionsentscheidungen treffen, ihren Guru oder ihre Astrologin auf.

Der historische Abstand, der uns von Mackays *Extraordinary Popular Delusions* trennt, erlaubt uns somit eine zweite Lektüre dieses Textes, und zwar eine Lektüre, von der dieser Autor nichts ahnen konnte. Sein Werk läßt sich nämlich durchaus in die Reihe jener »unglaublichen, beliebten Täuschungen« einreihen, von denen es handelt. Die Vorstellung, als ließe sich die Menschheit von ihrer Lust am Unerklärlichen, von ihren unvernünftigen Wünschen und Hoffnungen, von ihren vielfältigen Wunderträumen, mit einem Wort: von ihrem Unbewußten befreien, gehört nämlich ihrerseits dem Reich des Aberglaubens an. In diesem Sinn zeugt Mackays Buch von einer historischen Anstrengung, die ebenso vergeblich geblieben ist wie die Suche nach dem Stein der Weisen.

H. M. E.

PERSONENREGISTER

Abraham 37, 43
Addison, Joseph 116f., 182f.
Agricola, Georg *84*
Agrippa von Nettesheim, Cornelius *73–79*, 85, 166, 203
Aguesseau, Henri François d' 248, 274, 277, 284
Aislabie, John 292, 318f., 324–327
Alain de Lisle *20*
Albertus Magnus *15–19*, 20, 175
Alfarabi *12–14*
Argenson, Marc-René, Marquis d' 238, 248, 252, 255, 272f., 284
Arnald von Villanova 5, *20–22*, 24, 27, 32f., 175
Artephius *19f.*
Augurelli, Giovanni Aurelio *72f.*
Averroës 30
Avicenna *14*, 81, 83

Bacon, Roger *31f.*, 44, 162, 175
Bailly, Jean Sylvain 212 bis 215, 231
Balsamo, Joseph *s.* Cagliostro, Graf

Barbarin, Chevalier 216, 218f.
Basile (Astrologe) 170
Basilius Valentinus *45f.*
Beckmann, Johann 335f.
Béranger, Pierre Jean de 184f.
Bernard, Samuel 241f.
Bernhard von Trier *46* bis *53*
Blunt, Sir John 293, 304, 321f., 324, 328f.
Bogni, Guido di 171f.
Böhme, Jacob 111, *118f.*, 121
Borel, Pierre 70
Borri, Giuseppe Francesco *119–127*, 203
Broderick (MP) 306f.
Burns, Robert 51 A.
Butler, Samuel 164, 167

Cagliostro, Graf (u. Gräfin) *145–161*, 203, 215f.
Campbell, Archibald, Herzog v. Argyle 263
Carignan, Prinz v. 252
Carré de Montgeron, Louis Basile 202
Casaubon, Meric 88f., 91
Castello, Ambrosia de 25f.
Cerisy (Prior) 132–136
Chirac, Pierre 255f.

Christine (Königin v. Schweden) 124f., 127
Cœur, Jacques *65–70*
Cohausen, Joannes Henricus 170f.
Colbert, Jean Baptiste 249
Coningsley, Graf 285
Conti, François Louis, Prinz v. 238, 267
Conway, Lord u. Lady 198
Cowley, Abraham 335
Coxe, William 307, 318
Craggs, James (Minister) 324f., 328
Craggs, James (Staatssekretär) 305, 307, 316 bis 318

Dee, John 71, *84–102*, 103, 154, 166
Deleuze, Joseph Philippe François 202, *226–231*
Delisle, Jean *132–138*
Del Rio, Martin Anton 76 bis 79
Descartes, René 113
Desmarets, Nicolas 136, 138, 238
Dubois, Guillaume (Abbé) 255, 260
Duclos, Charles Pinot 269f.
Dudley, Robert, Graf Leicester 86, 89f.
Dunois, Jean 68

Dupotet de Sennevoy, Jean 210

Eduard II. (König v. England) 28f., 71
Eduard IV. (König v. England) 45, 70
Eduard VI. (König v. England) 85
Elisabeth I. (Königin v. England) 86, 89f., 96, 99–101, 131, 166
Erasmus von Rotterdam 73, 79
Eslon, Charles d' 208, 211f., 220

Faria (Abbé) 230
Fellowes, Sir John 305, 329
Flamel, Nicolas *36–43*, 203
Fludd, Robert (= Robertus a Fluctibus) *111* bis *114*, 195
Force, Henri, Duc de la 264
Fouqué, Friedrich de la Motte 117
Franklin, Benjamin 212
Friedrich II. (König v. Preußen) 140, 143
Friedrich III. (deutscher Kaiser) 49, 70
Friedrich III. (König v. Dänemark) 125
Fuller, Thomas 45

Galen 81, 83
Gassendi, Pierre 113
Gaßner, Johann Joseph 206
Gaule, John 176
Gaultier, Abbé 108
Gay, John 308 A.
Geber 5, *10–12,* 13, 24, 26, 47, 52, 162
Geoffroy, Claude-Joseph 129–131
Georg I. (König v. England) 289, 291, 300, 308, 313f., 319f., 322
Gesner, Konrad 334
Gibbon, Edward 324, *329 bis 331*
Gilles de Retz *55–65,* 76
Gleichen, Baron v. 141f., 145
Gordon, Lord George 161
Greatraks, Valentine *196 bis 200,* 206, 221
Guillotin, Joseph Ignace 212

Harley, Robert, Graf v. Oxford 287–289
Hausset, Madame du 140 bis 143
Haygarth, John *223* bis *225*
Heinrich II. (König v. Frankreich) 168f.
Heinrich VI. (König v. England) 44, 70

Heinrich VIII. (König v. England) 75, 79, 141
Hell, Maximilian 203–205
Helmont, Johan Baptist van 127, 162, 199
Helvetius, Johann Friedrich *127–129*
Hermes Trismegistos 9, 74
Heydon, John *114–116*
Hoorn, Graf 258–260
Hungerford, John 305

Jakob I. (König v. England) 101
Janssen, Sir Theodore 320, 329
Jean (Bischof v. Senez) 133, 136–138
Jean de Courtecuisse 42
Jean Gerson 42
Jean de Meung *34–36*
Johannes XXI. (Papst) 27
Johannes XXII. (Papst) *32f.*
Jonson, Ben 5

Karl I. (König v. England) 167
Karl IV. (König v. Frankreich) 34
Karl V. (deutscher Kaiser) 75, 79, 141, 170
Karl VI. (König v. Frankreich) 42
Karl VII. (König v. Frankreich) 56, 59, 66–69

Karl IX. (König v. Frankreich) 169
Katharina von Medici 168, 170
Kelly, Edward 84, *88* bis *100*
Kepler, Johannes 113, 174
Kircher, Athanasius 127, 129, 193f.
Knight, Robert 319f., 322 bis 325
Kuhlmann, Quirinus 119

Lamotte-Valois, ›Gräfin‹ 154–157, 159f.
Laski, Albert 89–94, 101
Laurens, Henri Joseph du 201 A.
Lavoisier, Antoine Laurent 212
Law, John *233–286,* 290
Law, William 244, 286
Lenglet du Fresnoy, Nicolas 9, 18 A., 26 A., 36, 41, 46, 132
Leopold I. (deutscher Kaiser) 126
Lilly, William 55, 89 A., 166–168
Liselotte von der Pfalz 238 A., 255 A., 261, 276 A.,
Longeville, Harcouet de 21f.
Loutherbourg, Philippe Jacques de 221f.

Ludwig XIV. (König v. Frankreich) 132, 136 bis 138, 173, 238f., 245, 249, 264
Ludwig XV. (König v. Frankreich) 139, 144, 239, 248
Lullus, Raimundus 5, *24* bis *31,* 33, 70
Luther, Martin 108

Mainauduc, John Boniot de 220f.
Maintenon, Françoise d' Aubigné, Marquise de 242f.
Malatesta, Pandolfo 171 bis 173
Margarete von Österreich (Regentin d. Niederlande) 75f.
Maria die Blutige (Königin v. England) 86
Marie Antoinette (Königin v. Frankreich) 154 bis 156, 161, 211
Martini, Giambattista 9
Maximilian I. (deutscher Kaiser) 55, 70, 74
Mayer, Michael 103f., 119
Medici, Alessandro de 170
Medici, Cosimo de 170
Meister Heinrich 49f.
Melanchthon, Philipp 73
Mersenne, Marin 113

Mesmer, Franz Anton 192, *203–215*, 220f., 226, 229f.
Middleton (Lordkanzler) 306f.
Molesworth, Lord 314, 317, 330
Montègre, Antoine François Jenin de 201f.
Moore, Francis 167
Moritz v. Oranien 191
Moses 9, 40, 114
Mother Bridget 180 A., 186–189
Munting, Abraham 337

Nashe, Thomas 78f.
Naudé, Gabriel 17 A., 18 A., 29, 79, 111
Nostradamus, Michel *168* bis *170*

Oliva, Marie Legnay d' 156
Österlin, Gabriela 205f.

Paracelsus von Hohenheim, Theophrastus Bombastus 5, 71, *79* bis *83*, 103, 112, 118, 162, 166, 192–194
Pâris, François de 201
Perkins, Benjamin Douglas *222–225*
Philipp, Herzog v. Orléans (Regent v. Frankreich) 238–240, 243f., 246–250, 254f., 259 bis 278, 281, 283–285
Philipp V. (König v. Spanien) 288
Philipp August (König v. Frankreich) 39
Pierre d'Ailly 42
Pierre l'Hôpital 64
Pietro d'Apone 20, *22–24*
Piossens, Chevalier de 270 A., 277f.
Pompadour, Jeanette Antonia Poisson, Marquise de 140, 142, 144
Pope, Alexander 117, 287, 321
Potemkin, Gregor Alexandrowitsch 266f.
Pratt, Mary 221f.
Prelati (Alchimist) 60–65
Puységur, Armand Marie Jacques de Chastenet, Marquis de *216–219*

Rasi 47, 81
Ripley, George *43–45*
Rohan, Louis René Edouard, Prinz v. (Kardinal) 151–157, 159, 264
Rosenberg, Graf 95, 97, 100
Rosenkreutz, Christian 102f., 105, 109
Rosenkreuzer 72, *102* bis *117*, 118f., 127, 139,

142, 149, 154, 160, 166, 192, 203
Rudolf II. (deutscher Kaiser) 70, 93–95, 99
Russell, Lord John 238 A.

Saint-Evremond, Charles de Marguetel de Saint-Denis, Seigneur de 198 bis 200
Saint-Germain, Graf v. *139–145*, 150
Saint-Simon, Louis de Rouvroy, Herzog v. 240, 251, 257, 259f., 265f.
Schmieder, Karl Christoph 9 A.
Scott, Walter 117
Shippen, William 316
Smollett, Tobias George 311
Sorel, Agnes 66, 69
Sprengel, Kurt 11
Stanhope, Charles 324 bis 328
Stephan Báthori (König v. Polen) 95
Sunderland, Graf v. 294, 324f., 328

Surrey, Lord 79

Tencin, Pierre Guérin, Marquis de (Abbé) 262
Thomas von Aquin *15–19*
Tibertus, Antiochus 171 bis 173
Trithemius, Johannes 46, *53–55*, 80

Vendôme, Louis Joseph, Herzog v. 238
Viktor Amadeus, Herzog v. Savoyen 238f.
Villars, Claude Louis Hector, Herzog v. 251–253
Villiers, Elizabeth (Gräfin Orkney) 236
Vincent von Beauvais 8
Voltaire, François Joseph Arouet de 140, 143

Walpole, Horace 221
Walpole, Robert 292–294, 300, 307f., 314–316, 318, 331
Whilston (Duellgegner Laws) 236f., 285
Wilhelm v. Oranien 166
Winter, George 220

INHALT

DIE ALCHIMISTEN — SUCHER NACH
DEM STEIN DER WEISEN UND
DEM WASSER DES LEBENS 5
> Geber 10, Alfarabi 12, Avicenna 14, Albertus Magnus und Thomas von Aquin 15, Artephius 19, Alain de Lisle 20, Arnald von Villanova 20, Pietro d'Apone 22, Raimundus Lullus 24, Roger Bacon 31, Papst Johannes XXII. 32, Jean de Meung 34, Nicolas Flamel 36, George Ripley 43, Basilius Valentinus 45, Bernhard von Trier 46, Johannes Trithemius 53, Gilles de Retz 55, Jacques Cœur 65, Der Fortgang der Verblendung vom 15. bis zum 17. Jahrhundert 70, Giovanni Aurelio Augurelli 72, Cornelius Agrippa von Nettesheim 73, Paracelsus 79, Georg Agricola 84, John Dee und Edward Kelly 84, Die Rosenkreuzer 102, Jacob Böhme 118, Giuseppe Francesco Borri 119, Weniger bedeutende Alchimisten des 17. Jahrhunderts 127, Jean Delisle 132, Der Graf von Saint-Germain 139, Cagliostro 145, Die Alchimie heute 161.

WAHRSAGEREI 164
DIE MAGNETISEURE 191
DAS MISSISSIPPI-PROJEKT 233
DER SÜDSEESCHWINDEL 287
DIE TULPOMANIE 334

DOSSIER
Über den Autor 347
Titelblatt der Erstausgabe von 1852 357
Aus dem Vorwort zur Ausgabe von 1852 . . . 358
Vorwort von Bernard M. Baruch zur Reprint-
  Ausgabe von 1932 360
Nachbemerkung 363
Register 367

ZEICHEN UND WUNDER. AUS DEN ANNALEN DES WAHNS von Charles Mackay ist im Februar 1992 als sechsundachtzigster Band der ANDEREN BIBLIOTHEK im Eichborn Verlag, Frankfurt am Main, erschienen.

Die Erstausgabe dieses Buches trug den Titel *Memoirs of Extraordinary Popular Delusions*. Sie wurde 1841 bei Richard Bentley in London publiziert. Der vorliegende Band ist eine Auswahl aus der zweiten Auflage des Werkes, deren Titel vom Autor durch die Wendung *and the Madness of Crowds* ergänzt wurde und die 1852 beim Office of the National Illustrated Library in London erschienen ist.

Die deutsche Übersetzung stammt von Kurt Jürgen Huch, der auch das Dossier eingerichtet hat.

Dieses Buch wurde in der Buchdruckerei Greno in Nördlingen aus der Korpus Garamond Monotype gesetzt und auf einer Condor-Schnellpresse gedruckt. Das holz- und säurefreie mattgeglättete 100 g/qm Bücherpapier stammt aus der Papierfabrik Niefern. Den Einband besorgte die Buchbinderei G. Lachenmaier in Reutlingen.

1. bis 7. Tausend, Februar 1992. Einmalige, limitierte Ausgabe im Buchdruck vom Bleisatz.

ISBN 3-8218-4086-2. Printed in Germany.

Von jedem Band der ANDEREN BIBLIOTHEK gibt es eine Vorzugsausgabe mit den Nummern 1–999.